西樵方志论丛

任根珠 著

中华书局

图书在版编目(CIP)数据

西樵方志论丛/任根珠著. —北京:中华书局,2013.6
ISBN 978-7-101-09281-3

Ⅰ.西…　Ⅱ.任…　Ⅲ.方志学–文集　Ⅳ.K290-53

中国版本图书馆 CIP 数据核字(2013)第 065045 号

书　　名	西樵方志论丛	
著　　者	任根珠	
责任编辑	李肇翔	
出版发行	中华书局	
	(北京市丰台区太平桥西里 38 号　100073)	
	http://www.zhbc.com.cn	
	E-mail: zhbc@zhbc.com.cn	
印　　刷	北京天来印务有限公司	
版　　次	2013 年 6 月北京第 1 版	
	2013 年 6 月北京第 1 次印刷	
规　　格	开本/700×1000 毫米　1/16	
	印张 46 ½　插页 2　字数 800 千字	
国际书号	ISBN 978-7-101-09281-3	
定　　价	160.00 元	

作者近影

序

我与西樵先生相识,始于1997年。其时我研究生毕业到中国地方志指导小组办公室工作不久,即应邀参加山西省《左云县志》评稿会。会议结束后又顺道到太原调研,在与山西省地方志办公室诸同志座谈时结识了西樵先生,知他办报纸、杂志,搞资料汇辑,编纂地情丛书,整理旧志、评点新志,是方志界一位难得的多面手。此后十余年间,彼此音讯不断,陆续收到他点校整理的明成化、万历和清康熙、雍正版的《山西通志》,清乾隆《山西志辑要》、宣统《山西乡土志》等旧志,编著的《山西大典》《太原风景名胜志》《山西省方志论文集粹》《天龙棋谱》,以及专著《西樵志语》《实用版面编辑学》《新方志"概述"点评》《新方志概述比较与研究》等,既为他在保存整理乡邦文献、弘扬传统文化方面所取得的丰硕成果而感慨,更被他孜孜矻矻、笔耕不辍的执著精神所感动!古老的方志事业,正是因为有了如西樵先生这样一批具有高度的事业心和责任感的传薪者,才恒久弥新、越来越兴旺繁荣。

西樵先生的学术成就是多方面的,但其中最让我欣赏的,还是他所从事的关于新方志编纂实践的总结与反思以及理论研究工作。之所以会有此共鸣,可能与我所从事的工作与个人喜好有关。自参加地方志工作之后,我先是在调研室,后长期在方志理论研究室并主持该室工作,而研究室同时承担着中国地方志协会(后改名为学会)秘书处的职责。不管是研究室,还是学会,其主要职责都是组织开展方志理论研究,推动方志学学科建设。这些年来,我们一直竭尽所能,在地方志工作立法、地方志书质量标准体系建设、方志学学科建设等方面,开展了大量工作,并取得了一定成绩。但总体而言,还是有不少遗憾,主要是觉得有许多该做、可以做的事没有做起来,尤其是方志学术的总结性工作,需要做、可做的事情太多,以此也就对西樵先生所作的工作多了一些别样的体会。

我国大规模开展社会主义时期新方志编修始于 20 世纪 70 年代末、80 年代初,迄今已进行了三十多年,取得了辉煌成果,首轮、二轮修志完成的省、市、县三级综合性行政区域志书即已出版八九千种。正如原中国地方志指导小组常务副组长王忍之同志所指出的,在短短的二三十年间完成这么庞大的一个社科成果群,是其他任何一个学科都无法比拟的。与之相适应,方志理论研究工作也取得了很大成绩,就研究涉及的广度而言,研究的论题十分广泛,如方志学研究对象、范畴,方志学学科体系,方志的性质、属性、特性、功能、分类,史志关系、志鉴关系、方志学与相关学科的关系,方志编纂的宗旨、指导思想、原则、体例、体裁、结构、体式、写法、文体、文风、语言,各类志书的编纂,各个部分的编写,方志工作、方志事业及管理,旧志研究,新志评论等,涉及基础理论、编纂理论、应用理论、管理理论、方志史、方志学史等领域,研究所及的数百个论题中,几乎每个论题都有数十乃至数百篇研究文章。就研究涉及的深度而言,研究者站在时代高度,提出了许多创新观点和较为系统的见解,取得了相当数量的、富有价值的研究成果,如基本理清了方志发展史和方志学史的脉络;对方志性质、功能、特征、本质等学科基础理论问题取得了不少共识;方志编纂研究方面,成果丰硕,涉及编纂实践的方方面面;关于方志工作和事业发展的研究,则为地方志事业的繁荣和健康发展指引了方向;不少新观点、新见解成为方志编纂创新与地方志事业发展的理论先导,有的理论观点已被吸收到地方志工作的文件、法规之中,等等。但总的说来,方志理论研究成果与丰富的修志实践成果相比,无疑还是有一定差距的,在不少方面,理论研究明显滞后于修志实践。其中一个重要原因,就是对实践经验总结得不够,不少实践经验尚未经过理论概括,以使后来者(实践者、研究者)可以从中得到启迪、感悟。此外,一些学科发展的基础性工作开展得不够,缺乏对前人研究成果的梳理、归纳,间接导致不少低水平的重复研究。以此,为了推动这几方面的工作,中国地方志协会于 2004 年在新疆组织召开学术年会,邀请一批资深专家对首轮修志的成果进行总结;此后,研究室也申报了一批研究课题,如编制《方志论文论著索引》,撰写《中国方志学五十年》,完成《中国方志通鉴》等,进行理论总结、反思。但受人力、物力及精力等的限制,尤其是近几年承担了国务院部署的《汶川特大地震抗震救灾志》编纂任务,分身乏术,没有精力去发动、组织方志理论界力量开展专题性研究,对过去的研究成果进行系统的清点。对此,虽一直念兹在兹,亦无可奈何。因此,在看到西樵先生《新方志"概述"点评》、《新方志概述比较与研究》两书以及其他文章对"概述"这一专题所作的精深研究之后,对其成果以及所采用的研究方法感触良多,真有吾道不孤之感!

表面上看来,近三十年来,发表的方志理论研究文章、出版的专著数量不少,但像西樵先生这样秉持古人辨章学术、考镜源流之旨,以修志实践和理论研究中的一个重大问题——"概述"为研究对象,广征博采,条分缕析,作那种窄而深的研究,将一个重大的实践和理论问题所涉及的方方面面原原本本地呈现出来,供读者择善而从,实属罕见。他的这种研究不仅是方志理论研究向纵深发展的典型例证,也是来源于实践、又可反过来用于指导实践的良好示范。他的研究成果会被不断引用,其筚路蓝缕所探索的研究方法更值得推广。西樵先生的研究,是以全国31个省(自治区、直辖市)首轮新编市县两级志书之概述为研究对象,在掌握新方志概述实际状况的基础上进行理论探索,进而对各种现象进行理论概况,广泛吸收各种研究成果,从理论高度系统认识概述的源流和功能与作用、概述的特点与内容、概述的名称与体式、概述写作等方方面面的问题,然后再精选150篇概述进行评析,指陈其间得失,以数年之功精心编撰,一朝荟萃成书,其资料之丰富厚实,其立论之鞭辟入里,其结论之确凿可信,即自不待言了。经过这种扒梳整理,概述写作、研究中已经取得的成果、研究中遇到的各种问题、撰写时需要注意的各种事项等,就清楚了,让人可以知所抉择、知所当避忌。尽管受篇幅、点评体例等因素的限制,虽不能说每篇文字皆采山之铜,如有些体式分类欠明、有的过于宽泛、有的失之过苛、有的需要与正文联系起来考察等,但其研究成果的基础无疑是扎实的,远非一般辗转相贩的草率之作可比。方志的其他重大体裁如大事记、志体、人物传、图表、附录等,若均得如西樵先生之研究概述问题一般,在全面审视的基础上,将其理论内涵与编纂实践进行全方位的综合研究,厘清其缘起、发展以及实践、理论方面的诸多问题,则分而论之,合而观之,修志实践和理论研究的诸多重大问题,就得到了系统的整理,"底子"得到了清点,发展也就有了深厚的根基。当然,做这样的工作无疑是件"苦差事",但若无人来干这样的"苦差事",则修志实践就缺少了一些可以方便借鉴、参考的范例,方志学学科建设的基础建设就缺少了一些根基,志书的编纂质量就得不到有效保障。

西樵先生关于方志理论研究的成果不局限于上述问题,其《西樵志语》一书反映了他前些年关于新方志编纂诸种理论问题的思考,他新近结集出版的《西樵方志论丛》,则多是他近几年在编纂地情丛书、整理旧志、评点新志等领域的代表作,它们产生于山西省方志事业深入发展的实践,成为作者对这项事业开展与提高所作的重要贡献。其中,如《浅议二轮市县续志"凡例"的编写》《续志篇目设置浅谈》《浅议二轮市县续志"大事记"的编写》《城市区志科学性漫议》等篇,于续志体例之探索,有理有据,见解独到;书中的志评、志序和志稿评审意见,体现了理论与实践相结合之要旨,非托诸空言者可比,从中亦可见作者孜孜以求的精神风貌。

2012年年底,我邀请西樵先生来京帮助审看《汶川特大地震抗震救灾志·总述》,他说已将近几年关于方志的所思所得汇辑成册,准备付梓,邀我写点文字,推辞不能,觉得这些年彼此在方志理论的研究重点方面称得上"心有灵犀",故写了一点感受,算是对他所作工作的一个呼应,也是对下一步方志理论研究应把握的重点的一个呼吁。是以为序。

邱新立

2013年3月

(邱新立,中国地方志指导小组办公室副主任、中国地方志学会秘书长)

目 录

卷一　学术管窥

方志基础知识教程

　　我所讲的内容主要有两方面,一是方志基础理论,包括:地方志阐释、方志的性质与功能、志与史的区别、方志的体例与体裁、方志的编纂原则、方志的文体、方志的文风、方志的继承与创新等8点。二是方志编纂方法,包括:篇目的总体设计、地方特点与时代特色、资料的征集、辨体为先与合体为本、横排门类与纵写史实、方志的述而不作、越域不书与通典不录、以事系人与以时系事、详今略古与详独略同、合理交叉与力避重复、统计数字的运用、图表和照片的运用等12点。

一、地方志阐释

　　地方志简称方志。"方",是指地方、方域而言;"志",即记,是记载或记述的意思。所以,地方志是以某一特定区域作为记述对象的,是记述一个地方(或某一行政地区)的情况和资料的书籍。因为记载的内容广泛、全面,所以古往今来获得许多美称,有"博物之书"、"一方之全史"、"一方古今总揽"、"地方百科全书"等称誉。

　　地方志是我国的传统文化。"方志"这个名称,出现的很早,《周官》(亦称《周官经》或《周礼》)便已有"四方之志"、"邦国之志"的称谓;这种"方志",是由"外史"执掌的,用来提供给周天子作为了解天下情况和治理国家的参考。

　　地方志是一种通称,它在历史上有很多名目称号。有叫做"地记"的,如"风经记"、"风土记",边远地区的"异物志"和专记山水的"山水记"、"水通志"等。有称为"图经"的,也有名为"传"、"记"、"录"、"乘"、"书"、"略"等称号。大致自宋以后,因地方志体例确立,"志"的名目开始通行。地方志不但有众多名目称号,而且又有许多种类。历史上,有总志(或"一统志")、通志

（记述一省、二省或三省）、府志（或称"郡志"，记述一府或一郡）、州志（记述
一州）、县志（记述一县）、乡镇志（记述一个乡镇）、都邑志（记述一个城市），
以及"杂志"（记述一个军事单位、一个学校、一个专门机构或事物的志书，如
卫所志、书院志、山水志等）之类。当代编纂的社会主义新方志，主要为省志、
市志、县志三种，此外还有乡镇志、专业志、部门志、山志、水志等多种。

方志界人士为区别历代流传的地方志书和当代编纂出版的地方志书的不
同，把历代志书统称为"旧志"，把当代编纂出版的志书称为"社会主义新方
志"，简称"新方志"。

二、方志的性质与功能

关于方志的性质，是方志界至今仍在讨论的问题，意见纷杂，难定一尊。
一种意见认为，方志是地理书。以清代中期的著名学者和方志学家戴震、孙星
衍、洪亮吉等人为代表。另一种意见则认为，方志是历史书。宋人郑兴裔在
《广陵志·序》中就说"郡之省志，犹国之省史"。明清时期许多人也都认为方
志属"史类"，以方志学大师章学诚强调"志属信史"为代表。民国时期，学术
界对方志性质的看法，又形成了第三种意见。认为方志是"史地两性，兼而有
之"。以傅振伦、黎锦熙为代表。

20世纪80年代以来，随着各地修志工作的开展，方志界又对方志性质问
题进行了热烈的讨论，出现了几种新的见解。朱士嘉等人认为，方志是一种地
方百科全书。而于希贤则认为地方志和行政管理学一样是一门政治性、实践
性很强的应用学科。也有人认为地方志是地方信息学。还有人则认为，方志
是时空性、多学科、多专业的历史和现状系统资料的科学文献。

人们对方志性质的认识，是随着岁月变迁和方志发展而与时俱进的。这
个实际情况启示我们，分阶段、多层次地认识地方志的科学属性，是比较适宜
的。大体而言，宋以前的方志，主要侧重地理记载，具有地理学科属性；宋以后
的方志，偏重于人文历史记载，这种方志明显地体现了历史学科的属性。从方
志发展的数量和质量的趋向审视，总的说来，旧时方志的性质，是属于历史学
科。至于当代编纂的社会主义方志，虽然记载的具体内容和服务对象，与旧时
方志迥然有别，但记载一方自然、社会、人文的历史和现状仍是一样的，也同样
可以起存史、资治、兴利、教化的作用，其体例和编纂方法也批判地继承了旧志
仍然有用的部分。可见，新方志的科学属性并没有改变，还属于历史学范畴，

是历史学的一个分支。不过,新方志里历史、人文内容占的比例已经下降,自然科学、技术科学和社会科学新兴门类的比例则不断上升,因而促成了方志体例细目的相应革新和编纂方法的发展,开始偏离历史学范畴,由此,方志的单一学科性质已渐趋多科性、综合性,朝着跨界学科的方向转变。

关于方志的功能(作用)问题,历史上便有方志学家进行了探讨,最早见于文字记载的是晋代常璩在《华阳国志·序志》中认为,地方志有"达道意、章法式、通古今、表功勋、施贤能"的作用。隋唐时期出现官修志书,论者多揭示方志对政治和军事决策参考的作用。宋代方志内容扩展,方志功能也随之增广,郑兴裔在《广陵志·序》里的议论,开了方志"存史、资治、教化"三大功能说的先河。民国时期,风气逐渐开通,世人的视野更加开阔,对方志功能的审察和认识有了新的发展。黎锦熙在《方志今议》中提出"创'四用'以广方志之功能"的见解,阐明了科学资源、地方年鉴、教学材料、旅行指导的"四用"功能内涵。

20世纪80年代以来,方志界公认地方志在两个文明建设中,能够发挥存史、资治、教化的作用。但随着应用地方志书的广泛深入,人们开始认识到,地方志"三大功能"说已不能完全包容新方志的功能作用了。我们认为,地方志不但可以直接为两个文明建设服务,发挥兴利作用,产生经济效益和社会效益,而且还能在沟通信息和文化交流这两方面发挥作用,为国家经济建设赢得一个和平、稳定的国际环境。这说明,在现代社会里,地方志客观存在着"兴利"的功能。所以,地方志的功能应概括为"资治、兴利、存史、教化"四大内容。

三、志与史的区别

关于史、志的区别,是向为人们所重的问题。古今方志家学的论述,对我们认识史、志的区别,有引领指津的意义。如果我们将一些地方史著作与志书比较,更可以直接发现史、志区别之迹:其一,记载的时间断限,地方史的下限远比地方志靠前,所载内容均不及现状;其二,地方史记载的内容远不及地方志之全面、详备;其三,地方史按历史时期分编设章记载史实,地方志横排类目,纵写事物,以横为主,纵横结合,篇目体例相异;其四,地方史论述多出,地方志则"寓论断于事实的记述之中"。

志与史虽有区别,但彼此的关系十分密切。方志为"国史取裁"和"史部要删"(章学诚语),为编修史书提供各方面翔实丰富的资料。我们认识志与史的区别,只是为了更好地把握方志本体,以利于编纂出符合志体要求的合格产品,编纂出精品佳作来。

四、方志的体例与体裁

对方志体例的理解,众说不一。我们认为,地方志的体例,就是一种全面记载一方自然和社会的历史与现状内容的特殊著作形式,由体裁、结构、章法(即对撰写的一般要求)三个要素所构成,涉及到志书的类型和名称、断限、体裁、篇目、记事、立传、文体、称谓等方面的问题。在修志工作中,确定体例很重要,"修志之通,先严体例"(傅振伦语)。正如有人所说:体例是编纂志书的纲领,是体现志书特征的关键,是统一全书的准绳。

地方志体例有多种多样的体式类型,有人把它归纳为纲目体、门目体、纪传体、三书体(包括三宝体和由志、掌故、文征三种体裁组成的三书体)、编年体。也有人分之为平列体、纲目体、纪传体、三书体、三宝体、分期体、编年体、章节体八类。20世纪50年代编纂的志书,出现有通纪体、简志体、史书体、文字作品体、续志体等多种类型。80年代起编纂出版的志书多数为分篇(卷)的章节体,有大篇、中篇、小篇等体式之分,其中大都用历史著述的体例,即:以时间为著述线索的编年体,以人物为叙述中心的纪传体,以事件为叙述中心的纪事本末体。也有一些志书采用了条目体体式。

方志体例多种体式类型并存,代代相沿,优胜劣汰,体现了它发展变化的历史过程和渐臻完善的特点。有人根据方志从古到今表现出来的共性和当代修志文献的有关阐述,概括出方志体例有五个基本特征,即:时空界限明确;事以类从,类为一志;横排竖写,以横为主,宜横则横,宜纵则纵;内容广泛,门类齐全;述而不论(叙而不议)。

体裁是构成方志体例的主要要素之一,有述、记、传、图、表、考、录、序等。

述体有两种形式,一是志首的概述,也有称为概况、综述、总述,其内容为概括全书大要、突出地方优势和特点、点明本地利弊所在、揭示发展战略和未来前景。也有采用图(照)、表与文字叙述结合方式,图文并茂,展示一地概况,称为"概貌"的。另一种形式是各卷编之首的无题小序,或作交待说明之用,或行概括导引,或简介史迹,或借以小加议论,用法比较灵活;此种体裁,有的也称"概述",是述体之一。志首概述是当代志书编纂的创新体裁。

记体,即大事记或大事年表,是按时间顺序记载本地的大事、要事、新事、特事,是从史书中引入地方志书中的。以编年体记事为主,辅以纪事本末体,是一书之"经"。大事记一般置于志首,大事年表则大都列于志书卷末。

志体,是志书中编纂专业分志所用的体裁。"志"是志书的主体部分,是一书之"纬"。这种体裁,是按照事物的性质划分门类,详细记述一地某项事业(或事物)兴衰发展进程及其现状,反映当地自然与社会的某一个侧面,即通常所说的"类为一志"。其载事用笔重在记述,不尚议论藻饰。

传体,即传记体,以人物为中心展开记述。其特点主要是传主生平完整,详于史传;据事直书,事迹具体,以事迹显示人物品行个性。人物传有单传、合传、传记、传略之别;依篇幅的多寡,又可分为大传、中传、小传三种。方志通例为"生不立传",以载本籍人为主。传记的要素要齐全,如姓名、字号、籍贯、民族、家庭情况、主要经历、言行事迹、著述或发明创造、生卒年月等,都据实一一写明。要突出主要事迹,通过传主的言行事迹(包括情节和细节)体现其个性特点和形象,把人物写"活",力避写成履历式、悼词式的传记。

图体、表体。这两种体裁,有形象性和综合性特点。图的种类很多,有地图、示意图、绘画、照片等。表的种类也很多,主要有人物表、职官表、各种统计表、一览表等。这两种体裁都是志书中不可缺的,可以增强志书的直观性和可读性;但要精制善用,力戒粗制滥用。

考体,是方志编纂的传统体裁,注重以文献、实物资料核实说明问题;也有以考证作为正文的补充。志书中所见,有考证、考订、备考之文。考体的运用,可加强志书的资料性,也可加强志书资料的真实性、可信性、实用性、可读性。

录体,即附录。常见的有两种用法:一种是将无法列目归类的重要材料,统一编排附录于全书之后;另一种是将一些背景材料或专记之文散附在各有关章、节之后,称"小附"或"随文附"。附录在保存资料方面有积极的效用。

序,有自序和他序两种,居于志书之首。自序主要阐述修志的宗旨,介绍编修经过和志书的内容;他序有赞誉性的推荐文辞,或对志书进行评价。序文的内容应言之有物,切忌套话、空话。

此外,第二轮修志中还普遍引入了特载、专记、索引等多种体裁。

五、方志的编纂原则

这个问题,有关修志文献里没有明确的说法。而一些理论著作里,却各有各的见解。我们根据《新编地方志工作暂行规定》和《关于地方志编纂工作的规定》，参照各家的意见，综合研究后认为，方志编纂原则是对方志编纂工作的规范要求，主要有以下几项：

第一，必须坚持正确的指导思想。马列主义、毛泽东思想、邓小平理论、"三个代表"重要思想、科学发展观，是指导方志编纂的唯一正确思想，应当在其指导下，遵循实事求是的思想路线，运用现代科学理论和方法，全面真实地记载当地自然和社会的历史与现状，为物质文明、政治文明、精神文明建设服务。这是保证志书质量的关键。

第二，必须坚持继承与创新相结合。除了批判地继承历史上的修志传统和编纂经验，尤其要总结和继承、弘扬首轮修志的成功经验。首轮修志在贯彻存真求实、详今略古、体现地方特色和时代特点等方面，都有可资借鉴的做法，表现了创新精神，值得学习。只有这样，才能使新编的志书实现思想性、科学性和资料性相统一。

第三，必须坚持循序渐进的工作程序。编纂地方志是系统的文化建设工程，有其客观的科学工作程序，必须循序渐进，绝不可资料未备、地情未明便贸然动笔，草率成书。

第四，必须坚持方志本体。地方志有自己独特的不同于其他作品的体例规范，必须遵从方志体例进行编纂；引入其他体裁是可以的，但一定要符合志体要求，以防止所编志书出现异化现象，做到体例完备严谨，篇章结构合理，行文表述得体。

第五，必须坚持民族平等，维护祖国统一，注意保密。

六、方志的文体

《关于地方志编纂工作的规定》第十五条明确要求："地方志的文体，采用规范的语体文。行文力求朴实、简练、流畅。"

什么是语体文呢？《现代汉语词典》释为"白话文"。这个释义，不完全符合地方志采用的语体文的确切本意。地方志采用的是"规范的语体文"，与通常意义上的白话文有区别，它是一种与口头语言基本一致的书面用语，通俗易懂，适合当代人的语言习惯，但与文学作品中"的、了、吗、呢"通篇多见的白话文不一样。

新编地方志采用规范的语体文，与旧方志多采用文言记述文体不同，体现了方志文体上的一种革新,从语言方面反映了新方志的时代特征。行文要求"朴实",就是要实实在在地记事述人,不用浮词虚语藻饰,不作空泛的议论,不讲空话、大话;"简练"就是文字精炼,不拖泥带水,做到言简意赅,文约事丰;"流畅",就是语言连贯畅通,不晦涩,好读易懂。

地方志采用规范的语体文,撰写时就应忌追求古雅,除引用古旧文献资料和古代人的著述言论,行文中不用文言文和文白相间的半文言,以免影响志书的可读性。

但是,地方志采用规范的语体文,绝不是要求用大白话来记事述人。提出行文力求简练,就是为了避免这种"大白话现象"。行文要简练,需要下大气力反复推敲,马虎不得。

把握方志文体是件大事,必须认真对待,不但要采用规范的语体文记事述人,而且要坚持采用记述体,寓论断褒贬于事实的记述之中,做到事明理顺,使读者观志文而知是非、功过、得失、起伏、成败、盛衰及经验教训。

其他作品,也有采用语体文、记述体的,例如新闻报道、总结报告、文学作品等即是,但这些作品的文体与方志的文体是有区别的。新闻报道多用新闻导语,其记述往往带有渲染性;总结报告多概括分析,夹叙夹议;文学作品的记述,往往多形象的刻画、场景的描摹、气氛的渲染,且多用佳词丽句。鉴于修志人员大多来自各条战线不同的工作岗位,平时行文习惯又往往相异,在方志编纂中重视学习和掌握使用语体文、记述体,即坚持用方志文体记事述人,分清方志文体与其他记述文体的区别,是完全必要的,有利于提高志书整体质量。

七、方志的文风

《新编地方志工作暂行规定》第十三条提出:方志文风应"严谨、朴实、简洁";《关于地方志编纂工作的规定》第十五条也指出:"行文力求朴实、简练、流畅。"可见,严谨、朴实、简练、流畅,是方志文风的基本要求。

"严谨"的意思就是严密谨慎,行文要有逻辑性,应周密、完整、系统地记载事物,而不是东扯葫芦西扯瓢,杂乱无章。"朴实"、"简练"、"流畅"的涵义,在上面谈方志文体时已说过,这里不赘说了。

文体是文风的标志,文风则是文体的体现。要把握好方志的文风,就要坚持采用规范的语体文、记述体,力戒"勇效昔言,怯书今语"(刘知几语)。

在方志编纂中要把握好方志文风,必须依靠集体的力量。为此,可以组织大家学习相关的方志理论,阅读一些志书,从理论和实践结合上弄清方志文体文风的特点,了解种种文体文风不对路的表现,以利于在编纂实践中正确把握志书的行文表述。

其次,组织试写志稿。参加修志的人员大多是从事文字工作的,有的还是写作能手。他们娴熟自己原来的文字工作,但对编写志稿却很陌生,即使学了一些相关的方志理论知识,读了一些志书,一旦自己动起笔来写志稿,却未必能顺当。因此,可以组织大家试写志稿,通过实践学习志稿材料的组织运用、文体文风和记载方法,以及注解、引文、图表使用等技术性问题。试写完的志稿要进行交流检查,以便发现问题改进提高。这样从实践中获得真知,就懂得并学会了把握方志文体文风的方法。试写志稿如果得到专家点评,效果就更好。

地方志书成于众手,是众手写成的"春秋"。每一个执笔者文字功底参差不齐,写出来的志稿文体文风会不统一,有的存在一些局部瑕疵,有的则是整节整章甚至整篇(卷)有不合方志文体文风的表现。这样,势必影响整体志书文体文风的一致性。为了克服这样的弊端,主编在统稿过程中,就必须认真地逐一予以修改,使之符合方志文体文风的要求,实现全书文体文风的统一。所以,主编在把握方志文体文风方面,负有最后把关的重大责任。有的方志主编只把志书的政治关、体例结构关、资料内容关,却疏于行文表述,是未能尽职尽责的表现,不利于志书文体文风的统一,将导致有损志书整体质量的不良后果。

八、方志的继承与创新

编纂社会主义新方志要坚持继承与创新相结合,这是方志界公认的准则,编纂续志仍然需要这样做。但首轮修志的继承,仅仅限于对历史上修志传统和修志经验的批判继承,其创新也因当时思想认识和客观实际的局限,略嫌不足。编纂续志则既要继承历史传统和经验,又要继承首轮修志的做法和经验,以保证续志体例结构的规范性,从根本上保证续志的思想性、科学性、资料性相统一,并在首轮修志做法和经验的基础上实行创新。因此,续志编纂之始,认真阅读前志,总结前志的编纂方法和经验,是续志编纂中继承前志做法和经验的重要一步。这一步走得扎实,继承便有了良好基础,否则便会成了有名无实的空话。

续志的创新有广阔余地。在载体形式方面除了纸质文本志书,也可以采用电子版志书、网络版志书的形式。体例结构的创新也大有可为,就体裁而论,可以引入年鉴编纂的"特载"、"专记"体裁,还可以编制"索引"。"概述"的表现形式也可以多种多样,除了文字表述的形式,也可以用图文匹配反映地情的"概貌"。"大事记"也可以突破单纯文字表述的形式,适当配以相关的图照。篇目设置的创新,更是大有用武之地,关键在于开阔视野,把握当地改革开放以来发展变化的现实,深刻理解和认识其间涌现出来的新景象、新事物、新风尚,用科学观点审视、分析,拟订出若干富有时代气息的、符合科学要求的、能准确反映地情的篇目来。例如生活服务、修理服务、中介服务等等,在改革开放中发展迅速,服务范围和经营规模、社会影响,都在现实生活中占有一定地位,可以整合为一个"服务业"的篇目。有些事物,过去我们对其性质认识不够准确,影响了篇目的科学性,例如财政、税务、金融、保险,过去大多合为一篇(卷)。今天看来,财政、税务属经济管理性质,而金融、保险则是产业经济,编纂续志时在篇目中应予以合理调整,这也是一种创新表现。此外,图、表设计使用,尤其各种示意图的设计,用心思索,也能够设计出若干创新之作。

续志编纂,是社会主义新方志第二轮修志和今后各轮修志的任务。就第二轮修志编纂续志而言,其记载时段正是改革开放年代,其间的一切巨大发展变化和成就,都是在邓小平理论和"三个代表"重要思想、科学发展观指引下得来的。因此,续志编纂必须把握这个时代特点,并正确地认识地情。这种情况,相对于首轮修志来说,面临着一个运用邓小平理论、"三个代表"重要思想、科学发展观指导修志实践的问题,怎样落实邓小平理论、"三个代表"重要思想、科学发展观对修志工作的指导,这也是创新,而且是最根本、最重要的创新。

续志编纂的创新是继承首轮修志做法和经验的基础上实行的创新,这样的创新是务实的,是继承、创新与务实三者融为一体的。

九、篇目的总体设计

编修方志,总体设计至关重要。一部新的志书能否体现科学性和现代性,能否突出时代特色和地方特点,能否做到既有继承又有创新,能否完成预期应达的功能,很大程度上取决于总体设计。

志书的总体设计,既涉及内容,又牵连形式,鉴于各地有各地的情况,不同层次的志书有着不同的要求,因此,志书的总体设计必须从本地的实际情况出发,考虑到本层次志书的特点,不可照搬外地经验,照套外地的篇目,或将不同层次的志书相互"套裁"。

志书的总体设计,至少应包括制订凡例、规划部类、设计结构、拟定篇目等内容,这里仅就续志篇目设计应把握的几个问题谈点意见。

传统志书中的续志,其总体设计比较简单,对前志无庸改动,将前志以后各类事实载入。即按前志原分门类,依次编纂,体例基本依照前志,有的只是类目上略有增删。另外加补志一册,其一"对原修志以前事实前志未载应添入者,另列补遗一门";其二,对"前志必须辨正者,另列纠误一门"。的确,这种方法十分简便。曾国荃在山西主持修志即推行这种办法,瞿宣颖称"其办法类简而易行"。

这种续志篇目设计办法,如果是在社会生产力发展缓慢、社会生活变化不大的时代是可行的,而到了今天21世纪,社会生产力发展迅速,科学技术日新月异,社会经济改革一浪接一浪,如果再行刻旧志于前,续新史料于后,或采用"旧瓶装新酒",显然不行了。因此,续志也必须重新另起炉灶进行总体设计,在坚持从实际出发的前提下,选好框架结构即基本体式,贯穿四个观点,处理好三对矛盾。

(1)选择好基本体式。志书大体有三种基本体式。第一种为大篇体式(即大志多篇),志书的一级门目掌握较严,设分志(专志)较少,每个门类之下,设置若干篇。如《台湾通志稿》,全书除卷首外,共设10志:即土地志、人民志、政事志、经济志、教育志、学艺志、人物志、同胄志、革命志等。第二种为小篇体式,不设大志,按小类立志,一级类目较多,达50之多。第三种为中篇体式,既不是按大志综合,也不按小类立志,而是从志书内容的要求和现行管理体制出发,进行设志谋篇,全书设志数目不等,省志一般在50~70之间,市、县志一般在20~40之间。这三种体式,各有利弊。不论采取哪种体式,都要坚持设志谋篇的标准,力求部类结构严谨。不要搞成大篇不像大篇、小篇不像小篇的混合体式。

(2)贯穿四个基本观点。一部志书的总体设计,应掌握四个基本观点:即整体观点、区域观点、综合观点、时代观点。在合乎志体的前提下,实现志书的思想性、科学性、资料性的统一。

所谓整体观点，包含着两层含义：一是修志一定要具备整体观点，一部志书就是一个有机的整体。按系统论的观点看，一部志书就是由一些互相联系、相互作用的因子组成的"系统"。二是志书的框架和篇目要有整体性。包括篇目的确定、取舍、增删、排列即分门别类，谋篇立章；各篇内容上分工照应，即各篇的内涵和外延等等，总体设计者要对上列各方面做出整体性安排。一要考虑到记述对象的要求。方志是一方自然与社会的历史和现状的综合性著述，纵要看出一地的发展轨迹，横要包含一地内的各项事业。二要确立设志谋篇的标准。分系统的最佳化，不等于整体最佳化。志书的每个部分，都是整体的有机组成部分，部分必须服从整体，不能把分志(专志)搞成小而全的部门志，方志不等于部门志相加。三要遵循"有序性"和"等级性"。所谓"有序性"，就是指一个系统内部、各系统的排列不是任意的，而是遵循一定的原则，不同的序列势必导致不同的后果。志书的各个部分，虽有独立存在的价值，但必须考虑在整体中的位置、地位和作用，要照顾到前后左右的联系。所谓"等级性"，就是指各个系统所应处的等级层次。在志书总体设计时，对具体事物要作具体分析，视情加以定性定级，或作专志，或作专篇，或作为章，或作为节。上下级之间，要求层层相辖；平行等级之间，平起平坐，要求内涵和外延不相重叠。只有为了突出某种事物，才可以适当提高事物的等级。四要下功夫统一体例，即规范内容和形式。在志书总体设计时，要逐篇、逐章、逐节研究撰写的内容，这些内容是否符合修志目的，标目是否准确地反映内容。规范形式，就是要求全书形式基本统一。对于内容相同的类目，要求要一致；对于内容不同的类目，采取不同方法处理。不同中若存在相同和相近部分，仍按上述原则处理。要尽可能地减少随意性和盲目性。

所谓区域观点，涵义有二：一是方志以"地域为重心"，依据行政区划为范围，因此，志书在总体设计时必须遵守疆界，作为首要基础，所记事物控制于内，不得随意超越，越境而书。二是要突出区域特点。一部志书的优劣很大程度上在于地方特点写出来没有，这是志书的价值所在。特点写不出来，或反映不明显，就会显得一般化。

所谓综合观点，即志书总体设计时，必须考虑分合有度。正如章学诚在《方志辨体》一文中指出："统部自有统部志例，非但集州府志可称通志……所贵乎通志者，有能言府州之所不能言。则全书义例，自当详人所不能详，势必略人之所不能略。"综合性在志书的总体设计中,特别在省志总体设计中占有重要地位。在志书总体设计时,应采取共性大于个性者合、个性大于共性者分的原则,大胆进行综合处理。

所谓时代观点,就是志书在进行总体设计时,必须考虑到志书的时代性,一是要突出反映具有时代特点的内容。例如,改革开放是这个时代生活的主旋律,必须作重点记载,记述好改革开放的内容,志书的时代性可油然而生。二是必须考虑吸收有关科学的成果来丰富自己,以反映时代特点。三是分类以现代为准。只有这样,才能更好地反映时代性。

(3)解决好三对突出矛盾。一是科学分类和现行管理体制的矛盾。权衡利弊,在设志谋篇时,要做到科学分类兼顾现行的管理体制。既不机械地按社会分工设志,也不生搬硬套学科分类。二是全志的整体性和各类专志(分志)相对独立性的矛盾。各专志在记述交叉内容时,必须突出本专业的特点,不作超越范围的全面记述。三是体例的统一规范和突出特点之间的矛盾。方志的体例要求,志书内部结构必须遵循"有序性"和"等级性"的原则。然而,志书常常为了突出地方特点,习惯把某种事物"升格",单独成志、成篇,弄得不好,特点部分便成了"志中之志",甚至造成体例混乱。为此,方志在总体设计时,不可任意使用"升格"之法,"升格"之后要确保不能自乱体例。

十、地方特点和时代特色

地方特点。一部志书的好坏,关键在于地方特点写出来没有。如何把握特点？特点是相比较而存在的。因此,一般都是从某种事物的大与小、多与少、有与无来认识,往往容易形成只依赖于一物一事去体现。实际上特色是一个普遍概念,应当从共性中找出个性,一般中找出特殊来,这才是真正把握了特色。因此,对突出地方特色要全面理解,既要"一轮明月"(特有的事物),又要"满天星斗"(共性中个性)。

"升格"是方志中突出特色的一种记述方法。所谓"升格",就是打破事物的种属关系,提高等次来记述某种有特色的事物。打破种属关系,突出地方特点,古已有之,如范成大的《吴郡志》把虎丘和园林、名胜三者并立记述。对于打破种属关系,突出地方特色的做法,历来有两种对立的看法,其争论的交点依然在于体例。有的认为,为了突出地方特点,必须打破种属关系作"升格"处理,特别重大的特点可以设立专志(专篇),体例应当服从内容记述的需要,不要为体例所限死。有的认为,打破种属关系,独立设置专志(专篇)破坏了资料记述的完整性,有碍于有序性和等级性。故章学诚对范成大的做法很不满意,进行了尖锐的批评。从修志的实践考察,"升格"是可以的。其一,内容决定于形式,凡是具有特色的事物,内容繁富,放在原来的档次上记述,显然形成小庙里装不进大菩萨。其二,凡具有地方特点的事物,在人们的思想意识上,早已突破了种属关系,如果硬是削足适履,反而觉得不够自然。其三,从实践来看,凡是真正把握地方特点采用"升格"做法的,都格外受到社会的重视。

但是,"升格"问题应当慎重,不能凡是地方特点都作升格处理。"升格"必须符合以下条件:需要"升格"记述的事物,必须在全国全省有历史地位、重大影响,或者经济价值、科研价值很大,同时在"升格"之后不会自乱体例。多数的地方特色事物,依然遵循种属关系,在原有的位置上作浓彩重墨。

时代特色。时代性是地方志的基本属性之一。历代地方志都特别强调时代性。能否充分表现时代特征,是地方志生命力强弱的重要体现。胡乔木在中国史学会成立大会上讲话指出:"要用新的观点、新的方法、新的材料继续编写地方志。"这里强调的"三新",也就是志书如何体现时代特征的重要途径。第一,要反映时代特点,必须用马列主义观点,尤其是用邓小平理论和"三个代表"重要思想、科学发展观来指导编写地方志。旧志基本上反映了封建时代、半殖民地半封建时代的观点、立场。新志从立场、观点到感情,都要体现我们这个时代的特征,与时代同呼吸、共步伐。第二,要反映时代特点,必须运用新的方法。从志书体例、篇目设置、内容安排、资料征集到文字表达都要吸收现代科学知识的营养,以当代为主。对于志书体例,凡优秀者继之,不适者改之,无例可循者创之,使旧形式为今天服务。还可以普遍采用测量、统计、摄影等方法,增加志书的时代感。第三,要反映时代特点,必须使用大量的新材料。坚持详今略古的原则,着力反映社会主义新时代,反映中共十一届三中全会以来各项改革取得的丰硕成果。完全改变旧志中大力宣扬纲常名教之类的内容。时代不同,形势不同,志书的侧重点也要有所不同,新志须侧重对于经济方面的记述,努力实现经济与人文并重。

总而言之,反映时代特点,必须从编纂指导思想到志书编纂形式和内容三个方面进行努力,才能编写出洋溢时代精神的社会主义新方志。这方面,首轮修志进行了有益的探索,积累了丰富的经验,续志应在这个基础上更上一层楼,有所突破,有所创新,使之更具有时代特征。

十一、资料的征集

资料是编志的基础。占有大量、全面、翔实的资料是编纂地方志的先决条件,因此修志必须舍得花大气力和足够的时间进行此项工作。特别在修志队伍基本组成,方志篇目基本拟定之后,资料工作就成为一段时间里的中心任务。如果资料准备不足,则"大儒不敢开口,良史无法下笔"。

(1)资料来源。修志资料来源,有三个方面:一是文献资料,即用文字记载的资料,也称之为"死资料",包括文书、档案、图书、报刊以及年鉴、旧方志等;二是口述资料,又称之为口碑资料,所谓"活资料",即调查访问资料、回忆录等,大多数保存在饱经沧桑的老人头脑中;三是实物资料,即指具有史料价值或参考价值的历史实物。

文字资料是编史修志资料的重要来源,主要包括以下几个方面:①档案资料。包括政党和政府的各种命令、布告、报告、批文、统计报表、会议记录、任免名单、规章制度、工作细则等等。档案资料是历史活动的原始记录,是历史活动的真实或曲折的反映,它不仅史料丰富,相对来说可靠性亦大,收集起来也比较容易,而且还能为从其他方面收集资料提供线索。②图书资料。由于方志内容的广泛性,它所涉及的图书很多,几乎所有具备史料价值的书,都有参考价值。尽管这些图书不是直接的第一手资料,但它是前人辛勤劳动的结晶或研究成果,为我们编写志书提供了许多方便,特别是旧史志(实录、史稿、方志等)是历史资料的仓库,其中蕴藏着极丰富的自然、社会、人文各方面史料,包括气象、地震、灾异、赋役、关税、物产、户口、农业和手工业生产,以及风俗、文艺等。③报刊资料。包括各时期报纸刊物上有关当地的报道、文章等。报刊资料也是历史活动的真实或曲折的记录,所载内容也是极其丰富而又相当具体的,虽然有的报纸杂志有失真的地方,但基本情况和线索还是能反映出来的,所记时间、地点、人名等多较准确,仍不失为珍贵的历史资料。④年鉴资料。本地编辑出版的各种年鉴,保存了极为丰富的地方资料,近20年来的年鉴,是续志编纂的重要资料来源。⑤私人著述资料。包括当地人、当事人的笔记、诗文集、日记、书札、回忆录、调查记录等,这类资料不论已刊未刊,往往有很高的史料价值,可补档案、报刊资料不足,应注意收集,加以应用。

口头活资料亦不容忽视,主要包括以下几个方面:①调查访问资料。主要从各方面人物中采访而来。②回忆录。是指历史的见证人用文字形式追述历史事件或个人的经历。这种活资料具有很高的史料价值。因为它是亲身经历的,有见证的作用。③民歌、民谣、民谚。民歌和民谣是人民群众口头创作的歌谣,形式生动活泼,内容富有地方色彩,多与当时的现实生活有关。谚语是指人民群众中流传的俗语,一般是用简单通俗的话,反映出深刻的道理,其中以农谚最多,地方色彩也更浓。④遗闻轶事和民间传说。"遗闻轶事"是指前代或前人遗留下来的传闻和将要失传的事实。"民间传说"是指人民群众口头上流传下来的关于某人某事的辗转述说。如将这些内容和文字资料互相对照使用,也是很有参考价值的。

实物资料,主要是通过实地考察和拍摄获取的,主要有以下几个方面:①遗迹、遗址。古代或旧事物遗留下来的痕迹,称之为遗迹。已经毁坏的年代久远的建筑所在地,称之为遗址。考察古代历史,特别是考察缺乏文字记载的史实,遗迹和遗址往往能够提供有价值的东西。②各种文物。历代遗留下来的在文化发展史上有价值的东西,称之为文物或历史文物。这些都是第一手资料,是历史的物证。文物之中,又有地上文物、地下文物、出土文物、革命文物、烈士遗物等各种名称。具体的实物有金石、建筑、墓葬、碑刻、工具、武器、生活器皿、纪念塔、纪念地、纪念碑、纪念品和各种艺术品等。近代以来,还有电影、照片、录音带和各种衣物等。这些实物资料更接近事物的本来面貌。

(2)资料收集的办法。资料收集的办法很多。①查阅档案,组织力量进行抄录查阅,写成资料卡片,以备编写。②调查访问,做好记录、录音和录像。③发函索取。④行文征集,把散失在社会上的文物、图书、手稿、报刊收集起来。⑤创办刊物,或出版内部资料通讯或资料丛刊,发动干群撰稿,多方面提供线索。在具体工作中,可把"广征"与"特约"结合;查档与走访结合;把编写本部门志书(部门志、专业志、企业志)与完成本地政府下达的修志任务结合起来,层层发动,众手取材。

要十分注意抢救活资料。有些重要史料能否保留下来,完全系于一个人的存亡,有些时机稍纵即逝。因此,我们必须趁一些饱经沧桑、经历丰富的老人健在的时候,将他们熟知的史实记录下来。方志工作者要有一种紧迫感,把这部分资料征集视为当务之急,立足于"抢"。

十二、辨体为先与合体为本

　　通常说修志必须像志，此话当然是正确的。志书编撰者只有实现了这种要求，他在实际上才解决了志书与非志书的区别问题。这当然也是解决修志目标的基础问题。如果对修志目标的思考就到此为止，那是很不够的。因为修志目标的确立都必须解决两个问题。一是要解决"是否像志"的问题，二是要解决"究竟像什么志"的问题。志书是一个大家族，种类繁多，各有各的特性和作用。如果具体志书编撰者只解决"是否像志"的问题而不解决"究竟像什么志"的问题，那就势必导致各种不同志书体式之间的互相套用，并形成千志一面的格局。因此，为了实现上述两个目标，志书编撰者就必须辨明体式，并力求使自己的编撰工作合乎约定俗成的志体规范。

　　辨体为先。辨体作为文章学和写作学中的一个术语就是指辨明书文体式和体裁。为文以辨体为先，此乃我国传统文章学和写作学的一向主张。南朝梁代著名文论家刘勰在《文心雕龙·附会》篇中就提出了学文当首"正体制"的主张。他说："夫才童学文，宜正体制，必以神志为神明，事义为骨髓，辞采为肌肤，宫商为声气。"这里所谓"体制"就是指书文的体式和体裁。宋人倪思有更为理性的概括。他说："文章以体制为先，精工次之，失其体制，虽浮声切响，抽黄对白，极其精工，不可谓之文矣。"（吴讷《文章辨体序说·诸儒总论作文法》）撰写书文当以辨体为先，编撰志书也同样应该以辨体为先。在编撰体例上切忌彼此互相套用。清人章学诚就曾经写过一篇取名为《方志辨体》的文章，专门讨论各类政区总志如何辨体的问题。其文曰："统部自有统部志例，非但集诸府州志可称通志，亦非分析统部通志之文，即可散为府州志也。诸府之志又有府志一定义例，既非可以上分通志而成，亦不可以下合州县属志而成。苟通志及府州县志，可以互相分合为书，则天下安用此重见迭出之缀旒为哉……今之通志，与府州县志，皆可互相分合者也。既可互相分合，亦可互相有无。书苟可以互相有无，则不得为书矣。"（《方志辨体》）时至当代，随着新方志编纂事业的蓬勃发展，志书的种类更是纷繁复杂，因此，辨体问题就显得更有现实意义。

　　志书辨体的内容大致可概括四方面。一是不同种类之间的体式辨析。例如，对政区总志、部门志、专业志、企事业单位志、山水志、名胜志、人物志等之间的异同点研究。二是在同一种类志书中不同细类之间的体式辨析。例如，在政区总志中，对省级志书、市级志书、县级志书、乡镇级志书之间的异同点研究,对城市志与非城市志之间的异同点研究等。三是在同一志书中不同体裁的辨析。例如,对序言、凡例、综述、大事记、分志、人物传、专题、志尾录、编纂始末等体裁特点的研究,对环境、居民、经济、政治、文化等不同类型分志不同特点的研究等。四是志书体式、体裁与相关书文体式、体裁的差异辨析,如对志体与史体、文艺体、学术体、新闻体、年鉴体等之间的异同点研究。

合体为本。所谓"合体"就是要求志书行文必须符合志体规范。志体规范是作为科学共同体的一种基本共识和社会约定而存在着的。一方面,志体规范具有历史继承性,尤其是形式体例方面的继承性。清人章学诚说:"志为史裁,全书自有体例。志中文字俱关史法,则全书中之命辞措字,亦必有规矩准绳,不可忽也。"(《与石首王明府论志例》)章氏在这里就是从传统史法角度来认定志体规范的。另一方面,志体规范本身又总是随着志书写作实践的发展而发展的。例如,民国时期,中国社会构成情况和修志方法就已经有很大变化,因此再继续严守章学诚所倡导的那一套"史家法度",就自然有不合时宜之嫌了。由于这个缘故,所以自民国以来就不断有人对章学诚所强调的"史家法度"提出异议。例如,李泰棻在《方志学》一书中说:"章氏讥近行志乘,不特文无体要,即其标题,先已不得史法……若谓标题过多,遂云不得史法,此则大不然也。章氏好古特深,故于艺文志之书籍部次,乃欲祖述六典,宪章九流,其它一切,均有古优于今之定见,故即标题一道,亦觉《史》、《汉》邃简,方志必当取法,岂知时代迈进……范以古法,岂能藏事?"又说:"凡为学人,但求其当不当,不问其例不例。倘修方志,皆当一本故例,则实斋本人,将无地以自容矣。即其独创之掌故、文征,又何处以求例耶?"李氏在这里对章氏过于拘泥古人"史家法度"作如此分析批评是很有道理的。符合志体范式的基本要求有三:一是要求在谋篇上必须符合志书结构体式。如诸体并用,以志为主;横排门类,以事归类等。二是要求在行文上必须符合各种体裁的文体范式。三是要求志书行文必须符合语体范式。志书语体的主要特征有三。①语色崇尚质朴平实,不求词藻华丽。②以第三人称向读者陈述。③主要使用消极修辞,慎用积极修辞。④叙事采用顺叙、分叙等方法,不采用倒叙、插叙等方法。

十三、横排门类与纵写事实

横排门类。志体与史体不同,如果从编纂形式来说,最大的不同点在于史体是以时系事,以纵列为主;志体则是以类系事,以横列为主。旧史学中有编年、纪传、纪事本末三大体例,新史书中采取教科书式的写法,但这些都是以年代为经,以事件为纬,著述往事侧重于从纵的方面反映历史的连续性。而志体却要求分门别类记述一方之历史和现状,事以类从,类为一志。它的特点是打破总的时间概念,注意按事物分类横排。所以章学诚认为:"史体纵看,志体横看。"

对于横排门类,首轮修志有个认识过程。开始,对这一原则认识较为模糊,一种把志书编成"三大块"(即先分期,后分类),把一部志书分为古代、民国时期、建国之后三大部分;一种把志书编成"三小块"(即先分类,后分期),即在各项专志之中。统分为古代、民国时期、建国之后三个部分。在强调横排门类是志书体例显著特征之后,又出现了一横到底的说法,认为任何分期都是不适宜地方志编纂的,又走到另一个极端。

结合修志实践,考察志书横剖,志书横排门类是指大类而已。大的门类(一级类目)一定要横分,而在大的门类之下,不可等齐划一,有的可以横统横,有的可以横统纵,有的则需纵横结合。一般来说,对于多数能打破时间概念分类撰写的专志,应安排横向结构,以横统横;对少数不可打破时间概念继续分类撰写的专志,应安排纵向结构,以横统纵;对于一些时间跨度很大,已经消亡的实体和现实存在事物不好归并的专志,还可以采用倒"T"型结构,纵横结合。至于具体到某一专志采用何种结构形式,应根据实际内容权衡利弊而定。

分类横排,分到最后,出现了小小类,而这小小类再分就会割裂事物的整体性,这个小小类就成了撰写单位或撰写提纲,史志界通称之为条目。正因为志书按条目编写,有所谓"志书类辞书"之说。类辞书不等于辞书。两者相同之处是:一都是按一定规律排列的。二都要求首尾毕具。两者不同之处是:辞书中词条都是知识性、解释性的内容,而志书中的条目侧重于地方史实,用史实说话。志书按条目编写的好处是:一可以避免流水账似的记述。二便于突出特点。三便于撰写。四便于查找。当然,条目不可切割过细,太细了反而不便于撰写。在撰写具体条目时,要注意把握以下三点:一要把事实写清楚;二褒贬要中肯;三要有文采。

纵写事实。一般来说,条目撰写是依照历史发展顺序来写,即体现"横排纵写"中纵写二字。时间是物质运动的形式之一,志书在分类之后,记述具体事件、事物时，严格按照时间顺序记述的。所以章学诚说："志中文字，具关史法。"时间要素不仅是史书，也是志书组织历史材料、揭示事物发展过程内在联系的主要线索。然而，有些志书在依时记事上，不够自觉或不够严谨。一种表现在时间要素上颠三倒四，令人眼花缭乱；一种是凡事先记现状，然后采取倒叙、插叙手法。前者不合史法，后者有悖于志体。

多数条目要采取纵写，但也不是一切条目均需从猿到人，说古编今，只需要把事物的本质特征记清楚即可。在撰写条目的方法上，一般采取把资料集中起来经过鉴别、整理、加工，用作者自己的语言表达出来，即所谓"著述体"的写法。还有一种写法，即作者仅理出一个纲目，全引用资料说明问题，即所谓"辑纂体"的写法。首轮修志几乎全部采用著述体。志书虽然按条目撰写，可以说每一条目都是研究成果的汇集，绝不是原始材料的杂乱堆砌。

十四、方志的述而不作

古人认为，志者，记也。志书是记事之书，它不同于史书，重在记述，述而不作，作者对历史人物、事件不著论断。宋代黄岩孙纂《仙溪志》，他在序言中说："按是非于故实之中，寓劝戒于微言之表。"明代嘉靖《太平县志·凡例》云："据事直书，而意自见，不著论断。"清代张之洞在光绪《顺天府志略例》中说："人物门，语语皆须据书采辑，不增一字，以免褒贬口舌。"既然不增一字，当然也不能论断了。

对于方志"述而不作"的规则，胡乔木阐述说："客观的历史就是客观的历史，不需要在地方志里画蛇添足加以评论。地方志不是评论历史的书，不是史论。多余的话不但不为地方志增光，反而为地方志减色。"由此可见，"述而不作"不仅是古代志书编纂规则，也是新志编纂的基本要求。

"不作"就是不另作评论，但不是等于自然主义的记述，而是把观点倾向、是非褒贬、成败得失，寓于事实的记述之中，让资料说话，作者不站出来加以议论。这种编纂好处：一是突出了求实精神；二是易于驾驭，只要照录不误，略事剪裁，就能恪尽职守。"论"，本来是史书体例，《左传》有"君子曰"，《史记》有"太史公曰"，《汉书》有"论赞"，这些都是作者对历史人物、事件的评论。传统志书对"述而不作"要求很严，康熙《宝坻县志》的赋役门中有刻船条，称"太学士论曰"，瞿宣颖批评说"古今无此书法"。

然而，任何方法都不可能绝对化。主张撰写方志应该坚持重在记述，"述而不作",决不意味着一句议论都要不得,一句论断性的话都不可有。事实上,历史上的志书都在重在记述的前提下,偶加议论。只不过这种议论是简短的、自然的,从不离开事实的记述,从不大段大段地发表议论,而是一种与事实记述浑然一体的论断。好像箭在弦上,不得不发。不仅没有套话和空话,而且经作者这么一点,犹如"画龙点睛",从而加深了人们的认识。例如李兆洛所撰写的《凤台县志》,"蠲赈"类目之下,始记乾隆元年(1736),终于嘉庆十六年(1811)历年蠲免地银和赈米数,仿佛是一篇具体而详细的蠲赈清单,作者仅在末尾加了17个字的议论:"赐予之数,溢于输赋。深仁厚泽,浃于群生矣。"它与事实的记述浑然一体。又如民国三年(1914)《安徽泗县乡土志》记述教育:"综计全县已成学校七十所,师范一,女子一,简易一,高小十三,国民五十四。学生数共二千五百六十七人。现正筹备者七所。"接着作者议论了几句:"唯缺少实业学校,未能为地方开财源,为人民裕经济,亦执政者所当注意也。"上举特例中的议论都自然、简短,且有深度。

现在的问题,不是研究如何使议论更为精当,而是新志中空话、套话太多。为此,当前强调重在记述、述而不作,对续志编纂是有其积极意义的。

十五、越域不书与通典不录

越域不书。方志是以地域为重心,依据行政区划为范围,记载一方历史与现状的资料性著述,很显然有一个时空概念的问题。因此,"遵守疆界"就成为志书编纂的要则之一。传统的方志都把确定疆界范围作为志书的首要基础,所记事物控制于内,不得随意超越。例如,清代学者戴震就认为,编纂方志首先必须"定沿革"、"辨疆界"。他说:"沿革定上考往古,乃始无惑";"疆域辨而山川乃可得而纪"(乾隆《汾州府志·例言》)。清代时来敏在康熙《清苑县志·序》中说得更明白,他说:"邑志所记者,不过一邑之事,原以备太史之采风,一邑而外不问也。"章学诚在《永清县志政略·序》中也说:"志笔不越境而书。"民国时期著名方志学家吴宗慈则进一步地阐述说:"历代疆域沿革,如不辨明所记大事逾越范围,以致把他省之事,误入本省。"然而,在新志编纂过程中,对于遵守疆界这一编纂规则理解不一,做法也不相同。有人提出,经济类专志可不必严守疆界。甚至有人提出,方志要创新,必须突破"区域性"。其实,这是一种误解。

越域不书,并不是不可以引用外地的资料。如南宋罗愿的《新安志》,为了说明陶雅以来,新安各县的赋税高于周围邻县,作者把新安婺源(现为江西省)与江西接壤的邻县鄱阳、乐平作了比较。婺下田三十八文,米三升八合。而乐平税钱自十三至九文,米三升八合至二升八合。鄱阳税钱自十文至七文,米自四升至一升。两地相比,婺源的赋税高于乐平、鄱阳数倍。可见,作为对比之用,引用外地材料,不为越境而书。

越域不书,并不是不可记述本地与外地的经济联系。一个县、一个市、一个省都不是隔绝于世界的孤岛,彼此之间常有着密切的经济往来。民国期间,胡适对他家乡绩溪县修志很关心,写信一再叮嘱:"县志应重邑人移徙经商的分布与历史。县志不可只见小绩溪,而不见那更重要的'大绩溪',若无那个大绩溪,小绩溪早已饿死了,早已不成个局面。新志应列'大绩溪'一门,由各都画出路线,可看各都移植的方向及其经营的种类。"胡适所主张的,就是要反映本地与外地的经济联系,也就是今日所言经济横向联系、经济辐射力。可见,反映经济辐射力、本地与外地的经济联系,不为越境而书。正在编纂的《义乌市志》特设了"义乌在外埠的市场",记述义乌人如何开辟外埠商品市场以及国外商品市场,不仅反映了义乌经济与外地的联系,而且颇具地方特色。

总之,编纂志书应当遵守疆界,不可任情纵述,喧宾夺主,但为了对比,为了交待背景,为了反映本地经济辐射力,都不应视为越界。

由于对遵守疆界缺乏认识,在新编志书中,曾发生有的移景于外地,有的借大事于他乡,有的不以现行行政区划为依所,所修的县志,名为县志,又似地区志。在全国北片十省区县志评议会上,有人就如何遵守疆界提出四点意见:第一,志书应以现行的行政区划为依据,所记事物控制于内,不得随意超越。历史上属于本县范围,现已划给他县,应由他县记载。变迁情况,可在历史沿革之中记上一笔即可。第二,历史上属于本县范围,后被他国侵占,一律设考备查,记述国土丧失之经过,借此保存历史资料,教育人民群众,如《爱辉县志》所设"江东六十四屯考"。第三,凡属在本县范围内发生的历史事实都应记述,与本县直接有关者,对本县影响大者应详记;与本县无直接关系,对本县影响不大者当略记;中央及上级在本地办理的事情,与本县直接办理的事情应当有所区别,详略得当。第四,驻县单位及活动的记载,旧志以"行在所"加以区别,留名而不详记。现在可以区别对待,对上级驻本地重要行政单位留名而已,对上级直接管理的企事业单位则可以略记,如医院、学校、剧团、剧院等。

但要做到与本县直接管理的部门及活动有所区别，"先记自己的，后记上级的；详记自己的，略记上级的"。

对于越域不书，传统志书也有偏严之处。例如，在人物立传上，本地人可作全传，而外地人在本地为官的，为了避免"越境而书"，规定只能记其"籍贯、官阶"，"一切事业无关本境者，即不必志"（《临川县志·凡例》）。这就是说，为外籍人立传本地之外的事迹，不论其未任之前，还是离任之后，都不必涉及，只须载明籍贯和官阶。否则，就是"越境而书"。对于此类偏严的做法，新志有所突破，在为本地人深志不忘的外籍人士立传，一般都采用了全传。

总之，区域性是地方志书的特征之一，各级志书均以其管辖范围之内的各种事物为记述对象，不越境而书，是保持志书基本特征的重要保证。这一通例，在编纂续志中仍应继承和发扬。

通典不录。古代学人曾明确提出"通典不录"的主张。明嘉靖《耀州志·凡例》说："凡事涉国典，海内共有者不书。"嘉靖《淳安县志·凡例》亦云："文庙释奠之仪，山川社稷享祀之礼，朝廷有同行定制，兹不载。"清张之洞撰光绪《顺天府志略例》对于"通典不录"问题曾提出较为具体的实施原则，认为志书取材当"以地为主，与土地稍远者，即从略"。如"典礼、则例，非专为顺天设者，不录"。"谕旨必确系专顺天者，方敢恭载"，选录谕旨"宜择要恭录，不必全录"。有些事涉及各地，只需记载与本地有关部分即可。如"八旗事，专载归顺天府管理者，余略"。民国著名方志学家王葆心对于"通典不录"问题阐述得更为精辟。他说："方志界说者，以志为地方而作，凡所收载，必其人其事，与地方近接而后可附入地志中。""故方志中，凡涉政典及实业，必其为本地所独有专擅，方可收入。若为他方所共有，四国所通行，则通志可不必收"（《重修湖北通志条议》）。

古人已经提出"通典不录"的主张。今天看来，这个观点还是正确的。因此，新编方志也应该继承这一做法。但在新编志书中确实存有"通典"照录的现象。新编志书为什么会出现"通典"照录的现象呢？究其原因是多方面的。一方面，由于当代方志论坛没有宣传好"通典不录"这一传统要求，所以就导致有些修志者对于这一要求缺乏必要的认识；另一方面，我们也应该看到，在社会主义社会里，一个地方有许多事情都是按照中央统一规定办理的。因此，当人们在记载这些事情时，就有必要从交代背景角度点出国家和上级的有关规定,否则就会使某些具体事情的发生和发展失去必要的政策和思想依据。有一学者对于新编志书如何载述"通典"问题曾提出这样的意见:"总的来说,在某些内容中,'通典'不可不有,但又不可照录,关键在于融'通典'精神于事物发展演变之中,做到浑然一体,而又详于记述实施结果。"(梁耀武著《方志学举要》)

十六、以事系人与以时系事

以事系人。历史是人创造的,人是社会活动的主体。从形式上看,全部历史是无数人及其组成的活动构成的。地方志记述的是地方自然和社会的历史和现状,如果抽去具体人的社会活动,方志对地方历史的记述,就会显得苍白无力。

方志(包括续志)对人物的处理有着自身的要求。重要的历史人物,志书中专设人物志记载,而多数情况下,采取以事系人的方法。然而,在新编志书中,有的滥收人名,有的见事不见人,形成两个极端。姓名入志,"青史留名",是褒是贬,都是个严肃的事,不可滥收失控。相反,记事时有意回避人名,怕拿不准、摆不平,怕产生矛盾迁怒于己,这也不是实事求是的表现。

以事系人,应当坚持实事求是原则,做到人从事出,人从史出,不搞大名单,不搞平衡,既不吹捧任何人,也不怕得罪任何人。方法上可采用点系、直系、附系、专系等做法。

(1)点系。记述时点到人名,以显示真实感,但不须展开。这种方法在"以事系人"中较为常见。例如《安徽省志·交通志》记述霍山佛子岭公路桥:"佛子岭桥由治淮委员会佛子岭水库工程指挥部投资修建,该部王雨生负责设计并主持施工。1969年9月开工,1970年10月竣工,实际工期20个月,总投资78万元。当年11月通车,并移交霍山县公路站接管。"点系即点到为止。

(2)直系。在记事过程中直接联系人物某一突出事迹,这一事迹对记某项事业有十分重要之意义或具有某方面的代表性。例如《安徽省志·水产志》"人工半咸水工业化河蟹育苗技术研究与推广"条目记:"滁县水产科学研究所于1974年至1981年进行了人工半咸水工业化河蟹育苗的试验研究。1977年通过小试鉴定,并列入国家重点科研项目,经1977年至1981年3年的试验,成功地进行了人工半咸水的配方的选优,育成了蟹并再繁殖,形成了一套以工厂化育苗为特点的技术工艺。……这项技术研究的主持人赵乃刚副总工程师,于1984年12月获国家发明一等奖,1985年2月胡耀邦总书记等中央领导人接见国家6位科技工作者,赵乃刚受邀赴中南海作客。1986年,赵乃刚这项发明被选送日内瓦参加第十四届国际科技展览会,获金牌。"直系"了赵乃刚的事迹与荣誉。直系这种做法最为常见。

(3)附系。附系,即"夹注",用注释的方法点出人名及事迹。例如《台湾通志稿·水产篇》,有"吴郭鱼",其下夹注:"按吴郭鱼原产于非洲之唐加尼加湖,远在四十年前,荷属东印度政府,携带三十六尾到爪哇繁殖,又输入苏门答腊及马来西亚半岛等地,民国三十五年(一九四六年)间,本省农林厅技正吴振辉同高雄市渔市场主任郭启彰二人,自新加坡带来鱼苗十六尾回省繁殖,成绩优良,遂逐渐推广至本省中南各地,为纪念吴郭二氏功绩,故命名为吴郭鱼。"

(4)专系。专系,即采用设节立目的方法集中记述某人的事迹。例如《台湾通志稿·经济志·商业篇》专设一节:"刘铭传在台湾对外国贸易上之治绩",其文摘录如下:"如上表,清朝时代台湾之对外贸易,自光绪十二年(西元一八八六年)起,更为隆盛,后不出十年,竟超过一千万两之多。如此发展,虽是时势推移之所使然,然而吾人不可轻视巡抚刘铭传之努力所致。"

"刘铭传,字省三,安徽人,武将,光绪十年(西元一八八四年),受中法战争影响,台湾之地位,被认为国防要地,翌光绪十一年,台湾始建立为省,以刘氏为首任巡抚。彼夙抱有鸿图大志,乃锐意实行进取之政策,因此反招部分保守台民之反抗,在任仅六载,后称疾辞官。致其经纶未展,然其各种设施,亦大有可观,其莅任后之台湾贸易,更为人勃兴焉。"接着,又以大量的篇幅记述了刘铭传为扩大台湾对外贸易建立了轮船招商局、商务总局、电报局、铁路总局等措施。一般来说,志书对设节立目专系人物的做法保持慎重态度,只是在不用不可解决问题才使用之,不可多用。续志中"以事系人"之法,应与前志相同,根据不同情况采用点系、直系、附系以至专系。

以时系事。在志书写作中,记时问题很重要。恩格斯指出:"一切存在的基本形式是空间和时间,时间以外的存在和空间以外的存在,同样是非常荒诞的事情。"(《马克思恩格斯选集》第3卷第91页)著名方志学者傅振伦在20年代发表的一篇文章中也这样说道:志书"纪事所重,贵时间、空间两种概念之明确。"(《新河县志纠谬》)志书写作运用以时系事方法有两个作用。一是为所记之事提供准确的时间背景,二是为记事提供行文主线。所谓以时系事就是指那种以时为经以事为纬的写作方法。此法源于春秋孔子所编的编年体史书《春秋》。唐人刘知几评《春秋》曰:"夫《春秋》者,系日月而为次,列时岁以相续,中国外夷,同年共事,莫不备载其事,形于目前。"(《史通·二体》)《中国方志大辞典》说:"以时系事"是"新方志的一种记述方法。本属史书的体裁。写史要按照时代顺序,运用具体史实,阐明和探索各阶段的历史发展规律。但是,地方志要'横排纵写',在以类系事的前提下,也要采取'以时系事'的方法。当在记述某一事物的发展沿革,反映某一事物的因果、是非、得失,显示事物发展脉络时,就是如此。还有一些事物发展历史长,阶段性明显,采用分段记述,则更应'以时系事'。"

志书编撰运用以时系事方法有两种类型。其一,用于谋篇。具体用法有两种。一是用于志书的总体谋篇。在我国历史上曾经出现过运用以时系事方法进行总体谋篇的志书,即编年体志书。如明黄升光《长兴县志》,清汪中《广陵通典》,民国王树枬《冀县志》等。此体志书的优点是便于考察历史事件发生的时间,容易看清各种事物之间的因果关系,并可避免重复。但也有缺点,即所记之事前后不连贯,不便于记述同时发生的几件事。故自清代乾隆以后,这种体式的志书极为少见。二是用于志书中某些需要作分期记述的篇章。如建置沿革(或政区)篇等。其二,用于行文。具体用法也有两种。一是用于大事记(大事年表)的写作。大事记中的编年体和大事年表的行文方法就是以时系事。其具体方法恰如宋人司马光所云:"无日者,附于其月之下,称是月;无月者,附于其年之下,称是岁;无年者,附于其事之首尾;有无事可附者,则约其时之早晚,附于一年之下。"(《与范内翰(祖禹)论修书帖》)二是用于社会事业类分志条目的撰写。如新编《尤溪县志》在"林业"篇"林业机构"节的"国营苗圃"条目下写道:"1954年1月于大埔山建立国营苗圃,1958年迁到水南,1982年撤销。1956年建清溪分圃,此年撤销。1951年建安洲岭分圃,此年撤销。1984年在潘山重建国营苗圃,至1985年共有苗圃地105亩,干部职工7人。"这里行文就是以时序为主线的。

以此系彼。以此系彼法是方志学者梁滨久于80年代末首先提出来的。他说:"方志在记述一件事情是连带记述与之密切相关的事项,笔者为简明起见,名之曰:'以此系彼法。'古今志书行文使用以此系彼法的例子是屡见不鲜的。如《淳祐临安志》记白云峰：上天竺山后，最高处谓之白云峰，于是舍建堂其下，谓之白云堂，山中产茶，因谓之白云茶。东坡居士有和茶诗云'峰下两花新。'谓此也。下面是小字加注：'杨蟠诗云：万顷田间雨，多从坂上生，野人犹不足，常拟凿为平。'郭祥正诗云：'湖上峰争碧，此峰藏白云，云光连月色，鸥鹭亦迷群。'这一段不仅写了白云峰自身，还写了与白云峰有关联的白云堂及产物和诗人们对白云峰的赞美诗篇。借用'以事系人'的说法，则是'以山系庙'、'以山系物产'、'以山系艺文'了。"（梁滨久《方志的以此系彼法》）当代方志编纂学界已经形成了以此系彼方法群。浙江人民出版社于1988 年出版的《中国方志大辞典》就列有"以时系事"、"以人系事"、"以事系人"、"以类系事"、"以类系篇"五个辞条。这里仅就其中以事系人和以时系事方法作一具体说明。

十七、详今略古与详独略同

详略得当。首轮修志之初，宣传地方志为"一方之全史"，或誉之为"百科全书"，有的地方把"纵不断线，横不缺项"（原是武汉市志对征集资料的要求）奉为志书编纂的原则，无形中给新志编纂者留下"宁繁勿简"的印象，使志书的内容普遍存在"多多益善"的现象。历史不可能装载全部细节。无论志书何等详备，一部省志 1000 万字～2000 万字，一部中等城市志 200 万字～300万字，一部县志 50 万字～100 万字，也只能举一地自然与社会之大端。胡乔木在全国地方志第一次工作会议上指出："地方志应该做到详细，同时应做到简略。"详与略是辩证法在写作上的统一。详，写的是重点；略，写的是一般。详略得当就是点面结合。

志书如何做到详略得当，哪些详述哪些略述？说法很多，有人将其归纳成以下几点：从时间上来讲，详今略古，详转折略过程；从资料上说，详旧志之略，略旧志之详；详本地独特的，略全国一致、各地相同的；从内容来讲，详事业，略机构，详典型，略一般；从写法上讲，详主干，略枝节，详重点，略铺垫。其实，繁简详略都是相对而言的，是不能单纯从字数方面衡量，它既包括形式方面的详略繁简，也包括内容方面的详略繁简。

形式上的执简驭繁，主要是尽可能地做到层次清楚，结构简单，不要搞成架床叠屋式的篇目，一般来说，省志有 4 个～5 个层次，市、县志 3 个～4 个层次即可。

内容上的执简驭繁，全在于剪裁之功。对于续志来说，有以下几点值得注意：①凡是没有现实意义的，没有资料价值的"辞人杂纂，月露浮文，米盐琐事"，应尽量减少。②凡是有同样性质书籍流传于世的，如近年编纂出版的《地名录》，其内容也不必尽量地移入，专设"地名志"，这叫作"政有专司，书有专职"。③凡是一事物宜集中记述，首尾毕具，不可四处散见，如出现不可避免的交叉，应各有侧重，或详略互见。④凡前志已详载的事物，不必完全照抄照录，尽量简约。如记述事物需要追本溯源，当受时限的约束，不必无限制地追溯下去。⑤凡记述制度，交待背景，事涉通典，尽量简约，既要"神驰全局"，又要尽量使之地方史实化。⑥凡记述同类事物，应当有个基本规定，尽量减少随意性和盲目性。⑦发挥图表作用，使之文表结合，文约事丰。

详今略古。详今略古（或称详近略远）是方志编写的一个传统方法，用以处理内容方面的古今关系。清人章学诚在同旧派论争时就提出："史部之书，详近略远，诸家类然，不独在方志也。"（《记与戴东原论修志》）1929 年，傅振伦草拟新修《北平志类目》尝为志例八则。其中第一则标目就是"宜略古详今，侧重现代。"（傅振伦著《中国方志学通论》章十八）详今略古即对一地各方面从古到今的历史和现状作详略不同的记载，详记近今之事，略记古远之事。《新编地方志工作暂行规定》指出："新方志要详今略古，古为今用，着重记述现代历史和当前现状。"详今略古这一原则大致包含三层意思：①凡旧志已经记载且内容正确无误者，新修时只需作简略综述或选择记载，以示不缺；②若旧志内容谬误或可疑者，当尽量订正或指明问题所在；③对旧志语焉不详或缺载者，新方志应尽量补入，特别是旧志修成以来的新变化、新情况，更是新方志所应着力记述的重点所在。就一般而言，"详今略古"这一原则是有普遍意义的。但也不能对这一原则作机械理解，搞一刀切。

"详今略古"中的"略"字应理解为简略、粗略，不应理解为省略、略去。但在 20 世纪 80 年代初期，有些修志者由于对"详今略古"这一原则的理解有偏颇，并以"详今略古"为由，忽视对历史资料的挖掘，以至使新编志书的某些部分出现了"有今无古"的局面。为了纠正这种偏颇，早在 80 年代末，魏桥先生多次强调新编志书必须做到"贯通古今，详今明古"。例如，他在一篇文章中就这样写道："编修社会主义时期第一代新方志，我们要求志书的记述贯通古今，详今明古。'明古'就不能采取简单化的办法对待历史，而是要求用严肃的态度,审慎地对待历史资料,把历史上发生的事件尽可能弄个明白,弄清事物的发端、发展和变化,而不是一问三不知。"(《对修志工作的再认识》)详今略古这一原则是从处理古今关系角度而提出来的。它主要适用于时间跨度比较大的重修和创修。我国目前正在逐步兴起的新一轮修志大多为续修。由于续修的时间跨度比较短,一般都在 20 年左右,内容上古今矛盾己基本不存在(虽然续修中的补载和正误这两项工作仍要涉及古代内容,但在总量上毕竟是有限的),故在表述上也不存在"详今略古"的问题。

　　详独略同。详独略同或详异略同、详特略共,也是方志编撰的一个常用方法,用以处理不同事物之间的关系。在古往今来的方志论坛上,详独略同这一提法较为多见,其余几个提法较为少见。清末志家吴恭亨曾胪列"新志体要"曰:"详地略天,详人略物,详俗略政,详独略同……"(转引自《中国方志大辞典》第 438 页)后来傅振伦在《中国方志学通论》章十一中评述吴氏"新志体要"思想曰:"吴恭亨《慈利县志》胪列新志体要,以昔志斤斤于星野,因详地略天;以旧志滥叙物产无当,因详人略物,以前志滥载通行典礼之多事,因详独略同……"自 80 年代以来,"详独略同"这一提法亦被多数志界同仁所认同。1988 年,浙江人民出版社出版的《中国方志大辞典》也收有"详独略同"这个辞条。该《辞典》解释说:所谓"详独略同"就是"指在方志编纂中,对本地独有或特优,它方所无或很少的事物要详加记述。对那些本地或外地都有的事物可略记,而让更高一级的志书记述,而突出地方特点。"对于"详独略同"这一传统提法,我们既不应该全盘肯定它也不应该全盘否定它,而应该对它作辩证理解。具体说来,就是应该从共时和历时相统一角度去理解。作为一部合格的新编志书,它必须体现出地方特色、时代特点和专业特点。因此,对于"详独略同"这一概念仅从共时角度去理解就不能完全适应于新方志编纂实践。由于这个缘故,所以自 80 年代中期以来,有不少学者都对"详独略同"这一原则表示异议。例如,《史志文萃》1986 年第 5 期发表题为《对于"详独略同"当予辩证的否定》(作者高天德)的文章,《贵州方志》1991 年第 4 期发表题为《"详独略同"诘难》(作者吴辛)的文章等。仅从共时角度去理解"详独略同"这一提法确有不妥之处。其不妥之处概括起来主要有两点。一是不利于反映时代特色。所谓时代特色就是旧时代各地所没有的和新时代各地所共有的那一类内容。如中国共产党和人民政府领导,实行改革开放,从计划经济到市场经济过渡,各行各业都服从和围绕经济建设这一中心等等就显然不能施之以"详独略同"方法。二是不利于反映专业特点。《新编地方志工作暂行规定》指出:新编方志要力求体现"专业特点"。从在共时态角度上看,一方面专业特点无疑体现了不同行业之间的根本区别;另一方面在同一个时代里,不同地区的相同行业其"专业特点"(属共性范畴)也无疑是一样的。因为各个地方有各个地方的地理特点,各个历史时期有各个历史时期的特点,各行各业有各行各业的特点,各种产品有各种产品的特点,各个人物有各个人物的特点,故编写志书时要注意详独略同,略记一般,详记独特,略于相同,详于独特。

　　详动略静。一切事物都在运动和变化,那种不运动和不变化的事物是根本不存在的。由于受唯心主义和形而上学思想的影响,古代志书一般都重视对事物作静态记述,而不重视对事物作动态记述。但其中也有少数具有朴素唯物和辩证思想的编撰家已经开始注意对事物作动态记述。例如,清人冯达道在《重修汉中府志·序》中就明确主张志书应该注意对事物发展变化的记述。他说:"郡必有志,所以记变也。"但由于时代和阶级的局限,这种先进的编撰思想只不过是少数学者的一种学术主张而已。自新中国建立以后,尤其是从上一轮修志开展以来,广大修志同仁在历史唯物主义和辩证唯物主义思想烛照下,根据事物存在的客观规律和新志书写作的成功经验,早于80年代后期就总结和提炼出"详动略静"(或详变略渐)这一记述原则。

　　"详动略静"中的"动"即指事物的显著变化状态,"静"即指事物的相对静止状态。所谓"详动略静"就是要求志书详记事物在显著变化状态下的情况,略述事物在相对静止状态下的情况。志书行文为什么要遵循"详动略静"原则呢?因为事物的量变是事物数量的增减和场所的变更,是一种微小而不显著的变化;因此,志书只有记好事物的发展变化才能更好地表现出事物的本质。志书行文遵循"详动略静"这一原则,不仅可以更好地表现出事物的本质,而且还可以使志文突出重点,避免过多的一般性和过程性记述,克服流水账式的记载。那么在具体行文过程中究竟该怎样去把握"详动略静"这一原则呢?总结大家的经验,主要有这样几个方法:一是抓住事物发展过程兴衰起伏的转折点来写,二是记述事物发生显著变化的原因和背景,三是选用发生显著变化那个年份的数字列表。

十八、合理交叉与力避重复

一部志书的内容丰富而复杂,所要记述的事物之间,彼此渗透,相互交叉。因此,必须处理好各部类内容上的交叉重复,包括专业分志内部系统的交叉重复和专业分志与专业分志之间的交叉重复,它直接关系到志书的严谨性。

对于专业分志内容,首轮修志之初,十分强调专志贵专,写专业分志只能写其主体,不涉其他,否则就会影响专业分志的整体性和科学性。后来逐步认识到,专志贵专不是唯专,也要考虑专业分志的相对独立性,省志尤为突出。其理由:①在现代社会里,各学科、各行业之间互相渗透,你中有我,我中有你,不应搞成封闭式的专业分志。②有些方面内容,如专业科研、专业教育以及专业管理,已成为某项专业的有机组成部分,是推动某项事业发展的必备条件,硬是把它分离出去,不仅破坏了专业分志的整体性,而且很难看出因果关系。③从实际使用的角度看,专业分志的使用对象,多数是专业工作者,如果专业分志有相对独立性,这就大大方便了检索和查考。这样,各专业分志在内容上的交叉重复难以避免。

处理志书中交叉重复基本原则有三:一是允许适当交叉。如前所述,事物是复杂的,任何科学分类都不可能是"一刀切"。如"旅游"类目,与自然环境、文物古迹、交通、商贸、工业等门类均有不可避免的交叉。因此,从实际出发应当允许适当交叉,即非交叉不可者可作交叉处理。二是力避重复。交叉和重复是两个不同概念,交叉是指事物之间必然联系,不可分割的联系,记述时可以各有侧重,各记各的。而重复则是指资料文字上的雷同,特别是对于简单重复,可以采用互见之法,力求避免重复。三是消除抵牾。由于志书中交叉重复客观存在,若非出自一人之手,由于各人掌握的资料不同,观点差异,往往就会产生资料上的抵牾,志书中出现的许多矛盾,甚至笑话,其中有许多就是因为交叉重复惹的祸。因此,必须坚决消除抵牾,否则读者该相信谁呢?

处理交叉重复的路子也有三:一是在篇目设计时,要力求避免交叉重复的类目,严格控制在"适当"的范围之内。二是在各部类撰写时,编纂者要树立整体观念,局部服从全局,不求"小而全",但求"大而整"。三是全书总纂时,应加强总纂,通盘考虑,前后照应,恰当安排,消灭抵牾。

此外,还要学会对交叉重复内容作具体分析、具体处理。以下几条办法很有参考价值。①涉及普遍性的交叉内容,宜集中到某一专业分志记述,如政治运动、党团组织,可分别集中到大事记和政党群团中记述。②涉及与专业发展有直接联系的交叉内容,如专业科研和教育,既要集中,又要分散,详略互见。③凡属不可避免的交叉内容,如水利志、电力志、航运志、水产志等均涉及江河湖泊,应侧重记述其在本专业的特殊地位,突出本专业的特点,不作超越范围的全面记述。④因归属易换而造成的交叉内容,应当在现在的主管部门所撰写的专业分志中记述,其他有关专业分志只记其变化过程。⑤某一事物分别隶属两个以上部门,原则上是由志办牵头协商和裁决。

十九、统计数字的运用

方志"是一部朴实的、严谨的、科学的资料汇集",数字是其重要的组成部分,是自然和社会的历史和现状的一种记录,不可缺少。翻开新编方志,特别是经济部类,到处可见一串串、黑压压的数字。有人作了有趣的统计,某部县志中的数字表格占版面字数 7.96 万字,加上文中夹叙夹议的数字,共 10.17 万字,占县志全部字数的 13.38%,具体到各个篇章,数字的比重也不一样。另有人统计,有篇"概况",全文约 1.2 万字,使用了 665 个数字,占全文的 1/5 篇幅,其中经济部分使用了 380 个数字,占全篇所用数字的 57%。这些充分说明,数字是新方志不可缺少的组成部分。志书不可不重视数字。方志写作要求"述而不作",用事实说话,寓褒贬于记述之中。用事实说话,包括用数字说话。在表示事物存在和发展规模、程度、速度方面,数字比其他文字更为真实、准确。但在运用数字时,一定要注意三点:一要务求真实,二要符合逻辑,三要讲究科学,不可堆砌数字。

一部志书数字千千万,要做到准确无误,实在不是件容易的事。志书既然被称为"信史",也就必须下功夫做到这一点。一是注意数字资料的来源,尽可能使用权威性资料,即第一手统计资料,政府部门正式公布的资料。二是注意考证,不仅使志书中数字真实准确,符合逻辑,而且不使志书内数据打架,做到前后一致。若数字相互矛盾,就令人难以置信,从而降低志书的质量。三是切忌推测估算。在实际工作中往往有的数字收集不到,应当实事求是地加以说明,宁缺勿误,不可推测估算,造成以讹传讹。

所谓讲究科学,一是入志的数字要经过筛选,应该是典型的、具有代表性的、能反映事物的历史与现状及其演变规律的数字,不能说明问题的统计数字,应极力删去。二是志书的表格,一定要根据记述需要精心制作,不能凡事一览表,把统计局的表格大搬家。三是注意统计口径。同一个内容,往往统计的口径和范围不一致,其数字也就不同。在使用数字时,采用的口径和范围,必须统一。有时会发生这样情况,同样一件事,如粮食产量,客观存在几个数字,一般来说以统计局公布的为准。如果经过考证其他部门的数字更为准确,可以载之,但仍要注上统计部门的数字是多少,以免发生不必要的误解和麻烦。总之,志书在记述事物演变时,一定要把握活生生的、运动的、变化发展的历史数字,运用要恰到好处。若图省事,堆砌数字,往往会遭到数字的惩罚。

在首轮志书编纂中,有些人只看到数字的重要性,未虑及志书毕竟不是统计资料,或图省事,在他们的笔下,好像只要把数字开列出来,就算完成了记述任务,而对事物发展中的生动史实弃之不问,造成志书中数字多、表格多而缺乏可读性。如有的志书记述养鱼,只记历年鱼苗投放量、成鱼产量,而不记地方养鱼的方法和经验。又如有的志书记农业合作化,只记互助组、合作社数目之变化,给人留下的印象,合作化在中国是件轻而易举之事,一帆风顺,没有丝毫的曲折和斗争。严格地说,即使这些数字全部是准确的,也没有完整地记述事物的发展。为此,入志数据要服从志书的实际需要,分主次,分详略,认真筛选、剪裁,宜表则表,宜文则文,决不能信手拈来塞进志书而影响志书的质量。

二十、图表和照片的运用

历代编修地方志,大多运用图、表等形式,以充实志书内容。早期的志书图经,即以图为主,后来图表逐步成为志书中几种体裁之一,故有"无图不成志,有志必载表"之说。志书中的图表,不必设立专章,可根据志书的内容,将图表分别置于各门类之中。

照片是贮存信息的重要手段,志书采用照片,可以增强志书的直观感、真实感,使人读后如身临其境,经久难忘,可补文字记述之不足,起到文字记述所难以起到的作用。随着科学技术的发展,图、表和照片进入续志就有了更有利的条件。

(1)图的运用。志书中的图包括地图、示意图、比较图、点图、线图、直条图、直方图、构成图等等。地图,主要用来认识地理方位。根据志书的需要,可绘制各种地图。鉴于政区图涉及疆域区划,不能有一丝一毫的差错,特别是边界地区,地图有误会酿成两国争端和两地纠纷。因此,此类图必须由专业人员精心绘制,经测绘部门审查批准,政区图一般置于卷首。除地图外,多数墨线图用于统计、示意之用,由于用墨线勾画出来的图形,涵义清晰、简明,描绘和制作简单,不需要特殊的印刷条件和高级纸张。此类插图,一律随文插入各章、节之中,图随文走,图文相映。制图,首先在内容上要讲究准确性,其次编排上要讲究规范性,凡图的上部或其他适当位置要标出图名、图号以及图的简洁说明。

(2)表的运用。方志中表格,大体有两种形式:一种是事表,是用文字填写的,分类排列,按时间或类别记载,以便观览;一种是统计表,是用数字填写的。制表要根据记述的需要,不可滥制,不可凡事一览表。制表要规范,凡表必须有表题、表头、表文、表注。志书中的表格,大体有五种形式:①目录式;②清单式(如人物表);③旁行斜上表;④枝干式;⑤统计表式。表格的重要,不言而喻,但在方志中,这种体裁毕竟是辅助文字记述的,切切不可以表废文,以表代言,或文表内容简单重复。为此,一要力戒滥用,精造表目。二要力戒繁杂,精选栏目。三要力戒冗长,精选项目。

(3)照片的运用。照片入志,视同于原始资料,有其严肃性,必须坚持以下三点:①真实性,必须是事物本来面貌的拍照,不是经过导演的虚假场面拍摄。②历史性,即能成为历史的见证者,具有永久保存的价值。一般不用宣传性、广告性的照片及其说明。③画面整洁,清晰度高,能制成清晰、美观的铜版、锌版、PS版。照片入志受印刷纸质的限制,一般都是集中安排,便于印刷和装订,放在全志的前面或有关章节的前面。如果志书印刷的纸质好,可将照片插入到有关章之中,图照随文,相互呼应,效果更佳。

(此文是笔者为市县志培训班准备的讲稿,分别在平遥、怀仁、朔州市朔城区等方志培训班讲学所用)

志书"序言"琐谈

序言，开头之谓也。凡著书，都要有序。书有序，犹如导读，使人读书之前先对书有一个初步了解。国家有关部门早有规定："出版物应尽可能有序言、前言一类的文字，向读者介绍内容及版本情况、译注情况。"新编志书大都执行这一规定，均于志首置以序言。然本轮修志工作开展以来，有关志书序言的理论研究文章却较少。正由于理论研究之不足，导致对志书序言之地位及功用认识不足，忽视了志书序言的撰写质量，虽然新志书中好的序言固然不少，但序不像序的问题也不乏其例。笔者以为，序言是新编志书不可或缺的重要组成部分，有必要对其进行一番探讨。

一

何为序？《辞海》释曰："亦作'叙'、序言，介绍评述一部著作或一篇文章的文字。"序，就是由作者或他人撰写、刊印在书或诗文前面，有时也可独立成篇，用以申诉其写作因由、体例或对内容进行解评等的一种散文。唐代史学家刘知几在《史通·序例》中曾对序言的功用作了精辟的论述："孔安国有云：'序者，所以叙作者之意也。'窃以《书》列典谟，《诗》含比兴，若不先叙其意，难以曲得其情。"宋王应麟《辞学指南》曰："序者，序典籍之所以作。"《尔雅》云："序，绪也，字亦作叙，言其善叙事理次第有绪，若丝之绪也……字或作序，或作叙，惟作者随意而命之，无异义也。"（见明徐师曾《文律明辨》）从古人的这些论述中可以看出，序又可作叙、绪，以及引、题辞、序略、序论、序赞、弁言、序言、引言、前言等名目。其名虽异，其义相同，其用一致。

序言是何时出现的呢？序言最早始于西汉著名史学家司马迁《史记》的《太史公自序》，继其后西汉著名文学家扬雄《法言》和《法言序》，东汉著名史学家班固《汉书》的《叙传》，东汉著名思想家、文学理论家王允《论衡》的《自纪》。原来早期的序，单篇文字的放在前面，整部书的放在后面。一直到南朝梁昭明太子、著名文学家萧统《文选》时，序才始移书前面，而对写在后面的序,称为跋或后序、后书。

序,作为文题由来已久。序的作用很多:有为全书或篇、章作序,如《史记·太史公自序》,白居易《琵琶行》诗有序;有为事物作序,如王勃的《滕王阁序》,李白的《春夜宴桃李园序》;有为人赠序,如韩愈的《送孟东野序》、《送董邵南序》。序的作用不同,手法和内容也不相同。序的作者,有自序,有名人赠序,有编辑或出版社作序,各自所处的地位角度不同,也各有所持,不混同也不因袭。古时人们提倡写短序。《鹤林玉露》序53字,其序云:"余闲居无营,日与客清谈鹤林之下,或欣然会心,或慨然兴怀,辄命童子笔之,久而成编,因曰《鹤林玉露》,盖'清谈玉露蕃',杜少陵之句云尔。"《六一诗话》序只有一句话:"居士退居汝阳而集,以资闲谈也。"寥寥13字,堪称最短的序了。在中国文学史上,也曾出现过罕见的长序。那是近代资产阶级改良主义领袖、著名文学家梁启超,为蒋万震的《欧洲文艺复兴时代》一书作的序,该序长达25万字,远远超过蒋万震一书的原文,根本无法采用,后经充实发挥,竟写成洋洋大观的鸿篇巨著《中国近三百年学术史》,单独出版,从而创下我国有史以来最罕见、最奇、最长的"大序"的记录。

志书的序言起于何时?至今还没有准确的结论,它亦如志书的起源一样,还是个不确定的数。但有的学者认为《禹贡》前面的三句:即"禹别九州,随山浚川,任土作贡",是全篇的序言。如果说《禹贡》是我国最早的志书或志书的雏形的话,那么,《禹贡》序言就是志书序言的发端了。确切地说,方志撰写序言,始于唐宋。自此以后,约定俗成,形成了方志编纂的传统,并且成为方志独立的组成部分和特殊的体裁。

二

章学诚在《文史通义·内篇三·匡谬》中说:"书之有序,所以明书之旨也,非以为观美也。"十分强调序言的作用。徐师曾在《文体明辨》中说:序言"其为体有二:一曰议论,一曰叙事"。可见,方志序言作为志书的一个组成部分,并不是单纯的传统形式,而是具有自身的功能。在清代之前尚无专门方志理论著述问世的情况下,志序成为作者阐发修志观点、方法的唯一场所和载体。正如吕志毅先生在《方志学史》中所说:历代"对方志性质、起源、编纂目的、作用、体例、内容以及编纂方法诸方面进行了探讨。这些理论仍然体现于志书的序、后叙之中"。即古代学者和方志专家们往往都把自己在修志实践中的经验和体会,或者对方志编纂的认识,阐发于方志的序言中。因此,旧方志序言积累了丰富的方志理论资料,展示了历代方志专家们的编辑思想,具有极其重要的学术研究价值,是方志学的理论宝库,其历史地位和作用不容低估。

晋常璩撰《华阳国志·序志》考述巴蜀志书源流,内容编排和赞论之外,重点叙述是志的编纂始末和体例,提出"五善"之说,即"达道义、章法式、通古今、表功勋,而后旌贤能"等五种功能,是研究巴蜀早期志书和中国方志理论的重要依据。

唐代李吉甫编纂《元和郡县志》时,在自序中强调方志应注意求实存真,他说:"古今言地理者,凡数十家,尚远古者或搜古而略今,采谣俗者多传疑而失实。"后来,民国方志专家李兆洛在《凤台县志》序中进一步阐明这种观点,他说:"志尚证实,所以传信。一事一语必据其所自来。"主张方志的考证核实,体例严谨有法,在今天也不乏借鉴作用。

宋马光祖撰《景定建康志序》堪称名序,系统论述方志导源于《周官》职方氏,强调方志的资治、辅治、鉴往知来和"补世"等作用,具体为"表人才也,……考民力也,……讨军实也,……察吏治也,……垂功鉴也,……有补于世也。"明代杨宗气在嘉靖《山西通志·序》中最早提出"治天下者以史为鉴,治郡国者以志为鉴"的主张,后为方志界所推崇,成为"座右铭"。

清代康熙年间全国修志倡导者、方志学者卫周祚《曲沃县志》序文中提出了著名的修志"三长",他说:"尝闻作史有三长,曰:才、学、识,修志亦有三长,曰:正、虚、公。"他的这一观点,同后来章学诚在《修志十议》中提出的:"识足以断凡例,明足以决去取、公足以绝请托。"修志要"识、明、公"三长的观点,互为联璧,至今仍不失其现实意义。

清道光年间,兵部尚书林则徐在《大定府志序》中评论:"明作武功、朝邑二志以简洁称。"但他认为,编纂方志不能过于简略:"抑知方域所以有志,非仅网罗遗佚,殚恰见闻,实赖以损益古今兴革利病政事所由,考镜吏治于焉取资,所谓前事不忘后事之师,顾可略欤。"此外强调方志的资治作用,作为考核地方官员政绩的重要依据在序中也时有反映。民国时期,阎锡山为《宜川县志》所撰写的序文中就认为:"志书在述往昭来,兼明现状,以作施政之依据,且备国史之取材。"这一观点也正从于此意。

　　黎锦熙在《洛川县志》序中指出："方志要点，首要解散旧体，悉依新轨，而吃紧工作，仍为搜集资料。"进而提出材料"来源不外三宗：一曰实际调查，二曰档案管理，三曰群书采录"。在以上三种资料搜集方法困难的情况下，他又提出三种办法"图难于易"，即"实际调查"可代以"方桌访问"，"档案整理"可代为"报告抄送"，"群书采录"可代以"旧志剪贴"。此不失为对资料工作的精辟论述。

　　民国时期，黄炎培在《川沙县志》导言中首先对大事表提出自己的主张，"编方志必先立大事表，余主张此甚坚"。为什么要立大事表？他分析为："一般方志，偏于横剖，而缺于纵贯，则因果之效不彰。""今之方志体裁，用表者较少。其或有表，类皆限于建置、沿革、职官、人物、选举数门。有人表无事表。有分表无总表。"并表示"兹于本书诚为之，苟从事纂修方志者一一为之，后之人踵而行之，从此旁参互证，必且于编年正史之外，蔚成史学上绝大之贡献"。黄炎培还在《川沙县志》中首创各志之前设概述，他在导言中说："本书各志，皆先以概述……盖重在简略本志内容之大事，而不尽阐明义例也。将使手此书者，读概述后，进而浏览全文，其繁者可以用志不纷，其简者亦将推阐焉而有得，或竟不及读全文，而大致了了，此亦余所期期，以为不可无者。"这一创新对后世影响很大，目前大多数志书仍沿用此法。

　　序言中还记载了编修者对志书的认识。梁启超在《龙游县志》序中说："夫方志之学，非小道也……故夫方志者，非直一州一邑文献之寄而已。民之荣瘁，国之污隆，于兹系焉。"黎锦熙在《洛川县志》序中提出了方志"四用"，即"科学资源"、"地方年鉴"、"教学材料"、"旅行指导"。认为"四用者，即现代新修方志之目标也"。

　　在旧志序中，还有许多良篇佳作，如司马光的《河南志序》、杨笃的《山西通志序》、王士祯的《新城县志序》、章学诚的《荆州府志序》、戴震的《曲沃县志序》、龚自珍的《青海志序》等，均具有很高的价值。在这些旧志序中，所述内容涉及范围颇广，或述方志性质，或溯方志源流，或论方志体例，或言方志特点，或阐方志功能，或谈修志方法，或辨版本源流，或追历史沿革，或赞守官政绩，或寻兴衰得失，或明资料来源，涵盖方志理论的方方面面。上述这些名志的序言，在方志理论方面给我们留下了宝贵的遗产，我们应当在批判与继承的基础上，认真学习和研究，发扬这一优良传统。

三

今人修志也重视志首序言。笔者阅览了 30 种新编县(市)志,每志均有序(见下表)。

30 部志书"序"字数比较表

志名	篇数	字数	志名	篇数	字数	志名	篇数	字数
建德县志	1	1000	五莲县志	2	1600	公安县志	2	1200
绥化县志	1	1000	长丰县志	2	1500	如东县志	2	2000
登封县志	1	1500	莱西县志	2	2000	海城县志	2	2000
大庆市志	1	2500	华县志	2	1500	潞西县志	2	3800
白下区志	1	1000	金华市志	2	1500	黎城县志	3	4000
崇义县志	1	1500	沅陵县志	2	2300	建昌县志	3	3000
溧水县志	1	1500	昭平县志	2	2000	奉贤县志	3	3000
远安县志	1	1000	长汀县志	2	1500	凤凰县志	3	2000
湟中县志	1	1200	安康县志	2	1500	哈密县志	3	3000
开封县志	1	1000	邢台县志	2	2000	交城县志	4	3500

这 30 部志书,总计 57 篇序,平均每部 1.9 篇;一志一序者 10 部,占 33.3%;二序者 14 部,占 46.7%;三序者 5 部,占 16.7%;四序者 1 部,占 3.3%。57 篇序的总字数为 58100 字,平均每序 1019 字。最长的序为云南《潞西县志》序二,达 3000 字;最短的序为湖北《公安县志》序一,仅 220 字。

就这 30 部志书来看,在序言撰写上存在的问题主要表现在以下几方面。

一是一书多序。这是个老问题。自清末以来有愈演愈烈之势,只有在新方志中似乎多序被人认可,司空见惯罢了。古代书序极有讲究,正如清初顾炎武在《书不当两序》一文中所说:"府州县志成书,必推其乡先生之齿尊而有文者序之,不,则官于其府州县者也。请者必当其人,其人亦必自审其无可让而后为之。官于是者,其文优,其于是书也有功,则不让于乡矣。乡之先生,其文优,其于是书也有功,则官不敢作矣。义取于独断则有自为之,而不让于乡与官矣。凡此者所谓职也,故其序止一篇。"章学诚也曾尖锐地批评:"题序芜滥,体要久亡,难征录例也。"究其新志书多序的原因,最重要的一条就是官本位造成的。正因为方志是官修,势必会出现依官位排座次的问题。当前,地方党政最高领导人各作一序似乎成通例,如再外请在当地有影响的上级领导或者方志专家学者作序,这样最低就三四篇了。还有个别领导在任期内曾为志书作了序,后来调走,在志书中又不便轻易去掉,而继任者又当仁不让,再作一篇,这样势必越来越多。在另一面,有的志书为了提高所谓的知名度,或者为了平衡某种关系,往往延请多人作序,于是出现一书多序的畸形现象。一书多序,就像有人比喻的那样,就像一个人头上戴了三四顶帽子,既无必要,也不美观。依笔者愚见,志书的序一篇正好,两篇则足矣,而三篇以上则纯属多余累赘,失去了序的意义。

二是言之无物。所出志书除请当地主要党政领导作序外,大多请了名人作序。众所周知,一部志书至少四五十万字,多则上百万言。如果要写一篇好的序文,文字功力如何尚且不论,至少要对书的内容阅读一遍,然后归纳、整理,才能对志书作出正确的评价。可见要求他们至少读一遍,他们往往很难办到。于是产生了不着边际的空泛议论,无病呻吟,大话、空话、套话连篇。诸以"文化灿烂、历史悠久","名胜众多、古迹满城","人杰地灵、英杰辈出","山河一新、前程似锦"等等,当然并不是说这些是错误,问题是志序也应符合志体,以述为主,通过大量的资料来说明之。毫无实际内容的空泛议论,实为装饰品,纯系应付公事,完全是徒劳之笔,不但使读者生厌,而且降低了志书的质量和价值。

三是学术价值降低。与旧志相比,新志书序言中记载供方志理论研究方面的内容大为减少,这不能不说是本轮修志中的一大憾事。尽管当代有众多方志理论专著和论文发表,似乎志序已不是阐述学术观点的唯一载体,但是其它文体终究替代不了志序记述学术研究内容的功能和作用。从这一点说,新志序没有把旧志序中的优良传统继承下来。事实上,在新方志编纂过程中,有很多经验教训值得总结提高,应该如实地记述在序言中供后人研究参考。加强志序学术内容的记载,提高其研究价值,不但是提高当代方志质量之所急,也是强化方志学科研究、发展方志事业之所需,必须认真对待,不容忽视。造成这种状况的主要原因,一是志书主编对序的撰写重视不够,把序作为应景文章,交由有关领导信手写来;二是为了提高志书的知名度,延请本邑的最高领导人物或专家学者作序,主编本人不敢与他人一并作序,以避嫌言。前述 30 部新志,未有一篇出自主编之手,实为憾事一件。

四是宣传色彩浓厚。不可讳言,在新方志序言中这个问题比较严重,尤其是党政领导人作序,一是对修志事业认识不足,二是由手下人代笔,吹捧褒奖的话增多,例如"资源丰富"、"文化发达"、"富甲天下"等等,大讲特讲地方特色和优势,而回避地方劣势和不足,有"王婆卖瓜"和广告宣传之嫌。这本是方志一大忌,但在有的序言中却津津乐道。

五是文体把握不准。序言虽然与说明、前言等文章都冠于著作之前,但它又有一定的含义。说明,是编著者对编书的宗旨、经过的说明或需要向读者交待的其它事项。前言,侧重于编写的目的、方法、意义。而序言则主要是对该书的介绍、评价。可是有的序言把在说明和前言中要说的话,也说了出来。

四

序言的内容,应包括以下五个方面。

(一)纵述历史概貌,突现地方特点。许多新志书均在序言中纵述当地的地理位置、气候、资源、特产和建置以来的历史,特别是新中国成立以来的巨大变化,突现本地的地方特点。这样,可使读者了解当地轮廓,激起爱乡之情,引起读者的兴趣。如《沅陵县志》序二首先突现了沅陵的地方特点:"沅陵,山川秀丽,资源富有,特产丰饶。素有'天然林国'之称,为国家南方集体林区重点县之一,森林覆盖率、蓄积量甲于全省;水资源极丰,水能理论蕴藏量占全省的 9.14%,为国家南方水电建设重地之一,装机容量 40 万千瓦的凤滩水电厂早已投产,装机容量 120 万千瓦的五强溪水电站正在兴建;矿藏资源达数 10 种之多,黄金年产量居全省之冠,全国第四位。如此祖国一角,诚属可敬可爱。"其后,用 600 余字纵述沅陵悠久的历史和光荣的革命传统。

(二)简述修志历史,评价旧志得失。具体介绍本地志书始修于何时,哪年续修、重修,共修几次,现存几种版本,藏于何处,前届志书何时付梓,史料价值如何,并评介其得失优劣。当然,篇幅不宜过长。简介旧志的作用体现在三个方面,一是反映方志的连续性,以示后人适时续修;二是介绍当地修志历史,提供利用旧志线索,为论述修志的重要性和紧迫性埋下伏笔;三是评介旧志得失,进而体现新志如何优于旧志。如《建德县志》序曰:"编纂志书,是我国文化的优良传统。本县从宋开始,历朝相沿不衰。《淳熙严州图经》、《景定严州续志》,在方志史上据一定的地位。至民国《建德县志》、《寿昌县志》,现尚存有十数种之多,是我县珍贵的文化遗产。"简练介绍了本县的修志历史。又如《溧水县志》序文在简述修志历史之后,紧接着指出:"然旧志因受封建制度和时代所限,皆陈陈相因,颇多沿袭,且志文良莠共存,真伪并见,有失偏颇。"对旧志的得失进行了恰如其分的评价。

(三)简介成书经过,记载编纂经验。一般应简要记述修志的缘起,修志机构的设置、人员的选配、方法步骤,组织领导方面的成功经验,党政机关领导成员关心修志的典型事例,为志书作出重大贡献的采辑人员,修志过程中的重大起伏及其原因。这样,既便于读者了解当时情况,分析时代背景,结合当时的政治、经济情况更好地掌握和理解志书内容及志书的指导思想等,还可看出党政领导对编纂的重视和支持。如《登封县志》序曰:"编史修志是一项巨大的综合工程,志书的出版问世是多方面通力合作的结果,也是全县人民智慧的结晶。1982 年县委决定修志,并从各单位抽调学识渊博的有识之士,组织编写班子,开展工作。经过七载艰辛,编辑同志呕心沥血,辛勤耕耘,三易编目、四修其稿,终于 1988 年编成建国后第一部社会主义新县志,这是全县人民渴望已久的大事。"简洁地记述了成书经过。又如傅振伦先生为《哈密县志》作序,总结出该志的编纂经验九条,称赞该志"实是一部有用的佳志"。

(四)提示志书内容,圈点志书优劣。由于方志内容广泛,结构比较庞大,书序更应作内容简介,以便于读者入门。其方面主要有三:一是按志书的篇章结构介绍,即列述、记、志、传、录的名目,总括篇章的数目和全书字数,点出重点篇目的特色,使者了解全书结构;二是对内容作提要式介绍,即按部分、时间进行介绍;三是突出重点介绍,即按政治、经济、文化、财政、人口等分类重点介绍。同时对志书的优劣进行圈点,对志书进行恰如其分的评介,进一步给读者以提示。如《潞西县志》序二曰:"近年来也有少数地方志工作者力图摆脱旧方志的体裁,另起炉灶,尝试创立一种既可以体现地方志功能但又不同于旧地方志体裁的体例。何萍同志即其一也。他勇敢地走上了这条道路——用条目编纂《潞西县志》。用条目编书并不是新鲜事,如各种'年鉴'都是用条目组合的,然而用条目式方法编纂县志却极为少见。就目前所知,在云南仅此一家。潞西县历史上无县志,这次修志是头一回,是一件大新鲜事;头一回修志又不按照固有的模式编纂,而采用条目体裁,这又是一件新鲜事物。"序言作者赞扬了志书编者在体例上的创新。又如《邢台县志》序二,点出了该志的四个显著特色:"一是新县志把社会经济放在了首位,以大量的篇章记述了工、农、商各业经济建设的发展状况,从而反映社会发展的一般规律。改变了旧志中重意识,轻经济的'人文历史'偏向;二是新县志突出记述了人民群众改造社会、征服自然的斗争事迹,为人民群众树碑立传,体现了劳动人民创造历史的唯物主义历史观点;三是新县志本着略古详今的原则,在去伪存真保留历史资料的基础上,把重点放在近现代,尤其对邢台人民在共产党领导下进行艰苦卓绝的革命斗争,和在社会主义建设中的卓越贡献,做了浓墨重彩,详细记述,用充分资料说明,没有共产党就没有邢台人民的翻身解放,没有社会主义就没有人民群众的幸福生活,没有改革开放就没有邢台经济的繁荣和发展;四是新县志敢于秉笔直书,实事求是地反映客观历史。特别是在记述建国后社会主义建设伟大成就的同时,对工作中的失误和挫折没有曲笔回护,而是直言不讳如实记述,为后人提供了研究历史、借鉴历史的科学依据。"

(五)策论方志功用,表示作者意愿。本轮修志,志书序言中记实、评议较多,策论不足。在旧志的序言中,学术论谈、志政论谈等方面的内容较多,方志先辈们关于方志理论研究的成果和志政关系的论述在序言中多有反映。如顾炎武在《营平二州史事》一书的序言中,对明清两代修志的得失作了总结,提出了自己的修志主张,要求修志人员要有一定的学识,要深入调查研究等。在序言结尾处要表述作者的意愿,同时对未来尽可能展望。如《如东县志》的序文,即表述了发挥志书功能,谱写新的篇章的展望。如《奉贤县志》序二曰:"盛世修志,敷教之弘制。三才垂文,启运之极致。懿我华夏,自古富舆地之记,繇是山川道里攸明,物土民情志隐,文献足稽,布政有据,博厚高明,悠久成业。且夫金字作塔,垒众石为锥基;《一统》成书,撮众志以括全局。是故县志之兴修为勤政之所尤切要也。"作者论述了志书的历史和修志的重要性。又如杨成武为《长汀县志》作序云:"祝父老乡亲在党中央、国务院领导下,发扬老区革命精神,同心同德,奋发图强,把家乡的山山水水建设得更加富饶美丽,愿家乡的社会主义现代化建设鹏程万里。"表达了作者的美好祝愿。

上述五点,仅是志书序文的基本内容,而不是撰写志书序文的固定公式,不是不可越雷池一步,而是寄厚望于志界同仁们去创新。序文的内容来自修志的实践。各地修志的情况千差万别,因此序文的内容也应因地而异,根据本地的修志特点和不同情况,灵活增添一些必要的其他内容,也可以减少一些次要内容。但不论写什么内容,都要立足于撰写序文的目的,不作官样文章,不写应酬之作,以利于读者阅读、使用志书,有利于当代修志工作的广泛开展,有利于后代继承和发扬修志传统,有利于志家研究有关组织领导修志的理论。

五

序言撰写的明确目的,在于作者以自己的权威身份公允地向读者介绍本志书的价值,帮助读者用好志书。一篇成功的序言,既体现作者的笔底功力,又显示出作者对地情和本志的认识深度。鉴于此,在志书序言撰写中应注意几个问题。

(一)一书多序,力避雷同。一志一序,自然更好,但在实践中却很难做到。如前面列举30部志书的序,两篇以上的占到67%,即三分之二。所以,就有必要解决好序与序之间的内容雷同问题。如果一部志书的序言在两篇以上,就需要协调好各序议论的重点,避免内容重复和互相矛盾。此外,还要协调好序言与凡例、概述及修志本末的关系。如序言中讲历史应简,概述中则详;序言中讲修志历史应简,修志本末应详;序言中不应谈论编纂体例,否则与凡例内容重复,越俎代庖,等等。总之,序言不要说了自己不应该说的话。

(二)言出有据,符合身份。俗话说,文如其人。我们说,序言作者叙述议论要与自己身份相当。就目前来看,捉刀代笔的不少,因此要求代笔人员揣摩作序人的语言习惯和风格,更重要的撰写内容要与本地及本书有联系,不能不着边际地任意发挥和妄作评定。同时,如何选择序言作者,也需要认真斟酌。序言作者延请何人,本是志书主编的事,请乡贤名人也不是说不可,但最好由本地主要行政领导撰写为佳。因为当地主要行政领导掌握地情,了解修志情况,易于实事求是地对志书作出评价。再者,古人云志书序言"非示观美也"。因此,作序者须凭着真情实意说话,切不可期期艾艾,顾左右而言他,言不由衷。

(三)实事求是,不作渲染。作序者,对志书应采取实事求是的态度,特别是在对所序志书作质量评介时,更需要这种丁是丁、卯是卯的态度,切不可妄意夸大、拔高。如廖盖隆先生之序《信宜县志》中指出该志《大事记》记的一些事,编撰得未如"期望那样好"和"反映得未够全面、系统"。这种实事求是的学风尤值得称道。同时,在作序中力避渲染,但在新志序文中渲染过分则屡见不鲜。这种问题主要出在当地行政领导的序文中。领导们首长们既知为志书作序是"职责所在",因此在受托或应约之中,应对所序之志序前"每篇必看",如此才可能了解认识该志和志中所记,不然,或全然不解或一知半解,写来肯定言之无物或言不及物或无的放矢。一部洋洋百数十万言的志书,领导们如果无法"每篇必看",我以为便不如作一种"不写"的负责更好些。

(四)立足本志,举要发新。立足本志,即围绕本志,围绕本志所记而序,要就本地本事而序,切勿海阔天空、漫无边际地放言。举要,即指抓住重点,高度概括,以一当十,浓墨记述。千万不能眉毛胡子一把抓,平均用力,面面俱到,云雾滔滔,其结果是一锅煮,大杂烩。发新,即指不要老生常谈,老生常谈易拾人牙慧。"新"可以是新成果、新经验、新探索、新作法、新认识或新问题……求新,即指要发一家之言,只有成为一家之言,才能发新见、出新识。

(五)叙论结合,务求简质。志书序言文体应以说明文为主,可以兼用记叙文,亦可记论并举,有评有论,有褒有贬。言不文无以行远,志书序言也需要求"文",且以简朴、净洁为上,以舒徐轻灵为上。要求语言典雅,言之有物,风格持重,反对无病呻吟,空泛议论,繁琐拉杂。某些段落可情景交融,虚实结合,生动活泼。序言篇幅,以短小精悍为贵,短到把一个问题说清即可。我主张志书序言一般以千把字为好,长者一般有 2000 字也可以了。用 2000 字的篇幅,可以将一个问题展开放言而能基本讲透。对一些有名的旧志序文,我们应从中借鉴学习。

总之,要写好一篇方志序言,首先必须对一地一业的历史和现状,以及历代修志情况有一个基本了解和熟悉过程;要以马克思列宁主义、毛泽东思想为指导,运用辩证唯物主义和历史唯物主义的原理及其观点、方法,高瞻远瞩,用不同角度提出理论阐发,以精炼的文笔,撰写出既有深度,又具有学术价值、应用价值,具有新意、情文并茂,并融逻辑性、思想性、学术性于一体的志序来。

(《沧桑》1997 年第 5 期)

新方志"凡例"丛谈

"凡例",是新编地方志书不可或缺的重要组成部分,又是方志的传统文体。志书的凡例,从现有的材料来看,宋代已有,但不够完整、系统。明、清以来,志书的凡例不仅普遍,而有也较具体,反映了不同时期的编纂方法与水平。本轮修志之初,在凡例撰写的理论和实践方面,由于人们的认识有所不同,故而还存在不少问题。时至今日,本轮修志已历一十七秋,新编各级各类志书成批涌现,这就为进一步研究凡例的撰写,提供了丰富的材料。理论来源于实践,而理论只有在实践中才能得以升华,从而更准确地指导实践。所以,我们今天重新认识凡例的价值,确定它在志书中的应有地位,提高凡例的撰写质量,进而提高新编志书的整体水平,具有十分重要的意义。

一、凡例之涵义

何为"凡例"?简言之,即发凡起例之意。发凡,是谓阐明全书宗旨、大纲和概要;起例,是谓拟定著述的体例、格局、样式及规则条例。凡例一词,语出自晋杜预《春秋经传集解·序》:"其发凡以言例,皆经国之常制,周公之垂法,史书之旧章。"又《左传·隐公七年》:"凡诸侯同盟,于是称名,故薨则赴以名,告终称嗣也,以继好息民,谓之礼经。"杜预注:"此言凡例,乃周公所制礼经也。"唐杜甫在《八哀诗·赠秘书监江夏李公邕》诗中有"名满深望还,森然起凡例"之语。后来,人们把说明著作内容和编纂体例的文字称作凡例。

对凡例一词,各类词典的解释大同小异;《现代汉语词典》释曰:"书前关于本书体例的说明";《辞源》、《辞海》均释曰:"说明著作内容和编纂体例的文字";《汉语大词典》释曰:"书前说明本书内容或编纂体例的文字";《中国地方志辞典》释曰:"方志的编辑说明,叙述方志编纂体例与著作内容等"。在历代所编纂的旧志书中,凡例的名称也各异:清雍正版《阳高县志》谓志例;清乾隆版《临晋县志》谓志议;清乾隆《绍兴府志》、清光绪版《顺天府志》谓略例;清光绪版《左云县志》谓总例;清光绪版《长治县志》谓序例;民国版《徐沟县志》谓总引;清嘉庆版《广西通志》、民国版《龙游县志》谓叙例;清乾隆版《武乡县志》、清光绪版《天镇县志》、民国版《岳阳县志》、《芮城县志》、《永和县志》、《乡宁县志》、《襄陵县志》谓例言;民国版《解县志》谓约言,以及发例、起例等。凡例名称虽然不尽相同,它们对志书无不具有权威性和法规性的职能。各种凡例的内容,一般各有侧重,或提示志书编纂的目的,或对志书编纂内容作出规定和说明,或阐明志书的源流,但普遍的都是用以规定志书的编纂体例和原则。旧志书的凡例内容,往往出现与"序"、"跋"内容相重复的弊端。社会主义新志书的凡例,既要克服这些弊病,同时应把继承传统和大胆创新结合起来,使凡例恪守其"职"。

二、凡例之地位与作用

凡例文字虽少,却是纂史修志之要务。历代史学家、方志学家均把凡例提到极其重要的位置上来认识。唐代刘知几在《史通·序例》中说:"夫史之有例,犹国之有法。国无法,则上下靡定;史无例,则是非莫准。昔夫子修经,始发凡例。"刘知几将凡例比作国家法令,由此可见凡例在史书中的重要地位。清代著名方志学家章学诚根据修志实践,总结出修志有三长"识足以断凡例,明足以决去取,公足以绝请托","先陈事宜,后定凡例,庶乎划宫于堵之意云。"他把明断凡例的"识"放在三长之首,这足以说明凡例在章氏心目中的地位是何等的重要。

历代编修地方志书,都非常重视制订凡例。明永乐十六年(1418)颁布《纂修志书凡例》21 条,清康熙十一年(1672)的《修志四十款》、康熙二十九年(1690)的《修志牌照》23 条,民国十八年(1929)内政部呈奉国民政府核准颁行的《修志条例概要》22 条,民国三十五年(1946)国民党南京政府内政部颁布的《地方志书纂修方法》9 条等,都是全国性的通行修志法则。除中央统一颁布修志法则外,也有一些省颁发过修志法则,如民国七年(1918)郭象升草拟《山西省各县志凡例》以山西省公署名义颁行,民国三十二年(1943)湖北省颁布《湖北各县修志事例概要》21 条等,都是为防止各地修志"参差不齐,未归划一"而制订的。此外,还有由府、州、县制订的凡例。这些凡例,是就某一具体志书而言,具有法则性能,作为编纂志书的准则。本轮修志之初,中国地方志指导小组就制订了《新编地方志工作暂行规定》,指导全国各地的修志工作。

凡例是编纂者对设志立目、资料取舍、记述方法、书写要求等编纂体例问题,作出统一规定和理论说明的条例。因此,凡例的作用主要表现在两个方面。其一,它对志书的编写起指导和制约作用。对修志人员来说,凡例是编纂志书的总方案。正如有的修志同仁把篇目比作志书的蓝图,把凡例比作修志的施工方案,二者相辅相成,缺一不可,这是很有道理的。正由于有了凡例,修志人员在工作中才能纲举目张,明体达义,做到取材有依据,编纂有准则,行文有规格,各守其界,各书其要。虽然是众手成志,但志书如出一辙,可收到异曲同工之效。其二,它可指导读者更好地阅读志书。一部志书有了较详密的凡例,对广大读者来说,就等于有了可遵循的阅读指南,通过凡例可知晓全书之大概,得阅读之要领。

三、凡例之理论研究

凡例是叙述志书编纂体例、行文通则的纲领性说明,是志书中必备的、独立的重要组成部分。在本轮修志中,修志工作者和方志理论工作者对凡例进行了深入的理论研讨。就凡例的内容而言,提出了多种条款。

肖怀在《试论地方志"凡例"制订诸要素》一文中提出,凡例内容包括10条:"1. 确定志书明确的指导思想和编写原则。2. 阐明志书体例、设置篇目框架结构。3. 规定科学分类,确定全志内容方法。4. 明确断限及追溯历史问题。5. 确定'大事记'记述原则。6. 阐明人物立传原则。7. 对文体和语言、称谓的规定。8. 提出对资料依据的要求。9. 对志书字数的确定和志、篇、章字数比例的测定。10. 对志书版本、印刷和格式的规定。"

沈兴敬在《"凡例"琐谈》中列出10条:"1. 阐明书的记载宗旨和对复杂问题作简要交待。2. 指出史或志书的记述时间范围。3. 指明史或志书撰写的类例。4. 指明史或志书篇章节目的组合和相因关系。5. 阐明史或志书类目分设的理由。6. 举述特定名词的涵义。7. 简释特殊的事件记叙原则。8. 规定人称、年份、量词及编者按、引文、释义等的记述规范。9. 指明图、表等的制作意图。10. 说明译名、外籍的引用、记载原则。"

辛增明在《"凡例"小议》中列出6条:"1. 说明本志的指导思想,编纂目的、编纂要求和编纂原则。2. 规定本志的内容范围(地域、时间、材料取舍的标准等)。3. 规定本志所用的体裁。4. 说明本志资料的来源和对资料的处理方法。5. 说明行文中对数字、文字、文体、称谓等的用法。6. 主编认为需要在凡例中说明的其他事项。"

陈寿春在《谈方志凡例》中列出 8 条:"1. 志书断限。2. 志书体例。3. 志书内容。4. 编纂要求。5. 立传标准。6. 行文规则。7. 资料来源。8. 特殊问题的处理。"

祁明在《新方志"凡例"浅谈》中列出 8 条:"1. 阐明本志书的编写指导思想。2. 对志书断限的说明。3. 对志书的体例、结构、层次、系列的说明。4. 对志书各个部分主次、繁简、详略的原则和要求。5. 对人物立传的原则和编排方法。6. 对文体和语言规范化的说明,包括对纪年、数据等应用的规定。7. 对图、表选用的具体要求。8. 对一些特殊变更的说明。"

蔡华伟在《发凡起例乃著志之要务》中列出 14 条:"一是要交待修志的指导思想;二是要交待新志与原有旧志的关系;三是要交待断限的历史年代;四是要交待史料的来源渠道;五是要交待志书的层次结构;六是要交待全志的所含内容;七是要交待大事记的写法;八是要交待志文的语体规范;九是要交待人物的入志标准;十是要交待志书的表现形式;十一是要交待序、附、注的处理;十二是要交待重大政治运动的记载;十三是要交待地图的绘制标准;十四是要交待卷首、篇尾的处理。"

薛奇达在《凡例琐谈》中列出 13 条:"1. 地域范围;2. 时间断限;3. 文体规范;4. 人物传记;5. 编纂原则;6. 指导思想;7. 数字书写、纪年方法;8. 计量单位;9. 政治运动的处理;10. 升格处理反映特色;11. 特定概念的明确;12. 人物分类、收录范围;13. 编排顺序和层次结构。"

胡惠秋在《志书"凡例"及其他》一文中列出 3 条:"1. 说明志书的体例,即志书的体裁,篇章的设置,各项的排列,记叙方法等。2. 说明一些具体问题的处理,如时间断限、制图方法、图片的选择、数字统计表的制作,以及如何纪年、地名、人名、职称的处理等。3. 介绍材料状况,如材料来源,搜集途径,材料的考证、鉴别以及利用情况等。"

有关志书凡例的内容,在理论研讨方面还有一些,这里就不再赘述了。上面列出的 8 种提法,可以大体反映出方志工作者对凡例内容的看法。从所列项目上看,条款的多寡较悬殊,多者达 14 项,少者仅 3 项(当然还可分为若干小项)。其中对某些项目如志书的指导思想、新志与旧志的关系、卷首卷尾的处理、制图方法、版本印刷格式的规定等,是否属于凡例的内容还有争议,仁者见仁,智者见智。

四、凡例之实践

由于理论研究的多元化,在修志实践中志书的凡例撰写也呈现多样化的格局。修志成果的成批涌现,为方志理论的进一步完善提供了坚实的物质基础。研究志书凡例的内容,也只能从实践中认真总结,而脱离开实际的理论研究,也只是一种空谈而已。实践是检验真理的唯一标准。下面,让我们从新志书的编纂实践中,看看凡例内容的具体撰写情况。由于手头资料所限,兄弟省市的志书选了28部,山西省的志书选了12部,共40部(详见文尾表)。

这40部志书的凡例,从内容上看,全部列有条款的有志书断限、立传标准、行文规则3项;另有编纂原则、志书体例单列条款的分别为31部和34部,其余的各部志书也均有这2项内容,只是分散记在其他条目中;超过半数的有指导思想(24部)、志书内容(23部)、特殊问题(22部);超过10部的有记述范围(12部)。从条数上看,最多的为《阳城县志》15条(就手头资料而言,云南省《弥勒县志》凡例条数多达18条,因列表不便,故没有列入);最少的为《开封县志》6条;9条以下的17部;10条以上的26部;40部志书的总条数为400条,平均每部志书10条。从排列顺序上看,指导思想、编纂原则、志书体例、志书断限居于前,记叙范围、志书内容、立传标准居于中,特殊问题、行文规则、资料来源列于后。从凡例在志书中的位置排列看,以序、凡例、目录为顺序排列的23部(其中以彩版在前的15部,序、凡例、彩版、目录为序的6部,以序、彩版、凡例、目录为序的2部),以目录、序、凡例为顺序排列的15部(彩版在目录之前),以凡例、序、目录为顺序排列的1部。

五、凡例之内容

从理论研究和修志实践中,可以得出这样的结论,新志书的凡例应包含以下10项主要内容:

(一)指导思想。中国地方志指导小组于1985年4月19日颁布的《新编地方志工作暂行规定》中,明确提出编纂社会主义新方志须遵循的指导思想和编纂原则,它是我国当今修志的纲领性法规,是修志工作的总凡例,各级各类志书都必须严格遵循。所以,志书的编纂指导思想理应在凡例中有所交待,并在志书编纂中得到体现,既不能不载,也不应空载。当然,指导思想并非全文照搬中指组的《新编地方志工作暂行规定》,一般情况下点到即可。如《永济县志》凡例一"本志以马克思列宁主义、毛泽东思想为指导思想,实事求是地记述事物的始末"。《昭平县志》凡例一"本志以马列主义、毛泽东思想为指导,实事求是地记述史实,在资治、教化、存史等方面为社会主义物质文明和精神文明建设服务"。而有较特殊的编纂指导思想更应详载。如《南京简志》凡例就有"本志是为尽快地向各级领导、各行各业提供参考、借鉴资料而编的一部内容扼要,篇幅较为简短的志书"。简练地点出志书的编纂目的。但有的却过于繁琐,行文累赘。如《登封县志》凡例一"本志编纂的指导思想,是马克思列宁主义、毛泽东思想。在这一总的指导思想指导下,以辩证唯物主义和历史唯物主义观点,全面系统地记载了登封县的自然和社会的历史和现状。其目的是更好地认识过去和现在,为党政干部提供决策的依据,为科技人员提供研究的课题,为文教工作者提供宣传教育的资料,为各行各业提供县情的咨询,为全县人民提供热爱家乡热爱祖国的乡土教材"。仅此一条,就达170余字,且内容也并非登封独有,换个县名也照样成立。所以,没有地方特点的条款,还是简洁些为好。凡例中要不要写指导思想,至今还有争议,在修志实践中也出现两种情况。前面提出的八种理论研究的文章,提出要写指导思想的占5种;列举的40部新志书的凡例,写上的占24部。由此可以看出,无论从理论研究上还是志书实践中,要指导思想的还是占多数。修志实践也充分证明,以马列主义、毛泽东思想为指导,是我们编写、审定志稿自始至终必须认真恪守、坚持不渝最重要的一条,亦是衡量新编志书质量最基本的一条。历代志书的阶级性是显而易见的。并非你不写指导思想,志书就没有了阶级性,而写上指导思想就是贴上了政治化的标签。作为社会主义的新一代方志,在正确反映历史的同时,还要保证政治观点上的无差错;要保证政治观点的正确性,就必须坚持马列主义、毛泽东思想、邓小平理论和"三个代表"重要思想。凡例中有了这一条,在编写和审改时就有了准则,对材料的取舍就有据可依。

(二)编纂原则。即指编纂工作中必须遵循的某些原则,以及需要注意的一些事项。如《黎城县志》凡例一"本志依类设目,实事求是地全面记述黎城县政治、经济、文化等各项事物的历史和现状。立足当代,统合古今"。《绥化县志》凡例五"遵照详今略古的原则,本志重点记载中华人民共和国成立后绥化县的33年的历史,突出地方特点"。《五莲县志》凡例一"本志编纂坚持辩证唯物主义和历史唯物主义观点,力求思想性、科学性与资料性的统一,详今略古,以建国后为重点"。从广义上而言,编纂原则涉及面比较广,单独立条亦很难说清楚,故许多志书的凡例均把编纂原则同其它条目结合在一起来写,这样既便于行文,又眉目清楚。其一,是把编纂原则与指导思想结合起来写。如《金华市志》凡例一"本志以马克思列宁主义、毛泽东思想为指导,按照辩证唯物主义与历史唯物主义观点,实事求是,记载金华的历史和现状,反映社会主义的时代特色和金华的地方特点"。采用这种方式,在40部志书中占到16部。其二,是把编纂原则与志书断限结合起来写。如《金华市志》凡例四"记述纵贯古今,详今略古,上限不一,下限止于1989年底"。

(三)志书体例。从狭义上讲,即指志书所采用的体裁和总体框架。若从广义上讲,凡例的大部分内容都属体例范畴。此处仅以狭义而言。如《五台县志》凡例五"本志体裁采用记、传、图、表、录,以志为主。图、表分附各志"。《公安县志》凡例三"本志采用述、记、志、传、图、表、录诸体,以志为主,采用篇、章、节、目结构。志前列概述、大事记,志后缀附录。全志以事业及事物属性分类,横排竖写,不受行政隶属关系限制。篇首冠以'综述',概括全貌,维系全篇"。

(四)志书断限。即指志书断限的历史年代。中指组《新编地方志工作暂行规定》对新编志书的断限,上限没有作硬性规定,下限为"暂定"1985年,也可延长至志书脱稿之日。新编志书的断限(无论上、下限)均不统一,所以志书断限必须交待清楚。如《凤凰县志》凡例一"本志取事,上限至事物在本县的发端,但历史长远者只上溯至康熙三十九年(1700)建厅为止。下限写至1985年"。《溧水县志》凡例四"本志各部分上限不一,建置上溯春秋,大事记起于隋开皇十一年(591)建县,其它各篇追溯事物发端。下限迄至1985年,个别事目,因注明事件截止或工程竣工日期,适当下延"。《潞西县志》凡例三"本书是第一部县志,记事贯通古今,上限尽量追本溯源,以搜集到的资料为发端。下限原则上至1988年,对连续性强的数据,或突出的大事,则越限至搁笔为止"。

(五)记叙范围。即指志书记叙内容的地域范围。记叙范围本应包括两个方面,时间和空间(即地域)。因断限已单讲,此处仅指地域范围。地域性是志书的一大显著特点,越界而书是犯界,域书不全是残缺。所以,一般志书在凡例中都要交待记叙的地域范围,给人一定的空间概念。但这一条款并非每志必有。因历史上市县境域变化不大,古今大体相同,不界定不会引起疑问和产生混淆,如此省略不写,也无可非议。但历史上的境域变化较大,志书凡例则理应交待清楚。如《建德县志》凡例六"本志记述地域范围包括原寿昌县,以本县现行版图为限,凡人与事不在今版图内,虽史志有载亦不予收录"。《哈密县志》凡例一"记事范围。民国二十三年(1934)哈密行政公署设立以前,县境内发生的各项大事,县志尽量采摘,力求完备;民国二十三年(1934)以后,特别是中华人民共和国成立后(简称建国后),县志主要记述县辖单位之事。对于县境内的自治区、兵团、铁路、地区以及军队系统的各项事业,只在有关章节内作简单介绍"。

(六)志书内容。即指志书的篇目结构、内容分类、层次划分,以及某些具体篇章(如大事记)的内容。如《黎城县志》凡例四"全书由概述、大事记、专志、条陈及丛录组成。以概述和大事记总摄全书,各专志为全书主体,记述以类系事,以时为序,横排门类,纵述史实,按事物性质设卷、章、节、目,目下根据需要设子目。条陈、丛录不设章节"。《建昌县志》凡例三"全志由概述、大事记、分志、人物、附录5个部分组成。概述,综叙县情,总括全书。大事记,纵贯古今,记叙有文字记载以来的有关大事、要事。分志,横排门类,纵述史实,设建置沿革、自然地理、农业、林业、畜牧业、果蚕、水利、农业机械、乡镇企业、工业、城乡建设、交通邮电、电力、商业、财政税务、金融、综合管理、党派群团、政权政协、公安司法、军事、科技、教育、文化、卫生、体育、社会、人口、民族等分志。人物,记载烈士、名人和先进个人。附录载有修志始末。分志按编、章、节、目顺序排列。概述、大事记、人物、附录不列入编的序列,不设章、节"。此条罗列分志名称长达260余字,稍嫌累赘。还是像《黎城县志》那样点到即可。《大庆市志》凡例四"全志共设25篇,篇内设章、节、目。志首列有《序言》、《凡例》、《总述》、《大事记》,志末附有《附录》。本志以《总述》为纲,以《大事记》为经,以各类专志为纬。其内容按先自然,后社会,在社会类中按经济、政治、文化、人物等顺利排列。"

(七)立传标准。即指人物的立传原则、入志标准,以及传、表、录的分类和排列方法。如《开封县志》凡例五"入传人物概为谢世者,以卒年先后为序排列;简介人物均为健在者,以生年先后为序排列。"《阳城县志》凡例五"人物生不立传,以辛亥革命以来的新人物为主,对少数极具盛名的古人物则予重新编撰。人物传以其职业和主要业绩分为'政界'、'军界'、'农工商界'和'文化界',再以生年先后为序排列。烈士英名录则先以同籍贯组合,再以职务大小、牺牲时间先后为序排列"。《长汀县志》凡例一"《人物》分传、表、录三部分组成,凡籍隶本县或虽籍隶他县,但对本县历史或社会发展有所建树,对长汀人民有过贡献的已故人物均予立传入志。有代表性的反面人物,亦予写传,以示惩戒。坚持生不立传的原则,凡1987年仍健在的对本县历史或社会发展有所建树,对长汀人民有过贡献的英雄、模范、学者、名流、县以上党政军负责人,均用人物表的形式入志。已立传者,不再入表,经省以上部门认定的烈士入英名录"。

(八)行文规则。即指志书编写中行文方面的一些具体问题的规定,诸如文体文字、称谓、纪年、计量、货币、地名、数据,以及其他特殊用语等。如《崇义县志》凡例七"历史纪年,中华人民共和国成立之前,一律沿用通称,采用括号注明公元纪年;中华人民共和国成立后,采用公元纪年。本志所称'解放后',系指1949年8月20日本县解放之后"。凡例八"政区、机关、职务名称,均系当时名称。地名,除必要时用历史名称外,均用现行标准地名。专用名称,首次使用时使用全称,以后采用简称,如'中国共产党崇义县委员会'简称'县委';'无产阶级文化大革命'简称'文化大革命'或'文革'"。凡例九"数字,均以阿拉伯数字著录。各项数据,均采用县统计局数字,统计局缺项的,采用主管部门的。工业数据不包括中央、地驻县企业。工农业产值按国家各个时期规定的不变价计算"。《邢台县志》凡例五"文体。主要采用记叙文体,只记事实,不作评论,寓观点于材料之中,但概述采用论述体,有述有议,述议结合。大事记采用编年体,兼以记事本末体"。《昭平县志》凡例四"记述用语体文和规范汉字,引用原文例外"。凡例七"度量衡制和计量单位,解放前按当时习惯记述;解放后均使用国际标准制。货币以各个历史时期通用者记载,人民币除注明旧币者外,均为新币"。

(九)资料来源。即指志书所使用资料的来源,特别是要说明一些特殊资料的来源,以便后人查考研究。如《兴县志》凡例十"本志资料,分别来自省、县档案馆及有关业务和统计部门;摘引旧志、正史、报刊、专著、口碑和知情者回忆录等,除引用史料加注外,一般没有注明出处"。《潞西县志》凡例一"本书以丰富翔实的资料为依据,实事求是地记载潞西自然和社会的历史与现状。

资料采自档案、报刊、文献、专著、墓志和知情人口述,均经鉴别,一般不注出处;统计数字以县统计局提供为主,兼取部门及专题调查的数据"。《公安县志》凡例十"本志所用资料,主要取自本省、本县档案馆、图书馆和有关部门编写的史料;部分资料取自外省、外地馆藏典籍、旧志、报刊、谱牒;有的取自口碑资料。凡资料涉及两说以上,又无旁证可稽,目前尚无定论者,诸说并存,并加以说明"。

(十)特殊问题。即指志书对特殊问题的处理。其中包括有别于他志的篇目设置问题,一些重大政治方面的问题,志书反映地方特色的问题,新志与旧志的关系问题,志书反映重点的问题,以及上述9条中未涉及又无法包容的问题。特殊问题是凡例中最能体现本志特色的内容,志书编纂者应把它作为凡例中的重点,使凡例真正显现出自己的个性来。在上面列举的40部志书中,《阳城县志》凡例尤其独具特色。该志凡例二"志首设综说与县情基本数据表,尾设'大事年表'与'文征'。正志分'地理'、'经济'、'科技'、'政治'、'军事'、'文化'、'社会'、'人物'、'要记'、'丛谈',凡10编。不标编、章、节名。章节分别以一、二、三和(一)、(二)、(三)的序列区分。设置上述部分篇目旨在:1.'综说'不作浓缩全志的概述,而为纵观古今,横陈利弊的策论。设'县情基本数据表',以便总体浏览,用志不纷。2.'科技'独为一类,且置于前,以体现其重要。3.'要记'专记前八编中难以类从的大事。'丛谈'条述弃之可惜的人间佳话和奇闻趣事。'大事年表'则从简从略,一目了然。'要记'和'大事年表'之设,意在分扬纪事本末和编年二体之长,克服二者参差互损之弊。"凡例四"'经济'之首特设'经济综述',旨在综合和统领工农各业,便于宏观分析"。凡例六"'文征'专征有关乡梓具有重要史料价值、辅志而行的原文原件,以体裁分章,以内容分节。为避免重复劳动,除'名胜诗'外,旧志'艺文'已载诗文概不收录"。凡例七"为不至遗漏本志出版前1986年~1990年发生的大事和重要人物,特在'编后'设'要续'备忘,示不违例"。凡例八"不在志文中纠正旧志的错误或提出质疑,在'编后'专立'旧志质疑与勘误'"。凡例十"为避免一些内容前后重复,子目择主而从,一次述完。如甲处已具其详,乙处又不可缺目,即在该目后指明详见甲处"。凡例十一"本志文中设'附'、'另'。'附'专用于外籍人物传,示不借他乡之誉;'另'则用于别写日伪政权之事物"。《登封县志》凡例六"志书重点,根据登封实际,突出嵩山寺庙文物旅游、粮、煤、铝、少林武术,浓墨重写,以此体现本地特点,其它亦一应具述"。《建德县志》凡例八"为反映本县特色,本志《经济编》突破专业口子,于工、农、商业中撷取土产、特产、名产,构成专章,置于编末"。《五莲县志》凡例四"为突出地方特点,将果业、蚕业单独列编,以记其详"。《金华市志》凡例五"为保持各编记述的相对完整性,由于经济的发展和社会的分工而出现的某些交叉重复,采取有详有略、各有侧重的方法处理"。凡例六"撤地建市后,党政部门、群众团体及直属单位机构相应变更,记述时称撤建或改为,其机构职能均保持连续性"。《如东县志》凡例二"原如皋县编纂方志,始于明朝天顺八年(1464年),尔后续修县志10部。今为不割断历史,特选录旧志及有关报刊资料,编纂《如皋东乡大事纪略》殿于本县大事记之后,以资借鉴"。江苏南京《白下区志》凡例五"本志对解放以来历次政治运动,根据'宜分不宜合'、'宜粗不宜细'的原则,不设专章集中记述,散见于'大事记'和有关章、节中"。《大庆市志》凡例八"为追本溯源,综述始末,充分反映本地区经济、文化等方面发展概况,故在《地方工业》、《农业》、《教育》各篇均冠以'综述',其余各篇前冠以无标题前言或小序"。

六、凡例之制订

正如前面所说,凡例是一部志书的编纂纲领。凡例突出的特点是法则性、条理性,中心内容是对编纂体例作出统一规定和理论说明,主要功用是使编纂者有法则可依,有规定可循,使读者易于阅读和理解。因此,编修社会主义新方志必须把制订凡例作为一项重要工作来抓,切不可等闲视之。

凡例的制订,须遵循"五原则":

(一)观点鲜明,推陈出新。志书经过长期的相沿成习,逐步形成了与其它书籍不同的习惯性的编纂规则。符合这个规则的被称之为"志",有悖于这个规则的被视之为不姓"志"。恪守志书特有的传统惯例,是新编志书凡例须设立的必要内容。但在继承传统的基础上,还必须改革、创新。编纂新志,既要运用"三新"(新观点、新方法、新材料)观点,还须坚持"详今略古,古为今用"原则,贯彻"存真求实"方针,使新志书达到"思想性、科学性、资料性"的统一。真正做到用观点统帅材料,订出志书的编纂法则和修志的施工方案。

(二)开门见山,简明扼要。凡例应是科学的、严谨的,能够高度反映志书的实质,为志书纂修提供良好服务。凡例具有纲领和法则的性质,无须开头结尾。开门见山地对志书的内容和形式作出具有纲领性的说明,是它的显著特点。有多少问题,就列多少条文;每个条文只标序码,不列例名,不分自然段;一个条文最好说一项内容,不要兼顾其它。文字必须精炼而切合实际,真正突出凡例的条理性和法规性。在简明实用的基础上,尽量讲求一点章法和文采,不要写成干巴巴的技术说明书。在旧志中,不少志书凡例写得相当含蕴精深,文采风流,尤值得我们继承和学习。继承的目的,更在于创新和发展。

(三)虚实结合,有的放矢。制订凡例,既要纂修者通过对方志理论的理解和认识,简洁明快地运用方志理论回答编纂实践中的疑难而又有分歧的问题,同时又是把编纂过程中的各种实际问题的具体解决办法,上升到理论的高度而形成理论原则。因此,凡例条文应有虚有实,虚实结合,不仅要对辑录内容和编纂形式作出明确的规定,指出应该怎么办,而且要阐明道理,说明为什么要这么办。当然,这种虚实结合,要有的放矢,条条言之有理,切合志书实际。只有这样,才能使参与编纂者知其所以然,并发挥其主观能动性。

(四)突出重点,体现特色。编修新志书的指导思想和编纂原则是普遍相同的,但各地各志的结构和方法却允许有所区别,各有独特的个性和风格。故凡例的着眼点和写法也会有所不同,每部志书完全可以有别具一格的凡例。制订凡例,应抓住重点,突出特色,有所创新,不必面面俱到,人云亦云。凡历代相因、且至今没有疑义的传统体制,不必浪费笔墨进行重述,一般情况下点到即可。凡全国的统一规定,各地约定俗成的基本原则,也要尽量省略,压缩到最低限度。尤其需要突出本志的重点和特色,即纵则异于旧志,横则异于他志,编者认识分歧,读者不易理解的取材原则和编纂方法等。简言之,各地按照"例由义起"的原则制订凡例,定能使凡例各具特色,并有所创新。

(五)循序渐进,精益求精。凡例的制订和修改,要贯穿于志书编纂的全过程,即订于编纂之前,改于编纂之中,成于编纂之后。志书在纂修之前,就应首先制订出凡例,作为参与志书编纂者的共同纲领和法则,便于在编纂中有章可循,规划划一。否则各行其是,进而增加总纂时的难度。但凡例并非一经制订就铁板钉钉,不能更改。在编纂实践中,会发现新的矛盾,产生出新的经验,以及在理论探讨中有了新的认识,就需要适时地进行增删或修改,这也是必要的、允许的。然而,对凡例的修改必须慎重,决不能朝令夕改过于频繁,使编纂者无所适从。志书脱稿之后,以"实践是检验真理的唯一标准"这一马克思主义基本观点作指导,对凡例进行一次全面的审订、修改,使其更切合志书编纂的实际。并以读者为主要对象,将凡例中的用词语气加以改变,使其由"编纂法则"转变为"阅读指南"。修志实践证明,凡例只有随着修志进度而循序渐进反复修改,才能达到精益求精,凡例才更具有科学性和实用性。

(《中国地方志》1998 年第 2 期)

浅议二轮市县续志"凡例"的编写

——以《秦皇岛市志》等 10 部续志为例

"凡例",是新编地方志书不可或缺的重要组成部分,又是方志的传统文体。志书的凡例,从现有的材料来看,宋代已有,但不够完整、系统。明清以来,志书的凡例不仅普遍,而且也较具体,反映了不同时期的编纂方法与水平。首轮修志之初,在凡例撰写的理论和实践方面,由于人们的认识有所不同,故而还存在不少问题。时至今日,二轮修志已逾十余春秋,新编志书成批涌现,这就为进一步研究凡例的撰写,提供了丰富的材料。理论来源于实践,而理论只有在实践中才能得以升华,从而更准确地指导实践。所以,我们今天重新认识凡例的价值,确定它在志书中的应有地位,提高凡例的撰写质量,进而提高二轮续修志书的整体水平,具有十分重要的意义。

我找了 10 部市县志:《秦皇岛市志》、《高安市志》、《杭州市志》(送审稿)、《萧山市志》(试印本)、《锡山市志》、《东平市志》、《晋中市志》(通纪体)、《临猗县志》、《大通县志》、《陵川县志》。通过阅读,发现凡例中存在的问题较多,主要表现在以下几个方面。

(一)模式化倾向较明显。编修新志书的指导思想和编纂原则是普遍相同的,但各地各志的结构和方法却允许有所区别,各有独特的个性和风格。故凡例的着眼点和写法也会有所不同,每部志书完全可以有别具一格的凡例。制订凡例,应抓住重点,突出特色,有所创新,不必面面俱到,人云亦云。凡历代相因、且至今没有疑义的传统体制,不必浪费笔墨进行重述,一般情况下点到即可。凡全国的统一规定,各地约定俗成的基本原则,也要尽量省略,压缩到最低限度。尤其需要突出本志的重点和特色,即纵则异于旧志,横则异于他志,编者认识分歧,读者不易理解的取材原则和编纂方法等。简言之,各地按照"例由义起"的原则制订凡例,定能使凡例各具特色,并有所创新。

通例(共例)多数志书比较重视,但忽视了特例的书写,缺乏志书个性。

志书凡例的内容,由驳杂而走向统一,进而到一般通例的规范化,是新方志编纂(从首轮到二轮)的一大进步,但多数志书只注意了通例而忽视了特例,以致出现模式化的倾向,则是不容忽视的一大问题。

(二)指导思想表述不确。中国地方志指导小组于1985年4月19日颁布的《新编地方志工作暂行规定》中,明确提出编纂社会主义新方志须遵循的指导思想和编纂原则,它是我国当今修志的纲领性法规,是修志工作的总凡例,各级各类志书都必须严格遵循。所以,志书的编纂指导思想理应在凡例中有所交待,并在志书编纂中得到体现,既不能不载,也不应空载。当然,指导思想并非全文照搬中指组的《新编地方志工作暂行规定》,一般情况下点到即可。凡例中要不要写指导思想,至今还有争议,在修志实践中也出现两种情况。我在该论文中引用的八种理论研究的文章,提出要写指导思想的占5种;列举的40部新志书的凡例,写上的占24部。由此可以看出,无论从理论研究上还是志书实践中,要指导思想的还是占多数。修志实践也充分证明,以马列主义、毛泽东思想为指导,是我们编写、审定志稿自始至终必须认真恪守、坚持不渝最重要的一条,亦是衡量新编志书质量最基本的一条。历代志书的阶级性是显而易见的。并非你不写指导思想,志书就没有了阶级性,而写上指导思想就是贴上了政治化的标签。作为社会主义的新一代方志,在正确反映历史的同时,还要保证政治观点上的无差错;要保证政治观点的正确性,就必须坚持马列主义、毛泽东思想、邓小平理论、"三个代表"重要思想和科学发展观。凡例中有了这一条,在编写和审改时就有了准则,对材料的取舍就有据可依。

2007年10月中共十七大通过的《中国共产党章程》在总纲第二自然段明确指出:"中国共产党以马克思列宁主义、毛泽东思想、邓小平理论和'三个代表'重要思想作为自己的行动指南。"其后又将"科学发展观"加入进去,统一称作"中国特色社会主义理论体系"。而多部志书表述不一,甚或断章取义,存在问题较多。如《萧山市志》(试印本)凡例一、《杭州市志》(送审稿)凡例一、《东平市志》凡例一、《大通县志》凡例一、《晋中市志》凡例一、《临猗县志》凡例一,均表述不确。

辩证唯物主义,是马克思在总结自然科学、社会科学和思维科学的基础创立的一系统科学的逻辑理论思维形式。历史唯物主义(historical materialism)是人类社会发展一般规律的科学。马克思主义哲学的重要组成部分。科学的社会历史观和认识、改造社会的一般方法论。亦称唯物史观。方法论,就是人们认识世界、改造世界的一般方法,是人们用什么样的方式、方法来观察事物和处理问题。概括地说,世界观主要解决世界"是什么"的问题,方法论主要解决"怎么办"的问题。

志书凡例在运用"辩证唯物主义和历史唯物主义"替代马克思主义时,不能把二者前后颠倒,亦不能断章取义,只用其中一种,凡例在指导思想表述时,二者缺一不可。《秦皇岛市志》凡例二,仅有"坚持历史唯物主义的观点",落了"辩证唯物主义"的表述,明显不确。

同时,既然在指导思想中已标有"马克思主义",辩证唯物主义和历史唯物主义已包含在其中,只用一种即可,二者连用则有重复之嫌。连用的有《秦皇岛市志》凡例二、《萧山市志》(试印本)凡例一、《杭州市志》(送审稿)凡例一、《东平市志》凡例一、《大通县志》凡例一、《晋中市志》凡例一。只有《锡山市志》凡例二"本志编纂以历史唯物主义和辩证唯物主义为指导"语,用以替代"马克思主义"作为指导思想,但二者次序应颠倒过来,应为"本志编纂以辩证唯物主义和历史唯物主义为指导"。

(三)行文欠严谨,简称与全称对应不确。《秦皇岛市志》凡例十、《高安市志》凡例十、《杭州市志》凡例七,均存在全称不全的毛病。

(四)凡例与内文矛盾,不能吻合一致。《秦皇岛市志》凡例十二:"本志采用公元纪年。所涉 1949 年 9 月 30 日前纪年采用历史纪年,同时括注公元纪年。"前后两句自相矛盾,实则第一句定义有误。

《临猗县志》凡例五,"殿以特载、杂记、附录等"。据凡例所言,估计原志书中设有"杂记"一类,成书时不知何原因删节掉了,正式出版的志书中没有了"杂记",形成凡例与内文的矛盾。

《高安市志》凡例六言明:"简介人物和人物名录的选录标准与排列顺序,于章首无题小序中说明。"但实际情况并非如此。如"卷三十人物·第二章人物简介"的无题小序中,只言明"目"的排列顺序,而未言明具体人物的排列顺序;具体人物的排列顺序分别列在各个目题的括注之中。如第二章第一节的其中 4 个目为"以任职时间为序",1 个目"以姓氏笔画为序",1 个目"以牺牲时间为序";第二节的其中 2 个目"以姓氏笔画为序";第三节的其中 3 个目"以任职时间为序",1 个目"以生年为序"。"第三章人物名录"的无题小序中,也未言明排列顺序,亦是出现在目题的括注之中,如第一节中有 2 个目为"以出席次别为序",1 个目"以出席界别为序";第二节中有 2 个目"分单位以职称评定时间为序";第三节中有 1 个目"以参加革命时间为序",1 个目"以姓氏笔画为序";第四、五、六节中各有 1 个目"以任职先后为序";第七节中有 1 个目"以上缴税金数额为序";第八节中有 3 个"目""以姓氏笔画为序"。"第四章先进个人与先进集体"的无题小序亦如此,如第一、二节中各有 1 个目"以获奖年代为序"。

《高安市志》凡例九言明:"纪年方法,中华人民共和国成立前(简写为新中国成立前),用历史纪年,括注公元纪年;中华人民共和国成立后(简写为新中国成立后),用公元纪年。"《凡例》之规定,统摄全书,行文中都应以此为准绳。经笔者粗粗翻检,发现纪年不一致的地方有多处未能统一到《凡例》所要求的体例上来。如"卷二十五文化·第十一章社科编研·第三节编著书目"中,民国纪年有 13 处直接用公元纪年标注;"卷十九民主党派地方组织"中,民国纪年有 3 处直接用公元纪年;"卷三十人物·第一章人物传·第二章人物简介"中,更有多达 227 处的民国纪年直接用公元纪年标注。"卷三十二前志补遗"中,有 14 处民国纪年直接用公元纪年标注。其他零星的纪年表述与《凡例》不一致的还有几处。

《锡山市志》凡例六载:"结构为篇、类、目三个层次,条目为记述实体。为叙述方便,根据需要在文中加若干小标题作为细目。"依笔者理解,"细目"即"目"下的又一个层次,属第四级题目。翻阅志书,笔者发现"细目"之下还有"小目"(暂且以此称呼,属第五级题目),且条数还不少。据笔者粗略统计,全志的"小目"分别在《自然环境》、《土地》、《城乡建设》、《工业》、《交通·邮电》、《财税·金融》、《党派·社团》、《政务》、《司法》、《卫生》等篇中出现,共 282 条,另还有"细目"下单领 1 条"小目"的也有十余条,总数近 300 条。志中的"小目"均排为楷体,与正文相别,作者很明确地标示出其为一级标题。以此而论,应在《凡例》中明白无误地告诉读者,"细目之后根据所记事物的需要,加列小目"之语。

《锡山市志》凡例九为纪年内容,似觉缺漏了有关历史纪年如何表述的内容,因志中的《前志概要》、《市域·区划》、《人物》等篇均涉及到历史纪年,依行文表述看,是以"清代以前用旧纪年,夹注公元纪年;中华民国时期,用阿拉伯字夹注公元(一节内,同一年号一般只注首次,省'公元'和'年'字);中华人民共和国成立后,用公元纪年"(《无锡县志》1994 年 1 月版《凡例》第六条)来表述的。因续志《凡例》中未作明确表述,志书行文中出现了不规范、不一致的地方,如:《前志概要》中,有"1895 年,杨艺芳、杨藕芳兄弟投资白银 24 万两,创办无锡第一家近代工业企业——业勤纱厂";有"荣德生先后在荣巷开办了公益小学、竞化女子小学和公益工商中学(后为公益中学),1947 年创办了江南大学";此二句中的"1895 年"和"1947 年",直接用公元纪年表述,未按历史纪年括注公元纪年,与该文中多处出现的历史纪年表述不一致。又《人物》篇中,有"钱穆,原名思镂,字宾四,1912 年改称穆,号未学斋主",句中的"1912 年"直接用公元纪年,而紧接下文中又有"清光绪二十一年(1895)"、"宣统三年(1911)"、"民国元年(1912)"等语,很明显此处表述不确,应为民国纪年括注公元纪年,后文中的"民国元年"不应再括注公元纪年。《人物简介》的"施之勉"条中有"民国十五年"语,为民国纪年第一次出现,后有"民国三十五年"、"民国三十七年"语,故此处应括注公元纪年;"诸祖耿"条中"民国六～十三年","徐风"条中"民国三十二年","孙翔凤"条中"民国十五年"(后有"民国十九年"括注),"程志新"条中"民国三十四年"(后有"1948 年"未用民国纪年)等句,均遗漏了括注公元纪年。

(五)套用首轮志书凡例,新瓶装旧酒。《大通县志》凡例八,"数字表述执行国家语言文字工作委员会关于出版物上数字用法的试行规定"。此规定经修改,于 1995 年正式颁布施行,名称为《出版物上数字用法的规定》。

《晋中市志》凡例八,"本志计量单位以国务院 1984 年 2 月 27 日发布的《关于在我国统一实行法定计量单位的命令》为准"。文件引用不确,《命令》是颁发仪程,不是《规定》,引用应为《中华人民共和国法定计量单位》。实际上该规定已经修改,于 1993 年重新发布,名称为《量和单位》,由国家技术监督局发布。

(六)不合志体或违反有关规定。《高安市志》凡例十二,"入志资料……选用时不一一注明出处"。《锡山市志》凡例十三,"本志资料……为节省篇幅,一般不再注明出处"。《东平市志》凡例六,"本志资料……一般不注明出处"。《临猗县志》凡例九,"本志资料来源一般不注出处,个别为说明问题的方予加注。中指组《地方志书质量规定》第四十条言明,"引文和重要资料注明出处","不注明出处"明显与《规定》不符。可采取隐晦的方式解决,如《秦皇岛市志》凡例十五、《大通县志》凡例十,均采取隐晦的方式,干脆不提也罢,少引非议。

我以为,在出书前修改凡例时,最好能对照《地方志书质量规定》核查一遍,凡与《规定》不一致的地方一律删去。

《萧山市志》(试印本)凡例二,"本志为一部独立、完整的市志,上限为1985 年 1 月 1 日,下限为 2001 年 3 月 25 日"。该志为断代志,自称为"一部独立、完整的市志",似觉欠妥,有自诩之嫌。与通纪体相较,断代志的独立性、完整性、系统性受到很大制约。浙江省志办陈野在《关于提升志书内在品质的思考》一文中指出,"断代的形式和内容,使完整表述历史走向的难度更大。因此,能否接续历史发展之渊源、纵贯历史发展之脉络、反映历史发展之整体、达到志书所记内容历史趋于完整的目的,也是衡量志书内在品质的要素"(《中国地方志》2011 年第 2 期)。自己编纂的断代志是否是一部"独立、完整的市志",还是留待他人评说为好。

(七)转身不雅,残留写志痕迹。凡例的制订和修改,要贯穿于志书编纂的全过程,即订于编纂之前,改于编纂之中,成于编纂之后。志书在纂修之前,就应首先制订出凡例,作为参与志书编纂者的共同纲领和法则,便于在编纂中有章可循,规划划一。否则各行其是,进而增加总纂时的难度。但凡例并非一经制订就铁板钉钉,不能更改。在编纂实践中,会发现新的矛盾,产生出新的经验,以及在理论探讨中有了新的认识,就需要适时地进行增删或修改,这也是必要的、允许的。然而,对凡例的修改必须慎重,决不能朝令夕改过于频繁,使编纂者无所适从。志书脱稿之后,以"实践是检验真理的唯一标准"这一马克思主义基本观点作指导,对凡例进行一次全面的审订、修改,使其更切合志书编纂的实际。并以读者为主要对象,将凡例中的用词语气加以改变,使其由"编纂法则"转变为"阅读指南"。修志实践证明,凡例只有随着修志进度而循序渐进反复修改,才能达到精益求精,凡例才更具有科学性和实用性。

《杭州市志》(送审稿)凡例七,"行文涉及政区、组织机构、会议、文件、职衔、地名、等,均按当时称谓记述,一般采用全称,用简称者必须在第一次使用全称时予以注明"。很显然"必须"二字是针对写志人而言的,转身欠雅。

(《中国地方志学会 2012 年学术年会论文汇编》)

续修省志篇目的继承与创新

体例和篇目,在志书编纂中居于核心地位。正确认识篇目与体例的关系,是做好篇目设计工作的前提。体例与篇目之间是主从关系,即体例决定篇目,篇目反映体例,绝不可让方志体例迁就、屈从于篇目。志书篇目设计一定要从方志体例要求出发,绝不能舍此行事。篇目设计是志书编纂过程中的重要一环,志书篇目的设计者既要熟知和把握方志体例,又要对当地历史与现状有较全面、系统的了解,还应有相应的百科知识,才能按照方志体例的要求,从地情实际出发,设计好篇目,使志书篇目达到"合乎科学分类和社会分工实际,突出时代特点和地方特色,做到门类合理,归属得当,层次分明,排列有序"(《关于地方志编纂工作的规定》)。

省志的编修,一般习惯从元代建立行省之后算起,明中叶之后始有通志之名。据《中国地方志联合目录》载,现存省志中最早称通志的为明成化十一年(1475)初刻的《山西通志》。历代通志编修,为社会主义新省志的编纂积累了丰富的经验,张桂江在《地方志编纂与续修》一书中,对旧通志体例积淀的经验归纳为四点:"第一,通志贵通,即能横通'三司',纵通'府州'。运用高度概括的手法,从宏观上将地域辽阔、人口众多的行省的自然与社会发展变化溶为一体。第二,通志贵明。即以十分简明的语言准确地表达出纷繁复杂的事物,使人对行省之'大端'有十分明确的了解。第三,通志贵详。通志的编者要善于从历代文献、档案和府州县呈送的志稿中详征博引,厚积薄发,最大限度地保存珍贵史料。第四,通志贵严。既要有高度灵活的体例来处理复杂的行省结构,又要有'整齐划一'的严谨体例统一全书。"首轮省志的编纂,正是在总结和吸纳前人编纂通志的经验的基础上,结合新时代的时代特点和地方特点,创立出省志的体例与篇目。

全国首轮省志编修(除香港、澳门、西藏外),大部分已面世,少部分进入扫尾。二轮续修省志同历代通志相比,具有特殊性。一是首轮省志编修,从广义上说,是历代修志传统的继承和发扬,但从狭义上讲,则不属于旧省志的续修,而是重点创设社会主义新省志独特的编纂体例和适应社会发展阶段的新颖篇目,真实反映社会主义初级阶段一行省的基础情况。简言之,首轮新省志编纂以创新为主,继承为辅。二是历代省志编修,很少有两轮修志紧接不断的情况,而二轮省志编修紧接首轮,明确肯定是首轮省志的续志。三是历代省志以通纪体居绝对多数,续志体仅为凤毛麟角;而二轮省志普遍为续志体,至今还未见有通纪体出现。四是二轮省志修完之后,紧接着又将开展第三轮省志的编修,同历代修志相比,社会主义新方志编纂的特点是不再间断、连续编纂下去,连绵不绝,志志相接。鉴于上述四点,二轮省志的篇目设计,必然与首轮省志相联,如何根据首轮省志篇目的实际,合理制订二轮省志的篇目,继承与创新是摆在修志工作者面前的两大课题。

二轮省志续修启动之时,须对首轮省志进行回头看,认真总结首轮省志编纂中的经验与教训,为二轮省志编修提供参考与借鉴。首先应当肯定,首轮省志基本是成功的,从二轮省志已启动的十几个省市区来看,普遍采用续志体接续前志,并未推倒重新编纂通志体省志,即是对首轮省志的肯定。从总结首轮修志经验与教训来看,省志编纂研究明显滞后于市县志,这对二轮省志续修明显不利。究其原因,一是与市县志相较,省志部头太大,少者两三千万字,多者达四五千万,甚或七八千万字,搞编纂理论研究的人要阅读一部省志很难做到,而要阅读多部更不可能。二是方志研究人员遍布全国各省市区,而省志交流不甚广泛,各兄弟省市区间交流的省志有限,即使有人想搞省志研究,搜集资料、阅读省志困难,亦是其中一项原因。三是自首轮新方志编纂开展以来,市县级志书理论研究异常活跃,而省志编纂理论研究却较欠缺,全国性的省志编纂理论研讨会仅开过有数的几次,亦侧重于某一单项或体例、或内容的研讨,并未全面展开。首轮省志就是在编纂理论研究不太充分,即理论准备不足的情况下完成的。基于此,首轮省志编纂成绩是巨大的,但不可否认其存在问题也是较多的。加强省志编纂理论研究,是摆在省志编纂人员面前一项刻不容缓的艰巨任务。

就篇目设计而言,我们也不应企求首轮省志的篇目在一部志书中乃至首轮修志过程中一次完善或完成,而要在连续不断的新方志编纂实践中日臻完善。省志篇幅宏大,志书的总体设计包括内容安排、结构模式、编纂凡例等方面,起决定作用的则是篇目设计。

首、二轮省志编修紧密相连,且二轮省志采用续志体,不言而喻,篇目上的接续,是应有之义。当然,二轮省志篇目继承并非守旧,创新亦并非推倒重来。虽时过,却境未迁。既然是以同一行省为记述对象,其体例篇目虽因时而异会有某些不同,但志书中记述的各类大项事物必然有其共同之处,所以,凡前志篇目于续志编纂仍可使用的,便应当予以合理继承,不可轻易物弃。

以山西省首、二轮省志篇目为例,从中即可看出省志篇目的连续性和继承性。首轮《山西通志》篇目设 50 卷,二轮《山西省志》篇目设 91 卷,续志篇目是以首轮志书篇目为基础而扩展开来。从篇目上看,直接继承移植的篇目有,总述、气象志、地震志、农业志、林业志、水利志、煤炭工业志、电力工业志、冶金工业志、化学工业志、机械电子工业志、军事工业志、轻工业志、纺织工业志、交通志、铁路志、测绘志、粮食志、财政志、民政志、军事志、教育志、科学技术志、社会科学志、体育志、文物志、旅游志、民族宗教志、民俗方言志、人物志、大事记、附录等 32 卷。改变名称且实为继承前志的有,人口志改为人口与计划生育志,建筑材料工业志改为材料工业志,商业志改为商务志,文化艺术志改为文化志,共有 4 卷。将大类一卷分为小类多卷的有,地理志分解为建置志、国土资源志,邮电志分解为邮政志、电信志,城乡建设环境保护志分解为城乡建设志、环境保护志,金融志分解为银行业志、保险业志、证券业志、农村信用社志,经济管理志分解为技术质量监督志、工商行政管理志、国有资产监管志,党派群团志分解为中共山西省委志、人民代表大会志、人民政府志、人民政协志、民主党派和工商联志、工会志、共青团志、妇联志、社会团体志,政法志分解为审判志、检察志、公安志、司法志、监察志,卫生医药志分解为医疗卫生志、医药志,新闻出版志分解为广播电视志、报业志、出版志,共有 9 卷。此三类相加达 45 卷,占到前志 50 卷的 90%。剩余的 5 卷分两种情况,一为归并,如地质矿产志、土地志归并于国土资源志,外贸志归并于商务志,政务志归并于人民政府志;取消了乡镇企业志。山西的首、二轮省志,前为中编体,后为小编体,孰优孰劣,还有待众家评说,但篇目的继承性和连续性却是十分鲜明的。作为续志体的二轮省志篇目,要把继承摆在首位,创新,是在继承基础上的创新,那种完全摆脱首轮省志篇目,另起炉灶的做法,对续修省志而言是不可取的。

续修省志篇目的制订,创新是重要的,也是必须的。因为续志记载的时段,其主要内容是改革开放期间的事物,虽然这一段时间较短,而一行省内发生的社会变革却是十分巨大的,涌现出的新事物、新情况也是极多的,前志篇目的"旧瓶"实难装下续志内容的"新酒"。这就需要从客观实际出发,根据科学分类和社会分工实际相结合的原则,实事求是斟酌调整前志的门类篇目。但这种创新不是完全打破传统,另起炉灶,而是要去继承优良传统基础上的创新。确切地说,没有继承,也就谈不上创新。当然,继承并不是全盘照搬,而是批判地吸取首轮省志篇目的精华,剔除其不适应二轮省志记述的内容和形式。创新是对继承而言,要在继承的基础上,进行大胆探索和尝试。要立足当代,实事求是地对以往的程式进行推敲,逐步形成切合实际的新思路、新办法,科学地设置好续修省志的篇目。

从现有情况看,二轮续修省志的体式主要有一卷多志体和分志平列体两种。采用一卷分志体式的有:河南省志设 9 卷 43 篇专志,湖南省志设 32 卷 82 部专志,宁夏区志设 25 卷 170 余篇专志,云南省志设 42 卷 85 部专志,广东省志设 42 卷,江苏省志设 60 卷(50 卷分志、10 卷专志)。采用分志平列体式的有:黑龙江省志设 104 部分志,福建省志设 97 部分志,湖北省志设 92 部分志,山西省志设 91 部分志,重庆市志设 90 部分志,广西区志设 88 部分志,山东省志设 78 部分志。吉林省志设 69 部分志,贵州省志设 60 部分志,青海省志设 50 部分志。

两种体式各有利弊,一卷分志体有利于体现全书的科学性、整体性,便于控制和压缩省志的篇幅,并具有一定的弹性;便于平衡省内各专业的记述比重,提高记述质量。但其弊端是成书的难度较大,容易出现扯皮现象,拖延出书周期。分志平列体的优点是便于操作,有利于调动承编单位或部门的积极性,对加快编纂进度较为有利。但其弊端亦较明显,全志的科学性、整体性较差,对于控制全书篇幅难度较大;各分志间的篇幅平衡难于把握。从首轮到二轮,省志的此两种体式并行不悖。如首轮山西为一卷多志体,二轮则改为分志平列体;首轮江苏为分志平列体,二轮则改为一卷多志体。依笔者愚见,一卷分志体明显优于分志平列体,各省根据本地实际情况自选其一种,也在情理之中。孰优孰劣,还是留在今后的修志实践中去检验吧。

二轮省志篇目的创新,从现已出台的部分省志篇目看,主要从如何突出时代特点和地方特色两方面为着眼点。时代特点,改革开放三十年是续修省志记述的主要时段,突出主旋律,唱好"主场戏",在续志的篇目中要得到完满体现,如新事物、新产业,改革开放、经济技术开发区,三项基本国策等,在续修省志篇目中多有体现。地方特色,从一行省的实际出发,着力研究和吃透地情,在突出地方性上增设特色专志,改变首轮省志模式化雷同化的格局。这些特色专志,或自然地理特色,如江苏的《太湖志》,河南的《黄河治理志》,福建的《闽江志》等;或建筑特色,如贵州的《名镇名寨志》,湖北的《三峡工程建设志》,福建的《土楼志》等;或土特名产特色,如湖北的《船舶工业志》,云南的《橡胶志》,贵州的《名特产志》等;或民族文化特色,如宁夏的《西夏学研究志》,福建的《客家志》,江苏的《吴文化志》等;或社会实体和社会活动特色,如广东的《珠江三角洲经济志》,江苏的《历代书院志》,广西的《扶贫志》等;或历史名人特色,如山东的《孔子故里志》,广东的《孙中山志》,山西的《华国锋志》等。二轮续修省志的篇目设置,除继承首轮志书的自然、经济、政治、文化、社会等主要类目外,时代特点和地方特色得到尽力挖掘,打破了"千志一面"的格局,使续修省志上升到一个新的台阶。

(《中国地方志》2010 年第 12 期)

续志篇目设置浅议

篇目是志书的蓝图,其设计的科学合理与否直接影响着志书的具体编纂质量。续修志书的工作业已启动,要想确保"每部志书都是一部学术著作,都是一部精品",就需要对续志篇目的科学性、必要性、可行性进行认真而深入的论证。

(一)续修志书的模式。谈论续志的篇目,首先要确定续修志书的模式。即续修志书应记述的内容包括哪些方面。当前,对续修志书的定位有以下几种说法:一是"不变不记",即如果上一轮志书已经记过了,至今没有发生变化的事物,下届续修志书就不必再记述,其理由是志书不能炒"冷饭"。持此种观点的人提出,续修志书可省略自然界的地质、地貌,政治生活中的区域、建置,社会生活中的方言、民俗等篇章。甚而有的人提出删掉大事记、卷首小序等内容。二是"适当上溯"、"搭接",即在规定的上限基线上适当上溯,把续修的志书与前志结合起来,把一件事物的前因后果讲清楚,既要重点记述限内事物,又不割断历史;既不要重复前志,又能把前志的核心内容顺延下来。三是新记与复载相结合,即有些内容必须重复记载,有些内容则要详记"限内",略记"限前"。如自然地理、方言、民族、人文自然遗产、人物等等,可以复载,并根据事物的发展加以增删勘误;在经济领域则侧重"新记"内容。

笔者以为,续修志书应为一部单独的志书,即独立成志,不能与上届志书合而为一,成为一个"连体婴儿"。其理由如下:其一,就方志的定义而言,目前学术界比较趋向一致的看法是,方志是记述一定地域的自然和社会、历史和现状的综合性资料著述。也有称之为"一方古今总揽"、"一方百科全书"的,有的还称之为"一定地域、一定时间限内的信息集成"。如果续修志书不能起到综观一地之古今的作用,显然难以与方志自身的特征和属性相吻合。其二,就修志的传统而言,每部志书均应独立成志。现存的历代旧志,不论是续修、再修、重修的志书,绝大部分都能独立成志。魏桥老先生在《广义的续修是传统方志的主要形式》一文中指出,方志体例自宋代基本定型以后,历代修志在继承的基础上均不断有所创新,并不完全拘于前志。单纯地继承、简单地填补前志,不可能修成佳志。续修志书应在前志的基础上因时因事而变,则是必不可少的。并提出,为了保持新一轮修志的完整性,可专设"地情概貌"、"历史纪略"两部分。要深化对地情的认识,深入了解当地发展史,以示志书的完整性。魏老是赞成续修志书要单独成志的。就不同时代的人编修的志书,对相同历史事件和事物,也有不同的记述和评价,对古今、远近之事物有不同的详略标准,这正好为后人研究人文历史提供了极好的史料。其三,就读志用志的社会效益而言,每部志书都应该独立成志。读者都希望"一书在手,便知一地之今古"。我们总不能说,你想了解本地的历史吗? 请到上届志书中查找去吧。读者要了解一地之历史,必须有上届之志书,要了解今日之现状,必须有今日之续志,这岂不是强人所难! 续修志书应该多为用志的读者着想,修志即为用志,用志是硬道理,用志是占第一位的。其四,就续修志书的实际操作而言,每部志书都应该独立成志。志书体例中有"不得越时而记、越境而书",如果全书一体遵循,严格把关,续修志书将十分难办。志书所记诸多内容,均与历史资料紧密联系在一起,如若舍弃这些断限之外的资料,续志就不成其为"一方之全书"。在续修志书过程中,与其自行设置诸多的条条框框,倒不如放得开一点、宽一点,把续修志书编纂成一部全新的"包揽一方之今古"的实用志书,更切合实际一些。

(二)续修志书的篇目设置,要立足于创新。"创新",是续修志书的首要研究课题。中国的地方志源远流长,以周代的"四方之志"和秦汉魏晋南北朝的地志、郡志,到宋代方志的基本定型,再到元明清方志的鼎盛,志书的内容和形式都在不断发展、创新之中。尽管方志界有过所谓"贵因不贵创"之说,但修志实践却佐证,志书总是随着时代的发展和客观的需要,不断有所创新,有所前进。今后,随着科技的进步,文化的提高,社会发展进入了快车道,作为时代的记录、地情的载体——地方志,不能不作更大的创新和改革。可以这样说,不从客观的实际出发,不图改革创新,续修志书就不能适应客观现实情况的需要,修志事业也是难以繁荣兴旺的。因此,在继承基础上不断创新,应该成为新一代方志工作者牢固的观念和神圣的使命。

如何处理好续修志书篇目的继承与创新的关系,使续志篇目不拘一格,百花齐放,创造出内容与形式更加完善的篇目设计,须从以下几个方面引起编纂者的高度重视。其一,篇目设计是志书编纂人员(特别是主编)编纂思想的具体反映,要破除偏狭观念。提倡各种篇目(或体式)优势互补,扬长避短,不要以某一种篇目设计之长,去比另一种篇目设计之短,更不能以编者自己的好恶去反对其它类型的篇目设计。要鼓励人们在续修志书的编纂实践中,解放思想,开拓创新,大胆去试,大胆去闯。即"宁可在创新中走弯路,不可在模仿中走老路"。其二,要消除害怕创新的体式不合志体的疑虑。杨杏芝在《方志发展应顺应时代,突出新特点》一文中,就创新出来的体式姓不姓"志",提出了三条判断的标准和依据:"一看是不是资料著述,二看地情资料是不是全面、系统、真实,三看基本上是不是横排纵写和运用多种体裁。只要符合这三条,就是志书。"郭凤岐在《以"三个代表"思想推进修志事业》一文中亦指出:"不能错误地认为,过去的志书就是志体。只要不违背志书的基本特征,放开创新,即使与旧志有全新的不同也仍然是志。更何况,志体也是与时俱进,不断发展、创新的。"其三,要反对盲目的模仿照搬。续修志书的篇目设计,也应如同首轮优秀志书一样,取旧志之精粹,适应时代的进步而创新,不去抄袭旧志的过时凡例和篇目结构。续修志书的篇目设计,不仅要避免重蹈前志的误区,即使是首届志书的成功经验也不能简单移植。从这一意义上说,续志对首届志书篇目的继承,也如同对待旧志一样,主要是继承其设计原则与创新精神。同时,我们也提倡学习借鉴其他文体之长,主张各种文体互相融合、吸收,但不是机械地照抄照搬。

总之,我们要在继承和发扬前人方志理论的基础上,认真总结上一届修志的实践,并根据时代的发展,对志书的篇目体例进行大胆创新,增加过去没有过的门类和内容,改进传统的编纂方法,而不能死守教条,或把某位权威的话当作一成不变的金科玉律。要允许大胆地试,大胆地闯,多一点宽容,少一点禁锢;多一点理解,少一点指责;多一点百花齐放,少一点千篇一律。只有坚持创新,勇于创新,才能编纂出无愧于我们这个时代的佳志、良志。

(三)续志篇目之实践。截至2002年10月,山西省已面世的续志有3部。在这三部续修志书中,《河津市志》为通纪体,实为重修之志书,只是下限略有延长而已(首轮《河津县志》下限至1985年,《河津市志》下限至2000年)。河津是1994年县改市的,首轮编修的是县志,重修的是市志,并非接续上轮志书的续志。

接续上轮志书的续志有 2 部,一为《孝义县志》(1986～1991),一为《垣曲县志》(1991～2000)。

1996 年版《孝义县志》(续)与 1992 年版《孝义县志》相比,篇目设置比前志大大压缩,前志为 36 卷,而续志仅设 23 卷。续志的篇目设置,主要有以下几种变化:一是保留的卷目有人口、经济综貌、商业、财税、金融、经济管理、政党社团、政权政协、民政人事、教育、科技、卫生、人物、大事记等 14 卷;合并的卷目有农业(前志为农业、林业、畜牧、水利水保、农机等 5 卷)、工业(前志为工业、煤铝工业、电业等 3 卷)、交通邮电(前志为交通运输、邮电等 2 卷)、司法武装(前志为公安司法、军事等 2 卷)、文化体育(前志为文化、教育等 2 卷);增设的卷目有城建环保(前志仅有城乡建设,现增补环保内容)、乡镇概况、乡镇企业、劳动管理等 4 卷;删掉的卷目有建置、自然环境、自然资源、粮食、文物、民俗、方言俗语等 7 卷。前志原志末设有"附录",续志删掉"附录",而增"文存"。因前志下限至 1985 年,续志记事从 1986 年至 1991 年,仅记述了 6 年的情况,故篇幅短小(前志 140 万字,续志为 74.4 万字),篇目压缩较大,新意较少。

《垣曲县志》续志上限为 1991 年,下限至 2000 年,是一部记述 10 年历程的断代志。

该志的篇目为:

概　述

大事记

卷一　地　理

　建置/自然概况

卷二　人　口

　人口状况/人口构成/计划生育/老龄人口

卷三　乡镇概况

卷四　农　业

　耕地/劳力/区划/农业体制改革/种植业/养殖业/林业/水利/农业机械/乡镇企业

卷五　工　业

所有制类型/工业体制改革/工业门类/企业管理/主要企业简介

卷六　中条山有色金属公司

铜生产/辅助生产/经营管理

卷七　交通邮电

交通/邮电

卷八　城建环保

城乡建设/环境保护

卷九　商　业

商业体制改革/商场集市/商品购销/饮食服务业/粮油贸易/烟草专营/燃料供应/对外贸易

卷十　旅游业

旅游区划/旅游景点/旅游开发/旅游服务

卷十一　财税金融

财政/税务/金融

卷十二　经济管理

计划管理/统计管理/工商行政管理/技术监督/审计监督/物价管理/物资管理/土地管理/矿产管理/农村经济管理

卷十三　人民生活

城镇居民生活/农村居民生活

卷十四　党派群团

中国共产党垣曲县地方组织/中国民主同盟中条山联合支部/群众团体

卷十五　人大政府政协

人大/政府/政协

卷十六　军　事

兵役/地方武装/民兵

卷十七　政　法

公安/检察/审判/司法行政/综合治理

卷十八　劳动人事

劳动/人事

卷十九　民　政

社会行政管理/社会保障/社会福利

卷二十　移　民

垣曲淹没区/移民规划/移民管理/移民安置

卷二十一　教育科技

教育/科技

卷二十二　文　化

著述/文学创作/艺术/图书档案/史志家谱/影视新闻/文化管理/文化活动/艺文

卷二十三　卫生体育

卫生/体育

卷二十四　古文化开发及利用

曙猿文化/舜文化/商城文化

卷二十五　人　物

人物传/人物简介/人物表

附录

限外辑要

索引（人物索引、图表索引）

《垣曲县志》续志在"凡例·二"中标明："本志为1993年版《垣曲县志》的续志，对本时期变化大的详记，变化小的略记，对前志缺漏的补记。卷前设无题小序，承接上部县志主要内容。"从续志篇目来看，前志设34卷，续志压缩为25卷。在篇目设置上，一是归并了部分卷目，如原建置、自然环境等二卷合并为"地理"卷，原农业、水利水保、林业、畜牧等四卷合并为"农业"卷，原环境保护、城乡建设等二卷合并为"城建环保"卷，原交通、邮电等二卷合并为"交通邮电"卷，原财政、金融等二卷合并为"财政金融"卷，原科技、教育等二卷合并为"教育科技"卷，原卫生、体育等二卷合并为"卫生体育"卷。二是去掉了一些卷目，如历山国家级自然保护区、政事纪略、文物名胜、民俗、宗教道门行会、方言谣谚等六卷。三是新增了一些卷目，如乡镇概况、中条山有色金属公司、旅游业、人民生活、移民、古文化开发及利用等六卷。前志的"大事记"为后置，而续志"大事记"则列于正志之前；前志卷首无小序，而续志在每卷之首配置有无题小序。

他山之石,可以攻玉。在全国兄弟省市续修志书工作普遍开展以来,山西续修志书的工作明显滞后。现就笔者见到的几种续志篇目,摘录出来,供我省地市县续志设置篇目时参考借鉴。

秦皇岛市县(区)续志基本篇目的设计,体例上继承并发展旧志平列分目体,采用大板块类目型,除"概述"和"大事年表"外,主体"志"设计了地理、政治、经济、文化、人物五大板块。其"经济"板块按三次产业分类法分类,与《谷城县志》续编篇目有所不同,我想其也是考虑到了第三产业过于庞杂,故而采取此种折衷的方式。

该篇目的"地理"板块中,将"三项基本国策实施"单独立卷,似有议论的必要。"三项基本国策"即指国土资源保护、人口控制、环境保护。"国策管理"单独立卷,最早出现在1996年朱文尧主编的《方志续修今议》一书的《〈张家港市志〉纲目现实设想》中。其后又有河南等省的续志篇目采用此种方式,尽管有的篇目中将"国策管理"改为"三项基本国策"或"三项基本国策实施",也只是标题概念缩小一些,仍为集中设置。对于此种设置,一开始就有两种截然不同的意见。2000年7月在哈尔滨召开的"全国续志篇目理论研讨会"上,也有反对单独立卷的观点。反对者的主要理由为:一是国策不只是计划生育、环境保护、土地管理三项,中共十一届三中全会以来,我国长期坚持执行的既定政策很多,如改革开放、科教兴国、可持续发展、健全社会主义民主与法制、实行依法治国和以德治国相结合等等,可以说我们的国策或基本国策涵盖了方方面面,是一个庞大的政策体系。二是不符合志书编纂要"横分门类、类为一志,以类系事"的规矩,破坏了志书编纂体例的科学性。把"国策管理"或"三项基本国策"与属性不同的"自然环境"、"工业"、"农业"等篇并列,也显得不伦不类。以"三项基本国策"立篇的理由,主要是从突出时代特点的角度考虑得多,而从国策的政策体系上,志书体例的科学性、逻辑性上考虑得少。现在看来,不主张集中设卷的要比集中设卷的理由要充分得多。吾以为,权衡利弊,还是分散比集中要好。当然,在续志实践中还是要采取百花齐放、百家争鸣的方针,允许大胆创新,其利弊还是留待后人评说更好一些。

秦皇岛市县(区)续志篇目还有一些特点:一是在"政治"板块中,列有"改革"篇,分述经济体制改革、政治体制改革、社会保障体制改革、社会事业体制改革;并将"社会治安综合治理"单独立篇。二是在"经济"板块中,首列"经济总情"篇,分述经济结构、产业构成、经济效益、人民生活水平,实为上届志书设置"经济综述"的变种,突出宏观记述一地经济之总情。同时还将"经济开发与对外开放"单独立篇。三是在"文化"板块中,首列"社会主义精神文明建设"篇,分述文明创建、文明共建、思想道德建设、倡导文明新风。这些都是该篇目的创新之处。

秦皇岛市县(区)续志基本篇目设计如下:

地理

政区·人口

政区/人口

环境·资源

自然环境简况/自然资源简况/自然灾害

三项基本国策实施

国土资源保护/人口控制/环境保护

基础设施建设

城市建设/交通建设/邮电建设/水利建设/电力建设

政治

改革

经济体制改革/政治体制改革/社会保障体制改革/社会事业体制改革

地方人民代表大会

人民代表/人民代表大会/人大常委会

地方人民政府

政府机构/施政辑要/综合经济管理/综合政务管理

地方政治协商会议

政协委员/政治协商会议/政协常委会

中国共产党地方组织

党员状况及党员代表/党的代表大会/市委工作机构/党务工作/市委重大决策

民主党派与人民团体

民主党派与工商联/人民团体

法制·司法

公安/检察/审判/司法行政

社会治安综合治理

严打斗争/治乱工作/基层基础工作/青少年教育工作

军事

驻军与地方武装部/民兵/军事工作

经济

经济总情

经济结构/产业构成/经济效益/人民生活水平

第一产业

农业综合开发/农业/林业/畜牧业/渔业/乡镇企业

第二产业

工业/建筑业

第三产业

商业、公共饮食业/物资供销业、仓储业/旅游业/交通运输业/信息产业/房地产管理、公用事业/居民服务、咨询服务业/金融业、保险业

经济开发与对外开放

招商引资/横向经济联合/经济技术开发区

文化

社会主义精神文明建设

文明创建/文明共建/思想道德建设/倡导文明新风

教育事业与科学技术事业

教育/科学研究与综合服务/社会科学

文化艺术事业

文化/文学艺术创作

报刊·广播·电视

报刊业／广播电视事业

档案·地方志

档案事业／地方志事业

卫生·体育

卫生事业／体育事业

民俗

生活习俗／婚葬习俗／礼仪习俗

人物

人物传记

政治人物／英雄人物／先进人物／腐败分子

人物名表

党、政、军领导名表／劳动模范名表／高级知识分子名表

（"概述"放在五大板块之前，"大事年表"放在志书最后）

湖北的《谷城县志》续编篇目，通篇以三产分类。

三产的分类法最早由费舍尔（A. G. B. Fischer）提出，后经英国经济学家科·克拉克作了进一步研究，形成了三次产业分类法，于 1940 年在《经济发展的条件》一书中公布的。此后，西方国家在划分产业结构时，多采用克拉克的三次产业分类法，但具体的划分标准并不一致。联合国标准产业分类法实际同克拉克的三次产业分类法是一致的，不过更细致罢了。它把全部经济活动毫无遗漏地加以分割，并使之规范化。毫无疑问，这种统一口径的统计指标为研究各国和世界产业结构的变化和对它们进行比较提供了极大的方便。

三次产业是根据社会生产活动历史发展的顺序对产业结构的划分。商品直接取自自然界的部门称为第一产业，对初级产品进行再加工的部门称为第二产业，为生产和消费提供各种服务的部门称为第三产业。它是世界通行的产业结构分类，但各国的划分不尽一致。针对我国社会具体实际，国家统计局〔85〕统平字 220 号文提出我国三次产业分类标准是：第一产业：农、林、牧、渔业。第二产业：工业（包括采掘业、制造业、电力、煤气及水的生产和供应业）和建筑业。第三产业：除第一、二产业以外的其他各业。并分为四个层次：第一层次是流通部门，包括交通运输业、邮电通信业、商业饮食业、物资供销业、

仓储业;第二层次是为生产和生活服务的部门,包括金融业、保险业、房地产业、公用事业、居民服务业、旅游业、咨询信息业、技术服务业;第三层次是为提高科学文化水平和居民素质服务的部门,包括科、教、文、卫、体等行业;第四层次是为社会公共需要服务的部门,包括党政机关、社会团体以及军队和警察。

三次产业的划分,科学反映了社会全貌及内在关系。三次产业不但可作为反映社会特点的主要指标,也可反映出社会发展变化趋势,与地方志所要反映的客观对象一致,所要表述的社会各部门的内在联系及具体情况一致。按三次产业分类法设置篇目,既符合地方志志体结构的原则和要求,又符合客观实际。当然,按三次产业分类法设置篇目,不是照搬照套三次产业为志书篇目。因为篇目设置根据记述内容要求确定,各地所要记述的内容既有共性,又有丰富多彩的个性,所以各地应因地制宜,根据地方特点和实际需要增、减、分、合。按三次产业分类法设置篇目,并不排斥其他类型的篇和目。如《谷城县志》续志篇目(初稿)中,列有卷二十三乡镇企业,卷五十二扶贫开发。这些都是根据本地特点而新增设的。

以三次产业分类法为基础来设置续志的篇目,其好处具体表现在以下几个方面:其一,可以体现改革开放的巨大变化。20余年来的改革开放,推进了农业工业化和城镇化速度,改变了经济结构单一、运行速度缓慢的状况,形成了多种经济成分多门类的产业高速运行状态,及社会主义经济建设,高新技术发展,环境资源的保护等,都在这种篇目中得到反映。房地产业、广告业、证券业、电子信息业、生活服务业、旅游业、邮电通信业、金融保险业等迅速发展的产业,及公共服务业、居民服务业、租赁服务业、娱乐服务业等新生产业,均在这种篇目中占有一定位置。其二,适应时代需要。如对教育、科技、文化等专业篇的认识,一些地方仍陈旧地将其列为"事业",未形成"知识产业"的概念。目前的状况是,这三者有了一定的力量,但知识"生产"和利用,知识人才的"生产"和使用效益、效率都很低。教育和科学技术本身属于劳动密集型、最花时间的,把教育、文化、科技列为事业,带有很大的手工业气氛,亦缺少竞争。按三次产业分类,将教育、文化、科技置于第三产业篇目中,可以反映知识产业的认识基础,具有鲜明的时代特点。其三,有利于反映社会发展的指标体系。我国国民经济三次产业分类标准颁布后,一切资料的统计口径、储存、分类等,均按三次产业归口。志书按三次产业分类设置篇目,恰好与之一致,为志书的统计方式,提供了科学依据。并且省去了修志中资料整理归并、收集等方面许多麻烦,工作量将相应减轻。其四,适应用志需要。一个地区的功能、中心作用往往通过三次产业活动反映出来。以这种篇目形式,能更好地认识了解一个地区一个产业的基本情况。按三次产业分类,较之按现行管理体制分类,其信息量增强,且使志书信息具有系统性、汇集性,能有效弥补上届志书分类造成的信息分散弊端,增强志书实用价值。同时也更利于服务当代,便于读者阅读和检索。

当然,三次产业分类法亦有其不足之处。随着科学技术的迅速发展以及人类经济活动的日益多元化和复杂化,三次产业分类法的局限性就越来越明显地暴露出来了。主要问题是第三产业的内容过于庞杂。按照三次产业分类法,第一和第二产业的内容比较简单也比较清楚。不过,把社会经济活动中其他林林总总、五花八门的行业都归入第三产业,或者像世界银行发展报告那样笼而统之称之为"服务业",显然有失严谨。这种缺陷在五六十年前克拉克提出三次产业分类法时还不明显。因为当时推动经济发展的主导产业是制造业,科技进步也多发生在这些部门,第三产业则很不发达。最近二三十年情况却发生了根本的变化。一来第三产业已经成为当今社会的最大的产业部门,在发达国家中第三产业的产值已经占到国民生产总值的60%～70%,发展中国家也在40%以上。二来信息产业异军突起,使社会生活发生了翻天覆地的变化。信息产业中,信息产品的制造当然属于第二产业,但其研究开发和咨询服务则应归入第三产业,而后者的产值比前者要高出许多倍。此外,由于科技进步尤其是第三产业中科技服务业的发展,三次产业间出现了融合的趋势。三次产业的界限逐渐模糊,同时服务业又迅速向第一和第二产业扩张和渗透。总而言之,三次产业分类法长期被广泛采用,为观察和分析产业结构变化的规律,对各国产业进行比较研究,以及选择合适的产业政策发挥了积极作用。它现在依然是不可废置的产业分类法。但是,随着科技进步、经济日趋多样化的产业间融合趋势的增强,三次产业分类法日渐暴露它的缺陷。因此越来越多的人主张用四次产业分类法来代替它。有理由认为,把信息产业作为第四产业更符合产业结构功能和发展的要求,更能反映未来的发展趋势。

《谷城县志》续编篇目(初稿)通篇按三次产业分类法设置,其缺陷亦表现在第三产业类过于庞杂,且于首届志书的篇目分类相去甚远。其利与弊还有待众人评说,但该志突破传统观念的作法是值得大加肯定的,其篇目的新意也正在于此。

胡维启在《浅谈续编县志的框架结构与管理设置》一文中,列出《谷城县志》续编篇目(初稿),具体如下:

总述

第一产业

卷一　农村经济综述

概述/农村体制改革/农村经济结构

卷二　种植业

概述/生产条件/粮食作物/经济作物/农技推广/良种推广/生产体制

卷三　养殖业

概述/水产养殖/畜禽饲养/畜禽防疫/管理体制

卷四　水　利

概述/新修水利工程/防洪工程/水土保持/水文/管理体制

卷五　林　业

概述/森林分布/山林权属/植树造林/森林保护/古树保护/国营林场/林业二次创业/管理体制

卷六　土特产

概述/主要品种/名优特产

卷七　农机农具

概述/农业机械/农业工具/管理体制

卷八　农业区划

概述/区划变更/区划勘测

第二产业

卷九　工业经济综述

工业体制改革/组织结构调整

卷十　水电工业

概述/水电资源/新修水电工程/水电维修工程/工业用电/人民生活用电/管理体制

卷十一　机械工业

概述／农机修造／汽车修配／汽车配件／轻工机械／体制改革

卷十二 建材工业

概述／砖瓦生产／水泥生产／石灰生产／砂石生产／石英砂生产／装饰材料生产／桥梁预制件生产／体制改革

卷十三 化学工业

概述／化肥生产／塑料制品／化工产品／体制改革

卷十四 纺织工业

概述／银纺集团／棉织产品／针织产品／麻纺产品／丝织产品／企业改制

卷十五 食品工业

概述／食品加工／食品品种／体制改革

卷十六 粮棉油加工业

概述／粮油加工／粮油产品／棉花加工／体制改革

卷十七 酿酒工业

概述／酿酒生产／名优产品／企业改制

卷十八 金属制品工业

概述／小五金制品／铸造产品／体制改革

卷十九 造纸印刷工业

概述／造纸生产／印刷生产／印刷产品／企业体制

卷二十 陶瓷玻璃工业

概述／陶瓷生产／玻璃生产／企业体制

卷二十一 建筑工业

概述／建筑行业／建筑设施／建筑设计／建筑设备／建筑项目／建筑管理／建筑体制

卷二十二 乡镇企业

概述／产业结构／行业门类／骨干企业／名优产品／体制改革

第三产业

卷二十三 城乡建设

概述／城市建设／乡村建设／城乡管理／房地产管理／房地产开发／房地产市场

卷二十四 环境保护

概述/环保设施/环境治理

卷二十五　交通运输

概述/公路建设/公路运输/水路运输/铁路运输/安全生产/交通管理/交通体制

卷二十六　邮政电信

概述/邮政业务/电信业务/邮政储蓄/邮政体制

卷二十七　财政审计

概述/财政收入/财政支出/财源建设/财政体制/审计业务

卷二十八　税务

概述/税制改革/国家税务/地方税务/税务体制

卷二十九　金融保险

概述/金融机构/贷款业务/储蓄业务/证券市场/金融监管/宏观调控/金融体制/财产保险/人寿保险/保险体制

卷三十　贸易

概述/商业体制改革/商品市场/供销合作商业/医药品购销/烟草专卖/石油供应/商贸体制/粮贸市场/粮油购销/粮贸体制/对外贸易

卷三十一　工商行政管理

概述/市场建设/集贸市场/小商品市场/市场管理/企业登记管理/个体工商户登记管理/经济合同管理/商标注册管理/市场体制

卷三十二　物价管理

概述/农副产品价格管理/工业产品价格管理/物价监督/物价体制

卷三十三　物资流通

概述/物资调拨/物资采购/体制改革

卷三十四　计量管理

概述/计量监督/计量检查

卷三十五　中共谷城县委员会

概述/历次代表大会/思想宣传/党员教育/信访工作/干部管理/纪律检查与行政监察/统一战线工作

卷三十六　谷城县人民代表大会

概述/权力机关/组织机构/历届代表会议/选举/法制宣传与执法检查/

提案督办/基层政权建设

卷三十七 谷城县人民政府

概述/机构设置/行政管理/行政会议/职能转变

卷三十八 谷城县政治协商会议

概述/组织机构/历届会议/参政议政/提案督办

卷三十九 群众团体

概述/工人团体/青少年团体/妇女团体/社会团体/科技协会

卷四十 司 法

概述/公安/检察/法院/司法行政/司法监督

卷四十一 社会保障

概述/社会福利/社会救济/优抚安置/婚姻登记/劳动就业/职工养老保
险制度/医疗保险制度/工伤保险制度/女职工生育保险制度/再就业工程

卷四十二 土地管理

概述/土地拍卖/土地转让/土地勘测/管理体制

卷四十三 人事工作

概述/干部录用制度改革/干部管理/职称改革/工资改革/人才开发/人
事信息

卷四十四 军 事

概述/地方人民武装/驻军/征兵工作/民兵工作/军事训练/武器装备

卷四十五 文 化

概述/文化市场管理/群众文化/戏曲/电影放映/图书发行/文物

卷四十六 新闻出版

概述/广播/电视/报刊发行/出版印刷

卷四十七 教育

概述/幼儿教育/小学教育/中学教育/职业教育/成人教育/高等教育/
教师队伍/职称评定/教育经费/勤工俭学/教育体制

卷四十八 科学技术

概述/科技队伍/科技成果/科技普及/科技市场

卷四十九 卫 生

概述/卫生防疫/医疗/妇幼保健/药政药检/卫生体制

卷五十　群众体育

概述/学校体育/运动会/经费筹集

卷五十一　饮食服务

概述/服务行业/服务项目

卷五十二　旅　游

概述/旅游景点/旅游开发/旅游服务

卷五十三　扶贫开发

概述/帮扶工作/温饱工程/庭园经济/小康村建设

卷五十四　宗教管理

概述

卷五十五　人　物

概述/人物传/人物录

卷五十六　特　载

（指重要文献、政策、法规及有关领导重要讲话）

大事记

拾遗补缺

附录

索引

刘伯修、范银飞在《论新编地方志续志与前志的接轨》(《江西方志》1999年第3期)一文中,按地情三要素——自然·居民·社会活动(包括经济活动、政治活动和文化活动)的思路,初步拟订了一个篇目：

卷一　行政区划

卷二　人口志

卷三　生活志

卷四　人才志

卷五　人物志

卷六　改革开放志

卷七　城乡建设志

卷八　环境保护志

卷九　经济综合志

《志与鉴》1999 年第 3 期上,刊载了续修《滨州地区志》框架设计(征求意见稿),现摘录如下:

综述

大事记

行政建置

地理位置/行政区划/县市简介

自然环境

地质地貌/气候/水文/土壤植被/自然资源/自然灾害

人 口

人口状况/计划生育

党派群团

中共滨州地方组织/民主党派/群众团体

政权政务

地方行政机关/民政/人事/劳动/外事/侨务/行政监察/信访/油区工作/接待

人大政协

人大组织/政协组织

法 制

综述/公安/检察/审判/司法行政

军 事

军事机构/兵役制度/民兵/拥政爱民/人民防空

体制改革

综述/政治体制改革/农村体制改革/企业改革/宏观调控体制改革/流通体制改革/社会保障制度改革

农 业

综述/种植业/畜牧业/林业/水产业/水利/农业机具

工 业

综述/纺织工业/机械电子工业/化学工业/轻工业/电力工业/建材工业/石油工业

乡镇企业

发展概况/生产经营/管理

非公有制经济

发展概况/生产经营/政策与管理

交通邮电

交通设施/运输/交通管理/邮政/电信

城乡建设

城建规划/城市建设/房地产/建筑安装/测绘勘察/县城及乡村建设

土地环保

土地管理/环境保护

市场流通

综述/国营商业/供销合作商业/粮油购销/物资购销/石油产品经营/医疗品经营/烟草经营

对外贸易

外贸/进出口商品检验/对外经济合作/经济协作

财政税务

财政/税务

金　融

机构/货币/存款/贷款/基本建设拨款/结算/计划管理/外汇管理/保险/资产市场管理

经济管理

计划管理/统计管理/工商行政管理/物价管理/审计/标准计量监督

科　技

组织机构/科技队伍/科技研究/科技服务/科技管理/气象地震预报

教　育

基础教育/中等专业技术教育/高等教育/成人教育/教师队伍/教育行政

文　化

文学艺术/新闻宣传/图书档案史志/文物/群众文化活动/旅游/文化事业管理

卫　生

机构/医疗/防疫/保健/爱国卫生运动/农村卫生/医药/医学教育与科研/卫生管理

体　育

学校体育/群众体育/竞技体育/体育设施

社会生活

城市人民生活/农村人民生活/宗教/风俗

方　言

语音/词汇/语法

人　物

附录

（注：以单项事业立篇或立章的，在篇或章下设无题概述，并含组织机构等）

刘学沛在《福建省部分志书经济类记述分析及续修的思考》（《中国地方志》2000年第4期）一文中，提出续志经济类篇（卷）目的设计构想，具体如下：

1. **总述类**

　（1）经济体制改革综述

　（2）对外开放综述

　（3）社会保障体系

　（4）资源开发利用

　（5）人口与经济

　（6）人与自然

2. **传统产业类**

　（1）机械制造业

　（2）石化工业

　（3）钢铁工业

　（4）建材工业

　（5）汽车制造业

3. **新兴产业、部门类**

　（1）信息与网络产业

(2)通信业

(3)旅游业

(4)电子工业

(5)服务业

(6)超级市场

(7)金融业

(8)保险业

4. **企业类**

(1)国有企业

(2)集体企业

(3)乡镇企业

(4)股份制企业

(5)上市公司

(6)三资企业

(7)台港澳企业

(8)个体私营企业

5. **管理类**

(1)金融监管

(2)工商行政管理

(3)计划与统计管理

(4)物价管理

(5)财税管理

(6)人才与劳动力市场管理

城市区志篇目体现时代特色浅谈

——以《上海市长宁区志》等10部志书为例

二轮续志无论是通纪体还是续志体，记述的重点都应以当代为主。这是因为志书是时代的产物。社会主义新方志，当然要求体现社会主义的时代特色。二轮续志所记述的时段，正是我国实行改革开放的新时期。这一历史时期，改革开放是主线，经济建设是中心，新生事物层出不穷。续志就需要把握时代发展的脉搏，用新视野、新观点来设计篇目。本文选取的10部城市区志，分别选自上海、浙江、山东、山西、河南、湖北、江西、内蒙古等8个省市区，其中通纪体8部，续志体2部。从10部城市区志来看，在篇目设置上都力求反映社会变革，反映新生物，程度不同地设置了与时代节拍相合的篇章，尽力展现二轮续志的时代特色。为论述方便，先将10部志书篇目(仅限一级标题)摘录如下。

《上海市长宁区志(1993—2005)》篇目：前设总述、大事记，内设境域行政区划人口、城市基础设施、城区管理、中国共产党、人民代表大会、人民政府、人民政协、民主党派工商联、人民团体、军事、公安、检察、审判、司法行政、民政、劳动和社会保障、民族宗教事务侨务港澳台事务、经济发展经济结构与体制改革、经济调节经济监督和综合管理、财政、税务、对外和对港澳台经济内联协作、三大经济组团、上海虹桥经济技术开发区古北新区、工业、建筑业、房地产业、商业、现代服务业、交通运输业邮政电信业、精神文明建设、科学技术、教育、文化、医疗卫生、体育、街道镇、人物等三十八编，后缀专记、附录、前志勘误、前志补遗、索引(主题分析)、编后记、编审人员名录。《杭州市江干区志》(通纪体，下限1996年)篇目：前设总述、大事记，内设建置政区、人口、水文水利、气候土壤、农业、蔬菜水产畜禽、工业、商业、市场、对外经济贸易、经济管理、财政税务、交通运输、城乡建设与管理、政党、政权、群众团体、政法军事、劳动、人事、民政、科学技术、教育、卫生、文化体育、文物古迹寺庙教堂、人物、专记附录等二十八篇，后缀索引(关键词)、编后记。

（武汉市）《江汉区志》（通纪体，下限 2000 年）篇目：前设总述，内设地理建置、街道、人口、城市建设、商贸金融、工业、江汉经济开发区、交通邮政电信、财政税务、劳动人事社会保障、经济管理、中国共产党、人民代表大会、政府、人民政协、民主党派中国国民党、社会团体、军事、政法、民政、教育、科学技术、文化、卫生、体育、精神文明创建、社会生活等二十七篇，后缀人物、专记、附录、承编单位人员名录、编后记。

（包头市）《昆都仑区志》（通纪体，下限 2000 年）篇目：前设概述、特载、大事记，内设政区、自然环境、人口民族宗教、区属工商业、驻区工商业、交通邮电、金融保险、财政税务、经济综合管理、城市建设与环境保护、政党、政权政协、群众团体社会团体、人事劳动社会保障、民政、政法、人民武装、教育科技、文化卫生体育、民俗方言等二十篇，后缀人物、附录、修志始末。

《郑州市金水区志（1991—2002）》篇目：前设总述、大事记，内设建置环境资源、民情民俗、区域中心、城乡建设、房地产业、交通邮电水利、经济体制改革、综合经济、商业贸易、服务业旅游业、河南科技市场、工业乡镇企业、农业、政治体制改革、共产党、人民代表大会、人民政府、人民政协、民主党派社会团体、政法武装、劳动人事民政、资源管理环境保护计划生育、财政税务、计划统计审计、物价工商质监、教育科技、文化、大河村遗址、卫生体育、精神文明创建活动、人物、乡镇街道概况等三十二篇，后缀附录（内设条目索引、图表索引）。

（淄博市）《临淄区志》（通纪体，下限 2002 年）篇目：前设概述、大事记，内设建置、自然环境、人口、农业、工业、商业、城乡建设、交通、邮电网络、经济管理、财政、税务、金融、政党群团、政权政协、军事、公安、司法、民政、劳动人事、教育、体育、科学技术、文化旅游、齐文化、文物古迹、卫生、社会生活、方言、人物等三十篇，后缀附录、索引（标题索引）、编后记。

《烟台市莱山区志》（通纪体，下限 2003 年）篇目：前设概述、大事记，内设建置地理、人口、城乡建设环境保护、交通邮电、高新技术产业开发、工业、建筑业、农业、国内贸易旅游、对外经贸、金融保险、财政税务、经济管理、政党群团、人大政府政协、民政、编制人事劳动、公安司法、军事、科学技术、教育、文化体育、医疗卫生、社会生活、民俗方言、镇街村居等二十六编，后缀人物、附录（索引、编纂始末未入目录）。

《太原市小店区志》（通纪体，下限 2005 年）篇目：前设概述，内设大事记、建置、自然环境、人口、综合经济、城乡建设、商贸、工业、农业、水利、交通邮电、财税金融、人事劳动、党派群团、政权政协、军事、政法、民政、科技、教育、文化、体育、医疗卫生、方言口头文学、艺文、民情风俗、人物等二十七编,后缀附录、编后。

（景德镇市）《昌江区志》（通纪体,下限 2000 年）篇目:前设概述、大事记,内设自然环境、政区、人口、城建环保、工业、交通邮电、农业、中共昌江区委、人民代表大会及其常务委员会、昌江区人民政府、人民政协、军事、社会团体、民政、政法、经济综合管理、旅游业、教科文卫体、社会生活、人物等二十章,后缀编后记。

《温州市鹿城区志》（通纪体,下限 2003 年）篇目:前设总述、大事记,内设建置、自然环境、土地、人口、市政建设、城市建筑、城市规划、房地产、环境保护、交通、邮电、园林绿化、环境卫生、旅游、农业、林业、畜牧业、渔业、水利、工业、工业园区、电力、商业、供销合作、对外贸易、市场、服务业、金融、财税、计划、统计、审计、物价、工商管理、质量技术监督、中国共产党、人民代表大会、政府、政协、民主党派、社会团体、军事、公安、检察、审判、司法行政、教育、科学技术、文化艺术、新闻、文物、艺文、卫生、体育、居民生活、人事劳动、外事、民政、婚姻家庭、华侨、宗教、民俗、方言、杂记、人物等六十五卷,后缀索引（要目、人名、地名）、编纂始末、编纂机构及人员名单。

续志篇目的时代特色,表现在多个方面,本文仅就具有共性的如经济体制改革、政治体制改革、开发区、旅游、精神文明建设等重点篇章加以探讨。

一、体式之比较

10 部城市区志普遍采用中小编体式结构,其中中编体 6 部,小编体 4 部,在首轮修志中,志书的篇目结构有大、中、小编体之分。大、中、小编体的区分,志人较为一致的看法,即志书的第一层级为 10 编（或卷、篇）左右,谓之大编,20 编左右（即 30 编之内）谓之中编,30 编以上谓之小编。志书篇目的大、中、小编体之争议,在首轮修志中贯串始终。笔者认为,无论大、中、小编体,均可编出高质量的志书。首轮志书编修,篇目先以大编体开启,1981 年 7 月在太原召开的中国地方史志协会,推出了供各地参考的《新编县志基本篇目》,分设大事记、概述、自然志、经济志、政治志、军事志、文化志、社会志、人物志、附录等 10 篇,首轮全国最早出版的《如东县志》即参照此篇目,山西首轮最早出版的《武乡县志》也依此篇目编成。随着修志实践的逐步深入,人们对志书篇目的认识亦逐渐深化,大编体千志一面、难显地域特色的缺陷与弊病日见显明,故而中、小编体式应运而生。从20世纪80年代末到整个90年所出的市县两级志书,采用中、小编体结构的志书占居多数。大、中、小编体三者相较,采用中编体式的居多数,次为小编体,再次为大编体。首、二轮修志实践表明,中、小编体是县级志书更便于把握和体现志书地方特点的体式。笔者愚见,就城市区志而言,篇目设置总体规模不宜过大,篇目层次不宜过多,似乎中编体更适宜一些。其优长之处,一是可以省却大编体中所设的第一层级如自然、经济、政治、文化、社会等大部类题目,采取大隐小显的方法,虽大类标题隐去,但二级分类内容仍按此排列,自然而然省却一级标题,减少了一级层次,分类的科学性依然存在。二是可以避免小编体分类过细的弊端,发挥中编体该合则合、该分则分的优长,以横不缺主项为基本原则。三是在一级题目中可以展现志书的时代特色和地方特点,便于地域特色事物的升格,进而改变"千志一面"的弊端,也便于在篇目设计中突出以"我"为主,反映特色。

二、时代特色

二轮续志无论是通纪体还是续志体,记述的重点都应以当代为主。这是因为志书是时代的产物。社会主义新方志,当然要求体现社会主义的时代特色。二轮续志所记述的时段,正是我国实行改革开放的新时期。这一历史时期,改革开放是主线,经济建设是中心,新生事物层出不穷。续志就需要把握时代发展的脉搏,用新视野、新观点来设计篇目。从10部城市区志来看,在篇目设置上都力求反映社会变革,反映新生物,程度不同地设置了与时代节拍相合的篇章,尽力展现二轮续志的时代特色。

（一）经济体制改革

经济体制改革是二轮续志记述宏观经济的重要内容。诸多续志将上限向前延伸到1978年或1979年,正是为了使续志能够全面系统地记载改革开放进程和现代化建设的伟大实践,完整地反映经济体制改革的内容。经济体制改革的记述方式,从现已出版的部分二轮续志以及《全国第二轮修志工作文件和志书篇目汇编》看,主要采用了相对集中和相对分散两种。相对集中,就是在志书中设置经济体制改革专编,或在记述宏观经济的经济综述编设立经济体制改革专章,集中记述农村经济体制改革、企业体制改革、流通体制改革、社会保障体制改革、宏观调控体制改革等,其余的如用地制度改革、劳动制度改革、科技体制改革、住房制度改革等改革内容,分散在各编记述。相对分散,就是将各行各业有关改革内容分散在志书的各编分开来写。

从 10 部城市区志来看,有 8 部在篇目中体现经济体制改革的内容,其中有 2 部采用相对集中的方式。如《郑州市金水区志》在城市基础设施之后、经济部类之首设有经济体制改革篇,内设农村经济体制改革、区属工业企业改革、区属流通企业改革、社会保障制度改革、宏观经济管理体制改革 5 章。如《上海市长宁区志》在政治部类之后、经济部类之首设经济发展经济结构与体制改革编,内设经济发展战略、经济发展总量、经济结构、经济体制改革 4 章,其中经济体制改革章下设"八五"计划期间(1991～1995 年)、"九五"计划期间(1996～2000 年)、"十五"计划期间(2001～2005 年)3 节。上述两部志书虽同为采用相对集中的方式,但前者记述改革是按行业分类,后者则是按历史阶段划分,内容记述各有千秋。

采用相对分散的方式记述经济体制改革内容的有 6 部。如《烟台市莱山区志》,在工业编内设体制改革与行业结构章,农业编内设农村经济体制改革章,国内贸易编商业章下设商业经营体制节、粮油经营章下设粮油购销体制改革节,财政税务编财政章下设财政体制改革节、税务章下设税制改革节,医疗卫生编内设管理改革章。如《昆都仑区志》,在区属工商业篇内设工业体制改革章、商业章下设机构与改革节,财政税务篇财政章下设管理体制改革节,经济综合管理篇内的计划、统计、审计、工商行政管理、物价管理、技术监督管理等 6 章均设机构与改革节。《温州市鹿城区志》在农业卷设农村经济体制改革章,工业卷设工业体制章,商业卷设商业体制章,金融卷设金融改革章。《杭州市江干区志》在农业篇设农村生产关系变革章,工业篇工业发展章下设企业改革节,商业篇城区商业章下设商业企业改革节。《临淄区志》在农业篇设农业生产关系变革章,工业篇设企业改革章。《江汉区志》在劳动人事社会保险篇人事管理章下设人事制度改革节。上述 6 部志书有关改革的记述,虽在篇目上有所展示,但存在问题较多。一是各行业改革记述在篇目的层次上立题或章或节,极不统一,即使是一部志书内也不平衡,标题层级或高或低,似乎缺少改革记述在志书中的全盘规划。二是各行业改革记述不尽一致,多数注重工业、农业、商业改革,其他均缺项较多,甚至有的只记人事制度改革一项。经济体制改革虽然各行业开展时序前后有别,但改革是全方位的,不能随心所欲,有资料的就写,无资料的就不写,如此即很难完整反映经济体制改革的全貌。

从10部城市区志的篇目来看,有些志书反映经济体制改革的内容还觉欠缺,当然仅从篇目来界定经济体制改革记述是否完满,还是不能完全肯定的。笔者以为,在续志篇目上没有明确标示"改革"二字,虽然志书记述中亦有反映改革的内容,但毕竟把改革的内容淹没在一般化的类目记述之中,从而使改革的记述出现层级低、分量少,难以突出"改革"这一时代特色。经济体制改革还是相对集中记述的方式较好。

(二)政治体制改革

10部城市区志中,仅有1部采用相对集中的方式,设有政治体制改革专篇。如《郑州市金水区志(1991—2002)》在政治部类之首设政治体制改革篇,内设民主建设(下设民主选举,民主公开2节)、法制建设(下设依法治区,依法行政2节)、党政机构改革(下设区委机构改革,政府机构改革,乡镇、街道办事处机构改革,行政审批制度改革4节)、人事制度改革(下设干部人事制度改革、事业单位的人事制度改革,企业人事制度改革3节)4章。其余9部普遍采用相对分散的方式,或多或少均提到政治体制改革方面的内容。如《上海市长宁区志》在人民政府编设依法行政审批制度改革章;审判编设审判改革章。如《昆都仑区志》在政权政协篇人民政府章设机构与改革节,人事劳动社会保障篇人事与编制管理章设人事制度改革节,民政篇设机构与改革章。等等,不一而足。按常理讲,或按志书记述内容的逻辑要求看,既然经济体制改革设立专编,似乎政治体制改革也应设立专编。但10部志书中仅《郑州市金水区志》1部同时设立了经济体制改革、政治体制改革专编。可见,政治体制改革在志书中设立专篇还是有较大的难度,《郑州市金水区志》的创新精神很值得称赞。

鉴于政治体制改革涉及的面广线长,还存在着"摸着石头过河"的现象,由于改革还在继续进行着,对于业已完成的政治体制改革历程还存在不同的认识和评价,普遍情况是共性内容多、个性内容少,给志书的记述带来许多客观困难。同时,地方上的政治体制改革有时与经济改革又相互交织,有的很难截然分开。多重难度,致使修志工作者难于把握和驾驭。政治体制改革是相对集中记述还是相对分散记述,还须在续志编纂实践中逐步探索,还有待志人的共同努力。

(三)开发区

开发区是改革开放以后出现的新生事物。三十多年来,各级各类开发区如雨后春笋般遍及全国,且许多开发区已成为当地对外开放的窗口和经济增长的支柱。开发区属首轮志书未载的内容,但它具有鲜明的时代特色和地方特点。凡城区境域设有开发区的,都在篇目设计上得以体现。

10部城市区志中,有5部设置了开发区篇章。有4部将开发区升格为第一层级,展示开发区的全貌。如《温州市鹿城区志》设工业园区卷(工业卷之后),内设鹿城工业开发区、鹿城区高新技术产业园、温州高新技术产业园区炬光分园、鹿城区沿江工业区、温州中国鞋都产业园区、温州(鹿城)轻工特色园区等6章,每章之下均设地理位置、投资环境、优惠政策、主要企业与产品4节。如《上海市长宁区志》设三大经济组团编,内设虹桥涉外贸易中心,中山园商业中心、虹桥临空经济园区等3章;又设上海虹桥经济技术开发区古北新区编,内设2章分述两个开发区。此2编均放在工业卷之前。如《烟台市莱山区志》设高新技术产业开发编(工业编之前),内设对俄科技合作、科技企业孵化、工业园区3章,其中工业园区章下设莱山经济开发区、凤凰工业园、马山工业园、留学创业园4节。如《江汉区志》设汉口经济开发区篇(工业篇之后),内设投资环境建设、招商引资、产业开发、开发区管理4章。

4部城市区志将开发区升格,但写法各异,或单一开发区立编(如《江汉区志》),或多个开发区合编(如《温州市鹿城区志》《上海市长宁区志》),或与高新技术产业开发合编(如《烟台市莱山区志》),均依据地情来选择写作角度。

将开发区放在篇目第二层级的有《太原市小店区志》1部,该志综合经济编内设经济综述、经济管理、开发区3章,其中开发区章下设太原经济技术开发区、太原高新技术产业开发区2节。很显然,与前4部志书相比,该志的开发区在篇目中设置位置偏低,似乎升格为第一层级更合理一些。就太原市而言,仅有两个开发区,全部设在小店区,照理应该大书特书。我想主编亦有为难之处,一是开发区分属国家级和省级,不属区管辖;二是搜集资料困难、难以全面反映。

开发区在篇目中的层次,根据开发区在当地发展的状况来定,亦并非非第一层级不可。从上述 5 部志书对开发区的篇目设置可见一斑。从标题的准确性而言,《上海市长宁区志》上海虹桥经济技术开发区古北新区编的编名与章名相重叠,且不简洁、明快,似乎编名改为"开发区"更为妥切,又可避免两级标题名称的重复。

（四）旅游业

旅游既是一项事业,又是一项产业,旅游文化与旅游经济密不可分。旅游形成产业,是 20 世纪 80 年代才兴起的。90 年代逐步形成规范,到 21 世纪初随着人民生活水平的提高,对文化生活的追求而兴旺发达起来。旅游业是近几十年来崛起的新型服务业,是第三产业的重要组成部分,有"无烟工业"、"无形贸易"之誉,并成为不少地方的朝阳产业,推动了经济的发展。作为城市区志而言,从本地实际情况出发,凡能立编的均应单独设置;旅游业欠发达的地方,亦应在服务业中设章立目加以记述。一地旅游和旅游业极具个性特征和地方特点,最具有吸引力,在志书篇目中要充分体现,在记述上要浓墨重彩。

首轮志书断限于 20 世纪 80 年代中期或 90 年代初,旅游业正处于开启之初,再者修志人员对旅游业迅速发展的前瞻性不够,所以对旅游业的记述不足,多数志书只是在资源或文物胜迹编中设章节对景点加以记述,单独设编的较少。以山西 120 余部首轮市县志书为例,旅游（业）设编的仅有《晋城市志》、《运城市志》（县级）、《临汾市志》（县级）、《平遥县志》、《芮城县志》、《运城地区志》、《洪洞县志》等 7 部,其中单独设编的 3 部,与其他内容合编的 4 部。可见首轮志书对旅游记述比较薄弱。二轮续志普遍加强了对旅游的重视,二轮山西市县已出版的 20 种续志将旅游升格为编的几乎占到了一半。设编总数即超过了首轮志书设编的总和。

旅游编的位置。首轮志书旅游的归类,有的在经济部类,有的在文化部类,甚或社会部类、自然部类。首轮山西的 7 部,有 2 部归在经济类,5 部归在文化类。二轮归类亦大致如此。上述 6 部城市区志,归在经济部类的 5 部,文化部类为 1 部。旅游是一项产业,笔者以为归在经济部类似乎更恰当一些。旅游编的名称,称旅游或旅游业均可,只要放在经济部类,就是把它当做一项产业来对待的。若放在文化部类,则是作为一项事业来看待的。放在文化部类,其记载面要小许多。二者不可相提并论。旅游的篇目结构应包括旅游资源、开发建设、旅游设施、旅游服务、经营效益、旅游管理等。总的要求,就是从宏观上把握旅游的记述主体,科学分类,合理布局,并依据本地实际情况适当归并增删,进而形成合理的篇目框架。笔者见到二轮续志中旅游编篇目设计较全面的当属《晋中市志》,现推荐其篇目如下。

《晋中市志》卷二十六《旅游》:第一章旅游资源,设自然资源、文物古迹资源、城堡豪宅资源、民间社火资源、红色旅游资源5节;第二章旅游规划;第三章景区开发,设景区景点建设、主要景区景点2节;第四章市场开拓,设宣传促销、节庆活动、客源市场、线路推介、旅游商品5节;第五章服务设施,设旅行社、宾馆饭店、购物娱乐、旅游交通4节;第六章经济效益;第七章旅游管理,设管理机构、行业管理2节。

(五)精神文明建设

方志的定义,是记述一地域从自然到社会、从历史现现状的资料性著述。作为社会主义新方志,似乎还应加一条"从物质到精神",这样才能反映社会的真实面貌。精神文明是与物质文明相对而言的,是人们改造主观世界的社会精神生活积极成果的总和。精神文明包括文化、思想两个方面。在首轮志书中文化方面的内容已有教科文卫体等篇章记述,但思想方面却较少记述,仅有少数志书设有"精神文明建设"编,且记述也不够全面。以首轮山西120余部市县级志书而言,还未有1部设有"精神文明建设"专编,但普遍设有民情风俗编,设有社会新风、良风美德章节。精神文明的思想方面,包括社会的政治思想、道德面貌、社会风尚和人们的世界观、理想、情操、信息以及组织性、纪律性的状况。与物质文明相较,精神文明除文化方面设立编章外,思想方面也应有相应的编章反映,否则精神文明在志书中的记述就显得残缺不全。设立精神文明建设专编,就可恰如其分地担当这一重要任务。正是认识到了首轮志书在记述精神文明思想方面的缺憾,二轮志书普遍增加了精神文明建设的编章。《全国第二轮修志工作文件和志书篇目汇编》(方志出版社,2006年)收录的46个篇目中,有32个设有精神文明建设专章,有的独立设编,有的设章节。以10部城市区志而言,有3部设精神文明建设编,有1部设精神文明建设章,有1部设精神文明建设节。精神文明包含文化与思想两个方面,既然立编,其位置似应放在文化各编之首较为适宜,《上海市长宁区志》精神文明建设编即放在政治类之后、文化类之前。《郑州市金水区志》、《江汉区志》放在文化类之后,似不如《上海市长宁区志》的位置恰切。《烟台市莱山区志》仅在社会生活编下设精神文明建设章,《太原市小店区志》在党派群团编中国共产党小店区委员会章下设精神文明建设节,似乎觉得份量不足,但与其余5部未设精神文明建设编章的志书相比,已大大前进了一步。

精神文明建设立编,是二轮续志时代特色的具体体现,同时也是记述贯彻党中央"两个文明一起抓"方针在各地的具体落实情况。精神文明建设(思想方面)立专编,笔者以为不可或缺,仅设章节显得层级太低,难以体现精神文明的方方面面。立编的名称,还是称之为"精神文明建设"为佳。在笔者见到的名称中,有群众性社会主义精神文明建设活动、社会主义精神文明建设活动、社会主义精神文明建设、精神文明创建活动、精神文明创建、精神文明建设、文明创建、文明建设等多种标法,或过繁过简,或标义残缺。精神文明创建,只属于精神文明建设中的部分内容,它难以涵盖精神文明的全部内容,有以偏概全之嫌。精神文明建设编的位置,应放在文化部类之首,亦如经济综述编引领经济类各分编一样,让精神文明建设编引领精神文明涵盖的思想、文化两方面的内容。精神文明建设编的内容,应包括机构与组织、思想道德教育、创建活动、文明新风以及典型选介等,力求全面反映精神文明建设的进程与现状。

除上述五项重点篇章的设置外,10部志书在体现时代特色方面,还是许多值得议论一番的好的题目,限于寸纸尺短,难及全面。同时,志书的时代特色与地方特点紧密相连,很难区分某一题目哪个占先、哪个为后,本文仅是以"时代特色"立题议论,故而省略了地方特点这一涵义。从几部志书的凡例中亦可看到志人的着力追求。《上海市长宁区志》凡例六:"本志为突出时代特点、长宁特色,特设三大经济组团、上海虹桥经济技术开发区古北新区、现代服务业等篇。'数字长宁'特色分散于人民政府、科技、文化等编中反映。"《郑州市金水区志》凡例五:"为突出时代特色,专设《经济体制改革》和《政治体制改革》两篇。为突出金水区独特的区位优势,特设《区域中心》专篇,《河南科技市场》、《大河村遗址》、《房地产业》和《服务业》均为金水区的亮点,故升格为篇。"《烟台市莱山区志》凡例三:"专设《高新技术产业开发》编,以彰显地域经济特色。"……反映志书的时代特色,并非只表现在笔者论及的此五个篇章之上,在显现地方特点、城市特征的诸多篇目上,亦有时代特色的体现。

(《中国地方志学会城市区志专业委员会2011年学会年会论文汇编》)

"概述"篇理论研究

社会主义新方志的编纂,自20世纪80年代初启动以来,至今已走过了30个春秋,在全国广大方志工作者的辛勤耕耘下,三级志书硕果累累。方志理论来源于修志实践,修志成果又为方志理论研究开辟了新的天地,方志理论的升华又为续志编纂提供丰富的精神食粮,为志书质量的提高打下坚实的基础。加强方志理论研究,提高志书的编纂质量,并非一句空话,需要方志工作者脚踏实地地进行深入的研究,认真总结首轮新方志编纂中的成功经验,进而推动第二轮续修志书的顺利开展,使新一轮续修志书的编纂质量迈上一个新的台阶。

新方志设立"概述"篇,是首轮社会主义新方志编纂体例上的一大创新,为增强新编志书的整体性、科学性、可读性,起到了积极的作用。"概述"篇的创设,既提高了新编志书的品位,丰富了志书的体例和内容,同时也拓展了方志学理论研究的领域。加强对首轮志书"概述"篇的研究,不仅可以丰富和繁荣新方志理论,而且对新一轮续修志书"概述"篇的编写提供可资借鉴的理论依据,进而把续修志书的"概述"编纂质量提高到一个新的水平,无疑是十分有益的。

一、概述源流考

"概述"并非无源之水、无本之木,如同其他事物一样,亦有其自身发生、发展的历史,有其演变的原因和过程。旧志其上乘者,由于资料丰富,考证详实,精于编纂,的确在资治、存史、教化等方面起到了良好的作用。但也毋庸讳言的是,旧志在观点、材料、方法及语言等方面的局限性和片面性,确也存在不少弊端。董一博在论述旧志篇目时总结出五大弊端:一是独立栏界,互无关系;二是机械静止,不见运动;三是局限体例,因果不彰;四是规律不明,鉴戒不显;五是卷帙浩繁,费时费力。

关于志书设篇立目而产生的种种弊端,古人认识已久,都想进行补救。南宋临安三志中施谔所纂《淳祐临安志》,于各篇之首设置"小序",其后延至明、清二代,志首"小序"逐渐普遍推广开来。方志学家章学诚认识到方志体例上以事分类,以类横排,"各属专志,此乃垣墉自守,详于门内而不知门外",这种"块块结构"的弊病,"小序"是难以补救的,深感有铲除之必要,设想用《通志》来解决,认为"通志譬之登高指挥,明于形势,而略于间架,理势然也"。但他在《通志》稿中仍然是园囿自守,缚于其中,进而改用"序例",除说明本篇大要外,重点在阐明本篇的义例。显然,较之没头没脑的单一直叙,已有所补救。至民国,黄炎培为匡旧志"因果不彰"之病,他主纂《川沙县志》时,开一代方志体例之先河,除全志之首设《导言》述"本县大势与略史"外,又于每卷之首先作概述,"有类实斋所为序例,而实则不同,盖重在简略说明本志内容之大要,而不尽阐明义例也"。在补救工作上是又一发展。对此,同辈方志学家无不称道,黎锦熙把它说成黄志之"体例"。1939 年,黎锦熙在《方志今议》中,对县志类目提出了"五部门,共三十篇,附二种"的设想,其中第一个部门为"全志之总纲",他解释说"所谓'总纲'者,总摄任何部门,为全志之纲纪也。凡三篇"。黎氏的三篇是:一幅"疆域总图",一份"大事年表",一篇"建置沿革志"。值得注意的是,黎氏在这里提出一个重要的思想,即县志应设一个具有"总摄任何部门"而作为"全志之总纲"的东西。显然这种设想对克服传统方志体例的缺陷是有很大作用的。但这个"全志之总纲"应包含哪些内容,黎氏的"凡三篇"并没有解决这个问题。

由此可见,方志中的"概述"不仅起始于黄志,而且内容也有所更新、突破。然而,黄氏的"概述",只用于局部和分志,仅属全志各篇自身的"概述",不是指全志而言,对"概述"全志内容仍无能为力,因此不能视为全志之总纲。

在志书各篇之首,设"小序"、"序例"、"概述"或无题小序之类,反映了志书的时代特色和历史特色,是方志编纂工作中的一大进步。但是,这一方法只解决了方志中的局部问题,而整体问题没有得到根本解决,方志体例的致命缺陷依然存在。这是前辈在方志体例与编纂上遗留下来未解决的课题之一。

地方志中有"概述"之名,起自黄炎培 1936 年主纂的《川沙县志》。但实际上,《川沙县志》的"概述"类似于"卷首小序"。新编方志的"概述"篇则是巧借黄氏"概述"之名,实参考其《导言》的内容,对全书主要内容和一地基本情况的概括与阐述,与黄炎培所倡导的"概述"的概念不可同日而语。新方志的"概述"是全志之纲,用以彻底解决分志间的割据状态和"述而不作"等弊端。

新编地方志设置"概述"篇,有一个逐渐认识的过程。1980年新编地方志工作刚刚展开,"概述"篇的设置和写作问题就提了出来。1981年7月,在山西太原举行的中国地方史志协会成立大会暨首届地方史志学术讨论会上,研究了志书设置"概述"的问题,并且在《新县志基本篇目》(草案)中设立"概述编"。此编内分设五卷,即:(一)历史大事记;(二)建置沿革;(三)区域划分;(四)县城乡镇;(五)人口民族。其后,篇目之争大起,众说纷纭,莫衷一是。这种体例设置经过实践,亦行不通,受到大多数人的非议。随后于1983年又召开了山东青岛和山西原平篇目问题座谈会,基本同意设置"概述编",但并未论及怎样写、写什么的问题。1984年春,在北京召开的民族地区修志工作会议预备会上,正式决定把"概述编"列为第一编。1984年6月在北京召开了新编五县县志学术讨论会,《会议纪要》指出:"在篇目设置上,五部县志(呼玛、台安、本溪、如东、万年)都有'概述'、'概况'、'概论'的专篇,但都名不符实。它们的内容大体是建置沿革,疆域区划,自然地理,社会风俗,人口姓氏等,而经济、文化等则从略,这就有以偏概全之弊。与会同志认为,关键要在'概'字上下功夫,'概述'的功用是提纲挈领综述一县的轮廓,不能过于详细,与专志内容重复,更不能用它代替专志。"通过实践的检验,人们进一步深化了对"概述"篇的认识。同年7月在北京召开了全国北片13省、市"县志稿"评议会,《会议纪要》指出:"会议中,赞同设'概述'编的意见比较多。理由是:(一)统贯全篇,可救'因果不彰'之弊;(二)在短时间内构成全书的有机总体的概念。也有的同志认为设置'概述',阐述规律,加以议论,是不合志体的。在'概述'部分的安排上有两种意见,一种意见认为概述是概而述之,字数少而精,不足一编的分量,可不入编的序列;一种意见则主张入编的序列。由于写概述编的实践不多,所以讨论和评议多是提出关于如何写概述的设想,认为概述要写总貌、大势、规律等特点。写法可有叙有议,夹叙夹议。有的同志提出概述要写本县在全国、全省有地位和影响的人、事、物。"1984年10月在广西桂林召开的全国南片"县志稿"评议会上,"概述"设置与否,仍有两种不同意见。山西较早出版的《沁水县志》、《代县志》均未设"概述",到20世纪90年代,仍有《原平县志》、《岢岚县志》不设"概述",均因受不设"概述"的思想影响所致。1985年4月19日,中国地方志指导小组颁布《新编地方志工作暂行规定》,将"概述"列入志书的基本篇目,有关是否设置"概述"的争议才基本平息下来。所剩余的仅是写法而已。从此,"概述"作为首轮修志的创新被普遍采用,使方志又增加了一个新的体裁。

在新方志是否设置"概述"篇的争论过程中,中国地方志学会副会长董一博为"概述"的设置做出了重要贡献,功不可没。他不仅在首轮修志之初的历次会议上力主设置"概述",而且连续发表了《关于县志设置"概述篇"之商榷》、《再论县志"概述篇"的设置问题》、《三论"概述篇"的设置问题》等三篇论文(见《董一博方志论文集》),多次阐述设置"概述篇"的意义、目的、内容等,为志书设置"概述篇"鸣锣开道。他的雄文策论使那些反对设置"概述篇"的同志心悦诚服,为那些想设置"概述"篇而又胆怯的同志撑腰壮胆。就山西现已出版的120部地市县志来说,未设"概述"的仅为4部,而设置"概述"的达116部,占到志书总数的97%以上。新志书设置"概述"篇,这是同董老的率先倡导分不开的。同时,董老为"概述"的写作也奠定了坚实的理论基石。

1986年5月在浙江萧山县召开了萧山县志稿评议会,关于"概述"的撰写问题,也是这次会议的议题之一。《会议纪要》指出:"'概述',是我们这一届修志中的创新,已被普遍采用,但是怎样写好'概述',仍是有待解决的问题。萧山志稿的'概述',采取有叙有论,既有数字对比,又有因果分析,基本上概括了一县的全貌,浓缩了全志的精华,是写得较好的。文后附有建国以来十二个年度的人口、耕地面积、工农业总产值、社会总产值、国民收入等项目统计表。对此,与会同志有不同的争论,有的认为'概述'附表,与志书体例不符,有的认为志稿采取小篇模式,在'概述'后附一张反映一县几个基本数字的概貌,也未必不可,应该允许创新。对'概述'的内容,到会同志的不同意见,萧山可谓一家之言,包含历史沿革、自然状况、经济、政治、人物、文化等,概括全貌,统率全志。有的主张'概述'不必是全志的浓缩,只要抓住本县的几个鲜明特点,加以叙述,对一县的大势大略,读者就可明白自见。还有的主张按历史发展顺序来写,分清建国前后两个不同性质时期的概貌,以彰明因果,可以类似简史。至于'概述'中是否要专门写一段预测未来的内容,多数同志持反对意见,认为'概述'也应以论述现状为主,从论述现实状况中体现出未来的前景和趋势,而不必专门论未来,作预测,搞类似战略规划设想,那样反起'画蛇添足'之患。"

1988 年 3 月在北京召开了三部县志（玉山、渭南、萧山）评议会，对"概述"编写提出了具体建议，《会议综述》指出："概述应是全书内容高度提炼的精华，不是概论，不必展望未来和过多的议论，篇幅不宜太长，不必分章节。"

1991 年 10 月在广西桂林召开了全国部分省（区）省志篇目研讨会，这次会议也将"概述"篇的编写列为研讨议题之一，《会议纪要》指出："关于总述的编写有两种意见：一种是不分章节，一气呵成；一种是分篇章节，概述本省的地理、历史、经济、文化、政治、社会等各个方面的情况。对总述的任务也有两种不同看法，一种认为总述要站在全省的高度，反映全省的总貌和各专志之间的联系，揭示一定的发展规律，在写法上可以突破方志的传统写法；一种认为总述主要是供人们查检资料的，是备用之书，它的任务是沟通各门类的关系，汇集各门类的精华，弥补各专志的不足或遗漏。关于专志概述的编写，有的主张以时为序，概述某项事业的发展过程和规律；有的主张以事业职能演变为主线，突出专业的特点和作用，不必面面俱到；有的主张专志不设概述，而设绪言。绪言不是志书的概要、缩写，而是全书的理性升华，并显示出行业（专业）在全省、全国的位置，有的还可以与国外同行业进行比较。"

1996 年 6 月在陕西西安召开了全国省志专业志质量研讨会。如何写好"概述"篇，亦是这次会议的主要议题之一。《会议纪要》指出："'概述'是新编省志专业志的一个创新，为新方志的重要体裁之一，写好'概述'是提高省志整体质量的一个关键。当前'概述'编写中存在的主要问题是：缺乏从宏观上的高度概括提炼，'概述'的内容庞杂零碎、相互重复，观点和提法把握不准，规律揭示不够，结构和层次欠科学严谨，文字也不够洗练、精彩，篇幅过长，可读性不强，还不能很好地起到全志的'统帅'和'纲'的作用。""如何写好'概述'？大家较为共同的看法是，撰写'概述'要把握好以下几点：(1)'概述'要在宏观把握和高度概括上下功夫，要着力写大势大要，写出总貌和深度，防止写成本专志中具体内容的大量重复或浓缩篇；(2)'概述'的内容要扎实丰富，层次清晰，归纳得当，避免繁琐零碎和简单罗列事实、堆砌数据；(3)'概述'的观点要鲜明准确，是非清楚，注意运用马列主义、毛泽东思想，以历史唯物主义的观点分析、鉴别历史事实，注意运用邓小平南巡讲话和党的十四大精神审视建国四十年，做到选材得当，褒贬确切，使'概述'体现历史发展的真实性、科学性；(4)'概述'要准确归纳，写出专业特色、地方特点，写出优势、劣势。记述本专业的历史发展,应注重历史和逻辑的统一,着重在其发展的'关节点'上下功夫,以体现本专业发展的规律性,提高'资政'价值;(5)'概述'要讲究文字精炼,力求精彩,增强感染力和可读性。'概述'的字数一般应控制在万字左右;(6)'概述'的地位重要,撰写难度大,一般应由具有较高理论修养、多学科知识、文字功力和综合能力强,并熟悉本专业历史和现状的同志来撰写。"

二、概述的功能与作用

内容决定形式,形式为内容服务。志书亦不例外。旧志书的体例之所以存在弊端,根本的原因就是没有根据内容的需要而制订体例。因此,在志首创设"概述",并通过"概述"把全志大势大略有机地组织起来,联结成新的宏观总体结构、立体鸟瞰图,以"概地方长短优劣之势,述地方兴衰利弊之由",用以解决篇章间的割裂状态和"述而不议"等弊端,达到更加科学的实际效果。新方志设置"概述",不仅从理论上丰富和完善了方志的体例和应用方志学的内容,而且在实践上为人们提供了对一个地区客观情势比较精确、深刻、概括的透视图。

筆者以为,志首"概述"是全志之纲,居志书的统治地位,起到以纲带目的作用。具体讲,其主要功用表现在以下几个方面:

(一)鸟瞰全志,概括总貌。旧编方志,横排竖写,各篇是互无关系的独立体。随后"大事记"补入志书,形成横排纵贯的格局,但仍未解决互不相联、平面相交的弊端。有了"概述",作者就可对全志各篇章融会贯通地"概而述之",用简洁的语言浓缩成一幅完整的立体画卷,以横向勾画全志的总貌,以纵向展示发展的简史,从整体上展示一地的"全部总和",构成一个新的宏观总体结构。这就需要总纂把立足点移到更高更广的范围,以高屋建瓴之势,权衡本地今昔及未来。这样可能会看得更为客观,尺度更为准确,从而开拓了新志书的广阔前景。

(二)沟通各业,形成整体。世界上的一切事物,无不联系、运动、发展和变化着,方志所记事物亦不能例外,而它们之间的联系,是相互作用、相互制约着的。"概述"篇的设置,就能弥补志书偏重横剖之不足,打通一栏一界互不相通的块块状态,把那些自成体系的事物之间联系起来,就能较好地处理或反映事物的内在联系,形成一个完整的整体。总之,把全志所记自然、社会、历史、现实的百科之业都置于不断运动、变化和发展之中，并力求揭示这种运动和发展的内在联系。这亦是"概述"篇在志书中的重要历史使命。

（三）揭示规律，因果相彰。旧方志的篇目及其内容各自局促一隅，有静无动，无相互作用和制约，以致言果无因，故作用与反作用的关系极不明显。"概述"的设置，就可以统领各篇，衔接各章，融合各节，纵横结合，把志书组合成相互联系的有机整体，把事物写成活的发展运动的过程，把相互联系的发展运动趋势及其规律揭示出来，则各种关系的因果自彰。此外，"概述"可以把各种事物的种种关系做到正确的结合，并放在运动之中，则普遍的客观规律自现，鉴古知今，资师未来。是故则志书中的各事物一活百活，对整体的发展趋势也就明白了。

（四）扬长避短，开发优势。在旧方志中，只能横排篇目，平叙情况，或者因事件而摆出问题，却忽视了论证长短优劣之势，示人以康庄大道的任务。只有设置"概述"以承担这一历史责任，才是合理的，必要的，也是不容推诿的。有了"概述"，记述者就可以不受"述而不议"、"寓褒贬于记述之中"等条条框框的制约，采用据实论理的方法，总论本地区的大势大略，对自然与社会，历史和现实的长处和短处、优势与不足，进行分析比较，对它们之间的相互矛盾、产生原因、地区发展的潜力与前途等等，作进一步评述，直述观点，使人们对本地区的长处、优势、特点有更深的了解。正如董一博指出的："导其振兴腾飞之机，策其安上全下之术，以居高瞻远之韬略雄策，唤起人民爱乡、爱国之雄心壮志，循康庄大道而奋斗前进。"同时，也便于领导者藉以扬长避短，开发优势，挖掘潜力，为振兴一定地域内的经济、文化和社会发展提供决策依据。

（五）省时捷取，方便概览。举凡各地志书，少则几十万言，多则上百万言，乃至几百万言。志书并非人人必读之书，有的人虽不需尽读全书，但如仅识其大势大略，按旧志体例的规定，也势必尽读全书而后才能知晓，既费时间，又不易引人入胜，更不易在短时间内得到经验、教训，看到客观规律和奋斗方向。有了"概述"，总纂就可以通过对浩繁材料的全方位分析与综合，把握全志所有事物的现象与本质，升华为理论和规律性的认识，为读者提供客观情势较为准确的观点和理论，为读者深入认识当地的历史和现状提供方便。同时，也为后世读者认识我们这个时代的历史提供依据，并为读者继续深入研究某些问题，提供线索。

三、概述的特点与内容

"概述"是个新创篇,在旧志中查不到,也有异于新编志书的其他篇章,有其自身的特殊性。要写好"概述",并非易事。但如果把握了"概述"的特点,对撰写好"概述"大有帮助。那么,"概述"究竟有哪些特点呢? 若简要归纳,主要有以下几点:

概括性。这是"概述"最基本的特性。须概大要,概大势,概特色,提要钩玄,又概又括,不要被繁枝蔓叶所束缚。

整体性。对事物要三维观察,整体概括。既不能概偏,也不能概片,要立体地、全面地反映一地的整体面貌。

科学性。通过"概述",纂者将当地的社会活动和生产活动进行科学分析,使一方地情记载升华为反映本地社会经济发展规律的科学性论述。

规律性。事物变化发展的因果联系,门类之间的相互影响,事物发展过程中大的转折及其原因、变化的规律等,在记述中要注意,给人以启示。

可读性。要语言洗练,文采斐然,要给人一种统一的、浑然一体的感觉,通篇的条理要清晰,层次要分明,文字力求准确、流畅、生动,要富有文采和感染力,富有可读性。

导引性。即启示性和吸引性。"概述"为全志的开篇之作,它像一个窗口展示全志的精华,使读者开卷有益,增加兴趣,引导读者进而索览全书。

简言之,择要点以显示概括性,概全志以增强整体性,彰因果以体现科学性,申大势以反映规律性,重文采以增强可读性,亮窗口以突出导引性。

志书的内容包罗万象,无所不有。作为全志之总纲的"概述",既是志书中的宏观总体结构,又是汇集全书脉络之精华。那么,"概述"应该包含哪些内容呢? 董一博在《再论县志"概述编"的设置问题》一文中,把"概述"的内容概括为六点:(1)从本省或全国角度出发,写本地的大势大略,阐述锦绣河山,今昔地位之要。(2)畅谈本地长短优劣之势、兴衰治乱之由,总结经验教训,探讨客观规律,以申昔日喻今者,论现实以开拓未来之义。(3)摄取主要物产资源,水利交通之便,论工农业的发展状态及其趋势,兼及金融财贸、名产特产之盛。(4)在省内外有重大影响的重大事件,以志不忘,以作功能鉴戒之资。(5)例列著名的历史人物、现实名人、闻人并及奸宄,用以激千秋爱憎。(6)重要的名胜古迹、特种工艺、新生事物、优良风尚或陋俗,以启思古之幽情,而发建设之壮志,振纲振纪,移风易俗。

有的同志认为,"概述"的内容应包括三个方面:一是要概括全书大要,使读者对本书的大体轮廓有个初步了解。二是勾勒一方大势,即从建置的沿革、境域的伸缩、人口的增减、政治的得失、经济的涨落、文化的兴衰等方面,选取左右本地形势的几个关键问题,反映出一方之兴衰大势。尤其要注意政治、经济上的利弊得失,反映出发展规律,总结出经验教训,以起到资治作用。三是点明本地特点,使人开卷便知本地不同于其他地区的鲜明特点。

有的同志认为,概述的内容应包括10个方面:(1)写记述对象的大势大略。(2)写与记述对象密切相关的重大背景。(3)写记述对象的发展阶段。(4)写记述对象兴衰起伏的内因和外因。(5)写记述对象的功用。(6)写记述对象的经验教训。(7)写记述对象的优势、劣势或特点。(8)写记述对象的时空地位。(9)写对记述对象的预测、规划与展望。(10)写拾遗补缺性的重要史实。

有的同志认为,"概述"包括8项内容:(1)综合一地的地理概括,写出当地的自然环境与资源优势。(2)综合一地的总体面貌与基本沿革,以时代为经,以事实为纬,归纳总结每个历史时期的发展与变化,探讨本地各阶段的兴衰过程及原因。(3)综合一地的经济状况,写出一地经济领域的发展与效益潜力,探索其规律性。(4)列举一地特有的典型事物、重大工程及科教文卫体等方面突出成绩,充分体现当地的优势。(5)简述在全国全省有影响的历史事件和历史人物。(6)简述在全国全省有影响的名牌物产和名胜古迹。(7)简述本地的社会风俗及移风易俗情况,反映社会主义精神文明建设的成绩。(8)展望与启示,以少数文字提示本地的最佳发展方向与远景,使全篇倍增恢宏气势。

就"概述"的内容而言,还有多种,不一一赘述。简要概括之,不外乎三句话,即总述全貌、纵述史迹、体现特点。

(一)总述全貌。"概述"作为开卷之篇,在志书中处于特殊的地位。设置"概述"的目的之一,就是为使读者通过"概述"能对全书主要内容有个大致了解。因此,"概述"篇必须简明交待全书内容之大要。任何一部志书的"概述",都应有本地本业现实情况的精要陈述。这就要求纂者记述内容之大要,不能把全书各部分内容予以浓缩,或摘取各部分内容作简单拼凑,而是要融汇全书,选取宏观的、能展现本地风貌的资料,加以条理化、概括化,叙论结合,落笔成文,以反映一方之概貌。

(二)纵述史迹。"概述"除反映全貌外,还应有本地的史迹陈述,以展示其历史发展的脉络。没有对史迹的纵向记述,就会造成只知其现状,不知其历史。因此,要重视对史迹材料的选择,并要深入地对本地发展规律及其他客观条件的研究,善于把平列的、各自孤立的、分散的资料联系起来,进行综合分析,然后从整体上动态地、有重点地记述兴衰起伏状况,简要地反映一地的历史轨迹。

(三)体现特点。"概述"篇还应点明本地在全国、全省有影响的人、事、物以及发展各项事业的有利条件或不利因素等,使人开卷便知本地不同于其他地域的鲜明特点。由于各地情况不同,历史背景不同,发展条件及规律不同,决定了各自的不同特点。在选择编写内容时,要对本地的发展历史和现状,进行认真分析,反复比较,从纷繁的事件中找出特点。举凡在全国全省占有突出位置的重要事件,有重大影响的新旧人物,本地的优劣长短之势,以及影响本地发展的经验教训等,均可列入"概述"之中,浓墨重写。这样,才能从宏观上体现出地方的特色。

"概述"是否需要展望之笔,向有争议。有人主张不写展望,担心写展望写未来易流于空洞。董一博则主张"展望一定要写,但不一定要多,其方向远景要勾画出来"。傅能华也主张"既有回顾,又有展望"。笔者以为,写展望,一是文章的结构需要,"概述"以展望结尾,使全文结语自然。二是"概述"内容的需要,向人们展示奋斗目标,给人以鼓舞。

四、概述的名称与体式

就"概述"的名称而言,起初纳入编章序列,称为"概述编"。随着修志工作者对编纂实践认识的提高,认为"概述"是全志之纲领,不应与志内各编平起平坐,所以从编章序列分离出来,称之为"概述",冠于全志之首。在首届社会主义新方志的编纂实践中,由于修志工作者对"概述"的内容、体式、写法等有不同的编写实践与认识,其名称也多种多样。就山西省的三级志书而言,除大部分称之为"概述"外,有的还用了其他名称,具体为:《山西通志》除《人物志》称"前言",《大事记》和《附录》未设外,其余各分志均称之为"绪言";《阳泉市志》、《介休市志》、《曲沃县志》、《大同市志》称"总述";《应县志》称

"综述";《岚县志》、《晋中地区志》称"引言";《太原市南郊区志》、《神池县志》称"概说";《阳城县志》称"综说";《古交志》称"古交概略",《临猗县志》称"概览"。就笔者看到的外省志书,还有其他名称:浙江《青田县志》称"概貌",河南《淅川县志》称"概况",山东《临朐县志》称"县情要览",四川《巫溪县志》称"县史述略",陕西《紫阳县志》称"县史述要",山东《寿光县志》称"县情概述"等。

编写"概述"篇,是新方志体例上的创新,它是使方志从客观记事向理论高度的升华,其实质是在各专业志基础上的再创作。这就需要编者站在统揽全局的高度,条分缕析,锤炼史实,科学而审慎地选择和组织材料,使其有机地组成体现时代特点和地方特色的精彩文章。从目前已出版的志书来看,"概述"的类型可概括为以下几种:

(一)浓缩式。即将各分志中的内容精华浓缩提炼。其写法易于掌握,先横后纵,层次分明,概括全面,阅后便能了解全志的主要内容。虽然有些方志同仁反对把"概述"写成浓缩式,但已出版的大部分志书均采用此种体式。其要点是,需注意控制篇幅,力戒与志书中其他内容的不必要重复。其弱点是,不容易把握各事物间的联系,"全"与"特"难以同见。

(二)纵述式。也有人称之为"史纲式"。即按历史时期和阶段来概述一地的发展轮廓。其写法是将历史划分为若干阶段,依时进行纵述,脉络清晰,主线突出,把握事物发展在不同阶段的不同特点,与全志的横排竖写相呼应。新志中采用此种体式的为数较少。其要点是,需注意归纳各个历史阶段的特征,强调事物发展的连贯性。其弱点是,容易写成史体,故而削弱述体的功能,同时容易忽略事物的局部,反映全貌有所不足。

(三)策论式。即以编者对地方总体面貌及其特点形成的认识来统领全篇,加以综论。这一写法是董一博大力倡导的,他要求把"概述"写成"妙笔宏文"的策论文章。其写法是,先扼要纵述一地发展的大势大要,后用归纳的方法,或述其特点,见一地之长;或述其经验教训,为后来之鉴。因写作难度较大,采用此种体式的为数较少。其要点是,需编者对地情了然于胸,高屋建瓴,夹叙夹议,水乳交融,尤其是议论性的文字要精当、恰切,言简意赅,要有画龙点睛的真功夫。其弱点是,叙议结合难度较大,议论中度的把握也是个难题,过和不及均易失度。

（四）特点式。即将一地的特点和优势归纳成几个方面，以此为中心线索，分别予以概述。这种体式是在浓缩式的基础上发展而来，文内分列小标题，更强调突出地方特点。20 世纪 90 年代中期出版的志书中，采用此种体式占有一定比例。其要点是，需编者准确把握地方特点，归纳得法，标题要点睛引人。其弱点是，易形成块块结构，通篇联系的紧密度有所欠缺，故而整体性稍显不足。

上述的四种体式，是新方志"概述"撰写的大体类型，在修志实践中，各种体式也并非一成不变，它们之间互相借鉴、融合，呈现出复杂多变的局面。在已出版的志书"概述"中，有的采用浓缩式与策论式结合，有的采用浓缩式与特点式结合，有的采用浓缩式与纵述式结合，有的采用特点式与策论式结合，出现我中有你，你中有他，他中有我等多种形式，不一而足。各种体式，各有利弊，各具特色。实践证明，新方志借鉴并引入"概述"这一体例是完全成功的，也是非常必要的，首届修志二十多年的发展过程，体现了新方志在继承中创新、在创新中发展的基本规律。它的成功经验还有待于我们进一步总结、完善和提高。

"概述"的写法大体则有，定体则无，即还没有一个固定的模式，至今方志界还没有哪一位权威愿把某一体式定为至尊。所以，这就给"概述"的编纂者提供了施展才华的舞台，可根据自己对"概述"功能、特点、内容及体式的理解，巧妙构思运笔，大胆开拓创新，大可不必拘泥于某一模式。已经面世志书的"概述"，异彩纷呈，为我们分析和研究它，提供了极为丰富而宝贵的材料。只有借鉴各种不同的写法，才能各取其长，各弃其短，在续修方志工作中，使"概述"写作百尺竿头更进一步。

五、概述写作

"概述"何时撰写？笔者以为，修志要占有大量资料，而资料是随着修志工作的逐步深入而丰富和完善，修志者对地情的了解与深化也是随着工作的逐步深入而提高的。因此，作为统括全志的"概述"，虽居于全志的首篇，但却不能先写，须在各篇定稿之后，再筹划落笔，即"篇成乃作"。这样，才能纵观博览，纵横兼顾，吸取各篇之长，剪裁各章之短，权衡兴衰利弊，剖析优劣得失，经深思熟虑之后，通而概之，一气呵成。当然，对本地情况熟知者，在修志中途（即大部分志稿完成之后）先拟轮廓草稿，待全志完成时再修改补充，亦未尝不可。

"概述"谁写为宜?"概述"是志书之精华,必须由驾驭全局的主编"一人为之",方能构成佳作。董一博说:"非熟悉本县历史、现状、自然、社会诸问题,且胸怀经纶者,不足以膺斯重任。"因为对此既需要有总结概括的才能,更需要有认识和驾驭规律、经验教训的本领。主编完稿之后,还需经专家和领导集体讨论、审定,使之更加完善,真正达到"穷天人之际","通古今之变",成为一地面向未来的决策依据。

"概述"的篇幅多少适度?"概述",即概而述之,其内容不可过详,篇幅亦不可过长。"概述"冠于志首,其篇幅与志书中其他部分内容的篇幅要尽量协调,不能搞得头重脚轻。"概述"以多少字为宜,显然没有什么规定可言。但不宜过短或过长,过短,恐以偏概全;过长,则恐失去"概述"之初旨,使人读起来不易理解和掌握。从首届修志的编纂实践看,山西省已出版的 120 部地市县两级志书,"概述"的平均字数为 5200 字,占志书总字数的 0.5% 左右。从实践中可以推断出,地市一级志书的"概述",字数以 7000 字左右为宜;县(区)级志书的"概述",字数以 5000 字左右为宜。

"概述"是否列入编的序列?1981 年 7 月中国地方史志协会通过的《新县志基本篇目》(草案)中,将"概述"列入编的序列。山西出版的第一部县志《武乡县志》即受此影响,列入全志的第一编。随着修志实践的逐步深入,人们对"概述"有新的认识。从"概述"的内容和写法上看,它与其余各编是统率与被统率的关系,不属于并列关系。况且,"概述"一般均不设章节。因此,"概述"不应列入编的序列,单独放在全志之首为好。实践也证明,这种做法是符合志体的。

(《新方志"概述"点评》,中华书局,2008 年)

山西百部新志"概述"比较与研究

截至 2002 年 6 月底,山西省首轮编修的社会主义新方志,正式出版地(市)和县(市、区)两级志书 108 部(另:1989 年版《宁武县志》、1990 年版《岢岚县志》,因内容或版本问题,被省志办列为不合格志书并令其重新编纂。故总数中未包括这 2 部志书),其中地(市)级志书 9 部,县(市、区)级志书 99 部。在这 108 部志书中,未设"概述"的有 4 部:1987 年版《沁水县志》、1988 年版《代县志》和 1991 年版《原平县志》,是山西省较早出版的 3 部县志,因受当时方志界对志书中设与不设"概述"篇争议的影响,主编倾向于不设"概述",故而未设。《岢岚县志》是在 1990 年版本(因版本为 32 开本,不合省志办规定,令其重新编纂出版)的基础上修订出版的,原版本无"概述",后又未加,与上述 3 部志书原因相同。未设"概述"的 4 部,占总数的 3.70%;设置"概述"的 104 部,占总数的 96.30%。由此可见,设置"概述"的志书占了绝大多数(见《山西百部新志"概述"情况统计表》)。

一、名称与位置

在这 104 部志书中,称"概述"的有 92 部,占 88.5%;称"总述"的 4 部(《阳泉市志》、《介休市志》、《曲沃县志》、《大同市志》),称"综述"的 1 部(《应县志》),称"概说"的 2 部(《太原市南郊区志》、《神池县志》),称"综说"的 1 部(《阳城县志》),称"概略"的 1 部(《古交志》),称"概览"的 1 部(《临猗县志》),称"引言"的 2 部(《晋中地区志》、《岚县志》)。"概述"之名称,还是得到绝大部分修志同仁的认可。其余 7 种名称,虽不称"概述",也同为"述"体文字,只是在涵义上与"概述"略有差异而已。

"总述",亦即"总概述"的简略,是相对于"概述"而言的。《阳泉市志》、《曲沃县志》均在志书的每卷(编)前增设了无题小序。如《阳泉市志》,全志共设 23 卷,每卷之首均设无题小序;"工业"卷最多,990 字,"人物"卷最少,530 字;全志 23 篇小序总字数达 17860 字,卷均 780 字;该志"总述"字数 7900 字,卷首小序的总字数相当于"总述"的 2 倍多。《曲沃县志》,全志共设 25

编,每编之首均设无题小序;"工业"编最多,630 字,"交通"编最少,200 字;全志 25 篇小序总字数达 9170 字,编均 370 字;该志"总述"字数 2800 字,编首小序的总字数相当于"总述"的 3 倍多。正因为志书中第二个层次的"述"体文字分量过重,故而将志首的"概述"提升为"总述"。从志书的整体而言,这种名称的改变,也属情理之中。

《太原市南郊区志》不称"概述"而称"概说",是为区分与他志的不同。该志的"概说"与卷首彩图混合编排,以文为主,彩图附之,图随文走,文图相彰,更突出了"概说"的可读性与导引性。

《阳城县志》称"综说",在其"凡例"中开宗明义地指出:"'综说'不作浓缩全志的概述,而为综观古今,横陈利弊的策论。"其用意也十分鲜明。

"引言",从字面上看是以本书为对象而"言"的。"引"作为一种文体,与古时的"序"体类似,但它略简短一些。它不同于今日的"序言"。志书前用"引言"来代替"概述",是不甚妥当的。《晋中地区志》志首的"引言",实为一篇"序言"。《岚县志》的"引言",内容实为"概述",且写得也不错,只是名称不妥切罢了。

《临猗县志》的"概览",则另是一番景象。该志分上下两大编,上编为"概览",内设县情述要、经济总览、当代人物、前景展望 4 章,其间图表并用,文图共占 60 个页码,总字数达 90000 字,可称得上是新志书"概述"中的"巨无霸"了。仅就其"概览"名称而言,与内容还是较相符的。但这种写作,笔者却不敢苟同,此"概览"毕竟与他志的"概述"相去甚远了。

其它名称,无论叫法如何,内容与"概述"并无二致,兹不赘言。为了论述方便,以下各志的一级述体,统称之为概述。

概述是全志的总纲,其位置一般放在目录之后、大事记之前;若大事记缀于志尾,概述则置于正文之前。104 部志书中,将概述置于大事记或正文之前的 96 部,占 92.3%。概述置于目录之前的有:《保德县志》、《五寨县志》、《太谷县志》、《石楼县志》4 部,概述与大事记同置于目录前的有《阳泉市城区志》1 部。概述置于凡例和目录前面的有《太原市南郊区志》、《繁峙县志》2 部,置于凡例、卷首图、目录前面的有《晋中地区志》1 部。

在这里顺便提及志首部分的内容排列。志首部分包括有卷首图(简称图)、序、凡例(简称凡)、目录(简称目)、概述(简称概)5 部分。这 5 个部分前

后顺序如何编排,在 104 部志书中形式各异:

①以图、序、凡、目、概为序的 51 部;

②以图、目、序、凡、概为序的 16 部;

③以图、序、凡、概、目为序的 2 部;

④以图、凡、序、目、概为序的 2 部;

⑤以图、凡、序、概、目为序的 1 部;

⑥以图、序、概、凡、目为序的 1 部;

⑦以图、目、凡、序、概为序的 1 部;

⑧以图、序、凡、概、记(大事记)、目为序的 1 部;

⑨以序、凡、图、目、概为序的 19 部;

10以序、凡、目、图、概为序的 7 部;

11以序、凡、图、概为序的 1 部;

12以序、概、图、凡、目为序的 1 部;

13以序、概、凡、图、目为序的 1 部。

从上述 13 种编排形式可以看出:以图为首的 75 部,占 104 部的 72.1%,以概殿后的 98 部,占 102 部的 94.2%,以序、凡、目为序的 58 部,占 104 部的 55.8%,志首 5 个部分的编排顺序以图、序、凡、目、概为最佳组合。概述的位置介于目录与正文之间是恰当、合理的。

二、篇幅与体式

在 104 部志书中,概述最短的为《武乡县志》,仅 1500 字,最长的为《临猗县志》,达 90000 字。现将概述的字数分为 5 个档次进行比较:

①不足 3000 字的 18 部,占总部数的 17.6%,总字数为 43600 字,部均 2420 字;

②3000 字以上、不足 5000 字的 48 部,占总部数的 46.1%,总字数为 185200 字,部均 3860 字。

③5000 字以上、不足 7000 字的 20 部,占总部数的 19.2%,总字数为 116000 字,部均 5800 字。

④7000 字以上、不足 10000 字的 12 部,占总部数的 11.5%,总字数为 94700 字,部均 7890 字。

⑤10000 字以上的 6 部,占总部数的 5.8%,总字数为 104900 字,部均

24150 字。

从比较中可以看出,概述篇幅不足 7000 字的达 86 部,占总部数的 82.7%;总字数为 344800 字,部均 4010 字。7000 字以上的 18 部,占总部数的 17.3%;总字数为 199600 字,部均 11100 字。

我们再看总的情况:104 部志书的概述,总字数为 544400 字,部均 5230 字。

从上面两组数字中,我们可以得出一个结论,新志书的概述篇幅,以 4000 字~5000 字为宜。概述是全志的开山篇,既是志书中的宏观总体结构,也是汇集全书脉络之精华,具有概括性、整体性、科学性、规律性、可读性、导引性之六大特点。所以,概述的篇幅要适量,不宜过短或过长。过短,恐挂一漏万,以偏概全;过长,则使人不易理解和掌握,失去设概述之初衷。

体式,即概述的写作类型。笔者曾在《新方志"概述"综说》一文中,将概述的写作类型分为浓缩式、特点式、策论式、纵述式等四大类。下面即以此来划分比较。在这 104 部志书的概述中,采用浓缩式的 78 部,占 75%;采用特点式 13 部,占 12.5%;采用策论式的 9 部,占 8.7%;采用纵述式的 2 部,占 1.9%;其它类型的 2 部,占 1.9%。

浓缩式,是将各分志中的内容精华浓缩提炼成篇。其层次分明,易于掌握,所以大部分志书的概述均采用此种体式。

《五台县志·概述》全文 7400 字,分九部分:第一部分 3 个自然段 400 余字,述位置境域、建置沿革、区划人口;第二部分 3 个自然段 870 余字,述地形山川、土地、植被、气候、矿藏物产;第三部分 570 余字,述佛教名山;第四部分 680 余字,述革命历史;第五部分 640 余字,述五台人民的斗争精神;第六部分 570 余字,述人材状况;第七部分 2240 余字,以农业、林业、畜牧业、乡镇企业、工业交通、财贸、文化教育、人民生活为序,述建国 38 年来取得的巨大成就。第八部分 420 字,述精神文明建设的成绩;第九部分 570 余字,述振兴五台经济的发展方向。全文阵容整饰,层次分明,朴素流畅,在浓缩式概述中具有一定的代表性。

《河津县志·概述》全文 3200 字,分为六部分:第一部分 410 字,述自然环境、区划人口、气候资源及交通;第二部分 210 字,述民情及斗争精神;第三部分 1800 余字,述经济建设成就和教科文卫体事业的发展;第四部分 170 余字,述人材状况;第五部分350字述名胜古迹、土特名产;第六部分310余字,述优劣之势,以展望作结。全文结构合理,内容精当,文笔洗炼,给人以简洁朴素之美感。

特点式,是将一地的特点和优势归纳成几个方面,以此为中心线索,分而述之。这种体式由浓缩式体式发展而来,更强调突出地方特点。

山西省新志书的概述中,最早采用特点式的为《蒲县志》。《蒲县志·概述》全文3800字,分五部分:第一部分述自然概貌;第二部分述民风淳朴、人材状况;第三部分述新中国成立后经济文化建设成就;前三部分约1800字。第四部分述蒲县的特点:"地理优势","资源优势","物产优势","文物之乡",共1700余字。第五部分述劣势及结束语,300余字。该文的特点标题,与文排在一起,标题用大五黑,文用大五宋。

《黎城县志·概述》全文4400字,分三部分:第一部分述自然状况和经济发展概貌,计700字。第二部分3450余字,为黎城的六个主要特点:"一、黎侯古国建置悠久","二、抗日老区雄踞太行","三、名胜古迹引人入胜","四、漳河水利兴农惠民","五、新兴工业渐成体系","六、土特名产畅销海外"。第三部分260余字,为结束语。特点标题排二宋,居中占文字的4行高度,文排大四楷。

《万荣县志·概述》全文6100字,分六部分即六大特点:"一、利弊并存的自然条件","二、文明古老的悠久历史","三、勤劳奋进的英雄人民","四、日新月异的发展变化","五、振兴腾飞的深沉思考"。特点标题为三号宋黑,居中单列,文排小四楷。

上述三例,代表了特点式概述的三种不同形式:

其一为《蒲县志·概述》,前述自然概貌等状况,后述特点,前后篇幅不相上下。特点标题随文排列,只变换字体而不单独占行,尾部述劣势和结束语。采用此种形式的还有:《方山县志·概述》列出该县经济建设的五大特点,即"轻工龙头,以酒为最","旅游胜地,武当为最","野生资源,沙棘为最","树木树人,兴学兴村","土特产品,进入流通"。《交城县志·概述》列出该县经济建设的五大特点,即"粮棉园地","林木产地","畜牧基地","矿冶要地","旅游胜地"。《翼城县志·概述》列出该县的三大特色,即"唐晋故地历史悠久","革命老区英贤辈出","煤铁之乡商品粮基地"。《阳泉市郊区志·概述》列出该区的五个特点,即"建置区划变动频繁","城郊农业发展加快","资源优势充分发挥","乡镇企业贡献巨大","两个文明同步发展"。

其二为《黎城县志·概述》,前述自然状况等,尾缀结束语,中间主体部分排列特点,标题变换字号单独占行。采用此种形式的还有:《长治市志·概述》列出该市的五个特点,即"历史悠久人文荟萃","关山雄险战略要地","文物名胜交相辉映","革命老区贡献卓越","能源基地百业俱兴"。《临县志·概述》列出该县的七个特点,即"灾荒频繁之境","古老文明之邑","革命传统之乡","煤铁生产之地","红枣特产之域","群众文化之壤","奔向小康之路"。《中阳县志·概述》列出该县的六大特色,即"悠久的历史文化","优良的革命传统","丰富的自然资源","建设生态农业发展粮林果牧","煤为工业龙头带动主导产业","兴学重教治愚治贫"。《襄垣县志·概述》列出该县的六个特点,即"建置悠久人文璀璨","革命老区贡献卓著","资源丰富物华天宝","农工并重百业兴旺"。《古交志·古交概略》列出本区的五大特色,即"壮丽的山川河流","悠久的历史文化","丰富的自然资源","勤劳勇敢的人民","飞速发展的经济"。《平遥县志·概述》列出本县的六大特色,即"陶唐故地历史悠久","文物宝库世界骊珠","晋商源地称雄全国","耕织之乡华夏闻名","人才辈出代代风流","土特名产誉播天下"。

其三为《万荣县志·概述》,全文只按特点,直接列小标题述之。采取此种形式的仅该志一部。

策论式,是以编纂者对一地总体面貌及其特点形成的认识来统领全篇,加以综论,这种体式须编纂者对地情了然于胸,高屋建瓴,以述为主,夹述夹议,述议结合。倡导策论式概述,当首推董老一博先生。他曾在一论、再论、三论有关概述的设置和写作的论文中,极力强调要将概述写成策论式。但因撰写策论式概述难度较大,故采用此种体式的较少。在104部新志中,概述采用策论式写作形式的有9部,而在这9部策论式概述中,《曲沃县志·总述》是全省的第一部。主编的这种敢为人先的精神着实令人钦佩。

《曲沃县志·总述》全文2800字,分四部分:第一部分述自然概貌,400余字;第二、三部分按历史发展的脉络,述经济建设和文化发展状况,1800余字;第四部分述经济差距与应采取的对策,300余字;后缀结束语,百余字。该志《总述》的主体部分,是循着历史发展的轨迹来概述的,使读者能够把握历史兴衰起伏的脉搏。文字简约精炼,论述精当有据,详细得当,重点突出,起到了统摄全志的纲领作用。

《吉县志·概述》全文 2700 余字,分五部分:第一部分 4 个自然段,700 余字,述地理概貌;第二部分 1 个自然段,370 余字,述革命传统;第三部分 1 个自然段,260 余字,述优劣之势;第四部分 1 个自然段 580 余字,述经济文化建设成就;第五部分 5 个自然段,800 余字,述远景规划,拟建成"林木之乡"、"水果之乡"、"肉蛋乳品之乡"、"旅游之乡",后缀结束语。

《阳城县志·综说》全文 2900 余字,分三部分:第一部分 6 个自然段,1860 余字,述阳城之优势;第二部分 2 个自然段,600 余字,述阳城之劣势;第三部分 3 个自然段,570 余字,策论展望。该文陈述优势有声有色,言简意赅;剖析劣势有理有据,极富哲理;策论展望有的放矢,经世致用。

《阳泉市志·总述》全文 7900 字,分三部分:第一部分百余字,述自然环境,包括面积、人口、辖区、民情民性;第二部分 4300 余字,述阳泉"地理区位优势"、"矿产资源优势"、"山区农村经济优势"、"交通优势"、"革命传统优势"等六大优势;第三部分 3200 字,述阳泉之"城市现代化水平有待提高"、"水资源匮乏的状况亟待改变"、"产业结构亟待调整"、"国民素质亟待提高"等四个方面的特点,运用特点归纳法,将优势与弱点对比立论,主旨明确,观点鲜明,叙述得法,论证有力。文中插有《阳泉与国内部分中等城市 1990 年国民经济和社会发展主要指标对照表》。

纵述式(也有人称为"史纲式"),是按历史时期和阶段来概述一地的发展轮廓,依时纵述,脉络清晰,与全志的横排竖写相呼应。在 104 部志书中,仅有《壶关县志·概述》和《朔县志·概述》两部采用此种体式。

《壶关县志·概述》全文 4500 字,分六部分:第一部分 2 个自然段 260 字,简练记述自然状况;第二至五部分 3460 余字,按四条主线分列,即一是"追求进步的主线",表现为崇俭抑浮、急公好义、惩恶扬善、弃旧图新的追求和群体实践,从西汉写到中共十一届三中全会之后;二是"征服自然的主线",记述壶关人民针对干旱缺水、童山秃岭、径曲路隘等自然地理状况,改造自然、征服自然的生产实践,重点放在新中国成立后 40 年来主攻山、水、路的变化;三是"创造财富的主线",反映境域的经济发展状况,重点放在中共十一届三中全会后取得的成就;四是"弘扬文化的主线",从新石器时期写起,直到当代的教育状况。第六部分260余字,述制约因素及措施,以展望作结。

《朔县志·概述》全文3500字,分三部分:第一部分13个自然段,2100余字,纵述建国前的史实,主要内容有自然概貌、古文化遗址、建置沿革、历代人物状况,经济文化发展状况、革命传统,分阶段记述。第二部分8个自然段900余字,述县情的主要特点,即"丰富的资源优势"、"较好的开发条件"、"特有的发展态势"三个特点。第三部分2个自然段,280字,述朔县改区带来机遇,以展望作结。

上述的浓缩式、特点式、策论式和纵述式四种体式,仅是人为地对概述体式的大致分类。实践中,各种体式互相借鉴,互相融合,或浓缩式与特点式融合,或策论式与浓缩式融合,或纵述式与特点式融合,等等,不一而足。故而出现你中有我,我中有他,他中有你。如《永济县志·概述》的写作模式,采用了浓缩式、纵述式、策论式三种混合型模式,即用浓缩式述永济的地理概貌,以反映"面";用纵述式记永济的历史发展,以勾勒"线";以策论式析永济经济、文化的优劣之势及其对策,以突出"点",做到面、线、点的有机结合。又如前面列入特点式中的《蒲县志·概述》,实际采用的是浓缩式与特点式、策论式三种混合模式,即前三部分用浓缩式述蒲县的自然概貌、民情民风、人材状况、经济和文化建设成就,第四部分用特点式归纳出蒲县的四大特点,第五部分论述蒲县的劣势及对策。有的概述可能用一种体式来划定并不恰当和贴切,只是为论述方便而以偏重某一方为主而分罢了。

三、图表与特例

新志书中在《概述》之末设表,起始于《萧山县志》。该志在《概述》之后,附有《萧山县几个年份国民经济主要指标统计》表,因其数据内容比较单薄,当时受到不少非议。《概述》是否就不能配置表呢?非也。在104部新志中,有7部志书的《概述》均配置了表,占6.7%。现将这7部志书《概述》设图表的情况列举如下:

《阳城县志》在《综说》之后,设《县情基本数据表》,内容包括经济、文化、社会等各个方面,显现出阳城的整体面貌。表占4个页码。表的设置,起到了"一表胜千言"的作用,既是对《综说》的注脚,又给读者了解县情以极大方便。二者经纬结合,纲举目张。该表列有:总面积,总人口,耕地,省级自然保护区,人均耕(林、牧)地,居民文化程度,人口自然增长率,出生率,死亡率,人均寿命,行政区划,海拔高度,气温,无霜期,降水,日照土壤,植被覆盖率,森林覆盖率,水资源,水浇地,工农业总产值,国民收入,社会商品零售额,财政收入,财政支出,工业主要行业产值所占比重,煤炭最高年产,生铁最高年产,硫磺最高年产,陶瓷最高年产,发电(供电量),种植、林、牧占在农业产值比重,粮食最高年产,小麦最高年产,小麦平均亩产,棉花最高年产(皮棉),棉花最高平均亩产,油料最高年产,蔬菜最高年产,年伐木,蚕茧产量,大牲畜最多年存栏,猪最多年存栏,猪最多年存圈,拖拉机,机耕地,县乡公路总长,客车,货车,邮路及投递路总长,邮递,城乡电话机,商业零售业,商业营业额,全县人均货币收入,人均消费购买力,人均储蓄,1985年底贫困户,全县住宅,高中,初中,职业学校,小学,幼儿园,农民初等教育普及率,职工业余教育入学人数,影剧院,电影队,剧团,曲艺队,文化馆,文化站,省级文物重点保护单位,文物博物馆,图书馆,图书室,广播喇叭,电视差转台,电视机,科学技术专业协会,医疗卫生单位,无医疗点村,干部,全民所有制职工、全员劳动生产率,集体所有制职工、全员劳动生产率,煤矿百万吨死亡率,环境污染,水土流失面积,缺水自然村,犯罪率等91项,

《汾西县志》在《概述》之后,附有《几个年份统计资料提要》表,列有总户数、农业户数、非农业户数、总人口等32项。内容包括人口与农业经济两大类,5个年份为1936、1949、1965、1978、1991年。所取的5个年份极具有代表性。

《阳泉市志》在《总述》之中,插有《阳泉与国内部分中等城市1990年国民经济和社会发展主要指标对照表》,对照城市共14个省23个市:河北秦皇岛、邢台,山西长治,辽宁盘锦,吉林辽源、通化,黑龙江双鸭山,江苏镇江,安徽马鞍山、淮北,山东枣庄、潍坊,河南平顶山、焦作,湖北宜昌,湖南株洲,四川自贡、攀枝花、乐山,贵州六盘水,陕西宝鸡、咸阳,阳泉市。对照内容有:年末总人口、市区年末非农业人口、土地面积、人口密度、人口自然增长率、年末耕地面积、建成区绿化覆盖率、工农业总产值、工业总产值、农业总产值、人均工农业总产值、客运总量、货运总量、全部固定资产投资、社会商品零售总额、商业餐饮业服务人员等32项,每一项均列出了阳泉所占名次。《总述》文字占6个页码,《表》占4个页码。比较,是认识事物、探求真理的重要方法,志书通过纵向比较与横向比较相结合的方法,才能真正为本地正确定位,找准坐标。在突出地方特色方面,人们多强调"人无我有"的事物,其实,地方特色亦包含

在"人有我有"的事物之中。地方特色往往是通过与同类事物的横向比较才充分显露出来。通过比较,阳泉市在多方面与兄弟市的差距与不足便显现出来。正如常人所言,事实胜于雄辩,比较出来的事实是最具说服力的。

《潞城市志》的《概述》,则是图、表并用,别有一番情趣。该志的《概述》在行文中,插有 7 幅图,即《农林牧副业总产值构成》图、《乡镇企业发展情况》图、《社会消费品零售总额》图、《国内生产总值构成》图、《城乡居民储蓄存款余额》图、《城镇居民人均可支配收入和农民人均纯收入》图、《职工平均工资》图。在文后附有 1 幅图、2 幅表,即《潞城优势图》(采用线形地图与照片相结合的方法,占 1 个页码)、《潞城基本数据表》(有总面积、总人口等 90 项,内容与《阳城县志·综说》后附的《县情基本数据表》相类似,占 4 个页码)、《潞城之最表》(列有最早的人类活动遗址、最早的城郭等 95 项,占 4 个页码)。与《阳城县志》不同的是,《阳城县志》的文字内容与表中所列项目没有重复,而《潞城县志》的表中内容同文字内容重复项目有面积、总人口、工农业总产值、粮食总产量、蔬菜总产量、水果总产量、蛋产量、农机总动力、农村用电量、化肥施用量、冶金焦、水泥、石膏、生铁、乡镇企业数、公路通车里程、邮电业务总量、城乡安装电话、社会消费品零售总额、财政收入、学校、在校学生总数、影剧院、文化站(室)、图书馆(室)、医疗机构等 26 项。

《永和县志》的《概述》后,附有《县情基本数据表》,所列内容有总面积、总人口等 62 项,占 2 个页码。表中的项目与文中内容重复的项目有:森林覆盖率、大牲畜存栏、全县公路总长、各类商业零售点、社会商品零售总额、在校学生、医疗机构、人口死亡率、农民人均年纯收入、县财政总收入等 10 项。

《晋城市志》的《综述》后,附有《市情数据表》,占 32 个页码。其内容为先列大项,在每一大项中含有若干小项目,内容涵盖全志。所列大项有:行政区划、土地面积、气候、主要自然资源、人口、计划生育、城乡劳动力资源、社会劳动者、农村劳动力、社会经济主要指标、农村经济与农作物产量、农作物产量(各县)、农业总产值构成、农作物播种面积、林业、畜牧业、农业现代化、水利建设、工业企业单位、全部工业总产值、分县工业总产值、企业规模、轻重工业产值结构、分行业产值结构、乡以上独立核算企业经营状况、主要工业产品产量、乡镇及乡镇以下企业、交通运输、邮电、批发零售贸易餐饮业、粮食购销调拨、地方财政收支、金融、投资与基本建设、教育事业、科技事业、文化事业、广播电视事业、卫生事业、体育事业等40类。

《大同市志·总述》之后,附有《大同市市情表》和《13个较大城市市情比较表》。《大同市市情表》内容囊括全志,列有海拔高度、最高海拔、水流总长度等177项,占4.5个页码。《13个较大城市市情比较表》,比较内容有行政区划及人口,土地面积、农业总产值,主要产品产量,畜产品,企业数和工业总产值,独立核算工业企业财务全民所有制,独立核算工业企业财务集体所有制,独立核算工业企业经济效益全民所有制,独立核算工业企业经济效益集体所有制,独立核算工业企业经济效益,货运、客运量,邮电、用电量,固定资产投资及住宅建筑,城市公共事业,按人口平均市政设施主要指标,商业、外贸机构数,零售商业、饮食业、服务人员数及个体人员数,按人口平均的商业机构和人员,科技人员,各级学校数,各级学校在校学生数,按人口平均在校学生数,文化艺术,卫生机构人员,全部职工年末人均工资总额、平均工资,财政,火灾、交通事故等28个大项,每个大项中又含有6个~8个小项。比较城市有河北唐山,山西大同,内蒙古包头,辽宁大连、鞍山、抚顺,吉林省吉林,黑龙江齐齐哈尔,江苏无锡,安徽淮南,山东青岛,河南洛阳,四川重庆(当时为四川省直辖市)等13个市。该表占9.5个页码。

从上述7部志书的概述用表情况来看,表的形式分3种:一是反映县情全面情况的表,有《阳城县志》、《潞城县志》、《永和县志》、《晋城市志》、《大同市志》等5部,均放在《概述》文的后部。二是只反映县情部分情况的表,只《汾西县志》1部,内容只涉及人口和农业经济方面,放在《概述》文之后。三是与相类似城市经济等多方面情况的比较表,有《阳泉市志》、《大同市志》2部。《阳泉市志》的对照表插在《总述》的文中,《大同市志》的比较表放在《市情表》之后。四是多种图表并用,如《大同市志·总述》之后除列有《市情表》外,还有《市情比较表》,两种表并用;《潞城市志·概述》文中配有7幅比例图,文后列有《潞城优势图》、《潞城基本数据表》、《潞城之最表》,图表并用,为《概述》配置图表种类最多的一部。

志书中设《概述》篇,是新志编纂在体例上的创新之举,同时也不可否认,《概述》配置图表也是体例上的一种创新。如《县(市)情表》是具有全局意义的统计表,它具有全局性、直观性和实用性,是对《概述》文字内容记述不足(受篇幅或写法局限)的补充,进而强化《概述》的功能和作用,对于读者阅读

《概述》时把握一地的全貌是有一定帮助的。

然而,凡事都应一分为二。《概述》附设图表亦不例外。既然是一种创新,就可能是一种成功的经验,也可能是一种失败的教训。就新志书设立《概述》篇而言,其功能是从宏观上勾勒一地(一业)的大要,总括地情,展示轮廓,沟通联系,彰明因果,提纲挈领,策论方略,提炼精华,总摄全志。它是统领全志的完整、独立的一篇宏文策论,一般情况下并不需要配置图表为其帮衬。修志实践也证明了这一点,104 部志书中,《概述》设置图表的仅占 6.7%。当然,特殊情况例外,即如《阳城县志·综说》增设《县情基本数据表》,也有主编不得已而为之的苦衷,正如主编刘伯伦先生在《县志修成话得失》一文中所言:增设《县情基本数据表》"既是对'综说'因行文需要忍痛割爱的补救,又是如数家珍地对本县基本地情的简略展现。这样,'综述'和'县情基本数据表'一宏一微,一粗一细,珠联璧合,相得益彰,收一目了然之功,奏'总体浏览、用志不纷'之效"。

从 7 部志书《概述》设置图表的情况来看,有几个问题值得研究探讨:其一,《概述》配置的图表,应具有全局意义,对强化《概述》的功能和作用起积极作用。如《汾西县志·概述》后附设的《几个年份统计资料提要》,内容仅涉及到人口、农业经济两个方面,并非反映全局的情况,放在此处似为欠妥。其二,《概述》配置的图表,应置于《概述》文末,若插在文中则有伤文气。如《潞城市志·概述》文中插有 7 幅"数据图",图虽小,但乱了文气,完全可以用文字代之;《阳泉市志·总述》文中插有占 4 个页码的《对照表》,打破了《总述》的完整性,移出来效果岂不两便? 其三,有些图表的内容与《概述》关系不十分紧密,完全可以独立存在,其位置似乎也欠妥。如《潞城市志·概述》之后,附有《潞城之最表》,此表与《概述》关系并不密切,且可独立成文。志书中设置此表的也并非潞城一家,如《黎城县志》也设有此表,但位置是放在志尾的《丛录》之中,更强调其检索的作用。《黎城县志》所放的位置似乎更妥帖一些。其四,有的图表内容与《概述》相关连,但主要记述为外地的内容,它又完全可以独立存在,其位置也有商榷的必要。如《阳泉市志·总述》文中插有《阳泉与国内部分中等城市 1990 年国民经济和社会发展主要指标对照表》,《大同市志·总述》之后设有《13 个较大城市市情比较表》,在山西省已出版的 104 部志书中,采用此种比较表的仅此 2 部。在新编志书中,本地自身的纵向比较是常见的,而本地与它地的横向比较却较少见。有比较才有鉴别,相异特征往往是在比较中产生的。比较也是人们认识事物、探求真理的重要思想方法。记述一地经济与社会发展的快慢,应以纵向比较和横向比较相结合,才能为本地找出优劣之势,从而正确定位,找准坐标,谋划出发展方向和目标。在志书中设置《比较表》,是开放意识在修志中的具体体现,是新方志编纂中的一大创新,很值得修志人员回味与思考。但就其内容而言,主要记述的是非本地的内容,是"借"外地的内容来为本地的内容服务的,即通过比较来显现本地的特征,为当地的决策者提供资治参考。依笔者愚见,按志书"不越界而书"的通例,此种内容放在全志之首似有不妥。有两处地方值得考虑:其一,《阳泉市志》设有《经济综述》,将此表移入《经济综述》岂不更能发挥其作用? 当然,移在《经济综述》篇中,其对比内容只能限制在经济的范畴。其二,如不想改变对比内容,那么移在志尾的《附录》中是否更恰当些呢?

《概述》中的特例,即指《概述》篇在撰写或编排方面独树一帜,与它志无相同之处。在 104 部志书中,有 4 部志书的《概述》可列入特例之列。现分而述之。

《太原市南郊区志》改《概述》为《概说》,自有其特殊的含义。在首届社会主义新方志编纂中,志书之首设置《概述》,几成定例,非《太原市南郊区志》首创。卷首部分的编排也基本以卷首彩图为先,序、凡例、目录居中,《概述》殿后为顺序。《太原市南郊区志》却是将《概说》跃过目录、凡例,与卷首彩图合体编排,既将《概说》文字溶于精美的照片之中,同时《概说》文字又统帅着卷首的全部照片。具体编排形式为:首页《概说》标题及文居上部,下部为照片,其余 26 个页码均为双页合版编排,文字居于左版页的左边部(仅有一页居于左版右侧上中部),照片居于左版的右半部分及右版的全部。众多方志界专家、学者对《太原市南郊区志》《概说》的这种崭新创意,给予了积极的评价:这种文图结合的创意,"沟通了文字概说与卷首彩照的密切联系,既使文字叙述有了形象化的映衬,又将图照纳入了志书的总体结构之中,使图照表达的主题更加明确。但二者的'合力'作用得到了增强"(梁滨久语)。"这种别具一格的编排,很容易收到图文并茂、文图相互印证、相得益彰的效果"(解师曾语)。"用概括简要的文字表述配以图像清晰的照片,便有图文相衬、相得益彰之善"(林衍经语)。"其志《概说》置于全志之首,与其彩色照片相配,图文互应,图文对照,图文互补,图文互茂,真令人耳目一新。阅之,一区之概况不但有精炼、流畅的文字给读者思考、推敲之余地,而且有精美、适当的彩照相应映入眼帘,形象历历在目,给读者构成立体、直观的认识。此举确为新编志书开拓出一条可资借鉴的新路,并且提高了新编志书的美学价值,获得了阅读志书的美好感受","以全志龙头为突破口,将《概说》文字与照片为一体,形成新的志书表现形式,并且便于读者阅读、检索,确为新编志书的一项创新"(赵泉明语)。"《概说》在编排上,不但置于卷首,而且与98幅照片相配合,具有珠联璧合之妙。全《概说》以志为主体,图为辅助,图不离文,文附以图,文图相济的原则,使照片与文字浑然一体,构成一部有机的和谐乐章,大大丰富了区志的内容,增加了区志的风采及直观性、科学性和可读性,收到文字所不能替代的特殊功能"(姚斌语)。"把《概述》文字和照片两者有机结合起来,也是对我国修志传统的一个继承、发展和创新……更为重要的是赋予了新意的发展和创新"(张景孔语)。"两者并排,交相辉映,大有令读者目不暇接之妙!""表意传神,相得益彰,参照阅读,立体感特强。确有令人如身临南郊宝地之感。如此创意,获得如此好的效果,足见版式设计者的匠心"。"彩照与概述,是每部志书卷首不可或缺的重要组成部分,分排或合排,或是更为上乘的编配,绝非单纯注重外在的形式美,其实质同样是关于志书内涵的完整构建"。"概说与照片同页合排的成功范例,足以表明:志书编排及至装帧设计,同样是个广阔的领域,大有英雄用武之地"(邵长兴语)。"《太原市南郊区志》推出文照结合,融为一体的'概说',此举成为新方志'概述'撰写阶段性'里程碑'"。"探其内涵外延及其科学的丰富内涵,认为这篇文照结合的'概说'有这样10个基本特点,值得评荐。①'概说'文照结合,刷新了新方志概述部分的撰写形式与格局;②'概说'的文字叙述与照片编排相同步、相印证、相辅相成,互为深化;③'概说'文照结合,隐形资料(指画面中隐含的资料,虽作者没用文字说明,但读者可以体察到丰富的内涵)蕴藏丰富,文约事丰;④'概说'文照结合,形象化资料编次,极能勾勒古今概貌,即贯通古今,横陈现状;⑤'概说'文照结合,能以形象化资料昭示宏观,突出地方特点,弘扬地方优势,标识出地方特点的时代性,时代特点的地方性;⑥'概说'文照结合,易理解,易记忆,留下深刻的印象;⑦'概说'文照结合,增加了形象化资料的涵量,增加志书的趣味性、可读性和直观可信性;⑧'概说'文照结合,既有继承古'图经'的痕迹,又有创新'新图经'的雏形;⑨'概说'中遴选的98幅照片资料,无生拉硬扯、硬塞的'假冒'(系指志书下限时间以外,又不加文字说明)照片资料,幅幅照片资料文字说明撰写的要素比较齐全,画面清晰,文字说明贴切,浑然一体;10'概说'文照结合,对改革、创新新方志体例框架结构,提供了有益的经验。总之,《太原市南郊区志》'概说'文照结合,从整体宏观上双向托出南郊区(原太原县)的历史与现状,为全志编纂举起纲,扬开帆,导正方向,明确载体,真是妙哉妙哉"(刘有才语)。

新方志概述采用文照结合形式为数极少,首起于浙江《青田县志》,该志前设概貌,以图照为主,文字说明辅之。河南《淅川县志》卷首《概况》亦采用文照结合形式,以文字概述为主,图照辅之。上述这两部志书均是考虑到一幅(或一组)图照与文字相对应,不同点在于只是一侧重于图,一侧重于文。《太原市南郊区志》的《概说》,在文照结合上又开创出新的体例和模式,二者既相配合,同时又有相对独立性,为新方志概述的撰写及编排形式创造出新鲜的经验。

《临猗县志》改《概述》为《概览》,其写法与众不同,自成一家。该志分为上、下两编,上编为《概览》,下编为各分志。上编《概览》设"县情述要"、"经济总览"、"当代人物"、"前景展望"4章。各章情况为:第一章"县情述要"分两部分,前半部分概述临猗的建置地理、经济发展、人材状况、文化建设等内容,后半部分归纳出基本县情和不利因素。第二章"经济总览",概述农业、工业、乡镇企业、交通邮电、商业贸易、人民生活等基本情况,并附有"农副产品名录","优质产品名录","获部优产品名录"(彩页,占3页),"获省级优质产品"(表),"骨干企业名录"(彩照,占10页),"工业产品名录"(占9页),"1984年~1990年国民生产总值及构成"(图),"1984年~1990年国民收入及使用总额"(图),"历年社会总产值及工、农业总产值示意图","粮棉总产量及人均贡献"(图,占4页)。第三章"当代人物",记述了当代41名县籍闻人,每人500字左右,共占15个页码。第四章"前景展望",刊载了"'八五'计划"、"2000年经济发展总规划"、"2020年农业综合规划"(以上3篇均为文件),"县委书记、县长谈经济"(县委书记杨文宪于1989年发表在《经济师》第6期上的《建立有计划商品经济的新格局》一文,县长姚高宽于1992年发表在《理论教育》第1期上的《县级经济工作机制初论》一文,两篇均为论文)。《概览》全编占60个页码,合计为90000字篇幅,第一、三、四章为文字,第二章为文字、表、图、彩照混用。这种创新精神值得肯定。依笔者愚见,该《概览》似有几点值得商榷:其一,第一、二章当属"概览"记述的内容,如将此两章合并(将第二章中的表、图归入正志之中,彩照归入卷首彩照部分),则是一篇不错的"概述"。其二,"概述"一般均不分章,应是一篇统领全志的宏文策论,现在的这种编排显得杂乱,且篇幅太长,使读者在较短时间内无法了解全志之梗概,有失设置"概述"之初旨。其三,第三章"当代人物",入《概览》似有所不妥,可否列入正志中的《人物》章? 当代人物的简介入志,在首届新志书编纂中并不乏其例。其四,论文入志,在山西省首届编纂的新方志中已有先例,1989 年版《宁武县志》在附录中曾载入县志主编有关方志编纂的几篇论文,当时的山西省地方志办公室曾明确发文通告全省各级志办,志书中均不得登载与志书无关的论文或个人作品,并令宁武县地方志编纂委员会改正错误,修订再版。《临猗县志·概览》中所载的两篇论文,虽与《宁武县志·附录》中所登载论文有所差异,但与志书关系是否十分紧密,非登不可,似值得研究和探讨。其五,文件入志,也有先例,但入正志者笔者还未见到,一般均入志尾的附录之中,进而入"概览"者,就绝无仅有了。似应入附录更符合志体。其六,概述入编的系列,在首届修志之初偶有,《武乡县志》是山西省首部概述入编志书,其后经修志同仁对概述篇认识的深化,认为概述是全志之总纲,应统摄全志,居于志首,这一意见得到志界的普遍认可,其后概述均不再入编的系列。《临猗县志·概览》不仅入编,而且还分为多章,同他志比较,其"概览"的功用是否就强了呢? 上述几点,仅为笔者的阅后感而已,如有不妥之处,愿与同仁作进一步探讨。

《晋中地区志》在"序"之后,列有"引言",笔者原以为是"概述",后阅内容,此"引言"非"概述"也。"引言"分 4 个自然段,一为叙《晋中地区志》编纂经过,二为是志编纂之方法,三为志书内容介绍及功用,四为谢辞及愿望,全文1300 字。此文实为一篇"序",只是名称改为"引言"而已。山西省的新志书中,将"概述"称之为"引言"的还有《岚县志》,该志"引言"为一篇浓缩式概述。将"概述"改称"引言",似有不妥,笔者在前面已有论说,在此不再赘述。愚以为,《晋中地区志》之所以不设概述,可能与该志在各编之首设有无题小序有关,即有了无题小序,恐再设概述与小序文字内容重复之故。此乃误解,概述为全志之"纲",小序则为专志之"目",二者功能作用及写作方法各不相同,小序岂能代替了概述? 若非此缘由,笔者也就不知其所以然了。

《潞城县志·概述》的文中,插有《农林牧副业总产值构成》等 7 幅图,或圆形图,或柱状图,或曲线图,形式各异。前文在叙及概述图表运用时已作评论,在此不再啰唆。

四、问题与不足

概述是一地自然社会的历史和现状的高度概括。要想写好概述,作者必须高瞻远瞩,把握一地的特点,钩玄提要,网络全面,简述发展,略记变化,反映规律,使人知其概貌。所以,在一部志书中,概述可称之为难写的部分之一。从笔者阅览的 104 部志书来看,每部志书的概述都有自己的特色,每篇概述均有许多写得成功的地方,它们都为方志体例的创新和续志的编纂提供了可资借鉴的宝贵经验,为方志理论的研究和发展补充了量多面广的实践例证。然而,不可否认的是,在概述的内容、写法、议论、语言等方面,还程度不同地存在一些问题与不足。鄙人冒昧谈谈自己的认识,与同仁商榷。

(一)主项不全,缺乏深度

概述的写作如何做到既简洁明了,又全面周到,这确是一个大难题。记述缺乏深度,读者获益就不多。众所周知,新中国成立后 40 多年的历史有顺利发展的时期,也有历尽坎坷的阶段,"文化大革命"历时 10 年,一场浩劫席卷全国,没有哪个县市不受到冲击,只是受灾深浅不一罢了。但在许多新志的概述中,看不到"左"的错误造成的影响,看不到"文化大革命"浩劫的痕迹,有的根本不记,有的只是简略带过。如《沁源县志·概述》:"虽然也经历了'左'的和右的政治风潮的干扰,经历了'文化大革命'十年浩劫,但经济建设和各项事业仍然取得了巨大发展。"再如《运城地区志·概述》:"然而,历史总是波浪式前进的。1958 年的'大跃进',1966 年开始的'文化大革命',严重挫伤了群众的生产积极性,使农业生产和各种经济建设蒙受了巨大损失。"对新中国成立以来经历的各种曲折一笔带过,像此种写法记述政治运动的居多数。但也有写得比较深刻而引人警醒的,如《垣曲县志·概述》:"遗憾的是,'文化大革命'中,老区人民被席卷全国的'红色浪潮'所驱使,枪林弹雨中的幸存者,被人为地对立起来。中条山下又一次炮声隆隆,人民内部互相残杀,武斗长达百日之久。直至'文化大革命'结束,一次又一次运动,更使人民相互攻击,陷入尖锐的派性斗争而不能自拔,干部群众的心灵上留下了深深的伤痕。垣曲成为有名的'文革'重灾区。'渡尽劫波兄弟在,相逢一笑泯恩仇。'中共十一届三中全会如春风化雨,揭开垣曲历史的新纪元。"在记述经济建设遭遇的曲折时这样写道:"后因指导思想超越生产力发展水平的失误,在经济建设中出现了脱离实际的'大跃进'和挫伤生产积极性的'一大二公'。1958年,全县1.5万名劳力被抽调大炼钢铁,之后,又在全县普遍建立公共食堂,加之自然灾害的侵袭,终于导致了严重的三年经济困难。'文化大革命'中,又过分强调政治挂帅,搞绝对平均主义,全县国民经济受到严重挫伤。"

对本地的劣势与差距,也大多揭示不深刻,简略记之较多,而记得深刻的也有,如《广灵县志·概述》:"42年来,变化巨大,成就斐然,但由于历史性的贫困和自然条件的制约,本县经济基础起点较低,至今全县50%的乡村尚未脱贫,财政仍靠国家补贴,24个村未通车,11个村未通电,45个村人畜饮水困难。1987年至1989年三年,人均纯收入年不足200元的乡有11个(共2镇12乡),村151个,共有21404户,分别占全县乡、村、户数的787%、71.3%和5682%。山区农村吃菜难,看病难,看电视难,娶媳妇难等问题依然严重存在。因此,被国务院列入'八五'期间重点扶持县。"

从104部志书的"概述"来看,写得好的固然较多,但反映内容不全面的也不在少数。如有的缺党的活动,有的缺政治内容,有的缺改革的记述,有的缺地方特色,等等,不一而足。笔者以为,这种现象的产生可能有以下几种情况:一是作者有意识不述,如对本地不足之处,各种限制等等,或完全不写,或轻描淡写记几句;二是因为作者本身就不清楚、不熟悉,也没有下功夫去熟悉,所以不写,如关于改革的记述,少有写得深刻的;三是作者把握不住,挂一漏万,文欲简而事缺,字欲少而形枯,这种用牺牲部分来换取简洁的作法是不甚妥当的。正因为在内容上程度不同地存在着较大的缺陷,故而记述就缺乏深度。如有的只摆长处不记短处,只讲优势不讲劣势,只数成绩不反映问题,而且有的数成绩也只是静止地摆出来,并没叙述这些成绩是如何取得的,在创造这些成绩过程中,有过什么经验和教训;有的看不到"左"的错误造成的影响,也找不到"文化大革命"浩劫的痕迹,地方志作为"存史"之著述,对现代重大史实采取回避态度或轻描淡写,不能不说是一个严重缺陷,因而减杀了志书的资治价值。

(二)资料不实,自相抵牾

概述不同于志书中其他部分之处,在于有着更大的主观性。其材料的排列、分析、概括,各种关系的揭示、结论等等,无不表现为一定的主观性。但概述毕竟不是论文,述来述去总还是述存在之物。主客观性的把握不好,这是概述撰写的明显不足。

《绛县志·概述》:"自然资源卓尔不群,自然景观更是天设地造,绝无仅有:绛山晓日光艳夺目;沸水潋波波澜壮阔;华山晚照风景如画;龙洞春早别具一格;凤岗叠翠以秀雅别致著称;石洞飞云由气腾山河取胜;浍滩落雁遇人而不惊;柏林积雪过暑并不化;漱池舒光由来奇妙无穷;古刹灵泉更是神秘莫测。这些浑然天成的自然美景,使人们心旷神怡,流连忘返。历来文人墨客不知留下了多少百读不厌的赞诗。"描写自然景观,仍延用旧志十景的格调,旧景翻新,实乃新瓶装旧酒。且文中标点亦有误,九个分号应为逗号。

《壶关县志·概述》:"至1996年,全县国民生产总值达4.5亿元,粮食产量9128.69万公斤,农民人均收入1205元,城镇职工平均工资2906.6元,百分之七十的家庭拥有宽敞的住所、充足的稻菽、时髦的衣着,相当多的家庭配置了现代家用电器和电话,小康生活水平指日可待。"据国家统计局公布的资料显示,2001年山西经济在全国排位列于第23位,居于下游,全省职工人均收入列全国倒数第二位,人民生活水平列于全国倒数第四位。就壶关县而言,也并非长治市所辖县(区)市的翘楚,"百分之七十的家庭拥有宽敞的住所、充足的稻菽、时髦的衣着",是否结论过高了呢?是否带有较大的主观随意性呢?

志书中所记的全部内容,均要以《凡例》为准则,概述亦不能例外,然而在实践中多有相悖。

《吕梁地区志·凡例》第八章称:"本志中纪年从1949年起用公元纪年,历史年代均采用历代纪年括号加注公元纪年的方法处理。"而该志的"概述"中多处出现与"凡例"自相抵牾的事例:"公元304年,匈奴人刘渊据离石起兵反晋","1919年的'五四'运动","皇祐元年(1049),'蛮'人领袖侬智高率兵东下",其中民国时期用公元纪年出现22次之多,同"凡例"规定不符。

《芮城县志·凡例》中称:"本志纪年依中国学术界通例:新中国建立前均用中国历史纪年,括注公元年号;建国后用公元纪年。"而该志"概述"文中出现"1925年"、"1927年"、"1947年"三处,均为公元纪年,并无历史纪年。

《太原市志·叙例》第七条称:"中华人民共和国之前采用历史纪年,注以公元纪年。"而该志"概述"中有"1927年太原建市之后"之语,并非依"叙例"所言。

概述中记述的内容,也多有与正志内容相悖之处。

《浑源县志·概述》中有"百岁老人的出现已不足为奇"之语,而查该志"人口志"中,1982年第三次人口普查,95岁以上2人;1991年第四次人口普查,90岁以上56人。此二次人口普查,并无一百岁老人的记述,"不足为奇"之语从何而来?

《五台县志·概述》中称"五台县历史悠久,在旧石器时代就有人类聚居。"查该志"文物志"中,五台县文化遗址都属于新石器时代:即小银河十处、滹沱河五处,清水河流域二处,并无旧石器时代遗址。该志"地理志"中记载"五台历史悠久,在新石器时代,已有人类聚落"。五台县至今尚未发现旧石器文化遗存,"概述"中作旧石器时代,显然有误。

《黎城县志·凡例》第七条载"纪年,明清以前用帝王年号纪年,括注公元纪年,民国用公元纪年,括注民国纪年,1949年10月1日以后用公元纪时。公历年、月、日为阿拉伯数字,余皆汉字。"该志"概述"中有"1937年(民国二十六年)11月"、"1940年(民国二十九年)9月18日"、"1942年建造的"、"1916年(民国五年)"、"1940年"、"1942年"等处,括注中的民国年份用阿拉伯数字,并非如"凡例"中的"余皆汉字",且有的括注,有的未括注。文中还有"唐天祐二年(905)"、"光绪二十九年(1903年)",括注中有的加"年"字,有的无"年"字,表述不统一。

《潞城市志·概述》之后附有"潞城基本数据表",概述的文与表有两处数字不合:一是工农业总产值,文中为287540万元,而表中为287567万元,二者相差37万元;二是在校学生总数,文中为29899人,而表中为23502人,二者相差6397人。让人无所适从。

《岚县志·引言》中载:"岚县教育长期处于落后状态。2000余年的历史里程中,有案可稽的进士8名,举人也不上50名。"科举制度是从隋(581—618)唐到清代的封建王朝分科考选文武官吏后备人员的制度,至清朝灭亡的1911年,其实行时段亦不过1320年,此处用"2000余年"来记述进士、举人的情况,逻辑显然欠严谨,难使人信服。

(三)缺乏比较,难现实情

比较,是概述写作中的重要笔法之一。然而在"概述"的写作中,普遍存在的问题是缺乏比较,表现在主客观性把握不好,只是封闭地记述本地的事物,由于缺少参照数,使人无法判断该地各项事业在全省乃至全国所处的位置,故而志书的资鉴作用大受影响。要纠正过于"客观"的有效手段,就是把一地的各项事业放在全省及全国的大环境中,进行横向比较和纵向比较,使本地成为全省、全国的有机组成部分。离开比较,志书的资鉴功用不仅有限,而且还大受影响。有比较才有鉴别。一地的地方特点,只有通过更大范围内的比较鉴别,才能被人们发现和掌握。这对加深记述对象的认识,增强志书的地方色彩,显然是有好处的,新志书"概述"中采用比较之法欠缺,但并非没有好的,只是为数较少罢了。如《吉县志·概述》中这样写道:"新中国建立后,全县人民奋发图强,艰苦奋斗,在社会主义两个文明建设中取得了显著成绩。1985 年,粮食总产量是 1949 年的 3.4 倍,人均产粮高于全国人均 365 公斤的 33.67% ,高于山西全省人均 317 公斤的 53.91% 。森林覆盖率达 39.75% ,高于全国平均覆盖率的 2.31 倍,高于全省平均覆盖率的 2.86 倍,荣获全国林业先进县称号和国务院'三北'防护林建设首期工程铜牌奖"。通过横向(本县与全国、全省比较)与纵向(1985 年与 1949 年)比较,将吉县粮食生产、森林覆盖率在全省及全国的地位鲜明地呈现出来,本县的特点也跃然纸上。在 104 部新志书中,采用比较法娴熟的首推《太原市南郊区志·概说》。该志《概说》全文从不同角度多方面采用对比之法,呈现出该区浓郁的地方特色。如记述历史时这样写道:"秦代置晋阳县,为太原郡郡治,晋阳遂为北方重镇。'居一襟四塞之要冲,控五原之都邑',为历代兵家必争之地。北齐时高欢据此称'北都',隋末李渊、李世民父子起兵晋阳称霸业。唐代晋阳规模达到鼎盛,与长安、洛阳并称盛唐三都,成为北方政治、经济、文化的中心。"在记述文物时这样写道:"圣母殿、献殿、鱼沼飞梁'三大国宝建筑'在中国乃至世界建筑史上占有重要地位;宋塑侍女像、齐年柏、难老泉'三绝'令中外游人叹为观止;《晋祠之铭并序》、《华严经石刻》、《柏月山房记》'三大名刻'使古往今来之文人墨客留连忘返。""还有堪于敦煌媲美的天龙山石窟,现存国内最大的石灯北齐童子寺燃灯塔,国内罕见的龙山道教石窟,世界上最早的大型石刻佛像蒙山大佛,造型别致的开化寺连理塔,太原市的标志永祚寺双塔更为之锦上添花。"在记述历代人才时这样写道:"汉代王烈倡从善远恶,开一代社会新风。

魏晋史学家王沈编《魏书》;南北朝王遵业著《三晋记》;隋代王昭撰《隋书》。唐代人文荟萃,宰相狄仁杰上承贞观、下启开元,堪称一代名臣;著名诗人王翰开'边塞派'之先声;王之涣《凉州词》被誉为唐诗压卷之作;王昌龄《从军行》备受赞誉;伟大的现实主义诗人白居易更为之增辉溢彩。""社会主义时期,更是名人辈出,全国劳动模范张进德,带领乡亲走集体化的道路,多次受到刘少奇、朱德等中央领导的接见","'西红柿大王'雷安军、温狗只,亩产西红柿居全国第一……本区先后有 300 多人被评为省级以上劳动模范和先进工作者。"在记述建国后全区的经济发展时这样写道:"1990 年,全区粮食总产1.09 亿公斤,创历史最高水平,比 1949 年增长 2 倍,小麦、水稻亩产名列全省榜首,成为山西的稻米主要产区之一。蔬菜总产 20204 万公斤,比 1949 年增长 27 倍,全国'新长征突击手'雷安军创亩产西红柿 1.13 万公斤的全国纪录。牛奶产量 1555.6 万公斤,占太原供应量的 60%。金胜奶牛场奶牛单产居全国第一。鸡蛋上市量 682.7 万公斤。全省唯一的太原鸭场年产填鸭 7.6万只。""森林覆盖率达 23.6%,名列全省前茅。""1978 年,乡镇工业产值仅为4450 万元,到 1990 年增至 57737 万元,增长 13 倍,占全区工业总产值的77.79%,居太原市属县(区)的首位。区乡镇企业局供销公司创利税数额和人均创税额为全省第一。"1990 年,全区"工业总产值 71211 万元,比 1949 年增长 1094.5 倍。""1990 年,城镇职工人均年工资 1680 元,比 1978 年增长209%;农民人均纯收入 851 元,比 1978 年增长 47.5%。中共十一届三中全会以来 10 余年中,农民新建住房 234.8 万平方米。城乡居民储蓄额达 35851 万元,人均存款 1228 元,比 1978 年增长 50 倍。""1990 年,社会商品零售总额为34969 元,比 1978 年增长 1.1 倍。随着国民经济的发展,地方财政收入不断增加,1978 年区财政收入 601 万元,1982 年突破 1000 万元,1990 年 4880.2 万元,年均增长幅度 11.9%。"该志在记述文化建设中这样写道:"1984 年,成为基本无文盲县(区),1985 年被山西省人民政府命名为普及初等教育先进区,1989 年被国家命名为全国幼儿教育先进区。""1970 年以来,共获得国家、省、市级科技成果 36 项。""本区为全国'妇幼卫生示范县(区)'之一,从 1984 年起连续六年获山西省卫生红旗县区称号。人民的健康水平明显提高,人均寿命由 1949 年的 54 岁提高到 1990 年的 76 岁。""1990 年,被评为全国体育先进县(区)。"该志是新方志"概述"中采用比较法最多的志书之一,分别从纵向和横向两个不同角度进行全方位比较,进而突现了南郊区的地方特色及在全市、全省乃至全国所处的地位。

(四)写法脱离志体,宣传色彩较浓

"概述"着眼于宏观,并且带有夹叙夹议之笔,这是对的。但宏观着笔则容易导致抽象,或出现大段大段的空泛议论。这也是志家之大忌,必须严格注意,极力防止。当然,必要的评述是允许的,但只能站在全局的和历史的高度去画龙点睛,防止过分概念化和空发议论。其条件是:以大量的综合的史实数据为基础,而后进行宏观记述;并且这个叙述应以党的路线、方针、政策为前提,要有历史的真实感。概述字数少而容量大,所以把握住语言关有特别重要的意义。不少志书的"概述"语言华瞻优美,言简意丰,读来使人印象很深。但不容否认的是,有一些志书"概述"语言或木质无文,或矫饰滥夸,或冗言赘语,或空话套话,或报告式语言,或宣传口号,或"豪言壮语",或空泛议论,写法脱离志体,宣传色彩较浓,使"概述"的功能难以得到充分发挥。

报告式语言,如《运城地区志・概述》:"面对日新月异的经济发展形势和知识经济时代的步步逼近,要把运城地区建设成为中西部地区的经济强区,促进区域经济结构的优化升级,乃是本区在世纪之交面临的最紧迫的任务。根据市场经济的一般规律和经济增长的自身规律,结合本区的实际,运城地委和行署制定的跨世纪经济发展战略的总目标是:以市场为导向,以科技进步为动力,以实现'两个根本转变'为目标,加大用高新技术改造传统产业的力度,实现产业结构的优化与升级,并按照产业高级化、经济规模化、经营国际化、产品名优化、布局特色化的要求,在全区建立完善的、系统的所有制结构、产业结构、产品结构、企业组织结构、技术结构等新型经济结构体系,基本形成具有运城地区特色的区域经济结构布局,从而全面提高区域经济的整体素质和结构效益。"其后的"强化一产、优化二产、扩张三产"等三项内容计600余字,也均为报告式务虚内容。

宣传口号式语言,如《吉县志・概述》:"看过去,成就显著;望未来,任重道远,成绩只能说明过去,未来更需要开拓进取。抓好农业,特别是粮食生产,仍然是当务之急。大力治山治水,加强农田建设,进行水土保持,实行科学种田,增强抗灾能力,正常年景全县每年可向国家提供两三万吨或更多的商品粮是完全可能的。抓好林业建设,乃是振兴吉县的根本大计,坚持封山育林,加强营造管理,每年若保质保量造林三四万亩,到 20 世纪末森林总面积将达130 万亩,活木材蓄积量 250 万立方米,森林覆盖率达到 50% 以上。那时,吉县将是一个山山披绿装,村村荫遮房,农田林网化,公路树成行的林木之乡。县内自然条件适宜果树生长,县委、县政府制订的人均一亩果园的规划一经实现,每年即可盛产水果两万余吨,人均水果收入值百元以上,那时吉县将是梨枣遍原野,桃李枝头挂,核桃满山坡,苹果甜又大的水果之乡。吉县土地广阔,林草丰茂,发展畜牧条件优越。调整饲养结构,引进改良品种,积极建设畜牧业生产基地,那时,吉县将是牛羊满山,骡马成群,鸡兔满栏的肉蛋乳品之乡。""概述"应主要写已过去之事,而以大段文字描写未来之事,脱离志体,宣传色彩太浓。展望未来之笔应简洁明快,亦是"概述"行文之需要,但过多描写未来图画,若将来实现不了,岂不成了画饼充饥? 规划毕竟是个规划,在未实现之前,还是留有余地为好。待规划实现之时,让后人来说岂不更好?

空话套话,如《沁源县志·概述》在记述完优劣之势后写道:"对此,沁源人民已经有了深刻的认识。在建设有中国特色社会主义理论指导下,中共沁源县委、县政府结合本县实际,确定了经济工作的指导思想,即以建设社会主义市场经济体制为目标,深化改革,扩大开放,稳定粮食生产,搞活商品流通,发挥煤、林、特三大产业优势,强攻教育、交通两个薄弱环节,调整结构,提高效益,振兴科技,增加收入,促进全县经济持续、快速、健康发展。沁源 50 万人民正在这一指导思想下,团结一致,开拓创新,为实现富民兴沁的宏伟目标再创新的业绩。"将县委、县政府的工作指导思想写入"概述",空泛议论,实属画蛇添足。

韩愈在《答李翊书》中曾说:"惟陈言之务去";清代诗人袁枚提出:"若无新变,不能代雄。"孔子曰:"言之无文,行而不远。"志书的《概述》乃一志之窗口,理当文辞精炼,语句动人。这就要求我们尽力而为,尽可能把概述写得好一些,精炼一些,以增强其感染力。

(五)语言不当,逻辑性差

在 104 部志书的《概述》中,语言风格相差也很大,有的简洁朴素,有的夸饰情重,有的流畅优雅,有的振聋发聩,而有的需"细嚼慢咽"才能品味出个中滋味。在许多志书的"概述"中,不乏语言精美之片段:

《曲沃县志·总述》一开头这样写道:"展开山西省地图,沿着千里汾河而下,至临汾盆地南端,汾水折而向西注入黄河。就在这回环转弯之侧,有一块

'河汾之东方百里'的地方,这便是中华民族发祥地之一的曲沃县。"寥寥几十字,诗情画意般地点出了曲沃所处的位置,有散文之美。

《吉县志·概述》的开头却另是一番景象:"'风在吼,马在叫,黄河在咆哮,黄河在咆哮……',光未然、冼星海在壶口瀑布的启示下创作的《黄河大合唱》,曾经唤起亿万民众为中华民族的命运而战斗。而九曲黄河的第一胜景壶口瀑布就在山西吉县的龙王辿。"一首激越而高亢的《黄河大合唱》,会引发起读者的多少思绪,中华民族百年来奋斗不息的精神跃然纸上,顺着《黄河大合唱》的余音,吉县突现在读者的眼前,激发起读者急切想了解吉县的详情。其起首笔法令人拍案叫绝!

《大同市志·大同是个好地方(代总述)》的开头另辟蹊径:"自从明代王越写了一首《雁门关外》的诗,大同地区在人们的心目中便成了一个荒凉贫瘠的可怕地方。只要闭目一想'六月雨过山头雪,狂风遍地起黄沙',一幅飞沙走石、荒荒漠漠的景象便会从脑际掠过。外地人谈到雁门关外,颇有谈虎色变之慨。其实,这是历史的误会,大同是个好地方。"用曲笔之法,引出本文的中心主题"大同是个好地方",吸引读者更想知道下文,大同这个好地方究竟好在何处,不读下文难解疑团。该"总述"在记述大同悠久的历史时这样写道:"悠久的历史,灿烂的文化,又为大同地区留下了脍炙人口的历史人文景观。历史上,舜帝曾来此巡狩,秦皇曾在此筑城;赵武灵王开疆扩土,蒙恬、李牧屯兵戍守;汉高祖被围白登,唐太宗饮马云城;孝文帝改革传千古,唐庄宗主政号小康;辽圣宗不拘一格用人才,金世宗大倡文化重教育;元世祖纳谏用崔斌,明穆宗边城开马市;割燕云吴峦守孤城,战沙场杨业洒碧血;冯太后房山建墓,郦道元平城著书;薛仁贵大同扬威,毕士安高风荐贤;拓跋立国建都,契丹营建西京;昭君出塞,汉武用兵,朱弁持节,徐达筑城,姜瓖抗清……这一幕幕历史活剧,浓笔重彩,在大同留下了威武雄壮的篇章。真乃江山代有才人出,各留青史在人间。"用一系列或长或短的排比句,将大同的历史事件和历史人物如行云流水般展现在读者面前,使人不得不对大同的历史充满崇敬之心情,文辞简约,气势非凡,掷地有声,铿锵入耳,作者驾驭文字的能力可见一斑。

语言优美的段落,在新志书"概述"中不胜枚举。但不可否认的是,语言不当,逻辑性差的问题在多篇"概述"中多处出现,使我们深深感到,提高志书质量,防止差错及失误的发生,是今后续修志书不容忽视的一大重要课题。

《太原市志·概述》这样写道:"民国二十四年(1932年),西北实业公司开始筹办,次年正式在太原成立,至此太原的近代工业由清末的初创时期进入了较快发展时期。"查新编《山西通志·大事记》,西北实业公司开始筹办是在民国二十一年,非民国二十四年;该"概述"的民国年份与公元年份明显自相抵牾。该"概述"第六自然段中有"从公元前497年董安于修筑晋阳城算起,太原已有2500余年的建城历史"语,自公元前497年至该志出版的1999年8月,太原建城历史只有2496年,到2003年太原市才庆祝建城2500周年,记叙显然有误。若为虚数,则应去掉"余"字。第1自然段中将"坐落"误为"座落";第3自然段中将"酷暑"误为"酷署";第11自然段中将"平方公里"误为"平方分里"。

《大同市志·总述》记叙:"现在充斥我们市场的,85%以上都是外来品,自家的好媳妇都没法嫁出去,诚可哀也。"媳妇为已嫁之人,何必再嫁?显然有误。"好媳妇"应改为"好女子"或"好姑娘"才恰当妥切。该志"总述"第7自然段中有"近现代以来,这种慷慨悲壮之举出不乏其例",句中"举"后边的"出"字显然多余,多一"出"字,语句已不通矣;第13自然段中"粱元帝"应为"梁元帝";第19自然段中"朝庭"应为"朝廷";第22自然段中"相比美"应为"相媲美";第24自然段中"修筑筑长城"应为"修筑长城";第41自然段中"很好的利用"应为"很好地利用"。

《芮城县志·概述》中载:"全县获得技术职称者4032人,其中高级职称80人,中级职称1513人,初级职称2456人。"其中总数与分数不合。另该志第12卷"科技"中记述为"至1990年底,全县有各类技术职称人员4116人,其中高级职称80人,中级职称1298人,初级职称2743人。"不仅总数与分数不合,与"概述"中的数字也不相合。究竟孰对孰错?该"概述"中还载:"风陵渡中学小农场的(80)4—1号小麦品种获国际金奖",显然有误,"国际"应为"国家"。

《平遥县志·概述》中载:"第一针织厂的棉毛衫裤、汗布文化衫等产品先后打入国际市场,远销美国、意大利、瑞士、日本、巴基斯坦、新加坡、香港等20余个国家和地区。"把香港与美国等并列为20余个国家和地区显然有误,语言逻辑性上出了问题,此种写法岂不把香港也写成了国家?应改为"远销美国、意大利、瑞士、日本、巴基斯坦、新加坡等20余个国家和香港地区。"另该"概述"在记述文物时这样写道:"平遥县堪称文物宝库,旅游胜地。名胜古迹星罗棋布,举目皆是。已发现的地上地下遗址、遗迹、古建筑达 300 余处。"此处的形容词"举目皆是"显然过誉,在县城还可说得过去,在全县境岂不言过其实,除非平遥遍地古迹,"举目皆是"才立得住脚。第 3 自然段中"苦不可言"应为"苦不堪言"。

《万荣县志·概述》中,第 3 自然段将"东经"误为"东径";第 6 自然段中"他们想是布帛菽麦乃民之大事","他们想"后丢了一个"的"字,三句排比,一气贯通;丢了"的"字,语句也不通了。倒数第 3 自然段中将"雄辩"误为"雄辨"。

逻辑性的错误还多出在总结性的语句上。我们来看下边两例:其一为《黎城县志·概述》:"千百年来,由于地处群山合围中,经济发展缓慢,邑人只能赖农耕以生息。在封建土地制度的剥削压榨下,广大劳动人民生活十分困苦。解放后,人民翻身当家做主人,生产生活水平不断提高"。其二为《平定县志·概述》:"追溯往昔,平遥创过辉煌的历史,也有过萧条时期。在封建土地制度长期剥削和战乱创伤下,劳苦大众生活苦不可言。新中国成立后,在中国共产党的领导下,人民翻身作主,政通人和,国泰民安,百废俱兴,诸业竞荣,人民生活逐步提高。"此二例乍看起来,似无毛病,然细分析起来,其实不然。封建社会在中国历史上存在达 2000 余年,与奴隶社会相比,自有其先进性和历史的必然性,2000 余年的封建社会,劳动人民并非一直生活在水深火热之中。用今人的眼光分析、看待历史,要用历史唯物主义的态度。中国封建社会的衰败是从 1840 年鸦片战争才开始的,至今也不过 160 余年。为强调新中国成立后人民群众当家作主,生活水平提高,亦不能用贬低 2000 余年中国封建社会的历史来作陪衬,在逻辑性上显然谬误。这是其一。其二,新中国成立后,人民群众生活水平逐步改善,然而生活水平的提高并非一蹴而就。社会主义经济建设也经历了风风雨雨。新中国成立后 50 余年来前进道路并非一帆风顺,失误和教训也是极为深刻的。当然,中华人民共和国 50 年的发展,成就是主流,要写深写透,体现出中国共产党的英明与伟大,同时要记取失误与教训,忘记历史也就意味着背叛。

由此可见,概述的语言是一个很重要的问题,不可等闲视之。

(《西樵志语》,方志出版社,2003 年)

百五十篇"概述"比较与研究

　　"概述"篇作为新编地方志的新创体裁,至今已走过了近 30 个年头。在首轮志书基本扫尾、第二轮志书开启之时,回过头来研究探讨"概述"篇的成败得失,对二轮志书"概述"篇编写质量的提高,进而发挥志书的社会功用,具有积极的现实意义。

　　百五十篇"概述",涵盖了全国 31 个省市区的市县两级志书,具有较广泛的代表性,从中可以反映和体现出首轮新编志书"概述"篇的整体编纂水平。正是由于众多志书主编的不懈努力和辛勤耕耘,使方志的"概述"园地呈现百花齐放、异彩纷呈的局面。每一篇"概述"均是每部志书主编才能的全力展现。百五十篇"概述"集纳成册,也可称之为对"概述"篇写作的一次大检阅。

　　在中华的版图上,每一个市县均占有一席之地。各地地情千差万别,各地志书主编的才能又异彩纷呈,"概述"正是志书主编发挥个人才能、纵横驰骋的广阔天地。从百五十篇"概述"中,读者可以看到《房山区志·概述》的深沉凝炼,《曲沃县志·总述》的浓淡相宜,《太原市南郊区志·概说》的清新自然,《衡水市志·概述》的朴实无华,《上虞县志·概述》的简洁流畅,《桐城县志·概述》的古朴典雅,《蒙阴县志·概述》的意蕴深厚,《潍坊市志·综述》的严谨大方,《长阳县志·总述》的气势豪放,《顺德县志·总述》的意深旨远,《大足县志·纵览》的雄浑壮阔,《昌都地区志·概述》的流畅优雅,《佛坪县志·概述》的浑然天成,《阳城县志·综说》的激情澎湃,《独子山区志·概述》的言浅意深……每一篇"概述"均有自己写的成功的地方。"概述"作为新编地方志书的新创篇,它要求鸟瞰全局,钩玄提要,纵横相宜,述论相辅,虚实结合,优劣并书,达到揭示兴衰、彰明因果之目的,起到统领全志、导引读者的功能。所以,它是志书中著述性最强的部分,是一部志书的精华之所在,灵魂之所在,也是志书中最难写的篇章之一。因前无借鉴及"概述"篇理论研究上的诸多纷争,虽取得成功的地方不少,但存在的问题亦多。在百五十篇"概述"中,有的失于真实,浮夸溢美;有的失于片面,以偏概全;有的失于啰唆,拖泥带水;有的失于空泛,言之无物;有的失于散乱,难以贯通;有的失于过简,难以周赡……只有重视差距与不足,认真总结首轮志书"概述"篇的编纂经验与教训,才能使"概述"篇的撰写质量在二轮修志中提高到一个新的水平,亦才能充分发挥它在志书中应起的功能和作用。

一种新型体裁的创立,并非可一蹴而就。"概述"篇虽走过了近30年的艰苦创作历程,理论上的争端整整贯穿于第一轮修志工作全过程。直至今天,第二轮修志工作已启动几年,就"概述"篇诸如是议论文还是记叙文,是优劣并书还是只讲优势不讲劣势,是遵从志体不发评论还是可画龙点睛、夹叙夹议,是以叙为主还是以论为主……诸多问题还有待今后在编写实践中逐步解决。实践出真知,实践出理论,就"概述"篇的写作格式而言,亦各有其长,各有其短,如浓缩式以"面"见长,特点式以"点"见长,纵述式以"线"见长,策论式以"论"见长,各种写作体式各有千秋,各具魅力。各种体式若能相互借鉴融合,各取所长,各弃其短,我想这种模式定会将"概述"篇的撰写质量提高到一个新的高度,进而得到志界同仁及社会各界的普遍认可。就二轮修志而言,"概述"篇还是处在一个创新和试验阶段,它的逐步完善还需要经过几代修志人的共同努力和实践,仍应提倡标新立异,独树一帜,百花齐放,百家争鸣。从另一方面讲,"概述"篇虽不强求一律,允许各种写作模式的存在,但并不等于不对各种模式和写法进行比较,在比较研究中分出优劣,并逐步形成一个统一的认识,形成一个最基本的框架和编写要求,这也正是本文所要追求的惟一目标和所要达到的效果。

地方志是"官书"、"官修",具有存史的功能。"概述"篇作为"述"体,是志书中不可或缺的重要组成部分。无论哪部志书的"概述",不论它的质量优劣、文字高下,也都将成为传世的作品。志书主编负有不可推卸的历史责任。只有坚持高的标准,严的要求,"概述"篇的编写质量才能得到较大的提高,真正达到形式与内容的完美结合。

一、资料搜集

2002 年,笔者曾浏览了山西省 104 部市、县两级新编志书的"概述",原想编纂《山西百部新志"概述"比较与研究》一书,但发现真正写得好的"概述"数量较少,仅占 10% 强一点,而存在问题的"概述"却较多,如仅以一省的市县两级志书"概述"作为研究的重点,对宣传新编志书极为不利,且有失公允,进而萌发了研究全国 31 个省(市、区)两级志书"概述"的念头。然因手头资料欠缺,又因当时正值雍正《山西通志》点校本审稿工作正在紧张进行,无法抽身着手此项工作,便耽搁下来。直到 2006 年上半年雍正《山西通志》脱稿后,才着手是书的编纂。原本打算搜集 100 篇各省(市、区)的市县两级志书的"概述"篇,计划每省(市、区)选 3 篇,为确保不遗漏好的"概述",在征稿过程中,向各兄弟省(市、区)志界同仁征稿为 3~5 篇,不料想多数省(市、区)寄来稿件均超过 5 篇。

经反复斟酌,选定了 150 篇。在征稿过程中,得到了兄弟省(市、区)志界同仁的大力协助,使是书的涵盖面得到了保证。现选入的 150 篇"概述",大致情况如下:以分省(市、区)计,3 篇的为 7 个省(市、区),即北京、天津、辽宁、福建、江西、西藏、青海;4 篇的为 4 个省(市、区),即黑龙江、湖南、海南、宁夏;5 篇的为 10 个省(市、区),即内蒙古、上海、江苏、浙江、广东、四川、贵州、云南、甘肃、新疆;6 篇的为 7 个省(市、区),即河北、吉林、山东、河南、广西、重庆、陕西;7 篇的为 3 个省,即山西、安徽、湖北。

在 31 个省(市、区)中,由各省(市、区)推荐的为 22 家,占总数的 71%;由笔者自选的 9 家,占总数的 29%。以一手之力,要搜集全 31 个省(市、区)写得好的市县两级志书"概述",也确实存在一定的难度。为此,笔者曾于 2006 年 7 月~8 月,北赴北京、天津,南下四川、重庆、湖南、湖北等省市,也曾到中指组、中国社科院、湖北方志馆搜集资料。山西,可谓近水楼台先得月,是笔者浏览百余部市县志书后自行选出的;河南,是笔者从本院资料室所存六十余部志书中选出的;西藏,至搜集时仅出版了 4 部志书,从中选了 3 部;上海,志界同仁给复印了所辖 20 个县区首轮志书的"概述",笔者从中挑选了 5 篇。其中也有写得好的"概述"未能入选,如四川省推荐的《富顺县志·概述》、《康定县志·概述》,虽两次复印,均上缺下漏,难成完整篇章,只得忍痛割爱。150 部志书"概述",均为市(地、州、盟)、县(市、区、旗)志,其中地市级志书"概述"29 篇,占总数的 19.3%;县级志书"概述"121 篇,占总数的 80.7%。

二、名称

"概述"之名称,滥觞于民国时期的《川沙县志》。该志主纂黄炎培针对"一般方志偏于横剖,而缺乏纵贯,则因果之效不彰"的弊端,首用"概述"一词,即在志书的大事记和各类专志前写上一段话,意在指出本篇本章的重点;其形式虽近似旧志的志首小序,但内容则绝不相同。志书中设"概述",黄炎培为第一人。然而,首轮社会主义新方志编纂在志书之首设立"概述"篇,只是借用了黄炎培所用的"概述"名称,其内容与功用已大不相同。可以毫不夸张地说,在志之首设立"概述"篇,是社会主义新方志在方志体例上的一大创新。在现今出版的各级各类志书中,几乎都无一例外地设有"概述"篇。"概述"篇作为新创体裁,可称之为大体则有,定体则无。经过众多方志纂修人员的编写实践,已使"概述"园地呈现出百花盛开的喜人景象。实践是检验理论的唯一标准。实践是理论的源泉,理论是实践的升华。人的认识在实践中产生,又需要在思考中升华。所谓升华,就是把感性认识上升到理性认识。感觉只能认识现象,理论才能把握本质。不能用的理论称不上真正的理论,而真正的理论就一定在实践中用得上。

在 150 部志书中,称"概述"的有 111 部,占总数的 74%;称"总述"的有 31 部,占总数的 20%;其余 9 部中,称"综述"的有 2 部,称"总叙"的有 2 部,称"综说"、"概说"、"纵览"、"县情述要"的各 1 部,占总数的 6%。从首轮社会主义新方志编纂实践看,"概述"之名称,还是得到大多数志界同仁的认可。"总述",亦即"总概述"的简略,是相对于"概述"而言的。之所以由"概述"改名为"总述",一般情况下,是因为志书的每卷(编)前,增设了无题小序,述体文字量的增加,故而将志首的"概述"提升为"总述"。从志书的整体而言,这种名称的改变,也在情理之中。"概述"与"总述"二者相加,占到 150 部志书的 94%,修志同仁对"概述"的认同感还是比较一致的。

《太原市南郊区志》不称"概述"而称"概说",是为区分与他志的不同。该志的"概说"与卷首彩图混合编排,以文为主,彩图附之,图随文走,文图相彰,更突出了"概说"的可读性与导引性。

《阳城县志》称"综说",在其"凡例"中开宗明义地指出:"'综说'不作浓缩全志的概述,而为综观古今、横陈利弊的策论。"其用意也十分显明。

其他如"综述"、"总叙"、"纵览"、"县情述要",无论叫法如何,内容与"概述"并无二致,兹不赘言。

据笔者所知,以其他名称代名"概述"的,还有以下几种:

概览。山西《临猗县志》首列"概览"。该志分上、下两大编,上编为"概览",内设县情述要、经济总览、当代人物、前景展望四章,其间图表并用,文图共占 60 个页码,总字数达 90000 字,可称得上是新方志"概述"中的"巨无霸"了。仅就其"概览"名称而言,与内容还是较相符的。但这种编排方法,笔者却不敢苟同,此"概览"与他志的"概述"相去甚远了。

前言。陕西《渭南县志》志首为"前言"。"前言"分为两部分,前一部分简要地概说该县的地理版图、先民活动、交通物产、革命传统、人才状况、经济特点,俨然如浓缩体概述的写作方法;后一部分说明本次修志经过、指导思想、篇目设置和本志的编纂特点,是为前言、凡例、跋等内容的集合体。二者相加为前言,虽可称之为创新之举,似有违志书体例。

引言。山西《岚县志》、湖北《松滋县志》均以"引言"代替了"概述",其内容实为"概述",且均写得不错,只是名称不妥切罢了。而山西《晋中地区志》志首的"引言",实为一篇"序言",与"概述"相去甚远。"引言",从字面上看,是以本书为对象而"言"的。"引"作为一种文体,与古时的"序"体相类似,但它简短一些。它不同于今日的"序言"。志书前用"引言"来代替"概述",是不甚妥当的。

概况。河南《淅川县志》志首为"概况",用 6500 余字介绍该县历史与现状的梗概,并穿插配有 62 幅图片。其编排形式与《太原市南郊区志·概说》大体相似。

概貌。浙江《青田县志》志首设"概貌",用 99 幅彩照、6 幅图表,配以约 2000 字的文字解说,构成青田县自然景观和社会人文的概貌。该志的"概貌"是以图照为主,配以文字说明,与《太原市南郊区志·概说》和《淅川县志·概况》截然不同。

县情要览。山东《临朐县志》首为"县情要览",概括记述了该县的自然环境、历史、人文、名胜古迹、革命斗争、经济和社会发展变化。

县史述略。四川《巫溪县志》首为"县史述略",前列自然概貌,后分历史阶段,将政治、经济、军事、文化等融于历史发展的总体记述之中。实为一篇纵述式的"概述"。

此外,还有其他名称,如山东《寿光县志》称之为"县情概述",陕西《紫阳县志》称之为"县史述要",山西《古交志》称之为"概略"等等。名称虽有不同,但均放在志书之首,概括地记述一地的自然环境和社会发展变化,内容与

"概述"并无太大差别。名称不同,也表明撰写者对"概述"的内容、体式、写法,有不同的认识或不同的编写实践,故而出现差异,也属情理之中。这也正是"概述"篇在方志的百花园中异彩纷呈的主要原因之一。

三、篇幅

在150部志书中,"概述"最短的为浙江《建德县志》,2100字;最长的为吉林《四平县志》,22200字。150部志书"概述"总字数为1180700字,篇均7871字。若以市、县两级志书分,市(地、州、盟)志"概述"29篇,总字数为310100字,篇均10693字;县(市、区、旗)志"概述"121篇,总字数为870600字,篇均7195字。

先以150部志书"概述"篇均7871字(暂按不足8000字计)计算,在150部志书中,不足8000字的"概述"共有86篇,占总数的57.4%;总字数498700字,篇均5800字。8000字至不足1万字的"概述"共有35篇,占总数的23.3%;总字数311800字,篇均8910字。万字以上的"概述"共有29篇,占总数的19.3%;总字数370500字,篇均12776字。不足万字的"概述"(即不足8000字和8000字以上不足万字两项计)共有121篇,占总篇数的80.7%;总字数为810500字,篇均6700字。次以县级志书"概述"的篇均数7195字(暂按7200字计)计算,在150部志书中,7200字以下的"概述"共有69篇,占总篇数的46%;总字数为371200字,篇均5280字。7200字以上的"概述"共有81篇,占总篇数的54%;总字数为809500字,篇均9994字。

再以5000字以下(包括5000字)、8000字以下(包括8000字)、10000字以下(包括10000字)、万字以上四个档次计算:5000字以下的"概述"共有25篇,占总篇数的16.7%;总字数为92800字,篇均3867字。8000字以下的"概述"共有65篇,占总篇数的43.3%;总字数为434200字,篇均6680字。若将上述5000字以下和8000字以下相加,共有90篇,占总篇数的60%;总字数为527000字,篇均5856字。8000字以上至10000字的概述共有31篇,占总篇数的20.7%;总字数为287800字,篇均9284字。

市、县两级志书"概述"的篇幅,方志理论界历来争论不休,有人提出应以每部志书总字数的百分比计算,控制在1%之内。此种提法是从志书的总量加以控制"概述"的字数,进而区别市级志书与县级志书的"概述"字数,虽说有可取之处,但亦缺乏科学依据。假如某部市级志书的总字数为300万字,那么该志的"概述"就可写到 30000 字,以此类推,岂不志书的总字数愈多,其"概述"则愈长,设立"概述"的初衷如何体现?有人提出志书的"概述"应控制在 3000 字以内。此种提法亦缺乏科学根据,"概述"的撰写实践证明,写法或体式多样,区区 3000 字,如何能反映一县或一市的地情、大势大略?从 150 部志书"概述"看,3000 字以内的"概述"仅有 3 篇,占总数的 2%,实践也证明难以行得通。

从上面的几组数据中可以看出,市、县两级志书的"概述"篇幅,考虑到记述范围的不同及志书篇幅上存在的客观差异,其"概述"的篇幅亦应分别对待。首轮新方志"概述"的编写实践,也给出了符合编纂实际的答案。市级志书的"概述"篇幅,不论志书总体篇幅的长短,应为 5000 字~8000 字为宜;县级志书的"概述"篇幅,应为 4000 字~7000 字为宜。二者的篇幅上限均不应有所突破,而下限则可灵活掌握。写长文易,写短文难。"概述"是全志的开山篇,既是志书中的宏观总体结构,也是汇集全书脉络之精华,具有概括性、整体性、科学性、规律性、可读性、导引性之六大特点。所以,"概述"的篇幅要适量,符合读者的阅读习惯,在较短的时间内能纵览全书之精华及要旨,使读者一气读竟。不宜过短或过长。过短,恐挂一漏万,以偏概全;过长,则使人不易理解和掌握,有违设"概述"之初衷。若提个最佳方案,笔者以为市级志书"概述"控制在 7000 字以内为宜,县级志书控制在 6000 字以内为宜。

为佐证笔者的观点,下面的一组数字也可供修志人员参考。2002 年 7 月,笔者曾对山西省已出版的 104 部市、县两级志书的"概述"篇做过一次粗略统计。截至 2002 年 6 月底,山西省首轮编修的市、县两级志书正式出版 108 部,其中有 4 部出版较早的志书,因受当时方志界对志书设与不设"概述"篇争议的影响,主编倾向于不设故而未设。以 104 部计,"概述"的总字数为 544000 字,篇均 5230 字。分两个档次比较:不足 7000 字的为 86 部,占 104 部的 82.7%;总字数为 344800 字,篇均 4010 字。7000 字以上的为 18 部,占 104 部的 17.3%;总字数为 199600 字,篇均 11090 字。在 104 部志书的"概述"中,最短的为 1300 字,最长的为 90000 字;若抛掉 90000 字的"概述",每部志书"概述"的平均字数仅为 4417 字。

全国 150 部志书"概述"的平均字数是 7871 字,山西 104 部志书"概述"的平均字数是 5230 字;两者的平均字数为 6550 字。

按当今社会统计数据的说法,百分之六十至七十以上为"多数",百分之八十以上为"大多数",百分之九十以上为"绝大多数"。依笔者所想,从实践中总结的数字,应该是具有说服力的。

四、体式

体式,即指"概述"的写作类型。自首轮社会主义新方志编纂提出设置"概述"篇以来,关于"概述"篇的体式就一直争论不休。大致归纳,有以下几种。

一是"概述"为一种体式,即策论体。董一博不仅力主在志书中设"概述"篇,而且大力提倡将"概述"写成策论体。要在"概述"中"申大势,说大略","主纂以英姿奋发的姿态走到前台,概地方长短优劣之势,述地方兴衰利弊之由,导其振兴腾飞之机,策其安上全下之术"。对此主张,既有赞成的,也有提出异议的。赞成者认为,前人多有此论,方志学家寿鹏飞曾说"穷兴衰之由,陈利弊之要,补救时政之阙欠,研求民生之枯荣"。黄炎培的《川沙县志》"概述"中也不乏策论之笔。有异议者认为,董氏的"概述"理论有脱离实际之嫌:从方志性质功能来说,没必要;从修志人员能力来说,不可能;从志书编写周期来说,没有用。

二是将"概述"体式分为两种,共有三种分类方法:第一种分法为纵横结合式、纵述历史式。纵横结合式,是按照横排的原则,把要记述一地的各项事业横向排列;在记述每项事业时,按纵述历史的方法,记述各类事业的发展情况。此种体式可使读者纵观历史,横览概貌。纵述历史式,是将大量的史实经过去粗取精的科学加工,按事物发展的时间顺序有机地结合在一起,体现出一地社会发展的主线。第二种分法是用中国散文的传统分类法,将"概述"分为记述体与论文体两种。第三种分法为"钩玄提要"式志体和"综述"式史体。钩玄提要的方式,是将一地的精髓提要出来,实际上是勾勒各地社会各项事业兴衰发展的脉络;综述的方式,是首先对一地的自然环境作简明的介绍,采用历史的分期结构分成若干历史阶段,再按政治、经济、文化等大类内容,叙述其发展演变,交待其相互之间的联系,以反映规律和特点,彰显一地之大势大要。

三是将"概述"体式分为三种,即浓缩式、史纲式、专论式。浓缩式,是将志书主要内容,依先横后纵方法,进行浓缩。史纲式,是将历史划分为若干阶段,依时进行纵述,它不追求横不缺项。专论式,是对一地地情深入研究的基础上,进行论说,或论说特点,或论说规律,或论说趋势。

四是将"概述"体式分为四种,即特点串连体、横剖浓缩体、史纲体、策论体。特点串连体,是将一地的特点和优势归纳成几个方面,然后以此为中心线索,分别予以"概述"。也有的"概述"不是通篇都以特点连接,而是在"概述"的其中一部分指明一地特点及构成地方特点的主要事实依据。故而又有人称之为撷萃举要式。横剖浓缩体,是将志书中的精华浓缩提炼,再分成几大块组合而成。史纲体,是按历史时期和阶段来"概述"一地的历史发展轮廓。故而又有人称之为纵述主线式。策论体,是以编者对一地总体面貌及其特点形成的认识,来统领全篇,加以综论。

五是将"概述"体式分为五种,即分志浓缩式、特点勾勒式、史体纵述式、纵横伸展式、先叙后议式。分志浓缩式,是将各分志记述的主要内容加以提炼、浓缩、分类记述。特点勾勒式,是将一地的特色归纳为几项,将特点写深写透,给人以深刻印象。史体纵述式,是将记述对象断限内的历史,划分为若干阶段,然后对各时期的政治、经济、文化等内容进行扼要记述,反映一地古今情况。纵横伸展式,即综述主线,横列特点,不受志书章节和内容的限制。先叙后议式,是先简单叙述一地的基本情况,再评议该地的优劣之势,最后展望未来。

当然,对"概述"体式的分类亦还有其他方法,但大都逃不出上述所罗列的几种体式,只是或多或少存在细微差别而已。在"概述"体式的分类上,目前还存在较大分歧,无一定之规。各种分类法自成一体,或按文体(如记叙文与论说文),或按书的类别(如志体与史体),或按写作特点(如浓缩式、特点式、纵述式、策论式),都能从志书"概述"的编纂中找到例证。有争议是好事。"概述"作为新方志中的新创篇,还需要有一个逐步发展和完善的过程。笔者曾在《新方志"概述"综说》一文中,将"概述"的写作类型分为浓缩式、特点式、策论式、纵述式四种。为论述方便起见,下面即以此来划分比较。

在150部志书的"概述"中,采用浓缩式的为101篇,占67.3%;采用策论式的为28篇,占18.7%;采用特点式的为13篇,占8.7%;采用纵述式的为8篇,占5.3%。

(一)浓缩式

浓缩式是将志书各分志中的内容精华浓缩提炼成篇。其层次分明,易于掌握,所以多数志书的"概述"篇采取此种体式。为了方便读者对浓缩式"概述"的了解与认识,现将101部志书"概述"篇的大体内容、结构介绍如下。

《宝坻县志·概述》,除篇首及结尾段外,内文分为四大部分(用序号划分),依序为地理概貌、革命斗争传统、经济发展变化、社会各业变化。

《秦皇岛市志·总述》,除篇首及结尾段外,内文分为四大部分(用序号划分),依序为地理概貌、两大区位优势、经济和社会各业发展变化、斗争精神和人物。

《武安县志·概述》,全文分为五大部分(用序号划分),依序为悠久历史、革命斗争精神、经济与社会各业发展变化、曲折道路及存在困难和问题、结尾。

《昔阳县志·概述》,全文分为四大部分,依序为地理概貌、经济与社会各业发展变化、革命老区、振兴之策与展望。全文一气呵成。

《满洲里市志·概述》,除篇首及结尾段外,内文分为十七部分(各部分间用空一行分割),依序为历史、地理特点、人口、资源、政权沿革、斗争精神(第六、七部分)、闻人过境(第八、九部分)、经济发展建设(第十、十一、十二部分)、社会各业发展变化(第十三、十四、十五部分)、城市发展变化、精神文明建设。

《兴安盟志·概述》,除篇首及结尾段外,内文分为五大部分,依序为地理概貌及建置沿革、经济发展变化、文化事业发展变化、革命传统、政治事件及历史发展轨迹。全文一气呵成。

《托克托县志·概述》,除结尾段外,内文分为四大部分,依序为地理概貌、经济与文化发展变化、历史与人才。全文一气呵成。

《鄂伦春自治旗志·概述》,除篇首及结尾段外,内文分为三大部分(用序号划分),依序为经济发展状况、文化发展状况、历史发展轨迹。

《巴林左旗志·概述》,除篇首及结尾段外,内文分为四大部分(内文四部分间用空一行分割),依序为地理概貌、悠久历史和光荣传统、中共组织沿革及活动、经济与社会各业发展状况。

《金县志·概述》,除篇首及结尾外,内文分为三大部分(用序号划分),依序为气候风光物产、历史发展概貌、经济与社会发展变化。篇首叙地理概貌,结尾述优劣之势。

《海城县志·概述》,全文分为四大部分,依序为地理概貌、人才辈出、斗争精神、经济与社会各业发展状况。尾置结语。全文一气呵成。

《白城地区志·概述》，全文分为四大部分（用序号划分），依序为地理概貌、历史简况、政治经济及各业发展变化、发展潜力及制约因素。

《通化县志·概述》，全文分为七大部分（用序号划分），依序为地理概貌、建置人口及文物、革命传统、自然资源、经济发展状况、社会各业发展状况、结语。

《长岭县志·概述》，全文分为六大部分（用序号划分），依序为地理概貌、建置沿革、经济发展状况、社会各业发展状况、人民生活、优势与不足。

《怀德县志·概述》，全文分为三大部分，依序为地理概貌、经济发展变化、社会各业发展变化。结尾段以展望作结。全文一气呵成。

《桦甸县志·概述》，全文分为四大部分（用序号划分），依序为地理概貌、斗争传统、经济及社会各业发展状况（至1976年）、改革开放以来经济和社会各业的巨大变化（改革10年单独立段）。

《林甸县志·概述》，全文分为三大部分（用序号划分），依序为地理简况、历史概貌、经济与社会各业发展变化。

《依安县志·概述》，除篇首段外，内文分为四大部分（用序号划分），依序为地理简况、斗争传统、经济（分类）与社会各业发展变化、经济总情。（有头无尾）

《嘉荫县志·概述》，全文分为五大部分（用序号划分），依序为地理概貌、历史发展状况、经济发展变化、历史重大事件、优劣之势与展望。（缺社会各业的发展变化）

《杜尔伯特蒙古族自治县志·总述》，全文分为六大部分（用序号划分），依序为地理概貌、蒙古族历史及特点、经济发展、文化建设、光荣传统及人物、剖析优劣之势及振兴之策。

《松江县志·总述》，全文分为五大部分（用序号划分），依序为地理概貌、经济发展变化、城镇建设、社会各业发展变化、革命传统。

《上海县志·总述》，全文分为四大部分（用序号划分），依序为地理概貌、建置沿革、经济历史发展概貌、经济（建国后）与社会各业发展变化。结尾段以展望作结。

《如东县志·概述》，全文分为四大部分（用序号划分），依序为地理概貌、斗争传统、经济与社会各业发展变化、优势。

《武进县志·概述》，全文分为四大部分（用序号划分），依序为地理概貌、闻人与教育、革命传统、经济与社会各业发展变化。结尾段以展望作结。（有尾无头）

《高淳县志·概述》，全文分为四大部分（用序号划分），依序为地理概貌与历史、经济发展状况、社会各业发展状况、优劣之势。

《金华市志·概述》，除篇首及结尾外，内文分为五大部分（用序号划分），依序为交通邮电、农业及气候特产、工业发展变化、文化事业、革命传统。

《上虞县志·概述》，全文分为六大部分（用序号划分），依序为地理概貌、历史及优良传统和人物、经济发展总貌、工业农业及人民生活、文化事业、结尾。

《瑞安市志·概述》，全文分为四大部分（用序号划分），依序为地理概貌、农业、经济发展（商业、工业、城镇建设及人民生活）、历代建置及文化和人物。后置结尾段。（有尾无头）

《萧山县志·概述》，全文分为四大部分，依序为地理概貌、经济发展、社会各业、革命传统及人才和名胜。结尾段以展望作结。全文一气呵成。

《桐城县志·概述》，全文分为六大部分（用序号划分），依序为地理概貌、农业发展状况、经济发展变化（工业、商业、交通邮电、财政金融）、革命传统、文化与人物、社会各业发展变化。结尾段以展望作结。（有尾无头）

《歙县志·概述》，全文分为四大部分，依序为地理概貌、徽商历史及人物和文化、经济与社会各业发展变化、优劣之势。全文一气呵成。

《青阳县志·概述》，全文分为五大部分，依序为地理概貌、历史文化、经济与社会发展变化（自古至民国时期）、经济与社会发展变化（新中国时期）、优劣之势。为浓缩式与纵述式（第三、四部分）的结合体。全文一气呵成。

《凤阳县志·概述》，全文分为五大部分（用序号划分），依序为地理概貌、重大事件、经济发展、社会各业发展变化、人才与光荣传统。结尾段以展望作结。（有尾无头）

《龙岩地区志·概述》，除篇首及结尾外，内文分为六大部分（用序号划分），依序为历史总貌、革命传统、侨区特色、优越条件、经济与社会各业发展变化、优劣之势。

《长汀县志·概述》,除篇首及结尾外,内文分为三大部分(用序号划分),依序为自然概貌、斗争传统、经济与社会各业发展变化。

《大田县志·概述》,全文分为四大部分(各部分间用空一行分割),依序为地理概貌、历史及人才和革命传统、经济与社会各业发展变化、优劣之势。

《崇义县志·概述》,全文分为四大部分,依序为地理概貌、经济发展变化、社会各业发展变化、革命传统、结尾。全文一气呵成。

《会昌县志·概述》,全文分为七大部分(用序号划分),依序为地理概貌(第一、二、三部分)、斗争精神、经济发展变化、社会各业发展变化、优劣之势。

《玉山县志·概述》,全文分为十大部分(用序号划分),依序为地理概貌(第一、二部分)、交通、斗争精神、资源、农业、工业、商业、医疗卫生、文化教育。

《潍坊市志·综述》,除篇首及结尾外,内文分为四大部分(用序号划分),依序为地理概貌、革命传统、经济发展变化、社会各业发展变化。(结尾段用空一行分割)

《东营市志·综述》,全文分为六大部分(用序号划分),依序为市情简况、历史及人物和革命传统、自然资源、经济发展变化、社会各业发展变化、剖析劣势。

《东平县志·概述》,除篇首及结尾外,内文分为五大部分(用序号划分),依序为悠久历史、自然资源、经济与社会发展变化、斗争传统、杰出人物。

《栖霞县志·概述》,全文分为五大部分(用序号划分),依序为地理概貌、革命斗争精神、国民经济发展变化、社会各业发展变化及人物和名胜、人民生活。结尾段以展望作结。(有尾无头)

《莱西县志·概述》,除篇首及结尾外,内文分为三大部分(用序号划分),依序为革命传统、经济发展变化、社会各业发展变化。(结尾段用空一行分割)

《汤阴县志·概述》,全文分为五大部分(用序号划分),依序为地理概貌、悠久历史及人物、斗争精神、经济与社会各业发展变化、优劣之势。

《沈丘县志·概述》,全文分为四大部分(用序号划分),依序为地理概貌、经济社会历史发展变化、两个文明建设及斗争精神、建国后经济社会发展变化。(浓缩式与纵述式的结合体)

《鹿邑县志·概述》,全文分为四大部分,依序为地理概貌、历史发展状况(兼记杰出人物及军事要冲)、斗争精神、新中国成立以来经济与社会发展变化。全文一气呵成。

《修武县志·概述》,全文分为四大部分(用序号划分),依序为地理概貌、斗争精神、经济与社会发展变化、优势。

《太康县志·概述》,全文分为四大部分(用序号划分),依序为地理概貌、人物与斗争精神、历史发展概貌、经济与社会各业发展变化。

《陕县志·概述》,全文分为四大部分(用序号划分),依序为地理概貌及战略地位、革命传统、经济发展状况、文化发展状况及人物。结尾段点出优势与潜力。

《荆州地区志·总述》,全文分为五大部分(用序号划分),依序为地理概貌、悠久历史及人才和斗争传统、经济发展变化、社会各业发展变化、人民生活。

《襄樊市志·总述》,全文分为五大部分(用序号划分),依序为地理概貌、革命传统、经济发展变化、文化事业发展变化、交通及名胜。

《孝感市志·总叙》,除篇首部分外,内文分为五大部分(用序号划分),依序为地理概貌、革命传统、经济发展状况、闻人及文化事业发展状况、总括全文及发展方向(实为结尾段)。

《宜昌县志·总叙》,全文分为四大部分(用序号划分),依序为地理概貌、历史经济发展状况、斗争传统、经济与社会发展变化。(浓缩式与纵述式的结合体)

《监利县志·总述》,全文分为五大部分(用序号划分),依序为地理概貌、经济发展变化、社会各业发展变化、斗争传统、杰出人物。结尾段剖析优劣之势。(有尾无头)

《黄冈县志·概述》,全文分为四大部分,依序为地理概貌、斗争传统、经济发展状况、人物及社会各业发展变化。结尾段以展望作结。全文一气呵成。

《常德县志·总述》,全文分为三大部分(用序号划分),依序为地理概貌、社会政治经济文化曲折发展历程、剖析优劣之势。

《潮阳县志·概述》,全文分为五大部分,依序为地理概貌、革命传统、经济发展变化、社会各业发展变化、结尾。全文一气呵成。

《惠东县志·概述》,全文分为四大部分(用序号划分),依序为地理概貌、光荣历史、经济与社会各业发展变化、剖析优劣之势。

《天等县志·概述》,全文分为四大部分,依序为地理简况、革命传统与能工巧匠、经济与社会各业发展状况、剖析优劣之势。全文一气呵成。

《昭平县志·概述》,全文分为四大部分(用序号划分),依序为地理概貌、杰出人物及斗争精神、经济与社会各业发展变化、剖析优劣之势。

《桂平县志·概述》,全文分为三大部分,依序为地理概貌、经济与社会各业发展变化、剖析劣势。全文一气呵成。

《象川县志·概述》,全文分为五大部分(用序号划分),依序为地理概貌、斗争精神、经济发展变化、人物与教育、剖析优劣之势。

《海口市志·总述》,除篇首外,内文分为四大部分(用序号划分),依序为地理概貌、斗争传统、海口商埠的历史发展变化、经济和社会各业发展变化。(有头无尾)

《文昌县志·总述》,除篇首及结尾外,内文分为五大部分(用序号划分),依序为地理概貌、社会经济发展变化、斗争精神、华侨的突出贡献、文化之乡。

《琼山县志·概述》,全文分为四大部分(用序号划分),依序为地理概貌、经济发展变化、文化各业发展变化、革命老区特色及剖析优劣之势。

《乐山市志·总述》,除篇首外,内文分为三大部分(用序号划分),依序为地理概貌、历史经济发展变化、新中国成立后经济与社会各业发展变化。(浓缩式与纵述式的结合体)

《宜宾县志·概述》,全文分为四大部分,依序为地理概貌、经济与社会各业发展变化、经济发展曲折历程、革命传统。全文一气呵成。

《夹江县志·概述》,全文分为三大部分,依序为地理概貌、经济与社会各业发展变化、杰出人物。全文一气呵成。

《广安县志·概述》,全文分为五大部分(用序号划分),依序为地理概貌、斗争精神、经济发展变化、文化发展状况、剖析优势。

《涪陵市志·概述》,除篇首及结尾外,内文分为五大部分(用序号划分),依序为地理简况(第一、二部分)、民国以前经济状况、斗争传统、经济与社会各业发展变化。

《合川县志·总述》,全文分为四大部分,依序为地理概貌、文化遗产与杰出人物、经济与社会各业发展变化、剖析优劣之势。全文一气呵成。

《重庆市市中区志·概述》，全文分为四大部分，依序为地理概貌、革命传统、经济发展变化、社会各业发展变化。全文一气呵成。

《独山县志·概述》，全文分为三大部分，依序为地理概貌、斗争精神与杰出人物、经济与社会各业发展变化。全文一气呵成。

《黔西县志·概述》，除篇首外，内文分为七大部分（用序号划分），依序为地理概貌、历史发展概况、农业发展变化、工业交通邮电发展变化、商业发展变化、社会各业发展变化、人民生活及优劣之势。（有头无尾）

《大方县志·概述》，除篇首外，内文分为七大部分（用序号划分），依序为地理简况、杰出人物、文物古迹、矿产与土特名产、经济发展变化、社会各业发展变化、剖析优劣之势。（有头无尾）

《瓮安县志·概述》，除篇首及结尾外，内文分为五大部分，依序为地理简况、斗争精神、经济发展变化、社会各业发展变化、剖析劣势。全文一气呵成。

《修文县志·概述》，全文分为四大部分，依序为地理概貌、人才与光荣传统、经济与社会各业发展变化、剖析困难与问题。全文一气呵成。

《普洱哈尼族彝族自治县志·概述》，全文分为三大部分，依序为地理概貌、经济与社会各业发展变化、剖析劣势与不足。全文一气呵成。

《宜良县志·概述》，除结尾段外，内文分为三大部分，依序为地理概貌、革命传统、经济与社会各业发展变化。全文一气呵成。

《鹤庆县志·概述》，除结尾段外，内文分为五大部分（用序号划分），依序为地理概貌、经济发展变化、社会各业发展变化、斗争传统与人物、经济社会发展脉络及剖析存在问题与不足。

《思茅县志·概述》，全文分为五大部分（用序号划分），依序为地理概貌、建置沿革、建国前经济社会状况、建国后经济社会发展变化、剖析优劣之势。

《弥勒县志·概述》，全文分为八大部分（用序号划分），依序为地理概貌、革命传统、经济发展变化（第三、四、五、六部分）、社会各业发展变化、剖析优劣之势。

《昌都地区志·概述》，除篇首及结尾外，内文分为五大部分（用序号划分），依序为地理概貌、历史发展概貌、斗争精神与爱国传统、经济发展变化、社会各业发展变化。

《林芝地区志·概述》,除篇首外,内文分为六大部分(用序号划分),依序为地理概貌、历史发展变化、杰出人物与灿烂文化、光荣传统、经济与社会发展变化、总结全文(实为结尾段)。

《江孜县志·概述》,全文分为五大部分(用序号划分),依序为地理概貌、历史发展变化、经济发展变化、文化发展状况、总结全文(实为结尾段)。

《咸阳市志·总述》,除篇首及结尾外,内文分为七大部分(用序号划分),依序为地理概貌、经济发展变化、历代水利建设、社会各业发展变化、城市建设、革命传统、杰出人物。

《子长县志·概述》,除篇首及结尾外,内文分为三大部分,依序为地理概貌、历代经济发展及斗争精神和杰出人物、经济与社会发展变化。全文一气呵成。

《金昌市志·概述》,除篇首及结尾外,内文分为三大部分(用序号划分),依序为地理概貌、经济发展变化、社会各业发展变化。

《酒泉市志·概述》,除结尾段外,内文分为三大部分,依序为地理简况、悠久历史和人物、经济与社会发展变化。全文一气呵成。

《临夏回族自治州志·概述》,全文分为四大部分,依序为地理概貌、历史发展状况、经济与社会各业发展变化、剖析劣势。全文一气呵成。

《临泽县志·概述》,全文分为三大部分,依序为地理概貌、经济发展变化、社会各业发展变化。全文一气呵成。

《白银区志·概述》,全文分为三大部分,依序为地理概貌、经济与社会各业发展变化、结尾。全文一气呵成。

《海西蒙古族藏族自治州志·总述》,全文分为六大部分(部分间用空一行分割),依序为地理概貌、悠久历史、自然资源、经济发展变化、社会各业发展变化、剖析优劣之势。

《格尔木市志·概述》,全文分为四大部分,依序为地理概貌、初期开发建设、经济与社会各业发展变化、剖析优劣之势。全文一气呵成。

《久治县志·概述》,全文分为三大部分,依序为地理概貌、经济与社会各业发展变化、剖析优劣之势。全文一气呵成。

《银川县志·概述》,除篇首外,内文分为五大部分(用序号划分),依序为地理概貌、历史发展脉络和斗争精神、经济发展变化、社会各业发展变化、历史文化名城。

《石嘴山市志·概述》，除篇首外，内文分为六大部分（用序号划分），依序为地理概貌、历史发展脉络与斗争精神、人口与人物、经济发展变化、社会各业发展变化、城市建设。

《固原县志·概述》，全文分为六大部分（用序号划分），依序为地理概貌、建置沿革及历史事件、经济与社会发展变化、城市建设与人民生活、总括全文及远景规划（实为结尾段）。

《喀什市志·概述》，全文分为五大部分（用序号划分），依序为地理概貌、建置沿革及历史事件、经济与社会发展变化、城市建设与人民生活、总括全文及远景规划（实为结尾段）。

从 101 篇"概述"的分析中可以看出，浓缩式"概述"撰写的主要内容有以下几项：

经济与社会各业发展变化此项目为"概述"篇记述的主体部分，各篇"概述"莫不如此。只是记述方法上稍有差异，有的是将经济与社会各业合并为一部分；有的是将经济与社会各业分为两个部分；也有的是将经济分为农、工、商等各业，将社会分为教、科、文、卫、体等各业分别记述。

地理概貌此项目为浓缩式"概述"的必记内容，普遍放在"概述"的第一部分。在 101 篇浓缩式"概述"中，单立此项的有 96 篇，占 95%。另有少数几家是将地理简况放在篇首部分，简要记述。

革命传统与斗争精神此项目侧重反映一地人民群众的斗争业绩，重点突出中共领导的革命斗争状况。在 101 篇浓缩式"概述"中，立此项目的有 70 篇，占 69.3%。优劣之势此项目侧重剖析一地经济与社会发展中存在的优势与劣势。即主编站在前台，以高屋建瓴之势，斗胆吐言，剖析优劣，提出振兴之策，属浓缩式"概述"中的画龙点睛之笔。该项目一般放在全文的最后一部分。但亦有例外，如《秦皇岛市志·总述》将"两大区位优势"，放在全文的第二部分，即地理概貌之后、经济与社会发展变化之前。在 101 篇浓缩式"概述"中，有 43 篇立此项目，占 42.6%。优劣之势均有的占多数；只讲优势、不讲劣势，或只讲劣势、不讲优势的，占少数。

杰出人物此项目侧重反映一地有史以来涌现出的各类杰出人物，彰显人才鼎盛之景况。在 101 篇浓缩式"概述"中，有 41 篇立此项目，占 40.6%。

历史发展概貌此项目追述一地自有史以来至新中国成立前经济与社会发展的历史轨迹,简要记述兴衰演变之过程。在101篇浓缩式"概述"中,有37篇立此项目,占36.6%。上述六项内容,在浓缩式"概述"中比较集中,其中前三项得到多数认同,后三项虽未超过半数,相对而言,较之后述其余项目,其集中度还比较高,在浓缩式"概述"所记内容中,占有主导地位。

剩余项目虽多,但在浓缩式"概述"中的运用却属少数。大致分为两种情况:一是为突出地方特色,从其他主项中分离出某些支项,使其成为整篇"概述"中的一部分。一是为突出地域特点,将本地特有的事物单独立项,与"概述"中其他立项并列,使其成为整篇"概述"中的一部分。

1. 从主项中分离出支项

从"地理概貌"中分离出来的内容并单独立项的有以下几种。

建置沿革该项目在浓缩式"概述"中,普遍放在"地理概貌"中加以记述。只有9篇"概述"单独立项,占101篇的8.9%。即《太原市南郊区志·概说》、《满洲里市志·概述》、《通化县志·概述》、《长岭县志·概述》、《上海县志·总述》、《瑞安市志·概述》、《思茅县志·概述》、《固原县志·概述》、《喀什市志·概述》。

资源该项目在浓缩式"概述"中,普遍放在"地理概貌"中加以记述,只有9篇"概述"单独立项,占101篇的8.9%。即《满洲里市志·概述》、《太原市南郊区志·概说》、《金县志·概述》、《通化县志·概述》、《玉山县志·概述》、《东营市志·综述》、《东平县志·概述》、《大方县志·概述》、《海西蒙古族藏族自治州志·总述》。

文物名胜该项目在大部分浓缩式"概述"中,分别放在"地理概貌"中的"资源"项下,或"社会各业发展变化"中的"旅游"项、"文化"(小范畴)项下。有7篇"概述"单独立项,占101篇的6.9%。即《太原市南郊区志·概说》、《玉山县志·概述》,《萧山县志·概述》、《栖霞县志·概述》、《襄樊市志·总述》、《合川县志·总述》、《大方县志·概述》。

人口该项目普遍放在"地理概貌"中,只有3篇"概述"单独立项,占101篇的3%。即《通化县志·概述》、《满洲里市志·概述》、《石嘴山市志·概述》。

从"经济发展变化"中分离出来单独立项的内容有以下几种。

城镇建设该项目普遍放在"经济发展变化"项中,只有5篇"概述"单独列项,占101篇的5%。即《松江县志·总述》、《瑞安市志·概述》、《咸阳市志·总述》、《石嘴山市志·概述》、《喀什市志·概述》。

人民生活该项目普遍放在"经济发展变化"项中,只有7篇"概述"单独立项,占101篇的7%。即《长岭县志·概述》、《上虞县志·概述》、《瑞安市志·概述》、《栖霞县志·概述》、《荆州地区志·总述》、《黔西县志·概述》、《喀什市志·概述》。

经济总情(包括曲折发展历程)该项目在"经济发展变化"项中,普遍均有不同程度的反映,有5篇"概述"单独立项,占101篇的5%。即《依安县志·概述》、《宜宾县志·概述》、《上虞县志·概述》、《栖霞县志·概述》、《鹤庆县志·概述》。

农业该项目普遍放在"经济发展变化"项中,只有4篇"概述"单独立项,占101篇的4%。即《瑞安市志·概述》、《桐城县志·概述》、《玉山县志·概述》、《黔西县志·概述》。交通该项目普遍放在"经济发展变化"项中,有2篇"概述"单项立项,占101篇的2%。即《玉山县志·概述》、《襄樊市志·总述》。

从"社会各业发展变化"中分离出来单独立项的内容有以下几种。

文化(小范畴)该项目普遍放在"社会各业发展变化"项中,有4篇"概述"单独立项,占101篇的4%。即《歙县志·概述》、《瑞安市志·概述》、《桐城县志·概述》、《文昌县志·总述》。

教育该项目普遍放在"社会各业发展变化"项中,有2篇"概述"单独立项,占101篇的2%。即《武进县志·概述》、《象州县志·概述》。

精神文明建设该项目在浓缩式"概述"中涉猎较少,仅有少数几篇有此内容,且放在"社会各业发展变化"中的"文化"(小范畴)小项之后。有2篇"概述"单独立项,占101篇的2%。即《满洲里市志·概述》、《沈丘县志·概述》。

从"历史概貌"中分离出来并单独立项的内容有以下二种。

重大事件该项目在浓缩式"概述"中列有"历史概貌"项的篇中屡有记述,也有把此项内容放在"革命传统与斗争精神"项目之中的。将"重大事件"单列项的有5篇,占101篇的5%。即《兴安盟志·概述》、《嘉荫县志·概述》、

《凤阳县志·概述》、《固原县志·概述》、《喀什市志·概述》。

从"革命传统与斗争精神"中分离出来并单独列项的有一种。

中共组织沿革及活动该项目普遍放在"革命传统与斗争精神"项中,也有少数几篇放在"历史发展概貌"项中,按历史时序依次记述,将其单独立项的仅有《巴林左旗志·概述》1篇。

2. 突出地域特色的专项

革命老区特色 《琼山县志·概述》、《昔阳县志·概述》2篇。

侨乡特色 《龙岩地区志·概述》、《文昌县志·总述》2篇。

民族发展交融历史 《杜尔伯特蒙古族自治县志·总述》、《固原县志·概述》2篇。

历代水利建设 《咸阳市志·总述》1篇。

商埠发展历史 《海口市志·总述》1篇。

徽商历史 《歙县志·概述》1篇。

藏族爱国传统 《昌都地区志·概述》1篇。

历史文化名城 《银川市志·概述》1篇。

地域初期开发建设 《格尔木市志·概述》1篇。

改革开放以来经济与社会发展变化 《桦甸县志·概述》1篇。

市情简况 《东营市志·综述》1篇。

上述项目虽为个别现象,但它却能反映出一地最具特色亦最吸引读者眼球的地域闪光之点,从而在"概述"篇中显现出独特的个性。只可惜在101篇浓缩式"概述"中,能够突出地域个性特色的内容还是少了些。

上面的分析、罗列虽似繁琐,但却能全面、完整地反映出101篇浓缩式"概述"所记内容的整体情况。

各篇"概述"所列内容,依据本地域实际情况,或增或减,记述不一。在编写实践中,有部分"概述"为了使各部分间的篇幅求得平衡,或为记述方便,根据地域的实际情况,将相近内容进行了归并。

《兴安盟志·概述》,将历史概貌与重大事件合并。

《托克托县志·概述》、《汤阴县志·概述》、《酒泉市志·概述》,将历史概貌与杰出人物合并。

《巴林左旗志·概述》、《银川市志·概述》、《石嘴山市志·概述》,将历史概貌与斗争传统合并。

《上虞县志·概述》、《荆州地区志·总述》、《大田县志·概述》、《东营市志·综述》、《长子县志·概述》,将历史概貌与革命传统、杰出人物合并。

《鹿邑县志·概述》,将历史概貌与杰出人物、军事要冲合并。

《秦皇岛市志·总述》、《杜尔伯特蒙古族自治县志·概述》、《凤阳县志·概述》、《太康县志·概述》、《昭平县志·概述》、《独山县志·概述》、《修文县志·概述》、《鹤庆县志·概述》,将斗争精神与杰出人物合并。

《通化县志·概述》,将建置、人口及文物合并。

《武进县志·概述》、《象州县志·概述》,将杰出人物与教育合并。

《高淳县志·概述》,将地理概貌与历史发展轨迹合并。

《瑞安市志·概述》,将建置、文物及杰出人物合并。

《萧山县志·概述》,将革命传统、杰出人物及名胜合并。

《歙县志·概述》,将徽商历史、杰出人物及文化合并。

《栖霞县志·概述》,将社会各业发展变化、杰出人物、名胜合并。

《沈丘县志·概述》,将"两个文明"建设与斗争精神合并。

《陕县志·概述》、《合川县志·概述》、《林芝地区志·概述》,将文化与杰出人物合并。

《襄樊市志·概述》,将交通及名胜合并。

《孝感市志·总叙》,将杰出人物及文化事业发展状况合并。

《黄冈县志·概述》,将杰出人物与社会各业发展变化合并。

《天等县志·概述》,将革命传统与能工巧匠合并。

《固原县志·概述》、《喀什市志·概述》,将建置与历代战事合并。

《喀什市志·概述》,将城市建设与人民生活合并。

再从浓缩式"概述"的结构类型上来看,大体分为三种。

①整篇"概述"一气贯通。在101篇浓缩式"概述"中,采用此种结构形式的为31篇,占101篇的30.7%。

②整篇"概述"虽一气贯通,但各部分间用空一行分隔。在101篇浓缩式"概述"中,采用此种结构形式的为4篇,占101篇的4%。

③整篇"概述"用序号分割。在101篇浓缩式"概述"中,采用此种结构形式的为65篇,占101篇的64.4%。在此类结构中,还有少数几篇既用序号、又

同时用空一行分隔(结尾段)。在 65 篇采用序号分割的浓缩式"概述"中,采用此种结构形式的为 2 篇,占 65 篇的 2.7%。"概述"作为一篇命题作文,从文章的整体结构而言,应有开头及结尾,但实际情况并非如此。101 篇浓缩式"概述"大致分为四种类型。

①既有篇首(开头)又有结尾。在 101 篇浓缩式"概述"中,采用此种方式的有 22 篇,占 101 篇的 21.8%。

②只有篇首没有结尾。在 101 篇浓缩式"概述"中,采用此种方式的有 9 篇,占 101 篇的 8.9%。

③没有篇首仅有结尾。在 101 篇浓缩式"概述"中,采用此种方式的有 13 篇,占 101 篇的 12.9%。

④既无篇首又无结尾。在 101 篇浓缩式"概述"中,采用此种方式的有 57 篇,占 101 篇的 56.4%。

另有 10 篇,将文章的结尾部分与正文内容并列(用序号划分)。此类情况既出现在"只有篇首没有结尾"的"概述"中,也出现在"既无篇首又无结尾"的"概述"中。

(二)策论式

在新志书卷首增设"概述"篇,董一博是主要倡导者之一。在首轮社会主义新方志编纂初期,董老对"概述"编进行了深入研究与探讨,于 20 世纪 80 年代中期接连发表了《关于县志设置"概述编"之商榷》、《再论县志"概述编"的设置问题》、《三论"概述编"的设置问题》三篇理论文章,为"概述"编的创立奠定了坚实的理论基础。同时,董老又是提倡将"概述"编写成"一篇宏文策论",是"政论文章"的积极推荐者。"概述"篇是记述文还是议论文,时隔 20 年,至今还未有定论。从首轮志书"概述"篇的撰写来看,纯粹的议论文还属凤毛麟角;以记叙为主、议论为辅的撰写形式,还是得到了大多数方志同仁的首肯。就"概述"采用议论式笔法来说,也并非仅策论式独有,在浓缩式、特点式、纵述式"概述"的行文中,议论式笔法也随处可见,形式多样而异彩纷呈。就"概述"的写作特点而言,策论式与纵述式议论味重,浓缩式与特点式记叙味浓。就某些志书的"概述"而言,浓缩式与策论式的界线也未必能分得十分鲜明。笔者只是为论述方便,而勉强分而记之。

现将 28 篇策论式"概述"的内容、结构介绍如下。

《房山区志·概述》，全文分为六大部分（部分间用空一行分割），依序为地理概貌、历代战事、农耕文化、工商及交通邮电、文化之光、总结全文。全文以叙为主，策论之笔随时显现；议由叙出，叙重记实，议重点睛。

《井陉县志·总述》，除篇首外，内文分为三大部分（用序号划分），依序为剖析旧中国社会发展落后的五大原因、新中国经济社会发展变化、新中国社会经济曲折发展概貌。全文夹叙夹议，论而有力。

《阳城县志·综说》，全文分为三大部分（用序号划分），依序为地理概貌、经济社会发展中存在的四大弊端、剖析优劣之势。全文横述特点，纵论规律；优劣兼书，叙论结合。

《垣曲县志·概述》，全文分为六大部分，依序为地理简况及悠久历史、民情民风及斗争精神、历次政治运动、经济发展变化、劣势与不足、振兴之策。夹叙夹议，议由叙出。全文一气呵成。

《曲沃县志·总述》，除引言及结语外，内文分为四大部分，依序为秀丽山川、历史大事、经济社会发展变化、差距与对策。文中多有议论点睛之笔。全文一气呵成。

《壶关县志·概述》，除篇首（地理概貌）及结尾（剖析劣势并以展望作结）外，内文分为四大部分（立题），依序为"追求进步的主线"（历史发展概貌及斗争精神）、"征服自然的主线"（改造自然）、"创造财富的主线"（经济发展）、"弘扬文化的主线"（文教）。全文以四条线索展开，先横后纵，以纵为主。

《蒙阴县志·概述》，除篇首及结尾外，内文分为五大部分，依序为地理概貌、杰出人物、革命传统、经济社会发展变化、劣势与不足。概括得法，叙议结合，感情充沛，一气呵成。《长阳县志·总述》，全文分为五大部分（用序号划分），依序为地理概貌、民族与人口发展历史及斗争传统、经济发展状况、社会各业发展变化、劣势与不足。全文结构合理、议论精辟，多有创新之处。

《醴陵市志·总述》，全文分为六大部分（用序号划分），依序为地理概貌、经济社会历史发展变化、革命传统、国民经济发展变化、社会各业发展变化、杰出人物。全文议论精当，夹叙夹议。

《岳阳县志·概述》，除篇首（地理概貌）外，内文分为四大部分（用序号划分），依序为历史发展总貌、斗争传统、经济社会发展变化、新中国成立以来的曲折发展历程。全文夹叙夹议，感情充沛。

《凤凰县志·概述》,全文分为四大部分(用序号划分),依序为地理概貌、光荣传统及杰出人物和民族关系、经济和社会发展状况、曲折发展与优劣之势。前叙后议,自成一体。

《湛江市志·总述》,全文分为三大部分(用序号划分),依序为地理概貌、经济社会历史发展状况、新中国经济社会发展变化。叙议结合,恰到好处。

《顺德县志·总述》,全文分为五大部分,依序为地理概貌、经济社会历史发展状况、新中国成立以来经济社会发展变化、斗争精神、文化传统。叙议结合,议论精辟。全文一气呵成。

《都安瑶族自治县志·概述》,全文分为四大部分(用序号划分),依序为地理概貌、民族发展轨迹、经济发展变化、革命传统。论述有力,有的放矢,多有点睛之笔。

《三亚市志·概述》,全文分为五大部分(用序号划分),依序为城市总况、地理概貌、历史发展轨迹、革命传统、经济社会发展变化。全文为策论式与浓缩式的结合体,夹叙夹议,特点鲜明。

《资阳县志·概述》,全文分为四大部分,依序为地理概貌与斗争精神,经济与社会各业发展变化、五大特色变化、发展优势。全文夹叙夹议,一气呵成。

《江北县志·概述》,全文分为四大部分,依序为地理概貌、革命传统、经济与社会发展变化、发展战略。叙议结合,一气呵成。

《奉节县志·总述》,全文分为四大部分,依序为地理概貌、战略要地及人才和资源、经济与社会发展变化、优劣之势。夹叙夹议,一气呵成。

《大足县志·纵览》,除篇首及结尾外,内文分为三大部分(立题),依序为"安定则兴",论述盛衰治乱之因果;"宽恤则荣",剖析繁荣兴盛的深层历史原因;"唯实则成",剖析由古及今经济与社会发展成功之原因。全文层层递进,叙议结合,论述精辟;既有高度,又有深度。

《丹凤县志·县情述要》,除篇首(地理简况)外,内文分为四大部分(用序号划分),依序为历史要事、斗争传统、资源、经济发展的历史变化。夹叙夹议,议由叙出。

《澄城县志·概述》,全文分为三大部分,依序为地理概貌、经济与社会发展变化、剖析优劣之势。前叙后议,叙议结合,策论有力,一气呵成。

《佛坪县志·总述》,全文分为四大部分(用序号划分),依序为地理概貌、经济社会发展变化、优劣之势、结尾语。篇幅短小精悍,议论贴切,以情感人。

《吴忠市志·概述》,全文分为两大部分(部分间用空一行分割),依序为地理概貌,经济发展变化、文化发展变化、杰出人物。夹叙夹议。

《克孜勒苏柯尔克孜自治州志·概述》,全文分为五大部分(用序号划分),依序为地理概貌(人文)、民族发展史、地理概貌(自然)、旅游资源及对外商贸发展变化、民族文化。夹叙夹议,叙议结合。

《鄯善县志·概述》,全文分为五大部分(用序号划分),依序为地理概貌、物产、经济发展变化及优劣之势、剖析制约因素、结尾。前叙后议,重点剖析优劣之势。

《独子山区志·概述》,除篇首外,内文分为五大部分(用序号划分),依序为地理概貌、石油开发的历史轨迹、经济发展总貌、城市化建设历程、历史发展机遇。叙议结合,论述有力。

《增城县志·总述》,全文分为五大部分(用序号划分),依序为地理概貌、经济发展历史状况及革命传统、经济及社会各业发展变化、曲折道路及存在问题、优势与展望。

《奉贤县志·总述》,全文分为七大部分(用序号划分),依序为地理概貌、光荣传统、杰出人物、产业结构历史发展变化、建国后工农业总产值历年变化、名特产品、优劣之势。

从28篇"概述"的分析中可以看出,策论式"概述"撰写的主要内容与浓缩式并无太大差异,只是议论成分较浓一些,或先叙后议,或以议引领,或夹叙夹议,或画龙点睛。离开地情的记述,议论也便成了无源之水、无本之木。从实践看,以叙为主,以议为辅,在策论式"概述"撰写中,还是占有主导地位。就以极力倡导要将志书"概述"编写成策论式的董一博来说,也并非不要记述一地地情的实体内容。董老在《关于县志设置"概述编"之商榷》(一论)一文中,即提出"概述"编应写的内容有五个方面:"(1)写本县的发展简史与现状,在全省以致全国的地位;(2)在全省、全国占有位置的突出事件,列出几桩,着笔不多,特点突出,精湛诱人;(3)在全省、全国有影响的新旧人物,举出几位,以彰人才之盛;(4)抓特点,抓规律,抓经验教训,抓最为突出的问题,抓当前的优劣之势,抓扬长避短,借作战略决策;(5)它是一个鸟瞰的立体画面,是运动的,变化的,也是发展着的,能够给人以前进的力量。"此五项内容的提出,

"概述编"还处于理论研讨阶段。时隔一年,董老的《再论县志"概述编"的设置问题》(二论)出台,对"概述"的内容作了深层挖掘,由五项增加到了六项(见前文所引)。

由此可见,策论式"概述"也是以记述地情为主体,即以叙为主,以议为辅。纯粹的政论性文章,似乎还是离方志的"概述"篇远了一些。

策论式"概述"撰写的主要内容有以下几项。

经济与社会发展变化在 28 篇策论式"概述"中,有 27 篇单列此项,占96.43%。但记述方式略有差异,其中有 4 篇仅有经济,而无社会各业;有 2 篇将经济与社会分开记述;有 1 篇将经济内容又分出农耕、工商、交通邮电分类目记述。其余 19 篇均为合并一项记述。地理概貌在 28 篇策论式"概述"中,有 26 篇单列此项,占 93%。其中有 2 篇将地理概貌放在篇首部分。

革命传统与斗争精神在 28 篇策论式"概述"中,有 15 篇列此项目,占53.6%。

历史发展概貌在 28 篇策论式"概述"中,有 14 篇列此项目,占 50%。

优劣之势(发展战略)在 28 篇策论式"概述"中,有 14 篇立此项目,占50%。

资源(包括名特产)在 28 篇策论式"概述"中,有 6 篇列此项目,占21.4%。

经济社会曲折发展历程在 28 篇策论式"概述"中,有 6 篇列此项目,占21.4%。

发展对策(及战略)在 28 篇策论式"概述"中,有 4 篇列此项目,占14.3%。

杰出人物在 28 篇策论式"概述"中,有 5 篇列此项目,占 17.9%。

重大事件在 28 篇策论式"概述"中,有 3 篇列此项目,占 10.7%。

民族发展状况在 28 篇策论式"概述"中,有 3 篇列此项目,占 10.7%。

上述 11 项内容,其中前 5 项得到多数认同,超过半数,在策论式"概述"所占内容中,集中度比较高,占有主导地位。后 6 项,集中度又次之,分别占到10%~21%。剩余的 13 个项目,大部分为突出地方特色而设。

国民经济总貌《醴陵市志·总述》、《奉先县志·总述》2 篇。

五大特色变化《资阳县志·概述》1 篇。

旧中国经济社会发展落后五大原因《井陉县志·总述》1篇。新中国经济社会发展存在四大弊端《阳城县志·综说》1篇。

产业结构发展变化《奉先县志·总述》1篇。

历史发展机遇《独子山区志·概述》1篇。

城市总况《三亚市志·概述》1篇。

城市建设历程《独子山区志·概述》1篇。

战略要地《奉节县志·总述》1篇。

历次政治运动《垣曲县志·概述》1篇。

民族文化《克孜勒苏柯尔克孜自治州志·概述》1篇。

文化传统《顺德县志·总述》1篇。

民情民风《垣曲县志·概述》1篇。

再从策论式"概述"的结构类型上来看,大体分四种。

①整篇"概述"一气贯通。在28篇中有8篇,占28.6%。

②整篇"概述"虽一气贯通,但各部分间用空一行分割。在28篇中有2篇,占7.1%。

③整篇"概述"用序号一二三……划分。在28篇中有16篇,占57%。

④整篇"概述"的部分间用标题分割。在28篇中有2篇,占7.1%。

从"概述"的整体结构来看,篇首与结尾的使用存在较大差异。

①既有篇首又有结尾。4篇,占14.3%。

②只有篇首没有结尾。4篇,占14.3%。

③没有篇首仅有结尾。3篇,占10.7%。

④既无篇首又无结尾。17篇,占60.7%。

(三)特点式

将一地域的特色归纳成几个特点,写深写透,给人以深刻印象,重在突出地域个性特色。在150篇中,有13篇采用特点式,占8.7%。现将13篇特点式"概述"的内容、结构介绍如下。

《大兴县志·概述》,除篇首(地理简况)及结尾段外,分列"京南门户"、"文明古县"、"革命沃土"、"绿海甜园"四大特点。

《密云县志·概述》,除篇首(地理简况)及结尾段外,分列"渔阳古郡"、"京师锁钥"、"革命老区"、"京华水源"、"鱼米之乡"、"工商新区"六大特点。

《武清县志·概述》，除篇首（地理简况）及结尾段外，分列"位置优越"、"历史悠久"、"经济发达"、"文化灿烂"、"生活富裕"、"风光旖旎"六大特点（标题加序号）。

《辛集市志·概述》，除篇首（地理简况及交通、斗争精神、曲折历程、经济总貌、人民生活）外，分列"农业基础稳固，土特名产荟萃"；"地方工业发达，拳头产品繁多"；"商品流通活跃，集市贸易繁荣"；"重视教科文卫，建设精神文明"；"城建初具规模，一座新城崛起"；"居民性格开放，善于外出经商"；"发展前景广阔，同时存在隐忧"七大特点（标题加序号）。

《黎城县志·概述》，除篇首（地理简况与经济社会发展概貌）及结尾段外，分列"黎侯古国建置悠久"、"抗日老区雄跨太行"、"名胜古迹引人入胜"、"漳河水利兴农惠民"、"新兴工业渐成体系"、"土特名产畅销海外"六大特点（标题加序号）。

《徐州市志·概述》，前为地理简况及经济社会发展概貌，后分列"历史文化名城"；"'五通汇流'的立体交通枢纽"；"江苏煤都，华东煤电基地"；"商品粮和多种农副产品基地"；"兵家必争之地"五大特点（标题加序号）。

《嘉定县志·概述》，除篇首（地理简况）及结尾段外，分列"粮棉高产之地"、"经济富庶之区"、"人文蔚起之邦"、"民风刚毅之乡"、"科技勃兴之城"、"景观宜人之处"六大特点（标题为随文题，同字号字体，以空一字距与正文相隔）。

《南京市白下区志·概述》，全文分为五大部分，第一部分叙地理概貌。第二部分分列"商业繁荣"、"文教发达"、"卫生先进"、"旧城改造进展迅速"四大特点。第三部分记发展经济的有利条件。第四部分记不利因素。第五部分为结尾。（特点式与浓缩式的混合体）

《建德县志·概述》，全文分两大部分，第一部分为地理简况及县情总貌。第二部分分列"旅游之地"、"水电之城"、"地质之窗"、"果木之乡"四大特点（随文题，同字号字体）。

《黄山市志·概述》，全文分四大部分，第一部分为地理概貌。第二部分分列"历史悠久，革命传统世代弘扬"；"人文荟萃，历代人物各领风骚"；"物产丰富，林茶鱼果饮誉四方"；"旅游兴旺，山水洞景自然天成"四大特点（随文题，正文大五宋，标题大五楷，同字号不同字体）。第三部分记经济及社会各业发展变化。第四部分记存在问题与不足。

《当涂县志·概述》，除篇首（地理简况）及结尾段外，内文主体分列"当涂历史悠久，地扼襟要，历来为兵家必争之地"；"当涂物产丰饶，堪称'鱼米之乡'"；"当涂县工业发展较快，乡镇企业异军突起"；"当涂县快速发展的经济促使百业兴旺"；"当涂人材辈出，代有名人，是唐代大诗人李白的终老之地"；"当涂名胜古迹众多，风物宜人"六大特点（未立标题，以导语引入正文，单独为一自然段）。

《桂林市志·总述》，全文分三大部分，第一部分为篇首段及地理概貌。第二部分分列"广西、桂东北的政治、经济中心"、"具有光荣斗争历史的城邑"、"广西、桂东北的重要经济城市"、"中国历史文化名城"、"中国重点风景游览城市"五大特点。第三部分为结尾段。

《岚皋县志·概述》，除篇首部分外，分列"岚皋是山地地貌"，"岚皋是山区建置"，"岚皋的发展史是部山民斗争史"，"岚皋的民风淳厚朴实"，"岚皋的资源丰厚富有"，"岚皋是发展中的山区县"，"岚皋是大有作为的山区县"七大特点（标题单占行、大五黑，与正文同字号不同字体）。

从13篇特点式"概述"的分析中可以看出，撰写的主要内容有以下几项。

经济。经济是社会发展的动力，13篇"概述"所归纳各地的特点，都包括有经济方面的内容，只是归纳角度有所不同。有的侧重反映经济总貌，如《武清县志·概述》以"经济发达"立题，《嘉定县志·总述》以"经济富庶之区"立题，《桂林市志·总述》以"广西、桂东北的重要经济城市"立题。有的侧重反映农业的特色，如《大兴县志·概述》以"绿海甜园"立题，《密云县志·概述》以"鱼米之乡"立题，《辛集市志·概述》以"农业基础稳固，土特名产荟萃"立题，《徐州市志·总述》以"商品粮和多种农副产品基地"立题，《当涂县志·概述》以"当涂物产丰饶，堪称'鱼米之乡'"立题。有的侧重反映工业的特色，如《辛集市志·概述》以"地方工业发达，拳头产品繁多"立题，《黎城县志·概述》以"新兴工业渐成体系"立题，《当涂县志·概述》以"当涂工业发展较快，乡镇企业异军突起"立题。有的侧重反映商业的特色，如《辛集市志·概述》以"商品流通活跃，集市贸易繁荣"立题，《南京市白下区志·概述》以"商业繁荣"立题。有的侧重反映水利的特点，如《密云县志·概述》以"京华水源"立题，《黎城县志·概述》以"漳河水利兴农惠民"立题。

旅游(风景名胜、历史文化名城)。"概述"作为志书的"窗口",反映一地的旅游资源,在特点式"概述"中尤为突出。共有 8 篇立此项目,占 13 篇特点式"概述"的 61%。有的侧重反映地域风光(景观)特色,如《武清县志·概述》以"风光旖旎"立题,《嘉定县志·总述》以"景观宜人之处"立题。有的侧重介绍旅游资源,如《建德县志·概述》以"旅游之地"立题,《黄山市志·概述》以"旅游兴旺,山水洞景自然天成"立题。有的侧重反映名胜古迹,如《黎城县志·概述》以"名胜古迹引人入胜"立题,《当涂县志·概述》以"当涂名胜古迹众多,风物宜人"立题。有的侧重反映历史文化名城,如《徐州市志·总述》以"历史文化名城"立题,《桂林市志·总述》以"中国历史文化名城"立题。

资源(物产)。立此项目的有 8 篇,占 13 篇特点式"概述"的 61%。有的将特产单独立项,如《黎城县志·概述》以"土特名产畅销海外"立题,《黄山市志·概述》以"物产丰富,林茶鱼果饮誉四方"立题。有的与农业合并立项,如《密云县志·概述》以"鱼米之乡"立题,《辛集市志·概述》以"农业基础稳固,土特名产荟萃"立题,《嘉定县志·总述》以"粮棉高产之地"立题,《建德县志·概述》以"果木之乡"立题,《当涂县志·概述》以"当涂物产丰饶,堪称'鱼米之乡'"立题,《岚皋县志·概述》以"岚皋的资源丰厚富有"立题。

革命传统与斗争精神(革命老区)。立此项目的有 7 篇,占 13 篇特点式"概述"的 54%。有的侧重反映革命传统与斗争精神,如《大兴县志·概述》以"革命沃土"立题,《嘉定县志·总述》以"民风刚毅之乡"立题,《黄山市志·概述》以"历史悠久,革命传统世代弘扬"立题,《桂林市志·总述》以"具有光荣斗争历史的城邑"立题,《岚皋县志·概述》以"岚皋的发展史是部山区斗争史"立题。有的侧重反映革命老区,如《密云县志·概述》以"革命老区"立题,《黎城县志·概述》以"抗日老区雄跨太行"立题。

战略要地(优越位置及交通)。立此项目的有 7 篇,占 13 篇特点式"概述"的 54%。有的侧重反映战略要地,如《大兴县志·概述》以"京南门户"立题,《密云县志·概述》以"京师锁钥"立题,《徐州市志·总述》以"兵家必争之地"立题,《当涂县志·概述》以"当涂历史悠久,地扼襟要,历来为兵家必争之地"立题。有的侧重反映优越地理位置,如《武清县志·概述》以"位置优越"立题。有的侧重反映地域交通特点,如《徐州市志·总述》以"'五通汇流'的立体交通枢纽"立题。

悠久历史(古老建置)。立此项目的有 7 篇,占 13 篇特点式"概述"的54%。有的侧重反映历史全貌,如《武清县志·概述》以"历史悠久"立题,《大兴县志·概述》以"文明古县"立题。有的是将悠久历史与其他项目合并记述,如《黄山市志·概述》以"历史悠久,革命传统世代弘扬"立题,将悠久历史与革命传统合并记述;《当涂县志·概述》以"当涂历史悠久,地扼襟要,历来为兵家必争之地"立题,将三项内容合并记述。有的侧重反映地域建置悠久,如《密云县志·概述》以"渔阳古郡"立题,《黎城县志·概述》以"黎侯古国建置悠久"立题,《岚皋县志·概述》以"岚皋是山区建置"立题。

上述六项内容,在特点式"概述"中比较集中,得到多数认同,占有主导地位。

剩余项目,集中度要差一些,均是依据各地地情不同而设。

杰出人物。《嘉定县志·总述》以"人文蔚起之邦"立题,《黄山市志·概述》以"人文荟萃,历代人物各领风骚"立题,《当涂县志·概述》以"当涂人材辈出,代有名人,是唐代大诗人李白的终老之地"立题(以导语引入),共 3 篇。

城市建设。《辛集市志·概述》以"城建初具规模,一座新城崛起"立题,《南京市白下区志·概述》以"旧城改造发展迅速"立题,《桂林市志·总述》以"广西、桂东北的重要经济城市"立题,共 3 篇。

文化。《武清县志·概述》以"文化灿烂"立题,《南京市白下区志·概述》以"文教发达"立题,《辛集市志·概述》以"重视教科文卫,建设精神文明"立题,共 3 篇。

人民生活。《武清县志·概述》以"生活富裕"立题,仅 1 篇。

科技。《嘉定县志·总述》以"科技勃兴之城"立题,仅 1 篇。

地理特色。《建德县志·概述》以"地质之窗"立题,仅 1 篇。

优劣之势。《辛集市志·概述》以"发展前景广阔,同时存在隐忧"立题,仅 1 篇。

民风民情。《辛集市志·概述》以"居民性格开放,善于外出经商"立题,《嘉定县志·总述》以"民风刚毅之乡"立题,《岚皋县志·概述》以"岚皋的民风淳朴厚实"立题,共 3 篇。再从特点式"概述"的结构来看,大体可分为二种类型。

①全篇以特点贯穿,有9篇,占13篇的69%,其中,有6篇置篇首及结尾,有3篇仅置篇首段而无结尾段。

②特点式内容仅占全篇的部分,与其他内容合并成篇。有4篇,占31%。

特点式"概述"的另一特色,表现在标题上。大体可分为四种类型。

①另立标题,单独占行,放大字号并变体,突出所归纳出的地域特点(其中标题亦有加序号或不加序号之区别)。

②虽另立标题,单独占行,但字号与正文同,仅变字体。

③虽另立标题,但为随文题,不单独占行,不变字号仅变字体,标题与正文空一字距。

④不立标题,而是将地域特点以导语形式引入正文。

(四)纵述式

是将记述的事物按历史发展的时序划分为若干阶段,依时进行纵向记述,反映一地经济与社会发展的主线,体现发展轮廓。它重在体现历史发展脉络,叙述发展演变之轨迹,彰显经济与社会中的大势大要。在150篇"概述"中,有8篇采用此种体式,占150篇的5.3%。现将8篇纵述式"概述"篇的大体内容、结构介绍如下。

《天津市红桥区志·概述》,除篇首(地理简况)及结尾段外,内文分为"历史的辉煌"、"现实的崛起"、"未来的展望"三大部分(另立标题)。

《衡水市志·概述》,除篇首(地理简况)外,内文分为四大部分(用序号划分),依序为古代至抗日战争前夕、民国二十六年至新中国成立前、新中国成立后至1978年中共十一届三中全会前、改革开放以来到1990年。分阶段记述经济社会发展概貌。

《枣强县志·概述》,除篇首(地理简况)外,内文分为四大部分(用序号划分),依序为历史概貌(自然概况、民情习俗、特产及斗争精神)、中共诞生后的斗争历史(至1949年新中国建立前)、新中国成立后至下限之时经济社会发展变化、剖析优劣之势。全文以历史发展线条顺时而下,发展大势昭然若揭。属纵述式与浓缩式的结合体。

《四平市志·总述》,除篇首(地理简况)及结尾段外,内文分为五大部分(另立标题),依序为"清朝末期的城市雏形"、"中华民国初期的粮谷集散地"、"沦陷时期的工商业中心"、"解放战争时期的军事要地"、"新中国时期的中小工业城市"。属纵述式与特点式(时代特点)的结合体。

《法库县志·概述》,除篇首(地理简况)及结尾(总括全文)外,内文分为五大部分(用序号划分),依序为清代发展状况、民国时期经济社会发展状况、"九·一八"事变后日军侵占法库14年史实、解放战争时期的斗争状况、新中国成立后经济社会的发展变化。全文按历史发展的脉络,逐一依序记述,历史发展线条清晰。

《徐汇区志·总述》,除篇首(地理简况)及结尾(剖析优劣之势)外,内文分为四大部分(用序号划分),依序为明末至民国十四年经济社会发展状况、民国十六年至民国三十四年经济社会发展状况、新中国成立至1976年("文化大革命"结束)经济社会发展状况、中共十一届三中全会至1995年经济社会发展历程。全文以时为序,分时段记述。

《合肥市志·总述》,除篇首(地理简况)及结尾外,内文分为三大部分(用序号划分),依序为历史发展概貌(到1949年)、斗争精神(突出中共领导的斗争实践)、新中国成立后至1997年经济社会发展变化。全文以经济发展为主线,以时为序,脉络清晰。前后两部分为历史发展线条,中间夹有中共领导的斗争实绩,亦可称为纵述式与浓缩式的结合体。

《乌鲁木齐市沙依巴克区志·概述》,除篇首(地理简况)外,内文分为三大部分(用序号划分),依序为历史发展状况(上起西汉,下至"文化大革命")、中共十一届三中全会以来经济社会发展变化、结尾段。第一、二部分为全文的重点,以时为序,展现历史发展脉络。

从上述8篇纵述式"概述"篇的内容设置上可以看出,纵述式"概述"的写作特点,侧重于历史阶段的划分,每一时段均为政治、经济、社会、文化混合记述,并不强求各类记述项目的完整,与浓缩式的写作方法泾渭分明。值得一提的是,在8篇纵述式"概述"中,篇首部分均以简练笔法,记述一地的地理简况。由此可见,地理简况(浓缩式"概述"因记述内容较详,故称之为地理概貌)在"概述"篇中,是反映一地地情不可或缺的内容之一。

在历史阶段的划分上,除《四平市志·概述》与《法库县志·概述》具有一致性外,其余6篇各有特色。在8篇中,将新中国成立以来至下限时作为一个部分记述的有4篇;将中共十一届三中全会前后分为两个部分记述的有2篇。

从内容记述的特色上看,有1篇剖析优劣之势。

从全篇"概述"划分各部分来看，以三大部分划分的有 3 篇，占 8 篇的 37.5％；以四大部分划分的有 3 篇，占 8 篇的 37.5％；以五大部分划分的有 2 篇，占 8 篇的 25％。在各部分间的分割上，用序号分割的有 6 篇，立标题分割的有 2 篇。

从全篇的整体布局中设置篇首与结尾段的情况看，设有篇首及结尾段的有 5 篇，占 8 篇的 62.5％。仅有篇首而无结尾段的有 3 篇，占 8 篇的 37.5％；其中《乌鲁木齐市沙依巴克区志·概述》在部分间的划分上有缺陷，除有篇首（地理简况）外，内文分为三大部分（用序号划分），第三部分实为结尾段，而非正文。全是序号惹的祸。

上述的浓缩式、策论式、特点式、纵述式四种写作体式，仅是人为地对"概述"体式的大致分类，为方便研讨志书"概述"而已。在志书"概述"的撰写实践中，各种体式互相借鉴、互相融合，或浓缩式与特点式融合，或策论式与浓缩式融合，或纵述式与特点式融合，等等，不一而足。故而在新方志"概述"的体式中，出现你中有我，我中有他，他中有你，也就不足为奇。各种体式优长互补，从而使"概述"篇的功用得到最大限度的发挥，进而为志书增色添彩。如浓缩式中的《沈丘县志·概述》《宜昌县志·总叙》《乐山市志·总述》《寿阳县志·概述》的写作模式，采用了浓缩式与纵述式的混合模式；如策论式中的《三亚市志·概述》的写作模式，采用了策论式与浓缩式的混合模式；如特点式中的《南京市白下区志·概述》的写作模式，采用了特点式与浓缩式的混合模式；如纵述式中的《四平市志·总述》的写作模式，采用了纵述式与特点式的混合模式；如纵述式中的《合肥市志·总述》的写作模式，采用了纵述式与浓缩式的混合模式……有的"概述"可能用一种体式来划定并非恰当与贴切，只是为论述方便而以偏重某一方为主罢了。

五、图表

新志书在"概述"篇之末设表，肇始于《萧山县志》。该志在"概述"之末，附有《萧山县几个年份国民经济主要指标统计》表，因其数据内容比较单薄，当时受到不少非议。在"概述"篇之末附表，就志书体例而言，也是一种创新。在 150 部新方志"概述"中，有 6 部志书（因"概述"稿件大部分由各省市区提供，估计其中必有遗漏，暂以此为准）的"概述"均配置了图表，占 150 部志书"概述"的 4％。现将这 6 部志书"概述"设图表的情况列举如下：《萧山县志·概述》后附《萧山县几个年份国民经济主要指标统计》表,所记时间为从1949年至1984年中的13个年份,分列内容有年末人口、年末耕地面积、工农业总产值、社会总产值、国民收入等五项,为卧表,占1个页码。其中"概述"文字中的多项内容与表重复,如1984年末人口数,1949、1980、1984年全县工农业总产值,1980、1984年社会总产值,1980、1984年国民收入和人均收入,1949、1984年全县农业总产值,1984年全县耕地面积,1949、1984年工业总产值。

《上海县志·总述》后附《1949~1988年上海县主要国民经济指标情况表》,所计时间为从1949年至1988年的40个年份,分列内容为国民生产总值、社会生产总值、工农业总产值三项,表占1个页码。其中"总述"文字中的几项内容与表重复,如1949、1984、1988年国民生产总值,1949、1984、1988年国民生产总值,1949年工农业总产值。另表中1988年工农业总产值为294488万元;而《总述》文中,1988年农业产值为22599万元,工业产值为303097万元,合计工农业总产值为325696万元;明显二者数字不一致,相互抵牾。

《阳城县志·综说》之后,设《县情基本数据表》,内容包括经济、文化、社会等各个方面,显现出阳城的整体面貌。表占4个页码。表的设置,起到了"一表胜千言"的作用,既是对《综说》的注脚,又给读者了解县情以极大方便。二者经纬结合,纲举目张。该表列有:总面积,总人口,耕地,省级自然保护区,人均耕(林、牧)地,居民文化程度,人口自然增长率,出生率,死亡率,人均寿命,行政区划,海拔高度,气温,无霜期,降水,日照,土壤,植被覆盖率,森林覆盖率,水资源,水浇地,工农业总产值,国民收入,社会商品零售额,财政收入,财政支出,工业主要行业产值所占比重,煤炭最高年产,生铁最高年产,硫磺最高年产,陶瓷最高年产,发电(供电量),种植、林、牧占农业产值比重,粮食最高年产,小麦最高年产,小麦平均亩产,棉花最高年产(皮棉),棉花最高平均亩产,油料最高年产,蔬菜最高年产,年伐木,蚕茧产量,大牲畜最多年存栏,猪最多年存栏,猪最多年存圈,拖拉机,机耕地,县乡公路总长,客车,货车,邮路及投递路总长,邮递,城乡电话机,商业零售业,商业营业额,全县人均货币收入,人均消费购买力,人均储蓄,1985年底贫困户,全县住宅,高中,初中,职业学校,小学,幼儿园,农民初等教育普及率,职工业余教育入学人数,影剧院,电影队,剧团,曲艺队,文化馆,文化站,省级文物重点保护单位,文物博物馆,图书馆,图书室,广播喇叭,电视差转台,电视机,科学技术专业协会,医疗卫生单位,无医疗点村,干部,全民所有制职工、全员劳动生产率,集体所有制职工、全员劳动生产率,煤矿百万吨死亡率,环境污染,水土流失面积,缺水自然村,犯罪率等91项。"综说"文字占2.5个页码,表占4个页码。

《奉贤县志·总述》后附《工农业总产值表》《国民经济和社会发展几个年份比较表》两份表,占3个页码。其中《工农业总产值表》所记时间从1949年至1985年共37个年份,分列内容为工业产值、农业产值及比重,工农业总产值(总计)三项;《国民经济和社会发展几个年份比较表》所记时间为1949、1978、1984年三个年份,分列内容有粮食总产、单产,皮棉总产、单产,油菜籽总产、单产,生猪饲养量、上市量,禽、蛋上市量,水产总量,农副产品收购,运输量、周转量、装卸量,通车公路,公路桥梁,自来水厂,影剧院,财政收入、支出,社会商品零售总额,农村三级人均分配,城乡储蓄总额、人均储蓄,职工总数等26项。"总述"文字记述中,有多项内容与表重复,如1949年工业、农业产值所占比重(百分比),1972、1978年工业产值比重,1984年工业、农业产值比重,1949、1952、1957、1961、1965、1976、1985年工农业总产值等项。另,"总述"文字记述中的数字与表中数字多项出现抵牾,试举一段原文:"工农业生产总值,1984年比1949年增长15倍(注:表中1949年为4675.42万元,1984年为112749万元,后者为前者的24.12倍,实为增长23.12倍),增加金额105746.24万元(注:按表中数字折算,应为增加金额108073.58万元)。其中:工业总产值增长43.6倍(注:表中1949年工业总产值为1826.62万元,1984年为90389万元,后者为前者的49.48倍,实为增长48.48倍),年内递增率为11.47%;农业总产值增长3.5倍(注:表中1949年农业总产值为2848.80万元,1984年为22360万元,后者为前者的7.85倍,应为增长6.85倍),年均递增率为4.39%。1984年与1978年相比,工农业总产值增长1.1倍(注:表中1978年工农业总产值为45318.05万元,1984年为112749万元,后者为前者的2.49倍,应为增长1.49倍),平均(注:应为"年均",与前文同)递增率为13.14%,增长数为59006.02万元(注:按表中增长数应为67431万元),相当于1949年至1978年增长数46740.22万元(注:表中1949年工农业总产值为4675.42万元,1978年为45318.05万元,增长数应为40642.63万元)的 1.26 倍(注:应为 2.77 倍)。其中:工业总产值增长 1.65 倍(注:表中 1978 年工业总产值为 31116.35 万元,1984 年为 90389 万元,后者为前者的 2.9 倍,应为增长 1.9 倍),平均递增率为 17.63%,增长数为 59269.92 万元(注:按表中数字计算,应为增长 59272.65 万元),相当于 1949 年至 1978 年增长数 32095.12 万元(注:按表中 1949 年工业总产值为 1826.62 万元,1978 年为 31116.35 万元,增长数应为 29289.73 万元)的 1.75 倍(注:应为 1.1 倍);农业总产值增长 0.14 倍(注:表中 1978 年农业总产值为 14201.70 万元,1984 年为 22360 万元,后者为前者的 1.57 倍,应为增长 0.57 倍),平均递增率为 2.2%,增长数为 2736.1 万元(注:增长数应为 8158.3 万元)。""总述"中的文字记述与表中的数字记述,抵牾达 14 处,文与表孰对孰错,使读者无法认定。

《昭平县志·概述》后附有:《工农业总产值及结构变化》(梯形示意图),所记时间为 1952 年至 1989 年中 10 个年份,分列工农业总产值和当年工业、农业产值各占的百分比;《社会总产值结构》(圆形比例图),所记时间为 1978、1985、1989 年三个年份,分列当年的社会总产值及工业、农业、交通邮电、建筑业、商业饮食业等五业所占的百分比;《社会总产值和国民收入增长》(柱状示意图),选取了 1978、1985、1987、1988、1989 年五个年份,分列当年社会总产值和国民收入的数字;《人均国民收入增长》(线状示意图),选取了 1978、1985、1987、1988、1989 年五个年份,分列当年价和 1980 年不变价两个数字;《国民生产总值和第三产业结构图》(圆形比例图),为 1989 年国民生产总值总额及其中第一、第二、第三产业各占的百分比数,第三产业总额及第一、第二、第三、第四层次各占的百分比数;《社会总产值和国民收入》(表),所记时间为 1978 年至 1989 年共 12 个年份,列有社会总产值数及农业、工业、建筑业、交通邮电业、商业饮食业等五业的所占数额,国民收入总额及以上五业和人均国民收入数额;《国民经济主要指标》(表),选取了 1952 年至 1989 年中的 17 个年份,分列有人口、耕地面积、工农业总产值、社会商品零售总额等四大项。共 5 图 2 表。"概述"文占 4 个页码,图表占 4 个页码。图与表有重复现象,如《工农业总产值及结构变化》图,与《国民经济主要指标》表中的内容完全重复;《社会总产值结构》图中的总数(三个不同年份),与《社会总产值和国民收入》表中的内容重复;《社会总产值和国民收入增长》图,与《社会总产值和国民收入》表中的内容完全重复;《人均国民收入增长》图中的当年价数字,与《社会总产值和国民收入》表中的内容完全重复。只是图与表的表现形式不同而已。"概述"文字记述中,有多项内容与图表内容重复,如1989年工农业总产值、社会总产值和国民收入,1978、1989年人均国民收入,1989年农业总产值、社会商品零售总额,1952、1989年工业总产值在工农业总产值中所占的比例等。另,文与表中数字亦有抵牾,如1978年的人均国民收入,文中为187元,表中为182.07元;工农业总产值1989年比1979年增长倍数有误,应为0.77倍,而文中记为0.83倍。

《潞西县志·总述》后附《综合图表》,其中有《工农业总产值、农业总产值》(曲线图),所记时间为1953年至1990年中的9个年份上升变化;《财政收入支出》(梯形图),分列1957年至1990年的8个年份攀升变化;《摘年国民生产总值和国民收入统计表》,所记时间为1952年至1990年中的17个年份,分列国民生产总值、人均国民生产总值、国民收入、人均国民收入四项;《历年国民经济社会发展主要指标统计表》,所记时间为1950年至1990年的逐年统计,分列有总人口、工业总产值、农业总产值、社会商品零售总额、财政收入等四项;《国民经济主要比例关系》表,所记时间为1957年至1990年中的7个年份,分列有国民生产总值中三个产业比例、国民收入生产比例、全社会固定资产投资资金来源比例、财政收入相当于、工农业总产值中农轻重比例、农业总产值中五业比例等六大项,每大项之下又有2~5个小项。共2图3表,占4个页码。"总述"文字亦占4个页码。图与表有重复现象,如《工农业总产值》图,与《历年国民经济社会发展主要指标统计表》中的工业、农业总产值内容重复;《财政收入支出》图,与《历年国民经济社会发展主要指标统计表》中的财政收入内容重复;只是图与表的表现形式不同而已。"总述"文字记述中,有两处与表的内容重复,即1952年和1990年国民生产总值、国民收入。

要了解志书概述配置图表的情况,6篇毕竟少了些,不妨再选取一些事例,通过"面"的拓宽,进而加深对"概述"篇设置图表的认识。笔者曾浏览了104部(至2002年6月底)山西省首轮市县级志书的"概述",其中有7篇加插了图表,占104部的6.7%。除前述《阳城县志》外,其余6篇"概述"情况如下:

《汾西县志·概述》之后附有《几个年份统计资料提要》表,列有总户数、农业户数、非农业户数、总人口等 32 项。内容包括人口与农业经济两大类,选取的 5 个年份为 1936、1949、1965、1978、1991 年。所取的年份极具有代表性。

《阳泉市志·总述》之中,插有《阳泉与国内部分中等城市 1990 年国民经济和社会发展主要指标对照表》,对照城市共 14 个省 23 个市:河北秦皇岛、邢台,山西长治,辽宁盘锦,吉林辽源、通化,黑龙江双鸭山,江苏镇江,安徽马鞍山、淮北,山东枣庄、潍坊,河南平顶山、焦作,湖北宜昌,湖南株洲,四川自贡、攀枝花、乐山,贵州六盘水,陕西宝鸡、咸阳,阳泉市。对照内容有:年末总人口、市区年末非农业人口、土地面积、人口密度、人口自然增长率、年末耕地面积、建成区绿化覆盖率、工农业总产值、工业总产值、农业总产值、人均工农业总产值、客运总量、货运总量、全部固定资产投资、社会商品零售总额、商业餐饮业服务人员等 32 项,每一项均列出了阳泉所占名次。“总述”文字占 6 个页码,“表”占 4 个页码。比较,是认识事物、探求真理的重要方法,志书通过纵向比较与横向比较相结合的方法,才能真正为本地正确定位,找准坐标。在突出地方特色方面,人们多强调“人无我有”的事物,其实,地方特色亦包含在“人有我有”的事物之中。地方特色往往是通过与同类事物的横向比较才充分显露出来。通过比较,阳泉市在多方面与兄弟市的差距与不足便显现出来。事实胜于雄辩,比较出来的事实是最具说服力的。

《潞城市志·概述》则是图、表并用,别有一番情趣。该志的“概述”在行文中,插有 7 幅图,即《农林牧副业总产值构成》图、《乡镇企业发展情况》图、《社会消费品零售总额》图、《国内生产总值构成》图、《城乡居民储蓄存款余额》图、《城镇居民人均可支配收入和农民人均纯收入》图、《职工平均工资》图。在文后附有 1 幅图、2 幅表,即《潞城优势图》(采用线形地图与照片相结合的方法,占 1 个页码)、《潞城基本数据表》(有总面积、总人口等 90 项,内容与《阳城县志·综说》后附的《县情基本数据表》相类似,占 4 个页码)、《潞城之最表》(列有最早的人类活动遗址、最早的城郭等 95 项,占 4 个页码)。与《阳城县志》不同的是,《阳城县志·综说》的文字内容与表中所列项目没有重复,而《潞城县志》的表中内容同文字内容重复项目有面积、总人口、工农业总产值、粮食总产量、蔬菜总产量、水果总产量、蛋产量、农机总动力、农村用电量、化肥施用量、冶金焦、水泥、石膏、生铁、乡镇企业数、公路通车里程、邮电业务总量、城乡安装电话、社会消费品零售总额、财政收入、学校、在校学生总数、影剧院、文化站（室）、图书馆（室）、医疗机构等 26 项。

《永和县志·概述》后附有《县情基本数据表》，所列内容有总面积、总人口等 62 项，占 2 个页码。表中的项目与文中内容重复的项目有：森林覆盖率、大牲畜存栏、全县公路总长、各类商业零售点、社会商品零售总额、在校学生、医疗机构、人口死亡率、农民人均年纯收入、县财政总收入等 10 项。

《晋城市志·综述》后附有《市情数据表》，占 32 个页码。其内容为先列大项，在每一大项中含有若干小项，内容涵盖全志。所列大项有：行政区划、土地面积、气候、主要自然资源、人口、计划生育、城乡劳动力资源、社会劳动者、农村劳动力、社会经济主要指标、农村经济与农作物产量、农作物产量（各县）、农业总产值构成、农作物播种面积、林业、畜牧业、农业现代化、水利建设、工业企业单位、全部工业总产值、分县工业总产值、企业规模、轻重工业产值结构、分行业产值结构、乡以上独立核算企业经营状况、主要工业产品产量、乡镇及乡镇以下企业、交通运输、邮电、批发零售贸易餐饮业、粮食购销调拨、地方财政收支、金融、投资与基本建设、教育事业、科技事业、文化事业、广播电视事业、卫生事业、体育事业等 40 类。

《大同市志·总述》之后，附有《大同市市情表》和《13 个较大城市市情比较表》。《大同市市情表》内容囊括全志，列有海拔高度、最高海拔、水流总长度等 177 项，占 4.5 个页码。《13 个较大城市市情比较表》，比较内容有行政区划及人口，土地面积、农业总产值，主要产品产量，畜产品，企业数和工业总产值，独立核算工业企业财务全民所有制，独立核算工业企业财务集体所有制，独立核算工业企业经济效益全民所有制，独立核算工业企业经济效益集体所有制，独立核算工业企业经济效益，货运、客运量，邮电、用电量，固定资产投资及住宅建筑，城市公共事业，按人口平均市政设施主要指标，商业、外贸机构数，零售商业、饮食业、服务人员数及个体人员数，按人口平均的商业机构和人员，科技人员，各级学校数，各级学校在校学生数，按人口平均在校学生数，文化艺术，卫生机构人员，全部职工年末人均工资总额、平均工资，财政，火灾、交通事故等 28 个大项，每个大项中又含有 6~8 个小项。比较城市有河北唐山，山西大同，内蒙古包头，辽宁大连、鞍山、抚顺，吉林省吉林，黑龙江齐齐哈尔，江苏无锡，安徽淮南，山东青岛，河南洛阳，四川重庆（当时为四川省辖市）等 13 个市。该表占 9.5 个页码。

　　如果将本书选取的 150 部与山西省的 104 部志书相加,总数为 254 部,"概述"篇配置图表的为 12 部,占 254 部的 4.7%,与未配置图表的"概述"相比,也仅占极少数。因新方志增设"概述"篇,是志书体例上的创新之举。既为创新,就没有一定之规。因此,就"概述"篇而言,也可称之为大体则有,定体则无。随着修志实践成果的不断涌现,经过修志同仁对"概述"篇认识的不断深化,"概述"篇的编写一定会走向成熟,发挥出它应有的功能和作用。从 12 篇"概述"配置图表的情况看,其形式大致有以下几种:按图表位置分,放在文后的有 10 家,插入文中的 1 家,文中和文后均有的 1 家;按图、表使用分,仅用表的有 9 家,图与表混用的有 3 家;按文与图表所占篇幅分(以文与图表合占篇幅为 100% 计),图表篇幅超过 50% 的有 3 家,图表篇幅占到 40% 的有 2 家,图表篇幅在 20% 以内的有 7 家。

　　志书中设"概述"篇,是新志编纂在体例上的创新之举,同时也不可否认,"概述"配置图表也是体例上的一种创新。如《县(市)情表》是具有全局意义的统计表,它具有全局性、直观性和实用性,是对"概述"文字内容记述不足(受篇幅或写法局限)的补充,进而强化"概述"的功能和作用,对于读者阅读"概述"时把握一地的全貌是有一定帮助的。

　　然而,凡事都应一分为二。"概述"附设图表亦不例外。既然是一种创新,就可能是一种成功的经验,也可能是一种失败的教训。就新志书设立"概述"篇而言,其功能是从宏观上勾勒一地的大要,总括地情,展示轮廓,沟通联系,彰明因果,提纲挈领,策论方略,提炼精华,总摄全志。它是统领全志的完整、独立的一篇宏文策论,一般情况下并不需要配置图表为其帮衬。修志实践也证明了这一点,104 部志书中,"概述"设置图表的仅占 6.7%。当然,特殊情况例外,即如《阳城县志·综说》增设《县情基本数据表》,也有主编不得已而为之的苦衷,正如主编刘伯伦在《县志修成话得失》一文中所言:增设《县情基本数据表》"既是对'综说'因行文需要忍痛割爱的补救,又是如数家珍地对本县基本地情的简略展现。这样,'综述'和'县情基本数据表'一宏一微,一粗一细,珠联璧合,相得益彰,收一目了然之功,奏'总体浏览、用志不纷'之效"。

　　从山西的 7 部志书"概述"设置图表的情况来看,有几个问题值得研究探讨:其一,"概述"配置的图表,应具有全局意义,对强化"概述"的功能和作用起积极作用。如《汾西县志·概述》后附设的《几个年份统计资料提要》,内容仅涉及到人口、农业经济两个方面,并非反映全局的情况,放在此处似为欠妥。其二,"概述"配置的图表,应置于"概述"文末,若插在文中则有伤文气。如《潞城市志·概述》文中插有 7 幅"数据图",图虽小,但乱了文气,完全可以用文字代之;《阳泉市志·总述》文中插有占 4 个页码的《对照表》,打破了"总述"的完整性,移出来效果岂不两便? 其三,有些图表的内容与"概述"关系不十分紧密,完全可以独立存在,其位置似乎也欠妥。如《潞城市志·概述》之后,附有《潞城之最表》,此表与"概述"关系并不密切,且可独立成文。志书中设置此表的也并非潞城一家,如《黎城县志》也设有此表,但位置是放在志尾的《丛录》之中,更强调其检索的作用。《黎城县志》所放的位置似乎更妥帖一些。其四,有的图表内容与"概述"相关连,但主要记述为外地的内容,它又完全可以独立存在,其位置也有商榷的必要。如《阳泉市志? 总述》文中插有《阳泉与国内部分中等城市 1990 年国民经济和社会发展主要指标对照表》,《大同市志·总述》之后设有《13 个较大城市市情比较表》,在山西省已出版的 104 部志书中,采用此种比较表的仅此 2 部。在新编志书中,本地自身的纵向比较是常见的,而本地与他地的横向比较却较少见。有比较才有鉴别,相异特征往往是在比较中产生的。比较也是人们认识事物、探求真理的重要思考方法。记述一地经济与社会发展的快慢,应以纵向比较和横向比较相结合,才能为本地找出优劣之势,从而正确定位,找准坐标,谋划出发展方向和目标。在志书中设置《比较表》,是开放意识在修志中的具体体现,是新方志编纂中的一大创新,很值得修志人员回味与思考。但就其内容而言,主要记述的是非本地的内容,是"借"外地的内容来为本地的内容服务的,即通过比较来显现本地的特征,为当地的决策者提供资治参考。依笔者愚见,按志书"不越界而书"的通例,此种内容放在全志之首似有不妥。有两处地方值得考虑:其一,《阳泉市志》设有《经济综述》,将此表移入《经济综述》岂不更能发挥其作用? 当然,移在《经济综述》篇中,其对比内容只能限制在经济的范畴。其二,如不想改变对比内容,那么移在志尾的《附录》中是否更恰当些呢?

"概述"中的特例,即指"概述"篇在撰写或编排方面独树一帜,与他志无相同之处。在 104 部志书中,有 4 部志书的"概述"可列入特例之列。现分而述之。

　　《太原市南郊区志》改"概述"为"概说",自有其特殊的含义。在首届社会主义新方志编纂中,志书之首设置"概述",几成定例,非《太原市南郊区志》首创。卷首部分的编排也基本以卷首彩图为先,序、凡例、目录居中,"概述"殿后为顺序。《太原市南郊区志》却是将"概说"跃过目录、凡例,与卷首彩图合体编排,既将"概说"文字融于精美的照片之中,同时"概说"文字又统帅着卷首的全部照片。具体编排形式为:首页"概说"标题及文居上部,下部为照片,其余26个页码均为双页合版编排,文字居于左版页的左边部(仅有一页居于左版右侧上中部),照片居于左版的右半部分及右版的全部。众多方志界专家、学者对《太原市南郊区志·概说》的这种崭新创意,给予了积极的评价:这种文图结合的创意,"沟通了文字概说与卷首彩照的密切联系,既使文字叙述有了形象化的映衬,又将图照纳入了志书的总体结构之中,使图照表达的主题更加明确。使二者的'合力'作用得到了增强。"(梁滨久语)"这种别具一格的编排,很容易收到图文并茂、文图相互印证、相得益彰的效果。"(解师曾语)"用概括简要的文字表述配以图像清晰的照片,便有图文相衬、相得益彰之善。"(林衍经语)"其志《概说》置于全志之首,与其彩色照片相配,图文互应,图文对照,图文互补,图文互茂,真令人耳目一新。阅之,一区之概况不但有精炼、流畅的文字给读者思考、推敲之余地,而且有精美、适当的彩照相应映入眼帘,形象历历在目,给读者构成立体、直观的认识。此举确为新编志书开拓出一条可资借鉴的新路,并且提高了新编志书的美学价值,获得了阅读志书的美好感受","以全志龙头为突破口,将《概说》文字与照片融为一体,形成新的志书表现形式,并且便于读者阅读、检索,确为新编志书的一项创新。"(赵泉明语)"《概说》在编排上,不但置于卷首,而且与98幅照片相配合,具有珠联璧合之妙。全《概说》以志为主体,图为辅助,图不离文,文附以图,文图相济的原则,使照片与文字浑然一体,构成一部有机的和谐乐章,大大丰富了区志的内容,增加了区志的风采及直观性、科学性和可读性,收到文字所不能替代的特殊功能。"(姚斌语)"把《概述》文字和照片两者有机结合起来,也是对我国修志传统的一个继承、发展和创新……更为重要的是赋予了新意的发展和创新。"(张景孔语)"两者并排,交相辉映,大有令读者目不暇接之妙!""表意传神,相得益彰,参照阅读,立体感特强。确有令人如身临南郊宝地之感。如此创意,获得如此好的效果,足见版式设计者的匠心。""彩照与概述,是每部志书卷首不可或缺的重要组成部分,分排或合排,或是更为上乘的编配,绝非单纯注重外在的形式美,其实质同样是关于志书内涵的完整构建。""概说与照片同页合排的成功范例,足以表明:志书编排乃至装帧设计,同样是个广阔的领域,大有英雄用武之地。"(邵长兴语)"《太原市南郊区志》推出文照结合,融为一体的'概说',此举成为新方志'概述'撰写阶段性'里程碑'"。"探其内涵外延及其科学的丰富内涵,认为这篇文照结合的'概说'有这样 10 个基本特点,值得评荐。①'概说'文照结合,刷新了新方志概述部分的撰写形式与格局;②'概说'的文字叙述与照片编排相同步、相印证、相辅相成,互为深化;③'概说'文照结合,隐形资料(指画面中隐含的资料,虽作者没用文字说明,但读者可以体察到丰富的内涵)蕴藏丰富,文约事丰;④'概说'文照结合,形象化资料编次,极能勾勒古今概貌,即贯通古今,横陈现状;⑤'概说'文照结合,能以形象化资料昭示宏观,突出地方特点,弘扬地方优势,标识出地方特点的时代性,时代特点的地方性;⑥'概说'文照结合,易理解,易记忆,留下深刻的印象;⑦'概说'文照结合,增加了形象化资料的涵量,增加志书的趣味性、可读性和直观可信性;⑧'概说'文照结合,既有继承古'图经'的痕迹,又有创新'新图经'的雏形;⑨'概说'中遴选的 98 幅照片资料,无生拉硬扯、硬塞的'假冒'(系指志书下限时间以外,又不加文字说明)照片资料,幅幅照片资料文字说明撰写的要素比较齐全,画面清晰,文字说明贴切,浑然一体;10'概说'文照结合,对改革、创新新方志体例框架结构,提供了有益的经验。总之,《太原市南郊区志·概说》文照结合,从整体宏观上双向托出南郊区(原太原县)的历史与现状,为全志编纂举起纲,扬开帆,导正方向,明确载体,真是妙哉妙哉。"(刘有才语)新方志"概述"采用文照结合形式为数极少,首起于浙江《青田县志》,该志前设概貌,以图照为主,文字说明辅之。河南《淅川县志》卷首《概况》亦采用文照结合形式,以文字概述为主,图照辅之。上述这两部志书均是考虑到一幅(或一组)图照与文字相对应,不同点在于只是一侧重于图,一侧重于文。《太原市南郊区志·概说》,在文照结合上又开创出新的体例和模式,二者既相配合,同时又有相对独立性,为新方志"概述"的撰写及编排形式创造出新鲜的经验。

六、优长与不足

(一)选择精要内容,全面反映地情

前文中,对不同体式的"概述"内容进行归纳比较,由于体式的不同,在选取内容上存在较大的差异。若把150篇"概述"所记内容综合列表,从中可看出各种体式选取内容的侧重点和相同点。

百五十篇"概述"内容统计表

数额 体式 分类	浓缩式（101篇）	策论式（28篇）	特点式（13篇）	纵述式（8篇）	合计（150篇）
经济与社会发展变化	101	28	13	8	150
地理概貌	96	26	13	8	143
革命传统（斗争精神）	70	15	7	8	100
历史发展概貌（悠久历史）	37	14	7	8	66
优劣之势	43	14	1	1	59
杰出人物	41	4	3	0	48
资源	10	7	13	0	30
旅游名胜	10	0	8	0	18
重大事件	5	3	0	7	15
城市建设	5	2	3	0	10
民族发展状况					

从表中可以看出,浓缩式侧重于前六项,依次为:经济与社会发展变化、地理概貌、革命传统、优劣之势、杰出人物、历史发展概貌;策论式侧重于前五项,与浓缩式相比,只差杰出人物一项。特点式侧重于经济与社会发展变化、地理概貌、资源、旅游名胜、革命传统、历史发展概貌等六项,与浓缩式和策论式相

比,少了优劣之势,多了资源与旅游名胜两项。纵述式侧重于经济与社会发展变化、地理概貌、革命传统、历史发展概貌、重大事件等五项;与浓缩式相比,少了优劣之势和杰出人物,与策论式相比,少了优劣之势,与特点式相比,少了资源和旅游名胜,惟独比前三种体式多了重大事件一项。体式上的差异,故在内容的选择上亦各有侧重。

若将150篇"概述"综合起来看,获得2/3以上认可的内容有经济与社会发展变化、地理概貌、革命传统三项。经济与社会发展变化,是"概述"篇反映一地域地情的主体内容,150篇中无一缺项,可见得到"概述"撰写人员的普遍认同,再无异议。地理概貌,有95.3%的"概述"篇立此项目,亦得到绝大多数撰写人员的认同。笔者以为,"概述"篇中的地理概况内容,是反映一地域地情的最基本的内容,它宛如人的脸面,要给读者鲜明的第一印象。如缺此内容,"概述"篇就像一个无头的躯干,后述的其他内容便没有了基础,使人看不清眉目。地理概貌,可称之为"概述"篇中的水之源、木之本。人常言,一方水土养一方人。自然、人类、社会,乃方志记述的三大内容,缺了自然(地理概貌),人与社会如何依赖生存发展?此项目无论如何不可或缺。革命传统(斗争精神),有66.7%的"概述"篇立此项目,占2/3,可以说得到多数撰写人员的认同。历史唯物主义者认为,人民是创造历史的真正动力。一地域经济与社会的发展,是该地域内人民长期奋斗拼搏的结果,记述一地域内人民群众的斗争精神,是社会主义新方志应记述的根基所在。一地域人民群众的精、气、神,在这一内容中可以得到充分展现。

获得1/3左右认可的内容有历史发展概貌、优劣之势、杰出人物等三项。董一博在《关于县志设置"概述编"之商榷》(即"一论")一文中,就"概述"编应写的内容列有五项,此三项均位列其中,即其五项中的第一、第三、第四项。从150篇"概述"的实践看,历史发展概貌占44%,优劣之势占39.3%,杰出人物占32%。虽然比率低了些,但勇于实践者仍不乏其人。在"概述"篇中是否列此三项内容,对"概述"篇的宣传效应还是大有区别的。

其余五项,在150篇中所占的比率分别为:资源占20%,旅游名胜占12%,重大事件占10%,城市建设占6.7%,民族发展状况占3.3%。笔者认为,"概述"篇记述的内容,应以反映地域特色为首要,如城市志(包括县级市和地级市),不可没有城市建设的内容;如少数民族地区的志书"概述",不可没有民族发展状况的记述；如地处边疆地区的志书"概述"，不可没有爱国传统及斗争精神的记述。

在地理概貌的内容记述上，一般而言，几大地理要素诸如方位、面积、行政区划、人口、民族等不可或缺。但实际情况并非如此。如《垣曲县志·概述》记述地理概貌中，缺面积、人口等要素；《象州县志·概述》记述地理概貌中，缺下限之时行政区划状况；《合川县志·总述》记述地理概貌中，缺下限之时合川县建置状况，只能让人从文义中加以揣摸；《弥勒县志·概述》叙地理概貌中，缺人口与民族两大要素，作为地处边疆的少数民族县份，漏此内容实为一大缺憾，使人难以了解与熟悉县情总貌。

在"概述"篇所记内容中，哪些内容可以省略，哪些内容不可或缺，还需进一步地深入研究与探讨。

（二）把握繁简尺度，合理安排类项

"概述"作为全志的开篇，受篇幅的限制，其所记内容的各类项目（如地理概貌、历史简况、斗争精神、经济与社会各业的发展变化、杰出人物、重大事件、优劣之势等），在"概述"篇中所占的篇幅亦受到一定制约，各类项目繁简尺度的准确把握，在有限的篇幅内尽情展现一地域的地情，是一篇好"概述"应遵循的基本原则。有比较才能鉴别。同类比较，才能确定某项内容写作上的优劣。单看一篇"概述"，主体内容中的各类项目是否详略得当，很难发现。若将150篇"概述"进行同类比较，其中各类项目繁简尺度的把握是否准确，即显现出来。在150篇"概述"中，不乏佳篇良作。但也不可否认，有少部分"概述"在所记内容的篇幅掌控上，或多或少还存在一些弊病，该详的项目未详，该简的项目未简，出现畸轻畸重的毛病，使"概述"篇的整体质量受到一定影响。主要表现在以下几个方面。

一是地理概貌的篇幅过大，影响了"概述"全篇的协调感。如《桦甸县志·概述》全文7100余字，四大部分，其中第一部分地理概貌即用了2000余字的篇幅，占全篇的28%。在新方志"概述"中还是少有的。文字多，有多的优点，既全面又详细；其缺点是不够简练，占了其他应写内容的版面。如《巴林左旗志·概述》全文7100余字，四大部分，其中第一部分地理概貌即用了2100余字，占全文总字数的30%。可谓地理内容面面俱到，文字显得拖沓、不精炼。如《崇义县志·概述》全文9500余字，五大部分，第一部分地理概貌即用了 2300 余字的篇幅,内容可谓详尽矣,但显得过于繁琐,把需要突出的重要内容淹没于平铺直叙的文字之中。如记建置沿革,志书正文中也不过如此而已;如记人口,建国后的三次人口普查既有总数,又有密度;如记树种,国家一、二、三级重点保护树点了 15 种;如记动物,国家一、二类保护动物点了 18 种;如记矿产,点了 27 种,已开发的还重复点了 12 种。给人以文字不精、特色不突出之感。如《会昌县志·概述》共 9800 余字,七大部分,其中第一至第三部分地理概貌即用了 3100 余字,占全文的 32%。第一部分叙总貌、建置沿革及县城变迁,建置沿革略显繁琐;第二部分叙地势地貌、河流、气候;第三部分叙资源,依序为土地、矿产、森林、水力、旅游等五大资源。资源单列,在"概述"撰写中为创新之举。但将地理概貌分列三大部分,在全文中所占比重过大,且分列后势必拉长文字,该简的不简,徒增文字数量。若三合一,精炼文字,其效果会好许多。

二是建置沿革的内容过详,淹没了地方特点。如《长岭县志·概述》共 10600 字,六大部分。第一部分地理概貌 800 余字;第二部分为建置沿革即用了 800 余字,占全文总数的 7%;第三部分为记述经济发展变化则用了 6000 余字。各部分间的分量失衡。如将第二部分的建置沿革内容与第一部分地理概貌(建置亦属地理内容)合并,各部分间才会略显协调一些。且建置沿革单列一部分,明显产生畸轻畸重的弊病。如《依安县志·概述》共 6100 余字,四大部分,第一部分地理概貌用了 1300 字,其中仅建置沿革就达 900 字,占地理概貌篇幅的 69%,过细过繁,淹没了地方特点。如《鹿邑县志·概述》共 8400 余字,四大部分,第一部分地理概貌 700 余字,其中建置沿革就用了 400 余字,占地理概貌内容的 60%,明显偏多,与地理概貌的其他内容不协调。如《长阳县志·总述》共 9000 余字,五大部分,第一部分地理概貌 1000 余字,其中建置沿革即用了 550 余字,占地理概貌内容的 55%,建置沿革过细过繁,文字略显偏多。如《琼山县志·概述》共 5900 字,四大部分,第一部分地理概貌 1700 字,其中建置沿革用了 600 余字,占地理概貌内容的 38%,占全文的 11%。建置沿革内容过于繁杂,淹没了地方特点;与全文的其他内容也不甚协调。

三是大类项目记述篇幅的不平衡,影响全文各分类内容间的协调感。如《黄冈县志·概述》共 5000 字,四大部分,第三部分经济发展变化,舍弃了交通邮电、商贸等内容,只记农业、工业和乡镇企业,虽为自立新格,但似有失偏颇之嫌。第四部分记社会各业发展变化，仅寥寥 270 余字，与第三部分经济内容（2700 字）相较，仅为其 1/10，在谋篇布局上有比例失当之嫌。如《固原县志·概述》共 6100 字，六大部分，依序为地理概貌、历代战事、民族历史、交通建设、经济发展变化、文化与杰出人物。其中第六部分记文化与杰出人物，前为文物古迹，中为文学艺术，后为杰出人才。该类内容中缺社会各项事业中的教、科、卫、体等项目，从大文化的角度考虑，缺此四项，县情难以全面展现。如《嘉荫县志·概述》全文分为五大部分，依序为地理概貌、历史状况、经济发展变化、重大事件、优劣之势。社会各项事业中的教、科、文、卫、体等均无表述，属重要内容缺漏，县情难以全面展现。如《奉贤县志·总述》全文分为七大部分，依序为地理概貌、光荣传统、历代名人、产业结构变化、工农业总产值变化、名特产品、优劣之势。社会各项事业在其他部分中仅有点滴内容，属重要内容缺漏。还有个别"概述"，在记述小类项目中亦存在畸轻畸重的弊病。如《黔西县志·概述》全文分为七大部分。其中第四部分工业经济发展变化 1100 字，工业 330 字，占 30%；交通 260 字，占 24%；邮电 280 字，占 26%；基建投资 150 字，占 14%。邮电内容与工业内容相差无几，两项内容相较，工业篇幅明显偏弱，而邮电内容明显偏繁，有比例失当之嫌。

（三）慎用序号分段，通篇一气呵成

据笔者粗略统计，在"概述"篇层次结构的内容分段上，150 篇"概述"大体采用了全文一气贯通、用空行分割、用序号分割、用标题分割等四种方式。

150 篇"概述"内容统计表

分类 ＼ 数额 ＼ 体式	浓缩式（101 篇）	策论式（28 篇）	特点式（13 篇）	纵述式（8 篇）	合计（150 篇）
一气贯通	32	8	1	0	41
空行分割	4	2	0	0	6
序号分割	65	16	0	6	87
标题分割	0	2	12	2	16

从上表中可以看出,由于各种体式选择内容角度不同,撰写形式有异,故在整篇"概述"层次结构的内容分段上各有侧重。浓缩式用序号分割居多,一气贯通次之,惟独无标题分割;策论式四种方式共用,用序号分割居多,一气贯通次之;特点式以标题居多,不用空行分割和序号分割;纵述式用序号分割居多,标题分割次之,不用一气贯通和空行分割。

在 150 篇"概述"中,用序号分割的为 87 篇,占 150 篇的 58%。可见"概述"篇在层次结构的内容分段上,用序号分割是便于操作和把握的一种简便方式。它的特点是文章内容层次清晰,方便读者领会文章内容;短处是割裂文气,在一定程度上破坏了文章的完整性。依笔者愚见,在四种层次结构的内容分段上,一气贯通为最佳,加标题及空行分割稍次之,而加序号分割则为下下策矣。"概述"篇用加序号来分层次,与篇幅过长也有一定关系。压缩"概述"的篇幅,让读者在较短的时间内领略全志的梗概,并将其一气贯通,让读者去自行体味文章中之滋味,才是"概述"篇的真谛所在。

在 87 篇加序号分割的"概述"中,序号的位置也各不相同。有有头有尾,中间主体内容加序号的;有只有开头,其后均加序号的;亦有从头至尾均加序号的。依笔者愚见,"概述"篇用序号分割,有头有尾而仅中间主体内容加序号为最佳,只有开头(篇首)而后加序号稍次之,而从头至尾均加序号者又次之。

由于序号使用不当,致使"概述"篇各部分间严重失衡,影响了文章的整体效果。现略举几例。

《武安县志·概述》全文共 9800 余字,从头至尾用序号分割为五大部分,一悠久历史,二斗争精神,三经济与社会成就,四存在问题,五结尾。其中第五部分仅为 150 字(仅及全文的 1/65),是以展望作结尾的,并无实质性内容;而第三部分记经济与社会成就,却长达 5400 余字;此二部分文字数量相差达 35 倍,比例严重失衡。如能加上三五百字的一段开头,再将第五部分作为结尾段,文中主体部分分为四大部分,文章结构则显得完整,主体的各部分才略显均衡。

《通化县志·概述》全文 7200 余字,从头至尾用序号分割为七大部分,第七部分仅 220 余字(仅占全文的 1/32),也是以展望作结尾的。第五部分记经济成就,长达 2400 余字,是第七部分的 11 倍,比例严重失衡。与《武安县志·

概述》犯了同样的毛病。

《南京市白下区志·概述》全文共 6200 余字,从头至尾用序号分割为五大部分,一地理概貌,二城市特色,三有利条件,四不利因素,五结尾。其中第二部分长达 4200 余字,而第四、五部分各为 170 余字,部分间字数相差达 24 倍,比例严重失衡。全文若不加序号,一气贯通,此弊病即可消除。

《凤阳县志·概述》共 6000 字,全文用序号分割为五大部分,唯独结尾段以空一行分割,给人以有尾无头的感觉,显得不完整。如将第一部分的第一自然段移到序号"一"之前,作为全文的起首段,似更为合理,文章也更为完整。由于序号使用不当,破坏了文章的完整性。依笔者愚见,在"概述"篇层次结构的内容分割上,还是慎用序号为好。

顺便再提一点,在使用空行分割内容层次上,也要注意文章各部分间篇幅的大致均衡。同时要避免分得太琐碎。如《满洲里市志·概述》全文共一万二千余字,除篇首及结尾段外,内文分为十七部分,各部分间用空一行分割。内容层次分割明显过细,既割裂了文气,缺乏一气呵成之感,又显得内容过于琐碎。若去掉空行,全文的整体感便会突显出来。

(四)注重篇首结尾,完善文章结构

"概述"篇,实为给志书主编出的一篇命题作文,它要求主编以高屋建瓴之势,网罗全志的精华,纵述历史,横陈现状,申大势,说大略,因果相望,揭示规律。一篇好的"概述",应有好的篇首与结尾,正如古人所总结出的好文章的标准:虎头豹尾猪肚(亦有称虎头凤尾猪肚之说)。虎头,即要有好的开头,吸引读者阅读下文;豹尾,即要有漂亮的结尾,起到余音绕梁的效果;猪肚,即文章的主体内容要丰富充实,体现作者所要表达的中心思想。因本节的内容主要说"概述"篇的开头与结尾,故将"猪肚"省略。在 150 篇"概述"中,不乏好的篇首与结尾,创造出许多成功的经验,不妨与读者共赏之。

1. 篇首

(1)以散文笔法开篇 《曲沃县志·总述》篇首段这样写道:"展开山西省地图,沿着千里汾河而下,至临汾盆地南端,汾水折而向西注入黄河。就在这回环转弯之侧,有一块'河汾之东方百里'的地方,这便是中华民族发祥地之一的曲沃县。"篇首段作为全文的引言,别出心裁,采用新闻写作的"导引法",将静态的地理位置用动态的语言来描述,妙不可言。引用《史记》中"河汾之东方百里"的话语,把曲沃与叔虞封唐联系起来,点出曲沃是"中华民族发祥地之一",深厚的历史感和丰富的信息量蕴含其中,笔墨简练而文采斐然。以散文式的笔法,紧紧地勾住了读者的双目,吸引读者浏览下文。

《修文县志·概述》开篇这样写道:(第一自然段)"修文,黔中腹心,王学圣地,物华天宝,人杰地灵。"(第二自然段)"翻开今修文县地形图,一只正在昂首长鸣的雄鸡形象映入眼帘:县境之西及西北面隆起的凉井、宝寨边陲地带,酷似引颈喔啼的鸡头,与黔西、金沙隔乌江相望;北面凹陷的六桶、花梆、德政、小坝、金桥山区,好像雄鸡平展的背部,与息烽紧紧相连;西南面突兀的中寨峡谷和洒坪、乌栗盆地,犹如雄鸡丰满的胸脯,与清镇隔猫跳河对峙;东及东北面的桃源、六屯丘陵地带,宛若雄鸡高翘的尾巴与开阳接壤;南面的王官、三元呈弧形下垂,俨如雄鸡肥硕的腹部和下腿与贵阳白云毗邻。"前面采用排比句式,以简练语言勾勒修文特点。第二自然段记地理位置,采用比拟手法,别有新意,将地形图、方位、四至,用形象的比拟语言完整地表述出来,比拟贴切,文辞优美,使静物(地图)变得活了起来,极具亲和力和表现力。

(2)以悠久建置开篇 《昭平县志·概述》开篇这样写道:"昭平,古为百越地,秦隶桂林郡,汉属临贺县。南朝梁普通元年(520)设静州,为建置之始。宋宣和六年(1124)定县名为昭平。1989年总人口337301人,有汉、壮、瑶等12个民族,其中汉族占92.8%。"将建置放在篇首,只点关键年份的建置特点,省略一般,文辞简约而特点突出。后置下限之时的人口、民族,同样节省笔墨,点到为止。写法独具一格。

(3)以市情总貌开篇 《金华市志·概述》开篇这样写道:"金华位于浙江中部,东邻台州,南毗丽水,西连衢州,北与杭州、绍兴接壤。古属越国地,秦入会稽郡。自三国吴宝鼎元年(266)置郡始名东阳以来,历名金华、婺州,或设郡、州、路、府,或设道、区、专区和地区。1985年5月,国务院批准撤销金华地区,分设金华、衢州两市,实行市管县体制。金华市辖金华、永康、武义、浦江、磐安五县和兰溪、东阳、义乌三个县级市及婺城区。面积1.09万平方公里,1989年底人口为423.07万人。"不足200字的篇幅,就将位置、建置、区划、面积、人口交待清楚,行文简洁明快,一目了然。

(4)以地名由来开篇 《满洲里市志·概述》篇首这样写道:(第一自然段)"在祖国灿若星辰的众多城市中,满洲里市作为全国最大的铁路口岸而名闻遐迩。"(第二自然段)"这个缘于一条铁路的修建而诞生的城市,其百年来的历史和祖国的命运息息相关。1895年4月,俄国乘中日《马关条约》签订之机,扩大对中国的经济侵略,阴谋策划得到将其西伯利亚铁路通过中国东北地区的'合法手续'。在1896年胁迫、诱使清政府订立《中俄密约》,攫取了在中国东北境内修筑中东铁路(又称东清铁路)的特权。"(第三自然段)"1900年4月,中东铁路的西部线在今满洲里地区开工,1901年10月通车至哈尔滨。由俄国进入中国的首站定名'满洲里',这名称源于既是满族自称,又是满族对其发祥地——东北地区泛称的'满洲'一词。俄语译'满洲'一词为'满洲里亚',再音译成汉语时则作'满洲里'。从此,历史的风雨把这个名称浇铸在中国的版图上,同时也让世界认识了一座东方的城市。"首句点出满洲里市是"全国最大的铁路口岸"这一地域特色,第二自然段点出城市的成因及地名的由来,拉近了满洲里市与读者的距离,使人既感亲切,又给人以清晰的印象,地域特色十分鲜明。

《兴安盟志·概述》开篇这样写道:"兴安盟因地处大兴安岭中段而得名。'兴安',满语,汉语意为'丘陵'。因大兴安岭山势较缓,主脉山峰相对高度亦不甚大,故满语称之为'兴安'。"开篇即点明"兴安"名称的由来,笔触简洁明快,满足了读者的好奇心,吸引读者阅读下文。

(5)以战略地位开篇 《宝坻县志·概述》开篇这样写道:"宝坻,历史悠久,经济发达,文化灿烂,民风朴实。早在新石器时代,这方土地已被先人开发利用。进入封建社会后,经济、文化进一步发展。五代兴亡交替之际(公元10世纪前半叶),县城之前身新仓镇,成为'滨海重镇'。金海陵王完颜亮贞元元年(1153)定鼎燕京(今北京),宝坻被比于'汉之三辅',视为'畿辅重地'。金世宗完颜雍大定十二年(1172)建县,被'列为上县'。到元代称之为'畿内赤县'或'畿辅望县'。明清两代又有'畿东大邑'、'甲于他邑'之美誉。民国时,被列为著名京东八县之一。到40年代,在中国共产党领导下,历经艰险和牺牲,于1946年获得解放。新中国建立后,经40年的努力,宝坻发生了翻天覆地的变化,全县综合经济实力已跻身于全国百强县(市)之林,成为名副其实的宝地。"开篇即交待宝坻在历史上的重要地位,写法上牢牢把握地域特点,引用古籍之语,呈现最大地域特色。前记"宝坻",后记"宝地",前后呼应,同音谐趣,别有风味,寓意深长。

《咸阳市志·总述》开篇这样写道:"咸阳是驰名中外的历史文化名城。秦孝公十二年(前350)开始在这里修筑宫殿,第二年即迁都于此,因'地处九山之南、渭水之北,山水俱阳'而得名。中经秦惠文王、悼武王、昭襄王、孝文王、庄襄王5代,到公元前221年秦始皇统一中国后至秦末,咸阳作为战国秦和秦王朝的都城达144年。从西汉、新、西晋、前赵、前秦、后秦、西魏、北周到隋、唐,咸阳因毗邻这10个王朝的首都长安,一直为京都'门户锁钥'、兵争要地。明清以来,这里是西北地区重要的商品集散地之一。建国后特别是改革开放以来,咸阳经济得到全面发展,城市建设规模日益扩展。咸阳又是国家商品粮、棉基地,纺织、电子及优质苹果、烤烟等工农业产品蜚声中外。1982年咸阳被评为全国14个中等'明星'城市之一,1984年列入全国甲级对外开放城市。"开篇即点明咸阳是"历史文化名城","咸阳"得名之由来,以及咸阳在历史上及当今所处的重要位置及突出特点,全方位、多角度地向读者展示咸阳独特的历史魅力,起到了不同凡响的"名片"效应。归纳得法,文辞简约。实为地域最大特色(历史文化名城)、地名由来、战略地位的三者优美组合,突显咸阳有别于他地的独特地域特色。

《子长县志·概述》开篇这样写道:"子长县位于陕西省延安地区北部。古代以'人文初祖'轩辕黄帝归葬地见诸于史籍,现代以中国革命策源地之一及中共中央所在地闻名遐迩,今以丰富的煤炭、石油、天然气资源而饮誉西北。"起首段不足百字,用短短两句话,既点出子长县在陕西省及延安地区所处的位置,又点出境域"古代"、"现代"、"今"三个历史阶段中最具特色的地域特色,向读者展示子长县在全国大环境中不同历史时期的历史地位,既突显地域的最大特色,又吸引读者进而浏览下文,"概述"的窗口作用及开篇的"名片"效应,在简约的文字中得到最大限度的发挥。主编的归纳与提炼功夫可见一斑。

《昌都地区志·概述》开篇这样写道:"昌都地区是青藏高原人类原始文化的发祥地之一,是连接藏、川、青、滇的交通枢纽,历来为兵家必争之地,素有'西藏门户'之称,战略地位十分重要。昌都地区又是西藏解放最早的地区,为和平解放西藏做出了重大贡献,故常被人们称为西藏的'老解放区'。"起首段仅百余字、两句话,点出了昌都地区最为鲜明的地域特点和重要的战略地位,既昭示了昌都区别于他地的独有特色,又勾起读者的浓厚兴趣,起到了一石二鸟之效。文辞简洁流畅,表述恰到好处。

(6)以民族特色开篇 《喀什市志·概述》开篇这样写道:(第一自然段)"喀什(喀什噶尔之简称)古代时曾是西域三十六国之一疏勒国国都,是古丝绸之路上一颗璀璨的明珠,是祖国最西端的一座古城。她集中了维吾尔族民俗风物、文化艺术、建筑风格乃至传统经济的精华。千百年来,一直是天山以南著名的政治、经济、军事、文化的中心。"(第二自然段)"喀什市于1952年5月经政务院批准,10月25日正式宣布建市。1984年2月20日被列为国家乙级开放城市,1986年12月20日被定为中国历史文化名城。"开头共两个自然段,首段用三句话,点出喀什三大特点:有悠久历史的古城、维吾尔民族的精华、天山以南的政治经济军事文化的中心。次段点出建市、列为国家乙级开放城市、被定为中国历史文化名城三项重要事件的具体时间。两个自然段分别从不同角度展示喀什的城市特色,给读者以清晰印象。鲜明的亮相,深厚的历史文化、民族文化意蕴,突出的当代风貌,力透纸背,令人拍案叫绝。

(7)以地域最大特色开篇 《秦皇岛市志·总述》开篇这样写道:(第一自然段)"秦皇岛市是河北省唯一的滨海城市,也是1984年国家批准的进一步对外开放的14个沿海港口城市之一。"(第二自然段)"秦皇岛市辖昌黎县、抚宁县、卢龙县、青龙满族自治县、海港区、山海关区和北戴河区。总面积为7812.4平方公里。1990年底,总人口为2469334人。"篇首共两个自然段、百余字,首段点出秦皇岛市最大的地域特色,"是河北省唯一的滨海城市,也是1984年国家批准的进一步对外开放的14个沿海港口城市之一",横向比较之法运用娴熟,先省内、后全国,彰显地域独有的区别于本省其他城市的最突出的地域特色,开门见山,给读者以深刻印象。次段点出行政区划、面积、人口,不枝不蔓,城市形象跃然纸上。"名片"效应尤佳,

《独山子区志·概述》开篇这样写道:"独山子是中国石油工业的摇篮之一,是中国西部的重要石油化工基地,是克拉玛依市的一个辖区,全区面积448平方千米。2000年年末,建成区面积16平方千米,居民住户15417户,常住人口54531人,由31个民族组成。"起首段两句话、不足百字,第一句连用三个"是"字,前两个点明独山子区的地域特点,后一个点明区划归属和辖区面积。第二句标明下限之时的建成区面积数及人口、民族。采用画龙点睛之法,开门见山,点明地域特点和简况,犹如新朋友见面,姓甚名谁,自报家门,形象

生动,给人以深刻而鲜明的第一印象,使读者过目难忘,吸引读者对独山子有更深层的了解愿望,进而急速地想了解下文的内容。"虎面"效应突显。

《桂林市志·总述》开篇这样写道:"桂林市,以其奇特的山水和悠久的历史闻名天下。1979年1月,国家领导人指出桂林市为社会主义风景游览城市;1982年2月,国务院公布桂林市为全国首批24个历史文化名城之一;1985年10月,国务院把桂林市的城市性质定为:是中国重点风景游览城市和历史文化名城。"起首段用简洁的文字,点明桂林市的最大城市特点:即"以其奇特的山水和悠久的历史文化闻名天下";随后以三个分句标明桂林是"风景游览城市"、"历史文化名城"和城市性质"是中国重点风景游览城市和历史文化名城",层层递进,突出城市最吸引人眼球的地域特色,并放在全国的旅游大环境中彰显城市的魅力,"名片"宣传功能得到充分的发挥。

(8)以地域雅号别称开篇 《大足县志·纵览》开篇这样写道:"大足,古有'海棠香国'雅号,今有'石刻之乡'、'小五金之乡'佳名。大足,是长江流域最大的石窟艺术宝地,也是重庆市对外旅游开放的重要窗口。"起首段的首句,即立足于突出大足最重要的地域特色,以大足的雅号别称开头,深深抓住了读者的阅读心理,笔触简洁明快,行文自然畅达,地域特色鲜明。

《乐山市志·总述》开篇这样写道:"乐山古为蜀王'开明故治',继为嘉州,历史上盛产香味特异的海棠,有'海棠香国'之誉。中心城市历为州、府、督察区治所,解放后为专、地、市首脑机关驻地。改革开放以来,先后经国务院批准为全国重点风景名胜区及历史文化名城。1994年乐山市政区为市中区、五通桥区、沙湾区、金口河区,管辖仁寿、眉山、犍为、井研、夹江、洪雅、彭山、沐川、青神、丹棱县及峨边、马边彝族自治县,代管峨眉山市。年末总人口为688万人,其中非农业人口为105万人。"起首段叙市情总貌,立足于反映乐山独有的地情特点:"古为蜀王'开明故治'",体现历史之悠久;次"有'海棠香国'之誉",昭示雅称之由来;三为"全国重点风景名胜区及历史文化名城",突现今日之乐山市的城市特点和深厚的文化底蕴。后记下限之时的区划与人口。寥寥200余字,就将乐山的地方特点呈现在读者面前。按历史时期,层层递进,反映出乐山在不同历史时代的特点,给读者以鲜明印象。

(9)以名人彰显开篇 《文昌县志·总述》开篇这样写道:"文昌县,古称'紫贝'、'武德'、'平昌'。位于海南岛东北部,北濒琼州海峡,东南临南海,西北临琼山市,西靠定安县,西南接琼海市。海岸线长 206.7 公里,责任海域 4600 平方公里,陆域周长 285.1 公里,面积 2403 平方公里,呈半月状。1998 年市内人口 527559 人;国内文昌籍人口 40 万人,祖籍文昌的华侨、华人、华裔 120 万人。椰风海韵、文明祥和的文昌大地,物华天宝,地灵人杰,文化昌盛, 英才辈出,是全国著名的侨乡和文化之乡,中华人民共和国名誉主席宋庆龄和 宋氏家族的祖居地,中国人民解放军大将张云逸的故乡。"起首段用 200 余字 的篇幅,标明四至、面积、人口等地理要素,并点明"是全国著名的侨乡和文化 之乡",是国家名誉主席"宋庆龄和宋氏家族的祖居地"、"中国人民解放军大 将张云逸的故乡"。突出地域的人文特色,地因人而显,人为地增光,给读者 以深刻而鲜明的第一印象,过目难忘。通过名人的宣传效应,扩大了地域的知 名度,进一步激发出读者浓厚的阅读兴趣。"概述"的窗口效应得到充分发 挥。

《凤阳县志·概述》开篇这样写道:"凤阳,是明朝开国皇帝朱元璋的故 乡,是全国农业'大包干'的发源地,是安徽省历史文化名城县。"起首段寥寥 40 余字,一句话,将闻名全国的三大地域特色展示出来,"名片"效应极为鲜明 生动。中华文明虽逾五千余年,但开国皇帝却屈指可数,在历史上发挥过重大 作用的"开国皇帝"为数更稀,凡读过一点书的人莫不知朱元璋为何许人也, 以历史名人彰显地域,体现出不同凡响的"名片"效应。人与地相映生辉,读 其文而知其地、知其人。三大特色详情如何? 还须急速浏览下文,才能知其然 及所以然。

(10)以地理简况开篇 《密云县志·概述》篇首段这样写道:"密云县位 于北京市东北郊、燕山山脉南麓、华北大平原北缘,是平原与山区的交接地带。 北邻河北省滦平县,东接河北省承德县和兴隆县,南与平谷、顺义县相连,西与 怀柔县毗邻。县城距北京东直门 65 公里。全县总面积 2226.5 平方公里,县 域略呈三角形。1990 年总人口为 426454 人,其中非农业人口为 6.22 万人, 平均每平方公里 191.54 人。县辖 6 个镇 18 个乡。"开篇仅 160 余字,简要交 待位置、四邻、面积、区划、人口等地理五要素。行文朴实,简洁流畅,具有朴素 之美,在新方志"概述"篇中,属记地理简况文字量较少的一篇。以地理简况 (或概貌)开篇的,在 150 篇"概述"中属较常用的一种形式,尤其在策论式、特 点式、纵述式三种体式中运用更多一些,比率也更高一些。

除上述十种开篇形式外,还有其他多种形式,或以议论开篇(如《井陉县志·总述》),或以景观特点开篇(如《阳城县志·综说》),或以地域名称成因开篇(如《徐州市志·总述》)等等,不一而足。就是上述的十种开篇形式,有的亦非单一的方式,或两种混用,或三种混用,只是为叙述简便而省略之。

2. 结尾

在150篇"概述"中,优美的有特色的篇首不在少数,但漂亮的有意蕴的结尾却为数不多。"概述"篇以展望性的语言结尾,在150篇"概述"中居多数,这与董老的大力倡导是分不开的。现列举几例。

《房山区志·概述》这样写道:"源起上古,贯亘当今,在这片土地上,从简单的刀耕火种,到今日大型农业机械驰骋在沃野平畴;从分散的原始聚落的形成,到今日以城镇为中心的集团型村落群中座座高楼的崛起;从原始时代龙骨山崎岖的小径,到今日巨大的公路和铁路桥梁穿山越洞,出世横空;从蒙昧时代简单的木石器具制作,到今日厂房林立,机器轰响,揭开现代工业文明的序章;发展的每一步,人类都留下了自己清晰的印迹。""几十万年的岁月,在人类历史的长河中,只是短暂的一瞬。沿着历史的轨迹,生活在这片土地上的人们,定会开创一个更加多彩的明天。明天,这片土地,将会更加繁荣、美好、文明。"两个自然段,作者站在历史的高度,用排比句的形式总括全文,寓意深远,一气呵成,颇有气势和文采。结束句以展望结笔,简洁明快,戛然而止,犹如美丽的凤尾,回味悠长。

(《新方志"概述"点评》,中华书局,2008年)

方志卷首"无题小序"编纂研究

志书的卷(编)之首设置无题小序,是我国修志的优良传统,也是志书的优良体例之一。它对增强志书的宏观著述,起到了不可替代的积极作用。新方志编纂本应很好地继承这一优良传统,并加以发扬光大。但在实践中并非如此。外省的新志书,笔者涉猎较少,故无法断言对这一形式运用得如何。仅以山西省已出版的百余部地县志书来看,在卷(编)之首设置无题小序的,为数较少。所以,对卷首无题小序还有研究的必要。

一

志书卷首的无题小序,起源于宋代。南宋嘉定年间(1208~1224)的《赤城志》,在每个门类之前设小序(或称绪论、案语)。宋宝祐年间(1253~1258)孙应时纂修,鲍廉增补,元卢镇续修《琴川志》(常熟县志),全志共设十五卷,除卷二叙县、卷十一叙文(碑记)、卷十二叙文(碑记)、卷十三叙文(碑记)、卷十题咏、卷十五拾遗等6卷外,其余卷一叙县、卷三叙官、卷四叙山、卷五叙水、卷六叙赋、卷七叙兵、卷八叙人、卷九叙产、卷十叙祠等9卷均设无题序。

卷一叙县序:古制,五鄙为县,此遂县也;四甸为县,此州县也;王畿千里,分为百县,县有四郡,此畿县也。时县大而郡小。至春秋,楚庄王灭陈,遂县,陈则县为尤大。战国相侵,大国分置郡邑,县鄙。秦分三十六郡,以监天下之县,而县始统于郡矣。是制一定,迄今行之。兹地之为县也,自晋始。而海虞南沙常熟,凡三易名,其变革当纪其沿袭,当具其建置本末,当考其事目大小,当详俾考古以订今者。于此乎有稽也。故作叙县。

此篇无题序,有叙有论,既考"县"之变革,又纪该卷之内容,言简意赅。是志9篇卷首无题序均在200字左右。

元代佚名纂修《无锡县志》,全志共设四卷,卷一邑里,卷二山川,卷三事物、人物、州署、古迹、古墓,卷四辞章、记述,每卷前均设无题序。

卷一邑里第一序:古者,封建诸侯锡以爵土,分布九州。秦汉县邑,天下古法遂废。唐置十道,宋设十五路,元并为十一省,县统于路,路统于省。无锡为邑,百世最久,文献尚存。而所损益犹可考见故历,叙县邑废置,地里广狭,城池高深。作邑里第一。

卷四辞章第一序:天下之胜,本乎山川人物,如箕山,因许由而获称;岘山,因羊祜而见拔。无锡虽古名邑,亦由山水之佳胜,才贤之仲聚,较之他邑,莫能尚焉。大夫士之往来是邑,徘徊周览登高,为赋者众矣。不存而记后,将何征于文车取为次第如左。作辞章第四。

是志卷首小序,每篇均百余字。卷一小序与《琴川志》卷一叙县小序的内容基本相同。卷四小序则叙述纂志之缘由。

历经元、明,体例日趋完善,明代方志普遍采用"遂类之前,各为小序"。明成化年间《新昌县志·凡例》明确规定:"题以事立,事以题见,各为小序以冠之"。从此,设"小序"纳入地方志体例规范。又如明天启五年(1625)朱世发等纂修《文水县志》凡例也明确规定:"纲目括以小序,各目之后,仍缀论断数语,以阐其义,无可论者略之。"全志共设舆地志、规制志、赋役志、典礼志、官政志、选举志、人物志、武备志、艺文志、杂志志等10卷。每卷之首均设无题小序,每篇小序均为百字左右。

卷一舆地志序:王者无分,民有分土,郡邑棋布,各有宁宇,所以卫民也。其幅员广狭不齐,莫不表名山大川以为胜,采风谣土俗以为宜,壮哉!一邑之雄概具是矣,图籍昭然,固临政思治者所必稽也。作舆地志第一。

卷二规制志序:理丝者必提其纲,治田者必循其畔,先王建国,驭民之方何以异此?城郭沟池,邑之保障资焉,设黉塾、浚河渠,暨间井市廛之间,事事详为之制,皆纲纪之不可缺者,政教备举,较若画一,民庶其永赖乎?作规制志第二。

清代,是地方志编纂的鼎盛时期,不论是志书数量还是质量,都达到了又一个新的高峰,卷首小序更加规范合理。清康熙二十四年(1685)王五鼎等纂修《广灵县志》,全志共设方舆志、建置志、秩官志、学校志、赋役志、政令志、选举志、人物志、祀典志、艺文志等十卷。每卷之首均设无题序,均为200字左右。

卷一方舆与序:叙曰:闻之"履句履者识地利,不出户庭知天下"。则方舆所宜详矣。广灵,丛(蕞)尔边邑。星分昂毕之次,地居恒代之冲,固古王侯藏宝符、封爱子遗壤也。第古今变迁,称谓各殊,履土而问往迹,亦多懵如射覆者。兹按籍而考,沿革、疆域了然在目。若山川以资战守,星野以占灾祥,古迹、乡里、风俗、方物一皆以方舆统之。盖属于地者，即通于天，天地定位而后人事可施焉。志方舆。

卷二建置志序：叙曰：自封建废而为郡县，凡一邑建设，一方保障凭焉。广灵当蔚浑之冲，边镇要土，然百余年来屡遭寇警，而封疆无虞，人民保聚者，果何恃以无恐欤？守土者明礼义，修政治缓急有资，经制有方，匪一日矣。今当荒废之余，即有不逮于古，而壮金汤，宣政令，城池、公署可勿以时修缮乎？建威制胜，令如流水，武备邮铺，可勿简阅，惟勤乎？预储而便民者，仓库市廛也。崇德而制敌者，坊表烽墩也。若养济院，则矜孤恤寡，王政之所先至。教场、草场虽废，亦当附列之，以俟将来之修举焉。志建置。

到了民国时期，志书的体裁逐步更新。1936年黄炎培主纂的《川沙县志》，全志计分20卷，在志首列有"导言"，说明修志经过、宗旨及大势与略史；并且在"大事年表"及各志之首列有"概述"，扼要地阐述本篇的内容概要，说明因果关系及其义例等，以解决"一般方志偏于横剖，而缺于纵贯，则因果之效不彰"的问题，这可以使读者"读概述后，进而浏览全文，其繁者可以用志不纷，其简者亦将推阐焉而有得，或竟不及读全文而大致了了"。如《川沙县志·兵防志》"概述"："川沙初因海防设治，因兵备重地也。然而时势今昔不同，要塞已移吴淞口。光绪甲午之役，苏省大吏犹檄驻重兵，资防守焉。厥后军政改制，裁并移调。民国十三四五年间，受内战影响，驻兵最多，公家财力，罗掘几尽矣。"又如《川沙县志·故实志》"概述"："凡为各志所未录，或录之未及详，而其事较重要、较殊异者，入此。"《川沙县志》各卷的"概述"，或以事实说明事物全貌和大要的，如《宗教志》的"概述"；或论述因果关系及编纂宗旨的，如《实业志》的"概述"；或解说标题及资料来源的，如《方俗志》的"概述"；或阐述体例的，或对本志所载内容作一般交待的，各卷的"概述"有虚有实，并没有完全做到"简略说明本志之大要"。且各卷"概述"的篇幅悬殊也较大，多的700余字，少则如《故实志》仅20余字。黄氏的"概述"，实为我们今日的卷首小序。今日新方志的"概述"，实为巧借黄氏《川沙县志》"概述"之名，其内容实质则不可同日而语了。

二

综上所述，"概述"原为设在各分志之前的序言标目，由黄氏创设的方志名目，其地位与旧志的卷首小序相似。新编方志置"概述"于全志之首，它是全志的导言和开创篇,使读者便于鸟瞰全志,统率各卷(编)纵览古今,横连各业,综说利弊得失,勾勒大势大端,是旧志小序的继承和发展。那么,新方志有了全志之首的"概述",就可以不要卷首小序了吗? 非也! 胡乔木于1986年12月26日在全国地方志第一次工作会议上指出:"地方志应该提供一种有系统的资料,这种有系统、有组织的资料应该是一个有机的整体。"黄炎培说:"一般方志,偏于横剖,而缺乏纵贯,则因果之效不彰"。董一博也说:"在志书各篇之前,设有'小序'之类,是重要的,也是必要的,应视为方志编纂工作中的一个进步"。设小序的主要目的,就是加强志书的整体性,提高志书的科学性。小序的作用,与概述既相同又有区别。概述置于全志之首,其涵盖面是全志,是提纲挈领,客观概括,驾驭统领全志。小序则局限于卷(编),它散置于各卷(编)或专志之首,属于局部性质的,一个志或一个卷(编)的概述,不反映整部志书的面貌。但小序与概述一样,都有着概述的特征,都具有提纲挈领,总括分述的作用,有着与各编章不同的写作规律。小序可以夹叙夹议,允许作者议论,以增强志书的可读性。小序与概述所含的内容与写法是不同的,概述篇是就全志之精髓而述之,小序则可根据需要灵活地评述;概述篇务必要从宏观阐发,小序则可作具体说明;概述篇要有深刻性,小序则要有灵活性;概述篇是方志之"纲",小序则是专志之"目"。有人把小序看作是钩玄妙理、提炼升华的再创造,这是有一定道理的。由于统观全局,高度概括,把最本质的东西揭示出来,读者在未及阅读该卷(编)之前,从小序中就可见全豹了。

卷(编)首小序的功能,有人把它已作了简明的概括:一是有助于加强志书资料记述的整体性,二是有助于保持志书结构形式的和谐性,三是有助于加强志书的可读性。从小序的功能而言,在志书的卷(编)之首设置无题小序是十分必要的。小序在志书中所起的作用有三:一是引导作用。它作为向导,可导引读者进而浏览下文。二是"窗口"作用。它浓缩是卷(编)的内容,使读者从中窥见概貌。三是补充作用。它可以提示说明志文中的不足部分。

三

笔者翻阅了山西省现已出版的百余部新编地市县(区)志(全省应编地市县区志128部,至2002年6月底,正式出版104部),在志书的卷(编)之首设置无题小序的情况大致如下:

(一)在志书的卷(编)之前一律设置无题小序的共有10部。

《曲沃县志》全志设 25 编（后置"大事记"、"附录"），无题小序总字数为 9170 字，编均 370 字；字数最多的为"工业"编 630 字，最少的为"交通"编 200 字。

《平定县志》全志设 23 卷（前置"大事记"），无题小序总字数为 13160 字，卷均 570 字；字数最多的为"工业"卷 960 字，最少的为"人物"卷 360 字。

《太原市南郊区志》全志设 31 卷（"大事记"、"附录"入卷），无题小序总字数为 12700 字，卷均 410 字；字数最多的为"大事记"420 字，最少的"民政"卷 350 字。

《盂县志》全志设 24 编（前置"大事记"），无题小序总字数为 10510 字，卷均 440 字；字数最多的为"工业"编 800 字，最少的为"附录"210 字。

《阳泉市志》全志设 23 卷（前置"大事记"，后置"附录"），无题小序字数为 17860 字，卷均 780 字；字数最多的为"工业"卷 990 字，最少的为"人物"卷 530 字。

《阳泉市郊区志》全志设 24 编（前置"大事记"），无题小序总字数为 10750 字，编均 450 字；字数最多的为"工业"编 820 字，最少的为"民情风俗"编 170 字。

《阳泉市矿区志》全志设 18 编（前置"大事记"，后置"附录"），无题小序总字数为 23350 字，编均 1300 字；字数最多的为"体育卫生"编 3240 字，最少的为"民情风俗"编 390 字。

《祁县志》全志设 20 编（后置"大事记"、"附录"），无题小序总字数为 8750 字，编均 440 字；字数最多的为"教育科技"编 600 字，最少的为"建置区划"编 240 字。

《壶关县志》全志设 27 编（前置"大事记"，后置"附录"），无题小序总字数为 8880 字，编均 330 字；字数最多的为"工业"编 530 字，最少的为"方言谣谚传说"编 130 字。

《阳曲县志》全志设 23 编（前置"大事记"，后置"附录"），无题小序总字数为 10500 字，编均 460 字；字数最多的为"城乡建设"编 800 字，最少的为"文化"编 310 字。

（二）在志书的大部分卷（编）之前设置无题小序的共有 5 部。

《晋城市志》全志设 40 卷（"大事记"入卷），除第 11 卷"经济综述"外，余 39 卷均加无题小序，总字数为 20930 字，卷均 540 字；字数最多的为"经济管理"卷1100字,最少的为"文征"卷100字。

《太原市南城区志》全志设21编(后置"大事记"),除第1编"建置环境"外,余20编均加无题小序,总字数为18290字,编均920字;字数最多的为"街道"编2580字,最少的为"民情风俗"编300字。

《黎城县志》全志设34卷(前置"大事记",后置"丛录"),除第1卷"建置"、第3卷"经济综述"、第19卷"政事"、第23卷"社团"、第34卷"条陈"等5卷外,余29卷均加无题小序,总字数为10940字,卷均380字;字数最多的为"卫生体育"卷600字,最少的为"自然环境"卷180字。

《左云县志》全志设25编(前置"大事记",后置"附录"),除"建置"、"财税金融"、"经济管理"、"党派群团"、"政权政协"、"政事要略"、"政务"、"文化"、"体育卫生"、"方言谣谚"和"人物"等11编外,余15编均加无题小序,总字数为6920字,编均460字;字数最多的为"工业"编1590字,最少的为"民情风俗"编170字。

《晋中地区志》全志设21编,除"大事记"、"附录杂记"编外,余19编均加无题小序,总字数为35460字,编均1870字;字数最多的为"工业"编3540字,最少的为"人物"编540字。

(三)在志书的小部分卷(编)之前设置无题小序的共有16部。

《保德县志》全志设26卷,只有"农业"、"林业"、"牧业"、"副业渔业"、"工业"、"交通运输"、"军事"、"文物"和"教育"等9卷加有无题小序,总字数为5840字,卷均650字;字数最多的为"工业"卷1220字,最少为"教育"卷300字。

《屯留县志》全志设26编,只有"建置区划"、"农业"、"水利"、"城乡建设"、"粮食"、"经济管理"和"政法"等7编加有无题小序,总字数为2350字,编均340字;字数最多的为"水利"编760字,最少的为"城乡建设"编170字。

《榆次市志》全志设30卷,只有"乡(镇)村"、"乡镇企业"、"交通"、"粮食"、"政法"和"科技"等6编加有无题小序,总字数为4860字,卷均810字;字数最多的为"乡镇企业"卷1460字,最少的为"交通"卷200字。

《翼城县志》全志设28卷,只有"建置"、"自然环境"、"人口"、"农业"、"军事"和"教育"等6卷加有无题小序,总字数为1890字,卷均310字;字数最多的为"教育"卷400字,最少的为"农业"卷240字。

《襄垣县志》全志设 25 编,只有"人口"、"工业"、"贸易"、"军事"和"医药卫生"等 5 编加有无题小序,总字数为 2060 字,编均 410 字;字数最多的为"贸易"编 570 字,最少的为"军事"编 300 字。

《浑源县志》全志设 27 卷,只有"农业"、"工业"、"畜牧"、"恒山黄芪"和"民俗"等 5 卷加有无题小序,总字数为 5350 字,卷均 1070 字;字数最多的为"农业"卷 2760 字,最少的为"恒山黄芪"卷 110 字。

《灵石县志》全志设 18 编,只有"经济管理"、"工业"、"文物新闻"和"人物"等 4 编加有无题小序,总字数为 3280 字,编均 820 字;字数最多的为"经济管理"编 1360 字,最少的为"人物"编 310 字。

《长治市城区志》全志设 10 编,只有"经济"、"城市建设"和"社会"等 3 编加有无题小序,总字数为 2310 字,编均 770 字;字数最多的为"经济"编 1150 字,最少的为"社会"编 260 字。

《忻州地区志》全志设 22 编,只有"农业"、"工业"和"交通邮电"等 3 编加有无题小序,总字数为 2810 字,编均 940 字;字数最多的为"工业"编 1600 字,最少的为"农业"编 570 字。

《应县志》全志设 24 卷,只在"农业"和"工业"2 卷前加有无题小序,"农业"卷小序 1920 字,"工业"卷小序 1330 字,总字数为 3250 字。

《河曲县志》全志设 24 卷,只在"金融"和"军事"2 卷前加有无题小序,"金融"卷小序 530 字,"军事"卷小序 100 字,总字数为 630 字。

《古交志》全志设 20 卷,只在"交通邮电"和"农业"2 卷前加有无题小序,"交通邮电"卷小序 460 字,"农业"卷小序 330 字,总字数为 790 字。

《朔县志》全志设 20 编,只在"水利"和"军事"2 编前加有无题小序,"水利"编小序 350 字,"军事"编小序 420 字,总字数为 770 字。

《安泽县志》全志设 24 卷,只在"军事"和"卫生体育"2 卷前加有无题小序,"军事"卷小序 170 字,"卫生体育"卷小序 210 字,总字数为 380 字。

《运城地区志》全志设 39 卷,只有"农业"卷设小序 1800 字。

《夏县志》全志设 33 卷,只有"林业"卷设小序 1940 字。

(四)在志书的某些章前设置无题小序。

如《武乡县志》全志设 10 编,除在"军事"(330 字)、"社会"(950 字)、"人物"(380 字)等 3 编前加有无题小序外,还在"经济"编中的"水利"、"工业"、

"交通"、"邮电"章,"军事"编中的"人民抗日武装的发展"章等,在章前加有无题小序。又如《太谷县志》全志设7编,编首无小序,只在"地理"编中的"位置境域"、"建置沿革"章,"经济"编中的"农业"、"林业"、"畜牧"、"水利"、"工业"、"商业"和"粮食"等章前加有无题小序。

从上边的修志实践可以看出,编者有意在志书的卷(编)之前增设小序的只有15部(即第一、二类),占104部志书的14。4%。这说明,人们对志书卷(编)首无题小序的认识还存在偏差,即对无题小序的功用认识不足和重视不够。继承修志优良传统并非一句空话,一定要详加考核、辨别,只有在继承的基础上才能有所创新,有所发展。这是其一。其二,实践也证明,撰写卷(编)首无题小序具有较大的难度,撰写小序之前,作者需对本门类的知识做一番深层次的研究,才能掌握其中的内涵与意蕴,得出带有规律性的认识。整个写小序的过程,是处于"日间挥写夜间思","得句常在不寐中",个中滋味是可以想象的。有畏难情绪可能是第二个原因。

四

前面已经提到,卷首无题小序的功用主要有三,即引导作用、"窗口"作用、补充作用,这仅是简要概括而言之。卷首无题小序与全志之首的概述相比较,它的写作形式却要自由、活泼得多,其形式多样,内容丰富,新方志编纂的实践可以作为明证。其具体表现主要有以下八个方面:

(一)展示全貌,简要概括

这是小序最基本的写作形式之一。无题小序可以对所涵盖的卷(编)内容作简要概括,但应该源于卷(编)内容,又高于卷(编)内容,进而展示该卷(编)的全貌。如《阳泉市志·第二十卷文化》的小序:"阳泉文化源远流长,异彩纷呈。自古以来钟灵毓秀,人才辈出,吕思诚、张穆、石评梅、高长虹等均名震神州;外地名流韵士如元好问、乔宇、傅山等,也都数访于此,留下大量墨迹。古文化遗产散见各地,名胜古迹星罗棋布,北魏的石窟,唐代的碑碣,宋代的关王庙、大铁钟等,都闪耀着古代文化的灿烂光辉。形式多样、内容活泼的歌谣、谚语、传说、曲艺、剪纸、面塑等民间文学艺术,不断推陈出新,升华提高;其中土生土长的迓鼓、评说已成为独树艺坛的两朵奇葩。新中国成立后,文化事业飞速发展,成就空前。20世纪50年代,戏剧兴盛,晋剧名流一度荟萃阳泉。60年代,群众文化热气腾腾,音乐、舞蹈、曲艺节目多次荣登首都艺坛。70年代,工人美术异军突起,阳泉工人画名扬海内外。进入 80 年代,文化舞台更加活跃。原来相对薄弱的文学、书法、摄影以及图书馆事业生机焕发,硕果累累;各级文化馆(站)遍布城乡,相应设施日趋完备,系统网络大体铺就;新闻出版事业,从无到有、由小到大,有了较大的发展。公开并定期出版的市报、县(区)报、厂矿企业报以及各种期刊已达十余种,编排质量日渐提高,印刷设备几经更新;反映时代水平,具有技术先进、设备完善、功能齐全、辐射广泛特点的广播电视体系已经形成。报刊、图书、广播、电视等已成为全市人民日常生活中的重要组成部分。一个面向现代化、面向未来、面向群众,集古今人类文明之大成的社会主义文化大厦正在阳泉大地崛起。"

(二)纵述史实,溯以渊源

即概括性地追述事物的渊源及其发展变化,上述下延,记述演变,使读者对该事物(即该卷所记内容)的历史轮廓有个大致了解,从而更清晰地了解事物的现状。如《曲沃县志·第五编农业》小序:"境内上马村东周晋国墓出土有青铜大铲;北西庄出土有春秋后期的犁铧;牛村东周遗址窖穴中,有保存完整的黄豆粒,被称为'世界最早的大豆'(珍藏于北京自然博物馆);同时还发掘有谷壳、枣核和甜瓜子。这些实物证明,远在 2700 年前,县内农业生产已有相当规模。唐初掘渠引水灌田。明初始种棉花,明末引种烟草。清初始用畜力水车,提取井水灌溉。这些都给农业发展提供了有利条件,然而,在封建制度束缚下,经营封闭,农业发展缓慢。抗日战争期间,县境沦陷,田园荒芜,解放前夕,农业经济已濒于崩溃。新中国建立后,消灭封建土地制度,引导农民走合作化道路,兴修水利,推广农业机具,实行科学种田,农业生产有较大发展。中共十一届三中全会后,农村实行家庭联产承包责任制,农林牧副渔全面发展。1984 年全县粮棉亩产均创历史最高纪录。1988 年,全县农业总产值6163 万元,按农业人口计,人均 361 元,比 1949 年提高 94.19%。人均占有粮食 450kg,比 1949 年增长 80.3%。"

(三)画龙点睛,突出特点

卷首小序的篇幅本身就有限,所记内容不可能面面俱到,有时可从实际出发,由一个侧面记述事物的独有特色,或用点睛之笔,体现该事物的地域特点。如《太原市南郊区志·卷六水利》小序:"南郊区西有晋水,南有潇河,中部汾河纵贯全境,自古以来水利灌溉条件优越。北魏郦道元《水经注》中就有'智伯之遇晋水灌晋阳……后人踵其迹蓄以为诏','以周灌溉'的记述。宋诗中也有'千家溉禾稻,满目江乡田,……皆如晋祠下,生民无旱年'的诗句。两千多年来,劳动人民不断兴利除弊,发展灌溉,至 1949 年,晋祠泉水有 4 条干渠,汾河两岸有 18 道'泥渠',潇河有清、洪两用渠道 6 条,共可灌溉清水地 5.1 万亩,洪水地 10 万亩。新中国建立后,农田水利建设发展很快,防洪、排涝、引水、提水、蓄水、节水工程星罗棋布。1977 年至 1980 年,区委书记康崇典任职期间,兴办了汾河治理、太榆穿潇、东山引水三大骨干水利工程。至 1990 年,全区 14 条沙河有 13 条得到治理,5 万余亩沼泽荒滩得到开发,10 万余亩易涝盐碱地变成旱涝保收田。水浇地面积达到 27.78 万亩,占总耕地的 87.5%。干、支、斗、农四级灌排水渠道总长 1268.91 公里,其中防渗 519.13 公里。"

（四）综合对比,重述现代

以简约之笔揭示该事物旧中国与新中国的本质区别,或是通过一事物改革前后的对比揭示出改革的必要性。如《黎城县志·卷四农业》小序:"黎城长期以来,受封建土地所有制的束缚,农业发展缓慢。境内以种植业为主,兼有少量养殖业和采集业。1946 年（民国三十五年）,全县粮食总产量为 3983.3 万公斤（531112.4 石,每石折 75 公斤）。同年,县民主政府在全县范围内开展了土地改革,废除了两千多年的封建土地所有制,实现了耕者有其田。50 年代初,全县走组织起来、发展农业的道路,1956 年实现了农业合作化。随着农田基本建设的兴办和科学技术的应用,黎城农业生产有了较大的发展。特别是 1982 年农村实行家庭联产承包责任制后,农业生产上了一个新台阶。1985 年,全县有各类专业户 5068 户,占农村总户数的 13.9%。1990 年粮食总产达 8686.4 万公斤,亩产 267 公斤,为 1949 年的 3 倍;皮棉亩产 31 公斤,为 1949 年的 1.8 倍;境内大青羊为省优良品种,畜牧业产值占农业总产值的 11.4%,比 1949 年增长了 2.4 倍。同年农村居民平均纯收入达 500.1 元,比 1956 年增长了 8.9 倍。全县农村已从单一的农业经济,发展为农、工、副、商各业兴旺的综合经济。"

（五）评论事物,彰明得失

以夹叙夹议之笔法,通过对事物的发展记述,阐明事物在发展过程中出现的利与弊、优与劣、得与失。如《壶关县志·第六编林业》小序:"据记载,明清时期,境内曾是'翠松苍桧,凌云千丈;修竹茂林,与山无穷'。30 年代后期,由于无节制的乱垦滥伐和连年战争,本县森林资源遭到毁灭性破坏,致使境内水土流失严重,灾害频繁。新中国成立后,人民政府十分重视植树造林工作。但由于受'左'的思想影响,50 年代以后,大面积毁林开荒、滥伐林木,至 1978 年,全县森林蓄积量为 8.5 万立方米,林木覆盖率为 7%。中共十一届三中全会后,在落实各项林业政策和加强领导的基础上,推行了多种形式的生产责任制,本县林业生产开始起步,至 1983 年,全县共计造林 25.76 万亩,加上灌木林和四旁植树,林木覆盖率达 12.4%,林木蓄积量达 23.6 万立方米。1984 年后,大力实施生态经济林建设,普遍推行了王五全阳坡造林技术。至 1996 年,本县有林面积达 80.2 万亩,林木覆盖率达 36.9%,生态环境得到显著改变,成为闻名全国的林业先进县。"

(六)提示下文,引导阅读

通过编纂者消化全文,加以浓缩,揭示梗概,进而引导读者阅读下文,起着"导语、引言"的作用。如《晋城市志·第三十七卷人物》小序:"人物志分设人物传、人物简介和人物表、录。人物传,只为对本地社会历史发展有影响的已故人物立传。其中:有古代画家荆浩、萧照,宋代天文学家刘羲叟,元代治黄专家贾鲁,元代政治家郝经,明代名臣杨继宗、王国光、张慎言、张五典,清代名相陈廷敬、田从典等;近现代人物有著名学者郭象升,人民作家赵树理,原山西省委第一书记卫恒等;外籍人而卒于本地的著名人物赵括、李筦、武士敏等。立传人物共 170 名,其中本籍 158 名,外籍 12 名。人物简介,为 117 名知名人士作了简要介绍。进士名表,记载了境内历代科举进士 471 名。烈士名录,记录了各县区民政局登记在册,为中国革命和建设事业献身的 11688 名烈士。南下干部名录,记录了 1949 年参加'长江支队'南下福建的干部 641 名。高级知识分子名录,记录了市人事局科干科 1996 年底登记在册,取得副高以上职称的知识分子 839 名。"

(七)补文不足,资料延伸

在编纂志书的过程中,遇有一些有价值的资料因各种原因,很难将其列入正文,若弃之则造成缺憾。而将这些资料纳入小序,则是一种比较恰当的方式,既可补正文之不足,又可使资料得以延伸,达到两全其美之效。如《太原市南郊区志·卷二十一科学技术》小序:"据境内考古发现,春秋时烧造陶器、制作青铜器,隋代'五炉铸铁',唐时以'五金同铸'之铁镜为贡品……远在两千多年前,科技已运用于境内工农业生产。民国八年(1919),山西省建设厅在晋源北门外开办林木研究所,在东门外开办农业研究所(于民国二十八年停办),境域始有科研机构。日军侵占太原县期间,日本人在晋祠镇小站营村附近开办桥山水稻试验株式会社,后于民国三十年停办。新中国建立后,人民政府重视科学技术,并在各行业内普遍推广应用。50年代,改良农具,引进良种,实行合理密植。60年代,改革农业生产技术,推广塑料膜育秧,培养高产典型。70年代,应用生物物理方法防治农作物病虫害和使用化学除草剂,推广丰产经验。进入80年代,科学技术研究与应用面向经济建设全方位展开,科技成果成批涌现,科技队伍不断扩大。到1990年底,各类专业科技人员达到5256名,重视和应用科学技术已在人民群众中蔚然成风。"

(八)贯通门类,相互联系

小序的重要功能之一,在于克服横排门类后,将完整事物分割"破碎"的弊端,加强各门类内部的有机联系。编纂者要尽力找出其主线,前后呼应,互相贯通。既取材于志文,又要"出新"于志文。如《太原市南郊区志·卷七工业》小序:"南郊区矿产资源丰富,工业历史悠久。周敬王二十三年(前497),董安于建造晋阳城时,曾炼铜作柱。唐代,'并州快剪'闻名全国。宋朝,马庄、孟家井烧制的瓷器品质优良,被称为'北方宋瓷'。明代,太原县生产红矾、土盐、白矾、石灰、瓦器、铁等,有煤窑57座。清代,太原县有铁器、瓷器、瓦器及草纸、白纸、砚石、硫磺、丝绢等物产。民国年间,境内基本形成矿产采掘、造纸、酿造和粮油加工四个主要产业。抗日战争爆发后,境内工业、手工业遭到摧残,奄奄一息。建国后,国家对工商业实行保护政策,惨遭破坏的国民经济得到恢复和发展。'文化大革命'期间,不少企业处于停产、半停产状态。1978年后,在改革、开放、搞活政策的指引下,逐步形成了以煤炭、机械、建材、轻纺、食品、化工等行业为主体的国营、区属集体、乡镇企业、部门工业、个体工业五种经营体制并存的工业体系。1990年,全区共有工业企业2044个,完成工业产值7.12亿元,实现利润3928.16万元。"

上述小序的8种写作形式,有很多是相互联系的,为叙述方便才分开来讲的。即使在同一篇小序里,也并非仅为一种写作形式,只是侧重点有所不同而已。

(《西樵志语》,方志出版社,2003年)

大事记编纂纵横谈

新方志把大事记列于卷前,已为方志界所推崇。大事记是地方志中不可缺少的重要组成部分,它用一根时间的纵线,把分散在各个条目中的大事、要事、新事贯穿起来,成为"一志之经"。因此,大事记编纂得好坏,也直接影响到志书的质量。

一、渊源

"志乃史体"。大事记在我国古代史书中有着悠久的历史。经书《春秋》,"系日月以为次,列时岁以相续"(刘知几《史通·二体》),是史书编年纪事体的开山之作,是大事记体例的起源。《汉书·艺文志》中曾有"左史纪言,右史纪事"的记载。古代的史官把帝王活动的大事记录下来,按年、月、日排列记载,逐渐形成编年体的大事记。《竹书纪年》是最早用"纪年"(即大事记)命名的编年体史书。地方志在发展进程中,受史书中编年体的影响很大。方志有纪传体的大事记,始于宋代。王葆心在《方志学发微》中指出:"县表纪年之在志家者,首见高似孙《剡录》之'县纪年',但不署曰'大事'耳",王氏确认定型方志立"大事记",始于南宋高似孙《剡录》(即嵊县志)之"县纪年",已为当今之志界同仁首肯。《剡录》为书10卷,分24目,为县纪年,列举地方历史大事。志书立"大事记",最初只"详其沿革",后来扩大到政事、皇言、移并、争战、灾祥之类。到了清代乾隆、嘉庆年间,方志学家章学诚力主在方志中首先列编年之通纪,将大事记放在首编。此后,许多方志都把编年体的大事记放在卷首,并逐步形成规范。到了民国时期,县志中直接标明大事记的已经比较普及。大事记这种体裁,在方志体例中逐步固定下来。

二、地位

1984年4月中国地方志指导小组提出的《新编地方志工作条例建议》中,明确指出志书的体裁应有"记"。实践也充分证明,大事记在志书中有着举足轻重的地位,发挥着不可低估的作用。志书门类众多,内容繁杂,而且是纵横展开。有些门类,哪个排在前,哪个排在后,很难安排得恰当,不免造成时间上的混淆,割裂同一时期各种事物之间的联系。大事记的作用,就在于用一根时间的纵线将分散在各个条目中的大事要事贯穿起来,与志书中各分志的记事相"经纬",起到纲举目张的功用。章学诚说:"方志撰记,以为一书之经",就是这个道理。具体说来,大事记的主要作用有三条:

一是系统地记述各个历史阶段的社会矛盾和社会变革,以显示社会发展的大体脉络和基本规律,起到全志总纲的作用。大事记的选材,应以这方面的内容为重点。鲁迅先生说:"编年有利于明白时势,倘需知人论世,是非看编年文集不可的。"一部志书的大事记,往往是浓缩的编年体小地方史,它通过纵向记载方法,以时间顺序为经,以各行各业事件为纬,纵贯古今,简要勾划出一地区或一专项事物发展的历史概貌,起到统辖志书的纲领性作用。

二是完整地记述大事要事的各个方面,揭示社会的全貌,起到整部志书的提要作用。大事记的特点是以简洁、扼要的条目叙述,将一个地方的重要事件明白无误地呈现在读者面前,为读者提供清晰的历史事件线索,起一个索引、提示和向导的作用。所以,读者可根据大事记这个窗口窥视全书,迅速了解全书最重要的内容。同时还便于通览全书,帮助读者阅读和查找史实,成为整部志书的提要。

三是补充志书的缺项,以及一部分不适于入其它分志的内容,起到拾遗补缺的作用。志书虽"包容百科"但在分门列项时,有的事物没有单立项的必要,但其内容又不可不在志书中反映,那么,此项重任就可以由大事记来承担。如"政治运动",从新出版的志书来看,大部分都未列专门章节记述,但其影响大,涉及到千家万户、方方面面,作为史实,完全避开则不符合实事求是精神。因此,众多新志书均把"政治运动"的内容放在大事记中记叙。实践证明,这也是处理"政治运动"内容的一种比较适当的方法,普遍被方志界同仁认可。

三、体例

体例者,著作编写格式之谓也。形成完善体例,是编纂好大事记的必备条件。

史志的体裁经历了三个阶段,即编年体、纪传体和纪事本末体。我国最早的史志著述《春秋》、《左传》、《竹书纪年》等,采用的都是编年体。编年体的优点是,时间发展的脉络清,记事简明扼要,语言干净利落等。其不足是,记事内容简而分散,不便于看到事物的全貌。到西汉,司马迁创立纪传体,编写了我国第一部纪传体通史《史记》。纪传体的优点是,以写人物为中心,便于反映各类人物在历史上的活动。其不足是,不便于反映历史事件的发生及各阶段发展的因果关系,以及事件中的人物之间的相互联系。到南宋时期,袁枢在《通鉴纪事本末》中首创纪事本末体,形成了既有编年体和纪传体之长,又克服二者之短的新体裁。纪事本末体的优点是,以记事为主旨,要求记述事件的首末原委,反映事件的全貌。其不足是,冲淡了一段历史时期的轮廓概念,时间脉络不明显,不容易对总的情况观察与分析。

大事记采用何种体例,必须服从于完善它的功能。以上述情况看,编年体和纪事本末体各有利弊。编修社会主义新方志,就需要不断总结前人创造的经验,批判地继承史志优良传统,古为今用。《新编地方志工作暂行规定》明确指出,大事记的体例应以编年体为主,辅之纪事本末体。十多年来的修志实践证明,用此种体例,是完善大事记体例的一种较好形式,并为大部分志书所采用。

方志体例要求编纂志书必须"横排竖写",即把一地的各项事业按门分类,再按一定历史时期的时序记述,便于反映各门类内部的有机联系。但据此从宏观上对全志作总体的了解却颇费周章,原因就在于缺少一条纵贯全志的脉络,而编年体大事记以时为序通贯全书,把按类分述的主要内容按时间排列,恰好起到了脉络的作用,它与各分志经纬交织,构成一部完整的地方志。从大事记在地方志中的地位,不难看出编年体对于大事记的重要性。但为什么还要辅以纪事本末体呢?这是因为,许多大事要事的产生和发展有个过程,有的时间跨度较大,在某些情况下,如果按时间来记述反而显得比较零乱,破坏了大事记的整体性。如果把它们首尾合在一起,作为一件事来记述,就避免了上述的弊病。特别是编纂新方志,所记的政治运动较多,作为各个相对独立的大事,它们内部的联系比较紧密,对它们叙述时必须相对完整,方能较为明晰地反映当时政治状况和时代背景。

总而言之,编纂大事记要以编年体为主,并不是否定和排斥纪事本末体,两者对于记述史实各有所长亦各有所短,只有相互配合才能取长补短,相得益彰,但"为主"与"为辅"的地位是无论如何不能颠倒的。

当然,大事记的体例虽有《新编地方志工作暂行规定》之一定之规,毕竟社会主义新方志的完善体例还未完全形成,也应该鼓励创新改革,在实践中不断提高、总结、完善。在新方志大事记的编纂中,已出现一些大胆的创新与建议。如将大事记分两个层次记,以大事年表的形式记载一般的大事要事,对筛选出来的特别重大的、具有典型性和代表性的事件进行较详细的记述;或并列大事年表和大事述略;或编年与纪事本末分立撰写;或在政治类中单写政治活动大事;或以"史纲"代替大事;或以综述的形式编写大事记,等等。

四、标准

掌握大事的标准,是大事记编纂者首要的任务。什么是大事的标准呢?关于这一点,古人已有论述。欧阳修撰《新五代史》,根据"大事则书,变古则书,非常则书,意有所示则书,后有所因则书,非此五者则否"的原则取舍大事。司马光以"关国家兴盛,系生民休戚,善可为法,恶可为戒"为取事标准。这些精辟的论述,无疑为我们今天制定大事的标准提供了有益的借鉴。但今非昔比,时过境迁,取事标准毕竟与古差别太远,难以效仿。

本轮修志之初,全国各地在制定选择大事标准时,大都提出若干条文作为选择标准。1984年7月26日董一博在全国北方13省市县志稿评议会议上提出了8条标准:"1. 有关国计民生大事(包括两个文明的建设);2. 党和国家的重大措施及在本县的反映;3. 国内外、省内外大事在本县的反映;4. 社会斗争的各种反映;5. 自然灾害及自然地理环境的变化;6. 重大发明、发现、创造及新事物的出现,旧事物的衰亡;7. 主要正、反面人物的重要活动;8. 各部门的重要发展变化,有教育、有影响的。"1986年在山西大同召开的全国10省(区)省志大事记研讨会上,制定了11条选择范围。傅振伦提出了22类大事为记述内容。其后,不少方志工作者也从不同角度提出了大事记的范围和标准。江苏如东县志办为大事记归纳了3条标准:1. 就事物的影响范围来说,基本上要涉及全县;2. 就事物的时间影响而言,在全县比较久远,具有一定的持续性;3. 凡是在县境范围内第一次出现的新事,即使是普通事物,但后来很快普及的也应立条记述。上海普陀区志办对大事拟定了23条选录标准:1. 建置和境域的重大变动;2. 重要政党、社团的建立与主要活动;3. 重大革命斗争事件;4. 帝国主义的主要侵略活动;5. 反映反动统治腐朽黑暗的重大事件;7. 主要机构的建立与撤并;8. 主要干部的任免;9. 重要会议;10. 历次政治运动的始末和主要的环节;11. 重大方针政策的实施;12. 政治、经济、文化、教育方面的重大改革;13. 重要工程项目的建设;14. 重要的技术革新、创造发明;15. 在本区最早出现的重要事件;16. 党和国家领导人到本区视察、检查工作;17 著名人物的重要活动;18. 重要的外事活动;19. 重大兵事;20. 重大事故;21. 严重自然灾害;22. 全市、全国性的,在本区有强烈影响的大事;23. 其它需要列入区志大事记的大事、要事、新事。袁楚梁同志提出了 16 条大事选录标准,张云年提出了 7 条标准,张其卓提出了 20 条标准,等等。

显然,关于大事记的标准,志界同仁们的探讨,已比较全面和周详了,愚以为再不必浪费笔墨一一列举了。但真正运作起来,并非那么简单,实际上要复杂得多,伸缩性也大得多。简言之,再具体的标准也难概括全面。这就需要我们在把握大事标准上找出大事记所具有的特征。具体说来,有以下几个方面。

(一)地域性

地方志既然是"一方之全史",即具有极强的地域性。所选录的大事必须是发生或运作在本地域内的大事,不能把与本地域无关或无影响的大事拉进来。同时,要注重考虑地域之间的差异。如某一件事,放在此地,不足挂齿,而放在彼地,则可大书特书。如记国内外发生的大事,要着重记对本地的影响及活动,把国内外大事作为背景材料融入本地大事之中。这也是如何处理好共性与个性的关系问题,力争反映个性,突出地方特点。

(二)时代性

任何一个地方的不同历史时期,它的政治、经济、文化等状况都有较大的差异,这些差异会对选录大事的标准产生影响。如同样的事件,历史推前,它可能是大事,而历史移后,则微不足道了。就反映经济状况的大事来说,因不同时期,经济发展水平不同,它们在程度上的差别是比较大的。必须在编纂工作中予以足够的重视。

(三)全面性

大事记必须融汇本地域从自然到社会的全部大事,全面反映一地域历史发展的脉络。从事物各自的与相互的内在联系出发,抓住事物的本质特征而不是孤立松散的现象来记载。编者决不能偏其所好,任意立条。任何偏重于某一方面或某几方面,而缺少另一方面内容的大事记,都是片面性和单一化的表现,都是不可取的。要使大事记成为一方历史宏观综合发展的主线索,发挥它全方位整体记述的功能,弥补各分志"偏于横剖,缺于纵贯"的毛病,使读者从中窥到一地域历史发展的全貌。

（四）连续性

大事记记述时间必须力争连续不断，贯通古今。我们今天编修的社会主义新方志，不是旧志的续修，不能照抄旧志的内容，而是必须用新观点、新材料、新方法重新整理全部历史。总的目的，就是要达到反映出自然、社会历史发展的脉络和总体观。

五、文风

《新编地方志工作暂行规定》第 13 条明确指出：新志书文体，一律用规范的语体文，文风应严谨、朴实。大事记作为志书的"纲"，不仅和其它篇章紧密相连，而且有其相对的独立性。它的内容要求简洁明了，既不能啰嗦冗长，又不能写得过简，甚至问题都交待不明白，而依赖其它篇章的解说。

（一）简洁

大事记与其它篇章相比，要求更高程度的凝炼集中，文字要简洁明确，文体风格应是明快、朴实无华，力争用最精炼的文字说明一件事的全貌。如果把大事记写得拖泥带水，就不能醒目流畅，让人读之生涩。大事记行文中切忌用套话、空话、长话及带强烈感情色彩的词汇。

（二）明了

大事记最起码的要求是把一件事说明白，当然表述要周严，经得起推敲。既要做到要言不繁，又要有血有肉，理清事物头尾，使之脉络清晰，轮廓完整，反映出事件的总体面貌及其性质，尽量不让读者去悬想猜测。如果一味强调短话，越简洁越好，表面上看是简洁了，却使人看不出事件的来龙去脉，这样就失去了大事记的资料价值和参考价值了。

（三）要避免文白相间，统一使用语体文

从当前新出版的大部分志书来看，许多志书中仍存在不少的文言文和文白相间的词语，而这种现象在大事记中尤为突出。繁杂冗长、拖泥带水，是撰写志稿的大忌，但如果走上另一个极端，认为用文言文才能达到精炼、简明的效果，则又过于主观和片面。大事记中出现的文言文或文白相间的语句，基本上是从旧志或古籍中转抄来的，未进行整理或改写，或只改写了个别字。从整部志书来说，绝大部分均为语体文，夹杂少数的文言文，造成了文风不统一的矛盾。要使志书尽善尽美，一定得付诸行动，体现在志书的字里行间，达到文风的统一。只要编撰者稍加注意,此类问题是不难解决的。

六、断限

《新编地方志工作暂行规定》指出,本轮修志的上限时间定为 1840 年。但从实践中来看,新编志书大事记的上限,却很不统一,有的从有先民活动时记起,有的从建置开始记起,有的从鸦片战争时写起,有的从辛亥革命时写起,而且大部分突破了这个时限。以此看来,上限是否一刀切,还有值得探索的必要。

大凡事件都有一个发展过程,研究任何事件,都得从它的起源、发展和结局来探索,不然怎么能发现事物的发展规律呢? 大事记要讲求历史的完整性、逻辑性和继承性,生硬地割断历史,是极不科学和合理的。这不但把大事记的前半部分历史割掉,使它支离破碎,残缺不全,而且不能充分显示其应有的作用。

吾以为,大事记是为了概括地记述一地域的历史过程,反映历史发展规律,以便总结历史经验教训,理应突破 1840 年这个界限。其理由有三:

(一)后人所需

一地域之古事虽旧志及古籍有记载,然而都是文言文,且又分散,不说后人,就是修志工作者在搜索、阅读及使用时,也颇感困难,后人就更不用说了。况且通过大事记简记一些 1840 年以前的历史,可增添志书的价值。

(二)今人之责

本轮编修的是第一代社会主义新方志,我们这一代修志工作者有责任将旧志及古籍中一些明显的偏、漏、误,经过考证予以纠正,不至于以讹传讹。

(三)纵贯历史

作为新方志,开篇大事记中没有 1840 年以前的历史,使一地社会和自然历史成为无源之水,无本之木。所以,为使大事记成为贯通古今的范例,大事记的上限应突破 1840 年这个界线。具体从何时写起,应以各地域的实际历史情况来定。当然,突破这个界线,也必须贯彻详今略古的原则。

大事记的下限无须赘述,一般以完稿之年为好。

浅议二轮市县续志"大事记"的编写

——以《秦皇岛市志》等 10 部续志为例

新方志把大事记列于卷前,已为方志界所推崇。大事记是地方志中不可缺少的重要组成部分,它用一根时间的纵线,把分散在各个条目中的大事、要事、新事贯穿起来,成为"一志之经"。因此,大事记编纂得好坏,也直接影响到志书的质量。

在许多志人的眼中,似乎大事记是较容易编纂的一编,其实不然。在我所阅览的已出版二轮市县志中,大事记可称之为存在问题较多的篇章之一。这与志人对大事记这一篇章重视不够或认识不足有较大关系。我以为,大事记与志书中的其他篇章相较,是较难写的一编。而要写好这一编并得到志人的普遍认可,则更加困难。可能是我过于苛求的缘故,至今还未看到一部志书中完满的大事记,或多或少总存在一些瑕疵与不足。

一、大事记的体例

(一)位置

我曾对山西省首轮编纂的市县志书做过一个统计,在 126 部市县志书中,列有大事记的有 123 部(3 部未列),将大事记移至志书尾部的达 70 部、占 57%,放在概述篇之后、正志之前的仅 53 部、占 43%,大事记后置占到多数。造成这种情况的原因大致有两点,一是编者认为全志之首增设了概述篇,便以此认为概述篇是全志之纲,替代了大事记统率全志的功能,故而将大事记后置。二是对志书体例中设大事记的初衷不甚了解,只认为大事记仅起志书检索的功能。前者是认识上出现偏差造成的,而后者则是对志书原有体例即大事记的功能、地位、作用没有理解造成的。实则,两者均对大事记认识不足或不清而违了志书体例之规。方志由地志、图经发展演变而来,至宋代始定型,清代方志编纂达到封建时代的顶峰,方志体例日臻完备。社会主义新方志编纂,是在继承历代方志体例的基础上创立的。就方志体例而言,继承多于创新,表现出方志体例的创新其难度之大。从另一角度讲,完全脱离开地方志原有优良体例而一味强调创新,则有可能使新编方志脱离方志体例之轨,编出的志书也就不可能成为地方志书,反而成为历史的笑柄。首轮新方志编纂,就概述篇的创设,亦经过激烈的争论与交锋,经实践的检验才得到普遍认可。首轮新方志体例的创新,概述篇的创设首屈一指。通俗地讲,即概述篇以"面",大事记以"线",面线结合,双管齐下,经纬交织,提纲挈领,统领全志,两者合力共同承担全志之纲的重任,使新编志书在体例结构上又上升到一个新的层面。大事记后置,则破坏了新方志的严谨性、科学性、系统性,把大事记放到了末等的地位,实属新方志在体例上的倒退。首轮《高安县志》将大事记放在了最末一卷,续修《高安市志》将大事记前移,恢复到它应占的位置,可谓正本清源、拨乱反正之举。

大事记是全志的统帅篇章,应排在志书的卷首位置,即概述之后、正编之前。二轮续志在志书的卷首部分,又增加了新的内容,使卷首部分的排法出现了混乱。《锡山市志》卷首部分增加了《前志概要》、《特载》(党和国家领导人视察、中国农村综合实力百强县评比"三连冠"、建置区划调整)两项内容,其排序为前志概要、总述、特载、大事记,明显欠妥,似应为总述、大事记、特载、前志概要。特载中的三项内容均为大事记的属下,前一项只是从大事记中析出,仍为编年体;后两项为纪事本末体的大事记。《秦皇岛市志》卷首部分增加了《党和国家领导人莅秦》,其排序为总述、党和国家领导人莅秦、大事记,中间一项是从大事记中析出,仍为编年体。排序似应为总述、大事记、党和国家领导人莅秦。突出地方特点,不能乱了志书篇章排序的主次。首轮与二轮《陵川县志》均把大事记排在志书的末尾,使大事记丧失了统辖全志的功能。

(二)大事记的再分类

在首轮志书编纂中,有少数志书将大事记分为两部分,一为"大事记",采用编年体;一为"要事纪略",采用纪事本末体。

二轮志书又有创新,就是将某类事物从大事记中剔出,另立一篇,以示突出地方特点。如《锡山市志》在"特载"中设"党和国家领导人视察"篇,以体现神州第一县的地方特色。如《秦皇岛市志》卷首部分增加了《党和国家领导人莅秦》。如《萧山市志·第一卷》(试印本)将大事记分为《萧山要事》、《领导视察考察(并配有专记"中共中央总书记江泽民三次视察萧山")》、《外国及港澳台宾客访问萧山》三篇。前后两项均为编年体,而中间一项的写法属新闻通讯体裁,与大事记的写法相去甚远。虽属创新之举,却有违志体。

(三)题头标法

大事记的条目,前面冠以时间,实为条目的题头。一事一记,以时为头。

在旧志中,大事记一般为分年记述,以年分期,下领条目。首轮新方志编纂中,有二种方式:一为沿用旧志做法,;二为以年领月,月下领条。二轮续志两种皆有,以第一种居多,如《东平市志》等7部。采用第二种的也有,但较少,如《锡山市志》、《秦皇岛市志》、《杭州市志》(送审稿)3部。我以为,还是第一种为好。大事记以年分节,年内再分月似嫌多余,可直接标在题头上。这样可节省大事记的篇幅。每条大事前面所标的时间,称之为"题头",实为标题之义,通常均变换字体(一般为黑体字),与正文相区别,中空一字距与正文接排。有少数志书的题头不变换字体,加逗号与正文接排。此种做法减弱了题头的提示性作用,又不便于检索,吾认为欠妥。

同日多条的标法,首、二轮志书中大体有四种:一为每条均标注月日,如山东的《东平县志》;二为首条标月日,其余标"本日"、"是日"、"同日",如《锡山市志》、《邗江县志》、《萧山市志·第一卷》(试印本);三为首条标月日,其余标*号,用以替代月日;四为首条标月日,其余条另起,有几条另起几条,如《秦皇岛市志》、《杭州市志》(送审稿)。我以为,第三、第四种似有违志体。第二种尚可。尤以第一种最为科学、合理。相同日期不应省略题头,重复使用即可,也便于查检。在网络化发达的今天,从方志的传播和利用考虑,还是用第一种为好。

(四)连日事件(即某一事件发生在几日内的标法)

大体有三种标法:一为用一字距"—"连接号连接,如《陵川县志》"10月25日—30日";二为用浪纹"~"连接号连接,如《东平县志》(以年分割)"10月25~31日",《秦皇岛市志》(以月分割)"24~26日";三为用汉字"至"连接,如《临猗县志》"7月10日至13日"。此三种标法,尤以第一种合乎规范,科学、严谨。第二种浪纹用法不合《标点符号用法》规范。为此,我专写了一篇题为《年份间连接号的用法》的论文。标准的标注法应为:"11月20日—12月6日","日"字前后连贯,不可省略。

代词"是""本""同"的用法。在相同日期条头的表述上,现行的作法有

"是""本""同"三种,均不为错,但一部志书大事记的用法要统一,从严谨、科学的文风上考虑,我以为还是用"是"为好,《高安市志》、《邗江县志》、《萧山市志·第一卷》(试印本)大事记就用此法。在"是月"的标法上还有一种,即直接标阿拉伯数字月份,如《东平市志·大事记》直接标为"3月",放在该月的最后。"是"属书面语,为"这""此"的意思。相较而言,"是"、"本"可以连用,而"同"必须前有相同时间出现后才能使用。在以"月"、"年"作题头时,"是"、"本"可以单独运用,亦可连续运用,而"同"则不能。有的志书"是""本""同"混用,欠严谨,有伤文风。

条目的排序,同日连续几条的,应先排单日,后排连日;连日条后面不应接排相同日期的单日条。如无具体日期,标为某月的上旬、中旬、下旬,"上旬"条放在该月的11日之前,"中旬"条放在该月的21日之前,"下旬"条放在该月的31日之后。如标为春、夏、秋、冬各季,"春"条一般放在4月1日之前,"夏"条一般放在7月1日之前,"秋"条一般放在10月1日之前,"冬"条一般放在12月31日之后(各地也可根据当地气候的实际情况适当后延)。"是月"条放在该月最后,"是年"条放在该年最后。

二、大事记如何接续前志的问题

在旧志编纂(包括首轮新编市县志)中,大事记普遍为通纪体,即贯通历史。二轮续修市县志普遍为断代体志书,大事记如何记(断代)确实是个新课题。从已出版的二轮续志来看,大体有三种做法:

一是纯为断代体式,与各分志所记时限同步(如《杭州市志》)。当然也存在两种情况,一为与分志同步,一为下延数年。如山西《黎城县志(1991—2003)》,将限外大事记放在"限外辑要"之中,标题仍为"大事记",副题为"2004年1月—2005年12月"。

一是许多志人也考虑到二轮续志的独立性、完整性、连续性,将断限前的历史大事经过精编,放在志书的附录之中。如江西《高安市志(1986~2006)》在附录中设"1988年版《高安县志·大事记》节录"(首轮县志大事记35页,二轮27页),"正文大事记"20页。

一是将大事记作为接续历史的通纪体,如安徽《安庆市志(1978—2000)》,大事记贯通古今,从南宋绍兴十七年(1147)起收大事,上限前832年用12页1.62万字,1978—2006年(延至出书前)28年用52页7.13万字,前占15%,后占85%,详今略古相当有度。接续前志寄托在志书的总述、大事记和建置部分。又如:江苏《常州市郊区志(1984~2000)》,大事记从1949年4月23日境内解放之日记起,至2002年4月26日所属乡(镇)分别划归天宁、钟楼两区时止。

上述三种做法各有利弊,第一种纯断代体式的大事记,是恪守中指组《地方志书质量规定》"严守志书的上下限"的规定,第二种在附录中附历史大事记,即遵守规定,又设法变通。第三种则把通纪体大事记作为接续历史的一个重要篇章,虽违反《规定》,但却合乎志体,更强调续志的独立性、完整性、系统性。三者相较,吾以为第三种更好一些,但要在"凡例"中言明,遵从志体。大事记突破下限的问题,吾以为上限可追溯,下限一刀切为好,与各分志同步。非要记下限之外大事,入《附录》中的"限外辑要"尚可。无论采取哪一种衔接方式,均须在凡例中交代清楚。

三、大事记的篇幅控制问题

二轮续志篇幅的增容,是一个普遍性的问题。按常理讲,首轮志书多为通纪体,历史跨度较长;二轮续志多为断代体,历史跨度要短许多,志书的篇幅本不应超越首轮志书。但实际情况恰恰相反,志书的无限制扩容,并不是一个好现象。我非常不赞成志书无限制的扩容,扩容应有限。就大事记而言,不存在扩容的问题,而是急需瘦身的问题。前面也已提到,大事记是统辖全志的重点篇章,粗线条反映一地的历史概貌,篇幅需要少而精。从首轮志书及已出版二轮续志来看,大事记的臃肿问题仍很突出,进而限制和影响了大事记功能的发挥。放宽一点说,其他分志可扩容,而大事记则必须瘦身。

大事记的篇幅控制应三管齐下:一是篇幅的控制,二是条数的控制,三是每条的字数控制;唯有此,才能把大事记的篇幅压缩下来,使篇幅得到控制。

(一)篇幅控制

首轮修志中,对大事记的篇幅控制有所研究,但只是涉及到字数,未涉及条数的问题。当时因县志总字数要求控制在百万字以内(中指组要求县志60万字,市志100万字),故大多数志人认为志书大事记的篇幅(字数)应控制在全志的1%,最多不超过3%。省志大事记亦如此。如首轮《山西通志》,全志50卷66册4925万字,大事记90万字,占全志的1.8%。

以二轮10部续修志书为例:

锡山市志	全志 136 万字	大事记 6.9 万字	占 5%
秦皇岛市志	全志 345 万字	大事记 15.8 万字	占 4.6%
临猗县志	全志 120 万字	大事记 5.3 万字	占 4.4%
东平市志	全志 145 万字	大事记 5.2 万字	占 3.6%
大通县志	全志 110 万字	大事记 3.6 万字	占 3.3%
陵川县志	全志 112 万字	大事记 2.5 万字	占 2.2%
高安市志	全志 253 万字	大事记 3.87 万字	占 1.5%
邗江县志	全志 196 万字	大事记 3 万字	占 1.5%
杭州市志	全志 800 万字	大事记 12 万字	占 1.5%
萧山市志	全志约 600 万字	大事记 4.8 万字	占 0.8%

从上述 10 部志书可以看出,大事记篇幅的长短,用占全志的百分比来控制,是非常不合理、不科学的,相同字数的大事记在不同的总字数里差别很大,难以反映出大事记在一部志书中篇幅的长短。在首轮修志中,因市县志书还有一定的篇幅控制,用百分比来控制大事记的篇幅似乎还有一定的道理。二轮续修志书情况有所变化,特别是在志书篇幅日益增大的情况下,用百分比来控制大事记的篇幅,就显得不合理、不科学。

以《杭州市志》(送审稿)为例,由于志书篇幅的增大(800 万字),大事记 12 万字不甚显眼,依我看则不然,似乎嫌长了些,还可再压缩一些。

我以为,县志大事记似可控制在 2 万字以内,市志控制在 3 万字以内,尚较合理。朝这个方向努力,大事记的篇幅才能有所控制。

志书的总篇幅字数是以页码来计算的。大事记去掉月题,以年直接领条,亦是节省篇幅的一个好办法。如一部续志断限年份为 20 年,一年 12 个月标题就要占 240 行的文字,而有的月标题还要空行,就翻倍成为 480 行,以大五号字每行 40 字计,就达 19200 字。对本身篇幅就有限的大事记而言,近 2 万字的篇幅绝对不是个小数字。以《锡山市志》为例,正文四号字、每行 32 字,15 年月题并加空行计 360 行、11500 字,占到大事记总字数的 17%。

版面编排是一门学问,志书的文字版面排版要紧凑,稀疏并不美观。就标题而言,字号要适度,不可大而无当。大事记的年份标题也需瘦身,有的占四五行文的高度,一点也不珍惜版面,虽然"大方"却并不美观。在 10 部续志中,有 3 部(秦皇岛市志、杭州市志、锡山市志)标有月题,其余 7 部均为以年领条。不加月题在续志中还是占主流。

（二）条数控制

志书的大事记，自有其自身的特点。它有别于其他大事记的专门书籍。志书大事记以时为经、以事为纬，以粗线条的笔法，勾勒和展现一地的历史概貌，与概述一起统领全志。它不要求面面俱到，要站在历史的高度和全局的角度，选取大事。记取历史大事，要经过历史的沉淀，经得起历史的检验。详今略古是志书的准则，大事记亦不例外。大事记的条目要少而精，忌多而滥。多从旧志中吸取营养。大事记条数的控制，理应提到修志工作的议事日程上来。安徽省志办的朱文根主任在《关于地方志中大事和大事记理念上的一些思考》（《中国地方志》2011 年第 2 期）一文中曾提出，"在地方志中，大事要少记一些，一年 10 件左右即可"。此理虽好，但离实践似乎远了一些。作为续志体（断代体）的志书而言，大事记每年 10 条，我看似乎嫌少了些。以每年 20 条为限大体可行，修志人员还好把握一些，以反映一地历史概貌为其宗旨，简明扼要即可。

以 10 部志书为例：

锡山市志，总条数 834 条，年均 55.6 条，最高年 74 条，最低年 41 条，条均 66 字。

杭州市志，总条数 1623 条，年均 70 条，最高年 108 条，最低年 41 条，条均 74 字。

大通县志，总条数 543 条，年均 36 条，最高年 68 条，最低年 21 条，条均 66 字。

秦皇岛市志，总条数 1560 条，年均 65 条，最高年 127 条，最低年 21 条，条均 101 字。

东平市志，总条数 523 条，年均 27 条，最高年 115 条，最低年 11 条，条均 99 字。

临猗县志，总条数 764 条，年均 51 条，最高年 116 条，最低年 12 条，条均 69 字。

陵川县志，总条数 285 条，年均 26 条，最高年 48 条，最低年 12 条，条均 88 字。

高安市志，总条数 600 条，年均 29 条，最高年 49 条，最低年 17 条，条均 65

字。

邗江县志,总条数 408 条,年均 31 条,最高年 50 条,最低年 15 条,条均 73 字。

萧山市志,总条数 510 条,年均 30 条,最高年 48 条,最低年(1986) 22 条,条均 88 字(包括萧山要事 273 条、领导视察 131 条、宾客访问 106 条三项)。

从上述例子中给我们一个启示,大事记的条数是可以控制的。10 部志书的最低年低于 20 条的有 5 部,接近 20 条的有 3 部,即年均 20 条还是可以实现的。作为通纪体大事记,在记述上有个详近略远的问题,而作为断代体的大事记,却不存在详近略远的问题。断代志大事记仅记 20 年左右的时限,如上述 10 例平均 16 年,最长 24 年,最短 11 年。在条数的掌控上并不尽如人意。《东平市志·大事记》记 1986—2004 年间 19 年的大事,其中 15 年均未超过 30 条,3 年未超过 40 条,仅 2004 年为 115 条,如将 2004 年压缩在 40 条以内,年均条数就可压缩到 24 条。《临猗县志·大事记》记 1991—2005 年共 15 年的大事,前 8 年年均 18.4 条,后 7 年年均 88 条,前后条数悬殊太大。每年后加有年末条(题头未变黑体字),记当年经济总貌,均 200 字以上。年末条不合志体,大事记中不用年终总结。在有的志书大事记中还有此类条目。

(三)每条的字数控制

大事记要瘦身减肥,就需要从每一条大事着手,精雕细琢,力求简洁、明了。切不可借本末体之名,肆意铺陈。

续修《山西省志·交通志》设有《大事编年》,总条数 1782 条,年均 57 条,条均 135 字。按题标示,既称"编年",就不应用本末体,但实际情况并非如此。近半数的条目采用了本末体,其中超过 200 字(单开栏,每行 40 字)的有 331 条,占总条数的 18.6%,最长的一条(1996 年 6 月 25 日条"太旧路通车庆典"达 1640 字,分 7 个自然段。此类条目应入正文之中。

《秦皇岛市志·大事记》中,超过 100 字(双开栏,每行 20 字)的 111 条,占总条数的 7.1%,最长的一条(1982 年 7 月 1 日条"耀华玻璃厂")720 字。该志并设《党和国家领导人莅秦》篇,实为大事记中抽出的内容,共 5.8 万字,1088 条,年均 45 条,条均 53 字。若两者相合,总条数达 2728 条,总字数达 21.6 万字,年均 113 条,条均 79 字。

《东平市志·大事记》中,超过100字(双开栏,每行20字)的104条,占总条数的20%,最长的一条(1995年7月1日条"特大暴雨袭击")260字。

从上述10部志书可以看出,大事记条均字数超过百字的仅有《秦皇岛市志》1部,条均字数最少的为《高安市志》65字,未超70字的有4部,10部的平均字数为(条均)80字。这虽不是标准,却能从一个侧面给修志人员以启示,大事记编好后,可算算条均字数(以正文行数计),若能控制在50字以内,属精炼;70字以内,属较精炼;超过80字,则显繁杂,还须再行推敲、压缩。

四、大事的筛选与取舍

大事记的编纂,大体有两种:一为由专人收集编纂;一为由各分志供稿,专人编写。其难度主要有两个方面:一是大事的取舍;一是文字的精炼。大事记编好之后,要逐条审视,根据需要从最大、最重要、最有价值、最有影响、最有代表性的事件往下排,用比较法决定大事的取舍。从下面的例子中可看出,在控制大事记条数上,还需要下些磨杵功夫。

(一)用比较法

我以为多阅志书,可参考他志的做法,通过比较之法,决定大事的取舍,达到文字的精炼。

例1.8月7日,陵川县委主要领导更迭,赵雪梅任中共陵川县委员会书记,并兼任陵川县人民政府县长。(《陵川县志·大事记》1998年8月7日条)

例2.1月15日中共宜春市委常委、高安市委书记董仓生调任宜春市委政法委书记,宜丰县委书记刘承芳接任高安市委书记。(《高安市志·大事记》2001年1月15日条)

例3.28日顾二熊任市政府代市长。(《秦皇岛市志·大事记》1984年4月28日条)

此3例同为领导更替内容,从写法上即可分出高下。例1中"陵川县委主要领导更迭",言明事件的性质,似属多余。例2中前半句"中共宜春市委常委、高安市委书记董仓生调任宜春市委政法委书记"言明事件的缘由、即前任的去向,后半句点出事件的主体,前半句似嫌累赘。例3直截了当,简洁明了。

例4.7月1日零时,第四次全国人口普查开始。高安县普查结果,全县人口708194人。(《高安市志·大事记》1990年7月1日条)

例5.7月1日以零时为准,进行第四次全国人口普查,普查显示全市常住人口 1130592 人。是年底,全市户籍人口 1144479 人。(《萧山市志·大事记》1990 年 7 月 1 日条)

例 6. 1 日第五次人口普查入户登记工作开始。11 月 15 日,全市普查登记结束。普查计算标准时间为 11 月 1 日零时。(《秦皇岛市志·大事记》2000 年 11 月 1 日条)

例 7. 1 日无锡县第四次当日人口普查零时统计,全县常住总人口为 1094989 人,其中男性占 50.25%,女性占 49.75%;少数民族 1472 人。(《锡山市志·大事记》1990 年 7 月 1 日条)

例 8. 1 日 ~ 10 日开展全国第四次人口普查。经普查,全市总户数 1650727 户,总人口 5832143 人。(《杭州市志·大事记》送审稿 1990 年 7 月 1 日 ~ 10 日条)

例 9. 7 月 1 日全国第四次人口普查,全县人口共 553619 人,其中男 276319 人、女 177300 人。(《邗江县志·大事记》1990 年 7 月 1 日条)

此 6 例均为人口普查的条目,从记述的角度看,亦有高下之分。人口普查的主体内容应为当地人口的统计数据,是该条事件之所以能够立条的根据。例 6 只点普查工作过程而无数据,丧失了立条的依据,明显欠妥。其余在写法上各有侧重,或只点人口数(如例 4),或加有户数(如例 8),或加有是年底人口数(如例 5),或加有男女比例(如例 9),或加有男女比例外又有少数民族人口数(如例 7)。新中国成立后,共进行过 7 次全国人口普查,二轮续志(断代志)时限内有 1982(上限紧接首轮无此年)、1990、2000、2010 年(普遍在限外)四次。10 部志书的大事记中,记载人口普查内容的有 6 部(高安市志、锡山市志、杭州市志、邗江县志、秦皇岛市志只记 2000 年未记 1982 和 1990 年、萧山市志只记 1990 年未记 2000 年),不记的有 4 部(陵川县志、东平县志、临猗县志、大通县志)。从比较中可以看出,人口普查是否立为大事记的条目尚有争议。我以为,从大事记瘦身角度考虑,此类条目可删。如要上,则需一次不漏,否则标准不一,招人诉病。当然,按同类归并的要求,亦可用纪事本末体,记在 2000 年条内,前述第五次普查数据,后点前两次 1982 年和 1990 年普查数据。这样可节省大事记的条数。

(二)要严格制定大事与新闻的区别

有些大事是从省、市报纸上摘录下来的,但新闻与大事的界线不清,将新闻混为大事。是新闻的不一定是大事,是大事的一般均应是新闻(当然新闻中也有漏掉的大事)。

例1. 4月3日,中国围棋协会主席陈祖德,中国棋院院长王汝南,韩国九段棋手曹熏铉等登上了棋子山、王莽岭。(《陵川县志·大事记》2004年4月3日条)

例2. 7月1日,陵川县召开《王莽岭志》初稿征求意见会议,省史志院副院长侯文正、省史志院方志所副所长刘益龄亲临本县,对《王莽岭志》的进一步修改提出了意见。副县长原健主持了会议。县旅游、文物等相关部门及《王莽岭志》的编纂人员参加了会议。会后侯文正副院长还深入本县凤凰欢乐谷景区、王莽岭景区和本县文物国保和省保单位进行了实地考察。(《陵川县志·大事记》2004年7月1日条)

此二例,例1只是当时报纸刊登的一则新闻而已,与大事相去甚远。例2为一则专志初稿征求意见会议的新闻,如勉强算作大事,亦只能点到即可,不应肆意铺陈。

例3. 是月戴明予任市委书记,徐斌任市人大常委会主任,张志刚任市政府市长,赵衡任市政协主席。(《秦皇岛市志·大事记》1983年7月条)

例4. 28日~12月4日市七届人大一次会议举行,选举徐斌为市人大常委会主任,张志刚为市政府市长,阎秉枢为市中级人民法院院长,程博远为市人民检察院检察长。(《秦皇岛市志·大事记》1983年11月28日~12月4日条)

此二例记述的是同一件事,前为上级任命,后为人大通过,为一件事的两个不同侧面或仪程,应用本末体合条记述即可,如此浪费笔墨大可不必。

五、大事记的写作手法及文风

(一)写作的角度(节点)

大事记条目记述手法,要突出事件的主体内容。

例1. 是年 省政府授予高安市"全省农业发展十强县(市)"称号。(《高安市志·大事记》2002年是年条)

例2. 是年 秦皇岛市被国务院确定为"中国甲级旅游城市"。(《秦皇岛市志·大事记》1979年是年条)

此二例,属同类内容,但记述角度与表述手法不一。例1用陈述句,主语是"省政府";例2用被动句,主语是"秦皇岛市"。大事记记述的大事应立足当地,找准角度,以"我"为主。二例相较,后者明显优于前者。

(二)并条与分条

一事一记,是大事记条目编写的基本原则,能分条记的,尽量分条记。分条记毛病较少,合条记弊病较多。合条记应遵循的原则,即纪事本末体,交待一件大事的前因后果。不是同一件事,不能合条记。这方面存在的问题亦不少,似举几例。

例1. 13日　市委、市政府向12日遭受特大地震灾害的四川汶川地区人民捐赠抗灾救济款500万元,全市各机关、企事业、人民团体及广大市民纷纷向灾区人民献爱心。14日,杭州首批抗震救灾队伍赶赴灾区。全市有25.9万名中共党员自愿交纳特殊党费7294.67余万元。2008年,杭州市捐款捐物达8.8亿元。26日,来自四川地震灾区的首批伤员抵达杭州。至5月31日,杭州市各医院共接收地震灾区伤员155名。6月11日,地震灾区青川县的65名中职学生分别进入市中策职业学校和市旅游职业学校就读。(《杭州市志·大事记》送审稿2008年5月13日条)

例2.1日全国重点建设工程——耀华玻璃厂兴建的中国近20年最大的一座九机垂直引上窑动工,1984年10月10日投产。九机窑定名为耀华玻璃分厂。1983年5月30日,耀华玻璃总厂玻璃钢厂设计制造的中国第一艘"5420"型玻璃钢艇在秦皇岛港西海域下水。9月27日,在全国钢化玻璃质量行业检验中,钢化玻璃名列第一。1984年10月1日,国家重点建设项目——耀华玻璃厂浮法玻璃生产线动工兴建,1986年10月1日竣工投产。1985年5月,试制茶色玻璃成功。12月21日,研制成功彩色吸热玻璃。1987年2月4日,浮法生产线成功地拉出本体着茶色玻璃,成为全国第一条浮法茶色吸热玻璃生产线。1988年5月16日,秦皇岛耀华玻璃产业集团成立。1989年1月,秦皇岛耀华玻璃总厂获得外贸进出口经营权。4月1日,普通平板玻璃第10次获得全国平板玻璃质量的第一名。1991年2月1日,"七五"时期国家重点科技攻关项目——耀华玻璃总厂日产500吨法玻璃生产技术通过国家验收,10月2日在国家"七五"科技攻关重大成果表彰大会上,获国家成果奖。1994年1月15日,耀华试验基地1.8毫米浮法玻璃通过鉴定,填补国内空白。4月1日,中国耀华玻璃集团公司举行挂牌仪式。1995年6月17日,"耀华玻璃"A 股股票公开向社会发行,发现额度为 4500 万股;7 月 2 日,股票在上海证券交易所正式挂牌交易。1997 年 6 月 23 日,耀华玻璃股份有限公司成立。1999 年 8 月 31 日,国家"八五"时期重点工程——耀华浮法玻璃生产线扩建工程通过审查验收。2002 年 2 月 8 日,"耀华"牌浮法玻璃被认定为中国驰名商标,为中国玻璃行业中第一个获得此殊荣的商标,填补秦皇岛市无驰名商标的空白。6 月 15 日,耀华玻璃集团博士后科研工作站正式揭牌,为全市唯一的博士后科研工作站。10 月 23 日,耀华北部工业园正式开工。(《秦皇岛市志·大事记》1982 年 7 月 1 日条)

例3.3 月,陵川县交通局首次使用 GPS 卫星定位仪对陵沁公路、长陵公路进行测量。山西省旅游业 2000 年—2010 年规划编制专家考察团通过对本县崇安寺、棋子山、王莽岭等风景区考察。(《陵川县志·大事记》1998 年 3 月条)

此三例,例 1 记载的是汶川地震后发生在杭州市境内的大事,看似同类相组合,实则不然。7 条大事时间跨度达半年余,虽为一个中心(围绕汶川地震事件),但记述手法却不是纪事本末体,而是单个事件的简单连接。分条记述似乎更好,能体现某一时段工作的重心,真实反映杭州人民献爱心的多项行动,亦符合大事记固有的功能。如合条记述,写法上要有所变换,使之符合纪事本末体的笔法。例 2 记载的是在耀华玻璃厂发生的 19 件大事,时间跨度达21 年,每件事均可单独立条,违反了纪事本末体的编纂原则,不合志体。似应分条记述。例 3 则属于风马牛不相及的两件事,不应合条记述。似乎是因为第二条丢了题头而导致的差误。

(三)单位全称与简称的写法

全称不全,可称之为大事记存在的较普遍现象。随意简化单位名称,一是不合志体志规,二是给读者带来阅读障碍。

例1.9 日　市二建公司宣布废除干部终身制和行政任免制,实行管理干部聘用合同制。(《秦皇岛市志·大事记》1985 年 1 月 9 日条)

例2.12 月 28 日,陵川县被全国绿委、人事部、国家林业局表彰为"全国绿化先进单位"。(《陵川县志·大事记》2001 年 12 月 28 日条)

此二例,例 1"市二建公司"是简称,不合志体。例 2"全国绿委、人事部、国家林业局"机构名称亦用简称,不确;且"国家"二字位置不确,导致逻辑混乱。

（四）同类条目的一致性问题

在大事记中，同类条目多次出现，为从行文的科学性、严谨性考虑，进行同类条目的比较，保持行文的一致性、统一性，是修志人员不可不注意的问题。在这方面，多数志书留有缺憾。

例1. 5月20日　中国人民解放军高安县人民武装部改归地方建制。（《高安市志·大事记》1986年5月20日条）

例2. 2月1日　市人武部收归军队建制管理。（《高安市志·大事记》1996年2月1日条）

此2例全简称不一致，例1写法正确。例2似应改为"高安市人民武装部收归中国人民解放军建制"，才能与例1表述一致。

例3. 10月7日　萧山被水利部评为"全国水利建设先进县（市）"。（《萧山市志·大事记》试印本1989年10月7日条）

例4. 2月3日　萧山被国家建设部命名为"全国城市环境综合整治优秀县（市）"。（《萧山市志·大事记》试印本1994年2月3日条）

此2例全简称不一致，例2加有"国家"二字，而例1无。在该志大事记中，凡有国家部委名称的大事条目，"国家"二字或有或无，影响了文字的严谨性。

例5. 4月18日，山西省副省长范堆相来陵川县视察农业转产中药材工作。（《陵川县志·大事记》1999年4月18日条）

例6. 12月8日，副省长梁滨来陵川县调研农村沼气建设情况。（《陵川县志·大事记》2007年12月8日条）

此2例全简称不一致，同为副省长活动条目，例1有"山西省"3字，而例2无。在该志大事记中，此类条目不少，表述无一定之规。

例7. 3月17日，在县人大十二届六次会议上，秦红星当选为陵川县人民政府副县长、代县长。（《陵川县志·大事记》1999年3月17日条）

例8. 4月18日，陵川县十二届人大二次会议补选秦红星为陵川县人民政府县长。（《陵川县志·大事记》1999年4月18日条）

例9. 9月3日，在陵川县第十二届人大常委会第二十四次会议上，焦光善当选为陵川县副县长、代县长。（《陵川县志·大事记》2001年9月3日条）

例10.12 月 22 日,<u>陵川县第十三届人民代表大会常务委员会第二十次会议</u>选举张满祥为陵川县人民政府副县长、代理县长。(《陵川县志·大事记》2005 年 12 月 22 日条)

此 4 例同为领导更迭条目,行文中人大机构名称全简称不一致,随意性很大,表述方式也自行一套。

例11.5 月　扬州锻压机床厂厂长宓仲业被全国总工会授予"五一"劳动奖章。(《邗江县志·大事记》1988 年 5 月条)

例12.4 月 29 日　扬州第一警报设备总厂厂长嵇必援获全国"五一"劳动奖章。(《邗江县志·大事记》1996 年 4 月 29 日条)

此 2 例同为获得同一奖项的条目,表述手法不尽一致,例 1 为被动句,例 2 为陈述句。句式要一致。

(五)大事记要简洁、明了,少用修饰词语

例1.5 月 11 日,县盲人曲艺队<u>荣获</u>"全国自强模范先进集体"称号。(《陵川县志·大事记》1997 年 5 月 11 日条)

例2.10 月 15 日新中国成立后编修的首部《高安县志》(1988 年版),<u>荣获</u>全国新编地方志优秀成果二等奖。(《高安市志·大事记》1993 年 10 月 15 日条)

例3.12 月 24 日—27 日,山西省义务修路现场会在县城隆重召开,会上,<u>本县</u>被授予"全省义务修路标兵县"。(《陵川县志·大事记》1997 年 12 月 24 日条)

例4.7 月 17 日,中国棋院院长<u>亲临</u>棋子山考察……(《陵川县志·大事记》1998 年 7 月 17 日条)

例5.10 月 10 日,石掌大桥完工,<u>郭台铭先生</u>题名为"富陵大桥"。(《陵川县志·大事记》2006 年 10 月 10 日条)

例6.2 月 3 日,由省旅游局组织邀请有关专家,对已出台的《王莽岭旅游风景区总体规划》<u>进行了</u>评审论证。(《陵川县志·大事记》2001 年 2 月 3 日条)

此 6 例均存在毛病。例 1、例 2 中"荣"字多余;例 3 中"本县"不确,"本"为"自己"的意思,"本县"即为"自己的县",含有第一人称的意味,应直接标为"陵川县"。例 4 中"亲临"、例 5 中"先生"均属敬语,含有第一人称的意味;

例4"亲临"应改为"莅",例5中的"先生"二字应删。例6中的"了"字多余。大事记所记事件虽都为过去时,不加"了"并不会产生歧义,加"了"反而显得文字不洁、累赘。该志大事记行文中多数加了"了"字,读来拖沓不雅。

(六)大事记是否加插照片的问题

大事记作为统辖全志的重要篇章,按理与概述相当,条数宜少,字数要精,便于读者尽快阅尽,把握全志之纲。志书中的大事记与大事记专著有明显区别,还是不上照片为好。在10部志书大事记中,加插照片的仅有《东平县志》(志书采用铜版纸彩印,大事记加插照片37幅)1部。由此可见,大事记不加照片还是得到大多数志人的认可。

除此之外,还有大事记条目与内文的一致性问题、大事记述的要素不全问题、慎用"最大"、"最早"、"第一"、"首次"等字眼(事实的准确性)问题等。

(《沧桑》2012年第1、2期)

新方志图片杂谈

一

在中国地方志的发展史中,曾经有过一个图经的阶段,图经在我国方志史中确实具有重要的地位。我国历史上修纂最早的图经,当属东汉时期的《巴郡图经》,到了隋唐,图经的修纂开始发展,两宋时期,图经修纂盛极一时,大量图经的修纂刊行,使它成为我国历代地方志中的重要组成部分。在我国方志编纂的历史中,从篇幅短小的六朝方志到内容浩瀚的南宋方志之间,图经是一种承前启后的纽带和顺理成章的过渡,特别重要的是,它是我国方志修纂中重视图文并茂的开端。从元代开始,以图经为名的方志虽然骤然减少,但在一般方志修纂中已经接受了两宋以来图文并茂的观点。

宋代史学家郑樵认为,图与书相辅相成,必兼而有之;为书者,不可以无图。在其印撰《通志》中,强调史志中"有书无图,不可用也",并总结出:非图无以见天之象,非图无以见地之形,非图无以作室,非图无以制器,非图何以明章程,非图何以明制度,非图无以明关要,非图无以别疆界,非图无以再本末,非图无以定其制,非图无以正其班,非图不能举要,非图无以通要,非图无以别要,非图无以明等,对我国古代图学认识功能进行了第一次全面的总结。

清代方志大家章学诚在他主修和参修的多种方志中,对"无言之史"、"无文之书"的图,也论述颇多。在《永清县志》中他认为:图者,史之无文词者也,无图,则不可以表形象,书志不得不冗。"盖表所以齐名目,而不可以齐形象也;图可得形象,而形象之有沿革,则外国之所得概焉。是以随其形象之沿革,而各为之图,所以使览者一望而周知也。""事既约图于图片,而于书犹存事目者,互见义也"。他强调,图作为方志的组成部分,所系甚重,没有图,而书亦从而废置,在方志中若不慎著其图,"皆从有象而入图,必当作对面观而始肖也"。"无形之理,如日临檐,分寸不可逾也"。他认为:"史之有文辞者,曰书,曰传;史之无文辞者、曰表,曰图。二者虚实相资,详图互见,庶几可以无遗憾矣。"章学诚的这些思想,都是对前人图学思想的概括和发展。

图是最重要、最基本的信息沟通工具,它能最直观、最清晰地表达客观世界最复杂、最丰富的内容。图在各门学科中的应用程度,表现了每一时代图学发展和科技发展的水平。古代方志,以图为首,所纂地志,或称图志、图经,莫不有图,而古今不易。随着社会的发展,社会分工越来越细,方志中图的应用及分类也就越来越多。图在方志中越来越起着新的使命和作用,用图系列也就更加丰富和完备。

二

《新编地方志工作暂行规定》规定:"新志书的体裁,一般应有记、志、传、图、表、录等,以专志为志书的主体,图表分别附在各类中。"从而肯定了图是新方志的重要表达形式。在新方志中,文字、图、表、照片各有其功用,文述其事,图示其状,表具其详,照显其像,如综合应用可相得益彰。古人把图片看成"无言之史",说明图片在志书中绝非是为了装饰美化版面,而是为了纪事、存史。由于图片出自现代化的摄影或绘画手段,便具有一般图片所没有的功能。

(一)图片具有可视的特点

图片是最逼真的形象表达手段,具有直观作用,这种独特作用是文字所不能代替的。我国是一个有悠久修志传统的国家,数以千计的方志典籍流传至今。由于旧志使用术语不统一,记述口径各异,同一事物竟有着截然不同的记载,以致现代学者们为探讨一事实真相久论不决。这种现象的发生,其原因固然很多,但文字记述方面的局限性不能不算是其中之一。而图片则不同,它在反映客观事物方面,是以直接面临事实为前提,既成事实的图像是无法改变的。就志书与阅读者的关系而言,由于阅志者文化素质的不同,对文字的理解程度亦不相同,无形中会产生理解上的偏差,而且在历史长河的演变过程中,由于时代的隔膜,不同时代的读者,对志书内容就有着不同的理解,这将是一种极大的缺憾。而这种缺憾,在我们当代修志中,利用图片是可以弥补的。图片是直观的形象,其形象是固定的、不变的,在理解上一般很少受阅志者文化素质、时代差异的制约而产生偏差。

目前修志,在记述中亦难免涉及到不容易说清的问题,尤其是当今科学技术飞速发展,新事物、新成果层出不穷,甚至闻所未闻,自然难以用语言描绘清楚,而图片却能够形象、直接、真实地显示那些文字所难以叙述和拒绝并的事物,并使其一目了然。如"正负电子对撞机"、"超导技术及其应用"、"机器人"等。这些前无古人的科技新成果,在我们一般人的头脑里从概念到形象尚属一片空白,若不借助图片,而仅靠文字来描绘,是难以说清楚的。

当然,我们强调图片的功用,并非是认为图片可以取代文字。直到今天,志书的表述形式依然是以文字记述为主,文字具有使用方便、记述充分、概括广泛等特点,这些优势也不是图片所能够达到和替代的。在这里只是说,图片在志书中的运用是对文字记述缺憾的补充。正像胡乔木所说:"因为有些问题,用文字不宜表达,附一张图,就容易把事情说清楚。如果没有相应的插图、差不多等于没有说清楚。"

(二)图片具有准确、科学的特点

常言道,"耳听为虚,眼见为实",志书中恰当地运用图片,就可为后来的读者解决这个"见"的问题,证明所说属实。由于图片能够真实地再现事物原貌,因此具有不容否定的强烈的见证作用,令人确信无疑。如我国四川的九寨沟,之所以能够被发现并迅速成为举世瞩目的旅游胜地,靠的就是图片对其自然风貌的形象展现,而不仅仅是文字的抽象描绘。如陈正清拍摄的《1949 年 10 月 1 日,毛泽东主席在天安门城楼上,向全世界庄严宣告中华人民共和国成立了》的图片,今天观此图,亦如见其人,毛泽东主席神采奕奕、指点江山的宏伟气魄从图片中跃然而出。如石少年拍摄的《占领南京总统府》这一珍贵的历史资料图片,成为"一面有真实记忆的镜子",把我们带入历史生活中去,尽管我们未曾经历这种历史场景,但却丝毫不会怀疑那事实准确的本身。

综上所述,图片已作为社会主义新方志编修创新中的一种体例,它在志书表述中的作用和意义是不容低估的。图片是新方志中不可或缺的一种形式,搞好了才能做到图文并茂,一图胜千言,才能体现时代特征。

三

方志图片的属性是什么? 简言之即资料性、纪实性。

(一)资料性

因为志书的根本属性是资料性,作为志书的主体"志"的辅助手段——图片的运用,其主要依据无疑也应该是先看它的资料价值。元代《长安志》的编纂者李好文就曾提出"图为志设"的理论,是很有道理的。

我国古代的地方志,亦多有封舆、城池、民情风俗等图。随着摄影兴起和绘画艺术的发展,民国十八年(1929)颁行的《修志事例概要》中规定,应将历史上有重要价值的地方名胜、古迹、金石拓片和各种古物、各地方重要价值的地方名胜、古迹、金石拓片和各种古物、各地方重要及特殊风物"摄制影片(即照片)编入"。同时还规定,"须将山脉、水道、交通、地质、特产分配、雨量变差、气候变差以及繁盛街市、港湾形势、名胜地方,分别绘制专图"。这些规定的目的,亦只有一个,即强调图片的资料性。

随着摄影和绘画技术的现代化,入志图片的科学性、准确性、真实性更强,形式亦愈多样化。就图来说,有立体图、平面图、剖面图及临摹、拓片等;就照片来说,有黑白照、彩色照,摄影技术除普通摄影外还有航空摄影、卫生摄影等。图片在新方志中的应用范围亦更广泛,无论地理、经济、政治、文化及风俗民情、人物等,均可用图片反映。但必须把握一条基本原则,即为志而设,突出图片的资料性,这是图片入志的主要依据。

(二)纪实性

方志摄影属纪实摄影,这是由地方志的自身属性所决定的。纪实摄影的最大特点,就是准确地再现被摄对象的原貌,向人们提供事实的视觉形象依据。

纪实摄影与新闻摄影有着明显的区别。一是拍摄目的不同,新闻摄影是为了报道新闻,而纪实摄影是为了纪录历史。二是价值不同,新闻摄影强调的是新闻价值,而纪实摄影强调的是史料价值。三是时效性不同,新闻摄影强调的是时效性,立足于一个"新"字,过时则失去效用;而纪实摄影却正与其相反,随着时间的推移,照片的价值不断升高。四是概括性不同,纪实摄影有较大的概括性,往往是一个民族、一个历史时期的象征,不像新闻摄影那样具体的仅指某人某事。当然,新闻摄影与纪实摄影亦有许多共同点,如在恪守纪实性等方面,在此就不一一赘述。

纪实摄影与艺术摄影亦有明显的不同。艺术摄影以审美价值为第一追求,意在创造美,旨在供人欣赏,重在"表现";而纪实摄影旨在"再现"。艺术摄影可以从艺术欣赏的角度去摆布、修饰,甚至虚构,而这些恰恰是纪实摄影所绝对不允许的。纪实摄影强调忠于事物的本来面目,不允许有丝毫的人为摆布和修饰,强调事物自身内涵的美。

志书要求存真求实,故入志图片一定要坚持纪实性。

四

方志图片的选择，必须遵循唯物史观，根据篇目、内容的实际需要，本着"宁缺勿滥"的原则，严格把关，认真筛选。入志图片既要从宏观上覆盖志书的内容，又要从微观上突出志书中富有特色的部分。具体来说，应从以下几方面来考虑。

（一）图片内容的选择要广泛

笔者认为应包括这样几方面的内容：一是反映本地域历史发展脉络及自然地理情状的图片，其中包括鸟瞰图、全景图、区划图、水系图、地貌图等。这方面内容的图片已为修志工作者所重视，并在已出版的新志书中普遍运用。新志书选用这些图片，不仅能够直观地呈现一地之历史沿革及地理环境，而且有很重要的存史价值。二是反映本地域经济发展水平的工具，工农各业生产发展的各种实物，推动生产力发展的科学技术成就等。有关这方面内容的图片已为广大修志工作者所重视，并在实践中做了有益的探索和尝试。三是反映人民群众革命斗争的图片。总的来看，这方面内容的图片在已出版的新志书中数量稀少，且代表性比较差。因此，在修志实践中应着重研究，精心搜集。四是反映本地域文化发展状况的图片。对于此类图片前人早已有所重视，新志书也应大量采用。这类图片不仅有重要的存史价值，而且也是对人民群众特别是青少年进行爱乡爱国教育和革命传统教育的良好教材。五是对中国革命和建设作出过重要贡献的人物照片或画像。辑录这类图片，一可使其形象直观可见，并能使其遗容永存青史，昭示后人。当然，此类图片搜集比较难，但我们绝不能望难却步，应下苦功夫广泛搜集，着意选用。六是反映社会主义革命和社会主义建设伟大成就的图片。这类志书中刊登较多，不再赘述。除上述六类外，有关人民生活习俗、宗教信仰等方面的图片、本地域珍贵或稀有的事物和物品的图片，以及附录、志余部分重大事件、重要文稿的图片等，也很有选用的必要。

（二）图片要为志书的内容服务，要紧紧围绕志书的内容选择图片

在这方面要严格把握几点，一是要选择能代替语言、深化语言的图片。图片作为志书的形象语言，凭借它的直观性、形象性来表现一些用语言难以描述或用语言描述起来繁琐的事物，能收到事半功倍的效果。二是要选择能突出内容、强调内容的图片。志书多是按卷、篇、章、节、目来组织的，有些条目文字

容量不大,但又十分重要,这样的条目就可以穿插一些图片来强调它的重要性。三是要选择能起补充作用的图片。在一定程度上可以弥补文字记述不详的缺欠。

(三)图片的选择要最大限度地突出地方特色

地方志之所以成其为地方志,其决定性的因素就是地方特色。所以,图片的选择也要严格把握这一点。那么,图片如何突出地方特色呢?概括起来说,主要表现在:一是忌一般而彰特别。如志首的行政区划图、县城鸟瞰图等,容易体现地方特色。此外,如土特产、主要建筑项目、风俗民情、名胜古迹等方面的图片也是极富地方特色的内容。二是在图片的总数量上要紧扣地情地貌,突出重点。随着社会分工愈来愈细,志书横分出的门类很多。志书行文要求横不缺项,然而入志图片毕竟数量有限,不必拘泥于此。最能反映本地域经济、地理、文化、风俗民情等方面情况的图片可多一些。就某一部志而言,以农业经济为主的县,图片应以农业为多数;若以工业经济为主,则应以工业为多数;有的地方旅游业发达,反映名胜古迹、旅游点的图片就可适当多一些;若是革命老根据地,则应把革命纪念地、革命文物作为重点。三是用纵向比较法突出地方特色。地方志中用图片反映的事物,更多的是运动发展的,是动态的。有的项目,在"竖写"的过程中要追溯到几千年以前。事物在几千年前的发展过程中,有些由低级向高级发展,有些则由兴盛走向衰退,甚至消亡。其变化的过程用文字表述容易,用图片反映则不易。而在竖写的过程中,如能在事物发展的各重要阶段插入相应图片进行纵向比较,就更能反映事物发展的地方特色。如居住条件对比、生产工艺对比等等。四是本地域劣势、灾异等方面的图片也要适当入志。新志书中的图片主要应反映社会主义新中国欣欣向荣的景象。但事物总是一分为二的,各地经济、文化等诸方面的发展不平衡。一地的劣势、灾异等用图片的形式入志,其资治的功能或许会超过片面歌功颂德的图片,也更能显示地方特色,增强志书的可读性。当然,选择这类图片入志,其方法要注意,即不要放在志首显著的位置,可插入有关章节之中。

入志图片的选择,除上述三点外,还应注意图片的质量,注重图片的艺术性,即选用那些画面层次分明、颜色明快、摄像清晰、构图合理、角度适当、画面和谐、给人以美感的图片。入志图片首先应是真实的,因为这是志书的生命。但真实性并不排除艺术性,一部好的志书的图片应该是真实性与艺术性的统一。从目前已出版的志书看,图片艺术性的欠缺普遍存在,不能不说是一大遗憾。

入志图片的数量多少为佳?方志界众说不一。有的认为志书中的图片应占总数的百分之二十,有的认为应占百分之十五,有的认为应占百分之十……笔者认为,入志图片在数量上不可一刀切,不能作不切合实际的硬性规定。那种根据志书字数,按比例规定图片数量的作法是不妥当的,也是没有根据的。志书的图片数量,应根据志书的实际需要,视手头现有图片的实际情况而酌定。当然,图片的搜集并非一日之功,此项工作应始于修志之初,终于付梓成书之时,即与志书文字工作共始终。

五

志书图片的编排,是志书出版过程中的一项重要工作,千万忽视不得。旧志的图片编排,均集中于志首。清以前的志书仅有图,即城池、县署、疆域、星野等。照片运用于志书之中,是民国才开始的,但民国时期的部分志书虽搜集了照片,却仅限于城池、县署等一类体现一域总体概貌的照片。当然,新方志图片的编排绝不能墨守陈规,沿袭旧志的编排形式,要有新创新,有新发展。这是因为,新方志与旧方志相比,图片的数量成倍增长,并增加了卫星照片、彩色照片;其次是图片在志书中的作用与意义也有所扩大,新志中的图片与旧志中的图片已不可同日而语。大量使用现代化照相技术,采用较多的图片,以形象、生动、直观的图像反映地方特色,这是新志书的显著特点。

从志书图片整体编排来看,新志书一改旧志的局面,采取了集中与分散相结合的编排方法。集中编排,即把反映一地域之中有特色、带有全面性、典型性的事物的图片集中编排于志首,使读者通过卷首图片,即可了解到一地域的概貌,又可吸引读者进一步阅读志书的内容。从这一点来说,志首图片起到的重要作用,是志书其它部分无法代替的。分散编排,即把那些突出条目重要性的图片穿插在正文之中,配合文字条目编排。这种编排方法灵活方便,文图结合,文字纪事,图片佐证文字和补充文字,有利于更好地突出特色,增强真实性和直观感,便于读者了解事物。实践证明,这两种编排形式各有特色,缺一不可。

从志书图片的版面编排来看,存在的问题较多。一是版面编排缺乏新意,整齐划一的"豆腐块"多,图片的形式缺少变化。二是图片的幅面(即所占的版面空间)普遍偏小,没有把自己的地域特色充分反映出来。三是空白留得太大,浪费版面。如有的图片版面,空白反而超过了图片所占的空间。四是图片缺少剪裁,以致画面的主题不够突出。五是有的志书印刷质量太差,图片形象模模糊糊,影响了表现效果。

要解决上述问题,首先要重视志书图片的版面编排,把版面编排作为一项重要工作来抓。在具体编排中,一是要对入志图片进行必要的剪裁,去掉那些影响画面效果的多余部分,使画面的主题更加突出。二是要分类集中,分清主次,突出重点,在版面中大小配置,运用跨页、叠压、交错等多种排列方法,力求避免千篇一律。三是要利用衬底、花线等编排手段,活跃版面,烘托气氛,渲染图片的主题。只要重视志书图片的编排,新志书的质量一定会迈上一个新台阶。

六

标题说明是图片的组成部分。一张好的图片配以准确的标题说明,才能全面表达作者的拍摄意图,增强真实感和资料价值。标题说明要完全忠实于画面形象的基本内容及其含义。

目前志书常见的图片标题说明,概括起来有四种形式:一是说明性的。这种使用最多,如"清凉山华严砖塔"(《怀仁县志》),"风味小吃——油糕"(《乡宁县志》),"高廷珠和他培育的'襄汾马'"(《襄汾县志》)等等。说明性的标题多用于画面一目了然的图片。二是叙述性的。它直接叙述图片中反映的事物、情景。如"蔡家崖——毛泽东在此发表《在晋绥干部会议上的讲话》等文章"(《吕梁地区志》),"西德专家考察太德塬"(《大宁县志》),"县皮革厂产品出口独联体、蒙、德、日等国家,深受外商欢迎"(《阳高县志》)等等。这种标题说明常用于画面信息量大、内在含义深的图片。三是形象性的。这种标题说明多用于风光景物的描绘,使其更形象、动人,引人入胜。如把山说成"美女峰",把溶洞说成"水晶宫"等等。四是描述性的。如"巍巍太行山"(《武乡县志》),"绵山雄姿"(《灵石县志》)等等。

从近几年新出版的一部分志书来看,图片的标题说明往往被编辑忽视,这就直接影响到志书的质量。故志书图片的标题说明,也一定要同志书内文一样,精心编辑,以期达到图文并茂的最佳效果。

浅谈志书照片的题材选择

图,是志书的诸种体裁之一,旧志中每有采用。历代方志学家都将图视为"无言之史"。当代摄影技术的发展,不仅突破了旧时图的传统观念,而且由于照片具有速度快,善于捕捉那些稍纵即逝的事物的特点,使图片更具备了纪实功能,更有历史价值和实用价值,照片也就必然地成了社会主义新方志中不可或缺的重要组成部分。所以,选择恰当的、质量高的照片,是提高志书质量,真实地反映历史面貌的关键所在。

新志书照片的选择依据是什么,这是首先应该明确的问题。志书的根本属性是资料性,作为志书的主体"志"的辅助手段——图片的选择,无疑也应该是先看它的资料价值如何。元代《长安志》的编纂者李好文就曾提出"图为志设"的理论,是很有道理的,可以这样说,为志而设,突出资料性,这是照片入志的主要依据。据此,新志书照片的选择主要应有以下几方面的资料。

一、展现一地历史发展脉络及自然环境情状的照片。事实上这类照片已为当今修志工作者所重视,从我省已出版的志书看,大多运用得比较合理。如《和顺县志》、《交城县志》、《永济县志》、《黎城县志》等用了卫星影像图片,《太原市南郊区志》、《临县志》、《永济县志》、《和顺县志》等用了县城(区治)鸟瞰图片,从而使读者一睹而知该县的地理环境之概况。这些图像资料,不仅能够直接呈现一地之地理环境,而且有很重要的存史价值。

二、反映一地经济发展面貌及其趋势的照片。如代表不同历史时期生产力发展水平的工具、工农各业生产发展的各种实物,推动生产力发展的科学技术成就,等等。有关这方面内容的照片也已为广大修志工作者所重视,并且在实践中做出了一些有意义的探索和尝试。这种内容的照片在已出版的新志书中大多占了较大的比重。如《交城县志》在"工业"卷"纺织印染"章"纺织"节中选用了新石器时期石纺轮的照片,反映了境内先民早在新石器时期已用石制纺轮开始纺织生产。《临县志》在"交通邮电"编"交通"章"航运渡口"节中用了碛口古渡的照片,真实地反映了当时黄河渡口的航运生产状况。《永济县志》在"工业"卷"工业门类"章"纺织缝纫"节用了农家纺线车和农家织布机照片,真实再现了当时农村的纺织生产状况。《黎城县志》在"农业"卷"农具农机"章"农具"节中用了风车和耧的照片,反映了当时农业生产工具的水平;在"工业"卷"机械工业"章"通用机械"节中用了电器工人在装配凸轮控制器的照片,反映了该县电器生产的发展水平。把这些资料性很强的照片入志,既有表现一地工农业生产发展水平的现实意义,又有很高的存史价值。这类照片资料是新志中不可缺少的内容。

三、反映人民群众的革命斗争,特别是在社会主义革命和社会主义建设中斗争精神的照片。如《黎城县志》在志首的彩色图片版中采用了"1938年,八路军朱德总司令和彭德怀副总司令来到太行山,指导创建根据地的工作","朱德、刘伯承和邓小平共同研究作战计划","八路军副参谋长左权在黄崖洞","1938年,邓小平在黎城召开高干会议,图为会址之一北社村","八路军一二九师新一旅旅长韦杰和政委唐天际等和中共黎城县委、县抗日民主政府部分领导人在一起","1944年11月,太行区第一届群英大会在南委泉村召开","杀敌英雄进入会场","劳动英雄进入会场","邓小平和滕代远参观群英会生产展览","边区政府副主席戎伍胜在群英大会上宣布太行区1945年的生产计划","1944年冬,美国一架轰炸机执行任务时坠毁在平顺县境内。机组人员跳伞降落,经营救安全脱险。图为太行军区司令员李达在长凝机场会见机组人员","美国机组人员在长凝机场准备乘飞机回国","1945年8月25日,刘伯承、邓小平等从延安飞回太行区,部署上党战役。图为长凝机场下飞机后的合影","人民群众把最好的粮食运往前线","为支援全国解放,太行区大批民工及部分干部随刘、邓大军南下"等15幅黑白图片,形象直观地反映了抗日战争时期和解放战争时期老一辈无产阶级革命家及广大人民群众的斗争气概和献身精神。但从总的情况看,已出版志书对于这方面内容的图片编排数量明显不足,且代表性较差。因此,修志工作者在实践中应该着意研究,精心编排。

四、反映一地文化发展情况的照片。对此类图片前人已有所重视。著名方志学家黎锦熙在《方志今议》一书中所撰录的《修志事例概要》里关于文物的编辑就专有这么一条:"地方名胜、古迹、金石拓片,以及公家私家所藏各种古物,在历史上有着重要价值者,均应摄制照片编入,以存真迹。"当今修志工作者对于文化教育等方面内容的图片也大都重视选用,只是选用数量不同而已。如《太原市南郊区志》在志首彩色图片版中就采用了"晋祠圣母殿"、"晋祠鱼沼飞梁"、"龙山石窟"、"晋祠宋塑侍女像"、"古晋阳城遗址"、"晋祠周柏"、"《晋祠之铭并序》碑"、"金胜村春秋墓车马坑"、"金胜村春秋墓出土铜鼎"、"金胜村春秋墓出土铜器方壶、匏壶、高柄小方壶"、"太山寺八角亭"、"狄仁杰故里唐槐"、"天龙山石窟大佛"、"童子寺燃灯塔"、"开化寺连理塔"、"北齐娄睿墓壁画(局部)"、"柳跖插旗石"、"天龙山蟠龙松"、"永祚寺双塔"等23幅文物古迹彩色图片,形象地展示了南郊历史的悠久和文化遗存的宏富。同时还选用了文化、教育方面的彩色图片20余幅,均有重要的资料价值和存史价值。这类图片是向人民群众进行爱乡爱国教育和革命传统教育的极好材料。但由于这类图片搜集较易,志书中此类图片往往容易偏多,故应更精细地进行选择。

五、对中国革命和建设做出过贡献的人物及历史人物照片或画像。对于这方面的照片与画像,修志工作者有的已开始注意到了,但从总的情况看,或因为照片资料难以搜集,或是认识上的原因,致使许多已出版的志书未能很好地解决这一问题。在我省已出版的新志书中,有几家还是做得比较好。如《闻喜县志》辑存了"戊戌六君子"之一杨深秀、民国《闻喜县志》主修杨柲田,同盟会员叶慈初以及张从中、段捷三、赵子敬、叶镜云、张静山、支应遴、尹延炎、崔斗臣、张吉辰、叶慈厚、席荆山、隆煜、金长庚、张世珍、王宿人、剡希柯、刘升华、杨作杰、贾长胜、宋振山、王立中、吴彦生、崔红、王景康等27人的照片。《河津县志》辑录了唐代著名诗人王勃、唐初名将薛仁贵、明大理寺卿薛瑄等三人的画像,邓国栋、陈汝浚、李光汉、岳毓海、吕尊周、宋增发、马德、姚以价、乔鹤仙、庞全晋、兰锡魁、张炳南、原宪洲、杨端甫、李辉、杨新、丁振铎、原有贵、纪云、谭秉礼、马平定、周令望、高峰、墨遗萍、原海棠等25人的照片。《永济县志》辑录了唐代著名文学家柳宗元的画像,韩仰斗、张士秀、曹克恭、胡赋行、胡足刚、赵景湛、杨振邦、胡永康、魏保子、周平定、尚德、李子德、师建平、杨忠义、李荣、张子英、孙安定、史永康、李敬才、傅子和、郑天勇、李林海、陈文权、许宝德、张生荣、郑林、李绪守、周北峰、崔光等29人的照片。辑录在革命和建设中有贡献者的照片及著名历史人物的图像,可使其形象直观可见,并能使其遗容永存青史,昭示后人,因此是很有必要的。对于这方面的照片,史志工作者应该下功夫广泛搜集,着意选用,绝不能望而却步。

　　除此而外,在社会编门类中选择部分有关人民生活习俗、宗教信仰等方面的照片,在附录中选择部分重要的资料、文稿的照片,也是很有必要的。

(《沧桑》1994 年第 5 期)

《经济综述》编纂浅谈

首轮修志已进入扫尾阶段,认真总结修志工作中的经验与教训,对于丰富和发展新方志理论及其编纂实践,具有十分重要的意义。同时,这也是参与首轮新方志编修同仁义不容辞的历史责任。

首轮志书在篇目设置上的创新,最突出之处主要表现两个方面:其一,是志首设《概述》,新编志书普遍采用,且几成定式,百花齐放,各领风骚。其二,是在志书的经济门类之首设置《经济综述》篇,得到志界同仁的广泛认同,但实践者却不及《概述》广泛。鉴于此,有必要对《经济综述》篇进行再认识。

一、设置《经济综述》篇的提出

社会主义新方志与旧志的一个重大区别,就在于新志中突出经济志,起到为现代化建设服务的作用。我国封建时代的地方志,对地方上的经济状况及其发展的历史,一般都记得比较简略,且门类不全,大多为记述食货、赋税、贡物等与封建统治阶级利益密切相关的内容。这既受编纂者世界观所局限,亦受旧志的阶级属性所制约。作为反映自然和人类社会历史与现状全貌的地方志,在记述社会、政治诸内容时,必须反映经济的面貌。而反映经济的面貌,如果只靠工业、农业、交通运输、金融、商业等经济行业分志的微观记述,是不完整甚至是片面的。为了克服这种分块记述的缺陷,更深入地反映经济各部门互相制约与依存的关系,从宏观的角度反映整个经济的构成,以及经济对与之相关联的政治、文化、社会、人民生活等深刻影响,充分发挥新方志的功能,为经济乃至整个社会的发展提供可资借鉴的依据,有必要在经济部类的分志之前冠以《经济综述》篇(卷)。设该篇的目的,是从宏观的角度去记述经济各门类间的相互关系及其总体特征,以弥补《专志》记述之不足与缺陷,起到总率经济类志的作用。正是鉴于此,在1984年召开的全国南片县志稿评议会上,首次提出了在经济部类之首设置《经济综述》篇的问题。但当时未能在理论上作深入的探讨。其后,有关专论《经济综述》的文章陆续见 于方志刊物。

只因设置《经济综述》的志书还未问世,论及的文章又多以政治经济学的概念引论,与修志实践颇有些距离,操作起来难以下手。1986 年 10 月,全国 18 省(区)志书体例篇目座谈会,又提出设立《经济综述》篇的问题。其后,对于新志书设置《经济综述》篇的论文逐渐增多,进而许多修志工作者在实践中开始了大胆尝试。到 20 世纪 80 年代后期,出现了设置《经济综述》篇的新志书,在志书的篇目设置上取得了突破性的进展。在首届出版的志书中,就全国而言,一则笔者孤陋寡闻,二则所见志书甚少,难以判定哪部志书为首创。特别是进入 20 世纪 90 年代以来,通过前 10 年的编纂实践及对新志书的反思,随着志书体例、结构不断创新和完善,进一步加深了志界同仁对《经济综述》篇的认识,无论从方志理论的研究,还是从已出版志书的社会效益来看,在志书的经济部类之首设置《经济综述》篇日渐增多。据笔者粗略统计,山西已出版的 100 部新县志中,有 30% 的志书设置了《经济综述》篇。虽然从数量上而言,设置《经济综述》篇的志书还是少数,但它毕竟是新志书体例上的一次大胆创新,同时也得到了方志界大多数同仁的肯定。这充分说明,在志书中设置《经济综述》篇是十分必要的。

二、《经济综述》篇在志书中的地位和作用

认识《经济综述》篇在新志书中的地位和作用,必须首先认识经济志在地方志中的地位。前面提到,在旧方志中记述经济主要是食货、赋役、贡物等志,许多地方建设往往在人物中反映出来,作为地方官的政绩简要记述,经济志记述薄弱,是旧方志的一大通病。当然我们不能苛求古人,一则封建时代以自给自足的自然经济占主导地位,商品交换发展缓慢,在整个经济中不起决定作用。二则旧方志的编纂者跳不出历史唯心主义的范畴,也不可能了解经济是一切社会的基础,只侧重于王朝的兴衰、父母官的政绩等内容。今天我们编修新方志,要继承地方志的优良传统,但所站的立场、观点与旧志编纂者完全不同,要摆脱历史唯心主义的观点,用历史唯物主义的观点来观察社会,用马克思列宁主义、毛泽东思想和邓小平理论为指导来编写新方志,运用新观点编写新志书。马克思列宁主义的观点认为,一定历史时期的物质经济生活条件,是说明一切历史事变和观念,一切政治、哲学等等的基础。由此可见,编写新方志就必须写好经济志,这是涉及到一个根本性的问题,即是以唯心史观为指导还是以唯物史观为指导的问题,是新方志与旧方志的根本区别之一,这也表明经济志在新方志中的地位。

首轮修志适逢党和国家工作重点转移到以经济建设为中心的历史时期，因此省、地、县三级修志工作者十分重视经济部类的编写。从已出版的志书来看，经济部类的篇幅都比较大，在志书中所占的比重比较高，资料之丰富远胜于以往任何时期编纂的志书，也远胜于其他部类。有相当一部分志书的经济部类编纂质量比较高，资料记述很有深度，具有重要的研究价值和资政价值。这一点是应当充分肯定的。但回过头来，将三级志书经济部类的编写比较一下，确也有些参差不齐，还存在缺陷甚至是严重的缺陷。因此，从整体上说，经济部类的编纂是成绩与问题并存，得与失并存。而带有普遍性的问题，主要表现在经济部类各卷（章）的编纂，对宏观经济和中观经济方面的资料挖掘不深，研究不够，记述缺乏深度。

从已出版的志书来看，凡在经济部类之首设置了《经济综述》篇的志书，则较好地解决了这一问题。实践证明，在经济部类之首设置《经济综述》篇，体例是适宜的，方法是得当的，符合当代修志的实际情况。

在经济部类之首设置《经济综述》篇，其作用主要表现在：其一，为记述宏观经济的内容提供了恰当位置。宏观经济是指国民经济的全局以及关系国民经济全局的重大经济活动，亦即对社会经济活动从整体上的观察。一般讲，从经济发展变化的范畴看，这主要是指社会生产力和社会总产值、工农业总产值、经济结构、国民收入与分配、商品流通、居民生活消费、固定资产积累等内容。在经济部类之前设置《经济综述》篇，正是记述这些内容的最佳方法，依据经济学观点，按照方志学之体例，把宏观经济方面的内容予以科学排比，进行比较全面的系统的记述，这样内容集中，结构宜体，是目前记述宏观经济内容行之有效的方法。其二，《经济综述》篇可以整体上统摄经济部类各专志。就志书而言，经济志所反映的内容是相当丰富的。从现代经济发展的机体组合看，存在着多种经济形式或多种经济成分，即一个经济部门有多种行业，一个行业又有多种部门，各部门、各行业又有各种不同的经济形式。面对经济部类这种复杂的情况，如果只有各经济专志，就只能从一个侧面记述某一行业或部门的生产力发展的情况及其内部的相互联系，而不能从整体上系统地记述一地经济之全貌及经济部门或行业间的相互联系，因而很难从中探索一地经济事业的总体经验和规律。另一方面，从经济体制的变革看，也是有整体性的特征。如"一化三改",即农业合作化和对个体农业、个体手工业及私营工商业的社会主义改造的总体情况,如果不设《经济综述》篇,就势必要把这些内容放在各专志中分散记述,如果设立《经济综述》篇,就可以从整体上全面予以记述,从而统领农业、工商业诸篇。鉴于上情,在经济部类中非常需要有一总志从整体上统领各个专志,这一统领的任务自然应由《经济综述》篇来承担。其三,设置《经济综述》篇,是对方志体例的创新。由于时代和社会生产力发展水平的局限,旧方志的编纂者们在内容和体例的编排上是重人文轻经济的。本届修志之初,胡乔木同志就强调指出,要用新观点、新材料、新方法和新体例编修社会主义新方志。如果说是否突出经济志是新旧方志的根本区别之一,那么在经济部类之首设置《经济综述》篇,写好宏观经济,更是一项开拓性的工作。它与《概述》及《小序》有机结合,形成整部志书宏观记述的结构网络,这种结构体例是旧方志所没有的。旧志体例偏于横剖,少于贯通和联系。而新方志的《经济综述》篇灵活变通,纵横结合,并且多有纵排,优点自见。其四,《经济综述》篇的设置,有利于发挥"资政"作用。1986 年的香山会议纪要中,特别强调写好宏观经济,强化"资政"作用的问题,"若能在志书中科学记述一个地区经济状况及其发展,将为建设'四化'和本地区的历史和现状的研究提供可靠的数据。但是现在的编纂方法,大都是按门类排比材料,罗列现象,看不出经济本身的内在联系,也体现不出各地方经济的特色"。近几年来,志界同仁不断实践,努力探索寻求优化经济志的记述,提高其"资政"效益的途径。这主要是,除提高对各经济专志记述的科学性之外,重要的一点就是加强宏观经济内容的记述。所以,《经济综述》篇一要反映一地社会经济各要素的相互关系,揭示各事业之间的内在联系及其运动的规律;二要反映社会经济发展的盛衰起伏,成功失误,为从实际出发进行物质文明建设、开发经济和进行经济体制改革提供科学依据和历史借鉴。如果从方志是辅政之书的角度看,写好《经济综述》篇,确能够增强志书"资政"的社会功能,这是毫无疑义的。

三、《经济综述》篇应该记述的内容

《经济综述》篇应该记述哪些内容呢?不妨让我们先来浏览一下山西的32 部地市县(区)志书中的《经济综述》(按志书出版时间顺序排列):

《大宁县志·第四编经济综述》:第一章经济发展,设发展速度、经济效益

2节;第二章经济结构,设所有制结构、产业结构、流通结构3节;第三章国民收入,设国民收入生产额、国民收入分配额2节;第四章基本建设投资;第五章人民生活,设农民、职工2节。

《曲沃县志·第四编经济体制变革》:第一章农业体制,设土地改革、农业社会主义改造、人民公社化、生产责任制4节;第二章工商业体制,设手工业社会主义改造、私营工商业社会主义改造、经济责任制3节。

《吉县志·第四编经济综述》:第一章经济体制,设农业、工业、商业3节;第二章计划设施;第三章综合管理,设管理机构、计划物资、基建投资、工商行政管理、计量、物价、劳动、财政审计、统计9节;第四章人民生活,设收入、消费2节。

《孝义县志·卷五经济综貌》:第一章概况;第二章经济发展水平,设社会总产值、乡镇企业总产值、社会商品零售总额、国民生产总值、国民收入、工农业总产值、农村社会总产值7节;第三章经济结构,设综合经济结构、积累消费、农轻重比例、工业生产结构、农村经济结构5节。

《蒲县志·第五编经济环境》:第一章土地制度,设私有制、公有制2节;第二章经济体制,设农业体制、工业体制、商业体制3节;第三章经济结构,设产业结构、流通结构、国民收入、建设投资、经济效益5节;第四章人民生活,设农民、职工、消费3节;第五章经济行政管理,设计划、劳动、工商行政、物价、计量、统计、审计监督、土地征用8节。

《乡宁县志·卷四经济综述》:第一章经济体制,设农业体制、工业体制、商业体制3节;第二章速度效益,设速度、效益2节;第三章经济结构,设产业结构、产值结构、流通结构3节;第四章国民收入,设生产额、分配额2节;第五章人民生活,设农民、职工2节。

《阳高县志·经济结构》:体制(章),设农业所有制、工业所有制、商业所有制3节;产业(章),设工农业结构,工业内部,农业内部,第一、二、三产业构成4节;收入(章),设国民收入、财政收入、个人收入3节;投资(章),设基本建设投资、各项事业投资、农业生产投资3节;交换(章),设流转结构、工农业商品交换、价格结构3节;分配(章),设私有制分配、公有制分配、农业集体所有制分配、结累4节;消费(章),设消费水平、衣食住行用2节。

《兴县志·第四编经济综貌》:第一章经济效果,设社会总产值、工农业总产值、商业零售总额、财政收入 4 节;第二章经济结构,设所有制结构、国民收入结构、产业结构 3 节;第三章经济投入,设工业、农业、商业、交通邮电、文教卫生、城市建设 6 节;第四章经济生活,设农民收入、农民消费水平、职工工资水平、城镇居民消费水平、耐用消费品拥有量、城乡储蓄额 6 节。

《和顺县志·第四编经济综述》:第一章经济发展,设工农业总产值、国民生产总值、社会商品零售总额、地方财政收入、基本建设投资 5 节;第二章经济结构,设所有制结构、产业结构、农业结构、工业结构、流通结构 5 节;第三章人民生活,设收入、消费 2 节。

《文水县志·第四编经济综述》:第一章经济发展历程,设小农经济、社会主义经济 2 节,第二章经济体制改革,设农村经济改革、工商企业改革、财政税收改革 3 节;第三章经济建设投资,设资金来源、投资项目 2 节;第四章经济微观效益,设农业基础设施、工业基础设施、人民生活水平 3 节。

《黎城县志·卷三经济综述》:第一章经济结构,设所有制结构、产业结构、流通结构 3 节;第二章建设投资;第三章分配消费,设分配、消费 2 节。

《交城县志·卷四经济综述》:第一章经济体制,设经济体制变革、经济体制改革 2 节;第二章经济效果,设社会总产值、工农业总产值、社会商品零售额、国民收入、财政收入 5 节;第三章经济结构,设国民收入结构、所有制结构、产业结构 3 节;第四章经济投入,设工业投资、交通运输邮电投资、农林水利气象投资、文教卫生科学技术事业投资、机关团体公用事业投资、其他事业投资 6 节;第五章经济生活,设粮食占有、经济收入、生活消费 3 节。

《榆次市志·卷六经济综述》:第一章解放前经济概况;第二章经济变革,设土地改革、农业合作化、人民公社化、手工业改造、私营工商业改造 5 节;第三章调整经济体制,设农业联产承包责任制、发展乡镇企业、国有企业改革、开放市场、发展个体经济 5 节;第四章经济结构,设产业结构、农轻重结构、所有制结构 3 节;第五章经济投入,设工业、农业、交通邮电、商业供销粮食、科教文卫、城乡建设 6 节;第六章发展水平,设社会总产值、工农业总产值、国民生产总值、国民收入 4 节;第七章居民生活,设收入、消费、储蓄 3 节。

《中阳县志·第四编经济综貌》:第一章经济总述,设纵向增长、区域变化 2 节;第二章经济体制,设农业体制、工业体制、商业体制 3 节;第三章经济效益,设社会总产值、国民生产总值、工农业总产值、国民收入、商品零售总额、乡

（镇）村企业总产值、农村社会总产值 7 节；第四章经济结构，设综合经济结构、农轻重比例、积累消费比例、工业经济结构、农村经济结构 5 节；第五章经济投入，设基建总投资、工业建设投资、农业建设投资、第三产业建设投资 4 节；第六章经济生活，设农民收入、农民消费、职工工资、城镇居民消费水平、耐用消费品拥有量、城乡储蓄额 6 节。

《介休市志·第四编经济综述》：第一章概况；第二章所有制，设农业所有制、手工业合作化、私营工商业改造 3 节；第三章经济结构，设产业结构、农业结构、乡镇企业结构、工业结构 4 节；第四章经济体制改革，设农业改革、支农服务、工业体制改革、商贸体制改革 4 节；第五章经济发展水平，设社会总产值（出）、国民生产总值、国民收入、工农业总产值、乡镇企业总产值、社会商品零售总额 6 节；第六章居民生活水平，设居民收入、居民消费、居民储蓄 3 节。

《翼城县志·第四卷经济综述》：第一章体制改革，设农业体制、工商业体制 2 节；第二章产值结构，设产值、结构 2 节；第三章基本建设投资，设投资总额、投资结构 2 节。

《安泽县志·卷四经济体制改革》：第一章农业体制，设封建土地私有制、实行耕者有其田、农业社会主义改造、人民公社所有制、联产承包责任制 5 节；第二章工商业社会主义改造，设手工业改造、私营商业改造 2 节。

《汾阳县志·卷四经济综述》：第一章经济体制，设私有制、公有制、体制改革 3 节；第二章经济实绩，设社会总产值、工农业总产值、社会商品零售额、财政收入、国民收入 5 节；第三章经济结构，设所有制结构、产业结构 2 节；第四章经济投入，设工业投入、农业投入、交通邮电投入、商业投入、文教卫生投入、城市建设投入 6 节；第五章经济生活，设农民收入、职工收入、生活消费、居民储蓄 4 节。

《阳泉市志·第四卷经济综述》：第一章经济发展，设产值收入、固定资产投资、经济效益 3 节；第二章经济构成，设所有制构成、产业构成、国民经济部门构成、国民收入构成、消费构成、技术构成 6 节；第三章重大体制改革，设农村改革、城市改革 2 节；第四章经济协作，设城市协作、经济联合体 2 节。

《壶关县志·第四编经济综述》：第一章生产关系变革，设土地改革、农业合作化、手工业改造、私营工商业改造 4 节；第二章建设投资，设工交城建投资、农林水利投资、商业投资、文教事业投资 4 节；第三章经济结构，设所有结构、产业结构、发展水平3节;第四章居民生活,设收入消费、余存2节。

《潞城市志·卷四经济综述》:第一章生产关系变革,设解放前经济概况、减租减息、土地改革、农业手工业社会主义改造、资本主义工商业社会主义改造、人民公社化6节;第二章经济体制改革,设农村改革、市直工业改革、乡镇企业改革与发展、商贸改革4节;第三章经济结构,设综合经济结构、农轻重比重、工业生产结构、农村经济结构4节;第四章经济建设投资,设投资总额、工业经济投资、农业生产投资、交通邮电投资、商贸及物资投资、文教卫生广播投资、城建及开发投资、党政群团及其它投资8节;第五章经济发展水平,设社会总产值、国民生产总值、工农业总产值、社会商品零售额4节;第六章比较与发展,设经济指标占全国全省长治市的比重、在全省长治市的位次、在全省县级市中的位次3节;第七章人民生活水平,设居民收入消费总额、居民人均收入消费水平、居民生活水平构成、居民人均收入消费比重、居民消费品人均消费量、居民生活用品人均拥有量6节。

《左权县志·第四编经济综述》:第一章生产关系变革,设土地改革、农业社会主义改造、手工业社会主义改造、私营商业社会主义改造、农村经济体制改造5节;第二章经济发展概貌,设国民生产总值、工农业总产值、社会商品零售总额、固定资产投资、国民收入、财政收入6节;第三章经济结构,设产业结构、农业结构、工业结构、流通结构4节;第四章人民生活,设农村人民生活、职工工资收入2节。

《神池县志·卷四经济综述》:第一章经济体制变革,设封建经济制度、土地改革、社会主义改造、人民公社、国民经济调整、经济体制改革6节;第二章国民经济综合指标,设社会总产值、国民收入2节;第三章经济结构,设产业结构、农轻重结构、所有制结构3节。

《晋城市志·第八卷经济综述》:第一章生产规模,设经济结构、产业结构2节;第二章农业生产关系,设封建占有制、减租减息、土地改革、互助组、农业生产合作社、人民公社、农业生产责任制7节;第三章改革开放举措,设经济体制改革、经济技术协作、小康建设3节;第四章人民生活,设收入水平、消费水平2节。

《平遥县志·第四编经济综述》:第一章旧中国经济状况,设农业、工业、商业3节;第二章经济变革,设农业体制改革(包括土地改革、合作化、人民公社)、手工业变革、私营工商业改造3节;第三章调整经济体制,设农业联产承包责任制、发展乡镇企业、工业体制改革、商贸体制改革、发展个体私营经济5节;第四章经济结构,设产业结构、农业结构、工业结构、乡镇企业结构4节;第五章经济发展水平,设社会总产值(出)、工农业总产值、国民生产总值、乡镇企业总产值、社会商品零售总额5节;第六章人民生活,设收入、消费、储蓄3节。

《永和县志·第四编经济综述》:第一章经济体制,设农业体制、工业体制、商业体制3节;第二章扶贫开发,设四级扶贫、投资投向、扶贫项目3节;第三章经济结构,设产业结构、流通结构、基本建设投资3节;第四章经济发展,设速度、效益2节;第五章人民生活,设农民、职工2节。

《山阴县志·第四编经济综述》:第一章经济结构,设所有制结构、产业结构、投资结构3节;第二章经济水平,设商品零售总额、地方财政收入、小康建设3节;第三章人民生活水平,设人均收入情况、人均消费水平、城乡居民储蓄、耐用消费品拥有量4节。

《阳曲县志·第四编经济综述》:第一章旧时概况;第二章经济改革,设土地改革、农业合作化、手工业改造、私营工商业改造、人民公社化5节;第三章调整体制,设农业联产承包责任制、发展乡镇企业、国有企业改革、开放市场、发展个体经济5节;第四章经济结构,设农业结构、农轻重结构、所有制结构3节;第五章经济投入,设工业投入、农业投入、交通运输投入、科教文卫体投入、商业投入、城乡建设投入6节;第六章发展水平,设社会总产值、国民生产总值、工农业总产值、社会商品零售总额4节;第七章居民生活,设收入、消费、余存3节。

《榆社县志·第四编经济综述》:第一章经济变革,设土地改革、农业合作化、人民公社化、农业生产责任制、私营工商业改造5节;第二章经济效果,设社会总产值、国民生产总值、工农业总产值、社会商品零售总额4节;第三章经济结构,设产业结构,农轻重结构、所有制结构3节;第四章经济生活,设居民收入、居民消费、城乡储蓄3节。

《祁县志·第四编经济综述》:第一章经济发展指数,设社会总产值、国民生产总值、工农业总产值、乡镇企业总产值、社会商品零售总额、农村社会总产值6节;第二章经济结构,设综合经济结构、农轻重比例、工业生产结构、农村经济结构 4 节;第三章人民生活,设城镇居民、农村居民 2 节。

《运城地区志·卷四经济综述》:第一章新中国建立前经济述略,设长期的小农经济、现代工业的出现、日军侵略对经济的破坏、战后初步恢复 4 节;第二章所有制变革,设农业所有制、工业所有制、商业所有制 3 节;第三章经济改革,设农村联产承包、发展乡镇企业、工业体制改革、商贸体制改革 4 节;第四章产业结构,设农轻重结构、农业内部结构、工业门类结构 3 节;第五章综合经济指标,设社会总产值、社会商品零售额、财政与国民收入、各项投资 4 节;第六章人民生活,设收入、消费、余存 3 节。

《大同市南郊区志·第二编经济综述》:第一章生产关系变革,设土地改革、农业合作化、手工业私营工商业改造、公社化、家庭联产承包责任制 5 节;第二章工商体制,设私营企业、乡(镇)村企业、区营(属)企业、国有企业 4 节;第三章经济结构,设农业生产结构、工业生产结构、第三产业比重 3 节;第四章经济效益,设社会总产值、国内生产总值、工农业总产值、社会商品零售额 4 节;第五章人民生活,设收入、消费、余存 3 节。

在上述的 32 部志书中,其篇目名称称之为"经济综述"的有《大宁县志》、《吉县志》、《乡宁县志》、《和顺县志》、《文水县志》、《黎城县志》、《交城县志》、《榆次市志》、《介休市志》、《翼城县志》、《汾阳县志》、《阳泉市志》、《壶关县志》、《潞城市志》、《左权县志》、《神池县志》、《晋城市志》、《平遥县志》、《永和县志》、《山阴县志》、《阳曲县志》、《榆社县志》、《祁县志》、《运城地区志》、《大同市南郊区志》等 25 部,占 78.1%;称之为"经济综貌"的有《中阳县志》、《兴县志》、《孝义县志》3 部,占 9.4%;称之为"经济体制变革"的有《曲沃县志》、《安泽县志》2 部,占 6.3%;称之为"经济环境"的有《蒲县志》1 部,占 3.1%;称之为"经济结构"的有《阳高县志》1 部,占 3.1%。在篇目名称中,称之为"经济综述"的占大多数,另三种"经济综貌"、"经济环境"、"经济结构",其实质内容与"经济综述"大同小异,惟有"经济体制变革"只记述了"经济综述"中的一项内容。以此可以看出,称之为"经济综述"还是比较合理的。

我们再来分析一下设章的情况:设 2 章的 2 部,设 3 章的 7 部,设 4 章的 8 部,设 5 章的 7 部,设 6 章的 4 部,设 7 章的 4 部。32 部志书总设章 144,平均每篇设 4.5 章。由此看出,虽都设了"经济综述"篇,但记述内容差异较大,多寡不一。

再从记述内容来分析。从 32 部志书的"经济综述"篇来看,主要记述了 7 方面的内容:

一为新中国成立前经济概况,共有 4 部设专章记述,如《运城地区志》为"新中国建立前经济述略",《榆次市志》为"解放前经济概貌",《平遥县志》为"旧中国经济状况",《阳曲县志》为"旧时概况"。另有一些则在其他章中涉及新中国建立前经济概况,如《潞城市志》在"生产关系变革"章中设"解放前经济概况"节,《晋城市志》在"农业生产关系"章中设"封建占有制"节。

二为经济体制,共有 22 部设专章记述,其中称"经济体制"的 6 部,称"生产关系变革"的 4 部,称"经济体制变革"的 3 部,其余名称还有"所有制变革"、"经济变革"、"经济制度变革"、"重大体制改革"、"体制改革"、"调整经济体制"、"体制"、"所有制"等。

三为经济结构,共有 27 部设专章记述,只是在名称上稍有差异,其中 23 部称为"经济结构",另《运城地区志》和《翼城县志》称"产值结构",《阳泉市志》称"经济构成",《阳高县志》称"产业"。

四为经济投入,共有 13 部设专章记述,其中称"经济投入"的 6 部,称"基本建设投资"的 2 部,其余名称还有"经济建设投资"、"建设投资"、"投入"等。

五为经济发展与效果,共有 22 部设专章记述,其中称"经济发展"的 3 部,称"经济效果"的 3 部,称"经济发展水平"的 3 部,称"经济效益"的 2 部,称"国民收入"的 2 部,其余名称还有"发展水平"、"速度效益"、"经济水平"、"经济实绩"、"经济微观效益"、"综合经济指标"、"国民经济综合指标"、"经济发展指数"、"收入"等。

六为人民生活,共有 23 部设专章记述,其中称"人民生活"的 12 部,称"经济生活"的 5 部,称"居民生活"的 3 部,称"人民生活水平"的 2 部,其余名称还有"居民生活水平"、"消费"等。《文水县志》在"经济微观效益"章中设"人民生活水平"节。

七为行政管理,共有 2 部设专章记述,如《吉县志》为"综合管理",《蒲县志》为"经济行政管理"。

除上述七项外,《阳泉市志》设"经济协作"章,《吉县志》设"计划设施"章,《蒲县志》设"土地制度"章,《永和县志》设"扶贫开发"章,《晋城市志》设

"生产规模"章和"农业生产关系"章。

从以上32部志书"经济综述"篇所设的内容中我们可以看出,除第一项"新中国建立前经济概况"和第七项"行政管理"外,其余五项,即:经济体制、经济结构、经济投入、经济发展与效益、人民生活等,均超过了半数。

我们再从方志理论研究的角度看看《经济综述》应记述的内容。对《经济综述》篇的理论研究,总体而言滞后于方志编纂实践。但在这方面也不乏探索者。这里仅举几位有代表性的研究成果,供读者参考。

张文桂在《论〈经济综述〉的编纂》一文中,将《经济综述》的主要内容列出四项:一为宏观经济的发展总势,即从纵与横两个方面的结合上反映宏观经济;纵述建国四十多年来的经济发展(其中包括社会主义改造的七年,开始全面建设社会主义的十年、"文革"十年、改革十几年),横列国民经济主要指标(其中包括国内生产总值、全民固定资产投资额、社会商品零售总额、进出口总额、物价指数、城乡储蓄存款、货币流通量、企业利税及亏损额、城乡人民生活);二为经济体制改革;三为产业结构;四为经济效益。

张景孔在《〈经济综述〉编写之要》一文中,拟出一个《经济综述》篇目:

(小序)

第一章　经济发展概况

第二章　经济体制变革

第一节　土地改革

第二节　社会主义改造

第三节　人民公社化

第四节　国民经济调整

第五节　农业生产责任制

第六节　工业生产经济责任制

第三章　国民经济综合指标

第一节　社会总产值

第二节　国民收入

第三节　国民生产总值

第四章　生产结构

第一节　产业结构

第二节　农轻重结构

第三节　所有制结构

第五章　居民经济生活

第一节　城镇居民生活

第二节　乡村居民生活

刘栋良在《谈宏观经济篇的设置》一文中,提出以《经济结构篇》替代《经济综述》篇,其《经济结构》篇目设置为:

第一章　所有制结构

第一节　全民所有制经济

第二节　集体所有制经济

第三节　个体经济

第二章　产业结构

第一节　生产性建设与非生产性建设构成

第二节　农轻重构成

第三节　工农业各部门内部构成

第四节　工农业和交通运输业的构成

第三章　分配结构

第一节　积累基金与消费基金构成

第二节　积累基金构成

第三节　消费基金构成

第四章　交换结构

第一节　商品流通结构

第二节　价格结构

第三节　进出口结构

第五章　消费结构

第六章　技术结构

第一节　现代技术和一般技术

第二节　机械、半机械、手工操作

第三节　劳动技术装备程度

第七章　国民经济综合指标

第一节 社会总产值

第二节 国民收入

第三节 人均总产值

第四节 社会劳动生产率

第五节 人民生活

奚永照在《新县志经济部类编纂三谈》一文中,提出《经济综合志》的篇目:

一、经济发展。即分时期纵述3个阶段经济发展的概况。

二、经济成分。即记述各个时期各种经济成分在国民经济中所占比重的变化。

三、社会总产值。即反映一个县的农业、工业、建筑业、运输业和商业五个物质生产部门产值总和的构成情况。

四、工农业总产值。即分类记述工农业总产值的增长速度。

五、国民收入。

六、积累和消费。

七、产业结构。即主要记述农业、工业(轻、重工业)、建筑业、运输业和商业五大物质生产部门产值和就业人数的结构变化。

当然,关于《经济综述》或宏观经济篇的内容设置,在理论研究方面还有许多,上述这4位同志有关宏观经济篇的内容设置,具有一定的代表性,其余的不再赘述。

通过对32部志书《经济综述》篇目的分析,再联系宏观经济篇理论研究的成果,笔者以为《经济综述》篇的内容应包含以下几个方面:

(一)经济发展概貌。即以纵述史实的笔法,对一地的经济发展概貌予以高屋建瓴的概况记述,使人们对一地的经济发展有一个总体的认识。进而反映一地经济发展的脉络及经济发展兴衰起伏的基本规律,要把经济发展的来龙去脉交待清楚,显现出宏观经济发展的显著特点。

(二)经济体制改革。经济体制是各种经济关系和经济组织管理制度的统称,是生产关系的一种具体表现形式,是上层建筑的组成部分。《经济综述》反映经济体制改革,是对一地宏观方面进行整体记述。主要包括所有制方面的具体形式的具体制度和社会主义经营管理方面的具体形式的具体制度。既要追述旧经济体制的特点、作用、弊端及其变革过程,又要对五十余年来的改革加以回顾,对走过的道路加以检验,瞻前顾后,才能把当前的改革写成历史的必由之路。

(三)经济结构。通常包括所有制、产业、组织、技术、产品、就业、投资、价格、积累和消费等结构。透过"经济结构"各个组成部分的记述,看它是否符合一地的实际,合理而有效地利用人力、物力、财力和自然资源;保证国民经济各部门的协调发展,合理配置经济结构;推动科学技术和劳动生产率的不断提高,使经济发展的速度比较实在,生产效益和社会效益不断提高。

(四)经济效益。讲究经济效益,是组织和管理社会主义经济的基本原则。长期以来,人们对于经济效益的认识也是不足的,经济偏重于数量,单纯追求增长速度,而忽视质量。今天我们强调以提高经济效益为中心,经济工作虽有进步,但差距仍很大。经济效益同经济发展的速度、产业结构的调整、深化改革等密切相关,对于国民经济的健康、迅速、稳定地发展影响极大。要在客观上系统而完整地显示一地经济发展的速度和它的效益。

(五)国民经济综合指标。从客观上反映社会生产的总效益,对于观察一地生产物质联系和总规模,进行综合平衡具有重要意义。《经济综述》应当分析、说明综合国民经济的主要指标,包括国内生产总值、工农业总产值、国民收入、全民固定资产投资额、社会商品零售总额、进出口总额、物价指数、货币流通量、企业利税及亏损额、积累和消费等。

(六)居民生活。社会主义生产的目的是为社会全体劳动者和劳动生产集体的需要和利益服务的。要着意记述好城镇和乡村居民的经济生活"消费"的内容。从经济学的角度看,《经济综述》篇设置"居民生活"也是合理的和必要的。

上述内容基本上包容了宏观经济的方方面面,这些内容多是经济类各专业分志难以涉及到的,基本上解决了设置经济综述与各分志抢资料的矛盾,同时也避免了经济综述作为一个专志与其它部类以及全书体例相悖的困境。《经济综述》篇目设计,以前述六项内容作为主体,无论从内容的叙述上,还是编次上均能顺理成章,从而达到内容和形式的和谐统一。

《经济综述》的编写要求,既要写出新中国成立前旧经济制度的落后性,又要写出新中国成立后社会主义经济制度的优越性;既要写社会主义经济建设的成就和经验,又要记述它的失误和教训,使之起到统摄"经济类志"的作用。

　　(《广西地方志》2003 年第 1 期;河北省地方志办公室《第二轮志书分志撰稿培训参考资料》,2003 年 12 月)

续志的指导思想

邓小平理论是马克思主义与当代中国实际和时代特征相结合的产物,是对毛泽东思想的继承和发展,是党和人民实践经验和集体智慧的结晶,是中国共产党人建设有中国特色社会主义的行动指南。在首届社会主义新方志编纂中,我们始终坚持了以马克思主义、毛泽东思想和邓小平理论为指导思想,从而取得了巨大的成就。今天,在我们续修志书之际,同样要高举邓小平理论的伟大旗帜,全面贯彻党在社会主义初级阶段的基本路线和方针政策,用邓小平理论指导续志的编修。

指导思想,是编修社会主义新志书的灵魂。首届志书编修之初,中国地方志指导小组就明确规定:"编纂社会主义新方志,必须以马克思列宁主义、毛泽东思想为指导。"(《新编地方志暂行规定》)1996年5月国务院办公厅发的通知中要求:"新编地方志必须以马列主义、毛泽东思想和邓小平建设有中国特色的社会主义理论为指导。"江泽民总书记在党的十五大报告中指出:"在当代中国,马克思列宁主义、毛泽东思想、邓小平理论,是一脉相承的统一的科学体系。坚持邓小平理论,就是真正坚持马克思列宁主义、毛泽东思想;高举邓小平理论旗帜,就是真正高举马克思列宁主义、毛泽东思想旗帜。"因此,续志编修必须以邓小平理论为指导,并贯穿始终。我们说编修方志必须坚持马列主义、毛泽东思想、邓小平理论,就是指要用马克思主义的立场、观点和方法,去指导具体的修志实践,而不是只在口头上空谈一阵子,或引用马列主义经典著作中的一些论断就算指导了。它不仅要将指导思想贯穿于修志工作的各个环节及全过程,而且要体现在修志的最后成果之中。

续志编修的这一指导思想应该明白无误地写进志书的凡例中去,以统一规范,展示志书鲜明的时代性和阶级性。在首轮新方志编纂中,指导思想的表述有三种情况:一是旗帜鲜明地在凡例中书有指导思想的条目。"本志坚持以马列主义、毛泽东思想和邓小平理论为指导,以中共十一届三中全会以来的路线、方针、政策为准绳,运用辩证唯物主义的观点、方法,实事求是地记述昔阳县自然和社会的历史现状。所记以经济为重点,人民为主体,突出当代、当地特点,详今略古"(《昔阳县志》"凡例"第 1 条)。"新修《盂县志》以马克思列宁主义、毛泽东思想为指导,以《关于建国以来党的若干历史问题的决议》为准绳,坚持辩证唯物主义和历史唯物主义的基本观点和方法,实事求是地编写本县自然与社会的历史与现状,力求思想性、科学性和资料性的统一"(《盂县志》"凡例"第 1 条)。在山西首届新方志编纂中,有 70% 以上的志书在"凡例"中列有此类的条目。二是采取隐晦的笔法点明指导思想。"本志遵循辩证唯物史观,求真存实。继承历代修志之优良传统,以改革创新之精神,用众手成志、统纂成书之方法,修成新中国建立后朔县的第一部新县志"(《朔县志》"凡例"第 1 条)。此类写法只有少数几部。三是在志书的"凡例"中不设编纂指导思想的条目,如《代县志》、《广灵县志》、《河津县志》、《河曲县志》、《阳城县志》、《黎城县志》、《平顺县志》等 20 余部。笔者以为,大部分志书在"凡例"中所表述的指导思想条目政治观点鲜明,符合新方志编纂的规范;少数几部志书在"凡例"中所表述的指导思想条目亦允许,因"辩证唯物史观"是马克思主义研究历史的基本方法,"求真存实"乃"实事求是"的翻版,而"实事求是"乃是马列主义、毛泽东思想、邓小平理论之精髓;而像《代县志》等 20 余部志书在"凡例"中不列关于编纂指导思想的表述条目,仍有淡化指导思想之疑。

邓小平理论是确保将建设有中国特色社会主义事业全面推向 21 世纪的唯一正确的理论。要使续志成为这个承前启后、继往开来的重要时期的实录,修志者只有高举邓小平理论的旗帜,才能高屋建瓴,驾驭本地改革开放历史发展的全部材料。用邓小平理论指导续修志书,是保证续志政治质量的根本。无庸讳言,在我们修志队伍中,有些人对理论学习重视不够。应该认识到,没有正确的政治观点就等于没有灵魂。一个政治观点不正确的修志者是不能正确评价历史事件的是非得失的。我们的修志队伍容不得政治上的糊涂人。我们对写进续志中的每一个历史事件,都必须有鲜明的立场、观点和态度。为了搞好续志的编修,各级修志机构的领导人都应该把用邓小平理论武装队伍摆在首要位置来抓,通过自学和各种培训,把修志队伍的理论水平提升到一个新高度。

　　无论把续修志书的下限定为 2000 年、2005 年或 2010 年,这一时段正是建设有中国特色社会主义的新时期,它是发生更深刻的历史性变化的重要时期。如何把以邓小平理论为指导贯穿于续修志书的全过程,是我们广大修志工作者应着力把握的主要问题之一。

　　笔者以为,首先,续修志书要反映党的十一届三中全会以来的发展情况,全面记述改革开放和社会主义现代化建设的历史进程,突出时代特点、地方特色,突出优势,为有中国特色的社会主义政治、经济、文化建设服务,就必须牢牢把握邓小平理论的精髓"解放思想,实事求是",以此来指导续修志书的全盘工作。为此,修志工作者就有着如何抓紧学习和实践的问题,通过学习提高和深化理论修养,通过实践提高和深化对实践问题的理论思路。我们只有弄通这个"精髓",才能深刻理解理论的科学依据,自觉运用它指导续修志书的实践。其次,要运用邓小平理论有关论述,指导相关志类的记述:如要运用社会主义初级阶段的论述,准确地反映本地区初级阶段的基本情况,既要如实记述初级阶段生产力水平低、商品经济不发达,还存在贫困和落后,反映改革的必要性,又要记述初级阶段各项事业取得的巨大成就;要运用改革开放的论述,记述好本地区经济的改革开放,包括经济体制改革与对外开放、社会主义市场经济体系特征,经济结构、经济效益等方面;运用政治体制改革的论述,记述好本地区的政治体制改革,包括民主法制、机构改革、民主监督、社会稳定、观念变化等方面;运用精神文明建设的论述,记述好本地区围绕精神文明建设开展的主要活动,记述好思想道德和教育科技文化建设取得的主要成果,记述好精神文明建设中涌现出来的英雄人物和模范人物;运用关于党建的论述,记述好本地区党的建设,反映离开中国共产党的领导,就没有社会主义新中国,就不可能实现社会主义现代化。

(《福建史志》2003 年第 3 期)

续志断限之我见

　　断限，是方志体例的基本要素之一，指方志叙事的起讫时间，包括上限和下限。上限即志书的记事起于何时，下限即志书记事止于何时。明确断限，把握断限，对续修好下届志书显得非常重要。

　　首轮社会主义新方志的断限，上限大多起于事物的开端，或有建置，或历史上某一重大事件，或本地旧志下限，或历史分期时限等；下限有的断至 20 世纪 80 年代初，最晚的断至 2000 年（首轮至今未完成的少量志书的下限还是个未知数），时间跨度伴随首轮修志的始终。从山西首届志书的断限来看，110 部地市县区志书上限普遍追溯事物发端，下限则从 1982 年至 2000 年 19 年中，每年均有。按年代计，80 年代断限的 80 部，占 72.7%；90 年代断限的 30 部，占 27.3%。按数量计，最多年代为 1990 年 38 部，次之为 1985 年 29 部，1996 年 10 部，1995 年 6 部，1988、1997 年各 4 部，1983、1993 年 3 部，1986、1998 年各 2 部，余 1982 年（代县志）、1984 年（寿阳县志）、1987 年（古交志）、1989 年（晋中地区志）、1991 年（偏关县志）、1992 年（榆社县志）、1994 年（介休县志）、1999 年（大同市南郊区志）、2000 年（宁武县志）等 8 个年份各 1 部。按 1985、1990、1995 年三个主要年代计，总数为 73 部，占 66%。新编《山西通志》为 50 卷 66 册，上限原定为 1840 年，实际情况为，按 1840 年作上限的 28 册，占 66 册的 42.4%；追溯事物发端的 27 册，占 40.9%；1840 年以后作上限的 11 部，占 16.7%。如《铁路志》为 1896 年，《机械电子工业志》为 1898 年，《新闻出版志·报业篇》为 1902 年，《电力工业志》为 1908 年，《政法制·检察篇》为 1910 年，《经济管理志》为 1914 年，《交通志·公路水运篇》和《民航篇》为 1919 年，《新闻出版志·广播电视篇》为 1931 年，《政务志·人民代表大会篇》为 20 世纪 40 年代，《政务志·政治协商会议篇》为 1950 年。由此可以看出，《山西通志》66 册的上限极不统一。下限原定为 1985 年，实际情况为：按年代计，20 世纪 80 年代断限的 29 册，占 43.9%；90 年代断限的 37 册，占

56.1%。从1985年始至2000年中,有11个年份作为下限的断限年代。按数量计,最多年份为1995年21册,次之为1985年15册,1990年11册,1997年5册,1996年4册,1998年3册,1989年2册,1988、1994、1999、2000年和90年代各1册。按1985、1990、1995年3个主要年份计,总数为47册,占66册的71.2%。就目前而言,山西省首届编纂的三级志书,实际上没有统一的上限,下限虽有限制,但各部志书之间悬殊很大。因地市县区志书自成体系,各自独立,相互之间影响不算太大,然而省志各分志之间断限先后相差16年,不能不说是一大严重缺陷。正因为下限不齐,整部志书的合力效应也大为减弱。再者,有的志书因出版周期的延期,为弥补下限之外资料的空白,出现各种延伸下限的做法,或概述、或图片、或大事记、或人物、或限外辑要等等,不一而足,人为地破坏了原来志书的完整格局,造成一部志书的资料时限参差不齐,从而使志书的功用大受影响。

按常言讲,前志的下限即为续志的上限。现在看来,此种做法不尽妥当,如此简单的衔接存在诸多问题。续修志书的断限,首先要联系首轮志书编纂的实际,脱离实际的硬性规定,也只能成为空谈。其次,要正确认识续修志书的地位和价值。地方志具有系统性,续修志书是首轮修志的延续和承接,这已在方志界形成共识。但续修志书的独立性却被普遍忽视,任何事物都不可能是孤立的,都有其生成的原因和背景,有个循序渐进的过程。地方志事业是一个系统工程,无论首创志书还是续修志书,都是这一系统工程中的一部分,一地方的历朝历代志书连接起来,就成为一个统一的整体。续修志书应当具有相对的独立性,应是一部独立成书的资料书、地情书。第三,根据首轮修志的经验教训,无论断限如何确定,都必须充分体现事物发展的连续性和社会发展阶段的完整性。

中国地方志指导小组于1997年5月制定颁发的《关于地方志编纂工作的规定》第五条规定:"编纂地方志延续不断,各级地方志每二十年左右续修一次。"中指组的这个规定,就是一个比较科学的、灵活的规定。在我国的历史上,旧方志的断限也从来不曾统一过。首轮新方志的断限,均是各地针对自己的修志实际情况而自行确定的,具有较大的灵活性。基于前述的三点认识,以及结合中指组的有关续修志书的断限规定,笔者以为本届续修志书的断限,采取各地结合本地实际情况灵活掌握最为实际和可行。

本轮续修志书的上限,可从以下三个历史时段来考虑:一是以中华人民共和国成立的时间 1949 年 10 月 1 日为上限,即将续志编纂成一部新中国的断代志。由于首轮修志受当时历史条件的限制,思想观念还不够解放,在资料选择剪裁方面也存在缺陷,资料的挖掘深度也不够。如对新中国成立后历次政治运动特别是对"文化大革命"的记载,大多志书均是轻描淡写一笔带过,很少有记述深刻全面的。新编《山西通志》原设有"文化大革命"卷,因历史沉淀不够、难度较大等原因而被迫取消。首轮志书遗留下的缺憾,理应由续志来完成。

二是以中共十一届三中全会结束时间 1978 年 12 月为上限,即将续志编纂成一部全面反映改革开放历程的断代志。首轮社会主义新方志的下限,普遍断于 20 世纪 80 年代,以山西志书为例,在现已出版的 110 部地市县区志书中,断限于 20 世纪 80 年代的达到 80 部,占 110 部志书的 72.7%;虽《山西通志》大部分成书较晚,但以 80 年代内断限的亦达 29 册,占整部通志 66 册的43.9%。因首届大部分志书受编写下限的制约,反映改革既不全面,很多应翔实记载的内容也未充分展开,往往只能记述某一事物改革的开端,而无法体现它的发展与结局,反映深层次的东西尤其欠缺。考虑到记述改革开放进程的完整性、系统性及续志的独立性与资料性,把续修志书的上限定在 1978 年改革开放的起点,也未尝不可。对于历史,只有站在今天来审视与反思,才能真正把握它的本质和意义。许多今天发生的事情,只有成为历史,才能认识它的本质,窥视到它的全貌。即使是续志中上限与首轮志书下限之间的交叉,也绝不是简单的内容重复,而应是站在更高角度经过反思后的凝炼和概括。

三是以江泽民同志为核心的第三代领导集体上台执政的时间 1990 年为上限,即将续志编纂成一部党的第三代领导集体执政期间的断代志。这是我国建设有中国特色社会主义现代化的一个崭新的历史时期,改革开放在这一时期取得了阶段性的成果,党的十六大召开标志着我国实现了"三步走"战略目标的前两步,实现了初步小康,并在未来 20 年内达到实现富裕小康的标准,建设成繁荣昌盛的社会主义现代化强国。这一历史阶段在我党和我国的发展历史上,具有鲜明的时代标记。作为断代志来说,以 1990 年断限也具有一定的合理性。

除上述三种时限外,以首轮志书的下限作为续修志书的上限,也是可行的一种。但因首轮志书的下限主观随意性较大,有些志书的下限并非某一个完整历史阶段的开始或结束,其时代标志性较差。笔者愚见,首轮志书于 20 世纪 80 年代作为下限的,即使是以上部志书的下限为续修志书的上限,也应适当追述 1979 年以来事物的发展变化,进而完整反映改革开放这一历史发展过程。首轮志书于 20 世纪 90 年代作为下限的,应适当追述 1990 年以来事物的发展变化,进而完整反映我党第三代领导集体走过的历史发展过程。前志的下限只能作为续志的"基本上限",对不少事物的记述,应该超越前志下限适当向前追溯,这样可以更好地反映事物发展的全貌,既体现了续志与前志的连续性,又体现了续志的独立性和系统性。首届志书的成果是不言而喻的,其中不乏佳品良志,且绝大部分均为合格的志书。但亦不容否认,亦有极少数志书质量较差,记述存在诸多问题或政治问题,需要重修。重修的志书其上限定为中华人民共和国建立时间 1949 年 10 月 1 日,修纂成一部新中国的断代志,也是合乎情理的。有的续志也可以采用此种时段作为上限。当然,续志的上限,也应允许部分志书仍以上届志书所追溯的史料为限,如果有新的发现,仍可以向前延伸或加以补充。到 2002 年底止,山西的续志出版了三部(《垣曲县志》、《孝义县志》、《河津市志》),其上限有两部与首届志书相接,有 1 部以首届志书的上限为限。就古人而言,历代所修的志书(除第一部外也均可称之为"续志"),并没有划定记事上限的扛扛,而是按照方志的特征,论述一地之历史和现状。由此可见,续修志书追溯事物之发端,既是合理的,也是可行的。因此,续志的上限不能一刀切,应允许百花齐放,各显特色,这样续志才更有生命力。

续志的下限,《关于地方志编纂工作的规定》指出:"首届志书的断限,各地可根据实际情况自行确定;续修志书时,每届志书的下限力求统一。"从目前的情况看,续修志书的困难,仍然是机构不稳定、队伍素质偏低、经费不到位等问题。这几个主要问题不解决,确定续志的下限也是纸上谈兵。续志下限的确定,要根据各地修志机构的实际情况来定。愚以为,可以按 2000 年、2005 年、2010 年三个年代作为续志的下限,各地续修志书可任选一种。即现已启动编修的续志可断至 2000 年,现还未正式启动的可断至 2005 年或 2010 年。只有"采取原则规定和适当灵活相结合的办法"(林衍经语)来处置续志的上下限,才是合情合理、切实可行的。

续修志书的独立性思考

——兼议方志的传播与利用

续修志书以续志体式编纂,已成为二轮续修志书的主流。续志体式的志书如何勾连历史、承接前志,已出续志创造出许多成功的经验,但亦存在不少问题。主要症结,在如何体现二轮续志的独立性和完整性上。实践证明,凡把续志编纂绝对化,即完全以切断式编纂的续志,既违反方志编纂的常规,又使志书所记述的事物失去源流与完整,其价值大受影响,从而不利于方志的传播与利用;凡注重续志自身的独立性、完整性,在重点记述断限内事物的同时,既勾连历史,又承接前志,保持事物的完整记述,使读者在没有前志的情况下,也能够了解事物的起源、嬗变,把事物记述得自然、完整,真正做到"无缝对接",志书的功能、价值就会得到大力提升,更利于方志的传播与利用。

一、强调续修志书的独立性,是方志的本质属性使然

在世纪交替前后的十余年间,在首轮志书完成之后就有不少市县紧接着开展了二轮续修志书的编纂,且成果陆续问世。二轮续志编修有几个显著的特点:一是省、市、县三级志书全面铺开,紧接首轮志书进行编纂,在中国方志的发展史上是极其少见的。二是二轮志书编修普遍采用续志体式,而在旧志中续志体式的志书占到极少数,可资借鉴的经验比较缺乏,使二轮志书编修面临许多难题。三是续志体与通纪体相较,具有自身固有的特性,在时空范围的选择上存在较大差异。四是续志体志书由于采用了不同的编纂体例和编纂方法,在反映方志的特有功能上亦存在较大差异。续志体志书编纂,确实存在有较大难度,难就难在把握方志的本质属性上面。

已出的二轮续志体市县志书,大体有两种方式:一为"切断式",即二轮紧接首轮,只记断限内的事物,不考虑两轮志书的衔接,把多轮志书放在一起看事物的整体面貌;一为"接续式",在衔接前志时考虑事物的连续性、系统性、完整性,把二轮志书看成是独立的著述。两种体式孰优孰劣,还有待社会的检验、读者的检验、历史的检验。但以方志固有的本质属性而论,我以为后者明显优于前者。

笔者认为,续修志书应是一部单独的志书,即独立成志,不能与上届志书合二为一,成为一个"连体婴儿"。"按照传统的观点,每一部独立出版的文献本身就应该内容完整。文献也好、文章也好,首先是内容的连续性和完整性,其次是叙事有原委,讲求事物的源流,事物发生、变化的因素。目的就是力求历史的真实性和完整性"(梅森《省级志书二轮与首轮衔接之简析》,见江苏省地方志办公室、江苏省地方志学会编《江苏省二轮修志参考资料第七辑》)。续修志书只有独立成志,其志书功能才能得到较大限度的发挥。理由如下:其一,就方志的定义而言,称方志为"一方古今总揽"、"一方百科全书",国务院《地方志工作条例》的解释为"全面系统地记述本行政区域自然、政治、经济、文化和社会的历史与现状的资料性文献"。如果续修志书不能起到综观一地之古今的作用,显然难以与方志自身的特征属性相吻合。其二,就修志的传统而言,每部志书均应独立成志。现存的历代旧志,不论是续修、再修、重修的志书,绝大部分都能独立成志。魏桥在《广义的续修是传统方志的主要形式》一文中指出,方志体例自宋代基本定型以后,历代修志在继承的基础上均不断有所创新,并不完全拘泥于前志。单纯地继承、简单地填补前志,不可能修成佳志。续修志书应在前志的基础上因时因事而变,则是必不可少的。并提出,为了保持新一轮志书的完整性,可专设"地情概貌"、"历史纪略"两部分。要深化对地情的认识,深入了解当地发展史,以示志书的完整性。魏老是赞成续修志书要单独成志的。就不同时代的人编修的志书,对相同的历史事件和事物,也有不同的记述和评价,对古今、远近之事物有不同的详略标准,这正好为后人研究人文历史提供了极好的史料。其三,就续修志书的实际操作而言,每部志书都应该独立成志。志书所记诸多内容,均与历史资料紧密联系在一起,如若舍弃断限之外的资料,续志就不成其为"一方之全书"。在续修志书过程中,与其自行设置诸多的条条框框,倒不如放得开一点、宽一点,把续修志书编纂成一部全新的"包揽一方之古今"的实用志书,更切合实际一些。

在中国的方志发展史上,重修是主流,续修、补修是支流。这与旧志编纂间隔时间较长有一定关系,同时也与旧志编纂人员对志书的认识有很大关系,即"方志统合古今乃为完书"。这既是历代志人的普遍共识,亦是对通纪体与续志体志书的客观评价。纯粹的续志体(断代志)志书与勾连、接续历史内容的续志体志书,其社会功能与使用价值不可同日而语。

二、强调续修志书的独立性,是为读志用志着想

首轮社会主义新方志编纂自 20 世纪 80 年代初开启,到 90 年代中期大部分志书面世,到 20 世纪末进入扫尾,随之二轮续志编纂开启。新方志编纂 20 年左右一个周期。随着读志用志人群的扩大,志书的受众面更加广泛。志书面向大众,是不言而喻的道理。"经世致用"是方志的法则。读者只要有一部志书在手,就可大致了解一地之古今概貌,才能体现出方志应该有的价值。从读者角度考虑,续修志书就应该独立成志,具有相对的独立性。续志体志书与通纪体志书相较,其本身就有诸多缺陷,如若不在勾连历史、接续历史上下功夫,就很难发挥续志体志书应有的功能效应。

其一,随着修志工作的广泛开展,方志成果的不断涌现,再加上新闻媒介对志书的大力宣传,社会各界对方志的认知程度得到很大提高。在普通读者的眼中,方志乃"一方之全史"、"一方之百科全书",一部书在手,即可了解一地之古今概貌,这也是无可争辩的事实。但对普通读者而言,很难看到十多年前出版的首轮志书。就市县志而言,时至今日,首轮志书已少得可怜,多数市县志书业已断档。在二轮续志出版面世之时,一般读者已很难购买到首轮志书。究其原因,一是首轮市县志普遍印数偏少。如山西的《夏县志》、《大同市城区志》、《大同县志》等志书总印数仅 500 册,不及发行就"囊中羞涩";大部分志书印数均在 2000 册左右,亦普遍留存于当地,外地人很难看到,到续志未及出版时大部分均告罄;只有少部分达到 5000 册,如《绍兴市志》。2010 年 1 月我曾应邀到江苏讲学,先在萧山呆了几天,委托萧山志办人员购买首轮《绍兴市志》,因脱档而未果。再如笔者想交换中指组确定的二轮试点单位秦皇岛市、辛集市的首轮志书,亦因脱档而未果。作为省一级志办人员搜集志书还如此之难,遑论普通读者矣。首轮志书印数少、发行少,普通读者很难购到。二轮续志若能够在恰当地勾连、接续历史内容上下些功夫,使读者一志在手,便可揽一地之古今概貌,善莫大焉。

其二,按国务院《地方志工作条例》要求,续志编纂 20 年左右为一个周期。就人类历史发展进程来看,时光 20 年一轮回,逝去了一代人,又新成长起一代人,对新成长起来的一代人而言,很难购到首轮志书。志书若纯粹编成"切断式"的续志体志书,很难反映一地完整的历史全貌。当然,这个"全貌"与通纪体式的首轮志书是有差别的,这也是由二轮续志记述历史内容的特殊性决定的。

其三,就读志用志的社会效益而言,每部志书都应该独立成志,读者都希望一部志书在手,便知一地之古今。我们总不能说,你想了解本地的历史吗?请到上届志书中查找去吧。读者要了解一地之历史,必须有上届之志书,这岂不是强人所难!续修志书应该多为用志的读者着想,修志即为用志,用志是硬道理,用志是占第一位的。

其四,续志采用勾连、接连历史的方式,既增强了续志的独立性,同时亦有利于方志的传播与利用。方志为全面客观地记述一地域从自然到社会、从历史到现状的资料性著述。人们认识、理解、阅读方志,均是由方志本身固有的本质属性来出发的。通纪体如此,续志体(断代志)亦不例外,只是在记述的时空范围上、记述的编纂手法上有所区别而已。二轮续修《沁水县志》出版后,因缺漏了历史人物赵树理的传记,受到老干部们甚至方志专家曹振武的质疑,即《沁水县志》没有赵树理的传记,那还叫志书吗?赵树理(1906—1970),现代著名小说家、人民艺术家,代表作有《小二黑结婚》、《三里湾》等,是中国文学界"山药蛋派"的开创者,是沁水县历史上最著名的文化名人。可见,丢掉了重要的人文历史内容,读者是难以认可的。

三、完善续志的独立性,是修志人员的不懈追求

志书固有书自身的本质特征,与年鉴具有不同的本质属性,完全用"切断式"编纂续志,有违志书的特质功能,同时也不利于志书的传播与利用。鉴于此,随着修志人员对续志体例认识的不断深化,在完善续志的独立性上做了多种努力,进而增强了续志功能的发挥。

主要门类不缺,体现续志的全面性。方志具有"无备不载"的传统,一部志书将一地域内的古今人、事、物分门别类,一一记载下来,就概括了一地域已知的全部情况。要了解一地域的历史和现状,只须在一地的志书中查阅即可。这一任务,是其他任何书籍都无法承担的,只有方志才能担当这一重任。这也是由方志所具有的本质属性所决定的。当然,无备不载亦有个度的把握问题,所有古今人、事、物,均有大有小,有主有次,不宜理解为事事都载,而是记述古今人、事、物的主要方面的主要情况,符合主客观的需要和可能。二轮续志开启之初,针对续志门类的安排,引起诸多争议,不变不记成为争议的焦点。故而前期出版的二轮续修志书,不少出现主要门类缺项的情况,或无自然环境

（如续修《山西省志》篇目中既无"地理志"，亦无"自然环境志"），使方志成为无源之水、无本之木；或无建置沿革，难以看到一地域区划变动的历史纵坐标；或无民俗方言，难以反映一地域的民性民情等等，不一而足。不变不记，实则违背了方志"全面系统地记述本行政区域自然、政治、经济、文化和社会的历史与现状的资料性文献"这一基本原则。随着续志编纂的深入，众多志人看到此种做法的弊病，在续志门类的设置上力求体现全面性。2008 年 9 月 16 日中国地方志指导小组颁发了《地方志书质量规定》，明确要求续志编纂要"内容完整，横不缺要项，纵不断主线"，使门类设置的争议划上了句号，使续志的门类设置重新回到了正确的轨道。为避免出现不应有的漏项，还具体规定了续志应记述的地理、基础设施、经济、政治、文化、社会、人物等 7 大部类及所涵盖的 37 个门类。《规定》集中了修志人员的集体智慧，体现了大多数人的观点，形成续志内容在认识上的一致性，进而强化了续志的独立性。

探前追述历史，体现事物发展的连续性。按中指组的规划设想，二轮续志的断限为 20 年左右，即 1985－2005，第三轮则为 2006－2025，每隔 20 年左右为一轮修志周期，体现出社会主义新方志自身的修志特点。由于续志以记述改革开放为重点，故续志断限往前顺延几年（以 1978 年中共十一届三中全会召开为起点），亦属合理范畴，可以记述改革开放的完整进程。续志确定了断限，即表明了记述的重点或主要内容以断限时段内为主，这是无庸置疑的，这也是方志的编纂原则"详今略古"、"详近略远"所决定和制约的。二轮续修志书是连接首轮、二轮以及后续三轮志书的桥梁和纽带，具有承前启后的作用，可以说，写好二轮续修志书的"起始"，已成为做好二轮续志编纂工作的着眼点和切入点。要保证甚或提高二轮续修志书的质量，必须将其与首轮志书的内容相联系，把其放在历史长河中加以比较，使其彰显因果，反映变化和发展。任何事物都有一个发生、发展和变化的过程，那种一味强调只记上下限之内事物的发展过程，既是片面的，也是不可取的。二轮续修志书所记述的事物，以断限内为主，以断限之前为辅，将断限之前的事物发展过程作一简要铺垫，是必不可少的。同时，志书作为资料书，其资料性主要就体现在资料的连续性和系统性上，志书有断限，但事物的发展没有断限。所以，二轮修志过程中很重要的一项工作，就是要展现事物发展本身的连续性，既反映出事物以前的客观实际，又体现如今变化了的事实，既有继承又有创新。否则，就会出现人为割断历史的现象，不但会降低二轮志书的资料性和可读性,而且会影响整个修志系统工程的质量,造成资料的系统性功能降低,从而降低志书的使用价值。在二轮续修志书的编纂中,既要注意与首轮志书的连续性,更须注重二轮续志的独立性和完整性。二轮续志所记述的事物如果只从上限时间写起,只记现状而抛弃历史,与地方志所固有的本质属性相违背,也无法达到"纵述史实把握事物的发端、变化和现状",二轮续修志书的独立性、连续性、完整性也便随之消失。二轮续修志书,首先要强调志书的独立性,即站在续修志书的立场上,以我为主,以续为辅,独立成志,流传后世。从编者的主观上说,联系历史是必须的,即我们一贯强调的"明古",就是对事物记述要点明发端,阐明发展,彰明因果。只有明古详今,才能认识事物发展的全貌,同时才能更深刻地了解现实。当然,探前追述历史,重要的在于把握好一个适度的问题。在反映联系历史的层面上,续志体与通纪体有着明显的区别。从客观上说,续志体志书通过联系历史(这个"历史"可长可短,根据记述事物所需的明晰度来适度掌控),也便自然而然地起到了承接前志的作用。

重述人文历史特色,体现续志的完整性。中华民族五千多年的文明史就是人文精神的历史。方志由地记、图经发展、演变而来,至宋代始定型,就成为一地域文明发展史的主要载体。重述一地域的人文历史特色,既体现志书地方性的特点,又是志书完整性的起码要求。二轮续修志书的编纂,应力求保持地方志的基本特征。重视人文历史的记述,既是衔接前志的需要,亦是续志记述内容连续性、完整性和独立性的需要。人文历史内容大致包括以下几个方面:一是前志大事记中记述的在本地域发生的重大历史事件,二是前志人物传中在全国有重大影响的历史名人,三是建置沿革中重要历史关节点的历史建置情况,四是前志已记、至今仍存的文物古迹,五是具有地方特点的民俗民风,六是自然资源和旅游资源,等等。虽然这些内容在首轮志书中均已记过,但在续修志书中还须重新记,只是记述的手法要简洁、明了。在这一方面,已出版的部分二轮续志进行了不懈的探索。如大事记的编纂手法即有多种,或将前志大事记精编压缩,放在附录之中,与卷首大事记前后呼应,展现历史发展的纵线条;或将历史大事浓缩,与断限内大事合并放于志首,发挥大事记纵贯历史、与概述篇一起统领全书的作用。如人物传的编纂手法,或将前志传记人物名录放在传记之首,便于读者了解前志人物设传情况,起到检索作用;或将历史著名人物的传记重复登载,与断限内传记合并,一体展现本地域人杰之盛。如此等等,不一而足。各种编纂手法的运用,均体现一个宗旨,即突出续志的连续性、完整性和独立性。一地重要的人文历史内容,在续志编纂中不可或缺,毫不夸张地说,它是方志记述的灵魂所在。目前,衔接前志、勾连历史呈现多样化的局面,虽方式方法不同,但目标一致,即在完善续志的连续性、完整性、独立性上下功夫。每种形式并非十全十美,利弊得失共存。当然,哪种编纂手法更切合方志的本质属性,更利于方志的传播与利用,还须经过读者、社会及历史的检验。方志编纂创新无止境,但要行走在方志自己固有的轨道之上。

拾遗补缺纠误,体现续志的独立性。中国地方志指导小组《关于第二轮地方志书编纂的若干意见》指出,"要处理好与前志的衔接,并注意对前志的拾遗、补缺、纠讹"。续志要拾遗、补缺、纠讹,就是衔接前志的一种方式,同时续志的连续性、独立性亦蕴含其中。就现已出版的续修志书来看,大部分都在续接前志的基础上,把对前志的考订正误和补遗的内容集中置于书后附录内。但总体感觉对前志的正补工作并不是很充分,有的像蜻蜓点水,有的有补遗而没有纠误,有的甚至补遗和纠误都没有。对前志的补缺纠误,是二轮续志必不可少的任务之一,是非做不可的一项工作。首先,对前志正补体现了修志工作者对党对人民对后世高度负责的敬业精神。真实、全面是志书的价值所在,但因种种原因,首轮志书出现了这样那样、或多或少的不足和遗漏,在一定程度上损害了志书质量和信誉。值得庆幸的是,各地很快紧接前志开始续志编修,使得在较短时间内纠正前志不足和遗漏变成了可能,正所谓"亡羊补牢,犹为未晚",续志不补,更待何时。其次,首轮志书出版发行后,在社会上已经产生了一定影响,其优劣短长,公道自在人心,肯定赞扬的自不必说,批评揭短的也在所难免。除积极组织自纠自补外,还要尽可能动员社会力量批评指正。面对首轮志书中的差错和不足,要勇于正视,虚心改正,这对修志工作者的形象和声誉不仅不会损伤,而且还会赢得社会更多的尊重和信任。相反,那种对前志错漏听之任之、视而不见的态度和做法,对修志工作者的形象才是莫大损害,人们会由此怀疑我们的修志水平和志书权威,而且由此造成对续志工作和地方志事业发展的危害,则更是我们广大修志工作者所不愿看到的。

(中国地方志指导小组办公室《方志文献国际学术研讨会论文集》,中华书局,2012 年;《中国地方志》2012 年第 5 期)

城市区志科学性漫议

——以《杭州市江干区志》等 10 部志书为例

城市区志是省、市、县三级志书中特殊的一类,属于城市志的一种,同时又有别于城市志。城市区志的科学性,是一个大的概念范畴,大到志书的体例、篇目、内容,小到目录、图片、标点符号的运用,涵盖志书的方方面面。近日阅读部分新出版二轮城市区志,感到在志书的科学性上还有些许欠缺。以 10 部城市区志为例,罗列数点不足,谈点自己的浅陋看法,以与同仁商讨。为论述方便,先将 10 部志书列表如下:

志　　名	体　　式	出版时间	结构	设编数量	总字数（万）
杭州市江干区志	通纪体（下限 1996）	2003.6	中编体	28（篇）	111
昆都仑区志	通纪体（下限 2000）	2006.11	中编体	20（篇）	110
临淄区志	通纪体（下限 2002）	2007.9	小编体	30（篇）	220.3
江汉区志	通纪体（下限 2000）	2007.11	中编体	27（篇）	204.4
昌江区志	通纪体（下限 2000）	2008.2	中编体	20（章）	90

续表

志　名	体　式	出版时间	结　构	设编数量	总字数（万）
郑州市金水区志	续志体（1991—2002）	2008.12	小编体	32（篇）	139
太原市小店区志	通纪体（下限2005）	2009.9	中编体	27（编）	89
烟台市莱山区志	通纪体（下限2003）	2009.12	中编体	26（编）	117.8
温州市鹿城区志	通纪体（下限2003）	2010.10	小编体	65（卷）	317
上海市长宁区志	续志体（1993—2005）	2010.11	小编体	38（编）	222.1

一、城市区志的书名

凡志,必有志名。省、市、县三级志书均以行政区域名称直接标示,如山西省编修的志书称之为"山西省志",太原市编修的称之为"太原市志",阳曲县编修的称之为"阳曲县志"。在首轮社会主义新方志编纂开启之时,中国地方志指导小组并未对城市属区是否统一进行修志明确规定,故全国各省、市、区对城市属区修志极不统一,有的列入首轮志书规划之内,有的则由各城市属区自行定夺,形成城市属区志书编纂进度不统一,落后于省、市、县三级志书的编纂。城市区志的志书标名亦出现混乱,有的只标行政区域的区域名称,有的在区域名称前加标属市名称。以上述10部志书为例,只标城区名称的有4部,加标属市名称的有6部。城市区志与省、市、县三级志书相较,属较特殊的一类志种,城区属某一城市的局部,在行政区划标名中,均标为××市××区,其独立性较县级行政区划要差许多。以城区的单独名称标名,既体现不出城区局部与城市全局的关系,同时易引起标名的混乱。单就志书名称的科学性而言,城区志的名称应加冠属市的名称,才较为合理、科学。二轮续修志书启动之后,中国地方志指导小组明确地把城市下属的城区(县级)志书编纂列入三级志书规划之内,弥补了三级志书编纂中城区志有所缺失的不足。为完善三级志书的规范性、统一性、科学性,中国地方志指导小组于 2008 年 9 月 16 日颁布了《地方志书质量规定》,其中第十条规定"志书名称以下限时的行政区域名称冠名"。并特别指出"其中,市辖区志书在本行政区域名称前冠以上一级行政区域名称,如'××市××区志'"。城市区志的标名达到了统一。前面提到的 4 部城区志标名不合规范,系出在 2008 年《规定》出台之前,情有可原。其后则不应再出现此种违反《规定》的标名情况出现。《规定》是三级志书编纂的通则,应严格遵守。

二、目录的编排

志书的目录,是篇目的终极体现。篇目大体经历三个阶段:修志之初,制订篇目大纲,作为修志人员搜集资料的提纲;进入编纂阶段,要细化篇目,作为纂志人员编写志书的纲要;定稿之时,对篇目体例进行思想性和科学性的提炼,进而形成志书的目录。靓丽转身体现志书目录的终极目标。方便读者、服务读者是目录编排的主要任务。目录编排要把握三点:一是内容要全面,不能有遗漏;二是标码要准确,包括志首和志尾部分要明确标示;三是编排要紧凑,方便读者阅览。统观 10 部城区志,或多或少还存在一些可商榷之处。

志　　　名	目录页	目录占栏	内文占栏	卷首顺序	未入项目	未标页码
杭州市江干区志	17	通栏	通栏	凡图序目	凡、序三	后记、名单
昆都仑区志	30	通栏	通栏	图序凡目		目录
临淄区志	11	双栏	双栏	凡序图目	序、凡	序、凡、后记
江汉区志	20	通栏	双栏	图序前凡目		
昌江区志	4	通栏	通栏	图序凡目	序二、凡	序、凡

续表

志 名	目录页	目录占栏	内文占栏	卷首顺序	未入项目	未标页码
郑州市金水区志	16	通栏	通栏	序凡图目	序二、凡	编纂始末
太原市小店区志	17	通栏	通栏	序图凡目	序二、凡	序、凡
烟台市莱山区志	10	双栏	双栏	序图凡目	索引、编纂始末	序、凡
温州市鹿城区志	26	双栏	双栏	序凡图目		序、凡、总述、大事记、编纂始末、名单、杂记
上海市长宁区志	39	双栏	通栏	图序凡目		序、凡

  10 部志书中,目录遗漏内容的有 6 部,其中序言和凡例未入目录的有《杭州市江干区志》、《临淄区志》、《昌江区志》、《郑州市金水区志》、《太原市小店区志》等 5 部,索引和编纂始末未入目录的有《烟台市莱山区志》1 部。志书的卷首和卷尾所列的内容,均应在志书目录中有所显示,全部列入才能完整反映志书的全面性。就以序言而论,5 部未列入目录的志书中,其中有 1 部列有 3 篇序言,3 部列有 2 篇序言,如此遗漏使读者在目录中难以看到志书的全貌,进而亦影响到志书目录科学性的发挥。

  10 部志书中,列入目录而未标示页码的卷首和卷尾内容的有 9 部,其中目录本身未标页码的有《昆都仑区志》1 部,序言、凡例未标页码的有《临淄区志》、《昌江区志》、《太原市小店区志》、《烟台市莱山区志》、《温州市鹿城区志》、《上海市长宁区志》等 6 部,后记及编纂始末未标示页码的有《杭州市江干区志》、《临淄区志》、《郑州市金水区志》等 3 部,总述、大事记、杂记未标示页码的有《温州市鹿城区志》1 部。按书籍编排常规,正文之首的卷首内容,如序言、凡例、目录均应单独标注页码,正卷之中未列章节的"卷"名之下亦应标注页码(如《温州市鹿城区志》卷六十四杂记在目录中未标页码),卷尾的后记、编纂始末应随正文页码顺延标注页码。卷首和卷尾内容所标注的页码均应在目录中有所显示。这样,才能方便读者查检。

10 部志书中,只有《温州市鹿城区志》1 部加载了英文目录,可见志书加载英文目录还未引起众多志人的关注。新编志书业已走向世界,为方便海外读者查检阅览,英文目录应在推广之列。

10 部志书中,有 2 部为分上下两册出版,目录编排亦存在差异。《昆都仑区志》上册刊载全志总目录,下册复载目录中的下册部分内容。《温州市鹿城区志》将全志目录分为两截,上册只刊载上册的目录,下册只刊载下册的目录。按书籍编排常规,分册出版的志书在第一册中即应刊载全志的总目录,即涵盖全志内容;分册中为方便读者翻检,亦可复载分册的目录。由此可见,《昆都仑区志》的目录编排,更合乎情理与规矩,《温州市鹿城区志》似有不当之嫌。

在我国旧志的编纂传统中,有先列总目、后列详目的传统。总目只列志书"卷"的第一级标题,所占 1 至 2 个页码,便于读者在较短时间内了解全志之梗概(即"卷"的设置情况),在新编志书中较少见到。笔者仅见到二轮的《奉贤县续志》采用了此法,即志首列有总目,排通栏,占 2 个页码;后有目录(详目),包括卷首的出版致辞、题词、照片地图、编纂人员名录、序、凡例等,排双栏,详列节下的目题,志尾的附录中设前志摘要,亦在目录中逐一显示①。此种做法,即是传统的继承,又可称之为目录编排中的创新,值得提倡和大力发扬。10 部志书中,仅有《上海市长宁区志》1 部在目录中加载了目题。目题的加载,可谓志书目录编排中的一种创新,既方便读者,又全面展示志书内容,值得后来者效法。

依笔者愚见,新编志书的目录编排应把握以下几点:一是先列总目,展现志书的第一层级结构,使读者尽早了解志书的框架全貌。总目排双栏,用一个页码展示最为完满(如《奉贤县续志》改排双栏即可放在一个页码之内),省却读者翻检之劳;二是目录(详目)要详列卷首、卷尾内容,并标注页码;三是目录标题要延伸到目题,使志书内容得到全面展示(如《奉贤县续志》、《上海市长宁区志》的做法);四是加载英文目录(如《温州市鹿城区志》),利于新编志书在全世界的传播与利用;五是志书目录编排最好用双栏,既经济节俭,又方便读者查检(10 部志书目录用双栏编排的仅有 4 部,单栏编排既浪费版面,又不利于读者查检)。

三、志书篇目第一层级的标法

在我国的旧志中,第一层级的标法大体分为两类:一为门目体(亦称类目体),即对志书所记事物分门别类,构成志书篇目的基本框架,尔后再从大类中分小类,以此类推,逐级立题,直到目题。一为分卷类目体,即志书篇目的第一层级冠以"卷"(此为大门类),卷下再分门别类、直至目题。如明成化《山西通志》第一层级以"卷"立名,全志分立十七卷,每卷之下分列 1 门或多门,亦有多卷立为 1 门。如卷之二列有分野、疆域、风俗、形胜、山川等五大门类,又如卷之十二至卷之十五等 4 卷均为"集文"一大门类[②]。该志的"卷"是以分订装册来计算的,一册即一卷。旧志中的"卷"与志书门类联系并不甚紧密,只起标示志书装订的册数而已。章节体是清末民初西学东渐、洋为中用的产物,由此而改变了我国志书的传统篇目结构形式。章节体的表现形式是按照逻辑关系将志书内容归类,以事物的同一性为第一大类,再以统属关系为序安排各个层次,逐级分为编、章、节、目(甚或目下又设子目、小目),从而使志书构成一个严谨、完整的多层级整体。章节体最初称之为编章体或编章节体,为阅读使用方便简称"章节体"。章节体应用到志书之中,因其体例结构严谨,层次分明,排列有序,19 世纪末便被志家逐渐采用。民国时期编纂的市县级志书,大多采用此体。

首轮社会主义新方志编修,大多数志书采用了章节体。笔者对山西首轮市县级志书(笔者手头有的 125 部)做了个粗略统计,采用门目体(类目体)的仅有《阳高县志》、《长治市城区志》、《平顺县志》、《阳城县志》、《定襄县志》等 5 部,占首轮市县级志书的 4%,比较较小。采用章节体的有 120 部,占 96%。所不同的是,志书第一层级的标法比较混乱,以"编"为第一层级标法的有 57 部,以"卷"为第一层级标法的有 59 部,以"篇"的有 2 部,平头列"章"的有 1 部。再以上引 10 部城区志为例,全为章节体,但第一层级标为"编"的有 3 部,标为"篇"的有 5 部,标为"卷"的有 1 部,平头列"章"的有 1 部,志书第一层级的标法混乱可见一斑。

从首轮新方志编纂开启之时,直至当前二轮续志的编纂,中国地方志指导小组始终把三级志书的规范化当做提高志书质量的重要着力点,一直为此而进行着不懈的努力。1981 年中国地方史志协会在太原召开时,出台了《关于新县志编纂方案的建议》,提出第一个较为规范的篇目模式,即第一层级以社会分工的各大部类(门)命名为"编",即概述编、自然编、经济编、政治编、军事编、文化编、社会编、人物编、图表编、附录编等 10 编③。1985 年中国地方志指导小组制订的《新编地方志工作暂行规定》第十条亦规定,篇目"层次名称可采用编(篇)、章、节、目,也可采用其他形式"④。首次明确规定志书篇目框架第一层级的名称为"编",其统属关系的名称为章、节、目。"此规定'编'后括号中的'篇',笔者理解的是并非设置为篇目框架的第一层级,而是指'编'(专志)之外的特篇,诸如概述(或称总述)、大事记、专记等体裁。之所以以'篇'出现,旨在区别于正编。所以,括号内的'篇'与其后的章、节、目并无关系"⑤。

从志书编纂的规范性和科学性出发,志书的第一层级的名称应为"编",而非"卷"、"篇"甚或"章"。除门目体(类目体)之外,凡采用章节体的志书,均应以编、章、节、目来划分层次,只有这样才是合理的、规范的、科学的。

四、概述篇的名称、篇幅及段落层次划分

10 部志书均设了概述篇,只是名称上略有差异,称概述的有 5 部,称总述的有 5 部。在首轮修志中,由于对概述的争议较大,概述篇的名称出现多种,但称概述的还是占了主流。二轮续修以首轮志书为依傍,总结首轮修志中的不足,概述篇的名称亦逐渐向规范化靠拢,上述 10 部志书就是一个明证。我以为,概述篇的写法可以多样化,名称还是不动为佳,这样有利于志书的传播与利用。

概述篇的篇幅自创设起即有争议,但大多数志界同仁的一致看法,认为控制在万字以内为宜。笔者以为,市、县两级志书的概述篇幅,考虑到记述范围的不同及志书篇幅上存在的客观差异,其概述的篇幅应区别对待。首轮新方志概述的编写实践,也给出了符合编纂实际的答案。市级志书的概述篇幅,不论志书总体篇幅的长短,应为 5000 字 ~ 8000 字为宜;县级志书应为 4000 字 ~ 7000 字为宜。二者的篇幅上限均不应有所突破,而下限则可灵活掌握。概述是全志的开山篇,既是志书中的宏观总体结构,也是汇集全书脉络之精华,具有概括性、整体性、科学性、规律性、可读性、导引性之六大特点。所以,概述的篇幅要适量,符合读者的阅读习惯,在较短的时间内能纵览全书之精华及要旨,使读者一气读竟。不易过短或过长,过短,恐挂一漏万,以偏概全;过长,则不易使人理解和掌握,失去设概述篇之初衷。10部志书的概述篇,万字以内的有7篇,最短的为《太原市小店区志》3200字;超过万字的有3篇,最长的为《上海市长宁区志》、《江汉区志》均为13500字;10篇的总字数为83950字,篇均8395字;若抛却3篇万字以上的,篇均6280字。10部志书概述篇的编写实践证明,概述篇控制在7000字以内还是可以实现的。写长文易,写短文难。在概述篇的篇幅控制上,还是需要下功夫加以改进的。

10部志书的概述篇,在段落层次的划分上采用了两种方式,一为通篇一气呵成的有4篇,一为用序号分割的有6篇。在用序号分割的6篇中,仅有《汉江区志》1篇有开头段,其余5篇既无开头,亦无结尾,通篇用序号划分。概述篇在层次结构的内容分段上,用序号分割是便于操作和把握的一种简便方式。它的特点是文章内容层次清晰,方便读者领会文章内容;短处是割裂文气,在一定程度上破坏了文章的完整性。用序号分割内容,就要注意给文章加上开头与结尾,使概述完满成篇。东方人写文章的传统习惯,一篇好的文章要有开头与结尾,俗称"穿鞋戴帽"。就以中共十七大报告为例,除开头与结尾外,内文分为十二大部分,以序号分割。如此重要的政治报告均难脱此窠臼。概述篇,实为给志书主编出的一篇命题作文,它要求主编以高屋建瓴之势,网罗全志的精华,纵述历史,横陈现状,申大势,说大略,因果相望,揭示规律。一篇好的概述,应有好的开头与结尾,正如古人所总结出的好文章标准:虎头豹尾猪肚(亦有虎头凤尾猪肚之说)。虎头,即要有好的开头,吸引读者阅读下文;豹尾,即要有漂亮的结尾,起到余音绕梁的效果;猪肚,即指文章的主体内容要丰富充实,体现作者所要表达的中心思想。概述篇加序号分割,只能分割文章的主体部分,开头与结尾不在序号包含之内。6篇加序号的概述或多或少均存在这方面的问题,应引起志书主编的重视。

五、大事记在志书中的位置

10部城区志均设有大事记,概述与大事记同放在志书之前的有9部(其中《太原市小店区志》大事记入编的系列),放在志书尾部的有《江汉区志》1部。大事记篇在志书的位置似乎还有议论的必要。在志书的诸体例中,如果概述篇重于横陈一邑之大势,那么大事记篇则重于纵述一邑的具体事物。大事记相对于专志而言,可以看做是专志的纵线,给专志的表述内容提供一个总的时间线索和历史背景。大事记纵排一邑发生的重要历史事件,进而反映出历史发展的阶段性和趋势,在整部志书中具有相对独立性。大事记在志书中前置或后置,表明修志人员对大事记篇在志书中的功能和地位认识不一致有关。首轮新方志编纂中,一些全国知名的方志专家学者就提出大事记后置的看法,对首轮志书影响较大。如来新夏先生就认为大事记"置于志尾为佳,可备检索"⑥;刘纬毅先生亦认为大事记"将它放在志末是适宜的"⑦。首轮山西编纂的市县志书多数将大事记放在了志尾,均是接受了这些专家学者的观点而实施的。我曾做过一个统计,在山西首轮编纂的 126 部市县志中,列有大事记篇的有 123 部(3 部未列),放在志尾的 70 部,占 57%,放在概述篇之后、专志之前的 53 部,占 43%,大事记后置占到多数。但就全国各省市区的首轮市县志而言,大事记前置还是占了多数,山西亦仅是特例而已。造成大事记后置的原因大致有三种:一是部分方志专家学者的见解,起到一定的引导作用,如山西首轮市县志即是如此。二是编者认为全志之首增设了概述篇,以此作为全志之纲,替代了大事记统率全志的功能。三是对志书体例中设大事记篇的初衷不甚了解,只认为大事记仅起志书的检索功能。笔者以为,社会主义新方志编纂是在继承历代方志体例的基础上创立的。就方志体例而言,继承多于创新,表现出方志体例的创新难度之大。从另一角度讲,完全脱离开地方志原有优良体例而一味强调创新,则有可能使新编方志脱离方志体例之轨。首轮新方志编修,就概述篇的创设,亦经过激烈的争论与交锋,经实践的检验才得到普遍认可。首轮新方志体例的创新,概述篇的创设首屈一指。通俗地讲,即概述篇以"面",大事记以"线",面线结合,双管双下,经纬交织,提纲挈领,统领全志,两者合力共同承担全志之纲的重任,使新编志书在体例结构上又上升到一个新的层面。大事记后置,则破坏了志书体例的严谨性、科学性、系统性。再者,从志书整体性的角度比较,大事记置于概述篇之后专志之前,志书的整体性显得更强。置于志尾,显得大事记游离于志书体例之外,丧失了志书设立大事记的本来意义。单从检索功能而言,志书尾部增加索引,志首目录由编章节再扩展到目,远远比大事记的检索功能要强许多。大事记的检索功能是附带的功能,并非其主要功能。此种越俎代庖之事还是少用为妙。在二轮续志编纂中,"大事记在志书中的重要地位和作用将愈益被人们所认识,方志大事记的体例将按照以编年体为主的趋势向前发展。虽然其中可能对某些跨年度的或十分重大的事件作纪事本末体的记述,但方志大事记以纪事本末体的体例向前发展的可能性极小。比较而言,唯有编年体大事记更适合方志体例、方志整体结构和方志社会功能的需要"⑧。

六、年份连接号的应用

10 部志书中,续志体式的 2 部,通纪体式的 8 部。在年份连接号的应用上,10 部志书中仅有《江汉区志》1 部应用正确,其余 9 部除两部续志体志书封面应用正确外,内文全部误用了"～"浪纹连接号。此种误用若定为差误似乎有点过分,但不规范、不准确却是无庸置疑的。标点符号虽属"小道",在志书的整体编纂过程中微不足道,故而有人看它不起,甚至有人觉得似乎有吹毛求疵之嫌。笔者认为,实则不然。志书质量是一个大系统,标点符号亦囊括其中,志书的规范性、科学性、严谨性、统一性在标点符号的应用上亦可体现出来,读者仅从使用标点符号的规范、严谨、统一上,即可考量出一部志书科学性、严谨性的高下。《地方志书质量规定》第四十条言明:"数字、量和单位、标点符号的使用规范、统一,符合国家有关标准的规定。"⑨延伸开来,这个"有关规定"即指国家技术监督局 1995 年 12 月 13 日批准、1996 年 6 月 1 日颁布实施的《出版物上数字用法的规定》和《标点符号用法》。"使用规范、统一",即指一本书中既要规范,又要统一,不能随意乱用。

《标点符号用法》"4、13 连接号",对年份间连接号的用法有明确示例,"4.13.3a)鲁迅(1881—1936)"⑩。在权威性的工具书和出版物中亦有示例,如《当代汉语辞典》"马寅初"条,"马寅初(1882—1982 年)"⑪。如《辞海》"马寅初"条,"马寅初(1882—1982)。"⑫再如《中国共产党历史(第一卷)》,其中目录"第一编中国共产党的创立(1921 年 7 月—1923 年 6 月)";附图 8"中国革命根据地第二次反'围剿'(1931 年 4 月—5 月)"⑬。从上述《标点符号用法》,到权威性工具书《辞海》、《当代汉语辞典》,再到权威性的公开出版物《中国共产党历史》,年份间(包括月份间)的连接号,均为一字距"—"连接号,并非浪纹"～"连接号,说明年份间的连接号应为"—",而非"～",使用浪纹"～"是不规范、不准确的,进而使志书在标点符号应用的科学性上打了折扣。

注释:

①上海市奉贤区史志编纂委员会编著:《奉贤县续志》,目录,方志出版社2007年11月版。

②李裕民、任根珠总点校:明成化《山西通志》,目录,中华书局1998年11月版。

③黄苇等著:《方志学》,第715页,复旦大学出版社1993年版。

④中国地方志指导小组办公室编:《中国方志文献汇编》,第276页,方志出版社1999年版。

⑤陆艺超:《对志书篇目框架第一层级的再认识》,《中国地方志》2010年第10期,第33页。

⑥来新夏文,《中国地方志》1988年第3期。

⑦刘纬毅:《要强化新编方志的科学性》,《山西地方志通讯》1989年第2期,第2页。

⑧江西省省志编辑室编:《新编方志体例比较与思考》,上海社会科学院出版社,1989年5月版。

⑨中国地方志指导小组:《地方志书质量规定》,《沧桑》2010年第1期,第17页。

10国家技术监督局:《标点符号用法》(GB/T15834—1995),《沧桑》2006年增刊《地方志工作必备》,第382页。

11《当代汉语词典》编委会编:《当代汉语词典》,第979页,中华书局2009年10月版。

12辞海编辑委员会编:《辞海》(缩印本),第1227页,上海辞书出版社1989年版。

13中共中央党史研究室著:《中国共产党历史(第一卷)》,目录,中共党史出版社2001年版。

(《中国地方志学会城市区志专业委员会2011年学术年会论文汇编》)

城市区志突出特色漫议

城市区志是个新志种,在方志家族的发展史上还从未有过。首轮社会主义新方志编修之初,中指组也未硬性规定提出编修区志的任务,当时只有山西等部分省市规划了城市区志的编修。因而首轮修志期间城市区志的编修活动明显滞后。直至 20 世纪 90 年代中期城市区志的编修才得到普遍认可。所以从这个角度而论,与有着悠久历史的省、市、县志相比,城市区志的编纂实践活动还是有所欠缺,编纂理论体系也尚未成熟,可资借鉴的经验与教训也不是很多。中指组也看到了城市区志编纂存在的难度,故而成立了中国地方志学会城市区志专业委员会,每年召开一次学术年会,加强了城市区志的编纂理论研究,进而更好地指导全国城市区志的编修。今年 9 月份,城市区志学术年会将在太原召开,由山西省志办协助中指组主办,这对我省城市区志的编修将起到积极的推动和促进作用。

近几年,我曾参与了《太原市小店区志》、《朔州市朔城区志》等志书的编纂活动。去年为撰写参加城市区志学术年会的论文,浏览了一批省内外新近出版的城市区志,对城市区志的编纂萌发了浓厚兴趣。通过学习城市区志编纂的理论研究文章和已出版的多部城市区志,深感城市区志有其自身的特殊性,编好城市区志并非易事,从某种角度上说,其难度并不亚于市县志的编纂,甚或远在其上。

根据我对区志的研究和实践,编好一部城市区志必须解决好以下三个问题。

一、城市区志的准确定位

编纂一部城市区志,首要解决的就是城区的时空定位问题。就空间定位而言,是编"大区志"或"小区志"的问题。大区志,即确定记述对象或记述范围,是侧重以整个区域的一切地情资源为记述对象;小区志,即侧重以区属行政管理职能为记述对象。

　　从城市区志的编纂来说,区属内容的资料搜集与编写较为容易,这是许多城市区志定位于区属内容的主要原因。但从区志的价值来说,从资政价值和存史功能来看,辖区的整体资料要比区属的资料更完整,更有价值;从读者的角度出发,志书提供的信息应该是整个辖区的所有地情资料。因此,把握区域地情的完整性,应把城市区志定位在整体资料的概念上,立足于写"大区志",真正修出一部横陈百科、面涉各业、内容准确无误的志书。写大区志,这也是"地方志乃一方之全史"要求使然。

　　城市区志经过十多年来的大量编修,以及对城市区志编纂理论的深入探索,城市区志应立足于编"大区志"在志界基本形成共识。要写成"大区志",就要灵活处理驻区事物资料。区域特色的形成不仅仅是依赖区属事物,更有赖于驻区事物的支撑。如何合理安排处理"区属"和"驻区"事物资料,是编纂城市区志首先遇到的一个突出难题,驻区机关是这个城市的管理核心,重大决策的中心,决定了城市区域的功能,影响着城市的发展。城市区志有必要告诉读者本区域内的这些单位名称,反映他们的一般属性,不宜缺项,但不需要详细记载其管理职能或经营情况,以免与市志雷同。

　　在区属与非区属问题的处理上要放眼全局,具有驾驭全区域的意识。对非区属单位入区志,在修志方案出台前就应该制订一个可操作的标准,要在市志宏观的层面上,再在区志里面定位。

　　在对待非区属单位行业方面,要有足够的认知和全面的把握,要有驾驭整个区域的意识,当记者一定要记,但也不能"越境而书"。要张弛有度,具体问题具体对待。

　　试举一例:《济南市槐荫区志》的卫生部分是这样考虑的,对于非区属的卫生资源入志问题,不能简单地列为驻区单位看待,而要将其放在整个辖区大卫生的角度审视。论卫生资源,本辖区是济南最丰富的区,有山东省头号的省立医院和十几处非区属医院,而区属的槐荫人民医院,其规模比不上普通的县级医院。如果只详记区属的卫生医疗机构资源,略记非区属的,或只非一般的介绍,以此入志,这就没有将辖区真实全面的医疗状况展现出来。区医院发展缓慢,是因驻区大医院较多,区政府没必要在这方面再投巨资,实质是沾了市里的光。从另一方面看,辖区的非区属医院同样承担着区属医院的部分功能作用。2000年医保推开后,辖区人们到非区属医院就医成为首选。在社区里,区属与非区属的医疗机构都发挥着一定的作用,甚至非区属的因技术力量雄厚其作用更大。因此,一些非区属的驻区单位,不仅要做常规的介绍,由于它们对辖区的影响作用往往是内在的,要反映出来,需要我们透过现象看本质,如实地记述所涉及的方面,具体的有些还可以在本部分的概述或无题小序里进行记述。

前面论的是空间定位问题。再一个就是时间上的定位。作为通纪体的二轮续志,断限贯通古今,一定要把握志书记述的原则,即详今略古(亦有人称"详今明古"),重记当代。按中指组的要求,二轮续志以断代体为主,续志体(通纪体)为辅。所以人们在研究详今略古上提出了古今内容在志书中应占的比率,或一九开,或二八开,最多至三七开,以符合断代志详今略古的基本要求。作为通纪体的续志,我以为三七开为好,至多不得越过四六开,即改革开放前占四成,改革开放后占六成。这只是志书整体字数上的一个相对把握的标准,具体到志书中的各个门类,则要区别对待。如概述篇、大事记、人物篇及建置篇,反映志书历史发展全貌,以三七开或四六开较好把握;其他分志内容根据记述内容的实际情况,拟或一九开、二八开均可。

首轮新志的上限大体有四种,一是通贯古今,上限不限;二是始有建置之年;三是以历史分期作为断限;四是前志上限所止之年。中指组上世纪80年代初的《规定》为1840年,如新修《山西通志》就是以此之界,属第三种。但在编纂实践中,首轮省、市、县三级志书多数未采取1840年这个上限。这也从一个侧面说明,1840年这个上限不符合通纪体志书贯通古今的原则,至少说是偏离了这一原则,有失偏颇之嫌。

城市设区大多属解放之后的事。从实践看,城区志如何断限也是个难题。城市区志编纂大多为首创,按理选择统合古今较好,但实际上困难多多,因为城区建置较迟,历史上的史事与数据很难剥离,记述起来有诸多不便,不如采用始建之年。以始有建置之年为限,对于以往历史采取《史略》的方式记述,这一方法起始于安徽及江浙一带的志书。我在参与《太原市小店区志》的编纂时,则提议采用卷首无题小序联系和接续区建置设立前的历史内容,以达到贯通历史的效果。也有人提出用《史略》替代"概述",我觉得可以一试,效果如何,还有待后人检验。

如果一个市设三四个区,都来统合古今,大事记只能照抄市志的大事记,都是建置沿革和自然灾害的内容,且一模一样,令人懊恼。依我的理解,所谓断限,只不过是志书收录和记述的重点所在,决不是依上限一刀切,亦决不是画地为牢;相反,志书的上限历来是模糊的,根据各门类需要是允许追本溯源的,因此上限以合适为好,不是越远越好。

下限一般有两种,一是当地修志规划的下限年度(如二轮续志大多定在2005 年),一是志书搁笔时止(实际为搁笔的前一年)。按中指组的要求和国务院《地方志工作条例》的规定,凡续修志书都应限制在 20 年左右。首轮志书的下限定在上世纪 80 年代初(1985),那么二轮续志的下限定为 21 世纪初(2005)。朱佳木在 2012 年 4 月召开的全国省级方志工作机构主任会议上,再次强调"增强依法统一修志时限和志书上下限的能力",他说"地方志是由党委领导、政府主持、全国统一编纂的书,就是说,它是'官书'。既然如此,其上下限除首轮志书情况特殊外,从二轮修志起就应当大体统一起来。如果二轮志书不统一,势必要影响到三轮、四轮志书的统一。"

志书的下限与上限不一样,它则要求"一刀切",以利后续。考虑到下限年份距志书出版时间较长,又产生了一些新的重要资料和数据,比较好的办法是在附录中设置"限外辑要"一目,一可以使这些资料及时为读者服务,二可以不打乱体例,实现两全其美,各得其所。不可视下限为儿戏,想怎么延就怎么延。

二、着力体现城区特色

城市区志与市、县志相较,是一个较复杂的类型。有人把城市区志归纳为"三不同"或"三不像",即城市区志不同于市志,不同于县志,不同于专业志;它不像市志容量那样大,不像县志那样面面俱到,不像专志那么单一。这只是从对比角度分析城市区志共性方面的特征。

要体现城区的特色,必须明确城区的类型,由于城市化的进程和环境条件使然,便形成不同类型的城区。一是以设区数量划分,可分为一市一区,如朔州、忻州、晋中、吕梁、晋中、临汾、运城、晋城是也,有一市二区,如长治是也,亦有一市多区,如太原(6)、大同(4)、阳泉(3)是也,城区数的多寡,与城区的从属性和局部性就大不一样。二是以主体功能划分,可有中心事务区(如阳泉市城区)、工矿区(如阳泉市矿区)、商业区、文化区、金融区(如上海市浦东区)、风景名胜区等,各具特色。三是以地理位置划分,可分为中心区、近郊区和远郊区。编写区志,首先要分析本区属什么类型的区,这样才有利于对城区特点的认识和提炼。

要体现城区的特色,必须从共性和个性两个方面去把握。从共性的层面看城市的区,一般具有 4 个特征:一是地域较小,自然条件单纯,与全市差别不大;二是人口、经济、文化、科技等比较集中;三是人口流动性较大,往往是本籍人少,外籍人多;四是区与市、区与区之间的联系紧密。

从个性的层面来看,城区的个性特征各具风采,多种多样。城区的个性特色是在城市发展的历史长河中逐步形成的,因此要把握一个城区的特色,必须从城市的发展历史和城区的建置两个方面考量,历史特点和现实特点都不可或缺,只有正确分析和把握住城区的特色,才能彰显区域的风貌。鲜明的个性特色,是衡量志书质量高低的一条重要标准。

要体现城区的特色,要善于集中记述本区的特有事物,并把本区大的特有事物采取升格处理,单独设篇立章,重点记述。在升格记述城区特色时,一定要安排好体例,服从体例统一,不使出现简单重复,务必避免自乱体例。

阳泉市分设城区、矿区、郊区三个区,功能特色十分鲜明,作为城区而言,有关城市志特有的共性内容不可忽略。如城市的基础设施,凸显城市中心区发展的硬环境。如商贸服务业,突出城市中心区第三产业飞速发展的支柱地位。如城区管理水平,城区是城市的组成部分,它承担着城市的某些功能。它的行政职能更多的是为城市服务,为城市的需要而设置,与所在城市紧密相连,记载如城市管理、市容监察等内容,可以反映城区管理成效,体现各级政府共同参与的城市综合治理。如人民生活,居民生活水平是城市经济发展的一项重要指标,城市区志要通过能反映居民收入水平、消费水平、社区建设、低保标准和物价指数等民生指标,全面、真实地反映人民生活水平。把以人为本的理念贯穿到志书编纂过程中,尤其是将"人民生活"单独立编,精准地展现新时期人民生活的变化,等等。

三、突出城区的地方特点和时代特色

每个城市均有自己的发展轨迹。如人们常说的,天津是(轮船)运来的,石家庄是(火车)拉来的;这是因为天津是从港口发展起来,石家庄是由火车集运站发展而来,阳泉与石家庄相似,亦是由火车拉来的城市。随着煤炭采掘业的发展,又成为为矿业服务的城市;随着市管县的设施,又成为一个地区的

中心城市。改革开放 30 年来,随着经济社会的发展,城市化进程逐步加快,人口迅速向城市集中,城市的功能逐步加强,同时也带来诸多问题。

志书要突出地方特点和时代特色,所要强调的每部区志既体现共性特征,更要体现自己的个性特征。去年在黄山市召开的中国地方志学会城市区志专业委员会 2011 年学术年会上,我曾撰写过一篇《城市区志篇目体现时代特色浅议》的论文,谈及时代特色的问题,且志书的地方特点和时代特色志界研究较多,可参考的志书、论文很多,我就不细讲了。对阳泉市而言,是我在首轮修志中未参与评审志稿的少数市之一,故对阳泉地情不甚了解,只是为这次讲课,才匆匆翻检了一下阳泉市首轮的几部志书,对地情认识太浅,故不敢乱言。还需要在座的修志同仁,认真阅读首轮的阳泉市志及城区志、矿区志、郊区志,加深对城区地情的认识,在二轮续志中展现出城区的地方特点和时代特色。

(《中国地方志学会城市区志专业委员会 2012 年学术年会论文汇编》)

二轮省志接续前志的问题探讨

目前,已完成首轮省志编纂任务的省市区,普遍推开了二轮续志的编纂工作。就二轮省志而言,普遍为续志体的续修志书,既然是续志体志书,就需要解决如何接续前志的问题。而接续前志,诸如断限、篇目、内容、正误补遗等问题即摆在了省志工作者的面前。笔者不揣浅陋,就首、二轮省志的衔接谈点个人看法,与修志同仁共同探讨。

一、续修省志的断限

凡志书,必有断限,乃方志体例使然。断限,指方志记事的起讫时间,包括上限和下限。因断限不同的缘故,方志始有通纪体与续志体(亦有称断代体的)之别。在中国历代遗存的志书中,通纪体占了绝大多数,是主流;续志体要少得多,是支流。如山西省现存有 7 部省级志书,全为通纪体。究其原因,封建社会历史发展缓慢,且各部志书间隔时间较长,两轮连续编修志书的情况较为稀少,故大凡修志,必重起炉灶,贯通古今。

首轮社会主义新方志的编纂,创历代编修志书之最,省、市、县三级志书全面开花,把历代不息的方志编修推向了一个前所未有的新高度。首轮新方志编纂中,市、县两级志书普遍为通纪体,而省级志书则通纪体与续志体兼有之。大致分为三种,一为上限追溯发端,下限至 1985 年;二为上限 1840 年,下限至 1985 年;三为上限追溯发端,下限至搁笔止。第二种中亦有部分突破上限,追溯发端的情况出现;第一、二种中,亦有部分突破下限至搁笔止的情况。以首轮《山西通志》为例,全志定为 50 卷 66 册,上限定为 1840 年,下限定为 1985 年。实际执行情况却各行其是。以上限而论,按 1840 年作上限的 28 册,占 66 册的 42.4%;追溯事物发端的 38 册,占 57.6%,其中 1840 年以前作上限的 27 册,1840 年以后作上限的 8 册。以下限而论,原定为 1985 年,实际情况为以 1985 年作为下限的 15 册,占 22.7%;以 1986 年及以后作为下限的 51 册,占 77.3%,共用了 11 个年份作下限,最晚至 2000 年。像山西这种断限方法,在全国首轮省级志书的编纂中较为普遍。就市县二级志书而言,由于市、县志书各自独立,自成体系,上下限不甚一致,相互之间影响还不算太大;然而省志各分志之间断限(特别是下限)先后相差15年,不能不说是省志编纂中在体例上的一大严重缺陷。正因为志书的上下限不齐,整部志书的合力效应也大为减弱。再者,有的志书因出版周期的延期,为弥补下限之外的资料空白,出现各种延伸下限的做法,或概述,或图片,或大事记,或人物,或限外辑要等等,不一而足,人为破坏了志书体例的统一性、完整性,造成一部志书的资料时限参差不齐,减弱了志书的严谨性、科学性,从而使志书的功用大受影响。

在首轮新志编纂进入扫尾阶段、二轮续志编修开启之时的1997年5月,中国地方志指导小组及时制订颁发了《关于地方志编纂工作的规定》,其第五条规定:"编纂地方志延续不断,各级地方志每二十年左右续修一次。"2008年9月又颁发了《地方志书质量规定》,第十六条规定:"时间界线明确,不随意突破志书的上限和下限,严格控制上溯和下延。"中指组的规定,既科学,又灵活。科学,表现在志书的断限要严格遵守志书体例,既是对我国修志优良体例的继承,又是对首轮新方志断限偏差的纠正。灵活,表现在续志编纂的时间为"二十年左右",省、市、县三级二轮续志可根据本地的实际,自行确定二轮续志的时间断限。在我国的修志历史上,旧方志的断限也从来不曾统一过,具有较大的灵活性。二轮续修省级志书,就全国而言,明显滞后于市、县二级续志的编纂进度。据笔者所知,截至目前,有半数以上的省市区二轮续志制订或出台了编纂方案或规划,普遍采用的是续志体形式,上限大致分为两种:一为以首轮志书的下限作为二轮续志的上限,其中有黑龙江、福建、江西、广西、重庆、四川、贵州、甘肃、青海、宁夏等省市区;二为以中共十一届三中全会召开前后(1978、1979年)作为二轮续志的上限,其中有山西、江苏、河南、湖北、湖南、广东、云南等省市。下限大致分为六种:断至1999年的,有湖北;断至2005年的,有福建、重庆、云南、青海;断至2006年的,有山西;断至2007年的,有甘肃;断至2010年前出版时间的,有贵州。

社会主义新方志的编修与中国历朝历代的修志相比,具有较大的特殊性,即三级修志机构是政府内的常设机构,修志工作连续不断,"二十年左右"续修一次,体现出人民政府对修志事业的继承和发扬光大。所以志书编纂亦体现出与历代修志的不同。二轮续修省志,既要接续前志,又要确定自己记述的时间段,同时还要考虑到第三轮续志的时间段,并留有一定的余地。随心所欲的延期,或至出版时日的延期,既违反《地方志书质量规定》的要求,又损害一部省志自身的完整性、科学性。二轮续修省级志书,与市、县级志书同样要标示出×××(年)—×××(年),此种续志体志书的编纂方式可称之为与时俱进的一种创新体例。就二轮续修省志而言,在志书的断限上要总结首轮志书的经验教训,克服首轮志书断限不一的弊端,按照中指组《地方志书质量规定》中有关续志断限的要求,严格遵循志书断限体例,不要再随意突破志书业已确定的上限和下限,尤其要保证下限一刀切,使续修志书在整体性、科学性上得到保证。

从上述部分二轮续修省志断限的情况看,接续首轮志书的下限作为二轮续志上限的有10个省市区。此种接续方式是继承了我国续志体志书编纂中的断代方式之一,其优点是后志紧接前志,避免了志书记述内容的重复,为随之再续志书的编纂打下了基础,体现出社会主义新方志连绵不断续修的时代特征,所强调的是二轮续志是首轮志书的延续和承接。其弱点是,二轮续志所记述的时段正是我国改革开放的时期,改革开放却不是从1986年开始的,而是以中共十一届三中全会确立"以经济建设为中心"开始的,续志不追述1985年前7年的事物发展过程,难以完满体现改革的整个过程(当然,中国的改革还在进行之中,经济改革初见成效,政治改革刚刚起步,改革的全面完成还有待时日),没有改革起始的内容记述,1986年以后接续的改革就会成为无源之水,无本之木。再者,二轮续志尽管采用的是续志体体例,但应当具有相对独立性,应是一部独立成书的资料书、地情书。采用接续首轮志书的下限作为二轮志书的上限,其时代标志性较差。此种断代法因缺少续志应有的独立性或独立性较差,只有同首轮志书合并阅读,才能形成合力。

第二种接续方式,其上限延伸至1978年或1979年,采取此种接续方式的有7个省市,即考虑到记述改革开放进程的完整性、系统性及续志的时代性、独立性和资料性。究其原因,因首轮志书受下限的制约,反映改革既不全面,很多应详实记载的内容也未充分展开,往往只能记述事物改革的开端,而无法体现事物的发展与结局,反映深层次的东西尤其欠缺。考虑到记述改革的完整性,以及续志的独立性,也未尝不可。但此种延长上限的方式,其弊病表现在与首轮志书内容记述上出现重复,重复内容详略把握难以恰到好处。

此二种接续前志的断限方式,孰优孰劣,还有待历史的检验。

二、续修省志篇目的继承与创新

体例和篇目,在志书编纂中居于核心地位。正确认识篇目与体例的关系,是做好篇目设计工作的前提。体例与篇目之间是主从关系,即体例决定篇目,篇目反映体例,绝不可让方志体例迁就、屈从篇目。志书篇目设计一定要从方志体例要求出发,绝不能舍此行事。篇目设计是志书编纂过程中的重要一环,志书篇目的设计者既要熟知和把握方志体例,又要对当地历史与现状有较全面、系统的了解,还应有相应的百科知识,才能按照方志体例的要求,从地情实际出发,设计好篇目,使志书篇目达到"合乎科学分类和社会分工实际,突出时代特点和地方特色,做到门类合理,归属得当,层次分明,排列有序"(《关于地方志编纂工作的规定》)。

省志的编修,一般习惯从元代建立行省之后算起,明中叶之后始有通志之名。据《中国地方志联合目录》载,现存省志中最早称通志的为明成化十一年(1475)初刻的《山西通志》。历代通志编修,为社会主义新省志的编纂积累了丰富的经验,张桂江在《地方志编纂与续修》一书中,对旧通志体例积淀的经验归纳为四点:"第一,通志贵通。即能横通'三司',纵通'府州'。运用高度概括的手法,从宏观上将地域辽阔、人口众多的行省的自然与社会发展变化溶为一体。第二,通志贵明。即以十分简明的语言准确地表达出纷繁复杂的事物,使人对行省之'大端'有十分明确的了解。第三,通志贵详。通志的编者要善于从历代文献、档案和府州县呈送的志稿中详征博引,厚积薄发,最大限度地保存珍贵史料。第四,通志贵严。既要有高度灵活的体例来处理复杂的行省结构,又要有'整齐划一'的严谨体例统一全书。"首轮省志的编纂,正是在总结和吸纳前人编纂通志的经验基础上,结合新时代的时代特点和地方特点,创立出省志的体例与篇目。

全国首轮省志编修(除香港、澳门、西藏外),大部分已面世,少部分进入扫尾。二轮续修省志同历代通志相比,具有特殊性。一是首轮省志编修,从广义上说,是历代修志传统的继承和发扬,但从狭义上讲,则不属于旧省志的续修,而是重点创设社会主义新省志独特的编纂体例和适应社会发展阶段的新颖篇目,真实反映社会主义初级阶段一行省的基础情况。简言之,首轮新省志编纂以创新为主,继承为辅。二是历代省志编修,很少有两轮修志紧接不断的情况,而二轮省志编修紧接首轮,明确肯定是首轮省志的续志。三是历代省志以通纪体居绝对多数,续志体仅为凤毛麟角;而二轮省志普遍为续志体,至今还未见有通纪体出现。四是二轮省志修完之后,紧接着又将开展第三轮省志的编修,同历代修志相比,社会主义新方志编纂的特点是不再间断、连续编纂下去,连绵不绝,志志相接。鉴于上述四点,二轮省志的篇目设计,必然与首轮省志相联,如何根据首轮省志篇目的实际,合理制订二轮省志的篇目,继承与创新是摆在修志工作者面前的两大课题。

二轮省志续修启动之时,须对首轮省志进行回头看,认真总结首轮省志编纂中的经验与教训,为二轮省志编修提供参考与借鉴。首先应当肯定,首轮省志基本是成功的,从二轮省志已启动的十几个省市区来看,普遍采用续志体接续前志,并未推倒重新编纂通纪体志书,即是对首轮省志的肯定。从总结首轮修志经验与教训来看,省志编纂研究明显滞后于市县志,这对二轮省志续修明显不利。究其原因,一是与市县志相较,省志部头太大,少者两三千万字,多者达四五千万,甚或七八千万字,搞编纂理论研究的人要阅读一部省志很难做到,而要阅读多部更不可能。二是方志研究人员遍布全国各省市区,而省志交流不甚广泛,各兄弟省市区间交流的省志有限,即使有人想搞省志研究,搜集资料、阅读省志困难,亦是其中一项原因。三是自首轮新方志编纂开展以来,市县级志书理论研究异常活跃,而省志编纂理论研究却较欠缺,全国性的省志编纂理论研讨会仅开过有数的几次,亦侧重于某一单项或体例、或内容的研讨,并未全面展开。首轮省志就是在编纂理论研究不太充分,即理论准备不足的情况下完成的。基于此,首轮省志编纂成绩是巨大的,但不可否认其存在问题也是较多的。加强省志编纂理论研究,是摆在省志编纂人员面前一项刻不容缓的艰巨任务。

就篇目设计而言,我们也不应企求首轮省志的篇目在一部志书中乃至首轮修志过程中一次完善或完成,而要在连续不断的新方志编纂实践中日臻完善。省志篇幅宏大,志书的总体设计包括内容安排、结构模式、编纂凡例等方面,起决定作用的则是篇目设计。

首、二轮省志编修紧密相连,且二轮省志采用续志体,不言而喻,篇目上的接续是应有之义。当然,二轮省志篇目的继承并非守旧,创新亦并非推倒重来。虽时过,却境未迁。既然是以同一行省为记述对象,其体例篇目虽因时而异会有某些不同,但志书中记述的各类大项事物必然有其共同之处,所以,凡前志篇目于续志编纂仍可使用的,便应当予以合理继承,不可轻易扬弃。

以山西省首、二轮省志篇目为例,从中即可看出省志篇目的连续性和继承性。首轮《山西通志》篇目设50卷,二轮《山西省志》篇目设91卷,续志篇目是以首轮志书篇目为基础而扩展开来。从篇目上看,直接继承移植的篇目有:总述、气象志、地震志、农业志、林业志、水利志、煤炭工业志、电力工业志、冶金工业志、化学工业志、机械电子工业志、军事工业志、轻工业志、纺织工业志、交通志、铁路志、测绘志、粮食志、财政志、民政志、军事志、教育志、科学技术志、社会科学志、体育志、文物志、旅游志、民族宗教志、民俗方言志、人物志、大事记、附录等32卷。改变名称且实为继承前志的有:人口志改为人口与计划生育志,建筑材料工业志改为材料工业志,商业志改为商务志,文化艺术志改为文化志,共有4卷。将大类一卷分为小类多卷的有:地理志分解为建置志、国土资源志,邮电志分解为邮政志、电信志,城乡建设环境保护志分解为城乡建设志、环境保护志,金融志分解为银行业志、保险业志、证券业志、农村信用社志,经济管理志分解为技术质量监督志、工商行政管理志、国有资产监管志,党派群团志分解为中共山西省委志、人民代表大会志、人民政府志、人民政协志、民主党派和工商联志、工会志、共青团志、妇联志、社会团体志,政法志分解为审判志、检察志、公安志、司法志、监察志,卫生医药志分解为医疗卫生志、医药志,新闻出版志分解为广播电视志、报业志、出版志,共有9卷。此三类相加达45卷,占到前志50卷的90%。剩余的5卷分两种情况,一为归并,如地质矿产志、土地志归并于国土资源志,外贸志归并于商务志,政务志归并于人民政府志;取消了乡镇企业志。山西的首、二轮省志,前为中编体,后为小编体,孰优孰劣,还有待众家评说,但篇目的继承性和连续性却是十分鲜明的。作为续志体的二轮省志篇目,要把继承摆在首位,创新,是在继承基础上的创新,那种完全摆脱首轮省志篇目另起炉灶的做法,对续修省志而言是不可取的。

续修省志篇目的制订,创新是重要的,也是必须的。因为续志记载的时段,其主要内容是改革开放期间的事物,虽然这一段时间较短,而一省内发生的社会变革却是十分巨大的,涌现出的新事物、新情况也是极多的,前志篇目的"旧瓶"实难装下续志内容的"新酒"。这就需要从客观实际出发,根据科学分类和社会分工实际相结合的原则,实事求是斟酌调整前志的门类篇目。但这种创新不是完全打破传统,另起炉灶,而是要在继承优良传统基础上的创新。确切地说,没有继承也就谈不上创新。当然,继承并不是全盘照搬,而是批判地吸取首轮省志篇目的精华,剔除其不适应二轮省志记述的内容和形式。创新是对继承而言,要在继承的基础上,进行大胆探索和尝试。要立足当代,实事求是地对以往的程式进行推敲,逐步形成切合实际的新思路、新办法,科学地设置好续修省志的篇目。

从现有情况看,二轮续修省志的体式主要有一卷多志体和分志平列体两种。采用一卷多志体式的有:河南省志设9卷43篇专志,湖南省志设32卷82部专志,宁夏区志设25卷170余篇专志,云南省志设42卷85部专志,广东省志设42卷,江苏省志设60卷(50卷分志、10卷专志)。采用分志平列体式的有:黑龙江省志设104部分志,福建省志设97部分志,湖北省志设92部分志,山西省志设91部分志,重庆市志设90部分志,广西区志设88部分志,山东省志设78部分志。吉林省志设69部分志,贵州省志设60部分志,青海省志设50部分志。

两种体式各有利弊,一卷多志体有利于体现全书的科学性、整体性,便于控制和压缩省志的篇幅,并具有一定的弹性;便于平衡省内各专业的记述比重,提高记述质量。但其弊端是成书的难度较大,容易出现扯皮现象,拖延出书周期。分志平列体的优点是便于操作,有利于调动承编单位或部门的积极性,对加快编纂进度较为有利。但其弊端亦较明显,全志的科学性、整体性较差,对于控制全书篇幅难度较大;各分志间的篇幅平衡难以把握。从首轮到二轮,省志的此两种体式并行不悖。如首轮山西为一卷多志体,二轮则改为分志平列体;首轮江苏为分志平列体,二轮则改为一卷多志体。依笔者愚见,一卷多志体明显优于分志平列体,各省根据本地实际情况自选其一,也在情理之中。孰优孰劣,还是留在今后的修志实践中去检验吧。

二轮省志篇目的创新,从现已出台的部分省志篇目看,主要从如何突出时代特点和地方特色两方面为着眼点。时代特点,改革开放三十年是续修省志记述的主要时段,突出主旋律,唱好"主场戏",在续志的篇目中要得到完满体现,如新事物、新产业,改革开放、经济技术开发区,三项基本国策等,在续修省志篇目中多有体现。地方特色,从一行省的实际出发,着力研究和吃透地情,在突出地方性上增设特色专志,改变首轮省志模式化、雷同化的格局。这些特色专志,或自然地理特色,如江苏的《太湖志》,河南的《黄河治理志》,福建的《闽江志》等;或建筑特色,如贵州的《名镇名寨志》,湖北的《三峡工程建设志》,福建的《土楼志》等;或土特名产特色,如湖北的《船舶工业志》,云南的《橡胶志》,贵州的《名特产志》等;或民族文化特色,如宁夏的《西夏学研究志》,福建的《客家志》,江苏的《吴文化志》等;或社会实体和社会活动特色,如广东的《珠江三角洲经济志》,江苏的《历代书院志》,广西的《扶贫志》等;或历史名人特色,如山东的《孔子故里志》,广东的《孙中山志》,山西的《华国锋志》等。二轮续修省志的篇目设置,除继承首轮志书的自然、经济、政治、文化、社会等主要类目外,时代特点和地方特色得到尽力挖掘,打破了"千志一面"的格局,使续修省志上升到一个新的台阶。

三、首、二轮省志内容的衔接

作为续志体(断代志)的二轮续修省志,如何搞好两轮志书内容的衔接,是做好二轮续修省志的重点与难点,二轮省志断限的"起始",较之首轮志书更有其特殊性和更深层的含义。二轮省志是连接首、二轮志书的桥梁和纽带,具有承前启后的作用,可以说,写好二轮省志的"起始",已成为做好第二轮省志编纂工作的着眼点和切入点。要提高二轮省志的质量,必须将其与首轮省志的内容相联系,把其放在整个历史长河中加以比较,使其彰显因果,反映变化和发展。同时,志书作为资料书,其资料性主要就体现在资料的连续性和系统性,志书有断限,但事物的发展没有断限。所以,二轮修志过程中很重要的一项工作,就是要展现事物发展本身的连续性,既反映出事物以前的客观实际,又体现如今发展变化了的事实,既有继承又有创新。否则,就会出现人为割断历史或生硬搭配的现象,不但会降低二轮志书的资料性和可读性,而且会影响整个修志系统工程的质量,造成资料的系统性功能降低,从而降低志书的使用价值。

(一)运用述体承接前志。在首轮省志编纂中,全志之首普遍设有"总述"卷,各分志之首设有"概述"篇,有的在分志的编(篇)之下设有无题小序。此三类述体文字,除编首无题小序是继承旧志优良传统之外,其余二种均为首轮新方志编纂中在志书体例上的创新,为增强志书的综合性、整体性起到了积极作用,同时也得到志界同仁的广泛认同。二轮续修省志理所当然地应继承首轮修志中创设的优良体例并加以发扬。按照《地方志工作条例》的要求,志书应"全面系统地记述本行政区自然、政治、经济、文化、社会历史与现状",而二轮省志为续志体受上限的影响,不能完全实现此规定,也难于达到"纵述史实把握事物的发端、变化和现状"。鉴于此,赋于述体文字新的功能,既可加强志书记述历史内容的连续性,解决二轮省志的历史断层问题,又可将续志断限前后连接起来,解决二轮省志历史与现状的有效连接。在述体文字连接历史内容的运用上,现已出版的多部市县志做了有益的探索,为二轮省志编修提供了借鉴。"总述"卷,在首轮和二轮续志中市县志少有,为省志的创新篇目,用其接续二轮志书断限前的历史内容,自不待言。省志各分志的"概述"篇,以总括某一事业或某一事物的概貌为己任,它记述的事物亦应记述事物的发端至续志的下限时间的发生、发展、转折等情况,以明晰事物的发展全过程,从而以此来体现续修省志"纵述史实把握事物的发端、变化和现状"这一要求。依笔者愚见,"概述"篇历史(续志断限之前)与现状(续志断限之内)的篇幅布局,应以历史为辅、现状为主,按三七分配较为妥当;即历史内容占三成,现状内容占七成,既体现详今(断限内)明古(断限前)之原则,又能概括反映事物历史发展之源流。

利用分志卷(编)首无题小序接续历史,写法上大致有两种:一为赋予无题小序单一功能,只为接续续志断限前的历史,使无题小序成为续志断限前历史内容记述的"自留地"。这种做法的好处是留给历史内容一定的空间,尽量交待历史背景,将现状完全交给正文来记述;不足是改变了无题小序的功能,无法展现事物发展的全貌。一为因仍卷(编)首无题小序的功能,反映省志分志中某项事物发展的全貌,既写历史,又写现状。这种做法的好处是记述全面,显现事项发端、发展及现状轮廓,体现无题小序固有功能;不足是无题小序篇幅有限,历史与现状交织记述,使历史内容有过简之嫌。两种写法优劣互见,均为可取之法。需要强调的是,从首轮省志看,分志的卷(编)首无题小序采用率较低,不足50%,对继承旧志的这一优良体例还存在畏难情绪。笔者以为,卷(编)首无题小序并非可有可无,而是一定要有,它是体现志书综合性、整体性方面的一项优良体例,从历代旧志和首轮新志在卷(编)首设无题小序上看,设与不设大不一样。继承好这一优良体例是续修省志理应把握的一项述体内容,切不可轻视之。

因二轮省志固有的特殊性,在述体的运用上似可再放开一些,在某一分志中,除卷首概述、编首无题小序外,为使续志内容记述完满,也可在某些章节之首加无题小序,记述断限前的历史内容。这种做法在二轮续志体市县志中多有采用,其效果亦较佳,二轮省志拿来借鉴,亦无不可。当然,章、节前的无题小序,一定要控制篇幅,简短精炼为其要领。

二轮续修省志,一定要注重各式述体的充分运用,并尽力完善和强化述体在续志中的多项功能,尤其在体现接续前志内容上有所突破,有所创新,使其在续志中展现独特的风采。

(二)记述内容写好"起始"。二轮续修省志普遍为续志体志书,记述时段的上限或紧接前志下限(20世纪80年代中期),或上延至中共十一届三中全会召开之时(1978年或1979年),记述改革开放30年间的事物发展变化。在我国现存的历代志书中,州府县志采用续志体的只占极少数,而省志采用续志体的却属凤毛麟角。新修二轮省志普遍采用续志体,可谓是省志编纂在体例上的突破或创新。二轮续修省志作为续志体志书,也就决定了二轮续修省志不可能完全抛开首轮省志单独编纂,即要在主体内容上保持与首轮省志的连贯。这种连贯性,主要表现在记述内容要注重写好事物的起始。

任何事物都有一个发生、发展和变化的过程,那种一味强调只记上下限之内事物的发展过程,既是片面的,也是不可取的。续修省志所记述的事物,以断限之内为主,以断限之前为辅,将断限之前的事物发展过程作一简要铺垫,是必不可少的。在二轮续修省志的编纂中,既要注意与首轮省志的连续性,更要注重二轮省志的独立性、完整性。《地方志工作条例》中规定:"地方志要全面系统地记述本行政区自然、政治、经济、文化、社会历史与现状",并要求做到"纵述史实把握事物的发端、变化和现状"。二轮省志所记述的事物如果只从上限时间写起,只记现状而抛弃历史,与地方志所固有的本质属性相违背,也无法达到"纵述史实把握事物的发端、变化和现状",二轮省志的独立性、完整性也便随之消失。从这一方面来考虑,似乎《地方志书质量规定》中的第十三条也存在不周密之处。该条规定:"时间界线明确,不随意突破志书的上限和下限,严格控制上溯和下延。"问题即出在"严格控制上溯和下延"之上。控制下延无疑是对的,但控制上溯却有失偏颇之嫌。以二轮新编《萧山市志》(试印本)为例,该志为解决此问题,采取了"曲线救国"的补救方式,即采用注释的方式承接断限前的内容。再如大事记,有的二轮市县志将断限前的大事记放在了"附录"之内,以避免列入正文进而"突破志书的上限"的规定。如二轮《山西省志》的大事记、人物志,为补首轮省志的不足(首轮省志的大事记、人物志均从1840年记起),初步拟订二轮大事记、人物志均从有史以来记起。山西的这种做法,既使二轮省志弥补了首轮志书的不足,起到了"补"的功用,即首轮志书与二轮志书的连续性,同时又使二轮省志的独立性、完整性得到充分体现,达到一石二鸟之效。

依笔者愚见,二轮省志记述事物的起始,实难割断与首轮省志所记事物内容上的联系,即从二轮断限的上限之前写起。现实的问题,不是要不要记断限之前的事物产生、发展情况,而是如何记述的问题。从现已出版的市县级二轮志书来看,存在有下列情况:一是不进行衔接,也就是说完全与首轮志书割裂开来,无论是篇目设置还是在具体事物的记述上,均是另起炉灶。有的二轮志书过分强调"新",而舍弃了本来应该记述的主体内容,或者是喧宾夺主。二是一成不变、不做创新地衔接,完全将首轮志书的篇目及内容照搬。三是起始记述过于简单,对事物产生和变化的原因或背景未作交待或交待不够,读者在阅读时看不出所记述的事物因何而起,因何而变。四是起始向前追溯得过远。编者怕说不清所记述事物产生、发展的起因或脉络,不管该事物首轮是否记过,都向前追述得较远,以至有些内容与首轮志书的内容重复过多。五是起始记述繁琐。有的编者为了说明事物的起始,在起始的记述中罗列大量资料,造成起始记述繁琐、不精炼。

二轮省志如何记述事物的起始,因现阶段二轮省志出书较少,很难找出完满的实际操作供参考,只能依笔者的浅陋想法与同仁交流。

吾以为,可以采取两种形式:一是简述式。这种形式适宜于起始记述中记述要素较为单一且变化简单的情况,即对背景只作简单的交待,既说清了背景,又反映了变化,直接切入主题,简洁精炼。二是详述式。根据其内容的不同,又可分为追溯式和铺垫式两种。追溯式,即主要是为了保证所记事物的完整性,在起始中将所记述的内容适当向前追溯到二轮续志上限前的某一时段。有些事物的"阶段性起源"较早,单从上限时间写起,往往不能完整或准确地反映记述事物的程度和水平。为此,我建议在记述起始时,将所记述的事物适当向前追溯一段时间,以保证所记事物的完整性,准确地反映该事物在二轮志书时段前的程度和水平。由于二轮省志的性质是续志体,以续为主,所以向前追溯的时间不宜过长,否则就会失去意义。关键的把握,在于"适度"。铺垫式,即为了说明所记事物的起始,对记述时段前的情况进行概括,主要是交待首轮志书的情况,以此对所记事物进行必要的铺垫,以便全面清晰地反映事物,主要适用记述要素较多、背景较复杂的事物。在二轮省志的实际工作中,追溯式和铺垫式有时很难界定清楚,有的志稿是否应既追溯又铺垫,这要视实际编纂情况而定。

在内容接续前志的问题上,已出版的二轮市县志已创造出许多值得借鉴的方式和方法,并取得较好效果;在二轮省志面世较少的情况下,借鉴市县志的经验,也不失为走捷径的一种方式。归根结底,还须在省志编纂实践中不断探索、总结。

(三)复载内容适度把握。在二轮续修省志编纂中,如何处理首、二轮志书的关系,特别是是否复载前志的内容,是二轮省志的一大热点问题。续修省志的模式、断限、内容三者存在自然和密切的关系。对统合古今的通纪体志书而言,复载前志已经记载过的正确、真实、有价值的内容,志界同仁对此并无异议;而讨论的焦点,定格在续志上面。续修省志的情况又有两种:一是上限断在前志下限之前的,一部分相关内容必须要在续志里重现;一是紧承前志下限的续志,除了补遗纠谬要涉及前志下限之前的人物或事物,是否需要复载前志已记述过的事物,意见不一。争论的焦点,是对静态事物、变化不大的事物是否还在续志里记载。在20世纪90年代末至本世纪二轮续志编纂之初,争议较大,赞称记载者认为,续修志书应该能够脱离首轮志书而单独存在,其内容要求全面,不能有大的缺漏,不能不记静态事物;其次,静态事物也有事物本身的变化、人们的活动引发的变化、人们对事物认识的变化,这些变化不可不记载。持异议者则主张,不变化者不再重写,取消少数变化不大的门类,如建置沿革、自然环境、方言、风俗等,或者精简自然地理篇的记述范围。直到2008年《地方志书质量规定》颁布施行,此类争议才渐告平息。也可以这样说,《地方志书质量规定》是经过全国各省市区及市县修志同仁集体讨论修改通过的,在续志内容的记述上取得了较为一致的意见,平息了有关复载内容的争议。2008年前已出版的二轮续修市县志中,采用续志体式的志书多有重要内容缺漏的情况发生,亦是复载内容未取得一致意见的情况下出现的产物。《地方志书质量规定》颁布之后,此类问题已不成其为问题,但复载内容详略的把握,仍是二轮修志工作中的一大课题。

就二轮省志而言,成形于本世纪初的省志篇目,有些还存此种缺陷。如二轮《山西省志》,2006 年经省政府通过,但其中就缺了地理(首轮省志设有《地理志》)内容,只列有《建置志》和《山河志》。作为一部省志,缺了地理内容,很明显属重要缺项。地方志由图经演变而来,一方水土养一方人,地方志如没有了地理类,岂不成了无源之水、无本之木? 二轮续志中,将"地理志"普遍改为"自然环境志",亦无可厚非,但无自然环境志,一部志书也就没了落脚之处,实属重要遗漏。就现设的建置志而言,亦只是地理范畴内的一项内容。行政区划放在何处? 很明显放在建置志中不妥,二者是并列关系,并非主从关系。没有行政区划,志书亦不可想象。《山河志》实为山西地形特点的特色专志,与"地理志"相去甚远。吾意以为,2008 年前拟定的续修省志篇目,应根据《地方志书质量规定》中对志书内容的要求,进行适当调整、弥补。切不可我行我素,使二轮省志成为残缺志书,贻笑大方。

续志从前志状况和当地地情实际出发,相应地记载前志断限内的地情,以便沟通,明其以往与现实的联系,是可行的,但滥事复载是不对的;所要复载的,只是那些可以复载,甚至非复载不可的。有些事物之所以可以复载、需要复载,这是有原因的。笔者以为,以下几点值得考虑。

其一,我国改革开放的形势正在进一步深化和发展,对外联系和贸易往来日益频繁,并且吸引各个国家和地区的外商前来投资。地方志书里如果不详细记载当地的自然环境、资源、物产、交通等各方面地情,外商无从知晓投资环境和条件;而这些内容,有许多是前志已经记载的,续志里若不复载,志书还能给外商提供有用信息,还能发挥为当地人民和国家民族兴利的作用吗? 这个问题不能不实事求是地慎重考虑。

其二,有些事物,诸如人口计划生育、国民生产总值、财税收入等,续志记载现状时,必须连接前志所载部分,以表明发展、变化和提高的程度。在二轮市县志编纂中,已创设一种值得仿效的形式,即在数字表格中记述断限前一些重要年份的数据,进而形成与现实数据的对比,真实反映发展变化的具体情况。在续修省志中,切不可因严格上下限而束缚修志人的手脚。民情风俗,不能光把眼光盯在岁时节令等没有变化或变化不大的方面,应当更新观念,实事求是地审视现实变化。如果这样做了,便会发现,诸如前志中记载的某些民风民俗,例如安土重迁、重农轻商观念,已开始被外出打工、经商的观念所替代;风水迷信、重男轻女等旧风陋习已逐步被现代科学思想、男女平等观念冲垮,续志记述新思想、新观念、新风尚,也会涉及前志所载的这一类旧风陈俗内容。此外,有些地方逐渐出现了前志记载过的赌博、吸毒、卖淫嫖娼等陈渣泛起现象,也应当如实记载,以反映社会真实面貌,引起人们的关注和警惕,续修方志时,应当考虑到这样复载,能够形成对比,彰明发展变化,有助于资政和教育。

其三,在首轮省志编纂中,有些类目的编写是否合理,还有待商榷。如方言志,大多省志的方言部分,多请研究方言的专家,用国际音标编写,占了不小的篇幅,这种写法当然很科学。陕西师范大学李裕民教授曾对此提出质疑,此种写法带来两个问题:"其一,方言是语言学中的一个分支,方言志这一写法实际是完全按百科全书的体例编写的,而地方志基本上是部门志为主的,各部分都不按学科来写,方言志的写法显然与地方志整体写法不合拍。其二,除了方言专家之外,几乎没有人看。志书是写给大众看的,没有人看,就不能不考虑换一种写法,其篇幅应适当压缩。"(李裕民《略论新方志编纂中存在的若干问题》,山西省地方志办公室2010年9月编《新方志理论与实践研讨会论文汇编》)对此问题,笔者亦深有体会,所以在编纂《西铭村志》时,即采用了一种大众看得懂读得清的汉语拼音标注法,自感效果还可以,总比让人读不懂的写法要好许多。省志方言志的写法,还须修志同仁在编续志时着力探讨,以求取得较佳效果。

其四,二轮续修省志,首先要强调志书的独立性,即站在续修志书的立场上,以我为主,以续为辅;独立成志,流传后世。从编者的主观上说,联系历史是必须的,即我们一贯强调的"明古",就是对事物记述要点明发端,阐明发展,彰明因果。只有明古详今,才能认识事物发展的全貌,同时才能更深刻地了解现实。当然,前面已提到联系历史,重要的在于把握好一个适度的问题。从客观上说,通过联系历史(这个"历史"可长可短,根据记述事物所需的明晰度来适度掌控),也便自然而然地起到了承接前志的作用。

四、正误补遗不可或缺

目前各省续志大多采用续志体形式,一方面要续接前志,另一方面要修正前志,如方志理论家章学诚所说,"前志不当,后志改之"。就现已出版和待出版的部分续志来看,大部分都在续接前志的基础上把对前志的考订正误和补遗的内容集中置于书后附录内,但总体感觉对前志的正补工作并不是很充分,有的像蜻蜓点水,有的有补遗而没有正误,有的甚至连正误和补遗都没有。笔者认为,对前志的正误补遗绝不是可有可无、无关紧要的事情,而是具有重要意义和价值的必不可少的续志任务之一。

首先,对前志正补体现了修志工作者对党对人民对后世高度负责的敬业精神。志乃信史,具有存史、资政、育人等重要功能,真实全面是志书的价值所在。但因多种原因,首轮志书出现了这样那样、或多或少的差错遗漏,在一定程度上损害了志书质量和信誉,值得庆幸的是各地很快紧接前志开始续志工作,使得在最短时间内纠正前志以讹传讹变成了可能,正所谓"亡羊补牢,犹未晚矣",续志不补,更待何时。

其次,对前志正补,也是修志部门内强素质、外树形象,取信于民、促进续志的良好机会。做好对前志正补既需要有认真负责的敬业精神和态度,也需要有丰富扎实的专业理论知识,这对修志部门来说既是挑战,也是机遇。趁此机会精心组织,狠抓业务,锻炼队伍,提高素质,这不仅对续志工作而且对地方志事业的长远发展都将产生积极的促进作用。首轮志书出版发行后在社会上已经产生了一定影响,其优劣短长,公道自在人心,肯定赞扬的自不必说,批评揭短的也在所难免。除积极组织自纠自补外,还要尽可能动员社会力量批评指正,如有的地方开展多种形式的读志用志活动,通过电视、网上公告广泛征集意见,专门邀请不同专业不同层次的人员纠错补遗,有的地方甚至组织"悬赏纠错",其勇气诚意可见一斑。这种面对差错和不足勇于正视、虚心改正的态度和做法,对修志工作者的形象和声誉不仅不会损伤,而且还会赢得社会更多的尊重和信任。相反那种对前志错漏听之任之、视而不见的态度和做法,对修志工作者的形象才是莫大损害,人们会由此怀疑我们的修志水平和志书权威,而且由此造成对续志工作和地方志事业发展的危害,则更是我们广大修志工作者所不愿看到的。

对前志的正误补遗涉及方方面面,综合起来看,对前志纠错正误主要包括政治、资料、文字等方面。政治方面主要看政治观点有无差错偏颇,是否符合辩证唯物主义和历史唯物主义,是否符合党的方针政策,这需要修志者具备较高的政治理论修养以及强烈的政治责任感和敏锐政治辨别力。资料方面主要看各种资料是否准确,尤其是对同一事物的记述是否前后一致,相关联的事物数据是否合乎事理。如前所述,这需要修志者增强严谨作风和整体观念。文字方面主要看是否符合国家有关汉字使用、计量单位、数字用法的规定,有无错别字、标点符号错用及语法错误等,尽可能降低文字差错率,这需要修志者不断提高语言文字功底。对前志补遗则主要包括各专志中应详而略,应有而漏的事物,如重要文告文献、碑刻考证、回忆录、调查报告、新闻报道、事件始末、人物等。

至于对前志的正补内容在续志中的位置,目前常见形式是将其集中置于续志附录中,有的分设《前志勘误》和《前志补遗》两目记述,有的还在附录内设置章节分类记述。也有人提议将正补内容分散设置于续志相关门类的章节中,或随志正补,或立目正补。至于采取何种形式,要视各自情况而定,不拘一格,只要便于安排正补内容与前志参照衔接和读者查阅,还可有新的探索和尝试。

如何把前志遗漏的东西"摆放"进第二轮志书中,摆在什么地方最恰当、得体,是第二轮修志中遇到的一个新问题,值得反复权衡和斟酌。

现在人们有明补、暗补两种提法:

将前志书的遗漏部分归入本次修志"相应的篇目"中,进行暗补,并在暗补的内容前边加※标志注明,与本次修志的内容相区别。

对补遗究竟采用明补还是暗补,笔者赞同"形式要服从内容,结构设计要为方便读者着想"的两条准则。首先说形式,若是采用暗补(即归入本次修志相应的篇目中)的方法,"如果各部分加进补遗,岂不模糊上限,自乱阵脚?"确实如此。试想,通篇记录的是 20 世纪 80 年代至本世纪初的事情,一会儿冒出些清朝、民国和中华人民共和国成立之初的事情,确实会使文章混乱,时限模糊不清,让人感觉手中的志书既不是通志也不像续志。再说方便阅读和查询问题,按照一般的阅读习惯和人们的思维方式,文章总是内容集中和条理性强要好读一些,不同时限的事情交叉出现,会使人产生阅读障碍。再从查阅资料角度看,假若在上部志书中找不到清朝、民国和中华人民共和国成立之初的相关材料,是很少有人会想到去后来的续志相应的章节查找,这是常规的思维逻辑。相反,如果前志的遗漏部分集中并且固定在增补的章节中作补充,可能对查阅会有帮助。所以采用分散在有关章节中进行"暗补"的方法并不见得让人好读好找,相反对整部志书倒会增添零乱的感觉。笔者认为,增补属于一种

补救措施,明补暗补各有利弊,二者之中选取其长,在此提出两点建议以供参考:

一是补遗采取明补较为合适。即把本属于上部志书应该收录而遗漏的内容,集中放在下部志书的末尾,形成"志外志"。其好处,一方面是增补内容集中摆放,不引起第二轮志书混乱;二是如果所有志书都采取这种方法,成为一种约定俗成的模式,那么对后人查找资料也提供了方便。进行"暗补",会使文章出现混乱,而且有些史实找不到"相应的"篇目。这些篇目曾经在上次志书中有过,但这次续修中未设。有些史实就连在上次修志中也无篇可归。皮之不存,毛将焉附?

要勘误和补遗,就得通读首部志书,在阅读时就查出的错别字,查出表述不准确的地方,编入勘误部分。这项工作量较大,而且有个最大的难题,即有些人名、地名、数字等,即使有错误也很难觉察,因为再找原稿来逐字查对已是比较困难的事情。从客观来讲,勘误只能尽力为之。

只要从多方面努力,用各种办法处理好前、后志的关系,续修志书的质量便能够得到提高。编纂地方志是一个系统文化工程,牵涉到方方面面的各个环节,处理好前、后志关系只是其中的一个方面。因此,在尽力处理前、后志关系的同时,也必须在其他方面、其他环节下功夫。

(《江苏省二轮修志参考资料——二轮续志与前志衔接问题专题研究·第七辑特约撰稿》)

续志行文年份连接号的运用

中国地方志指导小组于 2008 年 9 月 16 日颁布的《地方志书质量规定》，共 9 章 50 条，从多个方面做了明确规定，为保证和提高新编志书质量起到了积极的作用。《规定》全面、系统，大到观点、体例，小到标点符号，无不涉及。自《规定》颁布之后，对二轮续修志书的指导作用不可低估。学习《规定》，落实《规定》，按《规定》的要求严把志书质量关，是各级修志人员应守之责。但新出版志书中，仍有违反《规定》要求的质量差误出现，其中志书行文中年份间连接号的误用即是一例。

《规定》第四十一条言明："数字、量和单位、标点符号的使用规范、统一，符合国家有关标准的规定。"延伸开来，"国家有关规定"，即指国家技术监督局 1995 年 12 月 13 日批准、1996 年 6 月 1 日颁布实施的《出版物上数字用法的规定》和《标点符号用法》。"使用规范、统一"，即指一本书中既要规范，又要统一，不能随意乱用。

《标点符号用法》"4.13 连接号"，对年份间连接号的用法有明确示例，"4.13.3a）鲁迅（1881—1936）"。

年份间连接号的运用，在权威性的工具书和出版物中亦有示例，如《当代汉语辞典》（中华书局 2009 年 10 月版），其中第 979 页"马寅初"条，"马寅初（1882—1982 年）"。如《辞海》（上海辞书出版社 1989 年版），其中第 1227 页"马寅初"条，"马寅初（1882—1982）"。再如《中国共产党历史（第一卷）》（中共党史出版社 1989 年版），其中目录"第一编中国共产党的创立（1921 年 7 月—1923 年 6 月）"；附图 8"中国革命根据地第二次反'围剿'（1931 年 4 月—5 月）。"

从上述《标点符号用法》，到权威性工具书《辞海》、《当代汉语辞典》，再到权威性的公开出版物《中国共产党历史》，年份间（包括月份间）连接号的使用，均为一字距"—"连接号，并非浪纹"～"连接号，说明年份间的连接号应为

"—",而非"～",使用浪纹"～"是不规范、不准确的。

《地方志书质量规定》第十条要求"续修志书名称标明上下限年份,如'××县志(×××——×××)'"(中指组的标法亦是正确的)。但在已出版的二轮市县志书中仍有此类差误,甚至将这种不规范、不准确的标点符号赫然出版在志书的封面上。如《高安市志(1986～2006)》,年份间的连接号使用比较随意,或用浪纹"～",或用一字距连接号"—",有时同一页码内两种混用。同时该志的封面年份间的连接号亦使用浪纹"～"。如《秦皇岛市志(1979—2002)》,年份间的连接号使用亦为两种混用,封面用对了,但内文中却为浪纹"～",其中"图目录"中出现 6 处、"表目录"中出现 304 处,内文中更达千余处。年份间连接号内文中倒是统一用了浪纹"～",只有封面和书名页用了一字距连接号"—",实则绝大多数年份间连接号的使用不规范、不准确。

在笔者见到的已出版二轮市县志中,如山西的《沁水县志(1986～2003)》、《太原市小店区志》(通纪体),山东的《东平县志(1986～2003)》、《垦利县志(1986～2002)》、《利津县志(1986～2002)》,甘肃的《白银市志(1991～2005)》、江苏的《锡山市志(1986～2000)》等,年份间连接号的使用均存在不统一、不规范的问题;只有《陵川县志(1997—2007)》和《高平市志》(通纪体)、《黎城县志(1991—2003)》年份间连接号统一用一字距"—",比较规范、准确。只是《黎城县志(1991—2003)》在封面的护封中用了半字距"-"连接号,稍有不足。

标点符号虽属"小道",在志书的整体编纂过程中微不足道,故而有看它不起,甚至有人似乎觉得有吹毛求疵之嫌。笔者以为,实则不然。志书质量是一个大系统,标点符号亦囊括其中,志书的科学性、严谨性、统一性在标点符号的使用上亦可表现出来,读者仅从使用标点符号的规范、严谨、统一上,即可考量出一部志书科学性、严谨性的高下。实际上,解决此类问题并非难事,只要有二名编辑将志稿细细过滤一遍,此类瑕疵即可解决。鉴于此,统一志书中年份间连接号的用法,并引起修志人员的重视,使新出志书不再出现此类瑕疵,亦不枉本人与此文之目的。

志书标题不宜加"地方"二字

《高安市志》的一级标题中,有两处值得商榷,即政治部类中的卷十六"中国共产党地方组织"和卷十九"民主党派地方组织"。作为省、市、县三级地方志书,书名即标名为"××省志"、"××市志"、"××县志",即按中指组颁发的《地方志书质量规定》的要求,将志书所记内容框定在一定地域之内,不越境而书,已成为地方志书铁定的法则。当然新方志在这方面亦稍有例外,如志书中将本地经济社会发展(或其他方面)与兄弟省、市、县作横向比较,或与全国的先进省、市、县相比较,仅此为志书允许越境的记述范围之内。所以,志书的一级标题(指大类目的标题)均不应再标"地方"二字,不论自然、经济、政治、文化、社会等部类,均以志书名称限定在一定地域之内,以《高安市志》为例,如"政区",即指高安市的政区;如"工业",亦指高安市的工业;如"政府",即指高安市的政府;"教育",也指高安市的教育……即志书中的分志隐去了"高安市"三字。如把隐去的"高安市"加进去,就会成为"高安市中国共产党地方组织"、"高安市民主党派地方组织"。按正确的标法,应为"高安市中共组织"、"高安市民主党派组织"。再深一层仔细推敲,加"组织"二字也不甚妥当,如"工会"、"妇联"、"共青团"也都是组织,为何它们不加,仅"中国共产党"和"民主党派"要加? 只有去掉"组织"二字,全志的篇目标题才能统一。以此类推,凡志书的每一部分志如要单独出版,即可标为《高安市政区志》、《高安市工业志》、《高安市政府志》、《高安市教育志》等。标题名称中出现"地方"二字,实属多余,甚乃有画蛇添足之嫌。这是由政治部类标题具有特殊性而造成的。当然,此问题的出现亦并非《高安市志》独有,其他续修志书亦有此类问题。如山东的续修《利津县志(1986~2002)》,第十六编政党群团第一章中国共产党利津县委员会,下设地方权力机关、地方行政机关、政协等章,很明显标题名称存在问题,既然"权力机关"、"行政机关"是"地方"的,那"政协"就是全国、全省的吗?! 前两者加"地方"二字,后边的"政协"却不加,明显出现标名不统一的现象,实为前二者加"地方"而出现问题,后者不加是对的,而前二者加"地方",则有多余、累赘之嫌,同时也破坏或损害了章级标题的统一性。

首轮新方志编纂,按中指组的要求,记述时段统一为 1840 年至 1985 年,时间跨越清、民国、中华人民共和国三个朝代,故市县级志书的政治类目一级标题普遍设为"党派群团"、"政权政协"等合并类大题,中共地方组织的标题排在二级标题之内,标题中加"地方"二字还不甚显眼,故未引起人们的重视。二轮续修市县级志书,将中共地方组织的记述多数提升到一级大类之中,"地方"二字尤其显眼,多加推敲便发现问题所在。

志书标题,要求"简明、准确,题文相符"(中指组《地方志书质量规定》),使用简称,亦是标题提炼中应采用的一种手段或形式。在二轮续修的市县级志书中,通常会遇到使用机构或组织名称作为一级标题,在使用简称或全称上,多出现混乱现象,即一部志书内的一级标题,全称与简称互用,标题体例极不一致,直接影响到志书的科学性和严谨性。依笔者愚见,要么都用全称,要么都用简称,从标题要"简明、准确"的角度考虑,用简称较为恰当。如《高安市志》卷十六"中国共产党地方组织",其全称应为"中国共产党高安市委员会",改简称应为"中共高安市委"。卷十九"民主党派地方组织",即为全称,改简称应为"民主党派","地方组织"几字多余;正像"工会"、"妇联"、"共青团"用简称一样,不应加"地方组织"几个字。志书名称已经限定了所记一级大类目的内容记述空间,它不可能也不应超越出这一空间,道理十分明白。

如山东《垦利县志(1986~2002)》第十四篇政党群团,第一章中国共产党垦利县地方组织,与《高安市志》相较,中间又多了"垦利县"三字,"中国共产党"为全称,其后为简称,两者混用而出现毛病,应改为"中共垦利县委",标名更为准确。该志第十五篇政权政协下辖的前三章分别为地方权力机构、行政机构、政治协商机构,第一章章名加"地方"二字,而二、三章不加,似乎第一章是说"地方"的,那二、三章就不是"地方"的了吗? 第一章多加了"地方"二字,使三个章在标名上形成差异,造成标名的混乱。第三章"政治协商机构",政治协商的简称是"政协",正如该章的第一节"政协垦利县委员会"一样,应简称为"政协机构"。县政协的全称应是"中国人民政治协商会议垦利县委员会",节名标题亦存在前简后全之误,应为"政协垦利县委会";第二节"常务委员会及工作机构",应改为"常委会及工作机构"。该志第十五篇政权政协第一章地方权力机构,下辖的前两节为"历届县人民代表大会"、"县人大常委会",前一题为全称"人民代表大会",后一题为简称"人大",亦形成不统一,故前一题应改为"历届县人大",才能与后一题相匹配、吻合,且第一章已将"常务委员会"简称为"常委会",故第三章第二节的"常务委员会"亦应简为"常委会"。

如山东《利津县志(1986～2002)》第十七编政权政协,下辖地方权力机关、地方行政机关、政协3章,因前二章加了"地方"二字,第三章却不加,进而形成标名的不统一。权力机关、行政机关是地方的,政协是"中国人民政治协商会议"的简称,不加"地方"岂不成了全国政协? 实质是前二者加"地方"惹的祸。志书是利津县的县志,所记的权力机关、行政机关、政协,亦只限在利津县域之内,故不会引起混淆。再者,前二章加"机关",政协却不加,又形成标名不一致,实质是"机关"一词用词不确所致,如改为"机构",三个章名均加,便得到统一。简明准确的标名应为:权力机构、行政机构、政协机构。

关于续志编纂的几个问题

一、续志的指导思想

邓小平理论是马克思主义与当代中国实际和时代特征相结合的产物,是毛泽东思想的继承和发展,是党和人民实践经验和集体智慧的结晶,是中国共产党人建设有中国特色社会主义的行动指南。在首届社会主义新方志编纂中,我们始终坚持了以马克思主义、毛泽东思想和邓小平理论为指导思想,从而取得了巨大的成就。今天,在我们续修志书之际,同样要高举邓小平理论的伟大旗帜,全面贯彻党在社会主义初级阶段的基本路线和方针政策,用邓小平理论指导续志的编修。

指导思想,是编修社会主义新志书的灵魂。首届志书编修之初,中国地方志指导小组就明确规定:"编纂社会主义新方志,必须以马克思列宁主义、毛泽东思想为指导"(《新编地方志暂行规定》)。1996 年 5 月国务院办公厅发的通知中要求:"新编地方志必须以马列主义、毛泽东思想和邓小平建设有中国特色的社会主义理论为指导。"江泽民总书记在党的十五大报告中指出:"在当代中国,马克思列宁主义、毛泽东思想、邓小平理论,是一脉相承的统一的科学体系。坚持邓小平理论,就是真正坚持马克思列宁主义、毛泽东思想;高举邓小平理论旗帜,就是真正高举马克思列宁主义、毛泽东思想旗帜。"因此,续志编修必须以邓小平理论为指导,并贯穿始终。我们说编修方志必须坚持马列主义、毛泽东思想、邓小平理论,就是指要用马克思主义的立场、观点和方法,去指导具体的修志实践,而不是只在口头上空谈一阵子,或引用马列主义经典著作中的一些论断就算指导了。它不仅要将指导思想贯穿于修志工作的各个环节及全过程,而且要体现在修志的最后成果之中。

续志编修的这一指导思想应该明白无误地写进志书的凡例中去,以统一规范,展示志书鲜明的时代性和阶级性。在首轮新方志编纂中,指导思想的表述有三种情况:一是旗帜鲜明地在凡例中书有指导思想的条目。"本志坚持以马列主义、毛泽东思想和邓小平理论为指导,以中共十一届三中全会以来的路线、方针、政策为准绳,运用辩证唯物主义的观点、方法,实事求是地记述昔阳县自然和社会的历史现状。所记以经济为重点,人民为主体,突出当代、当地特点,详今略古"(《昔阳县志》"凡例"第 1 条)。"新修《盂县志》以马克思列宁主义、毛泽东思想为指导,以《关于建国以来党的若干历史问题的决议》为准绳,坚持辩证唯物主义和历史唯物主义的基本观点和方法,实事求是地编写本县自然与社会的历史与现状,力求思想性、科学性和资料性的统一"(《盂县志》"凡例"第 1 条)。在山西首届新方志编纂中,有 70% 以上的志书在"凡例"中列有此类的条目。二是采取隐晦的笔法点明指导思想。"本志遵循辩证唯物史观,求真存实。继承历代修志之优良传统,以改革创新之精神,用众手成志、统纂成书之方法,修成新中国建立后朔县的第一部新县志"(《朔县志》"凡例"第 1 条)。此类写法只有少数几部。三是在志书的"凡例"中不设编纂指导思想的条目,如《代县志》、《广灵县志》、《河津县志》、《河曲县志》、《阳城县志》、《黎城县志》、《平顺县志》等 20 余部。笔者以为,大部分志书在"凡例"中所表述的指导思想条目政治观点鲜明,符合新方志编纂的规范;少数几部志书在"凡例"中所表述的指导思想条目亦允许,因"辩证唯物史观"是马克思主义研究历史的基本方法,"求真存实"乃"实事求是"的翻版,而"实事求是"乃是马列主义、毛泽东思想、邓小平理论之精髓;而像《代县志》等 20 余部志书在"凡例"中不列关于编纂指导思想的表述条目,仍有淡化指导思想之疑。

邓小平理论是确保将建设有中国特色社会主义事业全面推向 21 世纪的唯一正确的理论。要使续志成为这个承前启后、继往开来的重要时期的实录,修志者只有高举邓小平理论的旗帜,才能高屋建瓴,驾驭本地改革开放历史发展的全部材料。用邓小平理论指导续修志书,是保证续志政治质量的根本。无庸讳言,在我们修志队伍中,有些人对理论学习重视不够。应该认识到,没有正确的政治观点就等于没有灵魂。一个政治观点不正确的修志者是不能正确评价历史事件的是非得失的。我们的修志队伍容不得政治上的糊涂人。我们对写进续志中的每一个历史事件,都必须有鲜明的立场、观点和态度。为了搞好续志的编修,各级修志机构的领导人都应该把用邓小平理论武装队伍摆在首要位置来抓,通过自学和各种培训,把修志队伍的理论水平提升到一个新高度。

无论把续修志书的下限定为 2000 年、2005 年或 2010 年,这一时段正是建设有中国特色社会主义的新时期,它是发生更深刻的历史性变化的重要时期。如何把以邓小平理论为指导贯穿于续修志书的全过程,是我们广大修志工作者应着力把握的主要问题之一。

笔者以为,首先,续修志书要反映党的十一届三中全会以来的发展情况,全面记述改革开放和社会主义现代化建设的历史进程,突出时代特点、地方特色,突出优势,为有中国特色的社会主义政治、经济、文化建设服务,就必须牢牢把握邓小平理论的精髓"解放思想,实事求是",以此来指导续修志书的全盘工作。为此,修志工作者就有着如何抓紧学习和实践的问题,通过学习提高和深化理论修养,通过实践提高和深化对实践问题的理论思路。我们只有弄通这个"精髓",才能深刻理解理论的科学依据,自觉运用它指导续修志书的实践。其次,要运用邓小平理论有关论述,指导相关志类的记述。如要运用社会主义初级阶段的论述,准确地反映本地区初级阶段的基本情况,既要如实记述初级阶段生产力水平低、商品经济不发达,还存在贫困和落后,反映改革的必要性,又要记述初级阶段各项事业取得的巨大成就;要运用改革开放的论述,记述好本地区经济的改革开放,包括经济体制改革与对外开放、社会主义市场经济体系特征,经济结构、经济效益等方面;运用政治体制改革的论述,记述好本地区的政治体制改革,包括民主法制、机构改革、民主监督、社会稳定、观念变化等方面;运用精神文明建设的论述,记述好本地区围绕精神文明建设开展的主要活动,记述好思想道德和教育科技文化建设取得的主要成果,记述好精神文明建设中涌现出来的英雄人物和模范人物;运用关于党建的论述,记述好本地区党的建设,反映离开中国共产党的领导,就没有社会主义新中国,就不可能实现社会主义现代化。

二、续志的断限

断限,是方志体例的基本要素之一,指方志叙事的起迄时间,包括上限和下限。上限即志书的记事起于何时,下限即志书记事止于何时。明确断限,把握断限,对续修好下届志书显得非常重要。

首轮社会主义新方志的断限,上限大多起于事物的开端,或有建置,或历史上某一重大事件,或本地旧志下限,或历史分期时限等;下限有的断至 20 世纪80年代初,最晚的断至2000年(首轮至今未完成的少量志书的下限还是个未知数),时间跨度伴随首轮修志的始终。从山西首届志书的断限来看,110部地市县区志书上限普遍追溯事物发端,下限则从1982年至2000年19年中,每年均有。按年代计,80年代断限的80部,占72.7%;90年代断限的30部,占27.3%。按数量计,最多年代为1990年38部,次之为1985年29部,1996年10部,1995年6部,1988、1997年各4部,1983、1993年各3部,1986、1998年各2部,余1982年(代县志)、1984年(寿阳县志)、1987年(古交志)、1989年(晋中地区志)、1991年(偏关县志)、1992年(榆社县志)、1994年(介休县志)、1999年(大同市南郊区志)、2000年(宁武县志)等8个年份各1部。按1985、1990、1995年三个主要年代计,总数为73部,占66%。

新编《山西通志》为50卷66册,上限原定为1840年,实际情况为,按1840年作上限的28册,占66册的42.4%;追溯事物发端的27册,占40.9%;1840年以后作上限的11部,占16.7%。如《铁路志》为1896年,《机械电子工业志》为1898年,《新闻出版志·报业篇》为1902年,《电力工业志》为1908年,《政法制·检察篇》为1910年,《经济管理志》为1914年,《交通志·公路水运篇》和《民航篇》为1919年,《新闻出版志·广播电视篇》为1931年,《政务志·人民代表大会篇》为20世纪40年代,《政务志·政治协商会议篇》为1950年。由此可以看出,《山西通志》66册的上限极不统一。下限原定为1985年,实际情况为:按年代计,20世纪80年代断限的29册,占43.9%;90年代断限的37册,占56.1%。从1985年始至2000年中,有11个年份作为下限的断限年代。按数量计,最多年份为1995年21册,次之为1985年15册,1990年11册,1997年5册,1996年4册,1998年3册,1989年2册,1988、1994、1999、2000年和90年代各1册。按1985、1990、1995年3个主要年份计,总数为47册,占66册的71.2%。

就目前而言,山西省首届编纂的三级志书,实际上没有统一的上限,下限虽有限制,但各部志书之间悬殊很大。因地市县区志书自成体系,各自独立,相互之间影响不算太大,然而省志各分志之间断限先后相差16年,不能不说是一大严重缺陷。正因为下限不齐,整部志书的合力效应也大为减弱。再者,有的志书因出版周期的延期,为弥补下限之外资料的空白,出现各种延伸下限的做法,或概述、或图片、或大事记、或人物、或限外辑要等等,不一而足,人为地破坏了原来志书的完整格局,造成一部志书的资料时限参差不齐,从而使志书的功用大受影响。

按常言讲,前志的下限即为续志的上限。现在看来,此种做法不尽妥当,如此简单的衔接存在诸多问题。续修志书的断限,首先要联系首轮志书编纂的实际,脱离实际的硬性规定,也只能成为空谈。其次,要正确认识续修志书的地位和价值。地方志具有系统性,续修志书是首轮修志的延续和承接,这已在方志界形成共识。但续修志书的独立性却被普遍忽视,任何事物都不可能是孤立的,都有其生成的原因和背景,有个循序渐进的过程。地方志事业是一个系统工程,无论首创志书还是续修志书,都是这一系统工程中的一部分,一地方的历朝历代志书连接起来,就成为一个统一的整体。续修志书应当具有相对的独立性,应是一部独立成书的资料书、地情书。第三,根据首轮修志的经验教训,无论断限如何确定,都必须充分体现事物发展的连续性和社会发展阶段的完整性。

中国地方志指导小组于 1997 年 5 月制定颁发的《关于地方志编纂工作的规定》第五条规定:"编纂地方志延续不断,各级地方志每二十年左右续修一次。"中指组的这个规定,就是一个比较科学的、灵活的规定。在我国的历史上,旧方志的断限也从来不曾统一过。首轮新方志的断限,均是各地针对自己的修志实际情况而自行确定的,具有较大的灵活性。基于前述的三点认识,以及结合中指组的有关续修志书的断限规定,笔者以为本届续修志书的断限,采取各地结合本地实际情况灵活掌握最为实际和可行。

本轮续修志书的上限,可从以下三个历史时段来考虑:一是以中华人民共和国成立的时间 1949 年 10 月 1 日为上限,即将续志编纂成一部新中国的断代志。由于首轮修志受当时历史条件的限制,思想观念还不够解放,在资料选择剪裁方面也存在缺陷,资料的挖掘深度也不够。如对新中国成立后历次政治运动特别是对"文化大革命"的记载,大多志书均是轻描淡写一笔带过,很少有记述深刻全面的。新编《山西通志》原设有"文化大革命"卷,因历史沉淀不够、难度较大等原因而被迫取消。首轮志书遗留下的缺憾,理应由续志来完成。

二是以中共十一届三中全会结束时间 1978 年 12 月为上限,即将续志编纂成一部全面反映改革开放历程的断代志。首轮社会主义新方志的下限,普遍断于20世纪80年代,以山西志书为例,在现已出版的110部地市县区志书中,断限于20世纪80年代的达到80部,占110部志书的72.7%;虽《山西通志》大部分成书较晚,但以80年代内断限的亦达29册,占整部通志66册的43.9%。因首届大部分志书受编写下限的制约,反映改革既不全面,很多应翔实记载的内容也未充分展开,往往只能记述某一事物改革的开端,而无法体现它的发展与结局,反映深层次的东西尤其欠缺。考虑到记述改革开放进程的完整性、系统性及续志的独立性与资料性,把续修志书的上限定在1978年改革开放的起点,也未尝不可。对于历史,只有站在今天来审视与反思,才能真正把握它的本质和意义。许多今天发生的事情,只有成为历史,才能认识它的本质,窥视到它的全貌。即使是续志中上限与首轮志书下限之间的交叉,也绝不是简单的内容重复,而应是站在更高角度经过反思后的凝炼和概括。

三是以江泽民同志为核心的第三代领导集体上台执政的时间1990年为上限,即将续志编纂成一部党的第三代领导集体执政期间的断代志。这是我国建设有中国特色社会主义现代化的一个崭新的历史时期,改革开放在这一时期取得了阶段性的成果,党的十六大召开标志着我国实现了"三步走"战略目标的前两步,实现了初步小康,并在未来20年内达到实现富裕小康的标准,建设成繁荣昌盛的社会主义现代化强国。这一历史阶段在我党和我国的发展历史上,具有鲜明的时代标记。作为断代志来说,以1990年断限也具有一定的合理性。

除上述三种时限外,以首轮志书的下限作为续修志书的上限,也是可行的一种。但因首轮志书的下限主观随意性较大,有些志书的下限并非某一个完整历史阶段的开始或结束,其时代标志性较差。笔者愚见,首轮志书于20世纪80年代作为下限的,即使是以上部志书的下限为续修志书的上限,也应适当追述1979年以来事物的发展变化,进而完整反映改革开放这一历史发展过程。首轮志书于20世纪90年代作为下限的,应适当追述1990年以来事物的发展变化,进而完整反映我党第三代领导集体走过的历史发展过程。前志的下限只能作为续志的"基本上限",对不少事物的记述,应该超越前志下限适当向前追溯,这样可以更好地反映事物发展的全貌,既体现了续志与前志的连续性,又体现了续志的独立性和系统性。

首届志书的成果是不言而喻的,其中不乏佳品良志,且绝大部分均为合格的志书。但亦不容否认,亦有极少数志书质量较差,记述存在诸多问题或政治问题,需要重修。重修的志书其上限定为中华人民共和国建立时间 1949 年 10 月 1 日,修纂成一部新中国的断代志,也是合乎情理的。有的续志也可以采用此种时段作为上限。当然,续志的上限,也应允许部分志书仍以上届志书所追溯的史料为限,如果有新的发现,仍可以向前延伸或加以补充。到 2002 年底止,山西的续志出版了三部(《垣曲县志》《孝义县志》《河津市志》),其上限有两部与首届志书相接,有 1 部以首届志书的上限为限。就古人而言,历代所修的志书(除第一部外也均可称之为"续志"),并没有划定记事上限的扛扛,而是按照方志的特征,论述一地之历史和现状。由此可见,续修志书追溯事物之发端,既是合理的,也是可行的。因此,续志的上限不能一刀切,应允许百花齐放,各显特色,这样续志才更有生命力。

续志的下限,《关于地方志编纂工作的规定》指出:"首届志书的断限,各地可根据实际情况自行确定;续修志书时,每届志书的下限力求统一。"从目前的情况看,续修志书的困难,仍然是机构不稳定、队伍素质偏低、经费不到位等问题。这几个主要问题不解决,确定续志的下限也是纸上谈兵。续志下限的确定,要根据各地修志机构的实际情况来定。愚以为,可以按 2000 年、2005 年、2010 年三个年代作为续志的下限,各地续修志书可任选一种。即现已启动编修的续志可断至 2000 年,现还未正式启动的可断至 2005 年或 2010 年。只有"采取原则规定和适当灵活相结合的办法"(林衍经语)来处置续志的上下限,才是合情合理、切实可行的。

三、续志的篇目

篇目是志书的蓝图,其设计的科学合理与否,直接影响着志书的具体编纂质量。续修志书的工作业已启动,要想确保"每部志书都是一部学术著作,都是一部精品",就需要对续志篇目的科学性、必要性、可行性进行认真而深入的论证。

(一)续修志书的模式。谈论续志的篇目,首先要确定续修志书的模式。即续修志书应记述的内容包括哪些方面。当前,对续修志书的定位有以下几种说法:一是"不变不记",即如果上一轮志书已经记过了,至今没有发生变化的事物,下届续修志书就不必再记述,其理由是志书不能炒"冷饭"。持此种观点的人提出,续修志书可省略自然界的地质、地貌,政治生活中的区域、建置,社会生活中的方言、民俗等篇章。甚而有的人提出删掉大事记、卷首小序等内容。二是"适当上溯"、"搭接",即在规定的上限基线上适当上溯,把续修的志书与前志结合起来,把一件事物的前因后果讲清楚,既要重点记述限内事物,又不割断历史;既不要重复前志,又能把前志的核心内容顺延下来。三是新记与复载相结合,即有些内容必须重复记载,有些内容则要详记"限内",略记"限前"。如自然地理、方言、民族、人文自然遗产、人物等等,可以复载,并根据事物的发展加以增删勘误;在经济领域则侧重"新记"内容。

笔者以为,续修志书应为一部单独的志书,即独立成志,不能与上届志书合而为一,成为一个"连体婴儿"。其理由如下:其一,就方志的定义而言,目前学术界比较趋向一致的看法是,方志是记述一定地域的自然和社会、历史和现状的综合性资料著述。也有称之为"一方古今总揽"、"一方百科全书"的,有的还称之为"一定地域、一定时间限内的信息集成"。如果续修志书不能起到综观一地之古今的作用,显然难以与方志自身的特征和属性相吻合。其二,就修志的传统而言,每部志书均应独立成志。现存的历代旧志,不论是续修、再修、重修的志书,绝大部分都能独立成志。魏桥老先生在《广义的续修是传统方志的主要形式》一文中指出,方志体例自宋代基本定型以后,历代修志在继承的基础上均不断有所创新,并不完全拘于前志。单纯地继承、简单地填补前志,不可能修成佳志。续修志书应在前志的基础上因时因事而变,则是必不可少的。并提出,为了保持新一轮修志的完整性,可专设"地情概貌"、"历史纪略"两部分。要深化对地情的认识,深入了解当地发展史,以示志书的完整性。魏老是赞成续修志书要单独成志的。就不同时代的人编修的志书,对相同历史事件和事物,也有不同的记述和评价,对古今、远近之事物有不同的详略标准,这正好为后人研究人文历史提供了极好的史料。其三,就读志用志的社会效益而言,每部志书都应该独立成志。读者都希望"一书在手,便知一地之今古"。我们总不能说,你想了解本地的历史吗?请到上届志书中查找去吧。读者要了解一地之历史,必须有上届之志书,要了解今日之现状,必须有今日之续志,这岂不是强人所难!续修志书应该多为用志的读者着想,修志即为用志,用志是硬道理,用志是占第一位的。其四,就续修志书的实际操作而言,每部志书都应该独立成志。志书体例中有"不得越时而记、越境而书",如果全书一体遵循,严格把关,续修志书将十分难办。志书所记诸多内容,均与历史资料紧密联系在一起,如若舍弃这些断限之外的资料,续志就不成其为"一方之全书"。在续修志书过程中,与其自行设置诸多的条条框框,倒不如放得开一点、宽一点,把续修志书编纂成一部全新的"包揽一方之今古"的实用志书,更切合实际一些。

(二)续修志书的篇目设置,要立足于创新。"创新",是续修志书的首要研究课题。中国的地方志源远流长,以周代的"四方之志"和秦汉魏晋南北朝的地志、郡志,到宋代方志的基本定型,再到元明清方志的鼎盛,志书的内容和形式都在不断发展、创新之中。尽管方志界有过所谓"贵因不贵创"之说,但修志实践却佐证,志书总是随着时代的发展和客观的需要,不断有所创新,有所前进。今后,随着科技的进步,文化的提高,社会发展进入了快车道,作为时代的记录、地情的载体——地方志,不能不作更大的创新和改革。可以这样说,不从客观的实际出发,不图改革创新,续修志书就不能适应客观现实情况的需要,修志事业也是难以繁荣兴旺的。因此,在继承基础上不断创新,应该成为新一代方志工作者牢固的观念和神圣的使命。

如何处理好续修志书篇目的继承与创新的关系,使续志篇目不拘一格,百花齐放,创造出内容与形式更加完善的篇目设计,须从以下几个方面引起编纂者的高度重视。其一,篇目设计是志书编纂人员(特别是主编)编纂思想的具体反映,要破除偏狭观念。提倡各种篇目(或体式)优势互补,扬长避短,不要以某一种篇目设计之长,去比另一种篇目设计之短,更不能以编者自己的好恶去反对其他类型的篇目设计。要鼓励人们在续修志书的编纂实践中,解放思想,开拓创新,大胆去试,大胆去闯。即"宁可在创新中走弯路,不可在模仿中走老路"。其二,要消除害怕创新的体式不合志体的疑虑。杨杏芝在《方志发展应顺应时代,突出新特点》一文中,就创新出来的体式姓不姓"志",提出了三条判断的标准和依据:"一看是不是资料著述,二看地情资料是不是全面、系统、真实,三看基本上是不是横排纵写和运用多种体裁。只要符合这三条,就是志书。"郭凤岐在《以"三个代表"思想推进修志事业》一文中亦指出,"不能错误地认为,过去的志书就是志体。只要不违背志书的基本特征,放开创新,即使与旧志有全新的不同也仍然是志。更何况,志体也是与时俱进,不断发展、创新的。"其三,要反对盲目的模仿照搬。续修志书的篇目设计,也应如同首轮优秀志书一样,取旧志之精粹,适应时代的进步而创新,不去抄袭旧志的过时凡例和篇目结构。续修志书的篇目设计,不仅要避免重蹈前志的误区,即使是首届志书的成功经验也不能简单移植。从这一意义上说,续志对首届志书篇目的继承,也如同对待旧志一样,主要是继承其设计原则与创新精神。同时,我们也提倡学习借鉴其他文体之长,主张各种文体互相融合、吸收,但不是机械地照抄照搬。

总之,我们要在继承和发扬前人方志理论的基础上,认真总结上一届修志的实践,并根据时代的发展,对志书的篇目体例进行大胆创新,增加过去没有过的门类和内容,改进传统的编纂方法,而不能死守教条,或把某位权威的话当作一成不变的金科玉律。要允许大胆地试,大胆地闯,多一点宽容,少一点禁锢;多一点理解,少一点指责;多一点百花齐放,少一点千篇一律。只有坚持创新,勇于创新,才能编纂出无愧于我们这个时代的佳志、良志。

四、如何搞好与首轮方志的衔接

搞好两轮志书的衔接,是做好第二轮修志工作的难点和重要环节。新一轮修志的"起始"较之以往有着更深层的含义。对新一轮修志而言,它是第二轮修志的开端;相对于上一轮修志而言,它是联系两次修志的桥梁和纽带,具有承前启后的作用。可以说,写好"起始"已成为做好第二轮志书编纂工作的着眼点和切入点。要提高第二轮志书质量,必须将其与首轮志书的内容相联系,把其放在整个历史长河中加以比较,使其彰显因果,反映变化和发展。同时,志书作为资料书,其资料性主要就体现在资料的连续性和系统性。志书有断限,但事物的发展没有断限。所以,第二轮修志过程中很重要的一项工作就是要展现事物发展本身的连续性,既反映出事物以前的客观实际,又体现如今发展变化了的事实,既有继承又有创新。否则,就会出现人为割断历史或生硬搭配的现象,不但会降低首轮志书的资料性和可读性,而且会影响整个修志系统工程的质量,造成资料的系统性功能降低,从而降低志书的使用价值。

(一)在衔接的处理上容易出现的问题

一是不进行衔接,也就是说完全与首轮修志割裂开来,无论是在篇目设置还是在具体内容的记述上都是另起炉灶。有的志稿过分强调"新",而舍弃了本来应该记述的主体内容,或者是喧宾夺主。

二是一成不变不作创新地衔接,完全将首轮修志的篇目及内容照搬。有的照搬首轮志书的篇目,没有充分地反映所记述事物的时代特点。

三是起始记述过于简单。对事物产生和变化的原因或背景未作交待或交待不够。读者在阅读时看不出所记述的事物因何而起,因何而变。

四是起始向前追溯得过远。编者怕说不清所记述事物产生发展的起因或脉络,不管该事物首轮是否记过,都向前追溯得较远,有的甚至追溯了二三十年,以至有些内容与首轮志书的内容重复。

五是起始记述繁琐。有的编者为了说明事物的起始,在起始的记述中罗列了大量资料,造成起始记述繁琐、不精炼。

(二)怎样搞好两轮志书的衔接

第二轮修志的性质是续志,它决定了第二轮修志工作不可能完全抛开首轮志书单独编纂,要在主体内容上保持与首轮修志的连贯;同时,第二轮修志由于已经进入新的时期,在时间和内容上都已经发生了变化,完全照搬首轮修志的编纂方法,一成不变地延续其内容也是不可取的,应该在第二轮修志中突出新特点。正确理解和认识衔接,就是要在进行第二轮修志的篇目设计、志稿编纂时,处理好这种继承与发展的关系。如何处理好这种关系,就是要用发展的眼光看待问题。如何体现这一原则,笔者认为要在实际工作中注意以下三点:

①篇目设计要尊重客观实际。新一轮修志无论如何创新,都不能脱离客观实际。如何体现这一点,一方面,在篇目设置上既要注意保持好前后两轮修志的衔接,在设置的内容上相对应,又要体现本行业的时代特点。另一方面,改革是这几年的重点和特点,在篇目中也应该体现出来。

②在具体内容上要保持记述要素的连贯性。一方面,要在具体的记述中揭示规律、体现发展。另一方面,对于某一事物的反映,不同时期所采用的指标是不同的。比如在反映某一行业发展规模时所用的指标,首轮修志主要注重企业数量、职工人数、产值、劳动生产率、固定资产、流动资金等,而第二轮修志主要注重的是企业的科技水平、产品的市场情况、利润率等。如果全部采用新的指标,那么势必造成读者看不出变化,不知其所以然。如何处理好这种关系,就是要在记述中注重从整体上反映事物,对没有变化、一直沿用的指标要继续作简单交待,对新采用的指标作必要的交待。

③在具体的写法上要注重写好"起始"。如何写好"起始",归结起来不过3个方面:续、补及修正。就当前的工作情况来看,续和补已经成为当前修志

的主流。但 无论是续还是补，都是相对于首轮志书而言的。续就是对首轮志书中记述的主体事物进行延续记述；补就是记述首轮修志中发生或发展，但没有记述的事物。补可以分为两种类型：一是补该事物发生在第二轮修志断限前的，二是补发生在第二轮修志断限后的。具体的记述方法有以下两种形式：一是简述式。这种形式适用于在"起始"的记述中，记述要素较为单一且变化简单的情况。对背景只作简单的交待，既说清了背景，又反映了变化，直接切入主题，简洁精炼。

二是详述式。根据其内容的不同又可分为追溯式、铺垫式。追溯式：这种记述形式主要是为了保证所记事物的完整性，在"起始"中将所记述内容适当向前追溯到第二轮修志时限前的某一时段。有些事物的"阶段性起源"较早，单从1978年写起往往不能完整或准确地反映记述事物的程度和水平。为此，我们提倡在记述起始时，将所记述的事物适当向前追溯一段时间，以保证所记事物的完整性，准确地反映其在第二轮修志时段内的程度和水平。由于第二轮修志的性质是以续为主，所以向前追溯的时间不宜过长，否则就会失去意义。铺垫式：为了说明所记事物的起始，对记述时段前的情况进行概括，主要是交待首轮修志的情况，以此对所记事物进行铺垫，以便全面清晰地反映所记事物，主要适用于记述要素较多，背景较复杂的事物。在实际工作中，追溯式与铺垫式有时很难界定清楚，有的志稿是否应既追溯又铺垫，这要视实际情况而定。

五、处理前、后志关系的两个热点问题

在续修方志处理前、后志关系的讨论中，是否复载前志内容和如何进行创新，是两个热点问题。下面，我们分别谈谈这两个问题。

（一）先讨论续修方志复载前志内容的问题

我们知道，续修方志的模式、断限、内容三者存在自然和密切的关系。新修、重修的方志，是统合古今的通纪体志书，必然会复载前志已经记载过的正确、真实、有价值的内容，大家对此并无异议；讨论的焦点定格在续志上面。续志的情况又有两种：一种是上限断在前志下限之前的，一部分相关内容必须要在续志里重现；另一种是紧承前志下限的续志，除了补遗纠谬要涉及前志下限之前的人物和事物，是否需要复载，意见不一。争论的焦点是对静态事物、变化不大事物是否在续志里记载。赞成记载者认为，续修志书应该能够脱离首轮志书而单独存在，其内容要求全面，不能有大的缺漏，不能不记载静态事物；其次，静态事物也有事物本身的变化、人们的活动引发的变化、人们对事物认识的变化，这些变化不可不记载。持异议者则主张：不变化者不再重写，取消少数变化不大的门类，如建置沿革、自然环境、方言、风俗等，或者精简自然地理篇的记述范围。

笔者认为，续志从前志状况和当地地情实际出发，相应地记载前志断限内的地情，以便沟通，明其以往与现实的联系，是可行的。但滥事复载是不对的，所要复载的，只是那些可以复载的，甚至非复载不可的。有些事物之所以可以复载、需要复载，这是有原因的。笔者认为，以下四点应当考虑：

其一，我国改革开放的形势正在进一步深化和发展，对外联系和贸易往来日益频繁，并且吸引各个国家和地区的外商前来投资。地方志书里如果不详细记载当地的资源、物产、交通等各方面地情，外商无从知晓投资环境和条件。而这些内容，有许多是前志已经记载的，续志里若不复载，志书还能给外商提供有用信息，还能发挥为当地人民和国家民族兴利的作用吗？这个问题不能不实事求是地考虑。

其二，有些地方，例如山西平遥县等列入世界历史文化遗产的历史文化名城，前志都已记载相关内容，反映了当地鲜明突出的地方特色；例如桂林、苏州、杭州等风景旅游城市的市志，也都详细地记载了丰富多彩的景区景点。如果续志不复载这些内容，那么续志又怎么展示当地的历史文化名城和旅游城市特色，吸引千百万国内外旅游者前来观光？行政区域的综合志是这样，《五台山志》《都江堰水利志》等等，续志除了记载前志断限后发展变化的情况，还必须复载前志已记述的特色事物。因此，续修方志时应当考虑到，诸如此类地区的行政区域综合志和专志，复载有关内容是必要的，不可或缺的。

其三，有些事物，诸如人口计划生育、国民生产总值、财税收入等等，续志记载现状时，必须连及前志所载部分，以表明发展提高和变化的程度。民情风俗，不能光把眼睛盯在岁时节令等没有变化或变化不大的方面，应当更新观念，实事求是地审视现实变化。如果这样做了，便会发现，诸如前志中记载的某些民风民俗，例如安土重迁、重农轻商观念，已开始被外出打工、经商的观念所替代；风水迷信、重男轻女等旧风陋习已逐步被现代科学思想、男女平等观念冲垮，续志记述新思想、新观念、新风尚，也会涉及前志所载的这一类旧风陈俗内容。此外,有些地方还出现了前志记载过的赌博、吸毒、卖淫嫖娼等陈渣泛起现象,也应当记载,以反映社会真实面貌,引起人们关注和警惕。续修方志时,应当考虑到:这样复载,能够形成对比,彰明发展变化,有助于资政和教育。

其四,首轮编修的社会主义方志多有《人物简介》的篇目和内容,被记载者多为一方名人或影响较大的在世人物。编修续志时,其中一些人可能已去世,需要为之立传;仍然生存者,一般也仍需要作简介。这些人前志中简介的生平事迹,续志中立传或简介必然会移用复载。这种情况,是不能不考虑的,绝不能因为没有变化或变化不大,续志里就弃置不顾。

(二)关于续修方志的创新

从本质上说,也是处理前、后志关系的重大课题,因为续修方志的创新是相对于前志而言。因此,续修方志的创新是在继承的基础上进行的,是在前志基础上的创新,既要继承前志正确、合理、科学的编纂之道,又要根据前志下限之后发展变化了的情况,新辟蹊径。就续修方志的编纂实际而言,创新是具体的,有广阔空间,体例结构、篇目设置、记述方法、编纂方式等等,都可以进行创新。从第二轮修志工作开展以来,各地修志人员表现出了强烈的创新意识和愿望,这是很可喜的好风气、好现象,有的已收到良好的实效。

六、关于志书内容的一致性问题

要保证志书内容准确可信,其中一个基本要求就是志书关于同一事物(如史实、人名、地名、时间、统计数字等)的记载必须前后照应,准确一致,而不能前后不一,自相矛盾。但我们翻阅志书不难发现,关于同一事物(尤以各种统计数字为多)的记述,书中不同部分如目录与内文之间、概述与其他部分之间、大事记与其他部分之间、各专志内文表文图之间、数字分合比例计算之间不相吻合,自相矛盾,令读者疑窦丛生,难以为凭,使志书质量大打折扣。下面特以续编《垣曲县志》(1991~2000)(中华书局2001年版,下简称《垣志》)为例,略举数例为鉴。

(一)目录标题与内文标题不一致。《垣志》目录有一章标题"主要企业简介",而内文第124页标题为"主要企业";还有一节标题"粮食流通体制改革",而内文第195页标题是"粮油流通休制改革"。

(二)概述(包括总述、各专志综述、无题序)与其他部分之间记述不一致。

《垣志》概述记有"2000 年全县工业总产值完成 96191 万元",而在卷五《工业》篇中各种所有制工业总产值（国有工业 13631 万元、集体工业 70 万元、民营工业 1000 万元）之和为 14701 万元,该卷无题序又记"至 2000 年底,县经工业总产值 29031.7 万元",这几处数字都不相同,而且没有任何说明,让人不知就里。

（三）大事记与其他部分之间记述不一致。《垣志》大事记 1996 年记载有"12 月 12 日,'垣曲县维护妇女儿童合法公益法庭'挂牌成立,这是运城地区维护妇女儿童合法权益的第一个县级法庭"。但在内文第 363 页《审判》章下则记为"1997 年,县法院与县妇联成立维护妇女儿童权益法庭（简称维权法庭）"。

（四）专志内文表、文图之间记述不一致。《垣志》第 224 页卷十一《财税金融》无题序下记:"至 2000 年底,全县一般性存款金额达 120344 万元",而在第 245 页《储蓄》节表格中 2000 年全县存款余额总计是 120444 万元。

（五）数据分合及比例计算之间不一致。《垣志》第 420 页《成人教育》节下记述"1995 年 5 月,省政府对扫盲工作进行验收,垣曲县共有中青年 96152 人,非文盲人数 95887 人,非文盲率 98.69%"。经核算,非文盲率应为 99.72%。

以上所举是志书中较为常见的自相矛盾情况,其他还有如公历纪年与历史纪年、农历纪年之间不相对应等情况,这里就不再细说。诸如此类的"内伤"现象是志书质量的可怕蛀虫,究其原因,客观上是由于志书资料来源多方面,记述方法有纵有横,有分有合,编辑成书又可以说是众手成志,但更主要是由于主观上志书编辑尤其是主编对此类问题的发生及危害认识不足,重视不够,以至对相关内容对照核实不细,层层把关不严,总纂整合欠缺所致。续志时我们应当及时吸取这方面经验教训,增强责任意识和整体观念,群策群力,尽可能避免出现此类不该有的硬伤,保证志书内容的严谨可信。

七、关于正误补遗的问题

中国地方志指导小组 2003 年 3 月发出的《关于续修地方志的几项规定（讨论稿）》第 4 条,对续修方志的内容,曾明确提出包括 5 个方面,即:1. 承前简述,对首轮志书的有关问题作出简要概述以便互相衔接;2. 续修正文,即志书编纂的主体;3. 专题记述,对正文未能充分记述的一些重要问题所作的专题调查和专题报告;4. 补遗和考订,对首轮志书的补充和改正;5. 附录和索引。

目前各省续志大多采用续志体形式,一方面要续接前志,另一方面要修正前志,如方志理论家章学诚所说,"前志不当,后志改之"。就现已出版和待出版的部分续志来看,大部分都在续接前志的基础上把对前志的考订正误和补遗的内容集中置于书后附录内,但总体感觉对前志的正补工作并不是很充分,有的像蜻蜓点水,有的有补遗而没有正误,有的甚至连正误和补遗都没有。笔者认为,对前志的正误补遗绝不是可有可无、无关紧要的事情,而是具有重要意义和价值的必不可少的续志任务之一。

首先,对前志正补体现了修志工作者对党对人民对后世高度负责的敬业精神。志乃信史,具有存史、资政、教化等重要功能,真实全面是志书的价值所在。但因多种原因,首轮志书出现了这样那样、或多或少的差错遗漏,在一定程度上损害了志书质量和信誉,值得庆幸的是各地很快紧接前志开始续志工作,使得在最短时间内纠正前志以讹传讹变成了可能,正所谓"亡羊补牢,犹未晚矣",续志不补,更待何时。

其次,对前志正补,也是修志部门内强素质、外树形象,取信于民、促进续志的良好机会。做好对前志正补既需要有认真负责的敬业精神和态度,也需要有丰富扎实的专业理论知识,这对修志部门来说既是挑战,也是机遇。趁此机会精心组织,狠抓业务,锻炼队伍,提高素质,这不仅对续志工作而且对地方志事业的长远发展都将产生积极的促进作用。首轮志书出版发行后在社会上已经产生了一定影响,其优劣短长,公道自在人心,肯定赞扬的自不必说,批评揭短的也在所难免。除积极组织自纠自补外,还要尽可能动员社会力量批评指正,如有的地方开展多种形式的读志用志活动,通过电视、网上公告广泛征集意见,专门邀请不同专业不同层次的人员纠错补遗,有的地方甚至组织"悬赏纠错",其勇气诚意可见一斑。这种面对差错和不足勇于正视、虚心改正的态度和做法,对修志工作者的形象和声誉不仅不会损伤,而且还会赢得社会更多的尊重和信任。相反那种对前志错漏听之任之、视而不见的态度和做法,对修志工作者的形象才是莫大损害,人们会由此怀疑我们的修志水平和志书权威,而且由此造成对续志工作和地方志事业发展的危害,则更是我们广大修志工作者所不愿看到的。

对前志的正误补遗涉及方方面面，综合起来看，对前志纠错正误主要包括政治、资料、文字等方面。政治方面主要看政治观点有无差错偏颇，是否符合辩证唯物主义和历史唯物主义，是否符合党的方针政策，这需要修志者具备较高的政治理论修养以及强烈的政治责任感和敏锐政治辨别力。资料方面主要看各种资料是否准确，尤其是对同一事物的记述是否前后一致，相关联的事物数据是否合乎事理。如前所述，这需要修志者增强严谨作风和整体观念。文字方面主要看是否符合国家有关汉字使用、计量单位、数字用法的规定，有无错别字、标点符号错用及语法错误等，尽可能降低文字差错率，这需要修志者不断提高语言文字功底。对前志补遗则主要包括各专志中应详而略，应有而漏的事物，如重要文告文献、碑刻考证、回忆录、调查报告、新闻报道、事件始末、人物等。如《垣志》补录有《北京知青名录》，共收录1968年~1980年北京672名知识青年在垣曲县插队落户情况。

至于对前志的正补内容在续志中的位置，目前常见形式是将其集中置于续志附录中，有的分设《前志勘误》和《前志补遗》两目记述，有的还在附录内设置章节分类记述。也有人提议将正补内容分散设置于续志相关门类的章节中，或随志正补，或立目正补。至于采取何种形式，要视各自情况而定，不拘一格，只要便于安排正补内容与前志参照衔接和读者查阅，还可有新的探索和尝试。

如何把前志遗漏的东西"摆放"进第二轮志书中，摆在什么地方最恰当、得体，是第二轮修志中遇到的一个新问题，值得反复权衡和斟酌。

现在人们有明补、暗补两种提法：

将前志书的遗漏部分归入本次修志"相应的篇目"中，进行暗补，并在暗补的内容前边加※标志注明，与本次修志的内容相区别。

对补遗究竟采用明补还是暗补，笔者赞同"形式要服从内容，结构设计要为方便读者着想"的两条准则。首先说形式，若是采用暗补（即归入本次修志相应的篇目中）的方法，"如果各部分加进补遗，岂不模糊上限，自乱阵脚？"确实如此。试想，通篇记录的是20世纪80年代至本世纪初的事情，一会儿冒出些清朝、民国和中华人民共和国成立之初的事情，确实会使文章混乱，时限模糊不清，让人感觉手中的志书既不是通志也不像续志。再说方便阅读和查询问题，按照一般的阅读习惯和人们的思维方式，文章总是内容集中和条理性强要好读一些，不同时限的事情交叉出现，会使人产生阅读障碍。再从查阅资料角度看,假若在上部志书中找不到清朝、民国和中华人民共和国成立之初的相关材料,是很少有人会想到去后来的续志相应的章节查找,这是常规的思维逻辑。相反,如果前志的遗漏部分集中并且固定在增补的章节中作补充,可能对查阅会有帮助。所以采用分散在有关章节中进行"暗补"的方法并不见得让人好读好找,相反对整部志书倒会增添零乱的感觉。

如果前志确实遗漏太多,条件允许的话,可考虑把前部志书推倒重修,这可能是上乘之作,除此就是在后边拖个"大尾巴"、背个大箩筐前进,形成"志中志"或"志外志"。除此二则,别的办法都不太恰当。

笔者认为,增补属于一种补救措施,明补暗补各有利弊,二者之中选取其长,在此提出两点建议以供参考:

一是补遗采取明补较为合适。即把本属于上部志书应该收录而遗漏的内容,集中放在下部志书的末尾,形成"志外志"。其好处,一方面是增补内容集中摆放,不引起第二轮志书混乱;二是如果所有志书都采取这种方法,成为一种约定俗成的模式,那么对后人查找资料也提供了方便。进行"暗补",会使文章出现混乱,而且有些史实找不到"相应的"篇目。这些篇目曾经在上次志书中有过,但这次续修中未设。有些史实就连在上次修志中也无篇可归。皮之不存,毛将焉附?

编书是一门遗憾的艺术,往往成书之后再经过一段时间积淀、思考,回顾中就会发现有许多不尽如人意的地方,比如有的地方有错论,有的该收却未收进去,让人后悔不已。编修县志也是如此,但由于县志是一部承上启下的连贯性的丛书,上部遗缺的东西可在下部增补,从而尽量保持一部书的完整性,减少修志人的遗憾。目前各地普遍进入第二轮续志编修工作,重要的是如何做好补遗和勘误篇。

要勘误和补遗,首先得通读首部县志,在阅读时就查出的错别字,查出表述不准确的地方,编入勘误部分。这项工作量较大,而且有个最大的难题,即有些人名、地名、数字等,即使有错误也很难觉察,因为再找原稿来逐字查对已是比较困难的事情。从客观来说,勘误只能是尽力为之。

首先,必须认真细致地阅读前志,总结首轮修志的经验教训,发现前志的优点、长处和缺失。这样就对前志心中有了底,明白了哪些应当继承和弘扬,哪些应当补遗和纠谬,就便于研究处理前、后志关系的对策,做到有的放矢,实现预期的效果。

其次，要深入调查和认识研究地情。研究地情，是为了正确地认识地情。只有认识了地情，才能把握地情，并据以确定志书的体例，拟订志书的篇目，进而编纂出有个性特色、质量优秀的志书。所以，首轮修志中，各地普遍重视调查和研究地情。但不可否认，有些地方在这方面的功夫下得不够，也存在一些问题。例如，有的以为有了资料也就了解和掌握了地情；有的满足于了解本地优势和特色地情，而忽略了整体和全局地情的了解和研究；有的偏向于研究历史地情，或者只重当代的地情。这些情况，已经给第一轮修志工作带来了负面影响，损伤了志书质量。现在续修方志，一定得认真改变这种情况，才能根据收集到的地情全面研究地情，认识地情，把握地情，并在这个扎实的基础上正确地处理好前、后志的关系，使续修志书的质量能在前志的基础上更上一层楼。

第三，处理好前、后志关系，提高志书质量，要在理论和实践两个方面下功夫，这里提出几条参考建议：一是要坚持努力、认真地学习续修方志的书籍和文章，以便增进如何处理好前、后志关系的理论知识，用到续修方志的实践中去，在理论指导下正确处理前、后志关系。二是争取多读几部续修志书。读这些志书，可以从中直接了解其处理前、后志关系的经验和做法，以便于借鉴、学习，择取其中最适合本地续修方志工作的办法用到编纂操作上。其三，关注续修方志的评论，有机会参加相关的志稿评议会或续修志书的评论和学术讨论活动；有关刊物上发表此类评论文章，要注意阅读。这些评议会、学术讨论会和评论文章，也往往涉及处理前、后志关系的内容，有的能启发思考，有的可以借鉴和引用。这样，能够打破封闭修志的局限，有利于增长知识，获得更多的相关信息，用更多、更好的办法来处理好前、后志的关系，增加提高续修志书质量的可能性。四是要发挥群众的作用，群策群力，在个人努力的基础上，通过集体讨论，研究最佳方案并付诸实施，达到处理好前、后志关系，提高志书质量的目的。

只要从多方面努力、用各种办法处理好前、后志的关系，续修志书的质量便能够得到提高。编纂地方志是一个系统文化工程，牵涉到方方面面的各个环节，处理好前、后志关系只是其中的一个方面。因此，在尽力处理前、后志关系的同时，也必须在其他方面、其他环节下功夫。

（山西省省志培训班讲课教材，2005 年 7 月）

城市区志编纂漫谈

中指组上星期四晚上才通知我，要我在会上作个主题发言。因忙会议事宜，来不及整理，只把一年多来写的论文汇集了一下，就城市区志编纂谈点浅见，与同行交流探讨。一家之言，仅供参考。

一、篇目体现时代特色的问题

二轮续志无论是通纪体还是续志体，记述的重点都应以当代为主。这是因为志书是时代的产物。社会主义新方志，当然要求体现社会主义的时代特色。二轮续志所记述的时段，正是我国实行改革开放的新时期。这一历史时期，改革开放是主线，经济建设是中心，新生事物层出不穷。续志就需要把握时代发展的脉搏，用新视野、新观点来设计篇目。本文选取的 10 部城市区志：《上海市长宁区志（1993 - 2005）》、《杭州市江干区志》、（武汉市）《江汉区志》、（包头市）《昆都仑区志》、《郑州市金水区志（1991 - 2002）》、（淄博市）《临淄区志》、《烟台市莱山区志》、《太原市小店区志》、（景德镇）《昌江区志》、《温州市鹿城区志》，分别选自上海、浙江、山东、山西、河南、湖北、江西、内蒙古等 8 个省市区，其中通纪体 8 部，续志体 2 部。从 10 部城市区志来看，在篇目设置上都力求反映社会变革，反映新生物，程度不同地设置了与时代节拍相合的篇章，尽力展现二轮续志的时代特色。

续志篇目的时代特色，表现在多个方面，本文仅就具有共性的如经济体制改革、政治体制改革、开发区、旅游、精神文明建设等重点篇章加以探讨。

（一）经济体制改革

经济体制改革是二轮续志记述宏观经济的重要内容。诸多续志将上限向前延伸到 1978 年或 1979 年，正是为了使续志能够全面系统地记载改革开放进程和现代化建设的伟大实践，完整地反映经济体制改革的内容。经济体制改革的记述方式，从现已出版的部分二轮续志以及《全国第二轮修志工作文件和志书篇目汇编》看，主要采用了相对集中和相对分散两种。相对集中，就是在志书中设置经济体制改革专编,或在记述宏观经济的经济综述编设立经济体制改革专章,集中记述农村经济体制改革、企业体制改革、流通体制改革、社会保障体制改革、宏观调控体制改革等,其余的如用土地制度改革、劳动制度改革、科技体制改革、住房制度改革等改革内容,分散在各编记述。相对分散,就是将各行各业有关改革内容分散在志书的各编分开来写。

从 10 部城市区志来看,有 8 部在篇目中体现经济体制改革的内容,其中有 2 部采用相对集中的方式。如《郑州市金水区志》在城市基础设施之后、经济部类之首设有经济体制改革篇,内设农村经济体制改革、区属工业企业改革、区属流通企业改革、社会保障制度改革、宏观经济管理体制改革 5 章。如《上海市长宁区志》在政治部类之后、经济部类之首设经济发展经济结构与体制改革编,内设经济发展战略、经济发展总量、经济结构、经济体制改革 4 章,其中经济体制改革章下设"八五"计划期间(1991~1995 年)、"九五"计划期间(1996~2000 年)、"十五"计划期间(2001~2005 年)3 节。上述两部志书虽同为采用相对集中的方式,但前者记述改革是按行业分类,后者则是按历史阶段划分,内容记述各有千秋。

采用相对分散的方式记述经济体制改革内容的有 6 部。如《烟台市莱山区志》,在工业编内设体制改革与行业结构章,农业编内设农村经济体制改革章,国内贸易编商业章下设商业经营体制节、粮油经营章下设粮油购销体制改革节,财政税务编财政章下设财政体制改革节、税务章下设税制改革节,医疗卫生编内设管理改革章。如《昆都仑区志》,在区属工商业篇内设工业体制改革章、商业章下设机构与改革节,财政税务篇财政章下设管理体制改革节,经济综合管理篇内的计划、统计、审计、工商行政管理、物价管理、技术监督管理等 6 章均设机构与改革节。《温州市鹿城区志》在农业卷设农村经济体制改革章,工业卷设工业体制章,商业卷设商业体制章,金融卷设金融改革章。《杭州市江干区志》在农业篇设农村生产关系变革章,工业篇工业发展章下设企业改革节,商业篇城区商业章下设商业企业改革节。《临淄区志》在农业篇设农业生产关系变革章,工业篇设企业改革章。《江汉区志》在劳动人事社会保险篇人事管理章下设人事制度改革节。上述 6 部志书有关改革的记述,虽在篇目上有所展示,但存在问题较多。一是各行业改革记述在篇目的层次上立题或章或节,极不统一,即使是一部志书内也不平衡,标题层级或高或低,似乎缺少改革记述在志书中的全盘规划。二是各行业改革记述不尽一致，多数注重工业、农业、商业改革，其他均缺项较多，甚至有的只记人事制度改革一项。经济体制改革虽然各行业开展时序前后有别，但改革是全方位的，不能随心所欲，有资料的就写，无资料的就不写，如此即很难完整反映经济体制改革的全貌。

从 10 部城市区志的篇目来看，有些志书反映经济体制改革的内容还觉欠缺，当然仅从篇目来界定经济体制改革记述是否完满，还是不能完全肯定的。笔者以为，在续志篇目上没有明确标示"改革"二字，虽然志书记述中亦有反映改革的内容，但毕竟把改革的内容淹没在一般化的类目记述之中，从而使改革的记述出现层级低、份量少，难以突出"改革"这一时代特色。经济体制改革还是相对集中记述的方式较好。

（二）政治体制改革

10 部城市区志中，仅有 1 部采用相对集中的方式，设有政治体制改革专篇。如《郑州市金水区志（1991—2002）》在政治部类之首设政治体制改革篇，内设民主建设（下设民主选举，民主公开 2 节）、法制建设（下设依法治区，依法行政 2 节）、党政机构改革（下设区委机构改革，政府机构改革，乡镇、街道办事处机构改革，行政审批制度改革 4 节），人事制度改革（下设干部人事制度改革，事业单位的人事制度改革，企业人事制度改革 3 节）4 章。其余 9 部普遍采用相对分散的方式，或多或少均提到政治体制改革方面的内容。如《上海市长宁区志》在人民政府编设依法行政审批制度改革章；审判编设审判改革章。如《昆都仑区志》在政权政协篇人民政府章设机构与改革节，人事劳动社会保障篇人事与编制管理章设人事制度改革节，民政篇设机构与改革章。等等，不一而足。按常理讲，或按志书记述内容的逻辑要求看，既然经济体制改革设立专编，似乎政治体制改革也应设立专编。但 10 部志书中仅《郑州市金水区志》1 部同时设立了经济体制改革、政治体制改革专编。可见，政治体制改革在志书中设立专篇还是有较大的难度，《郑州市金水区志》的创新精神很值得称赞。

鉴于政治体制改革涉及的面广线长，还存在着"摸着石头过河"的现象，由于改革还在继续进行着，对于业已完成的政治体制改革历程还存在不同的认识和评价，普遍情况是共性内容多、个性内容少，给志书的记述带来许多客观困难。同时,地方上的政治体制改革有时与经济改革又相互交织,有的很难截然分开。多重难度,致使修志工作者难于把握和驾驭。政治体制改革是相对集中记述还是相对分散记述,还须在续志编纂实践中逐步探索,还有待志人的共同努力。

(三)开发区

开发区是改革开放以后出现的新生事物。三十多年来,各级各类开发区如雨后春笋般遍及全国,且许多开发区已成为当地对外开放的窗口和经济增长的支柱。开发区属首轮志书未载的内容,但它具有鲜明的时代特色和地方特点。凡城区境域设有开发区的,都应在篇目设计上得以体现。

10 部城市区志中,有 5 部设置了开发区篇章。有 4 部将开发区升格为第一层级,展示开发区的全貌。如《温州市鹿城区志》设工业园区卷(工业卷之后),内设鹿城工业开发、鹿城区高新技术产业园、温州高新技术产业园区炬光分园、鹿城区沿江工业区、温州中国鞋都产业园区、温州(鹿城)轻工特色园区等 6 章,每章之下均设地理位置、投资环境、优惠政策、主要企业与产品 4节。如《上海市长宁区志》设三大经济组团编,内设虹桥涉外贸易中心、中山园商业中心、虹桥临空经济园区等 3 章;又设上海虹桥经济技术开发区古北新区编,内设 2 章分述两个开发区。此 2 编均放在工业卷之前。如《烟台市莱山区志》设高新技术产业开发编(工业编之前),内设对俄科技合作、科技企业孵化、工业园区 3 章,其中工业园区章下设莱山经济开发区、凤凰工业园、马山工业园、留学创业园 4 节。如《江汉区志》设汉口经济开发区篇(工业篇之后),内设投资环境建设、招商引资、产业开发、开发区管理 4 章。

4 部城市区志将开发区升格,但写法各异,或单一开发区立编(如《江汉区志》),或多个开发区合编(如《温州市鹿城区志》、《上海市长宁区志》),或与高新技术产业开发合编(如《烟台市莱山区志》),均依据地情来选择写作角度。

将开发区放在篇目第二层级的有《太原市小店区志》1 部,该志综合经济编内设经济综述、经济管理、开发区 3 章,其中开发区章下设太原经济技术开发区、太原高新技术产业开发区 2 节。很显然,与前 4 部志书相比,该志的开发区在篇目中设置位置偏低,似乎升格为第一层级更合理一些。就太原市而言,仅有两个开发区,全部设在小店区,照理应该大书特书。我想主编亦有为难之处,一是开发区分属国家级和省级,不属区管辖;二是搜集资料困难、难以全面反映。

开发区在篇目中的层次,根据开发区在当地发展的状况来定,亦并非非第一层级不可。从上述5部志书对开发区的篇目设置可见一斑。从标题的准确性而言,《上海市长宁区志》上海虹桥经济技术开发区古北新区编的编名与章名相重叠,且不简洁、明快,似乎编名改为"开发区"更为妥切,又可避免两级标题名称的重复。

(四)旅游

旅游既是一项事业,又是一项产业,旅游文化与旅游经济密不可分。旅游形成产业,是20世纪80年代才兴起的。90年代逐步形成规范,到21世纪初随着人民生活水平的提高,对文化生活的追求而兴旺发达起来。旅游业是近几十年来崛起的新型服务业,是第三产业的重要组成部分,有"无烟工业"、"无形贸易"之誉,并成为不少地方的朝阳产业,推动了经济的发展。作为城市区志而言,从本地实际情况出发,凡能立编的均应单独设置;旅游业欠发达的地方,亦应在服务业中设章立目加以记述。一地旅游和旅游业极具个性特征和地方特点,最具有吸引力,在志书篇目中要充分体现,在记述上要浓墨重彩。

首轮志书断限于20世纪80年代中期或90年代初,旅游业正处于开启之初,再者修志人员对旅游业迅速发展的前瞻性不够,所以对旅游业的记述不足,多数志书只是在资源或文物胜迹编中设章节对景点加以记述,单独设编的较少。以山西120余部首轮市县志书为例,旅游(业)设编的仅有《晋城市志》、《运城市志》(县级)、《临汾市志》(县级)、《平遥县志》、《芮城县志》、《运城地区志》、《洪洞县志》等7部,其中单独设编的3部,与其他内容合编的4部。可见首轮志书对旅游记述比较薄弱。二轮续志普遍加强了对旅游的重视,二轮山西市县已出版的20种续志将旅游升格为编的几乎占到了一半。设编总数即超过了首轮志书设编数的总和。

旅游编的位置。首轮志书旅游的归类,有的在经济部类,有的在文化部类,甚或社会部类、自然部类。首轮山西的7部,有2部归在经济类,5部归在文化类。二轮归类亦大致如此。上述6部城市区志,归在经济部类的5部,文化部类为1部。旅游是一项产业,笔者以为归在经济部类似乎更恰当一些。

旅游编的名称,称旅游或旅游业均可,只要放在经济部类,就是把它当做一项产业来对待的。若放在文化部类,则是作为一项事业来看待的。放在文化部类,其记载面要小许多。二者不可相提并论。旅游的篇目结构应包括旅游资源、开发建设、旅游设施、旅游服务、经营效益、旅游管理等。总的要求,就是从宏观上把握旅游的记述主体,科学分类,合理布局,并依据本地实际情况适当归并增删,进而形成合理的篇目框架。笔者见到二轮续志中旅游编篇目设计较全面的当属《晋中市志》,现推荐其篇目如下。

晋中市志·卷二十六旅游:第一章旅游资源,设自然资源、文物古迹资源、城堡豪宅资源、民间社火资源、红色旅游资源5节;第二章旅游规划;第三章景区开发,设景区景点建设、主要景区景点2节;第四章市场开拓,设宣传促销、节庆活动、客源市场、线路推介、旅游商品5节;第五章服务设施,设旅行社、宾馆饭店、购物娱乐、旅游交通4节;第六章经济效益;第七章旅游管理,设管理机构、行业管理2节。

(五)精神文明建设

方志的定义,是记述一地域从自然到社会、从历史到现状的资料性著述。作为社会主义新方志,似乎还应加一条"从物质到精神",这样才能反映社会的真实面貌。精神文明是与物质文明相对而言的,是人们改造主观世界的社会精神生活积极成果的总和。精神文明包括文化、思想两个方面。在首轮志书中文化方面的内容已有教科文卫体等篇章记述,但思想方面却较少记述,仅有少数志书设有"精神文明建设"编,且记述也不够全面。以首轮山西120余部市县级志书而言,还未有1部设有"精神文明建设"专编,但普遍设有民情风俗编,设有社会新风、良风美德章节。精神文明的思想方面,包括社会的政治思想、道德面貌、社会风尚和人们的世界观、理想、情操、信息以及组织性、纪律性的状况。与物质文明相较,精神文明除文化方面设立编章外,思想方面也应有相应的编章反映,否则精神文明在志书中的记述就显得残缺不全。设立精神文明建设专编,就可恰如其分地担当这一重要任务。正是认识到了首轮志书在记述精神文明思想方面的缺憾,二轮志书普遍增加了精神文明建设的编章。《全国第二轮修志工作文件和志书篇目汇编》(方志出版社,2006年)收录的46个篇目中,有32个设有精神文明建设专章,有的独立设编,有的设章节。以10部城市区志而言,有3部设精神文明建设编,有1部设精神文明建设章,有1部设精神文明建设节。精神文明包含文化与思想两个方面,既然立编,其位置似应放在文化各编之首较为适宜,《上海市长宁区志》精神文明建设编即放在政治类之后、文化类之前。《郑州市金水区志》、《江汉区志》放在文化类之后,似不如《上海市长宁区志》的位置恰切。《烟台市莱山区志》仅在社会生活编下设精神文明建设章,《太原市小店区志》在党派群团编中国共产党小店区委员会章下设精神文明建设节,似乎觉得分量不足,但与其余5部未设精神文明建设编章的志书相比,已大大前进了一步。

精神文明建设立编,是二轮续志时代特色的具体体现,同时也是记述贯彻党中央"两个文明一起抓"方针在各地的具体落实情况。精神文明建设(思想方面)立专编,笔者以为不可或缺,仅设章节显得层级太低,难以体现精神文明的方方面面。立编的名称,还是称之为"精神文明建设"为佳。在笔者见到的名称中,有群众性社会主义精神文明建设活动、社会主义精神文明建设活动、社会主义精神文明建设、精神文明创建活动、精神文明创建、精神文明建设、文明创建、文明建设等多种标法,或过繁过简,或标义残缺。精神文明创建,只属于精神文明建设中的部分内容,它难以涵盖精神文明的全部内容,有以偏概全之嫌。精神文明建设编的位置,应放在文化部类之首,亦如经济综述编引领经济类各分编一样,让精神文明建设编引领精神文明涵盖的思想、文化两方面的内容。精神文明建设编的内容,应包括机构与组织、思想道德教育、创建活动、文明新风以及典型选介等,力求全面反映精神文明建设的进程与现状。

除上述五项重点篇章的设置外,10部志书在体现时代特色方面,还有许多值得议论一番的好的题目,限于寸纸尺短,难及全面。同时,志书的时代特色与地方特点紧密相连,很难区分某一题目哪个占先、哪个为后,本文仅是以"时代特色"立题议论,故而省略了地方特点这一涵义。从几部志书的凡例中亦可看到志人的着力追求。《上海市长宁区志》凡例六:"本志为突出时代特点、长宁特色,特设三大经济组团、上海虹桥经济技术开发区古北新区、现代服务业等篇。'数字长宁'特色分散于人民政府、科技、文化等编中反映。"《郑州市金水区志》凡例五:"为突出时代特色,专设《经济体制改革》和《政治体制改革》两篇。为突出金水区独特的区位优势,特设《区域中心》专篇,《河南科技市场》、《大河村遗址》、《房地产业》和《服务业》均为金水区的亮点,故升格为篇。"《烟台市莱山区志》凡例三:"专设《高新技术产业开发》编,以彰显地域经济特色。"……反映志书的时代特色,并非只表现在笔者论及的此五个篇章之上,在显现地方特点、城市特征的诸多篇目上,亦有时代特色的体现。

二、续修志书独立性、完整性的问题

续修志书以续志体式编纂,已成为二轮续修志书的主流。续志体式的志书如何勾连历史、承接前志,已出续志创造出许多成功的经验,但亦存在不少问题。主要症结,在如何体现二轮续志的独立性和完整性上。实践证明,凡把续志编纂绝对化,即完全以切断式编纂的续志,既违反方志编纂的常规,又使志书所记述的事物失去源流与完整,其价值大受影响,从而不利于方志的传播与利用;凡注重续志自身的独立性、完整性,在重点记述断限内事物的同时,既勾连历史,又承接前志,保持事物的完整记述,使读者在没有前志的情况下,也能够了解事物的起源、嬗变,把事物记述得自然、完整,真正做到"无缝对接",志书的功能、价值就会得到大力提升,更利于方志的传播与利用。

(一)强调续修志书的独立性,是方志的本质属性使然

在世纪交替前后的十余年间,在首轮志书完成之后就有不少市县紧接着开展了二轮续修志书的编纂,且成果陆续问世。二轮续志编修有几个显著的特点:一是省、市、县三级志书全面铺开,紧接首轮志书进行编纂,在中国方志的发展史上是极其少见的。二是二轮志书编修普遍采用续志体式,而在旧志中续志体式的志书占到极少数,可资借鉴的经验比较缺乏,使二轮志书编修面临许多难题。三是续志体与通纪体相较,具有自身固有的特性,在时空范围的选择上存在较大差异。四是续志体志书由于采用了不同的编纂体例和编纂方法,在反映方志的特有功能上亦存在较大差异。续志体志书编纂,确实存在有较大难度,难就难在把握方志的本质属性上面。

已出的二轮续志体市县志书,大体有两种方式:一为"切断式",即二轮紧接首轮,只记断限内的事物,不考虑两轮志书的衔接,把多轮志书放在一起看事物的整体面貌;一为"接续式",在衔接前志时考虑事物的连续性、系统性、完整性,把二轮志书看成是独立的著述。两种体式孰优孰劣,还有待社会的检验、读者的检验、历史的检验。但以方志固有的本质属性而论,我以为后者明显优于前者。

笔者认为,续修志书应是一部单独的志书,即独立成志,不能与上届志书

合二为一，成为一个"连体婴儿"。"按照传统的观点，每一部独立出版的文献本身就应该内容完整。文献也好、文章也好，首先是内容的连续性和完整性，其次是叙事有原委，讲求事物的源流，事物发生、变化的因素。目的就是力求历史的真实性和完整性"（梅森《省级志书二轮与首轮衔接之简析》，见江苏省地方志办公室、江苏省地方志学会编《江苏省二轮修志参考资料第七辑》）。续修志书只有独立成志，其志书功能才能得到较大限度的发挥。理由如下：其一，就方志的定义而言，称方志为"一方古今总揽"、"一方百科全书"，国务院《地方志工作条例》的解释为"全面系统地记述本行政区域自然、政治、经济、文化和社会的历史与现状的资料性文献"。如果续修志书不能起到综观一地之古今的作用，显然难以与方志自身的特征属性相吻合。其二，就修志的传统而言，每部志书均应独立成志。现存的历代旧志，不论是续修、再修、重修的志书，绝大部分都能独立成志。魏桥在《广义的续修是传统方志的主要形式》一文中指出，方志体例自宋代基本定型以后，历代修志在继承的基础上均不断有所创新，并不完全拘泥于前志。单纯地继承、简单地填补前志，不可能修成佳志。续修志书应在前志的基础上因时因事而变，则是必不可少的。并提出，为了保持新一轮志书的完整性，可专设"地情概貌"、"历史纪略"两部分。要深化对地情的认识，深入了解当地发展史，以示志书的完整性。魏老是赞成续修志书要单独成志的。就不同时代的人编修的志书，对相同的历史事件和事物，也有不同的记述和评价，对古今、远近之事物有不同的详略标准，这正好为后人研究人文历史提供了极好的史料。其三，就续修志书的实际操作而言，每部志书都应该独立成志。志书所记诸多内容，均与历史资料紧密联系在一起，如若舍弃断限之外的资料，续志就不成其为"一方之全书"。在续修志书过程中，与其自行设置诸多的条条框框，倒不如放得开一点、宽一点，把续修志书编纂成一部全新的"包揽一方之古今"的实用志书，更切合实际一些。

在中国的方志发展史上，重修是主流，续修、补修是支流。这与旧志编纂间隔时间较长有一定关系，同时也与旧志编纂人员对志书的认识有很大关系，即"方志统合古今乃为完书"。这既是历代志人的普遍共识，亦是对通纪体与续志体志书的客观评价。纯粹的续志体（断代志）志书与勾连、接续历史内容的续志体志书，其社会功能与使用价值不可同日而语。

（二）强调续修志书的独立性，是为读志用志着想首轮社会主义新方志编纂自20世纪80年代初开启,到90年代中期大部分志书面世,到20世纪末进入扫尾,随之二轮续志编纂开启。新方志编纂20年左右一个周期。随着读志用志人群的扩大,志书的受众面更加广泛。志书面向大众,是不言而喻的道理。"经世致用"是方志的法则。读者只要有一部志书在手,就可大致了解一地之古今概貌,才能体现出方志应该有的价值。从读者角度考虑,续修志书就应该独立成志,具有相对的独立性。续志体志书与通纪体志书相较,其本身就有诸多缺陷,如若不在勾连历史、接续历史上下功夫,就很难发挥续志体志书应有的功能效应。

其一,随着修志工作的广泛开展,方志成果的不断涌现,再加上新闻媒介对志书的大力宣传,社会各界对方志的认知程度得到很大提高。在普通读者的眼中,方志乃"一方之全史"、"一方之百科全书",一部志书在手,即可了解一地之古今概貌,这也是无可争辩的事实。但对普通读者而言,很难看到十多年前出版的首轮志书。就市县志而言,时至今日,首轮志书已少得可怜,多数市县志书业已断档。在二轮续志出版面世之时,一般读者已很难购买到首轮志书。究其原因,一是首轮市县志普遍印数偏少。如山西的《夏县志》、《大同市城区志》、《大同县志》等志书总印数仅500册,不及发行就"囊中羞涩";大部分志书印数均在2000册左右,亦普遍留存于当地,外地人很难看到,到续志未及出版时大部分均告罄;只有少部分达到5000册,如《绍兴市志》。2010年1月我曾应邀到江苏讲学,先在萧山呆了几天,委托萧山志办人员购买首轮《绍兴市志》,因脱档而未果。再如笔者想交换中指组确定的二轮试点单位秦皇岛市、辛集市的首轮志书,亦因脱档而未果。作为省一级志办人员搜集志书还如此之难,遑论普通读者矣。首轮志书印数少、发行少,普通读者很难购到。二轮续志若能够在恰当地勾连、接续历史内容上下些功夫,使读者一志在手,便可揽一地之古今概貌,善莫大焉。

其二,按国务院《地方志工作条例》要求,续志编纂20年左右为一个周期。就人类历史发展进程来看,时光20年一轮回,逝去了一代人,又新成长起一代人,对新成长起来的一代人而言,很难购到首轮志书。志书若纯粹编成"切断式"的续志体志书,很难反映一地完整的历史全貌。当然,这个"全貌"与通纪体式的首轮志书是有差别的,这也是由二轮续志记述历史内容的特殊性决定的。

其三，就读志用志的社会效益而言，每部志书都应该独立成志，读者都希望一部志书在手，便知一地之古今。我们总不能说，你想了解本地的历史吗？请到上届志书中查找去吧。读者要了解一地之历史，必须有上届之志书，这岂不是强人所难！续修志书应该多为用志的读者着想，修志即为用志，用志是硬道理，用志是占第一位的。

其四，续志采用勾连、接连历史的方式，既增强了续志的独立性，同时亦有利于方志的传播与利用。方志为全面客观地记述一地域从自然到社会、从历史到现状的资料性著述。人们认识、理解、阅读方志，均是由方志本身固有的本质属性来出发的。通纪体如此，续志体（断代志）亦不例外，只是在记述的时空范围上、记述的编纂手法上有所区别而已。二轮续修《沁水县志》出版后，因缺漏了历史人物赵树理的传记，受到老干部们甚至方志专家曹振武的质疑，即《沁水县志》没有赵树理的传记，那还叫志书吗？赵树理（1906—1970），现代著名小说家、人民艺术家，代表作有《小二黑结婚》、《三里湾》等，是中国文学界"山药蛋派"的开创者，是沁水县历史上最著名的文化名人。可见，丢掉了重要的人文历史内容，读者是难以认可的。

（三）完善续志的独立性，是修志人员的不懈追求

志书固有志书自身的本质特征，与年鉴具有不同的本质属性，完全用"切断式"编纂续志，有违志书的特质功能，同时也不利于志书的传播与利用。鉴于此，随着修志人员对续志体例认识的不断深化，在完善续志的独立性上做了多种努力，进而增强了续志功能的发挥。

主要门类不缺，体现续志的全面性。方志具有"无备不载"的传统，一部志书将一地域内的古今人、事、物分门别类，一一记载下来，就概括了一地域已知的全部情况。要了解一地域的历史和现状，只须在一地的志书中查阅即可。这一任务，是其他任何书籍都无法承担的，只有方志才能担当这一重任。这也是由方志所具有的本质属性所决定的。当然，无备不载亦有个度的把握问题，所有古今人、事、物，均有大有小，有主有次，不宜理解为事事都载，而是记述古今人、事、物的主要方面的主要情况，符合主客观的需要和可能。二轮续志开启之初，针对续志门类的安排，引起诸多争议，不变不记成为争议的焦点。故而前期出版的二轮续修志书，不少出现主要门类缺项的情况，或无自然环境（如续修《山西省志》篇目中既无"地理志"，亦无"自然环境志"），使方志成为

无源之水、无本之木;或无建置沿革,难以看到一地域区划变动的历史纵坐标;或无民俗方言,难以反映一地域的民性民情等等,不一而足。不变不记,实则违背了方志"全面系统地记述本行政区域自然、政治、经济、文化和社会的历史与现状的资料性文献"这一基本原则。随着续志编纂的深入,众多志人看到此种做法的弊病,在续志门类的设置上力求体现全面性。2008 年 9 月 16 日中国地方志指导小组颁发了《地方志书质量规定》,明确要求续志编纂要"内容完整,横不缺要项,纵不断主线",使门类设置的争议划上了句号,使续志的门类设置重新回到了正确的轨道。为避免出现不应有的漏项,还具体规定了续志应记述的地理、基础设施、经济、政治、文化、社会、人物等 7 大部类及所涵盖的 37 个门类。《规定》集中了修志人员的集体智慧,体现了大多数人的观点,形成续志内容在认识上的一致性,进而强化了续志的独立性。

探前追述历史,体现事物发展的连续性。按中指组的规划设想,二轮续志的断限为 20 年左右,即 1985 年 – 2005 年,第三轮则为 2006 年 – 2025 年,每隔 20 年左右为一轮修志周期,体现出社会主义新方志自身的修志特点。由于续志以记述改革开放为重点,故续志断限往前顺延几年(以 1978 年中共十一届三中全会召开为起点),亦属合理范畴,可以记述改革开放的完整进程。续志确定了断限,即表明了记述的重点或主要内容以断限时段内为主,这是无庸置疑的,这也是方志的编纂原则"详今略古"、"详近略远"所决定和制约的。二轮续修志书是连接首轮、二轮以及后续三轮志书的桥梁和纽带,具有承前启后的作用,可以说,写好二轮续修志书的"起始",已成为做好二轮续志编纂工作的着眼点和切入点。要保证甚或提高二轮续修志书的质量,必须将其与首轮志书的内容相联系,把其放在历史长河中加以比较,使其彰显因果,反映变化和发展。任何事物都有一个发生、发展和变化的过程,那种一味强调只记上下限之内事物的发展过程,既是片面的,也是不可取的。二轮续修志书所记述的事物,以断限内为主,以断限之前为辅,将断限之前的事物发展过程作一简要铺垫,是必不可少的。同时,志书作为资料书,其资料性主要就体现在资料的连续性和系统性上,志书有断限,但事物的发展没有断限。所以,二轮修志过程中很重要的一项工作,就是要展现事物发展本身的连续性,既反映出事物以前的客观实际,又体现如今变化了的事实,既有继承又有创新。否则,就会出现人为割断历史的现象,不但会降低二轮志书的资料性和可读性,而且会影响整个修志系统工程的质量,造成资料的系统性功能降低,从而降低志书的使用价值。在二轮续修志书的编纂中,既要注意与首轮志书的连续性,更须注重二轮续志的独立性和完整性。二轮续志所记述的事物如果只从上限时间写起,只记现状而抛弃历史,与地方志所固有的本质属性相违背,也无法达到"纵述史实把握事物的发端、变化和现状",二轮续修志书的独立性、连续性、完整性也便随之消失。二轮续修志书,首先要强调志书的独立性,即站在续修志书的立场上,以我为主,以续为辅,独立成志,流传后世。从编者的主观上说,联系历史是必须的,即我们一贯强调的"明古",就是对事物记述要点明发端,阐明发展,彰明因果。只有明古详今,才能认识事物发展的全貌,同时才能更深刻地了解现实。当然,探前追述历史,重要的在于把握好一个适度的问题。在反映联系历史的层面上,续志体与通纪体有着明显的区别。从客观上说,续志体志书通过联系历史(这个"历史"可长可短,根据记述事物所需的明晰度来适度掌控),也便自然而然地起到了承接前志的作用。

重述人文历史特色,体现续志的完整性。中华民族五千多年的文明史就是人文精神的历史。方志由地记、图经发展、演变而来,至宋代始定型,就成为一地域文明发展史的主要载体。重述一地域的人文历史特色,既体现志书地方性的特点,又是志书完整性的起码要求。二轮续修志书的编纂,应力求保持地方志的基本特征。重视人文历史的记述,既是衔接前志的需要,亦是续志记述内容连续性、完整性和独立性的需要。人文历史内容大致包括以下几个方面:一是前志大事记中记述的在本地域发生的重大历史事件,二是前志人物传中在全国有重大影响的历史名人,三是建置沿革中重要历史关节点的历史建置情况,四是前志已记、至今仍存的文物古迹,五是具有地方特点的民俗民风,六是自然资源和旅游资源,等等。虽然这些内容在首轮志书中均已记过,但在续修志书中还须重新记,只是记述的手法要简洁、明了。在这一方面,已出版的部分二轮续志进行了不懈的探索。如大事记的编纂手法即有多种,或将前志大事记精编压缩,放在附录之中,与卷首大事记前后呼应,展现历史发展的纵线条;或将历史大事浓缩,与断限内大事合并放于志首,发挥大事记纵贯历史、与概述篇一起统领全书的作用。如人物传的编纂手法,或将前志传记人物名录放在传记之首,便于读者了解前志人物设传情况,起到检索作用;或将历史著名人物的传记重复登载,与断限内传记合并,一体展现本地域人杰之盛。

如此等等,不一而足。各种编纂手法的运用,均体现一个宗旨,即突出续志的连续性、完整性和独立性。一地重要的人文历史内容,在续志编纂中不可或缺,毫不夸张地说,它是方志记述的灵魂所在。目前,衔接前志、勾连历史呈现多样化的局面,虽方式方法不同,但目标一致,即在完善续志的连续性、完整性、独立性上下功夫。每种形式并非十全十美,利弊得失共存。当然,哪种编纂手法更切合方志的本质属性,更利于方志的传播与利用,还须经过读者、社会及历史的检验。方志编纂创新无止境,但要行走在方志自己固有的轨道之上。

拾遗补缺纠误,体现续志的独立性。中国地方志指导小组《关于第二轮地方志书编纂的若干意见》指出,“要处理好与前志的衔接,并注意对前志的拾遗、补缺、纠讹”。续志要拾遗、补缺、纠讹,就是衔接前志的一种方式,同时续志的连续性、独立性亦蕴含其中。就现已出版的续修志书来看,大部分都在续接前志的基础上,把对前志的考订正误和补遗的内容集中置于书后附录内。但总体感觉对前志的正补工作并不是很充分,有的像蜻蜓点水,有的有补遗而没有纠误,有的甚至补遗和纠误都没有。对前志的补缺纠误,是二轮续志必不可少的任务之一,是非做不可的一项工作。首先,对前志正补体现了修志工作者对党对人民对后世高度负责的敬业精神。真实、全面是志书的价值所在,但因种种原因,首轮志书出现了这样那样、或多或少的不足和遗漏,在一定程度上损害了志书质量和信誉。值得庆幸的是,各地很快紧接前志开始续志编修,使得在较短时间内纠正前志不足和遗漏变成了可能,正所谓“亡羊补牢,犹为未晚”,续志不补,更待何时。其次,首轮志书出版发行后,在社会上已经产生了一定影响,其优劣短长,公道自在人心,肯定赞扬的自不必说,批评揭短的也在所难免。除积极组织自纠自补外,还要尽可能动员社会力量批评指正。面对首轮志书中的差错和不足,要勇于正视,虚心改正,这对修志工作者的形象和声誉不仅不会损伤,而且还会赢得社会更多的尊重和信任。相反,那种对前志错漏听之任之、视而不见的态度和做法,对修志工作者的形象才是莫大损害,人们会由此怀疑我们的修志水平和志书权威,而且由此造成对续志工作和地方志事业发展的危害,则更是我们广大修志工作者所不愿看到的。

三、续修志书科学性的问题

中共十一届三中全会之后,适度宽松的政治氛围,人民大众的求知欲望,经济社会的发展需求,引发人们认识和了解历史与现状的渴望,推动和促进了方志编纂工作的开展,由下而上,自成体系,进而形成第一轮修志高潮在全国兴起。中国地方志指导小组的成立,标志着全国性的修志工作得到党和政府的认可,进而纳入社会主义文化建设的轨道。首轮修志,成果巨大,但从实践情况看,存在问题亦较多,主要体现在志书质量上还存在诸多不足与差距。首轮修志在保证志书质量上进行了不懈的追求与探索,并积累了较为行之有效的成功经验。二轮修志开展以来,中指组把抓志书质量放在了极其重要的位置,2006 年 5 月 18 日《地方志工作条例》的颁布施行,使修志工作走上了依法修志的道路。2007 年 11 月 28 日,中指组制订并印发了《关于第二轮地方志书编纂的若干意见》,从指导思想、基本原则、编纂方式、体例篇目、内容记述、志书名称、印刷出版、质量保障等 8 大项,分列 24 条,对二轮续志质量提出了具体要求。2008 年 9 月 16 日,中指组又印发了《地方志书质量规定》,《地方志书质量规定》共列总则、观点、体例、内容、记述、资料、行文、出版、附则等 9 章,分列 50 条。较之于《若干意见》更加详实、细密,并且有可操作性。3 年中连续颁发 3 个规定,对续志质量提出了全面、系统的总体要求。这既是对首轮修志经验的总结,又是对二轮续志质量宏观性的把握,体现出修志工作要走法制化、规范化的轨道。

《地方志书质量规定》第一章总则中的第三条,提出"志书质量的总体要求:观点正确,体例严谨,内容全面,特色鲜明,记述准确,资料翔实,表达通顺,文风端正,印制规范",9 条 36 字,可谓志书质量的 36 字箴言。要想编出一部合格的优秀志书,必须符合 36 字箴言的标准。《规定》全文 4880 字,凡修志之人必须详读全文,深刻领会,严格遵循,志书才能合乎规范,达到优秀志书的标准。

为促进续志质量的提高,各省市区志办均在本省(市区)三级志书的编纂范围内选定了一定数量的试点单位,中指组亦在全国范围内选定了 20 家试点单位,以点带面,促进志书质量的提高。

通过学习《地方志书质量规定》,结合自己参与编纂三级志书的体会,谈谈自己对优秀志书的认识和看法,一家之言,仅供参考。

城市区志是省、市、县三级志书中特殊的一类,属于城市志的一种,同时又有别于城市志。城市区志的科学性,是一个大的概念范畴,大到志书的体例、篇目、内容,小到目录、图片、标点符号的运用,涵盖志书的方方面面。近日阅读部分新出版二轮城市区志,感到在志书的科学性上还有些许欠缺。以 10 部城市区志为例,罗列数点不足,谈点自己的浅陋看法,以与同仁商讨。

(一)城市区志的书名

凡志,必有志名。省、市、县三级志书均以行政区域名称直接标示,如山西省编修的志书称之为"山西省志",太原市编修的称之为"太原市志",阳曲县编修的称之为"阳曲县志"。在首轮社会主义新方志编纂开启之时,中国地方志指导小组并未对城市属区是否统一进行修志明确规定,故全国各省、市、区对城市属区修志极不统一,有的列入首轮志书规划之内,有的则由各城市属区自行定夺,形成城市属区志书编纂进度不统一,落后于省、市、县三级志书的编纂。城市区志的志书标名亦出现混乱,有的只标行政区域的区域名称,有的在区域名称前加标属市名称。以上述 10 部志书为例,只标城区名称的有 4 部,加标属市名称的有 6 部。城市区志与省、市、县三级志书相较,属较特殊的一类志种,城区属某一城市的局部,在行政区划标名中,均标为××市××区,其独立性较县级行政区划要差许多。以城区的单独名称标名,既体现不出城区局部与城市全局的关系,同时易引起标名的混乱。单就志书名称的科学性而言,城区志的名称应加冠属市的名称,才较为合理、科学。二轮续修志书启动之后,中国地方志指导小组明确地把城市下属的城区(县级)志书编纂列入三级志书规划之内,弥补了三级志书编纂中城区志有所缺失的不足。为完善三级志书的规范性、统一性、科学性,中国地方志指导小组于 2008 年 9 月 16 日颁布了《地方志书质量规定》,其中第十条规定"志书名称以下限时的行政区域名称冠名"。并特别指出"其中,市辖区志书在本行政区域名称前冠以上一级行政区域名称,如'××市××区志'"。城市区志的标名达到了统一。前面提到的 4 部城区志标名不合规范,系出在 2008 年《规定》出台之前,情有可原。其后则不应再出现此种违反《规定》的标名情况出现。《规定》是三级志书编纂的通则,应严格遵守。

(二)目录的编排

志书的目录,是篇目的终极体现。篇目大体经历三个阶段:修志之初,制订篇目大纲,作为修志人员搜集资料的提纲;进入编纂阶段,要细化篇目,作为纂志人员编写志书的纲要;定稿之时,对篇目体例进行思想性和科学性的提炼,进而形成志书的目录。靓丽转身体现志书目录的终极目标。方便读者、服务读者是目录编排的主要任务。目录编排要把握三点:一是内容要全面,不能有遗漏;二是标码要准确,包括志首和志尾部分要明确标示;三是编排要紧凑,方便读者阅览。统观 10 部城区志,或多或少还存在一些可商榷之处。

10 部志书中,目录遗漏内容的有 6 部,其中序言和凡例未入目录的有《杭州市江干区志》、《临淄区志》、《昌江区志》、《郑州市金水区志》、《太原市小店区志》等 5 部,索引和编纂始末未入目录的有《烟台市莱山区志》1 部。志书的卷首和卷尾所列的内容,均应在志书目录中有所显示,全部列入才能完整反映志书的全面性。就以序言而论,5 部未列入目录的志书中,其中有 1 部列有 3 篇序言,3 部列有 2 篇序言,如此遗漏使读者在目录中难以看到志书的全貌,进而亦影响到志书目录科学性的发挥。

10 部志书中,列入目录而未标示页码的卷首和卷尾内容的有 9 部,其中目录本身未标页码的有《昆都仑区志》1 部,序言、凡例未标页码的有《临淄区志》、《昌江区志》、《太原市小店区志》、《烟台市莱山区志》、《温州市鹿城区志》、《上海市长宁区志》等 6 部,后记及编纂始末未标示页码的有《杭州市江干区志》、《临淄区志》、《郑州市金水区志》等 3 部,总述、大事记、杂记未标示页码的有《温州市鹿城区志》1 部。按书籍编排常规,正文之首的卷首内容,如序言、凡例、目录均应单独标注页码,正卷之中未列章节的“卷”名之下亦应标注页码(如《温州市鹿城区志》卷六十四杂记在目录中未标页码),卷尾的后记、编纂始末应随正文页码顺延标注页码。卷首和卷尾内容所标注的页码均应在目录中有所显示。这样,才能方便读者查检。

10 部志书中,只有《温州市鹿城区志》1 部加载了英文目录,可见志书加载英文目录还未引起众多志人的关注。新编志书业已走向世界,为方便海外读者查检阅览,英文目录应在推广之列。

10 部志书中,有 2 部为分上下两册出版,目录编排亦存在差异。《昆都仑区志》上册刊载全志总目录,下册复载目录中的下册部分内容。《温州市鹿城区志》将全志目录分为两截,上册只刊载上册的目录,下册只刊载下册的目录。按书籍编排常规,分册出版的志书在第一册中即应刊载全志的总目录,即涵盖全志内容;分册中为方便读者翻检,亦可复载分册的目录。由此可见,《昆都仑区志》的目录编排,更合乎情理与规矩,《温州市鹿城区志》似有不当之嫌。

在我国旧志的编纂传统中,有先列总目、后列详目的传统。总目只列志书"卷"的第一级标题,所占1至2个页码,便于读者在较短时间内了解全志之梗概(即"卷"的设置情况),在新编志书中较少见到。笔者仅见到二轮的《奉贤县续志》采用了此法,即志首列有总目,排通栏,占2个页码;后有目录(详目),包括卷首的出版致辞、题词、照片地图、编纂人员名录、序、凡例等,排双栏,详列节下的目题,志尾的附录中设前志摘要,亦在目录中逐一显示。此种做法,即是传统的继承,又可称之为目录编排中的创新,值得提倡和大力发扬。10部志书中,仅有《上海市长宁区志》1部在目录中加载了目题。目题的加载,可谓志书目录编排中的一种创新,既方便读者,又全面展示志书内容,值得后来者效法。

依笔者愚见,新编志书的目录编排应把握以下几点:一是先列总目,展现志书的第一层级结构,使读者尽早了解志书的框架全貌。总目排双栏,用一个页码展示最为完满(如《奉贤县续志》改排双栏即可放在一个页码之内),省却读者翻检之劳;二是目录(详目)要详列卷首、卷尾内容,并标注页码;三是目录标题要延伸到目题,使志书内容得到全面展示(如《奉贤县续志》、《上海市长宁区志》的做法);四是加载英文目录(如《温州市鹿城区志》),利于新编志书在全世界的传播与利用;五是志书目录编排最好用双栏,既经济节俭,又方便读者查检(10部志书目录用双栏编排的仅有4部,单栏编排既浪费版面,又不利于读者查检)。

(三)志书篇目第一层级的标法

在我国的旧志中,第一层级的标法大体分为两类:一为门目体(亦称类目体),即对志书所记事物分门别类,构成志书篇目的基本框架,尔后再从大类中分小类,以此类推,逐级立题,直到目题。一为分卷类目体,即志书篇目的第一层级冠以"卷"(此为大门类),卷下再分门别类、直至目题。如明成化《山西通志》第一层级以"卷"立名,全志分立十七卷,每卷之下分列1门或多门,亦有多卷立为1门。如卷之二列有分野、疆域、风俗、形胜、山川等五大门类,又如卷之十二至卷之十五等4卷均为"集文"一大门类。该志的"卷"是以分订装册来计算的,一册即一卷。旧志中的"卷"与志书门类联系并不甚紧密,只起标示志书装订的册数而已。章节体是清末民初西学东渐、洋为中用的产物,由此而改变了我国志书的传统篇目结构形式。章节体的表现形式是按照逻辑关系将志书内容归类，以事物的同一性为第一大类，再以统属关系为序安排各个层次，逐级分为编、章、节、目（甚或目下又设子目、小目），从而使志书构成一个严谨、完整的多层级整体。章节体最初称之为编章体或编章节体，为阅读使用方便简称"章节体"。章节体应用到志书之中，因其体例结构严谨，层次分明，排列有序，19世纪末便被志家逐渐采用。民国时期编纂的市县级志书，大多采用此体。

首轮社会主义新方志编修，大多数志书采用了章节体。笔者对山西首轮市县级志书（笔者手头有的125部）做了个粗略统计，采用门目体（类目体）的仅有《阳高县志》、《长治市城区志》、《平顺县志》、《阳城县志》、《定襄县志》等5部，占首轮市县级志书的4%，比例较小。采用章节体的有120部，占96%。所不同的是，志书第一层级的标法比较混乱，以"编"为第一层级标法的有57部，以"卷"为第一层级标法的有59部，以"篇"的有2部，平头列"章"的有1部。再以上引10部城区志为例，全为章节体，但第一层级标为"编"的有3部，标为"篇"的有5部，标为"卷"的有1部，平头列"章"的有1部，志书第一层级的标法混乱可见一斑。

从首轮新方志编纂开启之时，直至当前二轮续志的编纂，中国地方志指导小组始终把三级志书的规范化当做提高志书质量的重要着力点，一直为此而进行着不懈的努力。1981年中国地方史志协会在太原召开时，出台了《关于新县志编纂方案的建议》，提出第一个较为规范的篇目模式，即以第一层级以社会分工的各大部类（门）命名为"编"，即概述编、自然编、经济编、政治编、军事编、文化编、社会编、人物编、图表编、附录编等10编。1985年中国地方志指导小组制订的《新编地方志工作暂行规定》第十条亦规定，篇目"层次名称可采用编（篇）、章、节、目，也可采用其他形式"。首次明确规定志书篇目框架第一层级的名称为"编"，其统属关系的名称为章、节、目。"此规定'编'后括号中的'篇'，笔者理解的是并非设置为篇目框架的第一层级，而是指'编'（专志）之外的特篇，诸如概述（或称总述）、大事记、专记等体裁。之所以以'篇'出现，旨在区别于正编。所以，括号内的'篇'与其后的章、节、目并无关系"。

从志书编纂的规范性和科学性出发，志书的第一层级的名称应为"编"，而非"卷"、"篇"甚或"章"。除门目体（类目体）之外，凡采用章节体的志书，均应以编、章、节、目来划分层次,只有这样才是合理的、规范的、科学的。

(四)概述篇的名称、篇幅及段落层次划分

10部志书均设了概述篇,只是名称上略有差异,称"概述"的有5部,称"总述"的有5部。在首轮修志中,由于对"概述"的争议较大,"概述"篇的名称出现多种,但称"概述"的还是占了主流。二轮续修以首轮志书为依傍,总结首轮修志中的不足,"概述"篇的名称亦逐渐向规范化靠拢,上述10部志书就是一个明证。我以为,"概述"篇的写法可以多样化,名称还是不动为佳,这样有利于志书的传播与利用。

概述篇的篇幅自创设起即有争议,但大多数志界同仁的一致看法,认为控制在万字以内为宜。笔者以为,市、县两级志书的"概述"篇幅,考虑到记述范围的不同及志书篇幅上存在的客观差异,其"概述"的篇幅应区别对待。首轮新方志"概述"的编写实践,也给出了符合编纂实际的答案。市级志书的"概述"篇幅,不论志书总体篇幅的长短,应为5000字~8000字为宜;县级志书应为4000字~7000字为宜。二者的篇幅上限均不应有所突破,而下限则可灵活掌握。"概述"是全志的开山篇,既是志书中的宏观总体结构,也是汇集全书脉络之精华,具有概括性、整体性、科学性、规律性、可读性、导引性之六大特点。所以,"概述"的篇幅要适量,符合读者的阅读习惯,在较短的时间内能纵览全书之精华及要旨,使读者一气读竟。不宜过短或过长,过短,恐挂一漏万,以偏概全;过长,则不易使人理解和掌握,失去设"概述"篇之初衷。10部志书的"概述"篇,万字以内的有7篇,最短的为《太原市小店区志》3200字;超过万字的有3篇,最长的为《上海市长宁区志》、《江汉区志》均为13500字;10篇的总字数为83950字,篇均8395字;若抛却3篇万字以上的,篇均6280字。10部志书"概述"篇的编写实践证明,"概述"篇控制在7000字以内还是可以实现的。写长文易,写短文难。在"概述"篇的篇幅控制上,还是需要下功夫加以改进的。

10部志书的"概述"篇,在段落层次的划分上采用了两种方式,一为通篇一气呵成的有4篇,一为用序号分割的有6篇。在用序号分割的6篇中,仅有《汉江区志》1篇有开头段,其余5篇既无开头,亦无结尾,通篇用序号划分。"概述"篇在层次结构的内容分段上,用序号分割是便于操作和把握的一种简便方式。它的特点是文章内容层次清晰,方便读者领会文章内容;短处是割裂文气,在一定程度上破坏了文章的完整性。用序号分割内容,就要注意给文章加上开头与结尾,使"概述"完满成篇。东方人写文章的传统习惯,一篇好的文章要有开头与结尾,俗称"穿鞋戴帽"。就以中共十七大报告为例,除开头与结尾外,内文分为十二大部分,以序号分割。如此重要的政治报告均难脱此窠臼。"概述"篇,实为给志书主编出的一篇命题作文,它要求主编以高屋建瓴之势,网罗全志的精华,纵述历史,横陈现状,申大势,说大略,因果相望,揭示规律。一篇好的"概述",应有好的开头与结尾,正如古人所总结出的好文章标准:虎头豹尾猪肚(亦有虎头凤尾猪肚之说)。虎头,即要有好的开头,吸引读者阅读下文;豹尾,即要有漂亮的结尾,起到余音绕梁的效果;猪肚,即指文章的主体内容要丰富充实,体现作者所要表达的中心思想。"概述"篇加序号分割,只能分割文章的主体部分,开头与结尾不在序号包含之内。6篇加序号的"概述"或多或少均存在这方面的问题,应引起志书主编的重视。

(五)大事记在志书中的位置

10部城区志均设有大事记,概述与大事记同放在志书之前的有9部(其中《太原市小店区志》大事记入编的系列),放在志书尾部的有《江汉区志》1部。大事记篇在志书的位置似乎还有议论的必要。在志书的诸体例中,如果概述篇重于横陈一邑之大势,那么大事记篇则重于纵述一邑的具体事物。大事记相对于专志而言,可以看做是专志的纵线,给专志的表述内容提供一个总的时间线索和历史背景。大事记纵排一邑发生的重要历史事件,进而反映出历史发展的阶段性和趋势,在整部志书中具有相对独立性。大事记在志书中前置或后置,与修志人员对大事记篇在志书中的功能和地位认识不一致有关。首轮新方志编纂中,一些全国知名的方志专家学者就提出大事记后置的看法,对首轮志书影响较大。如来新夏先生就认为大事记"置于志尾为佳,可备检索";刘纬毅先生亦认为大事记"将它放在志末是适宜的"。首轮山西编纂的市县志书多数将大事记放在了志尾,均是接受了这些专家学者的观点而实施的。我曾做过一个统计,在山西首轮编纂的126部市县志中,列有大事记篇的有123部(3部未列),放在志尾的70部,占57%,放在概述篇之后、专志之前的53部,占43%,大事记后置占到多数。但就全国各省市区的首轮市县志而言,大事记前置还是占了多数,山西亦仅是特例而已。造成大事记后置的原因大致有三种:一是部分方志专家学者的见解,起到一定的引导作用,如山西首轮市县志即是如此。二是编者认为全志之首增设了概述篇,以此作为全志之纲,替代了大事记统率全志的功能。三是对志书体例中设大事记篇的初衷不甚了解,只认为大事记仅起志书的检索功能。笔者以为,社会主义新方志编纂是在继承历代方志体例的基础上创立的。就方志体例而言,继承多于创新,表现出方志体例的创新难度之大。从另一角度讲,完全脱离开地方志原有优良体例而一味强调创新,则有可能使新编方志脱离方志体例之轨。首轮新方志编修,就概述篇的创设,亦经过激烈的争论与交锋,经实践的检验才得到普遍认可。首轮新方志体例的创新,概述篇的创设首屈一指。通俗地讲,即概述篇以"面",大事记以"线",面线结合,双管双下,经纬交织,提纲挈领,统领全志,两者合力共同承担全志之纲的重任,使新编志书在体例结构上又上升到一个新的层面。大事记后置,则破坏了志书体例的严谨性、科学性、系统性。再者,从志书整体性的角度比较,大事记置于概述篇之后专志之前,志书的整体性显得更强。置于志尾,显得大事记游离于志书体例之外,丧失了志书设立大事记的本来意义。单从检索功能而言,志书尾部增加索引,志首目录由编章节再扩展到目,远远比大事记的检索功能要强许多。大事记的检索功能是附带的功能,并非其主要功能。此种越俎代庖之事还是少用为妙。在二轮续志编纂中,"大事记在志书中的重要地位和作用将愈益被人们所认识,方志大事记的体例将按照以编年体为主的趋势向前发展。虽然其中可能对某些跨年度的或十分重大的事件作纪事本末体的记述,但方志大事记以纪事本末体的体例向前发展的可能性极小。比较而言,唯有编年体大事记更适合方志体例、方志整体结构和方志社会功能的需要"。

(六)年份连接号的应用

10部志书中,续志体式的2部,通纪体式的8部。在年份连接号的应用上,10部志书中仅有《江汉区志》1部应用正确,其余9部除两部续志体志书封面应用正确外,内文全部误用了"～"浪纹连接号。此种误用若定为差错似乎有点过分,但不规范、不准确却是无庸置疑的。标点符号虽属"小道",在志书的整体编纂过程中微不足道,故而有人看它不起,甚至有人觉得似乎有吹毛求疵之嫌。笔者认为,实则不然。志书质量是一个大系统,标点符号亦囊括其中,志书的规范性、科学性、严谨性、统一性在标点符号的应用上亦可体现出来,读者仅从使用标点符号的规范、严谨、统一上,即可考量出一部志书科学性、严谨性的高下。

《地方志书质量规定》第四十条言明："数字、量和单位、标点符号的使用规范、统一，符合国家有关标准的规定。"延伸开来，这个"有关规定"即指国家技术监督局 1995 年 12 月 13 日批准、1996 年 6 月 1 日颁布实施的《出版物上数字用法的规定》和《标点符号用法》。"使用规范、统一"，即指一本书中既要规范，又要统一，不能随意乱用。

《标点符号用法》"4、13 连接号"，对年份间连接号的用法有明确示例，"4.13.3a)鲁迅（1881—1936）。"在权威性的工具书和出版物中亦有示例，如《当代汉语辞典》"马寅初"条，"马寅初（1882—1982 年）"。如《辞海》"马寅初"条，"马寅初（1882—1982）。"再如《中国共产党历史（第一卷）》，其中目录"第一编中国共产党的创立（1921 年 7 月—1923 年 6 月）"；附图8"中国革命根据地第二次反'围剿'（1931 年 4 月—5 月）"。从上述《标点符号用法》，到权威性工具书《辞海》、《当代汉语辞典》，再到权威性的公开出版物《中国共产党历史》，年份间（包括月份间）的连接号，均为一字距"—"连接号，并非浪纹"～"连接号，说明年份间的连接号应为"—"，而非"～"，使用浪纹"～"是不规范、不准确的，进而使志书在标点符号应用的科学性上打了折扣。

（七）志书标题中的设置

标题中不宜加"地方"二字。此类问题多在政治部类的组织机构标题之中。方志，乃一方之志，三级志书名称即把记述范围限定在一定行政区域之内，志书有不越境而书之规，只能记一地之事，加"地方"二字纯属画蛇添足之举。

目题不宜序号。二轮志书出现了好的现象，即在目录中直接标到目题一级，使读者阅览目录更加方便快捷，全志内容一览无余。志书有类目体（纲目体）、章节体、条目体之分，实则二轮续志多数为章节体与条目体的结合体。条目是志书最小的记述单元，志书以类横分，条目无先后顺序之别，标上序号反显累赘，同时也不利于检索。既加序号，序号已入标题范畴，不利于作志书索引，目题序号纯属多余。

标题缺乏规范化，标目混乱，自乱阵脚，约定俗成的志书标题，应走规范化道路，不能自行其事。如"军事"，二轮续志中标有国防、武装、人民武装等。如"精神文明建设"，标有群众性社会主义精神文明建设、社会主义精神文明建设、精神文明创建、文明创建、文明建设等多种。如"概述",标有总述、综说、概貌、概说、概略等几十种。共性的同类标题,要统一、规范,便于读者查检。

标题简化不确,进而出现差误。如有的志书将政协组织名称简称为"政治协商",出现明显差误。

升格无度,次序混乱。篇目中使用升格现象,为二轮续志显著特征,但有矫枉过正之嫌。升格要根据事物的大小,可记内容的多寡而定,并非一提升格,就非要升到第一层级;即使升到第一层级,亦并非要把老子、儿子颠过来才算突出了地方特点,如工业与煤炭、文化与文化遗产等。如有的志书将"党和国家领导人视察"内容从大事记中抽出,单列一篇,放志首,即概述、党和国家领导人视察、大事记,位置明显欠妥,概述、大事记为统领全志的篇章,而党和国家领导人视察只是为突出地方特点而单列,与大事记相较,是父与子的关系,应大事记在前,党和国家领导人视察在后。(《秦皇岛市志》)志书有志书的规矩,如人物,再有名气的人物,也只能入传的系列。现省志中即出现了不好的现象,如二轮《山西省志》,单列了《华国锋志》,《山东省志》单列了《孔子志》,《广东省志》单列了《孙中山志》。我以为,人物写专志可以,但不能列入省志的系列,并成为其中的一部分志。

上下级标题重复。此类问题通常出现在中编体式的志书之中(如《秦皇岛市志》"政区、自然环境、人口"下列又为此三项)。如"教育科技"合并为编,章题再分列"教育"、"科技"章;如"卫生体育"合并为编,章题再分列为"卫生"、"体育"章等等,不一而足。

《高安市志》的一级标题中,有两处值得商榷,即政治部类中的卷十六"中国共产党地方组织"和卷十九"民主党派地方组织"。作为省、市、县三级地方志书,书名即标名为"××省志"、"××市志"、"××县志",即按中指组颁发的《地方志书质量规定》的要求,将志书所记内容框定在一定地域之内,不越境而书,已成为地方志书铁定的法则。当然新方志在这方面亦稍有例外,如志书中将本地经济社会发展(或其他方面)与兄弟省、市、县作横向比较,或与全国的先进省、市、县相比较,仅此为志书允许越境的记述范围之内。所以,志书的一级标题(指大类目的标题)均不应再标"地方"二字,不论自然、经济、政治、文化、社会等部类,均以志书名称限定在一定地域之内,以《高安市志》为例,如"政区",即指高安市的政区;如"工业",亦指高安市的工业;如"政府",即指高安市的政府;"教育",也指高安市的教育⋯⋯即志书中的分志隐去了"高安市"三字。如把隐去的"高安市"加进去,就会成为"高安市中国共产党地方组织"、"高安市民主党派地方组织"。按正确的标法,应为"高安市中共组织"、"高安市民主党派组织"。再深一层仔细推敲,加"组织"二字也不甚妥当,如"工会"、"妇联"、"共青团"也都是组织,为何它们不加,仅"中国共产党"和"民主党派"要加? 只有去掉"组织"二字,全志的篇目标题才能统一。以此类推,凡志书的每一部分志如要单独出版,即可标为《高安市政区志》、《高安市工业志》、《高安市政府志》、《高安市教育志》等。标题名称中出现"地方"二字,实属多余,甚乃有画蛇添足之嫌。这是由政治部类标题具有特殊性而造成的。当然,此问题的出现亦并非《高安市志》独有,其他续修志书亦有此类问题。如山东的续修《利津县志(1986~2002)》,第十六编政党群团,第一章中国共产党利津县委员会,下设地方权力机关、地方行政机关、政协等章,很明显标题名称存在问题,既然"权力机关"、"行政机关"是"地方"的,那"政协"就是全国、全省的吗?! 前两者加"地方"二字,后边的"政协"却不加,明显出现标名不统一的现象,实为前二者加"地方"而出现问题,后者不加是对的,而前二者加"地方",则有多余、累赘之嫌,同时也破坏或损害了章级标题的统一性。

首轮新方志编纂,按中指组的要求,记述时段统一为 1840 年至 1985 年,时间跨越清、民国、中华人民共和国三个朝代,故市县级志书的政治类目一级标题普遍设为"党派群团"、"政权政协"等合并类大题,中共地方组织的标题排在二级标题之内,标题中加"地方"二字还不甚显眼,故未引起人们的重视。二轮续修市县级志书,将中共地方组织的记述多数提升到一级大类之中,"地方"二字尤其显眼,多加推敲便发现问题所在。

志书标题,要求"简明、准确,题文相符"(中指组《地方志书质量规定》),使用简称,亦是标题提炼中应采用的一种手段或形式。在二轮续修的市县级志书中,通常会遇到使用机构或组织名称作为一级标题,在使用简称或全称上,多出现混乱现象,即一部志书内的一级标题,全称与简称互用,标题体例极不一致,直接影响到志书的科学性和严谨性。依笔者愚见,要么都用全称,要么都用简称,从标题要"简明、准确"的角度考虑,用简称较为恰当。如《高安市志》卷十六"中国共产党地方组织",其全称应为"中国共产党高安市委员会",改简称应为"中共高安市委"。卷十九"民主党派地方组织",即为全称,改简称应为"民主党派","地方组织"几字多余;正像"工会"、"妇联"、"共青团"用简称一样,不应加"地方组织"几个字。志书名称已经限定了所记一级大类目的内容记述空间,它不可能也不应超越出这一空间,道理十分明白。

如山东《垦利县志(1986~2002)》第十四篇"政党群团",第一章"中国共产党垦利县地方组织",与《高安市志》相较,中间又多了"垦利县"三字,"中国共产党"为全称,其后为简称,两者混用而出现毛病,应改为"中共垦利县委",标名更为准确。该志第十五篇"政权政协"下辖的前三章分别为"地方权力机构"、"行政机构"、"政治协商机构",第一章章名加"地方"二字,而二、三章不加,似乎第一章是说"地方"的,那二、三章就不是"地方"的了吗?第一章多加了"地方"二字,使三个章在标名上形成差异,造成标名的混乱。第三章"政治协商机构",政治协商的简称是"政协",正如该章的第一节"政协垦利县委员会"一样,应简称为"政协机构"。县政协的全称应是"中国人民政治协商会议垦利县委员会",节名标题亦存在前简后全之误,应为"政协垦利县委会";第二节"常务委员会及工作机构",应改为"常委会及工作机构"。该志第十五篇政权政协第一章地方权力机构,下辖的前两节为"历届县人民代表大会"、"县人大常委会",前一题为全称"人民代表大会",后一题为简称"人大",亦形成不统一,故前一题应改为"历届县人大",才能与后一题相匹配、吻合,且第一章已将"常务委员会"简称为"常委会",故第三章第二节的"常务委员会"亦应简为"常委会"。

如山东《利津县志(1986~2002)》第十七编政权政协,下辖地方权力机关、地方行政机关、政协3章,因前二章加了"地方"二字,第三章却不加,进而形成标名的不统一。权力机关、行政机关是地方的,政协是"中国人民政治协商会议"的简称,不加"地方"岂不成了全国政协?实质是前二者加"地方"惹的祸。志书是利津县的县志,所记的权力机关、行政机关、政协,亦只限在利津县域之内,故不会引起混淆。再者,前二章加"机关",政协却不加,又形成标名不一致,实质是"机关"一词用词不确所致,如改为"机构",三个章名均加,便得到统一。简明准确的标名应为:权力机构、行政机构、政协机构。

(八)卷首内容的顺序安排

卷首部分有扉页(书名页)、版权页、编纂人员名单、图(各类地图及彩页图片)、序、凡例、目录(中文目录、英文目录、图表目录)。这是国内出版界通行的排列顺序。扉页自报家门,亮明身份;扉页的背面为版权页,标明是何时何地何家出版的;编纂人员名单列前,是志书的传统,告诉读者这部志书是什么人编的,哪些人审的,有些志书将名单放于志尾,似有非薄修志人员的意蕴。彩图的安排也有个先后顺序问题,各类地图放前,和盘托出地域的整体面貌,继而彩色照片反映地方特色的事物,显现个性。多数志书的地图仅设行政区划图,似嫌不足。志书由图经演化而来,重视地图的应用,是地方志书区别于其他书籍的重要标志之一。在旧志中,地图是引领正文的,或叫"卷首",放于正文之前;或直接排在卷一的位置,属正志中的一部分。新方志因有了彩印,根据装订的需要而列于正志之前(或移至序、凡例、目录之前,亦成为通例)。志书正文中加插照片,始于民国年间的志书,首轮新方志编纂继承了这一做法,但不够普遍,此亦为首轮志书的不足之一。二轮续志扭转了这一局面,普遍重视了志文加插照片的运用,增强了志书的存史价值和可读性,达到图文并茂,相得益彰。地图的制作似嫌单调,图的范围还可再扩大一些。如我在编纂《山西大典》时,卷首便设置了山西省卫星影像图、山西省地势图、山西省政区图、山西省年降水量图、山西省矿产图、山西省煤田图、山西省森林草地图、山西省人口图、山西省交通图、山西省名胜图、山西省特产图等 11 幅彩色地图。各地可根据地情,适当增设一些特色地图。卷首彩照现有泛滥之势,有些志书甚或达近百个页码,将地方特点淹没于面面俱到的照片之中,大有压缩之必要。我以为,志书全部采用彩印的,卷首彩照应压缩到一个印张(16 页)为好;志书内页采用黑白印刷的,卷首彩照应控制在两个印张(32 页)之内。《秦皇岛市志》卷首彩图仅放一幅秦皇岛市地图,照片统一放入内文(彩印)之中,给人以耳目一新之感。卷首彩照过多过滥,似有喧宾夺主之弊。彩图之后,接排序言,通过序言作者之口,向读者推荐是志的可读可用及优长之处。序言的篇数应控制在 3 篇之内,依我之意,两篇最为恰当,一为当地领导从自身执政角度宣扬地方特色,一为专家从编纂角度勾勒是志志体特长和优劣之点,二者相辅相成,引导读者了解和认识志书,增强读者的阅读兴趣。凡例与目录要紧密相连,凡例在前,目录在后,二者不能颠倒。目录(志书编纂过程中称之为"篇目",出书之时转身为"目录")是篇目的变种,是在凡例的主导下设置的,二者有主次之分。凡例体现作者的编纂思想与编纂原则,目录则是在凡例指导下编者编纂意图的具体体现。中文目录后紧接英文目录,随后为图目录、表目录(也可图表合编)。

卷首内容的顺序编排,看似小事一桩,实则体现志书的科学性。如《临猗县志》(二轮续志,断限为1991-2005)印行于2009年8月,在《地方志书质量规定》颁布一年之后,未按《规定》要求,书名未标注上下限年份。凡例排于目录之后,似觉欠妥。卷首彩照中有广告彩版47页(其他3页),有违《规定》"照片无广告色彩"之规定。如《秦皇岛市志(1979-2002)》卷首顺序为凡、序、目,凡例置于序之前,未与目录连接,欠妥;地图放在扉页(书名页)之前,也欠妥。目录第一页单栏排,其后双栏排,违反版面编排常规。我曾对山西首轮市县志书做了个统计,卷首内容排序不妥的有40部,占125部的近1/3。之所以提出这个问题,似乎值得有必要提出来,以便引起大家的注意。

(九)凡例的编写

《地方志书质量规定》第三章体例中的第九条专言凡例,指出"凡例关于编纂志书的指导思想、原则、时空范围、体裁、人物收录标准、资料来源、行文规范、特殊问题处理等要求,清楚明确"。凡例单列一条,可见凡例是志书不可或缺的传统文体之一。2011年夏天,青海省志办原定要在中国人民大学举办方志培训班,中指组张英聘处长邀我为其讲授凡例、大事记、概述的编写,为此我着实准备了一个月,后因故取消。我为这次讲课,翻阅了10部新出版的二轮市县续志(或志稿),其中有中指组试点单位的4部志书(秦皇岛、高安、杭州、萧山),发现凡例中存在的问题较多。

一是模式化倾向较明显。通例(共例)多数志书比较重视,但忽视了特例的书写,缺乏志书个性。志书凡例的内容,由驳杂而走向统一,进而到一般通例的规范化,是新方志编纂的一大进步,但多数志书只注意了通例而忽视了特例,以致出现模式化倾向,则是不容忽视的一大问题。

二是指导思想不确。中指组早于1985年4月19日颁布的《新编地方志工作暂行规定》中,即明确提出编纂社会主义新方志须遵循的指导思想和编纂原则,其后在一系列规定中一以贯之,始终不渝。它是当今修志的纲领性法规,是修志工作的总凡例。各级各类志书都必须严格遵循。所以,志书的编纂指导思想理应在凡例中有所交待,并在志书编纂中得到体现,既不能不载,又不应空载。作为社会主义新方志,在正确反映历史的同时,还要保证政治观点上的无差错;要保证政治观点的正确性,就必须坚持马克思列宁主义、毛泽东思想、邓小平理论、"三个代表"重要思想和科学发展观。凡例中有了这一条,在编写和审改时就有了准则,对材料的取舍就有据可依。

多部志书表述不一,甚或断章取义,存在问题较多。如《萧山市志》(试印本)凡例一、《杭州市志》(送审稿)凡例一、《东平市志》凡例一、《大通县志》凡例一、《晋中市志》凡例一、《临猗县志》凡例一,均表述不确。既然在指导思想中标有"马克思主义",辩证唯物主义和历史唯物主义已包含在其中,只用一种即可,二者连用则有重复之嫌。连用的有6部。在运用辩证唯物主义和历史唯物主义替代马克思主义时,不能把二者前后颠倒,亦不能断章取义,只用其中一种,在指导思想表述时二者缺一不可。《秦皇岛市志》凡例二,仅有"坚持历史唯物主义的观点",落了"辩证唯物主义"的表述,明显不确。二者一是世界观,一是方法论。概括地说,世界观主要解决世界"是什么"的问题,方法论主要解决"怎么办"的问题。《锡山市志》凡例二,用"本志编纂以历史唯物主义和辩证唯物主义为指导"语,替代"马克思主义"作为指导思想,二者次序应颠倒过来。

三是简称与全称对应不确。有3部志书凡例存在全称不全、对应不确的毛病。如《秦皇岛市志》凡例十中的"党中央"(简称)对称"中共中央"(全称),实则二者均为"中国共产党中央委员会"的简称。"党中央"为口头语,并含有第一人称的意蕴在内,"中共中央"为书面语。志书中还是用书面语为好。《高安市志》和《杭州市志》中的"党",与前述"党中央"相类似,均含第一人称意蕴。上述3条在"省委"、"市委"的全称表述上均存在表述不确的毛病,实则为简称对应简称,而非简称对应全称。

(此文为中国地方志学会城市区志专业委员会2012年学术年会主题演讲,后刊于《中国地方志学会会刊》2012年第2期)

山西新方志事业综述

编修地方志是中华民族特有的优秀文化传统,已经有 2000 多年的历史,历代存下来的旧志书达 9000 余种、10 万余卷,约占我国现存古籍的 1/10。这是我国珍贵历史文化遗产的重要组成部分,也是全人类共有的精神财富。世界各国历来都很重视中国地方志的收藏:日本有 2866 种,美国有 2939 种,英、法、德、意等国有 2590 种。中国地方志在我国乃至世界文明史上都占有重要的地位。

山西为中华文化的发祥地之一,修志传统源远流长,最早的方志为魏晋时代的《上党记》,堪为山西方志之滥觞。其后,历代修志绵延不绝。据不完全统计,1949 年以前,山西共修方志 798 种,现存 458 种,散佚 340 种。山西现存方志约占全国方志总数的 1/20。

山西省编修社会主义新方志工作起步于 20 世纪 80 年代初,正是我国历史发生重大转折时期。"实践是检验真理的唯一标准"的大讨论,将人们的思想从长期"左"的桎梏下解放出来,使我们能够更加清晰、实事求是地认识历史和总结历史经验。这就为修志工作奠定了坚实的思想基础。党的十一届三中全会在拨乱反正的基础上,实现了全党工作重点的伟大转移,国内形势安定团结,经济建设迅速发展,为开展修志工作提供了雄厚的物质条件。山西省编修新方志工作就是在这种大背景、大环境下应运而生的。20 余年来,在各级党委和政府的关心支持下,万余名专兼职方志工作者艰苦创业,广征博采,精心编纂,辛勤耕耘,使全省新编地方志工作取得了令人瞩目的成就,为全面振兴山西发挥了不可替代的巨大作用,建造了一个为改革开放服务的全新的文化大舞台。

一

斗转星移,沧桑巨变。1949 年 10 月 1 日中华人民共和国的建立,开创了中华民族历史的新纪元,社会主义新方志事业在继承我国历史文化传统的基础上,逐步发展起来。我们党和国家的几代领导人,历来都十分关心和重视地方志的编修和利用。新中国成立后,编纂社会主义新方志的任务便提上了议事日程。1956 年国务院在制定 12 年社科远景规划时,将编修地方志列为 20 个重要项目之一,要求"全国各县、市(包括少数民族地区)能够迅速编写出新地方志"。1958 年 3 月,毛泽东同志在成都会议期间,专门调阅《四川通志》、《华阳国志》、《蜀本纪》等一批志书,并选辑其中部分内容,转发与会同志,倡议各地要编修地方志。同年 8 月,周恩来总理指示有关部门,要系统整理旧志,把各地志书中关于经济建设、科学技术的资料整理出来,做到"古为今用",并在他的亲自关怀下,建立了地方志领导小组,任命曾山同志为组长,负责推动全国的修志工作,掀起了编修社会主义新方志的热潮。1959 年 7 月,山西省人民委员会召集有关部门研究编写山西现代史、整编地方志。会议通过由专人起草整理和编写历史资料等问题的方案。到 1960 年秋天,全省已有原平、离石等 50 余县开始编修新县志。这标志着山西省社会主义新方志的编纂正式起步。在这次新方志的编纂中,山西走在了全国兄弟省市的前列,在全国出版的为数有限的新志书中,山西就有《盂县人民志》(1959 年内部刊印)、《山西矿产志》(1960 年内部刊印)、《晋城志》(1962 年内部刊印)、《闻喜县志·革命斗争史部分》(1962 年内部刊印)、《祁县志》(1962 年内部刊印)、《陵川县志》(1963 年中国青年出版社刊印)、《闻喜县志·革命烈士部分》(1964 年内部刊印)等 7 种志书问世,为山西省的社会主义新方志事业写下了亮丽而精彩的一笔。此后,由于三年经济困难和随后进行的"四清"运动,特别是十年"文化大革命"运动的冲击,省内的各级修志机构被迫解散,人员分流,资料流失,修志工作也被迫中断。

中共十一届三中全会以后,我国进入了一个新的历史时期,改革开放的春风唤醒了方志事业的勃勃生机。早在粉碎"四人帮"后不久,中共寿阳县委书记常继宗积极倡导新修《寿阳县志》,1977 年 12 月成立寿阳县志编纂委员会,常继宗任主任,下设办公室,开始编纂《寿阳县志》。这是我省最早自发成立的地方志办公室,属全国第一家。(《寿阳县志》1989 年版"方志编修始末")1978 年 5 月,临汾市李百玉以《县志应当续订重修》为题,报书中共中央宣传部和光明日报社,建议在全国开展修志工作。同年 7 月,胡耀邦在李百玉建议修志的信上指示"大力支持在全国开展修志工作"。1980 年 5 月 10 日中共山西省委和省政府联合发出通知,成立以省委第一书记王谦为主任的山西省地方志编纂委员会,组织领导全省地方志编纂工作。1980 年 6 月 11 日《光明日报》发表了山西省地方志编纂委员会副主任兼办公室主任李志敏写的《地方志的编修工作急待开展》一文。同月《红旗》杂志第 11 期发表刘纬毅《要重视地方志的编写》一文,呼吁开展修志工作。山西的这三位同志的信和文章,在全国引起较大反响,对本轮全国性修志工作的顺利开展起到了一定的促进作用。1980 年 5 月 10 日,中共山西省委、山西省人民政府联合发出《关于成立山西省地方志编纂委员会的通知》,并成立山西省地方志办公室。同月 20 日,山西省地方志编纂委员会第一次会议在太原市召开。山西省地方志编纂委员会及其办公室的成立和第一次会议的召开,开创和奠定了山西省社会主义新方志事业的基础,标志着山西省编修社会主义新方志工作正式启动,山西也成为全国最早建立省级修志机构的省份之一。从此,修志事业作为全省社会主义建设的一个组成部分,在省委、省政府的关怀和领导下,有组织有计划地开展起来。

20 世纪 80 年代初期,首届修志在全国逐步开展,山西作为修志工作开展较早的省份,修志工作也走在了全国的前列,承办了多次全国性的地方志会议,对全国的修志工作做出了积极贡献。1981 年 2 月 11 日 ~13 日,中国地方史志协会筹备小组会在太原举行,会议讨论了《中国地方史志协会章程》(草案)和《关于编纂新方志的初步方案》(讨论稿)。同年 7 月 25 日至 8 月 1 日,中国地方史志协会成立大会既首届地方志学术讨论会在太原举行,来自全国各省、市、自治区的有关领导、专家和专业工作者共 130 余人出席会议。会议期间进行了学术研究和工作经验的交流,参观了山西省修志成果展览。1982 年 7 月 25 日 ~28 日,中国地方史志协会在太原举办北方 8 省、自治区地方志研究班,参加学员 400 余人。同月,中国地方史志协会在太原召开第一届常务理事会第二次会议,讨论并通过了《关于新编地方志工作条例的建议》。1983 年 7 月 28 日,中国地方志指导小组和中国地方史志协会在太原召开全国城市志座谈会,17 个省、市、自治区城市志编纂负责同志 40 余人参加会议。同年 8 月 4 日,4 省(山东、安徽、辽宁、山西)县志篇目座谈会由中国地方史志协会副会长董一博率领在山西原平、应县、浑源、大同边看边开,广采山西作法。中国地方史志协会副会长董一博出席会议并讲话。1985 年 9 月 12 日 ~19 日,《中国道路交通史》华北、东北片(区)学术讨论会在太原举行,出席会议的有华北、东北片(区)的代表及应邀的全国23个省、市代表共110余人。同年10月12日~26日,全国16省、市、区科技史志研讨会在太原召开。1986年2月,中国地方志指导小组在山西大同市召开全国10省、自治区《省志大事记》研讨会,出席代表30余人。首届修志之初,山西之所以能够承办多次如此盛大的全国性会议,这是与当时的省委、省政府领导同志重视和关怀修志工作分不开的。当时山西省领导人的胆识和胆略着实令人钦佩,也令全国志界同仁刮目相看。

自1980年5月10日,省委、省政府决定成立省地方志编纂委员会及其办事机构山西省地方志办公室以来,全省的社会主义新方志编纂工作已经走过了22个春秋。22年来,省委、省政府历任领导都十分重视地方志的编纂工作。省地方志编纂委员会是全省修志工作的最高领导机构,编委会成员由历届省领导王谦、武光汤、李修仁、王森浩、孙文盛、刘振华担任。全省各地(市)、县(市、区)也相继成立了地方志编纂委员会,主任由专员(市长)、县(市、区)长担任。省地方志办公室为省政府所属正厅级事业单位,在省地方志编纂委员会的领导下,负责全省修志的组织指导工作。1980年5月20日,省地方志编纂委员会第一次会议在太原召开,中共山西省委第一书记、省地方志编纂委员会主任王谦主持会议。会议集中讨论新编《山西省志》的编纂问题,会后编发了山西省地方志编纂委员会第一次会议纪要。同年7月24日~25日,全省地方志编纂工作会议在太原召开,各地、市、县党政负责同志、省直有关负责同志等210余人出席会议,省委书记、副省长武光汤作重要讲话,动员各县、市普遍开展志书编纂工作,并要求各地加强对修志工作的领导。1981年9月,山西省人民政府以晋发(1981)170号文件批转了《全省地方志的编纂工作情况和今后意见》的报告,强调修志的重要性,并对地方志工作提出具体要求。1985年10月30日,省政府办公厅转发了省地方志编纂委员会《关于加强全省地方志编纂工作的报告》。1987年3月,省政府办公厅转发省地方志编纂委员会制订的《〈山西省志〉编纂方案》的通知。1989年8月21日,省政府批准了省地方志编纂委员会制订的《〈山西通志〉编纂方案(修订)》,明确规定了《山西通志》的志目与分工。1989年10月25日~28日,省地方志编纂委员会召开第三次全体(扩大)会议,讨论通过了《山西地方志编写行文暂行规定》(第二次修订)和《〈山西通志〉及地、市、县(区)志版式规定》,全省修志工作从此走上有正式规章可依的规范化轨道。1994年6月10日,省委、省政府决定撤销中共山西省委党史研究室、山西省地方志编纂委员会及办公室,组建山西省史志研究院,统管全省史志编研工作。省史志研究院下设党史、国史、地方志3个研究所,地方志研究所同时挂省地方志办公室牌子,代省政府行使管理全省地方志工作的职能。1996年1月2日,省委、省政府颁发《关于加强史志工作的若干意见》和《山西省史志科学九五规划》。该意见强调了在山西经济腾飞和社会发展的新形势下,史志工作在"两个文明"建设中的重要作用,重申必须进一步加强史志工作,进一步明确"九五"计划期间全省史志工作的任务。同月8日~9日,省委、省政府在太原召开山西省史志工作会议,对全省16年来的修志工作进行了全面总结,并安排部署了"九五"计划期间全省史志工作的新任务。同年9月5日,省委、省政府再次召开全省史志工作会议,会议强调史志工作要围绕中心,突出重点,树立精品意识,抓基础、抓薄弱环节,落实领导责任制,采取强有力措施,确保1999年完成首届修志任务。为了强化省政府对修志工作的领导,加快修志进度,确保志书质量,在这次会上,王昕副省长代表省政府与省直35个厅、局和11个地、市领导签订了地方志编纂工作目标责任状,把修志任务以省政府的名义落实到了承编单位。1997年3月,省政府办公厅发出《关于认真贯彻落实国办发〔1996〕47号文件,进一步加强我省地方志编纂工作的通知》,要求各地、市、县、省直各部、委、办、厅、局,把编纂地方志工作作为大事来抓,在确保质量的前提下,加快编纂进度,力争在20世纪末完成本轮省、地(市)、县(市、区)三级志书的编纂任务。1998年2月,山西省编修地方志立功竞赛活动委员会向各地、市、县地方志办公室,省直各部、委、办、厅、局地方志办公室发出《关于在编修地方志工作中开展立功竞赛活动的通知》,要求各地、各单位紧紧围绕完成本轮修志任务这个重点,并结合开展读志用志和地情咨询工作,开展立功竞赛活动。各地、各单位按照通知要求,树立精品意识,坚持质量第一,力争出佳品、出精品,加快编纂进度,力争快出书、出好书等竞赛内容,积极参与竞赛活动,对提高志书质量,促进全省修志进度,起到了积极的推动作用。

全省22年来的修志历程证明,在社会主义新方志编纂过程中,地方志作为"官书"始终离不开各级党委和政府的重视和支持。

二

经过 20 余年的辛勤耕耘,山西省社会主义新方志编纂工作取得了丰硕成果,基本完成了省、地(市)、县(市、区)三级志书的编纂任务,同时各类专业志、部门志、学校志、企业志、乡镇志、山水志以及年鉴等地情书籍的编纂成绩也非常可观,数量已远超出三级志书。据初步统计,本轮修志成果达 1000 余种,超过了山西历代编纂志书的总和。

(一)新编《山西通志》规划为 50 卷、66 册,总数达 5000 余万字。截至 2002 年 6 月底,已全部出版。《山西通志》为卷 1《总述》,卷 2《地理志》,卷 3《气象志》,卷 4《地质矿产志》,卷 5《地震志》,卷 6《人口志》,卷 7《土地志》,卷 8《农业志》,卷 9《林业志》,卷 10《水利志》,卷 11《乡镇企业志》,卷 12《煤炭工业志》,卷 13《电力工业志》,卷 14《冶金工业志》,卷 15《化学工业志》,卷 16《机械电子工业志》,卷 17《建筑材料工业志》,卷 18《军事工业志》,卷 19《轻工业志》,卷 20《纺织工业志》,卷 21《交通志·公路水运篇》、《交通志·民用航空篇》,卷 22《铁路志》,卷 23《邮电志》,卷 24《测绘志》,卷 25《城乡建设环境保护志·城市建筑篇·建筑业篇》、《城乡建设环境保护志·环保篇》,卷 26《商业志·商业贸易篇》、《商业志·供销合作社篇》,卷 27《粮食志》,卷 28《对外贸易志》,卷 29《财政志》,卷 30《金融志》,卷 31《经济管理志·计划·统计·物价篇》、《经济管理志·技术监督篇》、《经济管理志·物资·成套设备篇》、《经济管理志·工商行政管理篇》、《经济管理志·审计篇》、《经济管理志·劳动篇》,卷 32《党派群团志》,卷 33《政务志·政府篇》、《政务志·政治协商会议篇》、《政务志·人民代表大会篇》,卷 34《政法志·审判篇》、《政法志·检察篇》、《政法志·公安篇》、《政法志·司法行政篇》,卷 35《民政志》,卷 36《军事志》,卷 37《教育志》,卷 38《科学技术志》,卷 39《社会科学志》,卷 40《文化艺术志》,卷 41《卫生医药志·卫生篇》、《卫生医药志·医药篇》,卷 42《体育志》,卷 43《新闻出版志·广播电视篇》、《新闻出版志·报业篇》、《新闻出版志·出版篇》,卷 44《文物志》,卷 45《旅游志》,卷 46《民族宗教志》,卷 47《民俗方言志》,卷 48《人物志》,卷 49《大事记》,卷 50《附录》。

(二)新编地市县(区)级志书共出版 112 部又 2 册,完成计划任务的 88%强。地、市级志书规划为 10 部,截至 2002 年 6 月底,已出版 8 部:《大同市志》、《忻州地区志》、《晋中地区志》、《阳泉市志》、《晋城市志》、《长治市志》、

《吕梁地区志》、《运城地区志》;《太原市志》出版第1册、第2册(《太原市志》共为6册本,此为其中2册)。未完成的为《临汾地区志》、《太原市志》第3至6册。

县级志书规划为117部,截至2002年6月底已出版104部。

太原市6部:《太原市南郊区志》、《古交志》、《清徐县志》、《娄烦县志》、《阳曲县志》、《太原市南城区志》。未完成的3部:《太原市河西区志》、《太原市北城区志》、《太原市北郊区志》。

大同市7部:《阳高县志》、《广灵县志》、《天镇县志》、《浑源县志》、《左云县志》、《灵丘县志》、《大同市南郊区志》。未完成的4部:《大同市城区志》、《大同市新荣区志》、《大同市矿区志》、《大同县志》。

朔州市6部:《应县志》、《怀仁县志》、《平鲁县志》、《山阴县志》、《右玉县志》、《朔县志》。

阳泉市5部:《平定县志》、《盂县志》、《阳泉市城区志》、《阳泉市矿区志》、《阳泉市郊区志》。

长治市13部:《长治市城区志》、《长治市郊区志》、《武乡县志》、《屯留县志》、《沁源县志》、《平顺县志》、《黎城县志》、《壶关县志》、《潞城市志》、《襄垣县志》、《长子县志》、《沁县志》、《长治县志》。

晋城市5部:《阳城县志》、《高平县志》、《沁水县志》、《陵川县志》、《晋城县志》。

忻州地区14部:《五台县志》、《代县志》、《偏关县志》、《河曲县志》、《保德县志》、《原平县志》、《忻县志》、《繁峙县志》、《定襄县志》、《岢岚县志》、《宁武县志》、《神池县志》、《静乐县志》、《五寨县志》。

晋中地区11部:《寿阳县志》、《灵石县志》、《太谷县志》、《和顺县志》、《榆次市志》、《介休市志》、《榆社县志》、《平遥县志》、《左权县志》、《祁县志》、《昔阳县志》。

吕梁地区12部:《岚县志》、《孝义县志》、《方山县志》、《兴县志》、《石楼县志》、《临县志》、《文水县志》、《交城县志》、《柳林县志》、《中阳县志》、《离石县志》、《汾阳县志》。未完成1部:《交口县志》。

临汾地区11部:《临汾市志》、《大宁县志》、《襄汾县志》、《曲沃县志》、《吉县志》、《蒲县志》、《乡宁县志》、《翼城县志》、《安泽县志》、《汾西县志》、

《永和县志》。未完成 6 部:《隰县志》、《侯马市志》、《霍州市志》、《浮山县志》、《洪洞县志》、《古县志》。

运城地区 13 部:《河津县志》、《永济县志》、《平陆县志》、《临猗县志》、《闻喜县志》、《垣曲县志》、《运城市志》、《芮城县志》、《稷山县志》、《万荣县志》、《新绛县志》、《夏县志》、《绛县志》。

(三)旧志整理也是本届修志中的一项重要课题,在编纂新志的同时,全省各级志办及社会各界还整理了一批有价值的旧方志。其方式亦多种多样,或点校、翻译、重印,或方志辑佚,或旧志资料汇编,或编制旧志书目、索引。据不完全统计,自新中国成立以来至 2002 年 6 月底,全省共整理旧志达 121 种,其中省志 5 种,府志 9 种,州志 17 种,郡志 2 种,县志 60 种,山、寺志 6 种,分类整理 22 种。就目前出版情况来看,山西整理旧志的数量不仅超过了历朝历代整理刊印旧志的总和,而且也超过了全省新编三级志书的总和。《中国方志通讯》2002 年第 2 期刊发了山西旧志整理经验交流的专文,向全国方志界推广、交流。旧志整理的具体情况为:

整理出版的 5 种省志是:成化《山西通志》、乾隆《山西志辑要》、光绪《山西通志》、民国《山西大观》(日译中)、民国《山西省志》(日译中)。

9 种府志是:万历《太原府志》、正德《大同府志》、乾隆《潞安府志》、雍正《泽州府志》、雍正《朔平府志》、乾隆《蒲州府志》、万历《汾州府志》、乾隆《汾州府志》、清《平阳府志》。

17 种州志是:乾隆《沁州志》、康熙《隰州志》、光绪《续修隰州志》、光绪《吉州全志》、光绪《岢岚州志》、康熙《保德州志》、乾隆《浑源州志》、清抄《吉州乡土志》、万历《应州志》、康熙《吉州志》、光绪《平定州志》、乾隆《吉州志》、道光《直隶霍州志》、光绪《续刻直隶霍州志》、光绪《岢岚州志》、弘治《潞州志》、光绪《永宁州志》。

2 种郡志是:顺治《云中郡志》、清《潞郡旧闻》。

60 种县志是:嘉靖《太原县志》、光绪《大宁县志》、光绪《河津县志》、光绪《榆社县志》、道光《大同县志》、乾隆《五寨县志》、雍正重修《岚县志》、民国《和顺县志》、民国《重修和顺县志》、光绪《寿阳县志》、光绪《河津县志》、道光《壶关县志》、光绪《壶关县续志》、康熙《平顺县志》、光绪《平顺县志》、民国《平顺县志》、乾隆《凤台县志》、光绪《凤台县志》、民国《偏关县志》、康熙《永和县志》、光绪《天镇县志》、光绪《大宁县志》、乾隆《平陆县志》、光绪《平陆县续志》、光绪《蒲县续志》、光绪《太平县志》、民国《襄陵县新志》、康熙《静乐县志》、雍正《续静乐县志》、光绪《怀仁县志》、雍正《阳高县志》、光绪《长治县志》、民国《安邑县志》、光绪《续修汾西县志》、民国《浮山县志》、康熙《广灵县志》、乾隆《广灵县志》、光绪《广灵县补志》、光绪《左云县志》、民国《左云乡土志》、民国《左云县要览》、乾隆《孝义县志》、光绪《孝义县志》、民国《洪洞县志》、道光《大同县志》、民国《洪洞县水利志补》、嘉庆《介休县志》、民国《永和县志》、天启《文水县志》、民国《安邑县志续编》、顺治《乡宁县志》、康熙《乡宁县志》、乾隆《乡宁县志》、光绪《乡宁县志》、民国《乡宁县志》、弘治《黎城县志》、康熙《黎城县志》、光绪《黎城县志》、民国《黎城县志》、民国《徐沟县志》。

8 种山、寺志是:光绪《晋祠志》、乾隆《恒山志》(2 种)、光绪《恒山续志》、万历《清凉山志》、光绪《续清凉山志》、民国《霍山志》、乾隆《关帝庙志》。

22 种分类整理的是:《山西历史地名通检》、《山西文献书目》、《山西文献总目提要》、《山西通志人物传索引》、《山西历史人物传》、《山西古方志辑佚》、《太谷历史文献辑录》、《山西地方志综录》、《山西自然灾害年表》、《晋志钩沉》、《汉唐方志辑佚》、《旧志集录》(平鲁)、《山西地震历史资料汇编》、《山西方志物产综录》、《〈水经注〉山西资料辑要》、《清实录山西资料汇编》、《山西历史地名录》、《太原古方志索引两种》、《运城灾异录》、《雁北自然灾害》、《灵丘县历史自然灾害纪略》、《旧志辑录》(右玉)。

在努力完成三级志书编纂任务的同时,全省广大修志人员利用修志过程中搜集的大量资料和研究成果,还编辑出版了一大批地情书籍。20 余年来,全省先后编纂出版各级各类年鉴 200 余部。同时,各级方志部门还编辑出版了一批部门志、行业志、山水志、寺庙志、人物志、风土志、乡镇村志、大事记以及地方百科全书、地方辞典、区域史话等专志专史数百种。省史志院编纂的山西省重点工程志系列丛书、山西省重点乡镇村志系列丛书已出版 20 余部;《山西年鉴》自 1985 年创办以来,已连续出版 16 部;并出版了反映山西省情全貌的大型综合性工具书《山西大典》。这些地情书籍和三级志书一样,为促进山西的经济和文化建设提供了大量的、极其珍贵的信息资料。

20 年中,山西省政府先后进行了 3 次(1993 年、1997 年、2000 年)地方志优秀成果评奖活动,并参加了全国地方志优秀成果评比,有 18 部志书获全国

一、二等奖,249 部志书获省一、二、三等奖。20 世纪 90 年代以来,山西省还参加了三次全国地方志优秀成果展览,获得好评。

三

编修地方志是中华民族的优良传统,但从清光绪年间至新中国成立后党的十一届三中全会以前,山西省的修志事业却几乎中断了近百年。本轮修志开始时,我们既没有培养方志人才的学校和专业,也没有现成的业务人员,当时面临的最大困难就是专业人才缺乏。各级修志机构成立后,工作人员大都来自机关、学校、新闻等企事业单位,普遍缺乏修志工作的基础理论和基本知识,大多数是在缺乏修志理论准备的情况下仓促上阵的。我们提倡边学边干、边干边学、自学互学,共同提高。各级修志机构把对修志人员的业务培训放在重要位置,努力在实践中提高方志队伍的专业理论水平和业务技能。经过 20 年的坚持不懈努力,目前,山西省已经形成了一支由 3000 余名专业人员和上万名兼职人员组成的专职兼职相结合的修志队伍,其中许多人成长为全省修志队伍中的业务骨干。据统计,在 3000 多名专业修志人员中,有高、中级专业技术职务者达 1000 余名。

山西省的修志队伍还是一支具有高度事业心和责任感,并富有无私奉献、顽强拼搏精神的政治上比较强的队伍。修志工作是一项十分重要但又不易引起常人重视的工作。市场经济条件下,修志人员被称为工作辛苦、条件艰苦、生活清苦的"三苦"干部,事实也确实如此。但是,全省广大修志人员肩负着党和人民的使命,怀着对历史负责、对社会负责、对后世负责的高度责任感和强烈事业心,不受世俗偏见干扰,克服重重困难,淡泊名利,勤奋笔耕,谱写了不少可歌可泣的壮丽诗篇。交城县地方志办公室主任燕居谦就是这支队伍中的杰出代表。他在身患晚期癌症、身体极度虚弱的情况下,为了排除各种干扰,保证《交城县志》按计划出版,带着身患白血病的女儿,住进卦山文昌宫宿庙修志。他以常人难以想象的顽强毅力,苦战三个多月,在生命结束之前完成了近百万字的县志稿,充分表现出了一个共产党员和修志工作者的高尚情操和博大胸怀。燕居谦同志是全省地方志工作者的楷模,也是全省党员干部的楷模。中共吕梁地委授予他"吕梁英雄"称号,中共山西省委、中国地方志指导小组先后发出向燕居谦同志学习的决定,全国地方志系统普遍开展了学习燕居谦的活动。燕居谦是山西修志界的光荣和骄傲。在燕居谦的精神鼓舞下,全省方志界燕居谦式的先进模范人物层出不穷。原省教育志编审委员会副主任解玉田同志,是省教委的老领导,生前十分重视修志事业,在80岁高龄时仍积极主持全省教育系统的修志工作,使年轻人深受感动。运城地区地方志办公室主任刘文豹同志,身患癌症,生命不息,修志不止,终于带领大家完成了党交给的修志任务,在志书付印之后,离开了他热爱的修志事业。东航山西分公司的刘兰英同志,身患白血病,为了完成民航志的编纂任务,拖着病体,和同志们一起夜以继日地工作,奋战半年圆满完成修志任务,被誉为"用生命撰写志书的人"。新绛县地方志办公室主任靳欣文同志,身患癌症,年老体弱,坚持工作,把最后的生命融入了编修地方志的工作之中。据不完全统计,20余年来,山西史志战线共有40余名同志带病工作,把自己的生命献给了方志事业。处在修志第一线的地市县(区)的同志们,在这方面的感人事迹不胜枚举,在我省的编修地方志历史上写下了壮丽而感人的篇章。

在本轮修志任务完成之际,全省修志系统有84个先进集体受到山西省人民政府表彰,有458名先进工作者受到省政府办公厅表彰,有62个地市县(区)政府和省直有关厅局,因在组织领导编修地方志工作中成绩显著,受到省人民政府表彰。在1997年以来开展的编修地方志工作立功竞赛活动中,全省有63个单位、237名个人分别被山西省劳动竞赛委员会记功受奖。

四

在方志编纂实践中,全省各级修志部门十分重视方志理论的研究和建设。20余年来,山西方志人在实践中,既继承优良传统,又坚持解放思想,开拓进取,积极探索,不断创新。

对新方志理论的研究,山西在全国范围内属起步较早的省份之一。早在1981年7月于太原召开的中国地方史志协会成立暨首届地方史志学术讨论会上,山西修志工作者向大会提交学术论文20余篇,进行学术交流,无论数量还是质量,均在全国各兄弟省市中名列前茅。为了促进方志理论研究,1985年10月山西省首次方志学术讨论会在并召开,会议收到论文53篇,主要围绕方志的性质和作用、体例、篇目、内容与编纂方法、旧志整理与其它等多个方面进行了探讨。同月,省志办在祁县举办全省地市县志主编研究班,研讨修志指导思想及其目的,地市县志总体规划、体例及篇目,各专业志编纂内容及方法,志书文体等问题,并请省内外有实践经验的方志工作者,有针对性地系统讲授、一同研究探讨。

在全省地方志工作不断向前发展,开始进入出成果阶段的情况下,为了广泛团结修志力量,集中群众智慧,把修志实践与方志理论有机结合,更好地利用理论指导实践,1985 年 12 月在太原召开山西省地方志学会成立暨第二次方志学术讨论会。会议通过了学会章程,选举产生了学会领导机构,交流了方志理论研究的成果和经验。会上交流论文 70 余篇,探讨了方志学中的有关问题,对在修志实践中遇到的新情况、新问题提出了许多新见解。省志办在积极组织、指导各地修志的同时,还倡导各地市县开展方志学术讨论。1982 年 7 月,晋东南史志学会成立,标志着方志理论研究在地市级逐渐展开,之后,临汾、晋中、运城等地市也相继成立地方志学会。为适应全省地方志事业发展的需要,山西大学历史系还把培养修志人员和方志学研究人才的工作列入教学计划,开设了方志学课程。全省方志理论研究机构、体系逐渐完善,方志理论研究队伍不断壮大,方志理论研究范围业已形成。

在全省修志工作者的努力下,方志理论研究成果层出不穷。20 余年中,全省方志工作者在国家级刊物《中国地方志》上发表理论研究文章百余篇,在省级方志刊物发表理论研究文章千余篇,出版个人专著 10 余部。其间,在全国举行的三次地方志学术讨论会中,山西省提交的论文达 90 余篇。历次全国的方志学术讨论上,山西共有数十篇论文获奖,其中一些研究成果在全国方志理论界有较大影响,占有一定的地位。在历次省地方志优秀成果评奖省地方志学会优秀论文评奖中,获奖论文达 180 余篇。

20 世纪 80 年代,山西方志工作者主要就新方志的性质和作用,方志的起源和发展,旧志如何为现代化建设服务,新方志编纂研究等一系列问题,从理论和实践的结合上进行了深入探讨,取得了显著成果,对蓬勃发展的全省修志工作起到了积极而富有特殊意义的促进和指导作用。90 年代随着新方志大量出版,山西方志理论研究进入一个新阶段,即主要运用对新志书的评介这种方式,对新志书的得失进行研究、争鸣,总结修志经验,以资修志同仁取长补短,促进志书质量的提高。在首届修志过程中,方志理论研究始终为修志实践提供着理论上的支持和帮助,而这种理论与实践的结合,为山西编修社会主义新方志成果的取得起了重大作用。

五

经过 20 余年的艰苦努力，全省方志系统不仅编纂出大量的志书服务于社会，而且在修志过程中，各地还搜集了 20 多亿字的地情资料，有的已经编辑成书。这些新编志书和地情资料书籍已经或正在发挥着"资政、存史、育人"的重要作用。

一是为各级领导决策服务，新编志书坚持了实事求是的思想路线，客观翔实地提供了地情资料，是各级党政领导进行科学决策的可靠依据。许多党政领导重视读志、用志，把志书当作施政的工具书，在决策和指导工作等方面起到了很好的作用，亦为当地科学地制定规划和发展各项事业提供了有力的依据。如太原市修筑太原至古交高等级公路，原计划走北线，太原市交通局志办主任王玉林同志在修志过程中，通过查找资料，调查古晋阳城西向古道，感到走南线更好，于是便向市领导提交了"关于太原至古交高等级公路线路走向的建议"，从地形地质、工程投资、环境保护、综合效益诸方面论证了走南线的优越性。此方案引起市领导和有关部门的高度重视，正在进一步论证、确认。阳泉、晋城、河津、黎城等市县都编辑出版了地方百科全书，汇集了各方面的地情资料，为党委、政府掌握地情、科学决策、服务现实提供了重要依据。

二是为经济建设服务。新编志书资料丰富、全面，信息量大，是搞好改革开放、振兴经济的重要信息资料。全省不少地区和部门从志书中获得信息，为开发自然资源、建设特色产业、发展旅游经济、招商引资、减灾除害与提供咨询服务，从而产生了巨大的经济效益。祁县乔家大院、渠家大院都是在县地方志办公室的参与下开发的，省地方志办公室的同志也参加了论证并进行了指导；灵石县王家大院是由县地方志办公室主任提出方案，经县委、县政府批准后组织开发出来的。在孝义市地方志办公室的协助下，中共孝义市委、市政府以新编《孝义县志》为媒介，在京召开经济洽谈会，促进了十余项经济合作项目的签订。在永济市地方志办公室的协助下，中共永济市委、市政府对旧志中的有关资料进行了认真考证，确定了唐代开元年间所铸黄河大铁牛的位置，然后进行发掘，使这一极其珍贵的历史文物重见天日。中国古代四大名楼之一的鹳雀楼，因唐代诗人王之涣的著名诗句而名扬千古，但鹳雀楼早已影迹全无。永济市也是根据旧志中的有关资料考证到了该楼的位置和原貌，进而绘制了建造鹳雀楼的图样，使这一名楼得以重建。汾西地震预报中心曾多次利用《山西通志·地震志》的历史资料,进行地震预报活动。

三是为精神文明建设服务。新编志书坚持以马克思主义、毛泽东思想和邓小平理论为指导,采用新观点、新材料,如实记述了党领导人民进行革命和建设的辉煌历程,已成为对广大人民群众,特别是对青少年进行爱国主义、革命传统教育以及热爱家乡教育的生动教材。各地都充分利用新编志书和地情资料丛书积极开展了工作。河津市广播站通过每日播报一段《河津古今谈》,使全市人民群众进一步了解家乡、热爱家乡。太原市南郊区志办运用区志的资料,与区教委合作编撰了《可爱的家乡》一书,作为全区中小学生必备的课外读物,对青少年进行热爱家乡的教育。汾阳市将《汾阳县志》化整为零,改编为《汾阳地理》、《汾阳历史》等单行本,作为中小学生的课外读物,深受青少年的欢迎。在纪念抗日战争胜利 50 周年期间,武乡、黎城、兴县、五台等许多县都利用晋察冀、晋冀鲁豫和晋绥三大边区革命史实,广泛开展宣传活动,使当地群众受到了生动的教育。省史志院还在太原文瀛湖畔恢复了民国时期"中共太原支部"旧址,筹建了彭真、高君宇、贺昌纪念馆,使之成为对全省人民群众和青少年进行爱国主义、革命传统教育的教育基地。黎城县地方志办公室编辑出版了《上党落子传统剧目集成》,收集了 160 多个传统剧目,展现了该剧种 200 多年的历史发展轨迹,为研究地方剧种提供了珍贵资料。

四是为对外开放和促进海内外交流服务。新志书不仅具有长久史料价值和科学研究价值,而且为宣传山西,扩大全省的对外开放发挥了积极作用。目前,全省已出口志书及地情书籍 500 余种,为"使山西走向世界、让世界了解山西",促进海内外交流和祖国统一大业发挥了一定作用。

六

回顾 20 余年来山西新方志事业走过的历程,其中一些基本经验和做法可供今后续修志书借鉴。

(一)贯彻"党委领导,政府主持"的修志体制,是保证修志工作顺利发展的关键。从中国方志事业几千年的发展历史来看,地方志从来就是一种官书。盛世修志,官方主持,历来如此。中国地方志指导小组根据当代修志的特点,提出"党委领导,政府主持"的体制。这种体制赋予新编地方志工作一种"行政权威",让各级领导机关把它摆在适当的位置上,为之创造必要的条件,从而保证修志工作顺利开展。这也是全国各地修志的一条基本经验。山西省新编地方志工作从 20 世纪 80 年代初起步,一直得到中共山西省委、省政府的高度重视,历届省委、省政府的主要领导大都担任了地方志编委会的主任,许多德高望重的老领导直接参与了地方志编纂工作。省委、省政府及两个办公厅先后多次下发了关于地方志编纂工作的规划、方案、规定、通知与重要文件,从领导上、政策上保证了地方志编纂工作的顺利进行。特别应当指出的是,在全省方志事业艰难起步之时,原省级老领导、老同志武光汤、胡晓琴、霍泛、卫逢祺、李志敏、王定南等从建立机构、培训队伍,到制定方案、组织编纂都身先士卒,事无巨细一抓到底。以及后继的李修仁、郭裕怀等原省地方志编委会的老领导,为全省地方志事业的发展做了大量工作。还有历届省地方志办公室的老领导、老同志在宣传发动和组织实施地方志编纂工作中,做了大量的、具体的、艰苦的工作,为我省新编地方志任务的完成奠定了坚实的基础,做出了重要的贡献。在省委、省政府的领导下,全省各级党委和政府以及省直各部门领导都加强了对修志工作的领导,多次召开会议,制定政策,采取措施,推动工作。实践证明,社会主义新方志编纂离不开各级党委和政府的重视和支持。

(二)坚持机构到位,稳定修志队伍,是山西本轮修志工作的一条重要经验。中央领导同志多次指出,地方志工作要做到"一纳入"、"五到位",即:把修志工作纳入各级经济发展计划和各级政府的任务之中;做到领导到位、机构到位、经费到位、队伍到位、条件到位。1980 年之后,全省各地市县(区)及省直各厅局都先后成立了地方志办公室或修志机构。在机构到位的同时,绝大多数单位都做到了领导到位、经费到位、队伍到位、条件到位,为修志工作的顺利开展奠定了良好的基础,提供了可靠的保证。各级修志机构肩负着为党、为人民、为社会主义立言的历史重任,组织修志人员克服困难,努力工作,取得了一个又一个成果,全省绝大多数修志部门都圆满完成了各自所承担的修志任务。编修地方志是一项连续性的工作,修志队伍必须相对稳定。这是山西方志事业持续发展、长盛不衰并不断开创新局面的重要保证。

(三)发动社会力量,坚持众手成志。本届修志有别于历代修志的一个显著特点,就是众手成志。从我国历代修志的历史看,都是少数地方官宦、文人关门修志,所修志书虽也为后世保存了大量的珍贵资料,但由于没有社会各界的广泛参与,志书的质量受到很大局限。社会主义新方志是一项浩大的文化建设工程,我们不可能走关门修志的老路,必须有社会的广泛参与,坚持众手成志。在山西地方志工作初创之时,许多专家学者、高校教师及社会各界的专业人员,都是我省方志队伍的重要成员。江地、乔志强、李裕民、王伯华、张海瀛等著名学者都参与过我省三级书的编修工作。各门类志书的编纂工作也都吸收了各行各业的专家学者参加。实践证明,没有广大业余修志工作者的参与和各行各业的大力支持,就不能保证修志工作诸多环节的顺利进行,就难以完成这一宏大的系统工程。20余年来,我省不仅建立了3000余人的专职修志队伍,而且形成了一支上万人的兼职修志队伍。这支兼职修志队伍中,有离退休干部、专家教授、科研人员、机关干部、厂矿职工等等,涉及方方面面、各行各业。他们和专职修志人员一样,大都热爱修志事业,不计报酬,不辞劳苦,乐于奉献。特别是许多离退休老干部,由于他们熟悉当地或所在部门的历史,在搜集资料、撰写志稿、考证史实方面发挥了重要作用。可以这样说,每一部志书的编修,都有兼职修志人员的参与,每一部志书的出版问世,都是专职修志人员与兼职修志人员共同劳动的结晶。

(四)始终坚持把提高志书质量放在首位。地方志是传世之作。一部志书能否经得起历史的考验和社会的检验,关键在于质量。在全省20余年的修志工作中,各级修志机构不断强化质量意识,正确处理修志进度与志书质量的关系,始终坚持了质量第一的原则。我们坚持的志书质量标准主要是:观点正确、资料翔实、体例完备、行文规范、地方特色突出。根据这一要求,20世纪80年代省志办先后制定了《〈山西通志〉编纂方案》、《山西地方志编写行文暂行规定》、《〈山西通志〉及地、市、县、区志版式规定》等多份文件,规范了全省各级志书的编修工作,保证了志书质量与进度的统一。为了保证质量,有的志书多次印刷征求意见稿,反复修改;有的志书甚至是在编印了大量资料丛书的基础上编写的。1994年省史志院成立后,在保证质量上采取了进一步的措施,如对所有志稿实行了付印前的质量检查制度,按照国家新闻出版署要求的图书质量标准,坚持不合格不付印,差错率与稿酬挂钩、与奖金挂钩。这样,不仅大大降低了志书的差错率,而且有效地增强了修志人员的质量意识。提高志书质量,必须正确处理继承与创新的关系。编纂新方志,既是对历代修志传统的继承,又是对历代修志方法的创新。新编志书与旧志有着本质的区别,旧志是站在封建统治阶级立场上,为维护封建统治服务的;而新编志书则是站在党和人民的立场上,为党和人民立言,为社会主义立言。在新编地方志工作中,各级修志机构和广大修志人员正确处理继承与创新的关系,坚持以马克思主义、毛泽东思想、邓小平理论为指导,采用新观点、新体例、新材料,全面地、系统地记述一方之历史与现状。因而,全省新编的三级志书都具有鲜明的时代特征和浓郁的地方特色,无论是反映历史与现状的深度和广度,都是历代旧志所无法相比的。

20余年来,山西省较好地实现了修志工作和续志工作的衔接,做到了修志工作和用志工作的结合,使山西的新方志事业正逐步发展成为一项工作完备、系统齐全和绵延不断的新兴文化事业。实践已经证明,新编地方志工作符合时代的要求,有着旺盛的生命力。只要我们高举马克思主义、毛泽东思想、邓小平理论的伟大旗帜,坚决贯彻党的路线、方针、政策,努力学习,解放思想,实事求是,大胆探索,勇于创新,加强团结,无私奉献,在各级党委的正确领导下,在各级政府的大力主持下,山西省的新方志事业必将再创辉煌,山西方志人将用热忱的劳动迎接续修新方志更加灿烂的新纪元!

(《西樵志语》,方志出版社,2003年)

山西旧志整理与研究

山西的旧方志是山西省重要的历史文化遗产,是研究山西政治、经济、军事、文化必不可少的珍贵资料。回顾本轮修志工作,无论新方志有多少创新和发展,都不是凭空从天而降的,而是旧方志的继承和发展。而如同旧方志编纂理论始终处在不断发展中一样,新方志理论仍然是在继承传统优秀方志理论的基础上发展起来的。认真搞好旧志整理工作,不仅可以为摸清地情,加快社会主义经济建设和文化建设服务,而且可以为编纂新方志创造良好条件。山西的历史上,就有翻刻旧志的传统,但大规模的整理旧志却是在本届修志工作开展之后兴起的,所取得的成果超过了明清和民国的总和,得到了社会各界的好评。

一、旧志编纂简述

方志是我国文化遗产的重要组成部分。中国的地方志,导源于先秦,2000多年前《孟子》即称道方国之书以《晋乘》居首,《晋乘》即为山西方志之源。

方志,汉代称之为图经,最早的图经为东汉的《巴郡图经》和《广陵郡图经》。山西最早的方志为魏晋时期的《上党记》。若以《上党记》为起点,山西方志的编修,至今已延续了1700多年。在陕西师范大学历史系教授李裕民撰的《山西古方志辑佚》一书中,从裴 《史记集解》、刘昭《续汉书·郡国志注》、郦道元《水经注》及《艺文类聚》、《太平御览》、《元和郡县志》等书中摘得佚文20余条,记载了建安十一年(206)曹操围壶关之事,并涉及长子、壶关、屯留、潞(今潞城)、长平(今高平)、襄垣等县的山川、沿革、风俗等。

北魏间修志有两种,一为王遵业所撰《三晋记》,原书十卷,今仅见《太平寰宇记》中引用一条。一为佚名撰《并州总管内诸州图》,一卷,《隋书·经籍志》著录。这两部书可视为山西最早的方志雏形。

隋大业年间(605~618),隋炀帝普诏天下诸郡修志,此为我国官方修志之始。唐代皇帝下诏修志,规定各州、府每三年(后改五年)造图经,报送朝廷。隋唐时期,山西撰有《并州记》、《西河记》、《河东记》、《潞州图经》、《代州图经》、《泽州图经》、《太原事迹杂记》等 12 种。其中价值最大的是《太原事迹杂记》,大中八年(854)河东节度使李璋撰,原书 14 卷,宋英宗治平年间刻印时删为 10 卷,并补入了晚唐五代的内容。书中记太原城池、宫廷、住宅、寺庙、山川及所属各县的地理、人事。

宋元期间,是山西方志发展的重要时期。宋太祖赵匡胤取得政权后,即下诏征集图经,并令重修天下图经。宋代山西撰有方志 13 种,属全省性的志书有《河东路图经》、《河东路地图》、《河东路地界图》三种,府、州、军方志有《并州图经》、《晋阳图经》、《平晋图经》、《宪州图经》、《汾州图经》、《绛州图志》、《汾阳图志》、《宁化军图经》、《威胜军图经》、《龙门记》等 10 种。上述大多为宋真宗大中祥符年间官方修志。

金代山西撰有方志 8 种,即《晋阳志》、《平遥图经》、《云中图》、《雁门志》、《五台县志》、《泽州图经》、《浑源州记》、《应州记》。此时修志有两点值得注意,一是出现了县志,《五台县志》是山西历史上以“县志”命名的第一部县志。二是名家学者参与了修志,《浑源州记》、《应州记》为朱弁所撰。朱弁(? ~1144),字少章,南宋初著名学者,著有《曲洧旧闻》、《风月堂诗话》、《聘游录》等,南宋时出使金国,被扣,寓居大同,上述两志即此时所撰。《晋阳志》的作者蔡珪,字正甫,历任翰林修撰、同知制诰、礼部郎中等职,长于文史,著有《南北史志》、《补正水经》等。《晋阳志》12 卷,记载太原及所属 10 县、支郡忻州、平定军的沿革、城池、寺庙、物产、古迹等。所载沿革颇详。山西盛产煤炭,但古代对此不甚重视,罕有记载。蔡氏独具慧眼,载榆次县北寺谷村有煤窑 20 座,这是山西典籍中有关煤窑的最早记载。

蒙古、元朝时期,山西修志有 8 种,即《泽州图记》、《河津县总图记》、《平定州志》、《朔州志》、《代州志》、《平阳志》、《汾西县志》、《河中志》。其中《泽州图记》,蒙古乃马真后元年(1242)李俊民撰,完整保存在《庄靖集》中,是山西现存最早的方志。书中记载蒙古骑兵攻金造成的危害十分具体。泽州,金代有 59416 户,蒙古侵占后,1235 年统计仅剩 973 户,其中陵川县 65 户,沁水县仅 30 户;1242 年搜括漏籍,全州也只有 1813 户,相当于金代户数的 3%,形成“北风所向,无不摧灭”、“市井成墟、千里萧条”的悲惨局面。

明代是山西修志的高峰期。明王朝建立之初,就很重视地方志的编修。

洪武三年(1370)至十七年(1384)曾三次诏令全国修志。永乐十六年(1418),明成祖诏天下郡、县、卫、所皆修志书,并颁布《修纂志书凡例》11 条,统一体例。景泰五年(1454),代宗下令"敕天下郡县纂辑志书"。之后,山西各府、州、郡、县纂志成风,每隔若干年,都要重新纂修,如省志修过三次(成化、嘉靖、万历),太原府志修过五次(正统、正德、嘉靖、万历十六年、万历十九年)。明代山西共修方志 317 种,其中永乐朝最多,达 101 种;其次为万历朝 95 种,嘉靖朝 52 种。全国现存省志中以"通志"命名的,最早为明成化十一年(1475)初刻的《山西通志》。这一时期的方志篇幅大增,资料相当丰富,体例基本统一,内容较前代志书增加了有关经济的记述,对当时社会矛盾以及农民起义等有所记载,对研究明代社会经济有重要价值。明代山西纂修的各类志书体例,对清代修志产生重要影响。山西方志在明代已逐渐走向成熟。

清代,山西方志纂修进入鼎盛时期。清王朝入关后,为加强对全国的统治,非常重视志书的编修,这是山西方志纂修进入鼎盛的一个重要原因。顺治十八年(1661)清政府诏令河南巡抚贾汉复督修方志,康熙十一年(1672)和二十九年(1690)朝廷两次颁布贾汉复主修的《河南通志》体例、目录,要求各地以此为样板,普修志书,并要求各地设局纂修。雍正七年(1729)朝廷诏令各州县每 60 年重修志书。此间,山西各府、州、郡、县普遍设局纂修志书。有清一代,山西共修方志达 432 部,其中省志 5 部,府志 13 部,州郡志 59 部,县志 355 部。除此之外,还有山、水、关、寺等志多种。这一时期,方志纂修的主要特点有:一是涌现了一批以考据见长的方志,如王轩、杨笃等撰的《山西通志》,戴震参与编写的《汾阳府志》,杨深秀的《闻喜县志》,张佩芳的《平定郡志考正》等,志书质量明显提高。二是出现了终身修志的专家,如杨笃(1834~1894),纂修了《代州志》、《蔚州志》、《西宁新志》、《长子县志》、《长治县志》、《天镇县志》、《繁峙县志》、《壶关县志》等,并参与编纂《山西通志》,个人修志之多为全国方志界所罕见。三是出现了一批用作小学堂教材的乡土志,如《山西乡土志》、《保德州乡土志》、《崞县乡土志》、《阳城县乡土志》、《文水县乡土志》等。这是依光绪三十一年(1905)命令各省编写乡土志作地方教材。几年间,全国出现数百种乡土志或风土志。乡土志的编纂使地方志知识普及到了学校。清宣统三年(1911)编纂的《山西乡土志》,是我国各省现存乡土志中较早的两部之一(另一部为宣统年间编纂的《黑龙江乡土志》)。四是广泛普及,省、府、州、县纂志成风。全省县以上政府机构除方山一县外,全部纂有志书,甚至有的县志纂修次数达五六次之多。五是深化方志理论,完善志书体例,拓宽记述内容,这些特点集中反映在印纂志书特别是一批佳志之中。

民国时期,前期军阀混战,后期抗日战争和解放战争相继进行,战火不断,时局动荡不安,修志事业渐趋衰落。但与全国其他省相比,山西在方志编纂上还是有一定成绩的。民国二年至五年(1913~1916)间,山西的岳阳(今安泽)、和顺、临县、乡宁、洪洞等县相继编修了新的县志,引起了阎锡山政府的重视。民国六年(1917),北洋政府内务部与教育部通知各地官修志书。山西省公署率先响应。同年,山西省公署下达纂修新志"训令","饬就各县自治机关,附设处所,纂修新志"。并规定"限十月底将筹办情形,详细呈报"。并颁布了委托郭象升撰的《山西各县志书凡例》(五类三十目)。该《凡例》的影响波及全国,从而也推动了全省修志工作的开展。民国七年(1918),山西各县普建修志局,并开始修志。至民国十九年(1930)之前的12年中,山西省先后有万泉(今万荣)、朔县、闻喜、虞乡、解县、五台、芮城、临晋(今临猗)、介休、襄垣、曲沃、武乡、翼城、新绛等14个县编写了县志。民国十九年(1930)初,省政府转发了国民政府于民国十八年(1929)12月令准通行的《修志事例概要》(22条)。《概要》公布之时,正值阎冯倒蒋、中原会战之际,但当时省内各县形势相对稳定,因而编修县志一时成风。按照《概要》精神先后编修的志书有徐沟、榆次、太谷、灵石、平定、临汾、安泽、襄陵、浮山、安邑、平陆、荣河、永和、黎城、潞城、屯留、陵川、沁源、阳城、崞县等20部。抗日战争胜利后,国民政府内政部于民国三十五年(1946)10月1日颁布了《地方志书纂修办法》,规定"省志三十年纂修一次,市志及县志十五年纂修一次"。因美蒋破坏"双十协议",发动内战,政治环境极不安定,加之解放战争形势迅猛发展,各地都顾不得修志,《地方志书纂修办法》只不过是一纸空文。在中华民国的38年中,山西修志65种,以抗日战争前所修为多。这一时期方志的特点表现在以下几个方面:一是体例更新,反映了社会变革的情况。民国六年(1917),省公署颁布《山西各县志书凡例》,强调地图用新测绘法绘制;增设生业略,含士农工商各业,打破旧时方志忽视工商的偏见;设学校表,具列创改年月、经营地点,各县多照章修志,质量普遍提高。同时反映了辛亥革命后社会的若干变革。推翻帝制,政治制度和社会生活发生了显著变化,譬如政权易帜、典章改变;废除科举,兴办学校;裁撤驿站,建立邮政;以及剪发、放足等移风易俗的措施,在志书中都有不同程度的反映。二是志书内容丰富,社会经济和人民生活摆到了一定位置。《万泉县志》对该县 70 余种物产的名称、品类、特性、生产以及防止病虫害等,都详细作了记载。《解县志》记载了该县养蚕及蚕丝作坊的生产情况。在志书的类目上,增添了"生业"条,主要记述地方农工商业,还有的反映了辛亥革命前后山西逐渐出现的民族工商业。如《榆次县志》记述了晋华纱厂、利晋公司、榆次家庭工业社、庆兴蛋厂、魏榆面粉厂、华北烟草公司等新兴工业的情况。《灵石县志》详细反映了该县煤、铁、石膏、硫磺、朱砂等矿产的分布和开采情况;记录了劳动人民长期积累的 140 多条农谚,并归纳为"耕地及施肥法"、"中耕及间苗法"、"灌溉及除虫法"、"察禾及收获法"等 10 个类型的经验。对农业生产技术这样的详细记载和科学总结,在此前的旧志里是极为少见的。三是在不同程度上克服了尚雅卑俗的弊病。封建理学家崇尚纲常名教、经史子集,而对广大人民群众喜爱的戏剧、小说、武术等视为鄙俗,在过去的志书中,剧作家、演员及武术艺人是从来没有资格入志的。《临汾县志》则为著有《碧天霞传奇》、《雨花台传奇》和小说《柳崖外编》,享有"山右名士"之誉的徐昆立传,填补了志书记述在这方面的空白。著名文人景梅九编写的《安邑县志》,把清末民初的 6 位著名优伶,分别写了传略列入"乡贤录";他还把民间流行的戏曲剧种、儿童游戏等也载入县志。这些,不能不认为是对封建道统、纲常名教的挑战。四是保存了旧民主主义革命时期的一些史料。民国二十年(1931)编修的《崞县志》(未刊稿本),记载了民国初年由续西峰领导、续范亭参加的革命武装——忻代宁公团的斗争事迹。《安邑县志》(未刊稿本)收载有革命人士李岐山的传记和墓志铭。这些都是山西近代史上极为重要而又难得的珍贵史料。五是方志体裁颇有创新。如《平陆县志歌略》用诗歌体写成。《灵石县西河底村四字联语志》则以近似《诗经》式的四字联语为纲,再以文字作为夹注详述之。这都便于初识字者讽咏,将方志知识普及到民间和学校,便于传播。

值得一提的是,民国年间的 1920 年和 1940 年,日本人还编修了两部山西省志。写外国史书的所在多有,写外国志书的却不多见。志者,记也。自己家里的事,原不需外人秉笔记录的,更不需外人升堂入室、寻寻觅觅而后记。还未听说欧洲人写中国志。外国人写中国志,可能是日本人独步。

《支那省别全志》是日本东亚同文会经过 10 年调查编纂,于 1920 年出版发行的。其第十七卷是《山西省志》。该志调查工作着手于 1908 年,即日俄战后 3 年。当时日本已经侵占台湾,染指东北,蓄意并吞朝鲜,霸占东亚的态势初步形成。成书于 1920 年,正值第一次世界大战结束,日本继承了德国在远东的利益,提出了旨在灭亡中国的"二十一条",这时日本侵略势力已妄图变中国为它的殖民地,在各方面做侵华的准备。该志名曰全志,而翻阅第十七卷《山西省志》的内容,除第一编概述自然面貌,篇幅仅占 2%,其余都是经济、交通运输等情况的调查记录。有些地方记述特别细致,如井水甘苦、道路夷险、运输能力等,都逐邑作了记述。有的甚至用计步器实地测量距离,与当地传统说法相比较。这就突出地表现了该志的真正企图。不难想象,日本人有此一编,可以人马恣其行,货物畅其流。至于山西的文化、教育、风俗、习惯、人物、社会等等,都似乎无暇顾及。该志系日本东亚同文会主编,以东亚同文书院调查取得的第一手材料为依据。东亚同文会是一个以官方为背景的民间组织,名曰东亚,实则重点指向中国。这里应当说明的是,日语的"同文"二字,主要含义是指日本与中国文字相同。"同文同种"曾是日本对华关系中具有特定含义的词汇,凡是饱尝日本侵略之苦的人,一听这四个字,就"别有一番滋味在心头"。该志尽管内容不乏失实之处,体例也不尽完善,但仍不失为一本值得一读的志书。其一,可以知道当年日本人处心积虑,不惜工本。读后可以加强我们的民族观念,提高警惕,激励人民的爱国热情。其二,尽管内容浅陋,文字芜杂,然而却是实地调查所得,亦非人云亦云。其三,该志毕竟给我们提供了民国初期的一些历史资料,对我们今天编修新志还是有一定参考价值的。

《山西大观》是由日本帝国主义侵华的"北支那派遣军"第二十师团编纂,于 1940 年在日本东京株式会社生活社出版发行的。书名标为"大观",实则为一部山西省的分县地方志书。该书分为中部地区、南部地区、北部地区、晋北地区 4 大部分,105 节,每县一节,列位置、沿革、地形、宗教、教育、区划及财政、人口、产业、交通、名胜古迹 10 目。日本陆军山冈师团入侵山西后,抢劫了大量贵重文献。在该书《凡例》中所列举的重要参考资料的书名,即分为 6 大类 190 种之多,其中县志类 126 种,通志及辞典类 10 种,史书类 32 种,杂类 20 种。《山西大观》是日本侵略者为了实现长期霸占山西的迷梦,进行文化统治的产物。山冈师团编纂《山西大观》之举,戳穿了侵略者的谎言,暴露了侵略者妄图在被侵略的国家安营扎寨、"长治久安"的野心。泽田茂的序言,更使侵略者的狼子野心暴露得淋漓尽致。硝烟虽已散去,创伤却难弥合。时过半个多世纪,让《山西大观》作为当年侵略者罪恶行径的铁证,昭示国人,可使老一代人痛定思痛,新一代人居安思危,鉴往知来,具有重大的现实意义。

这两部书已由山西省史志研究院翻译刊印。这两部志书用反面事实启发我们,侵略者都能如此重视中国地方志的编纂,我们新一代方志工作者更感到肩负历史责任的重大,对中华方志文化的传承做出应有的贡献。

二、现存旧志概览

从魏晋时期起至民国时期,山西的地方志编修共计898种,其中存志536种,佚志362种。明永乐十九年(1421)前共修65种,存志2种,佚志63种。永乐十九年后共修志301种,存志66种,佚志235种;清代共修志441种,存志386种,佚志55种;民国共修志91种,存志82种,佚志9种。《中国地方志联合目录》收录山西方志429种,缺漏颇多。若除去山、水、寺等志,仅按行政区划(从省至村)编修的志书,山西共有方志460种,约占全国现存方志数的1/20,居全国各省、市、区第八位。

按志书名称分:以称"志"者为多,其他名称有史(《沃史》)、乘(《翼乘》)、历史(《阳曲县乡土历史》)、记(《太原明仙峪记》)、图记(《泽州图记》)、要览(《左云县要览》)、采访录(《平陆县修志采访录》)、旧闻(《潞郡旧闻》)、纪要(《定襄纪要》)、教材(《定襄县乡土教材》)、纪事(《定襄纪事》)、遗事(《汾阳遗事》)、概要(《黎城县地理概要》)、纪闻(《合河纪闻》)、搜略(《晋乘搜略》)、录(《三晋见闻录》)、拾遗(《泫志拾遗》)、篇(《晋饥篇》)、辑要(《晋政辑要》)等。在称"志"的方志中,又有各种异称,如新志(《兴县新志》)、志书(《代州志书》)、小志(《五台县小志》)、志稿(《黎城县志稿》)等。续修的方志,名称也有所不同,有续志(《应州续志》)、志续(《闻喜县志续》)、续编(《崞县志续编》)等。对旧志作补充的,称志补(《闻喜县志补》)、拾遗(《沃志拾遗》)、采遗(《河曲县志采遗》)。对方志作订正的,称志斠(《闻喜县志斠》)。

以体裁分,绝大多数采用记叙文,间有议论,少数采用诗歌体,如《灵石县西河底村四字联语志》《平陆县图志歌略》。以版本分,有手稿本、抄本、木刻本、石刻本、铅印本。传世者以木刻本居多。

山西省现存的旧志,分藏于海内外各地图书馆、档案馆、科研单位和修志机构。每种存量多则不足数 10 部,少则仅存一部甚至残卷,弥足珍贵。

山西现存的旧志中,有特色者为数不少,这里仅选几例略作评介。

明成化《山西通志》,是目前山西省现存最早的一部省志。明成化十一年(1475)刻印,李侃修,胡谧纂。李侃,字希正,顺天府东安县(今廊坊一带)人,正统七年(1442)进士,授户部给事中,成化二年任山西巡抚;胡谧,字廷慎,浙江会稽县(今浙江绍兴市)人,天顺元年(1457)进士,成化五年(1469)任山西督学佥事,旋任山西按察司副使(《四库全书总目》以为谧为马湖沐川司人,乃将同姓名二人合二为一,误)。全志十七卷,四十一门,附十一门。该志分类与宋元方志相近,并列许多门类,结构较松散,但广采博集,精心纂辑,体例完备,规模宏大,内容丰富,条理清晰,记事详略有度。尤其是该志详载了烽堠、关隘、驿道、兵备和煤窑、铁器,以及矿产开采情况如产地、产品等,充分反映了山西"煤铁之乡"的特点。艺文志中,所收诗文尤多珍贵资料,如王安石的《宋赠尚书都官郎中司马君墓表》、《福严寺碑铭并序》,《王文公文集》及《临川集》均未收录,墓表是王安石应司马光之请为其叔父司马沂作的,由此可见两人早年友谊颇深。此墓表已在夏县司马光陵园发现,足证成化志所载完全可靠。金代著名文学家元好问的《三岗四镇》、《金凤井》二诗,《故规措使陈君墓志铭》、《明阳观记》二文,均为研究其文学成就、生平思想的重要资料,而《遗山集》未收;《国子祭酒权刑部尚书内翰冯君神道碑》等文,则可订正《遗山集》之讹误。志中所载古迹为考古发掘提供了线索,如晋阳古城是战国至北汉的名城、唐代的北都,被宋太宗用火烧水淹毁灭,志中记到"太原县城即晋阳城南基","汾河水源出太原县西十余里风谷中,经晋阳故城南隈东流入汾",据此可探求古城的方位。此志明代即罕见流传,以至它的许多珍贵资料未被后出的通志所吸取。如明初及其以前的山西方志,有数十种未见他书引用,而该志在风俗、形胜中大量征引。据统计,李裕民先生的《山西古方志辑佚》一书,据该志辑录了 99 种佚志,计金元方志 4 种,明代府志 1 种、州志 22 种、县志 72 种。一般方志著作多认为明代以嘉靖、万历为修志高峰期,而据李裕民先生统计,明代永乐也是修志高峰期。山西方志,永乐修 101 种,比嘉靖 52 种、万历 95 种为多。该志确为一代名志,其价值远高于雍正《山西通志》。《四库全书总目提要》对雍正《山西通志》颇多美言,而将该志列入存目,提要寥寥数语,不但未赞一词，甚至连作者的籍贯、生平都搞错了，其失误影响了后人对该志的认识和利用，今天我们应该纠正这种偏见。

清光绪《山西通志》，是现存《山西通志》中最著盛名的一部省志。清光绪十八年(1892)刻印，由曾国荃、张煦等修，王轩、杨笃等纂。国荃，湖南湘乡人，曾任山西巡抚。王轩，字霞举，洪洞五里张人，同治年间中进士，官晋四品，受阎敬铭之举，担任《山西通志》总纂。杨笃(1834～1894)，字巩同，乡宁县人，同治三年举人，曾任繁峙、阳曲县训导和襄垣县教谕，首纂《西宁县志》，后纂修《蔚州志》等13部。近代著名方志学家李泰棻在《阳原县志》序中，将杨笃与章学诚、戴震并称；梁启超在《中国近代三百年学术史》一书中称"杨笃纂修的《山西通志》是全国通志中杰出的方志之一"。全志一百八十四卷首一卷，分图、谱、考、略、记、录六门，门下设目。其中，王轩撰《山西疆域沿革图考》和杨笃手订《山右金石记》，应当时社会要求，还抽印单行本，引起了省内外学术界重视。尤其是后者，至今仍是载录完备、考订精详的有关山西金石学名著。该志结构精严，重考证，被名家誉为一代名志。王云五主修的《续四库全书提要》中，称该志"不独为《山西通志》之模范，且可为他省志书之准绳"。

明洪武《太原志》，也称《太原府志》，纂于洪武十二至十三年(1379～1380)，由解缙等撰，全志共五册，保存于《永乐大典》卷5199至5205中。该志记载范围为太原府及所辖5州23县，相当于今太原市、阳泉市、忻州地区及晋中、吕梁各一部分。该志特色有五：其一，提供了丰富的经济史料，如坑冶目记载了明初太原、阳曲、清源、盂县、平定、榆次、交城等县煤窑分布情况，如太原共有煤窑57座，并详列分布于哪些村社。又载繁峙义兴岭有金冶一处，元代被水淹没，华严山有银洞石碌等。其二，记载了唐代太原城的详细布局，由此有助于了解李渊何以能从太原起兵夺取天下，后唐、后晋、后汉何以据此入主中原，北汉据此与后周、北宋抗衡29年，宋太宗为何要毁灭它。书中还记述了宋、明新建太原城的布局。其三，保存了久已失传的珍贵古籍资料，如唐代李璋的《晋阳事迹杂记》，金代蔡珪的《晋阳志》，以及未见著录的《雁门志》、《并州图经》、《晋阳图经》、《平晋图经》、《宪州图经》等。其四，保存了珍贵的民族史料，如斛律明月、宇文述等人的住宅，李克用、朱可浑、宁娥公主等人的坟墓，秃发乌孤、刘渊、刘曜等人修建的古城等，其中李克用墓已为近年考古发掘所证明，出土了李克用墓志。其五，记载历代文物古迹，除文字记录外，还在地图上标出了古城遗址、古墓、古窑址,为今后考古调查和发掘提供了线索。

清乾隆《汾州府志》,由孙和相修,戴震参订。戴震,字东原,安徽休宁人,清代著名的思想家、考据家、方志学家。全志三十四卷首一卷,三十目。该志重考据,结构严谨,记述详略有度,后人评价"义例精严,言辞雅驯,非其他府志所能及",是清代方志中的佳志之一。

明万历《应州志》,由王有容修,田蕙纂。有容,陕西朝邑人,万历二十三年(1595)任应州知州;田蕙,应州人,万历三年进士,曾任户部主事,后辞官回乡。万历二十七年(1599)刻印,全志六卷,四十四目。该志沿用成化本体例,突破传统的记述方法。目下设小序,并有议论,记述严谨,揭示得失,被誉为一代佳志。

清光绪《代州志》,由杜崧年、俞廉三编修,聘杨笃为总纂。该志纂于光绪八年(1882),全志十二卷首一卷,设图、表、志、传、记五门,门下设目。该志"分别纲目,以纲为断,以目为案"。先以言简意赅的笔法叙其要略,然后以"案"引经据典,阐明事物的起缘、变迁、更易等详细沿革。"所引书籍,皆一一注明所出,以示征信"(光绪《代州志》序)。该志结构严谨,记叙条理,内容翔实,论据充足,是志书中的上乘之作。

民国《徐沟县志》,由刘文炳纂,未刊印。刘文炳(1876~1954),字耀藜,徐沟县宁家营人,清光绪二十八年(1902)中举,后赴日留学,加入同盟会,回国后,曾任省咨议局议员,山西大学堂教务长,内务部、教育部佥事、参事、代理司长等职。他博学多能,才识兼备。回乡后被推为《徐沟县志》总纂。日本侵华,刘氏流落他乡,纂志不懈,民国三十年(1942)于甘肃天水完成志稿。所修志书方法科学,资料翔实,观点新颖。所绘地图,特邀陆军测量局实测而成。县图之外,又有万分之一的城关七街图。地质章绘有地质构造图。采用现代语言学方法,在县志中记录方言,并标注读音,对华北仅有的入声作深入调查研究,是国内纂志中首创。"人口志"中记有出生率、死亡率、性别比例、年龄结构等,指出造成女子死亡率高,造成高性别比例,男子因吸毒而离婚者多,女子再嫁者多;在今后必须之人口演化节中,提出加强医疗卫生以减少死亡率,提倡殖产、远婚改变高性别比例,推行优生计划,增强体力、智力,加强教育以提高素质,这些观点和措施在以往志书中是很难见得到的。宗教章评述各教沿革、趋势、宗教习惯以及庚子教案始末,寺庙产业等。经济方面,则从大量的商号账簿中统计出日用品的物价指数,再用曲线标出,既科学又便于观览。该志结构科学,内容广博,资料细微翔实,是研究民国时期社会经济极好的珍贵资料,被誉为民国间佳志。

民国《大同县志》,由李玉华、夏恭纂,王谦、郝纯祖、吴憧督修。玉华,别号荫庭,邑人,任大同第三小学教员。夏恭,别号懿齐,邑人,光绪二十三年(1897)举人,曾代理陕甘雩县知事。该志纂于民国二十五至二十六年间(1936~1937),续纂于民国三十六年(1947)。全志十二志,志下设卷,未刊印。前有序言、凡例,尾缀大事记、杂记。该志门类齐全,设目新颖,资料丰富,记述详尽。特详食货、交通、贸易,约占全志的1/5。并记有清末民间反清、慈禧出奔、民军起义、国民革命围城、奉军占据、沦陷八年、同胞死难记等。该志是民国少见的佳作。

清光绪《晋祠志》,由刘大鹏纂,全志四十二卷首一卷。大鹏(1857~1942),字友凤,太原县赤桥村人。光绪十年(1884)中举,后两次会试不中,遂隐居乡里,潜心著述,宣统元年(1909)曾任山西咨议局议员,民国初年任太原县议会议长,民国十年(1921)任太原县女子两级小学校校长。刘氏博学多才,著述宏富,所纂志书还有《晋水志》十二卷、《柳子峪志》八卷、《明仙峪记》四卷、《汾河水渠志》、《风峪沟记》等,并有其他著述20余种。晋祠,为三晋名胜,历史悠久,但向无专志。《晋祠志》成书于光绪二十八(1902)至三十二年(1906),内容涉及祠宇、亭榭、山水、古迹、宸翰、祭赛、金石、乡校、流寓、人物、植物、文艺、河例、故事、杂篇等方面,几乎汇集了历代有关晋祠的所有文献,记载了民间古老传闻,还详尽描绘了晋水流域历代水利及明清以来历次农民起义的史实,是研究地方史的珍贵史料。该志不失为山西旧山、水、寺等志中的佳品。

三、旧志点校重印

1984年3月在天津召开的全国第一次旧志整理工作会议确定,将中华人民共和国成立前所编方志通称之为"旧志"。旧志是我国文化遗产的重要组成部分。旧志记载我国不同地区不同时代的自然与社会状况,为研究地方自然、经济、政治、文化发展史提供了丰富的资料。历代统治阶级在组织编修志书的同时,对前代志书都要加以整理,并加以补刻、重印,以便利用。宋元明以来,各地就有翻刻旧志的传统,有的志书重刻多次。由于古代印刷技术和藏书条件较差,不少志书残缺或错讹,重印时需要作校勘补阙。据不完全统计,明代至民国时期,山西共翻刻旧志 75 种,即明代 2 种,清代 48 种,民国 25 种。从志书类别分,其中通志 5 种,州、府志 13 种,县志等 57 种。如《山西通志》,明崇祯年间曾增刻万历《山西通志》,清乾隆年间重印雍正《山西通志》,嘉靖年间重印雍正《山西通志》,民国年间重印成化《山西通志》、光绪《山西通志》。

中华人民共和国成立以后,为适应经济建设与文化建设的需要,毛泽东、周恩来、董必武等国家领导人,多次指示整理重印旧志,提供给社会各方面运用。20 世纪 50 年代初期,开始调查摸底并类编旧志资料。1956 年,国家科学规划委员会制订《十二年哲学社会科学规划方案》,把整理旧志列为重要项目,推动了旧志整理工作的开展。据初步统计,在新中国成立至 1978 年以前,山西共重印了 9 部旧志,即嘉靖《太原县志》、光绪《岢岚州志》、光绪《大宁县志》、光绪《河津县志》、光绪《榆社县志》(《中国地方志综览》误为《社榆县志》)、道光《大同县志》、乾隆《五寨县志》、雍正重修《岚县志》、民国《和顺县志》。同时,省内部分出版社还影印、汇函过山西部分志书。"文化大革命"时期,旧志整理工作被迫停止。

自我国改革开放以来,随着社会主义现代化建设的发展,特别是本届全国性修志工作的全面展开,旧志整理工作也进入了一个新的历史发展阶段。1981 年,国务院古籍整理出版规划小组成立,旧志被列为重要整理项目。同年,中国地方史志协会在《关于方志学研究工作的建议》中,将整理旧志列为首要任务。其后,在中国地方志指导小组和中国地方志协会的指导和推动下,旧志整理逐渐列入各级修志机构的议事日程。1982 年 5 月,山西派代表参加了中国地方史志协会(后改为中国地方志协会)在武汉举行的旧志整理工作座谈会后,省志办和部分地、市、县修志机构在编纂新志的同时,着手整理旧志。据初步统计,从 1979 年至 2001 年底,山西共整理刊印旧志 108 种,其中省志 5 种,府志 8 种,州志 16 种,郡志 2 种,县志 52 种,山、水、寺等志 6 种,分类整理 19 种。

山西整理出版的 5 种省志是:成化《山西通志》、乾隆《山西志辑要》、光绪《山西通志》、民国《山西大观》(日译中)、民国《山西省志》(日译中)。

8 种府志是:万历《太原府志》、正德《大同府志》、乾隆《潞安府志》、雍正

《泽州府志》、雍正《朔平府志》、乾隆《蒲州府志》、万历《汾州府志》、乾隆《汾州府志》。

16 种州志是：乾隆《沁州志》、康熙《隰州志》、光绪《续修隰州志》、光绪《吉州全志》、康熙《保德州志》、乾隆《浑源州志》、清抄《吉州乡土志》、万历《应州志》、康熙《吉州志》、光绪《平定州志》、乾隆《吉州志》、道光《直隶霍州志》、光绪《续刻直隶霍州志》、光绪《岢岚州志》、弘治《潞州志》、光绪《永宁州志》。

2 种郡志是：顺治《云中郡志》、清《潞郡旧闻》。

52 种县志是：民国《重修和顺县志》、光绪《寿阳县志》、光绪《河津县志》、道光《壶关县志》、光绪《壶关县续志》、康熙《平顺县志》、光绪《平顺县志》、民国《平顺县志》、乾隆《凤台县志》、光绪《凤台县志》、民国《偏关县志》、康熙《永和县志》、光绪《天镇县志》、光绪《大宁县志》、乾隆《平陆县志》、光绪《平陆县续志》、光绪《蒲县续志》、光绪《太平县志》、民国《襄陵县新志》、康熙《静乐县志》、雍正《续静乐县志》、光绪《怀仁县志》、雍正《阳高县志》、光绪《长治县志》、民国《安邑县志》、光绪《续修汾西县志》、民国《浮山县志》、康熙《广灵县志》、乾隆《广灵县志》、光绪《广灵县补志》、光绪《左云县志》、民国《左云乡土志》、民国《左云县要览》、乾隆《孝义县志》、光绪《孝义县志》、民国《洪洞县志》、道光《大同县志》、民国《洪洞县水利志补》、嘉庆《介休县志》、民国《永和县志》、天启《文水县志》、民国《安邑县志续编》、顺治《乡宁县志》、康熙《乡宁县志》、乾隆《乡宁县志》、光绪《乡宁县志》、民国《乡宁县志》、弘治《黎城县志》、康熙《黎城县志》、光绪《黎城县志》、民国《黎城县志》、民国《徐沟县志》。

6 种山、寺志是：光绪《晋祠志》、乾隆《恒山志》（1986 年山西人民出版社、1991 年山西教育出版社分别点校出版）、万历《清凉山志》、民国《霍山志》、乾隆《关帝庙志》。

19 种分类整理的是：《山西历史地名通检》、《山西文献书目》、《山西通志人物传索引》、《山西古方志辑佚》、《太谷历史文献辑录》、《山西地方志综录》、《山西自然灾害年表》、《晋志钩沉》、《旧志集录》（平鲁）、《山西地震历史资料汇编》、《山西方志物产综录》、《〈水经注〉山西资料辑释》、《清实录山西资料汇编》、《山西历史地名录》、《太原古方志索引两种》、《运城灾异录》、《雁北自然灾害》、《灵丘县历史自然灾害纪略》、《旧志辑录》（右玉）。

据初步统计,自中华人民共和国成立以来至2001年底,山西全省共整理刊印旧志达117种,超过了历朝历代整理刊印旧志的总和。

除上述整理的旧志之外,1968年,台湾省成文出版社还大批影印了《中国方志丛书》,其中有明、清至民国年间的各种版本山西旧志56部。1968年至1969年,台北华文书局印行《中国省志汇编》共两期,其中印有清觉罗石麟(《中国地方志综录》一书中误为觉罗石罗)修、储大文纂,据雍正十二年(1734)刊嘉庆十六年(1811)衡龄增修本影印雍正《山西通志》。1968年台湾学生书局印行《新修方志丛刊》中,收有国内志书288种,其中有山西方志20余种。

山西的旧志整理,采取了或点校、翻译、重印,或方志辑佚,或旧志资料汇编,或编制旧志书目、索引,方式多样。

(一)点校、翻译、重印。其一点校重印。在本轮开展社会主义新方志编纂工作中,山西根据《中国地方志整理规划》的要求,以省、地、县各级修志机构为主,选择各地一些重要旧志点校刊行,特别注重点校名志孤本、善本和新收集到的稿本。点校,即对旧志加以标点、分段、校勘,纠正缺陷。实践证明,这是现今整理旧志最理想的方式。如山西省社会科学院整理的光绪《山西通志》,采用对校、本校、他校相结合的校勘法,纠正了原书大量的讹误不确,全志校勘约1万处,从而大大提高该志的文字准确性和史料可信性。点校质量上乘者还有:李裕民、任根珠等点校的成化《山西通志》,张仁、任根珠等点校的乾隆《山西志辑要》,杨淮点校的万历《太原府志》,许殿玺、马文忠点校的正德《大同府志》,李裕民点校的万历《汾州府志》,马夏民点校的乾隆《汾州府志》等。其二是点注重印,即加标点符号和注释。用此法整理重印的有顺治《云中郡志》,雍正《朔州志》,弘治《潞州志》等。其三是原文重印,即不加标点,原貌照排,竖排、铅印、线装。采取此法整理重印者有乾隆《潞安府志》、乾隆《沁州志》、雍正《泽州府志》、康熙《保德州志》等。其四是翻译出版。1990年山西省地方志编纂委员会办公室翻译出版了日本东亚同文会编的《支那分省全志》第十七卷《山西省志》;1997年山西省史志研究院翻译出版了日本山冈师团编的《山西大观》。这两部旧省志根据大连图书馆的稿本复印并翻译整理。另1983年,浑源县地方志办公室将乾隆《浑源州志》译成语体文刊印。将旧志译为语体文出版,这也是旧志整理的一种尝试。同年8月,方志学家董一博、欧阳发、苏长春、刘乾昌等到该县座谈时，一致认为此法欠妥。其后省内再无人效仿。其五是汇编合刊。历代旧志篇幅一般不大，为节省经费起见，不少县在整理旧志时，均把不同年代的几种县志汇编成一册刊印。如黎城县地方志办公室将黎城的五种旧志汇编成《黎城旧志五种》一书，16开精装加护封合刊出版。襄汾县将光绪《太平县志》和民国《襄汾县新志》点注整理，合刊重印。平鲁县的《旧志集录》除收录旧志外，同时摘录了《清实录》、《晋政辑要》、《晋北二十九县风尘记》等有关平鲁的史料。广灵县将康熙、乾隆、光绪三部《广灵县志》点注，合订印行。此外还有康熙、光绪合刊《隰州志》，道光、光绪合刊《壶关县志》，乾隆、光绪合刊《平陆县志》，光绪、民国合刊《左云县志》，万历、乾隆合刊《汾州府志》等。

（二）方志辑佚。据不完全统计，山西旧方志有362种失传，占历代志书的40%还多。陕西师范大学李裕民教授从现存大量史书、类书和方志中辑出236种山西旧志佚文30万字，定名《山西古方志辑佚》。该书在每种方志前均写有叙录，不仅对作者简要介绍，还考证其编纂情况，所辑佚文虽为残篇断简，但其史料价值却弥足珍贵。该书1984年由山西省地方志编纂委员会办公室编印。这是国内第一部区域性古佚志辑录专书，受到省内外专家学者的一致好评。杭州大学仓修良教授在《方志学通论》一书中指出："《山西古方志辑佚》虽仅限于山西一省，但从其规模来看，无论是种类还是字数，都是迄今卷帙最大的古方志辑佚之书。"1992年山西省地方志编纂委员会办公室还编印了李裕民先生的另一力作《晋志钩沉》，该书近20余万字，从已经散佚的《九州志》、《十三州志》、《括地志》、《后汉郡国志》等28种地理总志中辑得有关山西的资料亦极为珍贵。

（三）旧志资料汇编。山西省地震局高级工程师、《山西通志·地震志》主编齐书勤，从历代山西旧志和有关历史文献资料中辑出有关地震资料，编出了《山西地震资料》一书，史料丰富，记述简要，对研究山西地震史有重要价值。山西省农业厅《农业志》编写组郭展翔等，从省内246部旧志中摘选各种物产，编写出了《山西方志物产综录》。山西历史上从明成化十一年（1475）至民国二十九年（1940）间全省粮食、油料、棉麻、蔬菜、瓜果、药材、花卉、烟草、树木、矿产、动物及手工制品等的种类、分布、特点和演变历程总集一册，一览无余，颇具参考价值。此外，还有气象工作者张杰根据旧志编写的《山西自然灾害年表》,任根珠主编的《清实录山西资料汇编》,谢鸿喜辑释的《〈水经注〉山西资料辑释》,张博文、王满仓主编的《运城灾异录》,郭齐文、吴秀峰等编校的《太谷历史文献辑录》等。

(四)编制旧志书目、索引。1982 年,由山西省地方志编纂委员会办公室和山西省文史研究馆内部刊印《山西文献书目》,该书由刘纬毅编,分上下两编,上编地方史志收载山西历代旧志 822 种,深受各界好评。1984 年,由山西省地方志编纂委员会办公室内部刊印,池秀云撰,收录明成化、嘉靖、万历和清康熙、雍正、光绪 6 种《山西通志》中所载人物传 15808 人,著录内容有姓名、朝代、籍贯、传记出处、卷数页码等。该书为查找山西历史人物提供了线索。此外,还有祁明编的《山西地方志综录》、《山西方志要览》两书,杨淮、张莉编的《太原古方志索引两种》等。

进入 20 世纪 90 年代,随着各级志书的陆续出版,特别是山西省史志研究院成立后,在地方志研究所专设第三编研室,负责全省的旧志整理工作,加大了旧志整理工作的力度,并把旧志整理成果列入全省修志优秀成果评奖中,与新编志书一同评奖,从而调动了广大修志人员整理旧志的积极性,全省的旧志整理工作迈上了一个新的台阶。20 世纪 80 年代中,全省整理重印旧志 68 种,其中内部刊印的 60 种,由出版社正式出版的仅 8 种,占 1/10 多点;而到 90 年代,整理重印旧志为 40 余种,由出版社正式出版的就有 20 余种,占到半数以上,其中旧省志点校、翻译重印了 4 种。旧志整理所出的成果中,90 年代比 80 年代质量上也上了一个台阶。在 1993 年 12 月、1997 年 12 月和 2000 年 8 月分别举行的全省地方志优秀成果三次评选中,共有 13 种整理的旧志榜上有名:获一等奖的 2 种,即成化《山西通志》、《清实录山西资料汇编》;获二等奖的 7 种,即万历《太原府志》、《黎城旧志五种》、弘治《潞州志》、雍正《朔州志》、雍正《朔平府志》、光绪《永宁州志》、《旧志辑录》(右玉);获三等奖的 3 种,即清《广灵县志》(点校、合刊)、乾隆《山西志辑要》、光绪《永济县志》;获优秀奖的 1 种,即清《潞郡旧闻》。

目前,正在准备印行的还有:雍正《山西通志》由山西省史志研究院方志所三室整理,已点校完毕,中华书局出版,正在排印之中;顺治《潞安府志》、乾隆《潞安府志》,由长治市地方志办公室整理,现已点校完毕,并送交中华书局,正在印刷之中;乾隆《沁州志》和光绪《沁州志》1 卷,由沁县地方志办公室整理,中华书局出版,正在印刷之中。另还有3部旧县志正在点校之中。

综观山西20年来的旧志整理工作,具有以下特点:一是得到了各级政府部门的大力支持。山西是个经济欠发达的省份,但各级地方政府还是从有限的财力中挤出经费,支持整理旧志。在整理旧志工作中,各级修志机构本着少花钱、多办事、办好事的精神,从而赢得领导的重视和支持。二是根据各地修志任务的轻重缓急,合理安排。如80年代整理旧志,侧重点是为编纂新志搜集资料,为创立新方志的体例风格提供借鉴,并在新志成书之前发挥地方志的社会服务功能。如方志辑佚、旧志资料汇编、编制旧志书目索引等成果的70%以上,均出自这一阶段。90年代的侧重点是为提高方志理论水平,抢救珍本、孤本,发掘历史信息,为两个文明建设服务,达到存史、资治、教化之目的。三是动员社会力量,积极参与旧志整理工作,使旧志整理工作成为各级修志机构和社会各阶层共同关心的事业。如光绪《山西通志》是由省社科院点校、三晋文化研究会资助出版的,民国《徐沟县志》、光绪《晋祠志》、万历《清凉山志》等旧志是由省内出版社组织专家学者点校出版的。有的旧志甚至是个人出资点校出版的。四是坚持古为今用的原则,百花齐放,量力而行。在已刊印的旧志中,既有正规出版社出版的,也有省内书号或各级志办刊印的;既有竖排繁体线装的,也有横排简体简装的,根据财力量力而行。五是机构人员落到实处。原省地方志办公室由资料处分管全省的旧志整理工作,史志院成立后,在方志所的三个室中,专设一个室分管旧志整理工作,在机构设置上得到了保证,便于指导全省的旧志整理工作。各地、市亦有专人分管旧志整理工作。在此基础上,根据各地、市、县修志工作的进程及地方财力的实际情况,合理制订旧志整理规划,做到切实可行,确保质量,从而使全省的旧志整理工作走上了良性循环的轨道。

（《中国地方志》2003年第5期）

继承优良传统 发挥旧志功能

——我省开展旧志整理工作的几点体会

自首轮社会主义新方志编纂工作开展以来,我省始终把旧志整理工作作为方志编纂工作的重点课题来抓,将编纂新志与整理旧志同步进行,从而促进了全省旧志整理工作有条不紊地顺利展开。截止 2005 年 6 月,全省整理出版各级各类旧志达 139 种,超过了首轮和第二轮新编三级志书的总和(山西省首轮三级志书应编 131 种,至 2005 年 6 月出版 118 种,第二轮续修志书至今出版 3 种,两者合计 121 种)。山西省的旧志整理工作受到中指组的重视,2002 年第 3 期《中国方志通讯》以"山西省旧志整理取得显著成绩"为题发专刊向全国交流。

一、摸清家底,制订规划

旧志整理工作,其难度和工作量均不亚于新志编纂。无论是旧志的校勘标点,或是抢救善本孤本,前提条件是必须弄清本省现存旧志的家底,既有多少部?藏在哪里?哪些价值高?哪些需要尽快抢救整理?哪些可以稍缓一步?所有这些,都必须对全省的旧方志进行一次普查摸底。

随着新编地方志工作在全省的逐步开展,我省 20 世纪 80 年代初期即从搜集、整理旧志入手,挖掘资料。据初步统计,从魏晋时期起至民国时期,山西的地方志编修共计 898 种,其中存世 536 种,佚志 362 种。明永乐十九年(1421)前共修 65 种,存志 2 种,佚志 63 种;永乐十九年后共修志 301 种,存志 66 种,佚志 235 种;清代共修志 441 种,存志 386 种,佚志 55 种;民国时期共修志 91 种,存志 82 种,佚志 9 种。《中国地方志联合目录》收录山西旧志 429种,缺漏颇多。若除去山、水、寺等志,仅按行政区划(从省至村)编修的志书,山西共有方志 460 种,约占全国现存方志总数的 1/20,居全国各省、市、区第 8位。在山西现存的旧志中,不乏良品佳志。我国现存最早以"通志"命名的省级志书,是明成化十一年(1475)胡谧纂的《山西通志》,亦是山西现存最早的一部省志。我国现存最早的乡土志是宣统三年(1911)冯济川编纂的《山西乡土志》。在国内最著盛名的省志,是由王轩、杨笃等纂修的光绪《山西通志》,近代著名方志学家李泰　在《阳原县志》序中,将杨笃与章学诚、戴震并称;梁启超在《中国近代三百年学术史》一书中称"杨笃纂修的《山西通志》是全国通志中杰出的方志之一";王云五主修的《续四库全书提要》中,称该志"不独为《山西通志》之模范,且可为他省志书之准绳"。明万历年间由王有容修,田蕙纂的《应州志》,被誉为一代佳志。清乾隆年间由孙和相修、戴震参订的《汾州府志》,是清代方志中的佳志之一。民国年间由刘文炳纂的《徐沟县志》,被誉为民国间佳志。

要制订科学的旧志整理规划,还必须对本地区历代方志间的嬗递关系、本地各种方志的价值,本地方志编纂的历史经验了然于胸。在摸清全省旧志现存情况的前提下,省志办于1986年出版了由祁明著的《山西地方志综录》一书。并根据全省修志工作的进展,制订了切实可行的旧志整理规划。

二、落实机构人员,调动各界力量

整理旧志与编纂新志一样,离不开机构和人员。在省志办期间(1980.5—1995.4),我省的旧志整理工作由资料处负责,配备有专职人员整理旧志。1995年5月省史志院成立后,方志所下设三个编研室,其中第三编研室的主要任务,即整理旧志及编纂地情资料丛书。方志所共18名编辑,第三室就有6名,占到方志所业务人员的1/3。正由于省史志院设有专门的机构和人员,从而在全省起到了积极带头作用,所属各市志办也均配有专职领导和人员,承担本地的旧志整理工作。机构和人员的落实,促进了整理旧志工作的正常开展,其成果亦不断涌现。到今年年底,现存世的12部省志志书将整理出版9部,完成省级旧志整理任务的75%,仅剩嘉靖、万历、康熙三个版本的《山西通志》。但就整理旧志而言,仅靠省内方志界的人员直接承担,是无法完成的。不仅人力不足,且经费也是各级政府财政难以负担的。尤其对山西来说,还是个经济欠发达的省份,经济发展与财政状况在中部6省中名列老末,逐年挤出少量资金,也是捉襟见肘,难以满足整理旧志的需要。根据我省的实际情况,我们采取多管齐下、多方筹资的方法。并将整理旧志的项目,分别落实到各级修志机构,即省史志院主要负责省级旧志的整理出版,市级志办负责旧府、州志,而县级志办负责本地域的旧志。三级机构责任明确,任务分头落实,从而推动各级旧志整理同时展开。与此同时,调动社会各界的力量,积极参与整理旧志的工作。如光绪《山西通志》,就是由省志办推荐,由省社科院组织人员校勘,三晋文化研究会资助出版的。民国《徐沟县志》、民国《晋祠志》是由山西古籍出版社组织人员出版的。康熙《平阳府志》,是由省三晋文化研究会和运城地区(现改为市)三晋文化研究分会合作点校、山西古籍出版社出版的。康熙、道光《阳曲县志》,则是由民营企业家出资影印出版的。乾隆《平定州志》则是由平定县文化局整理出版的。多种渠道筹资整理出版旧志,是多出成果、快出成果的一条"捷径"。

组织社会各界知名专家学者参与整理旧志工作,是弥补整理旧志人员不足的惟一办法。由于时代的不同,今天一般人读懂古书恐非轻而易举之事,而要点校旧志更属不易,非饱学之士不能为之。点校旧志,必须具有广博的文史知识,并具有读懂古书的能力。同时,由于旧志是记载一地的历史,点校者还要对该地历史与文献有所了解与研究,方可从事。这两方面的条件缺一不可。就我省各级志办而言,所能从事此项工作的也屈指可数。组织社会各界知名专家学者参与此事,可收到事半功倍的效果。如成化《山西通志》,是我室组织山西大学历史系的教授参与点校的;乾隆《山西志辑要》,是组织太原师专中文系的教授点校的;雍正《山西通志》,是由太原师范学院(原为山大师院)中文系的教授点校的。各市、县旧志点校,也聘请了多名专家学者参与。如正德《大同府志》、万历《汾州府志》、康熙《沁州志》等,均是由市、县志办组织本省的专家学者点校的。在社会力量的参与下,旧志点校质量得到明显提高,从而赢得社会各界的广泛好评。

三、坚持百花齐放,多种形式并举

旧志整理的形式是多种多样的,其内容是十分广泛的。在开展旧志整理工作中,我们始终坚持古为今用的原则,百花齐放,量力而行。根据各地修志任务的轻重缓急,合理安排。如上世纪 80 年代整理旧志,侧重点是为编纂新志搜集资料,为创立新方志的体例风格提供借鉴,并在新志成书之前发挥旧志的社会服务功能。如方志辑佚、旧志资料汇编、旧志书目索引等成果的 70% 以上,均出自这一阶段。90 年代的侧重点是为提高方志理论水平,抢救珍本、孤本,发掘历史信息,为社会发展和经济建设服务,达到存史、资治、教化之目的。山西的旧志整理,采取了或点校、翻译、重印,或方志辑佚,或旧志资料汇编，或编制旧志书目、索引等，形式多样。

一是点校。20多年来，我省根据《中国地方志整理规划》的要求，以省、市、县各级机构为主，选择各地一些重要的旧志点校刊印，特别注重点校名志孤本、善本和新搜集到的稿本。点校，即对旧志加以标点、分段、校勘，纠正缺陷。实践证明，这是现今整理旧志最广泛的一种方式，占我省现已出版的旧志整理成果的70%。如成化《山西通志》、光绪《山西通志》、雍正《泽州府志》等。

二是标点注释。旧志一般均不加标点，不便于阅读、理解和利用。再者，由于受时代和修纂者立场、观点、学识的限制，或受传抄、刊刻的影响，内容上可能存在某些谬误，语言上也会有费解之处。为充分发挥旧志的作用，就需要对它们进行标点和注释，以利今人阅读利用。我省用此法整理重印的有顺治《云中郡志》等。同时，还根据当地志办人员的素质，如万历《代州志》，则只标点而无注释。

三是原文重印。即不加标点与注释，按志书的原貌照排，一般均为竖排、铅印、线装。采取此种方法整理旧志的，有乾隆《潞安府志》、乾隆《沁州志》等。

四是翻译出版。在首轮新方志编纂初期，为有利于新方志编纂，省志办采取多种方式多种渠道，广泛搜集资料。在大连图书馆，发现了日本人编纂的两部日文版的山西省级志书，随即购回了复印件。我们聘请省内最知名的日文翻译，将这两部旧志翻译出版。其一，是民国初期日本东亚同文会编的《支那分省全志》第十七卷《山西省志》，其二，是日本侵占山西后由山冈师团编印的《山西大观》。这两部志书的翻译出版，为各级志办编纂新方志，提供了一些民国时期的有用资料，同时也为教育广大青少年提供了生动而真实的反面教材，认清日本军国主义蓄谋已久的侵华实质。另1983年，浑源县志办将乾隆《浑源州志》译成语体文刊印。将旧志译成语体文，这也是整理旧志的一种尝试。

五是汇编合刊。历代旧志一般篇幅不大，为节省经费起见，不少地区在整理旧志时，均把不同年代的几种旧志汇编成一册出版。如《太原府志集全》、《黎城旧志五种》等。

六是方志辑佚。综观历朝历代所修的方志，散佚现象十分严重，就山西而言,据不完全统计,旧方志有 362 种失传,占历代编纂志书的 40% 还多。所以,对旧志的辑佚工作,其意义非同小可。它可为历史研究起到填补重要空白的作用,亦可了解方志编纂的历史和规模,还可为今后寻找佚志原本和残志完佚提供线索,有一举多得的功效。陕西师范大学教授李裕民从现存大量史书、类书和方志中,辑出 236 种山西旧志的佚文 30 万字,定名《山西古方志辑佚》,1984 年由省志办编印出版。该书是国内第一部区域性古佚志辑录专书,受到省内外专家学者的一致好评。杭州大学仓修良教授在《方志学通论》一书中指出:"《山西古方志辑佚》虽仅限于山西一省,但从其规模看,无论是种类还是字数,都是迄今卷帙最大的古方志辑佚之书"。1992 年,省志办还编印了李裕民先生的另一力作《晋志钩沉》,该书近 20 万字,从已经散佚的《九州志》、《十三州志》、《括地志》、《后汉郡国志》等 28 种地理总志中,辑得有关山西的资料,亦极为珍贵。1997 年北京图书馆出版社出版了原山西省志办副主任刘纬毅的《汉唐方志辑佚》一书,是我省方志界在旧志辑佚方面的又一力作,受到普遍赞誉。

七是旧志资料汇编。方志被人称之为一地的百科全书,其记述内容之广泛,不言自明。若能将旧志中不同的内容分门别类汇编成册,即作成专题资料汇编,对开发方志资源,服务社会主义建设,都是十分有益的。20 多年中,我省方志界陆续编印出版了《山西地震资料》、《山西方志物产综录》、《山西自然灾害年表》等多种全省性的方志资料汇编;也有市、县一级的方志资料汇编,如《运城灾异录》、《太谷历史文献辑录》等;还有从其它古籍中整理出版的资料汇编,如《〈清实录〉山西资料汇编》、《〈水经注〉山西资料集释》等。

八是编制书目、索引。汇编旧志书目,既可摸清全省方志的家底,又可为各级志办采购、阅读、利用、研究方志者指引门路。清代担任山西巡抚的张之洞在他撰著的《目录答问》一书中曾说:"为学之道,宜得门径。泛滥无归,终生无得。得门而入,事半功倍。"这话是很有道理的。首轮修志之初,为摸清全省方志存藏的家底,更好地为编纂新志服务,1982 年省志办与省文史馆合作,内部刊印了《山西文献书目》。1984 年,省志办编印了《〈山西通志〉人物传索引》一书,收录明成化、嘉靖、万历和清康熙、雍正、光绪 6 种《山西通志》中所载人物传 15808 人,为查找山西历史人物提供了线索。我省还出版了《山西地方志综录》、《山西方志要览》、《太原古方志索引两种》等方志书目、索引著作。这些旧志书目、索引书籍，为各级志办人员查检、搜集新志资料，提供了极为便利的条件，在新方志编纂中功不可没。

惟一缺憾的是，山西旧志整理工作中没有做旧志提要这一项。提要，是在志目汇编的基础上，增加纂修者简历、业绩、学术成就，以及本志修纂始末，记述范围、基本篇目、体例特点、内容大要、社会影响、版本源流等方面的评价。编纂旧志提要，其作用对研究者的帮助更大。值得庆幸的是，《山西旧志提要》和《山西新方志提要》二书，已列入"山西省史志科学十一·五规划"，我室已准备着手开展这方面的工作。

就各级政府领导而言，编纂新志是首要任务，整理旧志则属次要工作。旧志整理的经费是一大难题。即使拨付一些，也少得可怜。但随着志书成果的不断涌现，以及各级修志人员"宣传"领导、"教育"领导的结果，旧志整理的经费逐步得到好转，旧志的印刷质量亦逐步提高。全省各级修志机构本着少花钱、多办事、办好事的精神，全力多出成果、快出成果（相较编纂新志而言），从而赢得了各级领导的重视和支持。就旧志整理的出版样式而言，亦是百花齐放，形式各异。在我省已刊印的旧志中，既有正规出版社出版的，也有省内部书号或各级志办自行刊印的；既有竖排繁体线装的，也有横排简体精装、简装的，根据各地财力，量力而行。而在点校质量上，则严格把关，请专家复审或主审，从而确保旧志整理出版的质量。

四、参与优秀评比，促进工作开展

自 1995 年省史志院成立后，加大了旧志整理工作的力度，并把旧志整理成果列入全省修志优秀成果评奖中，与新编志书一同评奖，进而激发和调动了各级志办和广大修志人员整理旧志的积极性，全省的旧志整理工作迈上了一个新的台阶。上世纪 80 年代中，全省整理旧志 68 种，其中内部刊印的 60 种，由各级出版社正式出版的仅占 8 种、占 10% 多一点；而从 90 年代至今，整理旧志 70 余种，由正规出版社的出版的就有近 50 余种，占到 70% 还强。旧志整理所出的成果中，90 年代以后的与 80 年代的相比，无论是点校质量和印刷质量，都有了极大的提高。在我省开展的三次地方志优秀成果评选中，共有 13 种旧志整理成果榜上有名：成化《山西通志》、《〈清实录〉山西资料汇编》等 2 种获一等奖；万历《太原府志》、《黎城旧志五种》、弘治《潞州志》、雍正《朔州志》、雍正《朔平府志》、光绪《永宁州志》、右玉《旧志辑录》等 7 种获二等奖；

清《广灵县志》（合刊）、乾隆《山西志辑要》、光绪《永济县志》等 3 种获三等奖；清《潞郡旧闻》1 种获优秀奖。在 2004 年山西省社会科学优秀成果评奖中，成化《山西通志》荣获省政府优秀成果二等奖，这一成果也是 1997－2004 年度全省社科优秀成果评奖中，我省方志界获得的（包括新编方志在内）惟一奖项（因有省级领导挂名，新编《山西通志》、《山西大典》仅获荣誉奖）。

我省的旧志整理工作取得了一定的成绩，同时也得到上级的肯定。2003 年 5 月，山西省劳动竞赛委员会为方志所第三编研室记集体二等功一次。但我省旧志整理工作仍有不少差距，存在的主要问题有：一是经费不到位工作难开展；二是少数整理的旧志点校质量不高；三是点校人员素质有待进一步提高；四是编纂《山西旧志提要》刚刚提上议事日程，需组织人员尽快实施。

（中国地方志指导小组办公室《全国地方志系统旧方志整理与开发利用研讨会论文汇编》,2005 年 7 月,西安）

《清徐县志·大事记》初稿读后

清徐县地方志办公室的同志,几易寒暑,克服了重重困难,经过辛勤笔耕,终于拿出了《清徐县志》初稿,可喜可贺。整部志书的篇目设置比较合理,资料也比较丰富,拜读之后,确实受益匪浅。这里,只想侧重对志稿中的《大事记》谈点个人的看法。

《清徐县志·大事记》共收录大事 450 条,25000 余字,记载了从 1883 年起至 1985 年止 103 年间的大事,其中中华人民共和国成立以前 67 年,99 条,占总条数的 22%;中华人民共和国成立后 36 年,351 条,占总条数的 78%。《大事记》的重点放在记述建国后的大事,体现了详今略古的原则,使人对清徐县有了一个清晰的印象,头绪分明,重点突出,值得学习与借鉴。但它毕竟还是个初稿,逐条细阅,发现仍存在一些小疵和不足,有待进一步改进。

一、关于标准方面的问题

《大事记》中,绝大多数选目是对的,基本上反映了清徐县历史发展的脉络,使各件大事构成了该县历史长链中的一节链条。应该说,编者在大事的选择上是下了一番功夫的。但美中不足的是,编者仍犯有选择大事上常见的通病。

(一)没有完全立足地方,记本县的大事,而是把一些高层次的事记入本县。例如 1901 年中的"是年"条、1912 年中的"2 月"条、1941 年中的"3 月"条、1948 年中的"12 月 1 日"条、1954 年中的"9 月 14 日"条、1955 年中的"7 月"条、1959 年中的"1 月"条、1979 年的"夏"条、1983 年中的"9 月"条,上述 9 条,把全国的事当成地方大事,这就犯了"上犯旁侵"之错。吾以为,县志《大事记》应遵循"方志不越境而书"的原则,只记述现有区域所发生过的大事,全省、全国的事一般不记。如全省、全国的事在本地产生了影响、发生了联系的,一般应把其作为背景材料来叙及,即以全省、全国着眼,本县范围内落笔,只记其影响和联系所发生在本县的事。这样,即可使地方特色突出,又不与全局脱节。

（二）没有坚决把握好大事记中的"大"字。大事记中的"大"，指的选材上要突出一个"大"字，这是编写大事记的出发点和落脚点。选录大事，总的宜以对社会发展有重大影响（包括积极的消极的）为标准。大事的标准，定得太低了，一些不属于大事的内容会冲淡真正的大事；定得太高了，又不利于反映一县的全面情况。大事的选录要做到适度，也颇不容易。志稿中的一些条目，吾以为并非大事，应斟酌一下，是否可以去掉。

例如1909年中的"2月28日夜，劝学所学董刘赋都入乡劝学回城，途中遇险。有两人由路傍（应为旁）渠甬中跃出，挟持长矛直刺车窗，适赋都因宣讲一日困卧车中，因而未中。"此条记述了清宣统元年发生的一桩刑事案件。这一案件并没有什么代表性，也不属于什么大案、要案，同时用此例也说不明当时的社会秩序究竟怎样，似应去掉。我想，这可能是从旧志或其它资料中采摘出来的，编者舍不得把它丢掉，就此录之。我看大可不必。

如1951年中的"3月初"条、1954年中的"7月13日到15日"条、1955年的"6月中旬"条、1958年中的"12月18至27日"条、1963年中的"7月初"条、1964年中的"7月20日至26日"条、1965年中的"9月19日至29日"条、1978年中的"4月"条，上述8条，均为教育系统的事情，在教育界来说，是大事，而把这些事件放在全县范围来看，则不能称为大事。这是因为，它们只是对局部（教育界）有作用、有影响，若放在全县，则只能是大中之小了。我以为，把这些事放在其它专志中记述就可以了，不必列为全县的大事。

例如1955年中的"6月初"条、1962年中的"3月6日至8日"条和"12月初"条、1973年中的"3月27日至30日"条、"5月28日到30日"条、"8月11日到14日"条和"8月22日到31日"条，上述7条，亦不够大事标准，列入各专志记载即可。当然，大事的标准是无法用计量来衡量的，掌握起来的确有一定的难度，往往由于时间、地点、角度的不同而存在相对性。既然大事具有相对性，就说明它是可以比较的。通过比较，严加精选，就可以保证大事记的质量。目前，普遍存在的问题是，诸多志书选录大事不严，造成大事不大，小事成为大事，这种现象是应值得我们注意的。

二、关于时序方面的问题

新编地方志大事记，大多采用编年体，以时系事，按时经事纬排列组合一地的大事大端,从它们相互之间的联系、消长和兴替中,提纲挈领地反映一地的社会历史进程。这是大事记的基本历史使命。编年体大事记的时序,通常是用年月日切割,年下有月,月下有日,以日为基本单元。在某种情况下,也采用辅助单位,直接以年季月为时序。《清徐县志·大事记》即采用了编年体为主,辅之以纪事本末体。有主有辅,主次分明。但在时序的记述上还存在一些问题。

(一)还存在农历和公历混杂使用的现象。志稿《大事记》基本上是以公历记述的,但在1906年、1907年、1911年的第1条中,都出现"正月"二字,似应将"正月"换算为公历月份,以便使《大事记》中统一为公历。如上述3条系旧志或古籍中得来的材料,具体月份确实无法确定(农历和公历的月份有时交错),亦可改用宽幅时序,以季代之。

如1900年中的"8月,八国联军陷北京,慈禧太后挟德宗(光绪帝)逃奔西安,途经徐沟,住金河书院和天禄堂(王汝昌家),祭奠文庙,武庙。"此条中的"8月"似有误。据民国《徐沟县志》载,慈禧太后抵徐沟在农历闰8月,公历似为10月初,此条亦是农历混为公历,应改。

(二)还存在个别条目时序颠倒的现象。《大事记》既然采用编年体,即应严格按照条目的时间顺序来组合。凡遇有"春、夏、秋、冬"为时序的,均应以"1月、2月、3月、春、4月、5月、6月、夏、7月、8月、9月、秋、10月、11月、12月、冬"的时序来排列。如遇有"是年"条,均排在该年的最后。志稿中有时序颠倒的现象,均应改正过来。

(三)有的条目没有时间,给人以眉目不清之感。如1901年中的"和议成,辛丑条约立……"条,1904年中的"徐沟县将金河书院改为金河学堂……"条,1907年中的"清源城南一举人王发元在延昌街家中后院创办新清学堂"条,1908年中的"县设立劝学所……"条,1930年中的"阎冯倒蒋失败……"条,1931年中的"从榆次经徐沟到太谷的铁路线动工修建……"条,以上5条,均没有标出时序,似应补入。大事记以时为经,以事为纬,若无经,纬何将存之?我以为,时间是大事记条目的主要要素之一,千万缺不得。

(四)有些条目应该标出具体日期,但志稿中却遗漏了。例如1970年中的"10月"条,1972年中的"8月"条,1975年中的"7月"条,1978年中的"6月"条,以上4条均为基建工程,只标明月份,未标具体日期,似应补上。记述建国后的大事,时间上一定不能有缺漏,还应注明具体日期。

(五)有的在时序上有问题或差错。如 1933 年中的"同年夏"条,"同年"二字纯属多余,可删。该条就列在 1933 年栏下,有"夏"作为时序即可。

如 1937 年中的"11 月 8 日"条中,将两个内容合为一条,条中另起,在志稿大事记中仅此一例。为统一大事记的体例,将此条一分为二,分别记述,可能效果要好一些。可将另起段中的"在此同时"改为"本月"即可。这样,两条仍前后相连。因果关系亦十分清楚。同时,两条分述后,还可突出农民的抗日爱国行为,从正面得到进一步的阐扬。

如 1948 年中的"7 月中旬,在晋中战役尾声中,清源、徐沟两县阎军和阎政权人员,仓皇弃城逃往太原,7 月 9 日(旧历六月初三)清源解放。7 月 10 日(农历六月初四)解放军进入徐沟城。"该条中清源、徐沟解放为 7 月 9 日、10 日,而条目的开头时序却为 7 月中旬,前后事件的时序似有误。若按此表述,似是在两县解放了之后,阎军和阎政权人员才逃离县城的。应将"7 月中旬"改"7 月初"或"7 月上旬"。另"7 月 9 日"后括注"旧历六月初三","7 月 10 日"后括注"农历六月初四",一"旧"一"农"不统一。再说,前者已括注,后者紧连前者,后者就没有必要再括注了,人们一看自然明白。

如 1959 年中的"2 月 31 日"条,该条中的时序,要么月份有误,要么日期错了,2 月份总不能出现 31 日吧。我想,这也可能是排印中出现的差错,应改正。

(六)有的将时序和内容混在一起,时序成了句子,眉目不清。如 1900 年的"春夏大旱"条、1906 年中的"入夏无雨"条、1955 年中的"入春以来"条、1965 年中的"全年苦旱,夏、秋干旱严重"条、1972 年中的"全年苦旱"条、1976 年中的"春旱"条、1985 年中的"夏旱"条,以上 7 条,问题都出在条目的时序上,应将时间与内容分开,以时间作为条头,后边记述内容,这样既符合体例,又眉目清晰。

(七)有的条头时序过繁,即从"某月某日到某月某日",有的跨几天,而有的跨几个月,不简洁明了。在《大事记》中,采用连续时序作为条头的条目还很多,据笔者粗略统计,志稿大事记中就达 117 条之多,占到总条数的 26%。要解决此类问题,就有个主要时序的定位问题。为了选好大事记的时序,我赞成按大事成型的难度,划分为一次成型和多次成型两种类型。一次成型的事物发育过程单一,成型以后直至消亡,不再发生质的变化。一次成型的事物,一般可取其成型时间为主要时序。如一次重要会议的召开,一个大工厂的建成投产,一项重要的人事变动等,都属于这样的时序。但世界上的事物是复杂的,主要时序的定位,也不能拘于一格。一次会议的召开,可选在开幕之日,也可选在闭幕之时;一项工程的建设,可选在开工之日,也可选在竣工之时,这样,主要时序的定位,可能会出现多种情况,须作不同的处理,一在事物的起点,可作由本到末的记述;一在事物的中点,须作上挂下联的记述;一在事物的终点,须追述记事。此三种情况都是事物运动全过程的记述,我们通常称之记事本末,似无不可。这就需要我们找出一事物的代表性时序,作为某条目的具体时序,从而省去"某月某日到某月某日",而单用"某月某日"。这样既节省笔墨,又简洁明快。

此外,如确有少数条目非使用连续时序不可,中间可使用范围号,即"～"。如"某月某日到某月某日",可写为"某月某日～某月某日"。比如《清徐县志·大事记》稿一开头括号内的"本大事记从 1883 年～1985 年",就可将"本大事记从"、"开始"、"止于"等字删掉。既简明扼要,又一目了然。

三、关于体例方面的问题

体例的范围也比较大,在前面谈到的时序问题时,其中有一些也属体例方面的问题,为方便起见,在前边就谈了。这里,我说的体例主要指大事记的文风问题和记时的表达方式。

(一)文风方面存在的问题。中国地方志指导小组制订的《新编地方志工作暂行规定》第 13 条明确指出:新志书文体,一律用规范的语体文,文风应严谨、朴实。省地方志编纂委员会最近印发的《山西地方志编写行文暂行规定》中亦指出:新编志书的语言一律用现代汉语的书面语言,不用口头语或文言文,也不要文白相间。然而,实际上许多志书(包括我省已出版的 5 部新县志)仍或多或少地存在着这一问题。

例如 1900 年中的"春夏大旱"条和"5 月 7 日"条、1910 年中的"太原府知府周勃令交……"条、1911 年中的"正月"条和"12 月 3 日"条,1918 年中的"1月 7 日"条,上述 6 条,在表述上均存在文白相间的问题。不难看出,这些大事是从旧志或古籍中转抄而来的,有的未进行整理、改写,有的只改写了个别字句。这种文白相间的记述,有两个弊病:一是有些地名、人名掺杂其间,使人感到模糊不清,不甚明了;二是记载部分近代大事用文白相间,而记载现代大事又用白话文,造成了前后文风不统一。究其原因,或者查阅古籍、旧志时照抄照搬就行了,不再用现代汉语去改写成浅显易懂的白话文,或者认为用文言文更能证明其真实性。其实,就是用白话文撰写,在书末注明资料来源,照样可以达到同一目的。

(二)记数记年要统一格式。《清徐县志·大事记》中,月、日和文中数字既有中文字码记数,也有阿拉伯数码记数,很不统一。大事记中(以及全志书)的记数方法应统一用阿拉伯数码的记数法,淘汰中文记数法。要严格按照国家语言文字工作委员会等七单位公布的《关于出版物上数字用法的试行规定》和省地方志编纂委员会最近印发的《山西地方志编写行文暂行规定》执行。在此之前,我省已出版的5部县志,数字书写很不规范。如《武乡县志》、《五台县志》和《寿阳县志》的大事记中,历史朝代纪年和公元纪年均用的是中文字码记数,而《沁水县志》和《代县志》的大事记中,历史朝代纪年用的是中文字码记数,公元纪年则用阿拉伯数码记数。在记数上一定要统一起来。

四、关于内容方面的问题

大事记的特点在于记事。《清徐县志·大事记》稿从总的情况看,还是在占有丰富的内容和翔实的资料的条件下编写的。但以正式出版的角度来衡量,在内容方面还存在一些问题。

(一)在严把政治关方面还有缺误,或有宣传色彩的词语。例如1935年中的"4月,红军围攻交城,清源人民第一次听到红军的枪声。在此前后,村村组织防共保卫团,县还抽调各村防共保卫团二百多人回县城,防止红军进攻。"此条政治观点不清,把反面的东西用正面的文字表达,"村村组织防共保卫团",是群众自发的,还是受阎政权逼迫被动干的,在文字里根本看不出贬义。在选用材料上,一定要站在人民的立场上,该褒或该贬的地方一定要明确地表述出来,决不能有半点含糊。当然,这并不是要加什么形容词汇,而是要通过事实来表述。如1937年中的"11月中旬,清源县梁成哲组织的维持会,任徐沟县维持会长。"此条中的"维持会"是日伪的政权机构,"维持会"前应加"伪"字,以明确其性质。如1931年中的"9月18日,日军强占东北后,清源、徐沟两县教师和青年学生,积极开展抗日宣传活动。"该条中的"强占"二字,是中性词,褒贬不明。应将"强占"改为"侵占",这样就能使政治观点鲜明,标明日军的侵略性质。如1947年中的"9月,阎锡山推行'三自传训'暴政,清源、徐沟两县的阎政权加强突击抓人,从1947年秋冬到第二年春,历时半年,抓捕、审查、毒打无辜人民无数,被横加罪名,乱棍打死者近四百人,其中清源三百多人,徐沟68人。"该条中的"暴政"二字带有宣传色彩,应去掉。大事记的褒贬应寓于文字表述之中,即让事实说话。不用"暴政"二字,通过后边事实的记述,完全可以使人看清阎锡山"三自传训"的实质,贬义自在其中。所以,在大事的表述中,要用客观事实说话,用事实来阐明褒贬,将不必要的宣传色彩去掉,这也是志书应遵循的原则。

(二)会议条目选录太多。在县志大事记中,对会议的召开如何记述,是经常遇到又颇难处理的问题。新中国建立以来,开过的会议特别多,似乎都很重要。因为我们的一切工作,绝大部分是通过会议来进行部署和推行的,如果不记,似乎是重大的遗漏。如果都记,不要说志书容纳不了这么大的分量,即使容纳得了,这种会议资料的堆积,也是没有多大意义的。显然,对会议只能根据志书特有的要求进行筛选和记述。

我对志稿《大事记》中有关会议的条目做了个粗略统计:新中国成立前的大事共99条,其中有关会议的1条,占1%多一点;新中国成立后的大事共351条,其中有关会议的131条,占37.3%,即三分之一还强。在有的年份里,有关会议的条目几乎"独占花魁",如1973年中记载了7条大事,而其中6条均为会议。当然,这些会议还只是我们认为大事的,就这也有将大事记变成会议记录之嫌。如何记述会议条目呢?我以为,就会议来说,首先我们只能选择那些对本地有全局性影响,发生过重大作用的会议作为大事来记载。而那些只对局部有作用、有影响的会议,则只宜记入有关的专志。其次,大事记中对必要会议的记述,在内容上不应重在会议本身的情况,而应重在会议召开的背景及其所产生的影响和作用。也就是我们通常说的,要因事系会,因事系文。否则,大事记就会变成会议记录了。史学家吕勉说:"常事不书,为史家公例,盖常事而亦书之,则有书不胜书者矣。"这是我们编写大事记中应遵循的规范。

(三)政治运动的条目稍有欠缺。志稿《大事记》对新中国成立以来的历次政治运动(包括正确的、基本正确的和失误的)均有所记载,但给人总的印象是有的过于简略,有的还不够得当,有的还有所欠缺。大事记是横连各章的纵向结构,对其它各章内容起着提纲挈领的作用,其特点是以简洁、扼要的条目记述,将一地的重要事件明白无误地呈现在读者面前,从而为读者提供清晰的历史事件的线索,起一个索引、提示和向导的作用。所以,大事记在记述政治运动时,一定要将政治运动的粗线条勾勒出来,以便使读者对该县的政治运动(特别是重大的)有个简明扼要的了解。

志稿《大事记》中,有关"文化大革命"的条目记了21条,但看过后对清徐县的"文化大革命"情况,仍觉得模模糊糊,看不出"文化大革命"在清徐发展的大致轮廓。我以为,其主要原因,是编者没有把"文化大革命"在该县发展过程的几个主要阶段表述出来。虽然志稿在"党派群团编"里对"文化大革命"列有专节,但仅1600余字,记述也不太清晰。"文化大革命"历时10年,大事记应反映出发展过程中的主要阶段,反映出造成的恶果。当然,大事记中记述"文化大革命",必然造成同"党派群团编"专节内容的交叉与重复。我以为,这种交叉和重复是不可避免的,但它们是相补的关系,不是排斥关系。大事记横贯百年,凡地方上的大事要事都要记载。大事记在整部志书中,具有相对的独立性,它不只是其它篇章的索引,对重大事件要不吝笔墨。如果不记,显然会造成疏漏。不能一味地为避免重复而损害大事记的完整与丰满。同时,对"文化大革命"有关条目的记载,要体现否定的精神。而志稿中的部分条目还存在正面表述的现象。

如1966年中的"8月6日到12日,县召开学习毛主席著作积极分子代表大会,728人参加。"1971年中的"8月17日到24日,县召开活学活用毛泽东思想积极分子代表会议,1011人参加。"这两次会议都在"文化大革命"中召开的,而记述的方式同人代会等基本相同,是从正面表述的,没有体现出否定的精神。我以为,如果把这种会议作为大事来记载,至少应反映出:这种学习运动并非一种正常的学习马列主义、毛泽东思想的运动,而是鼓吹个人崇拜、禁锢人们思想,在社会发展中并非起了积极作用,而是起了阻碍作用;出席这种会议的人中,有一部分是派性头头或思想最"左"的人,记述时要有所反映。当然,记述这类事情难度较大,要作具体的分析研究。如果写得太简略,丢掉实质性的东西,必将会使后人把谬误的东西当成正确的东西来看待。

志稿《大事记》中有关"农业学大寨"的记述也有所欠缺。关于"大寨"已早有定论,它原是一个农业生产先进典型,"文化大革命"中把它树成一个"继续革命"的典型,"学大寨"也被赋予了特定的涵义,因而"大寨"这个典型也被推向了反面。大事记中只记述了几次"学大寨经验交流会",没有写实质性的内容,也看不出褒贬。在"学大寨"运动中,山西是受害最严重的省份之一,清徐当然也不例外。大事记中一定要有所反映,尤其是几个主要阶段要记清楚,以此反映全县"农业学大寨"的全貌。

总之,怎样用《大事记》记好政治运动,目前还都在摸索、探讨,值得认真研究。但有一条,一定不能出现褒贬失当,或自然主义、纯客观地罗列一些现象,而要将褒贬寓于记述之中。

(四)在突出地方特点方面须再下些功夫。大事记基本上是史体,它与历史大事记有共性,但还有其独特的个性,即鲜明的地域性。只有突出地方特点,才能反映本地的历史发展脉络。志稿《大事记》在突出地方特点上,是做了努力的。如建国前清太徐边区革命根据地的斗争情况,清徐县解放前后教育发展的情况等,记述得就比较突出,反映了地方特点。但有些地方特点记述得还不够,如清徐的蔬菜生产,占到太原市居民所需量的40%,是太原市的主要蔬菜生产基地;如清徐的葡萄生产,在我省及我国北方很有名气,是我国北方四大葡萄产地之一;如清徐的老陈醋,历史悠久,名扬全国,香溢四海;如清徐的乡镇企业,中共十一届三中全会以来发展很快,在我省名列前茅,其中赵家堡的暖气片占到全国总产量四分之一,等等。这些具有地方特点的内容,在大事记中反映得不够充分,应当突出地予以记述。

(《山西地方志》1989 年第 6 期)

《怀仁县志》(续志)篇目编纂浅谈

首轮《怀仁县志》出版较早,是全省规划 129 部市县志中的第 19 部(1992年),也是朔州市的第一部。1993 年被评为省三等奖。获得三等奖殊属不易。首轮修志进行过三次评奖(1993、1997、2000),获奖的市县志书共有 78 部,其中特等奖 6 部、一等奖 19 部、二等奖 23 部、三等奖 14 部、优秀奖 16 部。从统计数字看,首轮志书处于中上游,即在 127 部市县志中居第 48 部之后、62 部之前。属中上游,这也是个好的位次,为二轮续志向前追赶留下了不小的余地。2011 年 9 月,我曾参加了《平遥县志》(续志)的篇目评审,首轮《平遥县志》被评为省特等奖、全国一等奖,二轮续志要超越前志难度就很大。怀仁前部志书打下好的基础,二轮续志就可更上层楼,修志人员一定要有赶超精神。

首轮县志篇目采用大编体结构,这与当时中国地方史志学会推荐的县志参考篇目有关,首轮前期出版志书均采用大编体结构,随着首轮修志工作的深入,修志人员逐渐认识到大编体式的诸多弊病,进而采用中小编体式。既减少了志书分类的层级,又便于概述某一行业篇首小序的编写。中小编体仍遵从大编体的逻辑排列顺序,采用明隐暗显的方式来展现志书篇目分类的科学顺序。实践是检验真理的唯一标准。在二轮市县志编纂中,篇目设置普遍采用中编体或小编体,这是在总结首轮县志编纂经验的基础上志人得出的结论,得到广泛认知。

编纂志书可称之为遗憾的艺术,无论怎样用心,怎样精雕细琢,总要留下或多或少的遗憾。初检首轮《怀仁县志》,亦有一些不足:①封面用繁体字不合规范,亦不能用手写体(见《地方志书质量规定》),且书脊 4 字只用一个繁体"誌",且无此简化字,"誌"直接简化为"志"。②凡例位置误。凡例是志书作者的编写说明,读者的阅志向导,先凡例、后目录,前志排序颠倒,不合志书出版规范。《序》应在志书之首、凡例之前,不应在目录之后。③编纂始末,实为编后记,是全志的最后一篇,不应包括在《附录》之内,应单列。④本志编修人员名单不应在附录之内,应单列。按修志常规,应列于书名页之后,序、凡、目之前,首先交待这是什么人编的志书,修志传统历来如此,要自己看得起自己,名正言顺。人生三不朽,立功、立德、立言,实际上立言最难,传之最久远,司马迁一部《史记》流传千古,童叟皆知,彪炳史册。写志书就是干彪炳史册的事业,光荣而神圣。不可自我贬低。

一、篇目设置的重要性

但凡修志,篇目设置是第一个关口,把好第一关对志书质量影响很大。当然篇目设置贯穿修志工作的始终,一开始制订的篇目并非一锤定音,还要随着修志工作的逐渐深入而不断深化、修改、充实、完善,按志界的经验总结而言,即分三步走:一是初定篇目,是作为资料搜集的指南,同时也可指导志书的编纂,这个篇目必须考虑到志书以事类聚与专业部门分工的系统性,从征集部门资料的角度出发去拟定。二是分纂篇目,根据撰写出的初稿并结合本地的实际情况,或合或分或弃或增,使篇目更适合地情。三是成书篇目,即篇目的完满转身,变为志书的目录,也可称之为总纂定稿篇目。这就需要主编高屋建瓴,审视全局,审查志书篇目是否把握了要点。篇目的要点有四:一是要从断代志(或通纪体)的角度出发,把握好与首轮志书在篇目上的衔接。二是要真实反映已经变化或正在发生变化的新情况、新事物,充分体现改革开放新时期的时代特色。三是要深入了解地情,吃透地情,立足突出地方特点。四是要继承和发扬首轮志书篇目设置中的优长之处,克服和改进不足之处,遵循志书优良体例,使续志篇目符合志体。续修志书的篇目只要把握好接续前志、时代特色、地方特点、遵循志体这四个方面,就可以称之为是在篇目设置上达到理想的程度。

制定续志篇目,既要总结前志的经验,又要学习和继承旧志的优良传统;既要借鉴本省已出二轮续修县志的经验,又要放眼全国,学习和借鉴兄弟省市续修市县志好的经验。我以为,要编出好的二轮续志,学习和借鉴先进经验是不可或缺的。就目前而言,省内已出版二轮市县志20余部。全国已出版近千部,进度快的省份如山东、河南、广东等省,2012年将全面完成二轮续修任务。为提高二轮续志质量,中指组还确定了20个续志试点单位,其中有14部市县级志书,已出版《秦皇岛市志》、《秦皇岛经济技术开发区志》、《高安市志》、《邗江县志》等4部。在制订篇目时,最好能搜集10部省内志书、10部省外志书的篇目。他山之石，可以攻玉。在志书的共性上与全省、全国的二轮志书协调同步。

篇目设计要有前瞻性。篇目作为编纂创意的最初体现，决定着整个编纂活动的方向。人们从事各种社会活动，要理念先行。立意高远，方能为编纂出高质量的志书打下坚实的基础。但凡编志，先有志书编纂思想，后有志书编纂活动。志书编纂活动是从篇目设计开始的，撰稿者按照篇目与工作计划进行志稿生产。篇目设计前，主编就有明确的理念，这个理念指导着篇目的设计，设计的结果应当是这个理念的体现。主编利用已有的信息和经验，充分发挥自己的聪明才智，通过一系列创造性劳动，才可能设计出独特的、有价值的篇目。主编富有前瞻性的构思和意见，涵括了编纂主体的编纂思想。

篇目设计并不容易，它既要符合志书规范，又要获得编修团队、评审专家、组稿单位三者的认可。编修团队不认可，就难以形成统一的认识，难以形成执行合力；评审专家不认可，就通不过篇目论证；组稿单位不认可，就收不上来初稿。所以，篇目的制订和确认的过程中，上下左右的互动很重要。根据现行体制，篇目的制定往往由地方志办公室的编辑人员，一般以一个人为主草拟出来的，有点闭门造车的味道，这样制订出来的篇目如果直接提交评审，通过以后就存在一个是不是符合部门实际，是否能贯彻执行的问题。如果大面积调整，就存在一个由编委会确认的篇目不严肃的问题。如果不调整，与部门情况脱节，更不利于资料搜集。

根据多年来我参加志书篇目评审的经验，解决篇目与地情实际的结合问题，可采取三步走的方式：一是篇目初稿。首先由志书主编拟订一个篇目初稿，提供给所有编辑成员充分酝酿、修改，然后多次召开全体成员参加的研讨会，集思广益。收集众人意见，认真梳理，融入到篇目中去，形成篇目和任务分工的征求意见稿，发至各承编部门征询意见，汇总、修改后形成篇目论证会讨论稿。二是修改稿。即召开篇目论证会，由当地的老干部、现职县级领导，省市方志专家，县志办全体人员等参加，对篇目进行论证、修改、补充、完善，基本形成修编篇目。三是实施篇目。即召开组稿动员会，各承编单位责任人员进入岗位，明确责任，及时启动志书组稿，编辑部人员按照职责分工，分头与各承编单位互动，结合单位（部门）实际，对篇目做认真研究、消化和必要调整，形成志办与单位双方都认可的编纂篇目，并以法理形式由县委、县政府"两办"

文件形式正式印发。各承编单位根据印发的篇目,开始资料征集工作。当资料征集基本完成后,适时进入初稿编写阶段。这时须根据资料征集的情况,在调整资料征集篇目的基础上形成初稿编写的篇目。这样上下都认可的篇目,既坚持了符合方志体例的原则和专业性,又坚持了允许根据部门实际进行调整的灵活性,组起稿来就不会走弯路,工作推动起来就比较顺手。

就我而言,对志书篇目的研究以前虽有一些,但比较零碎,多是参加哪部志书评审,就该部志书篇目品头品足。在山西首轮市县志编纂中,已经过世的曹振武老先生参加过省内大部分志书篇目的评审,对篇目研究较深。曹老去世前两三年,可能是年老精力有限,亦多次与我商讨志书的篇目问题。受曹老启发,我也是近几年才关注志书的篇目设计问题,深感初稿篇目若不下功夫深钻细研,更切合地情实际,就会使修志工作走许多弯路,进而耽误编纂出版进度。2007年《新方志概述点评》一书定稿后,即将研究的重点放在志书的篇目设计上。2008年应江苏靖江市邀请,参与该市志篇目研讨,随后陆续参与了全国二轮市县志篇目的评审,如中指组试点单位的《杭州市志》、《萧山市志》。正因为阅读志书增多,进一步开阔了视野,看到篇目设计在志书编纂中起的重要作用,志书编纂质量的优劣,一览篇目即可窥知一二。重视篇目设计,可称之为是编纂优秀志书的前提条件,走好第一步,就为后几步打好坚实基础。

二、篇目初稿的逻辑顺序问题

二轮《怀仁县志》采用中编体式,整体布局是合理的,同时也便于操作。从篇目看,是下了一番功夫的,基本切合怀仁的实际,如突出地方特色的"煤炭"编的设置,就是志书中的一个亮点。既然是篇目审定会,优点就少说了,重点放在篇目的优化、改进上面。

二轮怀仁县志篇目基本上是依照中指组《地方志书质量规定》来安排顺序的,只有基础设施类稍有不妥。首轮志书篇目普遍将基础设施类中的交通邮电归入经济大类中,二轮志书总结首轮篇目的经验,将基础设施单列为一大类,如《地方志书质量规定》就分为地理、基础设施、经济、政治、文化、社会、人物等七大类。基础设施类包括城乡建设、环境保护、交通、邮电通信、公用事业等。这是体现分类的科学性。续志篇目沿袭首轮篇目的做法明显欠妥。二轮篇目的一大特点,是普通采用中、小编体,大编体逐渐淡出人们的视野。但总的分类还是有的,只是采用了明隐暗显的方式,大类不变,但使志书篇目减少了一个层次(级),这种做法得到志界的普遍认可。所以,应将基础设施单列一大类,放在地理类之后、经济类之前,首列城乡建设,依次为环境保护(作为产煤大县,环境保护工作尤为突出,不可缺少),交通邮电(亦可分设交通运输,产煤县运输业相对要发达,有实质性内容可写;再设邮电通信,记述信息行业的发展变化,这也是改革开放30年来发展迅猛的产业之一,进而体现时代特色)。

三、在续志篇目上如何突出地方特点

二轮市县志篇目最大的特点是注重突出地方特点,并在篇目上突出反映出来,这也是在总结首轮修志经验的基础上,改变千志一面的一种好方法,但它并未违反事以类聚、科学分类的原则,地方志突出地方性是方志的活力所在,缺少地方性或地方特色的志书一定不会成为优良志书。篇目中将工业中的煤炭升格为编(一级大类)值得褒扬。在首轮修志中,我省的127部市县志有27部将煤炭升格,体现出产煤大省的地方特色。从全篇看,升格仅此一编似乎太少,还需要深挖县情中的亮点,再找出两三个立编,真正体现怀仁的地方特点,我收到篇目后,即留心观察报纸上有关怀仁的动态消息,碰巧还是看到两篇:一是12月13日山西日报A4版整版介绍"怀仁以民生为重点创新社会管理",12月17日山西日报一版刊载"怀仁陶瓷走出国门赚外汇"的消息。从报纸内容中得知,怀仁是全省加强和创新社会管理试点县,又是被省委、省政府授予"全省和谐社会建设先进县",被中央精神文明建设指导委员会授予"全国文明县城",被国家科技部授予"全国科技进步先进县",1979年被评为全国"平原绿化先进县"等。所有这些称号的取得,都是怀仁人民辛勤劳作干出来的,对人民的业绩要大书特书,这也是新方志人民性的体现。方志重记当代,反映当代,无论是通纪体还是断代体,重记当代是方志记述的基本原则。我毕竟是外人,对怀仁情况并不熟悉,所以如何在篇目中体现怀仁县的地情特点,还需要我们参与修志的人员及县五大班子的有关领导以及县内离退休的老同志坐下来详详细细地讨论研究。地方特点是已有的(人民创造的),从中选出值得大书特书的立项,重点突破。详独略同,这也是志书记述的基本原则。只要把重点(特点)篇章写得出了彩,志书就算是成功的。

社会部类在首、二轮志书中一直是个弱项,写得出彩的还少有见到,我初步设想,是否可在社会部类设"社会管理"一编,既体现怀仁的地方特点,又可在全省甚或全国的二轮市县志中"独树一帜",还可充分反映和谐社会、以人为本这个当代科学理念,进而丰富社会部类记述的内容。当然,这一编设几章几节,社会管理涵盖哪些内容,如何处理与其他部类的交叉重复,我还未细研过,只是提出来起个抛砖引玉的作用。

怀仁是全国平原绿化先进县(前志有记),现篇目林业仅为农业编中的一章,近30年的林业发展,内容是否丰富。有无立编可能?从突出地方特点而言,单独立编应在考虑之内。突出地方特点,要多方面深挖细找,切不可在篇目设计中淹没了地方特点。地方特点亦不是人为拔高,要存真求实,重点突出,升格记述仅是突出地方特点的一种方法,重要之点还是内容记述的丰富性。

四、在续志篇目上如何体现时代特色

建议在文化部类之首增设"精神文明建设"编,以此编引领文化部类。这既是突出地方特点(省委省政府授予"全省和谐建设社会先进县"、"全国文明县城"),又是体现时代特色的重点篇章。精神文明属文化范畴,包括文化、思想两个方面,教科文卫体是文化,已有专编记述,但思想方面有所欠缺。首轮志书因下限为1985年,精神文明才刚起步或提出,缺少实质性内容,所以在首轮志书的篇目中少有体现。二轮续志则不同,精神文明建设全面铺开并取得很大成绩,我想怀仁也不例外。首轮志书重物质而轻精神,这确实是首轮志书的不足和缺憾。与历代旧志相较,在记述精神方面,首轮新志还是有所欠缺的。从我看到的多部二轮市县志看,大多将精神文明建设单独立编,突出记述。党中央提出"三个文明"一起抓,志书也应紧跟中央的步伐,既重物质文明,又重精神文明,"两手"都要在志书中有所体现。人文历史是方志记述的重点,精神文明又是人文历史内容中的重要部分,不可或缺,设立此编的重要意义亦在于此。

从有关资料上看,怀仁有工业园区的内容。这个工业园区规模、入驻企业、经济效益不知在全县经济中所占有多大比重,如果比重较大,亦可单独设编,借以突出怀仁的地方特点与时代特色。2011年12月我曾参加了中国地方志协会城市区志分会学术年会,专门撰写了一篇关于续志重点篇目的设置问题,其中点到了开发区应独立设编,怀仁没有开发区,却有工业园区,在这一点上似乎可做点文章。

五、加强篇目中社会部类的内容

为使社会部类出彩,建议设"人民生活"编。共产党的宗旨是使人民生活得更幸福,志书中所记自然环境、经济、政治、文化、社会等内容,其终极点就是要体现到提高全县人民生活水平之上。首轮志书也有立编的,但仅记收入、消费,二轮志书的人民生活记述面要拓宽,衣食住行用,既有物质的,也要有精神的,可开展多项目的社会调查,用事实说话,反映人民生活的真实面貌。如笔者看到的《萧山市志》四卷本,其中第四卷为16个社会调查,真实记录人民生活的现状。既可以选点,也可以选行业人群,亦可以选村选户。当然要实打实地来,不能虚报浮夸。志书记述要面向大众,不能只盯着领导,志书人民性的体现,写好"人民生活"编即为一法。

《萧山市志·第四卷》社会课题调查:萧山人的一天调查,萧山居民生活质量调查,萧山居民休闲娱乐调查,萧山居民职业观调查,萧山居民的社交礼仪调查,萧山居民出行调查,萧山居民家庭车辆拥有与使用情况调查,萧山居民住宅情况调查,萧山居民吃、穿、用调查,萧山居民民间资本投资调查,萧山家庭教育观的变迁,萧山百岁老人状况调查,萧山妇女地位情况调查,萧山知识分子情况调查,萧山企业家情况调查,萧山民工的生活、生存状况调查。

萧山现已改为杭州市的一个区,是全国百强县市中的前10名之一。经济实力强,志办一年经费1500万元,年年如此。如此大规模的调查在我省来说还很难办到,但给我们以启发,可以从中汲取营养,可以变换角度、变换方法,选几点行之有效又易行得通的,有助于反映人民生活状况的几个方面,真实反映县民的真实生活状况。只要下大力气,花些功夫,是完全可以写好"人民生活"这一编的。

现篇目的社会部类仅有民情风俗、方言谣谚2编,建议增设社会管理、婚姻家庭、人民生活、民族宗教等编。首轮志书以"宗教道门"立题不妥。民族宗教属社会部类内容,移此充实社会部类。按常规,"精神文明建设"属文化范畴,从现有情况看,有放在政治类中的,如《晋城市志》《秦皇岛市志》;有放在文化类中的,如《奉贤县续志》《上海市长宁区志》;有放在社会类中的,如《高安市志》(放在文化之后社会之前)、《邗江县志》。依我意,放在文化部类之首最好,放在社会部类之首也可,而放政治部类属不伦不类。精神文明建设与政治不搭界、不沾边。不能把党委中有此管理机构,就归入党委工作之中。

而所有经济、文化、社会等部类内容,哪一件不是党委领导之下?!移入社会部类,是因该部类内容较其他如经济、政治、文化三部类要少许多,起到加强该部类的作用。

六、具体篇目的改动

(一)第一编建置。名称不确,旧志以舆图、地理为纲,然后铺陈其事。自南宋高似孙《剡录》(即嵊县志)引入"县纪年",志书首设大事记。章学诚力主在方志中首先列编年之通纪,逐步形成规范。以大事记作为全志之纲。首轮新方志创设"概述"篇,与大事记一体作为全志之纲。政区篇章退求其次,虽不作为全志之纲,但它是全志的依附,志书内容的载体,亦即志书的空间范围。政区类的本质特点,以行政管理区划来约束记载内容。告诉读者,志书所记的一切事物,都是发生在这一行政区域之内的。越域不书,是志书的编纂原则之一,正是受到行政区域所制约。志书内容的一个共同点,就是所记事物同处一个行政区域之内。这就是志书内容的共性所在,也是我们记述事物的出发点,不讲政区,不以政区为依托,那么志书就犹如无本之木、无源之水,成为一系列事物的松散结合体,只有一个政区冠名作为依附。所以,但凡志书,必先详政区。政区在志书中是自然、经济、政治、文化、社会等内容的承载体。政区,是行政区划的简称,也有简称为"区划"的。政区与建置是父子关系,二者不能平列,即政区包含建置、建置是政区内容中的一个方面。首轮修志中,多数以建置名称列编,并以建置引领政区内容,明显不妥。二轮续志编纂,经过总结首轮经验教训,从志书科学性出发,多数标为行政区域或政区,但记述内容尚欠丰满,缺项较多。政区作为全志基础性的篇章,要记述得完满,须列诸多内容。我初步拉了个篇目,仅供参考:第一编政区,第一章区划设置,设境域、隶属2节。境域节首先记述位置,即坐标,所处何地(地理位置),次记绝对位置(纬经度),相对位置(四正四隅)。行政隶属,即下限年政区设置状况,隶属关系,下辖政区数。第二章建置沿革,分设以前建置、民国建置、新中国建置3节,如县治有所变迁的,可设第四节治所变迁。也可分为历史沿革、治所变迁2节。第三章政区管理,下设勘界(分四邻交界),区划变更(乡镇撤并、其他变更),地名管理(改名,新定名)3节。第四章政区概览,下设县城(记方位、面积等),乡镇(区位、四至、面积、人口、辖行政村、自然村)2节。这样,就可将政区内容包括在内,没有遗漏。

（二）第二编自然概貌。按科学性解释，叫自然环境更为妥切。我看到的二轮市县志多数为"自然环境"。原先的"地理"过于宽泛，记述内容仅限在自然地理，并无人文地理和经济地理内容，故而摒弃了"地理"这一标法。自然概貌，其中包含有人口的内容，按自然环境标，则人口可单列编，科学性更强一些。这一标法已被普遍认可。所以，这一编改为"自然环境"为好。第三章地貌，现设3节，可改为山地、丘陵、平原、河流4节，似乎更妥切一些。第二章气候，节名分类不一致，不科学，应设气候特征、气候要素、天气现象、物候4节，科学分类要有一致性。或按第二节的分法，设日照气温、风向风速、降水、霜冰等节。我以为还是前一种分类要科学一些。第四章章节名重叠，此为篇目标名中一大忌，无论编名与章名，或章名与节名，或节名与目名，均不能重叠使用，两者均为上下级的领辖关系，不能混淆。此类问题首轮中有，二轮中仍有不少志书出现，实为不妥。土壤、植被可分为两章，分别按土壤、植被的种类设节，可避免重复。分类科学、合理，是志书篇目标名应遵循的法则。第五章自然资源，节名中的矿物改为矿产更为恰切。第六章自然灾害，可分为气象灾害、地质灾害、生物灾害3节，与第三章气候分类方法一致。

（三）第三编人口。从大分类来说，为加强社会部类的内容，"婚姻家庭"放在"人口"编中稍显薄弱，放在社会部类更显妥切。首轮《广州市志》设置了"家庭志"，共分4章26节，10万多字，记述了婚姻家庭制度改革、家庭文明建设、婚姻结合研究、婚姻形式、婚龄、婚姻率、婚姻结合途径、择偶与通婚圈、婚姻变动、家庭组织、家庭代际、家庭结构类型、家庭关系、家庭权力结构、家庭生命周期、家庭网、家庭经济、家庭生育、家庭教育、家庭的抚养与赡养、家庭劳动等内容。梁滨久撰文称赞该志以严谨的体例结构、翔实的资料、丰富的内容、鲜明的地方与时代特点，独到的编写手法，实现了对新方志婚姻家庭内容编写的全面突破，为婚姻家庭内容的记述积累了宝贵的新鲜经验。续志应重视婚姻家庭内容的撰写。在这一方面写得突出的还较少，似可作为续志的突破口。当然，撰写婚姻家庭主要靠社会调查，可以实行点面结合，如果全局性的数据搞不出来，可以运用一个局部典型调查的数据。设"婚姻家庭"编，篇目类目可包括：婚姻登记制度及实施、婚姻现状、择偶与离异、家庭结构类型、家庭经济及析产、家庭义务、家庭教育等。在"择偶与离异"中，对择偶观点变化和离异原因做出分析，什么东西导致夫妻感情不和而劳燕分飞？是经济问题、外遇、两地分居、性格差异、家庭暴力、性生活不和谐、婚前感情基础薄弱？各在离婚中所占的比例。同时包括办理结婚或离婚手续简便对择偶与离异的影响。在婚姻状况中,对男女同居、婚前同居、包二奶、换亲等社会现象不必回避。

新编方志一般都记述了婚姻家庭的内容,或归于社会部类,或设于民政、人口的篇章之下。从二轮续志编纂的时段看,正值强调以人为本、构建和谐社会,加强社会部类的记述面也在情理之中,但写得好的还是凤毛麟角。一般都比较简略。我是极力鼓励志书在这一方面加大力度,设好篇目,下苦功夫把这一编写出彩来。

第四编经济综述。设立此编好。在经济类之首增设经济综述编,反映县域经济发展的总貌。以我的观点看,有无此编,效果及志书质量大不一样。改革开放新时期,以经济建设为中心,当今又强调区域经济,无此总括性的篇章,很难反映县域经济的总貌,工、农、商等各业的相互联系亦难反映出来。这应是经济类中不可或缺的篇章,可起到统领经济大类的作用。

首轮新方志编纂已注意从理论上研讨并设法解决经济部类宏观记述不足的问题,在市县志编纂中可以说山西走在了前面。2002 年我曾对山西已出版的 107 部志书做过统计,其中有 32 部设有"经济综述"编,占 30%。与兄弟省市的志书相较,山西的比重是较高的,亦成为山西首轮市县志书的特色之一。为此,我曾撰写了一篇题为"经济综述编纂浅谈"的论文,向志界推介山西的做法。该文后被河北等省的二轮培训教材选录。现回过头来看,还有一些不足,如当时我总结首轮经济综述篇目的经验,提出了篇目的设想,即设经济发展概貌、经济体制改革、经济结构、经济效益、国民经济综合指标、居民生活等六章。按现在的观点看,居民生活一章似乎放在社会部类中较好,即"人民生活"编,提高这一章在志书中的地位,既改变社会部类内容薄弱的毛病,又与时代合拍。其中有些名称亦应改变。根据国家统计局的决定,从 2004 年起,地区 GDP(国内生产总值)、地区 GNP(国民生产总值)的中文译名分别改为地区生产总值、地区收入总值。要注意经济成分的准确提法。新的经济成分分类及构成是:公有制经济、非公有制经济,前分为国有经济、集体经济,后分为私有经济、港澳台经济、外商经济。另外随着股份制、公司制改革的推进,公司投资主体和股份制结构的多元化,混合所有制经济逐步发展起来。混合所有制经济包括国有、集体、个体、私营、外资等投资主体。

经济综述反映的是一地经济发展总水平、经济总量的变化情况,经济规模、结构、特点、优势及发展中面临的问题等。从现有篇目看,还须做些调整。如续志是通纪体,第一章可保留,如系断代体,则可去掉。第二章经济体制改革,内容似嫌单薄,且标名亦不甚准确,应包涵宏观调控体制改革、农村经济体制改革、企业制度改革、流通体制改革、市场体系建立等五大项。如宏观调控体制改革应含计划、财政、税收、金融、投资、价格、外汇等体制改革;农村经济体制改革应含家庭联产承包责任制、经营体制改革、农村产业结构调整、农村社会化综合服务体系、农业产业化、农产品流通体系;企业制度改革应含产权制度、经营体制、劳动制度(用工制度)等改革;流通体制改革应含商业、供销、粮食、物资、外贸流通等体制改革;市场体系建立应含消费品、生产资料、房地产、金融、产权、劳动力、土地、技术、信息等市场。这是对二轮续志记述经济体制改革的总的全面要求,作为县志可根据本地实际情况,择优立题。我以为经济综述编似应立经济体制改革、经济发展、经济结构、经济效益四章即可,经济发展是通过国民经济综合指标来反映发展的规模、速度与水平的。经济结构记述的重点是所有制结构、产业结构、产品结构、劳动力结构、投资结构,还可以增加商品流通结构、分配结构、消费结构等。经济效益同经济发展速度、产业结构调整、深化改革等密切相关。

编写经济综述,要以保持其基本内容相对完整,能反映经济发展的总貌为原则。所谓经济发展的总貌主要指经济实力和经济发展速度。这一编写作起来有一定难度,但写好了既可起到统率经济部类的作用,同时也可使志书在综合性、概括性和整体性上得到极大提高。

七、篇目整体构想

通盘考虑,似乎把篇目分为七大类(43 编)较为适宜,依次为地理、基础设施、经济、政治、文化、社会、人物,后缀附录。其中地理类可设政区、自然环境、环境保护、人口等 4 编;基础设施类可设城乡建设、交通运输业、信息产业、建筑与房地产业等 4 编;经济类可设经济综述、农业、林业、工业、煤炭、工业园区、商贸、旅游与服务业、财政税务、金融保险、经济综合管理等 11 编;政治类可设共产党、其他党派、人民团体、人代会、政府、政协、政务、政事要略、政法、军事等 10 编;文化类可设教育、科技、文化、体育、卫生、艺文等 6 编;社会类可设精神文明建设、社会管理、人民生活、婚姻家庭、民族宗教、民情风俗、方言谣谚等7编;人物类设人物编;后缀附录。

　　整体为小编体结构,既反映全面,又便于操作。反映地方特点的有林业、煤炭、工业园区、社会管理等4编,反映时代特色的有信息产业、建筑与房地产业、经济综述、旅游与服务业、共产党、人代会、政府、政协、精神文明建设、人民生活、婚姻家庭等11编。志书重记当代,突出地方特点和时代特色是志书篇目设计中应把握的基点,如此设置似乎更科学合理一些。这只是闭门造车的设想,与怀仁县情是否切合,还需要坐下来认真研究,只起个抛砖引玉的作用。地理大类中的环境保护,看本地内容是否丰富,如立编欠缺,亦可在自然环境编中专设一章加以记述。政治大类中,似应将共产党单独立编,建党已90年,执政已60年,共产党领导修志,没有不突出共产党的道理。方志是一方文化的历史传承,艺文志似乎不可或缺,首轮未设,续志应补这一课。附录中应增设对首轮志书的勘误内容。二轮志书无论是通纪体还是断代体,都是首轮志书的续修,责无旁贷,要认真阅读首轮志书,纠正其失误的地方,既是对历史负责,又是修志的优良传统,不能以讹传讹。

　　针对一些重点篇目,初步拉了个简目,仅供参考。所列内容要结合怀仁县情,该增则增,该减则减,以切合怀仁实际为准。

第一编　政　区
　第一章　政区设置
　　第一节　境　域
　　第二节　隶　属
　第二章　建置沿革
　　第一节　历史沿革
　　第二节　治所变迁
　第三章　政区管理
　　第一节　勘　界
　　第二节　区划变更
　　第三节　地名管理
　第四章　政区概览

第三章　经济结构

　第一节　产业结构

　第二节　产品结构

　第三节　所有制结构

　第四节　劳动力结构

　第五节　投资结构

第四章　经济效益

　第一节　国民收入

　第二节　财政收入

第×编　建筑与房地产业

第一章　建筑业

　第一节　建筑企业

　第二节　建筑工程

　第三节　勘测设计

　第四节　建筑管理

第二章　房地产业

　第一节　城镇房地产

　第二节　住宅建设

　第三节　统建开发

　第四节　行业管理

第×编　林　业

第一章　森林资源保护

　第一节　资源状况

　第二节　护林防火

　第三节　病虫害防治

　第四节　封山育林

　第五节　案件查处

第二章　植树造林

第×编　精神文明建设

第一章　组织机构

　第一节　领导机构

　第二节　基层组织

　第三节　规划部署

　第四节　考核管理

第二章　文明创建活动

　第一节　文明县城创建

　第二节　文明单位创建

　第三节　文明行业创建

　第四节　文明社区创建

　第五节　文明村镇创建

　第六节　文明家庭创建

第三章　文明共建活动

　第一节　军民共建

　第二节　警民共建

第四章　思想道德建设

　第一节　社会公德教育

　第二节　职业道德教育

　第三节　家庭美德教育

　第四节　主题教育活动

第五章　文明新风

第六章　典型事例

（此稿是为《怀仁县志》续志培训班准备的讲稿）

《阳泉市城区志》(续志) 突出特色浅议

今天,我能与阳泉市城区的志界同仁坐在一起,交流纂志的学习心得,非常高兴。但就二轮续志编修而言,我省人员培训没有及时跟上,确实落下了步子。近几年我虽出外交流讲学较多,但所讲内容比较单一,以专项居多,或凡例、或概述、或大事记、或人物、或无题序、或接续前志问题等,能把一个问题讲深一些,讲透一些。感到最难的,还是为市县志培训班讲课,因方志涉及范围面广量多,很难一一说清。再加上参与修志的人员水平参差不齐,领会起来就有许多困难。经过几年的摸索,汇成了《方志基础知识教程》一文。一是方志基础理论,包括:地方志阐释、方志的性质与功能、志与史的区别、方志的体例与体裁、方志的编纂原则、方志的文体、方志的文风、方志的继承与创新等8点。二是方志编纂方法,包括:篇目的总体设计、地方特点与时代特色、资料的征集、辨体为先与合体为本、横排门类与纵写史实、方志的述而不作,越域不书与通典不录,以事系人与以时系事、详今略古与详独略同、合理交叉与力避重复、统计数字的运用、图表和照片的运用等12点。共20个小问题,35000余字,是我一整天的讲课内容。现发给大家,希望会后能从头至尾细看一遍,从而对地方志编纂有个大概了解。这也是我总结出的修志人员应该基本了解的内容。

当然,修志光有理论不行,还要与实践相结合。我以为,参与修志的人员要阅览当地的首轮志书(以及现存旧志)外,还需要借鉴兄弟省市好的志书成果,把已出版的好的城市区志买个十几部,供修志人员参考学习,从而更快地熟悉志书,进入情况,认清志书的文风、章法、内容等。理论与实践结合,才能加深认识与理解,摸清纂志的门道,少走许多弯路。

首轮《阳泉市城区志》于1997年10月出版,在首轮编纂的127部市县(区)志中名列第65位,正好居于中游。按阳泉市政府二轮续志编纂规划,志书全为通纪体。我觉得这是一个好的选择。首轮志书编纂由于理论准备不足,且新志编修属创设之时,资料挖掘深度欠缺,志书体例还未完全定型,记述方法还处于摸索阶段,特别是对当代发生的政治运动因历史沉淀不够,记述不足或心存顾虑,故存在问题较多。经首轮编纂,积累了较丰富的编纂经验,新方志编纂理论研究也逐步深入,并跨上了一个新的台阶,为提高续志质量打下了较好的基础。

城市区志是个新志种,在方志家族的发展史上还从未有过。首轮社会主义新方志编修之初,中指组也未硬性规定提出编修区志的任务,当时只有山西等部分省市规划了城市区志的编修。因而首轮修志期间城市区志的编修活动明显滞后。直至20世纪90年代中期城市区志的编修才得到普遍认可。所以从这个角度而论,与有着悠久历史的省、市、县志相比,城市区志的编纂实践活动还是有所欠缺,编纂理论体系也尚未成熟,可资借鉴的经验与教训也不是很多。中指组也看到了城市区志编纂存在的难度,故而成立了中国地方志学会城市区志专业委员会,每年召开一次学术年会,加强了城市区志的编纂理论研究,进而更好地指导全国城市区志的编修。今年9月份,城市区志学术年会将在太原召开,由山西省志办协助中指组主办,这对我省城市区志的编修将起到积极的推动和促进作用。

近几年,我曾参与了《太原市小店区志》、《朔州市朔城区志》等志书的编纂活动。去年为撰写参加城市区志学术年会的论文,浏览了一批省内外新近出版的城市区志,对城市区志的编纂萌发了浓厚兴趣。通过学习城市区志编纂的理论研究文章和已出版的多部城市区志,深感城市区志有其自身的特殊性,编好城市区志并非易事,从某种角度上说,其难度并不亚于市县志的编纂,甚或远在其上。

根据我对区志的研究和实践,编好一部城市区志必须解决好以下三个问题。

一、城市区志的准确定位

编纂一部城市区志,首要解决的就是城区的时空定位问题。就空间定位而言,是编"大区志"或"小区志"的问题。大区志,即确定记述对象或记述范围,是侧重以整个区域的一切地情资源为记述对象;小区志,即侧重以区属行政管理职能为记述对象。

从城市区志的编纂来说,区属内容的资料搜集与编写较为容易,这是许多城市区志定位于区属内容的主要原因。但从区志的价值来说，从资政价值和存史功能来看，辖区的整体资料要比区属的资料更完整，更有价值；从读者的角度出发，志书提供的信息应该是整个辖区的所有地情资料。因此，把握区域地情的完整性，应把城市区志定位在整体资料的概念上，立足于写"大区志"，真正修出一部横陈百科、面涉各业、内容准确无误的志书。写大区志，这也是"地方志乃一方之全史"要求使然。

城市区志经过十多年来的大量编修，以及对城市区志编纂理论的深入探索，城市区志应立足于编"大区志"在志界基本形成共识。要写成"大区志"，就要灵活处理驻区事物资料。区域特色的形成不仅仅是依赖区属事物，更有赖于驻区事物的支撑。如何合理安排处理"区属"和"驻区"事物资料，是编纂城市区志首先遇到的一个突出难题，驻区机关是这个城市的管理核心，重大决策的中心，决定了城市区域的功能，影响着城市的发展。城市区志有必要告诉读者本区域内的这些单位名称，反映他们的一般属性，不宜缺项，但不需要详细记载其管理职能或经营情况，以免与市志雷同。

在区属与非区属问题的处理上要放眼全局，具有驾驭全区域的意识。对非区属单位入区志，在修志方案出台前就应该制订一个可操作的标准，要在市志宏观的层面上，再在区志里面定位。

在对待非区属单位行业方面，要有足够的认知和全面的把握，要有驾驭整个区域的意识，当记者一定要记，但也不能"越境而书"。要张弛有度，具体问题具体对待。

试举一例：《济南市槐荫区志》的卫生部分是这样考虑的，对于非区属的卫生资源入志问题，不能简单地列为驻区单位看待，而要将其放在整个辖区大卫生的角度审视。论卫生资源，本辖区是济南最丰富的区，有山东省头号的省立医院和十几处非区属医院，而区属的槐荫人民医院，其规模比不上普通的县级医院。如果只详记区属的卫生医疗机构资源，略记非区属的，或只非一般的介绍，以此入志，这就没有将辖区真实全面的医疗状况展现出来。区医院发展缓慢，是因驻区大医院较多，区政府没必要在这方面再投巨资，实质是沾了市里的光。从另一方面看，辖区的非区属医院同样承担着区属医院的部分功能作用。2000年医保推开后，辖区人们到非区属医院就医成为首选。在社区里，区属与非区属的医疗机构都发挥着一定的作用，甚至非区属的因技术力量雄厚其作用更大。因此,一些非区属的驻区单位,不仅要做常规的介绍,由于它们对辖区的影响作用往往是内在的,要反映出来,需要我们透过现象看本质,如实地记述所涉及的方面,具体的有些还可以在本部分的概述或无题小序里进行记述。

前面论的是空间定位问题。再一个就是时间上的定位。作为通纪体的二轮续志,断限贯通古今,一定要把握志书记述的原则,即详今略古(亦有人称"详今明古"),重记当代。按中指组的要求,二轮续志以断代体为主,续志体(通纪体)为辅。所以人们在研究详今略古上提出了古、今内容在志书中应占的比率,或一九开,或二八开,最多至三七开,以符合断代志详今略古的基本要求。作为通纪体的续志,我以为三七开为好,至多不得越过四六开,即改革开放前占四成,改革开放后占六成。这只是志书整体字数上的一个相对把握的标准,具体到志书中的各个门类,则要区别对待。如概述篇、大事记、人物篇及建置篇,反映志书历史发展全貌,以三七开或四六开较好把握;其他分志内容根据记述内容的实际情况,拟或一九开、二八开均可。

首轮新志的上限大体有四种,一是通贯古今,上限不限;二是始有建置之年;三是以历史分期作为断限;四是前志上限所止之年。中指组上世纪 80 年代初的《规定》为 1840 年,如新修《山西通志》就是以此之界,属第三种。但在编纂实践中,首轮省、市、县三级志书多数未采取 1840 年这个上限。这也从一个侧面说明,1840 年这个上限不符合通纪体志书贯通古今的原则,至少说是偏离了这一原则,有失偏颇之嫌。

城市设区大多属解放之后的事。从实践看,城区志如何断限也是个难题。城市区志编纂大多为首创,按理选择统合古今较好,但实际上困难多多,因为城区建置较迟,历史上的史事与数据很难剥离,记述起来有诸多不便,不如采用始建之年。以始有建置之年为限,对于以往历史采取《史略》的方式记述,这一方法起始于安徽及江浙一带的志书。我在参与《太原市小店区志》的编纂时,则提议采用卷首无题小序联系和接续区建置设立前的历史内容,以达到贯通历史的效果。也有人提出用"史略"替代"概述",我觉得可以一试,效果如何,还有待后人检验。

如果一个市设三四个区,都来统合古今,大事记只能照抄市志的大事记,都是建置沿革和自然灾害的内容,且一模一样,令人懊恼。依我的理解,所谓断限,只不过是志书收录和记述的重点所在,决不是依上限一刀切,亦决不是画地为牢;相反,志书的上限历来是模糊的,根据各门类需要是允许追本溯源的,因此上限以合适为好,不是越远越好。

下限一般有两种,一是当地修志规划的下限年度(如二轮续志大多定在2005年),一是志书搁笔时止(实际为搁笔的前一年)。按中指组的要求和国务院《地方志工作条例》的规定,凡续修志书都应限制在20年左右。首轮志书的下限定在上世纪80年代初(1985年),那么二轮续志的下限定为21世纪初(2005年)。朱佳木在2012年4月召开的全国省级方志工作机构主任会议上,再次强调"增强依法统一修志时限和志书上下限的能力",他说"地方志是由党委领导,政府主持、全国统一编纂的书,就是说,它是'官书'。既然如此,其上下限除首轮志书情况特殊外,从二轮修志起就应当大体统一起来。如果二轮志书不统一,势必要影响到三轮、四轮志书的统一。"

志书的下限与上限不一样,它则要求"一刀切",以利后续。考虑到下限年份距志书出版时间较长,又产生了一些新的重要资料和数据,比较好的办法是在附录中设置"限外辑要"一目,一可以使这些资料及时为读者服务,二可以不打乱体例,实现两全其美,各得其所。不可视下限为儿戏,想怎么延就怎么延。

二、着力体现城区特色

城市区志与市、县志相较,是一个较复杂的类型。有人把城市区志归纳为"三不同"或"三不像",即城市区志不同于市志,不同于县志,不同于专业志;它不像市志容量那样大,不像县志那样面面俱到,不像专志那么单一。这只是从对比角度分析城市区志共性方面的特征。

要体现城区的特色,必须明确城区的类型,由于城市化的进程和环境条件使然,便形成不同类型的城区。一是以设区数量划分,可分为一市一区,如朔州、忻州、晋中、吕梁、晋中、临汾、运城、晋城是也;有一市二区,如长治是也;亦有一市多区,如太原(6)、大同(4)、阳泉(3)是也。城区数的多寡,与城区的从属性和局部性就大不一样。二是以主体功能划分,可有中心事务区(如阳泉市城区)、工矿区(如阳泉市矿区)、商业区、文化区、金融区(如上海市浦东区)、风景名胜区等,各具特色。三是以地理位置划分,可分为中心区、近郊区和远郊区。编写区志,首先要分析本区属什么类型的区,这样才有利于对城区特点的认识和提炼。

要体现城区的特色，必须从共性和个性两个方面去把握。从共性的层面看城市的区，一般具有 4 个特征：一是地域较小，自然条件单纯，与全市差别不大；二是人口、经济、文化、科技等比较集中；三是人口流动性较大，往往是本籍人少，外籍人多；四是区与市、区与区之间的联系紧密。

从个性的层面来看，城区的个性特征各具风采，多种多样。城区的个性特色是在城市发展的历史长河中逐步形成的，因此要把握一个城区的特色，必须从城市的发展历史和城区的建置两个方面考量，历史特点和现实特点都不可或缺，只有正确分析和把握住城区的特色，才能彰显区域的风貌。鲜明的个性特色，是衡量志书质量高低的一条重要标准。

要体现城区的特色，要善于集中记述本区的特有事物，并把本区大的特有事物采取升格处理，单独设篇立章，重点记述。在升格记述城区特色时，一定要安排好体例，服从体例统一，不使出现简单重复，务必避免自乱体例。

阳泉市分设城区、矿区、郊区三个区，功能特色十分鲜明，作为城区而言，有关城市志特有的共性内容不可忽略。如城市的基础设施，凸显城市中心区发展的硬环境。如商贸服务业，突出城市中心区第三产业飞速发展的支柱地位。如城区管理水平，城区是城市的组成部分，它承担着城市的某些功能。它的行政职能更多的是为城市服务，为城市的需要而设置，与所在城市紧密相连，记载如城市管理、市容监察等内容，可以反映城区管理成效，体现各级政府共同参与的城市综合治理。如人民生活，居民生活水平是城市经济发展的一项重要指标，城市区志要通过能反映居民收入水平、消费水平、社区建设、低保标准和物价指数等民生指标，全面、真实地反映人民生活水平。把以人为本的理念贯穿到志书编纂过程中，尤其是将"人民生活"单独立编，精准地展现新时期人民生活的变化，等等。

三、突出城区的地方特点和时代特色

每个城市均有自己的发展轨迹。如人们常说的，天津是（轮船）运来的，石家庄是（火车）拉来的。这是因为天津是从港口发展起来，石家庄是由火车集运站发展而来，阳泉与石家庄相似，亦是由火车拉来的城市。随着煤炭采掘业的发展，又成为为矿业服务的城市；随着市管县的设置，又成为一个地区的中心城市。改革开放 30 年来，随着经济社会的发展，城市化进程逐步加快，人口迅速向城市集中,城市的功能逐步加强,同时也带来诸多问题。

志书要突出地方特点和时代特色,所要强调的每部区志既体现共性特征,更要体现自己的个性特征。去年在黄山市召开的中国地方志学会城市区志专业委员会 2011 年学术年会上,我曾撰写过一篇《城市区志篇目体现时代特色浅议》的论文,谈及时代特色的问题,且志书的地方特点和时代特色志界研究较多,可参考的志书、论文很多,我就不细讲了。对阳泉市而言,是我在首轮修志中未参与评审志稿的少数市之一,故对阳泉地情不甚了解,只是为这次讲课,才匆匆翻检了一下阳泉市首轮的几部志书,对地情认识太浅,故不敢乱言。还需要在座的修志同仁,认真阅读首轮的阳泉市志及城区志、矿区志、郊区志,加深对城区地情的认识,在二轮续志中展现出城区的地方特点和时代特色。

(此稿是为《阳泉市城区志》续志培训班准备的讲稿)

卷二　志书评论

为改革开放树碑立传的佳志

——《天津市经济技术开发区志》读后

历时三月,伏案审阅上千万字的雍正《山西通志》点校稿样,整日昏昏沉沉,脑晕目眩,实盼不到完稿的时日,身心倍感疲倦。入伏初日,收到了自渤海湾畔寄来的《天津经济技术开发区志》,顿时眼前一亮,尽管暑热难耐,然疲乏之气顿消。细细品读,不禁有感而发。新方志编纂至今已逾二十五个春秋,成果不断涌现,而就单部志书而言,像《天津经济技术开发区志》这样,无论是篇目之设置、内容之编排,还是文字之简洁、特色之鲜明,以及编校质量、印刷装帧等,均堪称一流的志书,还属凤毛麟角。限于篇幅,仅点评几处。其余之优长,还有待众家评说。

一、继承传统

在 20 世纪 80 年代首轮社会主义新方志编纂之初,创事者便确立"继承旧志,创编新志"之宗旨。20 余年中,新编方志成批涌现,其卷帙之繁,影响之大,为历代旧志所不可比拟,被国内外学者誉为当代中国最宏伟的文化建设工程。同时,新编地方志也达到了前所未有的学术高度。进入 21 世纪之后,全国性的第二轮修志工作全面展开,如何全面、系统地研究首轮志书编修中具有丰富内涵的实践经验及其理论概括,用以指导第二轮志书编修中遇到的各种问题,已提到了当代修志工作者的面前。如果说首轮志书对历代旧志的继承,具有宏观的间接性;那么第二轮志书编修对首轮修志理论的继承,就比较直接而具体了。处理好继承与创新的关系,是检验第二轮志书编修质量的关键所在。新编《天津经济技术开发区志》产生在第二轮志书编修展开之时,受到诸多名家学者指点,在继承首轮修志经验之上具有独到之处。

（一）卷首彩版出新意

志书之首设置彩图专版，肇始于民国二十四年铅印的《首都志》，启志首设置照片之先河，而首轮新编志书，在卷首彩版的设置上，更取得了大的突破，使之成为志书之首不可或缺的主要内容，为新编志书广为采用。它对增强志书的可读性、扩大志书的信息量、展示志书的整体性等方面，起到了窗口示范的功用，亦被各级各类志书编纂者所认可。《天津经济技术开发区志》继承这一传统，其卷首彩版使用164幅彩色图片（其中3幅地图），54个页码，形象而生动地展现泰达发展的全貌，并在内容选择、分类和版式编排上多有创新，达到了思想性、真实性和艺术性的完美统一，使志书大为增色。

（二）"综述"总括展全貌

志书之首设"综述"（即概述），为首轮志书篇目设置上的一大创新，得到修志同仁的认同而普遍采用。它立足宏观，鸟瞰全局，展示大要，对增强志书的整体性、导引性，起到了积极的作用。《天津经济技术开发区志》的编者也秉承这一做法，在志首设"综述"。综述全文7300余字，分列"光荣的创业历程"、"辉煌的建设成就"、"成功的实践经验"三个小标题，以"概而述之"的夹叙议笔法，昭示了泰达近20年来所走过的历程及取得的辉煌成就，其语言之凝练，概括之精到，议论之精辟，为志书"概述"的撰写又提供了一个新的范例。

（三）篇首小序善归纳

志书的卷（篇、编）之首设置无题小序，是我国修志的优良传统，也是志书的优良体裁之一。志书卷首的无题小序，最早起源于宋代的《赤诚志》。到了民国时期，志书的体裁逐步更新。黄炎培主纂《川沙县志》时，为解决"一般方志偏于横剖，而缺于纵贯"的问题，除在志首列有"导言"外，又在各志之首列有"概述"（即卷首无题小序）。首轮新方志编修中，部分志书继承了这一传统，对增强志书的宏观著述，起到了不可替代的作用。但毕竟因撰写卷首无题小序有一定难度，使用此法的新志比例为数较少。《天津经济技术开发区志》的编纂者却迎难而上，继承了这一传统。是志的主体分志为16篇，每篇之首均设无题小序，字数长短不一，依分志所述内容灵活掌握，少者300余字，如第十四篇"政治建设"、第十六篇"泰达精神"；多者达1800余字，如第五篇"经济概要"。篇首无题小序总字数12700余字，占全志总字数1%强一点，篇均800

字。其写法,均为展示全貌,简要概括该篇内容。行文简洁明快,灵活自如。从而既加强了志书的宏观记述,又使志书的整体性得到进一步加强。

是志在继承传统上,还表现在许多方面,诸如资料之详实、分类之科学、行文之简练、记述之准确等,均有不俗表现。

二、锐意创新

中国的地方志编纂源远流长,从周代的"四方之志"和秦汉魏晋南北朝的地志、图志、郡志,到宋代方志的基本定型,再到元明清方志的鼎盛,方志所包涵的内容和形式都在不断发展、创新之中。人之所以能从猿到人,中国今日之所以强盛与繁荣,莫不是与时俱进、改革创新的结果。尽管方志界有过所谓"贵因不贵创"之说,但修志实践却有力地佐证,志书总是随着时代的发展和客观的需要,不断有所创新,有所前进。可以这样说,不从客观的实际出发,不图改革与创新,新编志书就不能适应客观现实情况的需要,修志事业也难以繁荣兴旺。创新,是社会主义新方志编纂中的首要研究课题。在继承的基础上不断创新,方志才会更具生命力,这应成为新一代方志工作者牢固的观念和神圣的使命。《天津经济技术开发区志》的编纂正是立足于此,在编纂中锐意创新,使该志在诸多方面取得大的突破,使人不禁击节叫好。

(一)增设"特篇"妙点睛

新方志编纂中,在正篇之外又设"特篇",可谓《天津经济技术开发区志》在篇目设置上的一大创新,给人以耳目一新之感。《邓小平视察天津开发区》一文,区区 4000 余字,然编者高屋建瓴,慧眼独具,将此命名为"特篇",列于正志之首,可谓点睛之笔。邓小平是中国改革开放的总设计师,他最早提出中国对外实行开放,对内搞活经济的重大战略方针。中国的改革开放,起首于开放的试验田——山西平朔露天煤矿,继之于深圳、珠海、厦门三个经济特区,又之于开放沿海十四个港口城市和海南岛,再之于西部开发、振兴东北老工业基地……俗语曰"一滴水可以见阳光。"读者从开发区这一个点上,就可看到中国自改革开放以来所走过的既艰难但更辉煌的历程。天津经济技术开发区之所以能取得令世人瞩目的巨大成就,全赖于党中央及其领头人邓小平的英明决策。仅在开发区建设一年零 8 个月,邓小平便亲临该区视察,由此可看出党中央对天津经济技术开发区的高度重视及殷切期望。正是在这种关怀与期望的精神激励下,开发区的建设者们才能取得今天的辉煌成就。"特篇"之文,也正是志书的灵魂所在。编者立意之高,不同凡响。之所以取名曰"特篇",即区别于正篇也;之所以放在正篇之首,即显示其重要性及在志书中之地位也。如此设置,岂不叫人拍案叫绝也!

(二)篇目升格现区情

在志书篇目设置的升降格处理上,至今仍有分歧,但赞同采用升降格设计篇目的占到多数。首轮新方志编纂的实践也一再证明,为体现一部志书的时代特点和地方特色,以避免与他志在篇目设置上的雷同,采取升降格设计也是合理的和必要的。《天津经济技术开发区志》在篇目升格处理上,又为我们提供了一个极好的范例。是志第七篇为"摩托罗拉",若按形式逻辑分类设篇,其应为第六篇"外资及港台企业"第二章"知名企业"中"节"的内容。若以辩证逻辑来看,若如此则大谬矣。美国摩托罗拉公司,是世界500强企业中名列第95位的企业;在天津总投资达34亿美元,是天津开发区百强企业中的龙头老大,亦是中国最大的外商投资企业,它在天津开发区的地位可想而知。正是基于此,编者以浓墨重彩的笔法,单独设篇予以详实记述,既客观展示了天津摩托罗拉在志书中应有的地位,又充分体现出《天津经济技术开发区志》鲜明的时代特点和浓郁的地方特色。

(三)"精神"立篇具匠心

何为"精神"?《辞海》释曰:"人的意识、思维活动和自觉的心理状态,包括情绪、意志、良心等等。唯物主义者常把精神当作和意志同一意义的概念来使用,认为它是物质的最高产物。"《新华字典》释曰:"即主观世界,包括思想、作风都是客观世界的反映;物质可以变成精神,精神可以变成物质。"笔者曾于2003年秋,参与审定续修《黎城县志》稿,该志在正志中专设"太行精神"卷(于《天津经济技术开发区志》卷目相同),参评人员曾在评审会上给予充分肯定。后因诸多原因,是志至今未出版。近两年来,中共山西省委把弘扬"太行精神"作为推动山西社会经济发展的强大动力,用以激发全省人民建设新山西的热情。在已见到的新出版志书中以"精神"立篇的,《天津经济技术开发区志》还是第一部。是志第十六篇为"泰达精神",内设5章12节,内容充实而生动,使志书的整体立意得到了升华。时代培育出精神,凝聚着优秀品质和奋斗精神,是宝贵的精神财富。泰达之所以能取得今日的辉煌成就,即是在其"泰达精神"的鼓舞与感召之下取得的。正如是篇无题小序中所言:"泰达人在建设新型经济区域的实践中,把‘开放、开拓、求新、求实’作为探索区域经济走向世界的途径,以建成现代化新城区作为自己的行动目标。开发区工委、管委会发动广大员工认真总结历史经验,确定开发区‘第二次创业’的‘泰达精神’为:‘开放、开拓、励精图大业;求新、求实,众志建新城’。为此,开发区工委、管委会把弘扬泰达精神作为精神文明建设的重要内容,作为第二次创业统一意志、鼓舞人心的强大思想武器。通过区域形象建设、导人系统识别等一系列活动,宣传、昭示泰达精神,使之发扬光大。泰达精神是天津开发区的区域精神,是时代精神在天津开发区的具体表现。”《天津经济技术开发区志》为国内第一部开发区志,前无借鉴,但却能在篇目整体设计上取得突破,实为不易之事。吾以为,从是篇的无题小序中即可了解设“泰达精神”篇的深刻含义,再论则为赘言矣。

三、白璧寻瑕

《天津经济技术开发区志》是一部成功的志书,在第二轮志书编修中必定会起到积极的作用。但细读全志,似仍有一些可商榷之处:

(一)目录页的编排上,“特篇”的编排位置似可商榷。是志的“编后记”中言明“主体包括特篇和专业分志16篇”。“特篇”,即入“篇”的系列,应与正篇组合,而不应与卷首的“序、凡例”等组合,应与正篇的排法一致,这样才更符合其入“篇”之意。又目录页中,将“2001—2003年天津开发区发展纪略”列入第十六篇“泰达精神”之末尾处,与“章”名同字体同字号,似觉不妥。是志的“编后记”中,将“纪略”与“附录”同列一类。“纪略”,乃“限外辑要”的翻版或变种,应于其后的“附录”、“索引”为同一类型。它不是第十六篇应包含的内容,而应独立成篇。其字号、字体及排法应与“附录”、“索引”相同。

(二)下限不一致,一定程度上影响了志书的严谨性。虽是志“凡例”已言明“为保证记述事物的完整,一些事物的时限有所前伸和后延”,然而下限一刀切,是新方志编纂中应遵循的基本原则,一般情况下均不应突破。但志书中随意性较大。既然是重要的,就应入“纪略”之内;如若不能入“纪略”,则说明其重要性差矣,在正文中便没有必要“后延”了。

(三)还有个别地方有疑问。如第一篇第四章第三节第三自然段中,文曰“冬季145天”,紧接下文却记述为“12-2月为冬季”,给人以自相矛盾之感。第五篇小序中,“至1997年,全年出口总额达到20.04亿美元,比1987年增长

5.7倍"。同篇第二章"'七五'规划开发区执行情况表"中,1987年的出口总额为"1616万美元",两者的比数并非5.7倍,疑数字有误。

(四)在文风统一方面,还有再推敲的余地。如第60页第一篇中记述,"2.4770亿元人民币",下隔一行为"0.277亿元人民币",小数点之后,一个保留四位,一个保留三位。第二篇小序中为"泰丰工业园地",而第四篇小序中则为"泰丰工业园",差一"地"字。第449页第十二篇第一章第五节"'一点三为'党建工作思路"条目文内解释"三为"时,"其一"之后无逗号,而"其二"、"其三"后均加逗号,标点不统一。第482页"消费者协会"小目下,首行说"简称消协",而行文中却出现"协会";又下面行文中"环保协会"即简称,但行文中有"环境保护协会"、"协会",惟独没有用"环保协会"这一简称。第481页小目题为"劳动协会",而行文中则简称为"劳动管理协会",二者不一致。

《天津经济技术开发区志》编校质量堪属一流,其差错率远远低于国家新闻出版总署所规定优秀出版物万分之零点二五的差错标准,笔者虽寻寻觅觅查找,亦仅发现个别错标点及错别字,如此高质量实让笔者羡慕不已。新出志书若都如此,吾辈则无愧后人矣。

(《中国地方志》2006年第12期)

续前志创新为要　彰市情特色为魂

——读《锡山市志(1986～2000)》感言

　　盛夏时节,方志出版社综合编辑部副主任李江女士来电告知,江苏省《无锡县志》的续志《锡山市志(1986～2000)》新近出版,邀我写一书评。自二轮续志编修开展以来,虽山西省内的市县志书已出版了十余部,但外省市的市县志还见之甚少,自然很乐意一睹为快,于是便爽快地应允了。仅时隔七八天的工夫,便收到了志书。方志出版社出版的《锡山市志》,确是一部印制精良、装帧精美、特色鲜明、大器厚重的良志佳作。初初翻检,便爱不释手,细阅之后,感受颇深,获益匪浅。该志优长之处颇多,寸纸尺短,笔者只评述其中一二,其他优长还有待众人评说。

一、善用述体,增强综合性

　　在首轮新方志编纂中,为增强志书的整体性、综合性、科学性、可读性,在全志之首创设了"概述"篇;为宏观地勾勒某一部类(指志书中的自然、经济、政治、文化、社会五大部类)整体发展的兴衰起伏,彰明因果,显示特点,揭示规律,创设了经济综述、政治综述、文化综述(其中以"经济综述"运用较多)篇;为客观地反映某一事物的总体面貌,科学地继承了旧志的优良体例,在志书的各门类之首(也称之为各卷篇之首)设无题小序。述体形式的多样化,不仅丰富了新编志书的体裁,同时也将传统志书的体裁由记、志、传、图、表、录六项增为述、记、志、传、图、表、录七项。二轮志书的编纂,首先要继承首轮志书的优良体例,把好的经验传承下去;同时,在继承的基础上与时俱进,大胆创新。新编《锡山市志》秉承了这一优良体例,在全书之首设《总述》,在各篇之首设《概述》,在某些类目之首设无题小序,既增强了整部志书的综合性,同时也增强了志书的著述性。

　　(一)《总述》出新意

　　董老一博生前异常重视概述篇之设置,并称"概述"为全志之灵魂,一篇好概述,当为全志增色五成以上。《锡山市志》的编纂者深得此间要蕴,为二轮续志概述篇的撰写,提供了一个成功的样板。阅览《总述》全文,特点有三:其一,体式新颖,篇幅适中。笔者在拙著《新方志'概述'点评》一书中,将概述篇的体式分为浓缩式、特点式、综述式、策论式四种类型,是志的《总述》则是浓缩式与特点式的综合体,给人耳目一新之感。与前志《无锡县志》的概述篇相较,《总述》的篇幅大大压缩,全文仅 5300 字,与笔者提出的县志《概述》篇字数应为 5000 字左右正相吻合,篇幅适中,读者在较短的时间内即可阅览全志之精华,进而使《总述》的功用得到充分发挥。其二,中心突出,特色鲜明。全文立意高远,以锡山市改革开放 15 年来经济与社会发展的巨大变化,作为《总述》篇的一条红线贯穿始终,使文章结构紧凑,中心突出。作者化繁为简,不仅将特点充分展示出来,同时也将与时俱进、以人为本的时代特色和理念尽情展现,使读者看到"华夏第一县"的靓丽风采。其三,叙议结合,文辞简约。篇首用 380 字的篇幅,三个自然段,分述区位优势、自然状况及面积人口建置民族,语言精练,特色突出,名片效应尽显。主体内容分列乡镇工业、农业、城镇建设、人民生活四项,用序号分割,眉清目楚。行文以叙为主,夹叙夹议,其议论多为画龙点睛之笔,使所述内容得以升华,地域特色尽情展现。笔者阅览了本省及兄弟省市区二轮市县志的五十余篇概述,《锡山市志·总述》以笔者的角度看,是最优秀的一篇,可作为二轮续志概述篇的范本,供修志同仁借鉴、学习。该篇《总述》若去掉分段序号,再加一小段展望性的文字作为结尾,就更加完满了。

(二)《概述》善归纳

在志书各篇(卷)之首设无题小序,是旧志编纂中的一项优良体例,新志编纂理应继承这一做法,以救志书"偏于横剖,缺于纵贯"之弊。但综观首轮新方志编修,对这一优良体例继承者却较少,"往往侧重甚至注重于新志编写,视旧志于可有可无之间,甚有摒旧志而不视者,畸轻畸重,难称允洽"(来新夏《西樵志语·序》)。以山西首轮新编市县志为例,采用篇首无题小序的志书仅二十余部,不及全省百三十部市县志的 1/5。从一个侧面也反映出,撰写篇首无题小序具有一定的难度。新编《锡山市志》的编纂者迎难而上,在每篇之首设《概述》(是志因在某些类目之首设了无题小序,故把篇首无题小序升格为《概述》,进而又把全志之首的概述称之为《总述》,亦为情理中事)。全志共设 31 篇,每篇之首设有《概述》,字数多寡不一,最长的为《教育》篇,1730字;最短的为《杂记》篇,仅 40 字。据笔者粗略统计,不足 500 字的有 8 篇,500

字以上不足 1000 字的有 14 篇,1000 字以上的有 9 篇;31 篇《概述》的总字数为 25300 字,篇均 816 字。《概述》篇的写作以概括篇内的内容为主,亦有接续前志简述历史的,如《市域·区划》篇;亦有反映优劣之势的,如《自然环境》篇;亦有接续前志、交待背景的,如《土地》篇,等等,不一而足。写法多样,行文灵活,"概述"的功用得到淋漓尽致的发挥,为增强志书的著述性、概括性、整体性起到了积极的作用。从是志的《概述》篇撰写中,使笔者深深感到,设与不设志书各篇之首的《概述》(或无题小序),其效果大不相同。是志秉承前志、继承传统的做法,值得后来者效法。

二、多体并用,突出地方性

地方志要充分反映地方特点,这是众所周知的道理。在首轮新方志编纂中,不少地方在修志之初,便首先研究当地的地方特点,通过志书中多种体裁的运用,用以记述和体现当地的特色事物,创造出许多成功的经验。《锡山市志》的编纂人员在总结首轮新方志编纂经验的基础上,以高起点、高目标为方向,以出精品、出佳志为准则,充分运用多种体裁和编纂方式,着力真实、全面、客观、科学地反映锡山市改革开放和社会主义现代化建设的宏伟业绩,收到了较好的效果。

(一)《特载》增亮度

何为特载? 特别记载也。在传统志书中,并无"特载"这一体裁。首轮新方志编纂中,少部分志书借用他书的体裁,反映地域亮点,可称之为是在志书体例和篇目设置上的一大创新。据笔者所知,在中国地方志指导小组办公室编、由方志出版社出版的《全国第二轮修志工作文件及志书篇目汇编》一书中,曾见到过相同篇目,如《椒江续志》(1991－1994)篇目,前设概述、特载、大事记三项内容。《濉溪县志续编》(1986－1996)篇目,前设特载、大事记两项内容;《芜湖市志》(1978－2000)篇目,前设概述、大事记、特载三项内容。但实例还是初次见到。是志的《特载》专篇列于卷首,其内容有三项:一为《党和国家领导人视察》,前列中共中央总书记胡耀邦、全国政协主席李先念、国务院总理李鹏视察无锡县的文字及照片;后列《1986～2000 年党和国家领导人视察锡山市一览表》,共 62 条。二为《中国农村综合实力百强县评比"三连冠"》,分列《首届中国农村综合实力百强县评比名列第一》、《第二届中国农村综合实力百强县评比再登榜首》、《第三届中国农村综合实力百强县评比又获"冠军"》三文。三为《建置区划调整》,分列《撤县设市》、《撤市设区》二文。

《特载》篇所列的三项内容,正是锡山市在 15 年间发生的重要的、影响巨大的又最具地方特色的事物,如此罗列集中,单独立篇,设于卷首,使时代特色和地方特点得到完满展现,起到了突出的宣传效应,继而大大增强了志书的史料性、可读性,以及进一步加深了对地情记述的深度。《锡山市志》这一做法既是一种新的尝试,同时也使整部志书熠熠生辉。

(二)《专记》掘深度

记,是志书使用的一种传统体裁。专记者,乃专题记述也。在首轮新方志编纂中,"专记"这一体裁已得到一定的运用,但普及面未像"概述"篇那样广泛。由于专记所运用的材料比较系统、详细,史料价值较高,记述较有深度,因而广泛受到好评。《锡山市志》在专记的运用上,更有独到之处,尤值得称道。全志设《专记》6 则,共 12800 字,占 12 页,虽仅占志书总字数的 0.94%,但其作用却不可小视。如在《农业》篇《概述》下设《锡山市农业和农村现代化试验纪略》;在《饲养》类下设《小鹌鹑成就大产业》;在《水利》篇《防汛抗旱》类《防汛抗洪》条下设《1991 年抗洪救灾纪实》;在《工业》篇《概述》下设《锡山市乡镇工业发展纪略》;在《政务》篇《人民政府》类《施政纪要》条下设《锡山市扶持集体经济薄弱村纪略》;在《人民生活》篇《农村居民生活》类《消费结构》条下设《无锡县"十村千户"家庭文化消费调查》。这六则《专记》,均属于难以归类或勉强归类难以充分记述的重要事项。该志通过"专记"这一形式,使志书更有效地突出时代特征、地方特点和专业特色,进而增强了志书记述的深度,也使志书的质量得到大力提升。中国地方志指导小组在《关于续修地方志的几项规定》(讨论稿)中,把"专题记述"列为续志五个方面的内容之一,指出:专题记述是"对正文未能充分记述的重要问题作出的专题调查和专题报告"。笔者以为,专题记述宜少而精,忌多而滥。《锡山市志》所列的六则《专记》,堪称专记中的典范。该志在突出地方特点上,多种体裁并用,多方位、多角度全面反映。如全志设《附》11 则,采用小五号字体(比正文小一号),共6300 字,增强了志书的信息量;又如全志选用照片多达 527 幅,其中卷首彩照62 幅、内文 461 幅、封二三 4 幅,拓展了记述内容的深度与广度。正是由于体裁多样性的广泛运用,地方特点也便尽显其中。

三、篇目创新,彰显时代性

中国的地方志经过漫长时期的发展变化,其内容和形式都在不断发展创新之中。在继承的基础上不断创新，方志才会更具生命力。而篇目作为志书的蓝图，其设计的科学合理与否，直接影响着志书的具体编纂质量。篇目创新，可称为二轮志书编纂之要义。《锡山市志》的编纂者在篇目设置上，牢牢把握地方特点和时代特色，以改革为主线，立足创新，匠心独用，新意迭出，多有给人以启迪之处。设计二轮续志的篇目，首先要研读首轮志书的篇目。不妨让我们先看看首轮《无锡县志》的篇目。该志的篇目为：前设概述、大事记，中设建置区划、乡镇、自然环境、人口、农业、水利、乡镇工业、工业、交通运输、邮政电信、城乡建设、商业、财政税务、金融、经济管理、党政社团、政务、公安司法、民政、人事劳动、外事侨务、军事、教育、科学技术、文化、卫生、体育、社会、方言、人物 30 卷，后置附录。为小编体结构，科学合理。首轮志书通贯古今，时间跨度为两三千年。续志《锡山市志》虽记述的时间仅为 15 年，但这 15 年是不同凡响的 15 年，无锡县由县变市，连续三次夺得中国农村综合实力百强县第一名的骄人佳绩，荣获"华夏第一县"的美誉，经济与社会发展突飞猛进，人民生活率先达到小康水平。如果套用第一轮志书的模式，就很难反映其深刻的内涵。二轮续志的篇目既接续前志，又大胆创新，更全面，更系统，有新意，有深度。与前志相较，接续前志的有自然环境、人口、城乡建设、农业、水利、商业、经济管理、政务、民政、教育、科技、文化、卫生、体育、人物等 15 篇；改变名称的有市域·区划（前为建置区划）、党派·社团（前为党政社团）、国防建设（前为军事）、司法（前为公安·司法）等 4 篇；合并名称的有交通邮电（前为交通运输、邮政电信）、工业（前为乡镇工业、工业）、财税金融（前为财政税务、金融）等 3 篇；从原卷中析出并升格的有土地（前为《自然环境》卷中"节"的内容）、环境保护（前为《自然环境》卷中"章"的内容）、服务业（前为《商业》卷中"章"的内容）、人民生活（前为《社会》卷中"章"的内容）等 4 篇；撤销的篇目有人事劳动、外事侨务、社会、方言等 4 卷；新增的篇目有经济体制改革、开发·开放、政治体制改革、社会保障制度改革、精神文明创建、杂记等 6 篇，以及卷首的前志概要、特载和卷尾的索引、主要参考书目。续志篇目中的亮点有三：其一，紧跟时代步伐，把握时代特色，突出改革开放主旋律，设置《经济体制改革》、《开发·开放》、《政治体制改革》、《社会保障制度改革》等 4 个专篇，集中记述改革深化的过程、改革的曲折、改革的成果，将改革的主线在整部志书中贯穿始终。其二，与时俱进，突出时代特点，设置《土地》、《人口》、《环境保护》等 3 个专篇,紧接《自然环境》篇之后,与"三项基本国策"(国土资源保护、人口控制、环境保护)暗中相合,既避免了明确地以"三项基本国策"单独立篇的弊病,又突出了时代特色,篇目更显科学、合理。其三,突出以人为本的新时代理念,设置《人民生活》、《精神文明创建》等 2 个专篇,既是学习、借鉴首轮他地志书的先进经验,又弥补了前志的不足和遗漏。篇目上的创新还有许多,如接续前志的《前志概要》篇,反映地域特色的《特载》篇,与时俱进的《服务业》篇,为前志补遗的《杂记》篇,以及卷尾的《索引》、《主要参考书目》等,无不体现出编纂者的新思维、新角度,凸显出浓郁的地方特色和时代气息。

四、些微瑕疵,难掩佳志容

《锡山市志》确可称之为一部成功的优秀的志书。但人无完人,志无完志,所以还存在些微瑕疵和可商榷之处,现列出与同行探讨。

其一,志书《凡例》中的第九条为纪年内容,似觉缺漏了有关历史纪年如何表述的内容,因志中的《前志概要》、《市域·区划》、《人物》等篇均涉及到历史纪年,依行文表述看,是以"清代以前用旧纪年,夹注公元纪年;中华民国时期,用阿拉伯字夹注公元(一节内,同一年号一般只注首次,省'公元'和'年'字);中华人民共和国成立后,用公元纪年"(《无锡县志》1994 年 1 月版《凡例》第六条)来表述的。因续志《凡例》中未作明确表述,志书行文中出现了不规范、不一致的地方,如:《前志概要》中,有"1895 年,杨艺芳、杨藕芳兄弟投资白银 24 万两,创办无锡第一家近代工业企业——业勤纱厂";有"荣德生先后在荣巷开办了公益小学、竞化女子小学和公益工商中学(后为公益中学),1947 年创办了江南大学";此二句中的"1895 年"和"1947 年",直接用公元纪年表述,未按历史纪年括注公元纪年,与该文中多处出现的历史纪年表述不一致。又《人物》篇中,有"钱穆,原名思□,字宾四,1912 年改称穆,号未学斋主",句中的"1912 年"直接用公元纪年,而紧接下文中又有"清光绪二十一年(1895)"、"宣统三年(1911)"、"民国元年(1912)"等语,很明显此处表述不确,应为民国纪年括注公元纪年,后文中的"民国元年"不应再括注公元纪年。《人物简介》的"施之勉"条中有"民国十五年"语,为民国纪年第一次出现,后有"民国三十五年"、"民国三十七年"语,故此处应括注公元纪年;"诸祖耿"条中"民国六~十三年","徐风"条中"民国三十二年","孙翔凤"条中"民国十五年"(后有"民国十九年"括注),"程志新"条中"民国三十四年"(后有

"1948年"未用民国纪年)等句,均遗漏了括注公元纪年。

其二,《凡例》第六条载:"结构为篇、类、目三个层次,条目为记述实体。为叙述方便,根据需要在文中加若干小标题作为细目。"依笔者理解,"细目"即"目"下的又一个层次,属第四级题目。翻阅志书,笔者发现"细目"之下还有"小目"(暂且以此称呼,属第五级题目),且条数还不少。据笔者粗略统计,全志的"小目"分别在《自然环境》、《土地》、《城乡建设》、《工业》、《交通·邮电》、《财税·金融》、《党派·社团》、《政务》、《司法》、《卫生》等篇中出现,共282条,另还有"细目"下单领1条"小目"的也有十余条,总数近300条。志中的"小目"均排为楷体,与正文相别,作者很明确地标示出其为一级标题。以此而论,应在《凡例》中明白无误地告诉读者,"细目之后根据所记事物的需要,加列小目"之语。

其三,《目录》中漏载了《人物》篇中《人物传》、《人物简介》的有关条目。读者了解一地之人杰地灵,人物篇首当其冲。但笔者翻阅《目录》,竟无人物的条目;再查《索引》,其中也无,实感是一缺憾。以条目体志书而言,《人物传》、《人物简介》中的具体人,应理所当然地为条目体志书中的条目,"人物"是篇,与其他篇相较,"人物传"、"人物简介"是类,具体人物是条目,三级标题一清二楚。以全志而论,正文中的《人物传》、《人物简介》(指具体人物)的条目,也应加方括号标示,以示全志统一。但此种做法在辞典性类书中较为常见,而志书却较为少见。就以现在的志书而言,《目录》中的条目加方括号标示,明显有违出版界的常例。据笔者与国内知名出版社的资深编辑讨教,此种做法有违常规,不合体例。若去掉《目录》中条目的方括号,《人物传》、《人物简介》中的条目就可自然而然地进入《目录》之中,达到两全其美之效。再多说一句,按国内出版界的通例,扉页(书名页)、目录中的标题及附于书后的主要参考书目名称,均不应加书名号或方括号,以示与正文相别。

其四,个别内容有不合之处。如卷首的《特载》中,第一项为《党和国家领导人视察》,其中列有《1986~2000年党和国家领导人视察锡山市一览表》(以下简称《一览表》),共62条。《大事记》中载有国家正副部级官员视察锡山市的条目有15条。《大事记》中记载的内容,明显地要比《一览表》宽泛。据此推论,《一览表》中的62条理所当然地应为《大事记》必记的内容,但经笔者细查,发现《大事记》中仅记《一览表》中的20条,其余42条漏载。另《大事记》中1986年"6月1日,中共中央顾问委员会副主任、中共中央整党工作指导委员会常务副主任薄一波视察前洲乡"条,按《一览表》的要求,此条完全够格入列,但《特载》的《一览表》中漏记。如若想避免同一内容在志书中多处出现进而造成内容重复的问题,可定为凡入《一览表》的内容,《大事记》不再重复记述,也是一法。现志中的此种记法欠妥。

其五,卷首的内容排列似可商榷。是志卷首部分,与首轮《无锡县志》相较,增设了《前志概要》、《特载》两项内容。设《前志概要》,其动因是是志为前志的续志,又是断代志("断代志"的提法本身就欠妥,暂先以此称谓),意为接续前志和补历史之概貌。设《特载》,意为彰显地方特色或当地要事。在新出版的二轮市县志书中较为鲜见(笔者偏处山右一隅,全国二轮市县志书见之更少),只是在前面提到的《全国第二轮修志工作文件及志书篇目汇编》一书中,见到过此类篇目。如《常州市郊区志》(1984-2000)篇目,前设概述、大事记、前志概略;《椒江续志》(1991—1994)篇目,前设概述、特载、大事记;《商丘地区志》(续卷)篇目,前设总述、要事选载;《三河市志》(1985—1996)篇目,前设概述、三河历史概况、大事记;《濉溪县志续编》(1986—1996)篇目,前设特载、大事记;《芜湖市志》(1978-2000)篇目,前设概述、大事记、特载;《宜昌市志》(1979—2000)篇目,前设总述、大事记、特记;《潮州市志》(1992—2005)篇目,前设概述、专记、大事记。《锡山市志》编纂者的创新精神可嘉,但此四项内容的排列次序似有商榷的必要。该志《凡例》第六条即言明,"全志以总述、大事记统摄",而《前志概要》却放在了《总述》之前,减弱了《总述》在全志中的统摄主导地位和重要性。与前述的《常州市郊区志》、《三河市志》相较。笔者以为后者较妥。再者,将《特载》放在《大事记》之前也欠妥,《总述》、《大事记》一横一纵统摄全志,远比《特载》重要和地位显赫,前述的《芜湖市志》的排列较合理。以该志卷首的四项而论,笔者以为,以总述、大事记、特载、前志概要为序排列似乎较为妥帖。

上面提到的五点可商榷之处,亦是笔者的一家之言,多有偏颇之处,有些也仅是笔者的思考而已,还有待实践的检验。用半个月时间翻阅全书,仅发现个别错标点、第一人称表述等些微瑕疵,差错率远低于国家新闻出版总署评选优秀图书万分之零点二五的标准,《锡山市志》足可跻身于全国优秀志书之列。

(《中国地方志》2010年第2期)

继承优良体例　突出时代特色

——《山东省志·烟草志(1991－2005)》读后

2010年在山西省志办召开的"新方志理论与实践研讨会"上,结识了山东省史志办副主任刘娟女士。她在会上宣读的《建立〈山东省志〉质量管理体系的实践与思考》论文,给我留下了深刻的印象。二轮续志编修,山东起步早、进展快、质量高,走在全国的前列。自二轮修志开始以后,山东省成为全国第二个完成地方志立法的省份,该省史志办并先后出台了《省志编纂通则》、《省志行文规定》、《省志志稿审查验收规定》、《省志编纂若干业务问题的规定》(以下简称《规定》)、《省志分志送审稿版式规定》、《省志总纂规定》等十多个关于省志工作的规范性文件,形成了比较完备的省志质量规范和制度体系,为省志质量提供了强有力的保证。研讨会期间,刘主任说该省又新近出版了《山东省志·烟草志(1991－2005)》(以下简称《烟草志》),邀我写一书评。抱着向兄弟省市学习的态度,我便应允下来。11月中旬收到志书,利用十多天时间细细研读,获益匪浅。《烟草志》优长之处较多,兹略书一二。

一、篇目设置科学合理,展现行业自身特色

作为续志体的《烟草志》,按照续修《山东省志》"上限为1986年1月1日,各分志可根据实际情况衔接前志的下限"的要求,采用衔接前志的断限方式,在记述时限上首轮截止于1990年,二轮从1991年起,紧接前志的下限。正因为采取了衔接前志的断限方式,故篇目的承续性比较明显。

首轮《烟草志》的篇目,前设概述,内设烟草种植、烟叶购销加工、卷烟生产、卷烟销售、对外经济贸易、利税与专卖、科技与教育、管理等8篇,后缀附录(大事年表、重要文件)、编后记。

二轮《烟草志》的篇目,前设概述,内设烟草种植、烟叶加工与销售、卷烟工业、卷烟经营、烟草专卖、机构改革与体制调整、行业管理、教育科技文化等8篇,后缀附录、后记。

首、二轮篇目相较,同为8篇,且逻辑顺序一致,表现出较强的承接关系。续志篇目根据变化了的实际,对篇目进行了调整、充实,紧紧把握篇目要突出行业特色、地方特点和时代特征的这一要求,使篇目更加规范、科学、合理,符合烟草行业在15年历史进程中发展、变化的客观实际。如将"卷烟生产"篇改为"卷烟工业"篇,突出卷烟工业是山东工业门类中的一大门类,真实反映卷烟工业在山东经济社会发展中扮演的角色地位和烟草行业自身的特色。如将"利税与专卖"篇改为"烟草专卖"篇,既突出了烟草经营的专卖特色,又将利税内容分散记述,避免了与整部省志中税务志相抵牾的弊病。简言之,强调"专卖",分散"利税",突出行业自身特点。如将"科技与教育"篇改为"教育科技文化"篇,增加"文化"一项,既反映了山东烟草行业坚持"两个文明建设一起抓,两手都要硬"的方针,开展形式多样的文明创建活动,又展现了构建富有烟草特色的企业文化,进而增强行业的凝聚力,促进行业的稳定、快速发展。如将"管理"篇改为"行业管理"篇,其设置理念与"烟草工业"篇一脉相承,既限定"管理"的范畴,又突出是整个烟草行业的管理,不是部门的管理,进而消除部门志的些许痕迹。

篇目中最大的亮点,莫过于增设了"机构改革与体制调整"篇。取消首轮篇目中的"对外经济贸易"篇,将其内容归并于"机构改革与体制调整"篇内。是篇集中记述山东烟草行业15年间改革开放发展变化的这一主线,突出反映时代的主旋律,详实记述山东烟草行业不断探索、深化改革、加强管理所走过的历程,继而走上持续、稳定、快速发展的轨道。续志中如何记述改革内容,历来争议不断,或分散、或集中、或集中与分散相结合。吾以为,实践出真知,近几年来陆续出版的三级志书在记述改革内容上各有特长,但相较之下,还是以集中记述为好,既能在篇目上体现续志的时代特点,又不至于将改革内容分散记述而淹没在志文之中。改革单独设篇,利大于弊,《烟草志》交出了较完满的答卷。

从上述分析中可以看出,是志的篇目简洁明快,标目准确,层次清晰,逻辑严密,时代特点、行业特色鲜明突出,真实反映山东烟草行业发展变化的客观实际,较之首轮篇目更上层楼。

二、述体应用规范恰切,突显志书综合功能

在省志的各分志中,述体的形式主要有二种,一为志书之首的概述,一为篇(卷、编)、章无题序。此二类述体文字,除篇、章无题序是继承旧志优良体例外,志首概述篇则为首轮新方志编纂中在志书体例上的一种创新。就志书的体裁而言,述体文字是增强志书的整体性、综合性、著述性和科学性的重要手段,在志书中不可或缺。笔者从事旧志整理工作二十余载,每浏览到旧志中精彩的卷首无题序,莫不被志书总纂的文笔所吸引,并为之赞叹不已。志书篇(卷、编)、章首无题序是旧志中的一种优良体例,但其不足亦较明显,即只解决了篇、章自身的问题,而仍未起到统合全志之效,故而首轮新方志创设了概述篇,使得这一缺陷得以弥补。志首的概述篇与志中各篇(章)首的无题序交相呼应,各显其能,从而增强了志书的综合性功能。在首轮省志编修中,人们普遍重视了志首概述篇的编写,但对篇首无题序不够重视甚或忽视,在志书中的使用或有或无,比较随意,这是对篇首无题序的重要性认识不足造成的。

　　首轮《山东省志》各分志之首,均设有概述篇,但篇首的无题序应用却不甚一致,或有或无。如《政法志》既有篇首无题序,又有章首无题序;如《军事志》仅有篇首无题序,而无章首无题序;如《烟草志》则二者皆无,等等。述体应用不统一,从而也影响到首轮《山东省志》的整体质量。二轮《山东省志》的编纂总结和吸取了首轮省志编纂的经验与教训,重视了述体在志书中的应用,对分志中的概述篇与篇、章无题序作出了刚性要求,该省的《规定》中明确指出,"分志除设概述外,各篇、章下均应有无题序",并要求"无题序文字要精炼,篇幅不宜过长"。《烟草志》即吸取了首轮志书述体应用不足的弊病,同时也是按照《规定》来严格执行,除志首设概述外,在篇、章之首均设了无题序。据笔者粗略统计,志首概述 9800 字,整篇概括记述省内的烟草种植、卷烟生产、烟草销售、烟草市场经营与管理、烟草行业体制改革与结构调整等五大内容,展现了山东省烟草行业 15 年改革发展的全貌。概述篇内容全面,重点突出,线条清晰,大势大要一览无遗,为读者阅读全志起到了提纲挈领的作用。是志的主体共设 8 篇,每篇均设有无题序,均占一个页码,字数依各篇所述内容灵活掌握,少者如第三篇"卷烟工业",530 字;多者如第四篇"卷烟经营",920 字。8 篇无题序的字数,均控制在上述两篇的长短之间,总字数 6030 字,篇均 750 字。是志在 8 篇之下共设 27 章,章首无题序最长的 1190 字,最短的 170 字,总字数 12820 字,章均 610 字。篇与章无题序的写法,均为展示全貌,概括该篇、章的主要内容,行文简洁,运用灵活,概括得法,效用显明。是志三级述体(志首概述、篇首无题序、章首无题序)总字数为 28650 字,占全志总字数 560000 字的 5.1%,字数比率虽少,但其发挥的效能特强;三者各显其能,又遥相呼应,使志书构成了一个完满的整体,从而既强化了志书的宏观记述,又使志书的整体性、综合性得到进一步增强,同时还使志书的著述性、科学性得到较充分的体现。

三、改革内容单独设篇,彰明志书时代特点

二轮续修省志的断限,从目前已出台省志编纂方案的省份看,大体上分为两种:一为紧接首轮志书的下限,作为二轮续志的上限;一为以中共十一届三中全会召开前后(1978 年或 1979 年)为续志的上限。以笔者手头资料计,采取第一种的有山东、黑龙江、福建、江西、广西、重庆、四川、贵州、甘肃、青海、宁夏等 11 个省区市,采用第二种的有山西、江苏、河南、湖南、湖北、广东、云南等 7 个省,两者的比率前者略占多数。紧接前志的断限方式,是继承了我国续志体志书编纂中的断代方式之一,其优点是后志紧接前志,避免了志书记述内容的重复,为随之再继志书的编纂打下了良好基础,体现出社会主义新方志连绵不断续修的时代特征,所强调的是二轮续志是首轮志书的延续和承接。其弱点是,二轮续志所记述的时段正是我国改革开放的时期,而改革开放却不是从1986 年开始的,续志不追述 1985 年前 7 年的事物发展过程,难以完满体现改革的整体进程,起始时间的时代标示性较差,只有同首轮志书合并阅读,才能形成合力。以中共十一届三中全会召开为起始的断限方式,即考虑到改革开放进程的完整性、系统性及续志的时代性、独立性。究其原因,因首轮志书受下限的制约,反映改革既不全面,很多应详实记载的内容也未充分展示,往往只能记述事物改革的开端,而无法体现事物的发展过程与结局,反映深层次的东西尤其欠缺。考虑到记述改革的完整性以及续志的独立性,这种适当上延的方式也未尝不可。但此种延展上限的方式,其弊病表现在与首轮志书内容记述上出现重复,重复内容的详略把握难以恰到好处。孰优孰劣,还有待历史的检验。续修《山东省志》的断限统一为 1986—2005 年,同时"各分志可根据实际情况衔接前志的下限"(《省志编纂通则》)。《烟草志》因首轮下限至1990 年,故按照《通则》要求,记述时段为 1991—2005 年。这 15 年,正是山东省烟草行业加大改革开放力度,加快科技进步步伐,行业持续、快速、健康发展的 15 年,改革是烟草行业发展的主线,《烟草志》采取了集中记述的方式,即单设了"机构改革与体制调整"篇,分设行政机构改革、烟叶复烤企业结构调整、卷烟工业企业结构调整、烟草工商管理体制改革等4章(11节),集中、全面地展示了15年间山东烟草行业改革发展的全面情况,使改革这一烟草行业发展的主线得到充分展示,层次清晰,内容详实,文字精炼。

除上述三点之外,《烟草志》还有许多值得称道之处,如结构严谨,彰显个性;资料详实,记述规范:图表丰富,运用合理等,还留待他人评说。

四、搜寻不足吹毛求疵,一家之言仅供商榷

志书的质量涉及到编纂过程中的各个环节,至最后付梓成书,必须环环相扣,认真把关。如若某一环节重视不够或把关不严,志书质量便出现瑕疵或遗憾。《烟草志》共用照片97幅:其中志首集束彩照8个页码、24幅,内文插黑白照73幅。照片的选择还比较精严,但排版却稍觉粗疏。如志首彩照每页3幅,版式统一性虽好,却略显单调之气。内文插照除9幅采用文图穿插排版外,余64幅均为占通栏版面,照片普遍占栏宽的3/4左右,居中排列,上图下文(说明文字),版式生硬呆板,缺乏美感,属粗放经营之类,缺版面美化之像。志书中照片的编排也是一门艺术,须美术编辑专门设计,才会使志书版面达到美观大方之效。版式编排虽属"小道",亦不可轻视之。当然,这一板子光打在修志人员身上也稍觉冤屈,出版社的责编还是应负主要责任的。

志无完志,要编纂一部佳志亦并非易事,从严要求,综合考量,《烟草志》其他方面亦存在些许可改进之处,行文统一上还稍有不严密的地方,如第25页记述了5户"种烟大户",在句式和标点运用上欠统一。如数字用法亦有欠规范之处,用浪纹连接的两个数字间,前后均应有量词,但志书行文中多处只保留了后边的量词,而省略了前一数字后的量词。还有个别"节"名与"目"名的重复现象,如第三篇第五章第四节的节名"名优产品",与第一目的名称相同,笔者以为似以首轮志书的标名更好一些,首轮第三篇第五章第四节名优产品,下辖优质产品、特色产品两目;二轮中的目题"名优产品"改为首轮中的目题"优质产品",即可避免节名与目名的重复。全志的目题统一加有序号一、二、三……此种做法不利于编制索引;若为续修《山东省志》的统一要求,则另当别论。作为一部省志,很难在最后编制全志的索引,所以各分志似应单独编制索引,以利于读者查检。《地方志书质量规定》中亦要求,索引"分类标准统一,名称概念清楚,提炼的标目符合主题原意,附缀正文页码准确"。首轮新方志编纂中,直到后期出版的志书才渐有索引制作,二轮续志现有《地方志书质量规定》出台;出台之前志书未做索引还说得过去,出台之后还未付梓的志书似应补上这一环。笔者仅见到《山东省志》中的一部分志,且该志于 2009 年 12 月印刷,似应补制索引。似其他分志皆无,或全志统一,不得而知。编制索引事虽繁杂,但决不会影响到整部《山东省志》体例的科学性、严谨性。前期已出版分志未编索引,后期分志增此一项,亦善莫大焉。吹毛求疵说此一堆,不外乎以《烟草志》为镜鉴,为后续出版的其余分志甚或其他省区市志书编纂起一点微小作用,亦不枉此文了。

五、是志做镜可资借鉴,几句赘语权作思考

山东是二轮续修省志进度较快的省份之一,而大部分省区市还处于初出书阶段,可以说在续修省志编纂方面,山东走在了前列。阅读完《烟草志》掩卷深思,比照山东《省志编纂通则》,似觉得是志还较完满,但仍觉欠缺什么。归纳起来,有几点思考与同仁探讨。

(一)续修省志如何承接前志。

作为续修的二轮省志,以续志体方式编纂,如何承接前志,是摆在续修省志面前的一大课题。仅就《烟草志》而言,从志首概述、篇首无题序,到 8 篇正文的记述,除文中只有极个别地方,如烟草品牌无法不突破上限而从创立时间记起之外,普遍从 1991 年记起,实实在在的成了一部断代志。这种编纂方式可称之为断代体续修省志的一种模式。但其缺陷较为明显。一是与地方志的定义"从自然到社会、从历史到现状的资料性著述"(地方志定义虽未能取得一致看法,但此种说法还是得到普遍认可,只是字面表述上还有待推敲而已)相背离,断代体志书只记现状(断限之内),不记历史(这个历史可长可短),完全脱离了志书定义的轨道,更像是年鉴(年鉴为一年一记,近几年编撰的市县级年鉴甚或三五年一记,断代体志书 20 年一记,差不了多少)而不像志书。二是断代体志书抛却了历史内容,只记现状,其志书的独立性受到严重质疑;读者要了解历史内容,非得查找首轮志书,这样二轮续志成了首轮志书的附属。就旧志而言,很少有依附于前志的续志;而二轮省志则完全依附于首轮省志,给读者带来极大的不便,志书的功用亦大受影响。三是断代体志书如何断代,从时间的跨度上讲,也有优劣之分。古人讲断代,普遍的是指朝代;今人修志讲断代,改为年代,一字之差,其涵义相去甚远。即使是某一朝代中的某一阶段年代,也有年代的标志性问题。即如二轮续修省志,或从中共十一届三中全会召开时的1978年或1979年断限(续志起迄时限),或从首轮省志下限之后的1986年断限,均为可行之策。从阅读《烟草志》考量,笔者以为还是前者的时代标志性更鲜明,故比1986年断限在反映改革进程方面要完满许多。改革是中国社会变革中的历史性事件,即使按"摸着石头过河",也有个完成的时间,既有完成,必有起始,就二轮省志讲,与首轮重叠时间也仅七八年而已(如首轮某些省志的分志下限延至20世纪90年代,也不过十多年),二轮续志断限向前探几年,既合情合理,又能完满体现改革的历史发展全过程,最起码在记述一个历史阶段上不留下遗憾。

(二)省志各分志中是否设"大事年表"的思考。

首轮《山东省志》共设84篇、87部分志(不包括序例目录和大事记),有35部分志在附录中设有大事记,其中称大事记的有9部,称大事年表的有26部:占到87部分志的41.4%。以《烟草志》为例,首轮《烟草志》设有"山东省烟草行业大事年表",用13100字的篇幅,记述了1903年—1990年共88年间山东烟草行业发生的165件大事。二轮续志编纂,按《省志编纂通则》各分志不单独设立大事记和人物传的要求,取消了"大事年表"。

方志始有大事记,始于宋代,到清代定型,志书中普遍得到运用。首轮新方志编纂继承了这一优良体例,三级志书中普遍设有大事记,省志尤不可或缺。在旧志体例中,大事记的作用是用一根时间的纵线将分散在志书中的大事要事贯穿起来,与志书中各分志的记事相"经纬",起到纲举目张的功用。章学诚说"方志撰记,以为一书之经",就是这个道理。在旧志人的眼中,大事记是全志之纲,统辖全志。首轮新方志编纂中,众多学者感到仅靠大事记统领全志仍有欠缺,进而达成普遍共识,创设全志之首的概述,来弥补大事记统领全书不足的弊病。概述篇以"面",大事记以"线",统领全志,纲举目张,两者相辅相成,经纬交织,使志书体例又发展到一个新的阶面。

按照省志是一部完整的志书来考虑,既然单列有大事记专篇,省志的其他分志中就不再另设大事记或大事编年。首轮省志编修中,各省区市级志书的编纂体例不尽相同,正如《山东省志》的做法,或有或无,并无一定之规,进而在志书体例上出现不甚一致的地方。二轮《山东省志》则在体例上达到统一,其《省志编纂通则》规定"各分志不单独设立大事记和人物传",使二轮续修省志在体例上达到规范和统一。

　　事物是一分为二的。就省志体例而言,并按旧通志的传统做法,分志中似不应再有大事编年。但从实际情况看,新志与旧志有很大不同:一是随着社会经济的发展,分工愈来愈细,志书应记的类目较前增长许多。二是旧志重人文而轻经济,新志重经济而轻人文(首轮省志尤其如此,二轮续志如何既重经济,又不轻人文,是又一论题,暂缓论述)。三是旧志篇幅较小,如 7 部旧山西通志最长的 500 余万字,最短的 100 万字,每部志平均不足 300 万字;新省志篇幅宏大,如首轮志书少者上千万字,多者八九千万字,每部志平均 5000 万字;新志的字数容量是旧志的十几倍。正由于新编省志卷帙宏大,读者很难阅读全志,可以毫不夸张地说,首轮新编《山西通志》至今无一人通览。每位读者也仅能阅览与自己相关或喜欢的某几部分志。从读者的角度考虑,浏览某部分志,如有大事编年,就可通过概述篇与大事编年,清晰地看到这一行业(或界别)的历史发展概貌,对某部分志有大致的了解。笔者原先对省志的分志立大事编年也持否定态度,近几年因撰写省志书评,着实细阅了首、二轮多部省志分志,感到分志中有无大事编年,其效果大不相同。现在笔者认为,分志中设大事编年确有必要。以首轮《烟草志》为例,若不设大事年表,烟草行业的历史发展脉络则无从查找,即使在省志的大事记中,烟草行业的大事仅能列十数条而已,替代不了大事编年所展示的历史发展脉络。吾意以为,因省志中已有大事记专篇,故分志中只能称之为大事编年或大事年表。大事编年的写法应与大事记专篇有所不同,即只能用编年体,不能用记事本末体。大事编年的文字一定要精炼,即粗线条勾勒某行业(或界别)历史发展的脉络,大事点到为止,均不可铺陈。新编二轮《山西省志·交通志·大事编年》用了 168页,占全志的 1260 页的 13.5%,写得过详,篇幅过大,有违分志大事编年的编写初衷。大事编年可灵活掌握,并非省志中的每部分志必有;但各部分志的大事编年名称要统一。如首轮《山东省志》分志中的名称不统一,容易造成体例的混乱。大事编年的位置,如首轮《山东省志》那样似放在志尾的附录中较好,此种做法可减低分志大事编年与全志大事记专篇在体例上相互抵梧的弊病。首轮《山西通志》分志的大事年表亦放在志尾的附录之中,做法与首轮《山东省志》相同,但二轮续志改为大事编年,单列于附录之前,很明显与整部省志的体例相悖。

（三）续修省志的篇幅控制。

此问题并非针对《烟草志》，而是通过是志与兄弟省区市志书的比较，感到控制二轮省志的篇幅也是需要重视的一个问题，借此机会列出与同仁探讨。

首轮志书编纂中，中指组曾对县、市级志书的篇幅有过规定，即县级志书控制在 60 万字以内，市级志书控制在 100 万字以内，但对省级志书没有具体规定。从实践看，县、市级志书普遍超出了规定要求。实践是检验真理的标准。中指组原先的规定似有些偏紧。首轮县级志书平均字数大约在 100 万字左右，市级志书平均大约在 200 万字以上，省级志书平均大约在 5000 万字左右。

就省志而言，二轮续志的篇幅多有膨胀之势。略举几例：

首轮《山东省志》84 卷，4000 万字；二轮设计为 78 卷，约 5000 万字（每卷控制在 30 万字~50 万字）。

首轮《上海市志》46 卷，1100 万字；二轮设计为 155 卷，约 1 亿字以上（每卷控制在 80 万字）。

首轮《江西省志》90 卷，8000 万字；二轮设计为 113 卷，约 9000 万字（每卷控制在 80 万字）。

首轮《山西通志》50 卷，5000 万字；二轮《山西省志》设计为 90 卷，没有总字数设计。现已出版 3 卷，除《人物志》为首轮补遗并只出第一册（清以前人物）外，《交通志》（公路水运部分）、《军事志》已明显扩容许多；如《交通志》首轮为 109.8 万字，二轮达 183.7 万字，超出 67%；首轮《军事志》72.3 万字，二轮达 154.9 万字，超出 1 倍有余。依此类推，均以超 50% 计，二轮《山西省志》总字数当在 8000 万字以上。

首轮《江苏省志》108 卷，8000 万字；二轮设计为 60 卷，3000 万字（每卷控制在 60 万字）。

上述 5 例，有 4 个省（市）均有增长或大幅增长，惟江苏一省压缩了篇幅。省志的部头与阅读群正好成反比，即部头愈大，阅读的人愈少。省志要想扩大阅读群，篇幅的瘦身是应议之题。

省志由各部分志合集而成，但它是一个整体，总体设计必不可少，当然篇幅规模亦应在总体框架设计之内，不能无限制地拉长篇幅。二轮续修省志普遍为续志体式的断代志，充其量也就是记述一行省内改革开放 30 年的发展进程,与首轮通纪体的省志相较,其时间要短许多,从历史的纵深感和时间的跨度讲,其容量均不应超过首轮省志的篇幅,当然如《上海市志》可称之为特例,即首轮过简,故二轮加详,虽为合情合理之变,但扩容为上亿字的市志,亦有过长之嫌。笔者认为,江苏省的做法值得称道。从现在的情况看,有些志人一味强调志书的资料性、存史价值,进而忽视志书的"经世致用"。省志巨大的篇幅,5000万字的志书就可摆满1米宽满满三层书架。看一眼就令人生畏,虽不是普通百姓阅读之书,但也不能成为束之高阁的象征产品。从"资治"的角度讲,各级领导人员绝无阅全志之人,若能把自己分管的行业(部门)类志书翻检一遍,已属不易,更遑论阅读全志了。省志的编纂是一项系统工程,其难度不可说不大,其资料特征有三:贵精、贵准、贵严。只有把好此三关,省志的质量才能跃上一个新的台阶。按目前情况,省志很难有广泛的读者群,而读者稀少,其"资治、存史、教化"之功能就很难达到。鉴于此,压缩二轮省志的篇幅亦应提上议事日程。在编纂二轮续志的同时,及时编纂省志缩编本,在二轮省志完成后一两年内即应有缩编本问世。在这方面,县、市级志书已有缩编本面世,扩大了志书的发行面和读者群,效果尤佳。省志缩编本如能问世,对宣传修志工作,扩大省志的读者面,普及方志知识以及资治、存史、教化诸方面,均有不可低估的价值。

(《中国地方志》2011年第11期)

把握时代脉搏　突显地域特色

——读《高安市志(1986~2006)》有感

庚寅初夏,收到了寄自锦河之畔的续修《高安市志(1986~2006)》。该志是中国地方志指导小组确定的全国第二轮修志试点单位(18 个)之一,国内及江西省、宜春市等众多专家学者审阅志稿,并经过了宜春市史志办公室的初审、全国第二轮修志试点单位(内蒙古)经验交流会的评审、宜春市史志办公室主持下的复审、宜春市志编委会委托专家的终审,四次审稿,使该志的编纂质量得到较大提高,堪称全国二轮续修市县志中的样板,尤值得后出志书学习、借鉴。潜心拜读,受启发之处颇多。现就是志的优长之处,略书一二。

一、篇目设置把握要领

二轮续修市县志书的篇目设置,吾以为其要点有四:一是要从断代志(通纪体志书另当别论)的角度出发,把握好与首轮志书在篇目上的衔接;二是要真实反映已经变化或正在发生变化的新情况、新事物,充分体现改革开放新的历史时期的时代特色;三是要深入了解地情、吃透地情,立足突出地方特点;四是要继承和发扬首轮志书篇目设置中的优长之处,遵循志书优良体例。

新编《高安市志》在篇目设计上的思路与我的思路不谋而合,且多给人以启迪之处。为了论述方便,先列出首、二轮志书篇目作一比较。首轮《高安县志》篇目,前设概述,内设建置、自然地理、人口、农业、畜牧渔业、林业、水利、工业、交通、邮电、城乡建设、商业、粮油、财政、金融、政党、政权、政协·群众团体、民政·劳动人事、公安、司法、军事、科技、教育、体育、文化、文物、医药卫生、社会、人物、大事记共二十八卷,后缀附录、编后。二轮《高安市志》篇目,前设总述、大事记,内设建置区划、自然环境、自然资源、人口、城乡建设、基础设施、经济体制改革、国民经济运行、农业、工业、商贸服务业、旅游业、金融业、经济综合管理、政治体制改革、中国共产党地方组织、人民代表大会、人民政府、人民政协、民主党派地方组织、社会团体、政法、军事、科学技术、教育、文化、医药卫生、体育、精神文明建设、社会生活、人物、乡镇、前志补遗共三十二卷,后缀附录、编后。从两轮志书篇目的比较,即可看出续志的成功之点。

(一)突出了改革开放新时期的时代特色

续修《高安市志》的断限为 1986—2006 年,记述 21 年间高安市全面实行改革开放的历史变化。如何记述改革开放、特别是在续志篇目中如何体现改革开放,在二轮续志编修之初争议较多,其观点大致有三:一为分散记述,一为集中记述,一为集中与分散相结合的方式记述。从现已出版的二轮续修市县志书看,采取集中与分散相结合的方式居多数。《高安市志》即采取“集中与分散相结合的方法记述体制改革”(《高安市志·凡例·5》)。该志的总体设计为以类系事、事以类从,以暗的形式将全书划分为自然、经济、政治、文化、社会五大部类。在经济部类之首,设置了“经济体制改革”卷;在政治部类之首,设置了“政治体制改革”卷;在科学技术、教育、文化、医药卫生、体育卷之首分别设立了“科技体制改革”、“教育体制改革”、“文化体制改革”、“医药卫生体制改革”、“体育体制改革”章,使改革这一续志记述时段的主旋律在篇目中得到充分反映。

与此同时,还多角度、多侧面反映时代特色,如增设了“精神文明建设”卷,“自然资源”卷;将“旅游业”升级为卷;在“工业”卷内增设“工业园区”章,“自然环境”卷内增设“环境保护章”,“社会生活”卷(首轮为“社会”)内增设“社会保障”、“社团管理”、“婚姻家庭”、“老龄事业”、“殡葬”等章。篇目设置紧贴时代,客观真实反映变化了的时代特征,时代气息十分浓郁。

(二)突出了城市志应有的地方特点

随着城镇化建设进程的加快,1993 年 12 月 8 日高安撤县设市。《高安市志》的编纂人员立足于变化了的地情,依照城市志的模式,精心设计篇目。由县改市,说明城市建设步伐的加快,并且有了立市的基础和城市功能的加强,因而将“城乡建设”卷由前志的第十卷移至第五卷,紧接在自然大类之后;增设了“基础设施”卷,分设供水、供电、交通、邮电通信 4 章,进而强化了城市基础设施记述的内容;将前志中分卷记述的农业、畜牧渔业、林业、水利等 4 卷,合并为“农业”卷(即“大农业”卷);增设了“乡镇”卷。

在反映地方特色上,《高安市志》在不同的卷中分别增设了诸多章节,在篇目上得以体现。在“商贸服务业旅游业”卷下设“民间汽车运输业”章,下设民营车辆与队伍、运输企业与汽运城、货运信息与货配、运输管理与服务、汽车维修与管理等5章,对高安"万辆汽车跑全国,十万大军搞运输"的新兴农村产业群进行了详实的记载。在"工业"卷设"建筑陶瓷工业"章(前志为节),对高安作为全市五大支柱产业之一的建筑陶瓷业的快速发展壮大情况做了全面记述。在"文化"卷设"高安采茶戏"章(前志为节),下设剧种形式与发展、音乐与表演特色、演出团体、演出活动、演员培训、演出场所等6节,对这一非物质文化遗产进行了比较充分的展示。《高安市志》在反映地方特点上,采用了适度的升格法,仅限于章、节之上,相对于将地方特点升格为卷的志书,其篇目的科学性要略胜一筹。志书反映地方特点,二轮志书普遍得到重视,这是一个好的现象,改变了千志一面的弊端。但升格亦只是相对而言,过分强调升格或升格过度,亦会破坏志书篇目体例的整体性、严谨性、科学性。

(三)篇目体例更显科学合理

仅从篇目看,是志在遵循志书体例上下足了功夫,篇目体例更显科学合理。

1. 增加了综合类的卷目,使志书的整体性、综合性、科学性得到加强。在经济部类之首,增设了"国民经济运行"卷,内设经济发展与计划执行、产业结构调整、所有制结构调整、城乡结构调整、横向联合与招商引资、经济发展比较等6章(共19节),高屋建瓴地展示了高安市的宏观经济发展态势。在经济部类之末,设置了"经济综合管理"卷,内设计划管理、财政管理、税务管理、统计管理、工商行政管理、审计监督、物价管理、质量技术监督、安全生产监督管理等9章(共41节),将经济管理内容综合成卷,集中记述,亦体现出志书篇目的整体性、宏观性与科学性。与此同时,在大卷之下又分列综合章,如"工业"卷下设"工业综合"章,"农业"卷下设"农业综合"章,亦使经济类中的两大产业(农业、工业)的宏观记述得到加强。从整个经济部类看,前后两大卷遥相呼应,展现宏观经济之全貌;工业、农业两卷再设"综合"章,展现中观之梗概,宏观与中观相结合,体现出志书浓烈的时代特征和鲜明的地方特色,使经济部类在志书中地位突出,熠熠生辉。地方志重记当代,这也与时代的主旋律"以经济建设为中心"相契合。

"国民经济运行"卷,实为首轮志书中"经济综述"卷的变种,正由于标目名称的不同,其记述角度亦有所不同,但其共同点是一致的,即为增强志书经济部类的宏观记述。"经济综述"卷可称之为首轮志书编纂在志书体例上的一种创新,虽得到志界同仁的广泛认同,但因其难度较大,实践者为数较少。据笔者粗略统计,首轮山西省内的市县级志书正式出版 126 部,其中设置"经济综述"卷的仅有 38 部、占 29.4%,未设的 88 部、占 70.6%,即设置"经济综述"卷的不足 1/3。在改革开放已进行 30 年后的今天,各地都非常重视地方经济、区域经济的发展变化,并将地方经济融入到全省、全国以及全世界的大经济中,进而找准本地经济发展的定位,总结历史经验教训,促进地方经济健康、快速发展。作为记述一地域内从自然到社会、从历史到现状的志书,记述宏观经济必不可少,缺此卷目则志书质量大受影响。笔者以为,志书中设"经济综述"卷,既是首轮志书在体例上的创新,又是二轮志书不可或缺的宏观卷目,惟有此卷才能反映出一地经济发展的宏观全貌,《高安市志》的做法尤值得大力提倡。旧方志重人文而轻经济,首轮新方志一改其貌,既重经济又重人文,虽有部分志书为突出经济类目记述,使经济类篇幅占全志的比例较大,似有矫枉过正之嫌,但此与增加"经济综述"卷没有直接关系。以续修《高安市志》为例,志书中虽增设了"国民经济运行"卷、"经济综合管理"卷,以及"工业"、"农业"卷下增设"综合"章,并没有使经济类篇幅有所膨胀。据笔者粗略统计,首轮《高安县志》共 580 页,从多到少排列,依次为经济部类 162 页、占 28%,文化与社会部类 142 页、占 24.5%,政治部类 78 页、13.5%,自然部类 58 页、占 10%,大事记 36 页、占 6.2%,卷首页(包括卷尾编后记、版权页)30 页、占 5%,人物 24 页、占 4.1%,附录 24 页、占 4.1%,彩图 20 页、占 3.5%。

二轮《高安市志》共 1316 页,依次为经济 332 页、占 25.3%,文化与社会 264 页、占 20%,政治 216 页、占 16.4%,自然与基础设施 138 页、占 10.5%,人物 134 页、占 10.2%,乡镇与补遗 72 页、占 5.5%,附录 53 页、占 4%,彩图 40 页、占 3%,卷首(包括卷尾编后、名单)30 页、占 2.3%,大事记 20 页、占 1.5%。

首、二轮志书相较,二轮续志经济部类所占篇幅不仅没有增加,反而有所减少,降低近 3 个百分点,占全志总页码数的 1/4 稍强,并不因经济部类增加了卷目而篇幅陡增。由此可见,志书中各部类所占篇幅的多寡,修志人员是完全可以控制的。增加"经济综述"卷,是续志提高经济层面宏观记述的重要卷目,既是继承首轮修志经验,又是完善续志整体性、宏观性、科学性的重要保证。

2. 大事记的合理前置,恢复了其统辖全志的功能,可称之为拨乱反正之举。首轮《高安县志》将大事记放在了最末一卷,此类情况在首轮修志中可称之为多见现象。如首轮山西省的126部市县志书中,列有大事记的有123部(3部未列),将大事记移至志书尾部的达70部、占57%,放在概述篇之后、正志之前的仅53部、占43%,大事记后置占到多数。造成这种情况的原因大致有两点,一是编者认为全志之首增设了概述篇,便以此认为概述篇是全志之纲,替代了大事记统率全志的功能,故而将大事记后置。二是对志书体例中设大事记的初衷不甚了解,只认为大事记仅起志书的检索功能。前者是认识上出现偏差造成的,而后者则是对志书原有体例即大事记的功能、地位、作用没有理解造成的。实则,两者均对大事记认识不足或不清而违了志书体例之规。方志由地志、图经发展演变而来,至宋代始定型,清代方志编纂达到封建时代的顶峰,方志体例日臻完备。社会主义新方志编纂,是在继承历代方志体例的基础上创立的。就方志体例而言,继承多于创新,表现出方志体例的创新其难度之大。从另一角度讲,完全脱离开地方志原有优良体例而一味强调创新,则有可能使新编方志脱离方志体例之轨,编出的志书也就不可能成为地方志书,反而成为历史的笑柄。首轮新方志编纂,就概述篇的创设,亦经过激烈的争论与交锋,经实践的检验才得到普遍认可。首轮新方志体例的创新,概述篇的创设首屈一指。通俗地讲,即概述篇以"面",大事记以"线",面线结合,双管齐下,经纬交织,提纲挈领,统领全志,两者合力共同承担全志之纲的重任,使新编志书在体例结构上又上升到一个新的层面。大事记后置,则破坏了新方志的严谨性、科学性,把大事记放到了末等的地位,实属新方志在体例上的一大诟病。续修《高安市志》将大事记前移,恢复到它应占的位置,可谓正本清源、拨乱反正之举。因首轮市县志书多数(仅以山西为例)将大事记后移,确有议论之必要,故多言几句,旨在二轮续志中不再出现此类篇目体例上的缺陷。一家之言,还望众方家指教。

二、白璧稍有微瑕,可供他志借鉴

续修《高安市志(1986～2006)》作为全国二轮修志试点单位,创新和成功之处颇多,笔者略评的几点,也仅就本人的感想而发。就整部志书而言,在全国二轮续志特别是市县志书编纂中,确可起到示范之功效。但亦无庸讳言,就范本而言,更应从严从细要求。依笔者管见,似乎还存在些微瑕疵和可商榷之处。冒昧点出些许,与志界同仁探讨。

(一)《凡例》与志文内容还有不合之处,就志书的科学性、严谨性而言,还稍显不足。经笔者核对,似有两处不确。《凡例》第6条言明:"简介人物和人物名录的选录标准与排列顺序,于章首无题小序中说明。"但实际情况并非如此。如"卷三十人物·第二章人物简介"的无题小序中,只言明"目"的排列顺序,而未言明具体人物的排列顺序;具体人物的排列顺序分别列在各个目题的括注之中。如第二章第一节的其中4个目为"以任职时间为序",1个目"以姓氏笔画为序",1个目"以牺牲时间为序";第二节的其中2个目"以姓氏笔画为序";第三节的其中3个目"以任职时间为序",1个目"以生年为序"。"第三章人物名录"的无题小序中,也未言明排列顺序,亦是出现在目题的括注之中,如第一节中有2个目为"以出席次别为序",1个目"以出席界别为序";1个目"以当选界别为序";第二节中有2个目"分单位以职称评定时间为序";第三节中有1个目"以参加革命时间为序",1个目"以姓氏笔画为序";第四、五、六节中各有1个目"以任职先后为序";第七节有中1个目"以上缴税金数额为序";第八节中有3个"目""以姓氏笔画为序"。"第四章先进个人与先进集体"的无题小序亦如此,如第一、二节中各有1个目"以获奖年代为序"。

《凡例》第9条言明:"纪年方法,中华人民共和国成立前(简写为新中国成立前),用历史纪年,括注公元纪年;中华人民共和国成立后(简写为新中国成立后),用公元纪年。"《凡例》之规定,统摄全书,行文中都应以此为准绳。经笔者粗粗翻检,发现纪年不一致的地方有多处未能统一到《凡例》所要求的体例上来。如"卷二十五文化·第十一章社科编研·第三节编著书目"中,民国纪年有13处直接用公元纪年标注;"卷十九民主党派地方组织"中,民国纪年有3处直接用公元纪年;"卷三十人物·第一章人物传·第二章人物简介"中,更有多达227处的民国纪年直接用公元纪年标注。"卷三十二前志补遗"中,有14处民国纪年直接用公元纪年标注。其他零星的纪年表述与《凡例》不一致的还有几处。

(二)目录与志书正文标题不一致的有1处。如"卷十一商贸服务业旅游业·第六章其他服务业"中的第七节"目录"内标为"文印书刊出租",而正文内的节题则标为"文印 书刊 出租";细观文内,列为"打字复印"、"书刊出租"2个目;很明显,正文中的节名标题"书刊出租"之间多了一个空格,给人的直观印象成为"文印"、"书刊"、"出租"三项内容。此处因多了一个空格而出现与目录不一致的差误。

(三)行文中有"缺苗断垅"的现象。"卷二十九社会生活·第一章居民收入与消费"的无题小序文尾处,有"但城乡居民生活"之后,再无下文,出现了不应有的"缺苗断垅"现象。是删节中未删尽之故,还是缺漏了应补之文? 笔者一头雾水,不得而知。是送我的书中仅有的现象,还是其他书中亦是如此? 若为后者,则为书籍出版中的大忌。仅此半句话,即让人对整部志书的质量产生诸多疑虑。如此硬伤,本不应在志书中出现。笔者见识虽浅,但就阅读过的三百余部志书中,还是第一次发现如此差误。

(四)行文中还有相互抵牾的现象。如"卷一建置区划·第三章行政区划"的无题小序中,言明"2006年,全市共设18个镇、2个乡、2个街道、1个垦殖场、1个风景名胜区",而第一节乡镇(街道、景区、场、库)文内则表述为"6个区、场、库:华林山风景名胜区、大城开发区、相城垦殖场、园艺场、上游水库、矿山水库"(见第34页正5行文)。同为2006年的区划记述,前为1场1区,后为2区2库,孰对孰错,让人摸不着头脑。

"卷一建置区划·第二章区位面积·第三节勘界","高樟边界线"目中有"樟树市义成、湛溪、刘公庙、经楼、张家山4乡镇"语,文中点了5个乡镇名称,合计数额却为"4乡镇",是多列了1个乡镇名称,还是合计数额错了? 经细读目内的内容,方知是合计数额错了,"4乡镇"应为"5乡镇"。

在志书中,还有个别错别字,如《序一》中"添列全国第二轮修志试点单位","添列"显误,应为"忝列"。忝列,为旧时谦词;汉语中无"添列"一词。依文义,"忝列"确。错别字可称之为出版物中的痼疾,实难消除干净。但达到国家新闻出版局的差误要求比率,则是志书必须做到的。《高安市志》的差误率明显低于这个标准,无疑是合格的、优秀的。但在志首部分出现差误,则属把关不严所致。志首部分的序、凡例、目录、概述等内容,是不应出现差误的。因为它们是志书的"脸面",藏不得"污"、纳不得"垢",凡读志书之人,可说人人必读,这等地方出现差误,犹如自己往自己脸上抹黑,令人哭笑不得。所以,如何把好志首部分的文字关,千万轻视不得。

(五)对"述"体的再认识。在首轮新方志编纂中,述体文字大体分为三个层次,一是全志之首的概述,二是各卷(编)之首的无题小序,三是卷编之下各章或节前的无题小序。三个层次的述体文字,其功用各不相同。其一,志首之概述,为首轮新方志创设的新体裁,可谓志书编纂在体例上的创新,在首轮志书编纂的前期尚有争议,到后期则被志界普遍认可;只是在写法上存在差异,尚有待几轮修志实践中加以完善而已。《高安市志》在志首设有"总述",亦继承了首轮修志的优良体例。以笔者愚见,其"总述"有两点值得商榷。一是"总述"名称,还是称"概述"为好。笔者在拙著《新方志'概述'点评》一书中,引用了全国31个省市区的150篇市县级志书"概述"。就"概述"名称而言,极不统一,叫法多样。但有一点却是肯定的,称"概述"的111部,占74%,占到多数;称"总述"的31部,占20%;其他名称的9部,占6%。志书中标题名称特别是具有共性的一级标题名称,应该有一个统一的标准。志书中的"述"体,分为两级,其一为全志之首的"概述"篇,其二为各分卷(包括章、节)之下的"无题小序",名称以此为准为好。如把无题小序升为概述,概述又升为总述,自己先乱了阵脚。卷名标题名称的统一,可使志书达到规范化。在卷名标题上再多言两句,三级志书中卷名标题不统一的还见多处,如"精神文明建设"卷的名称,在笔者所阅的三级志书中就有:群众性社会主义精神文明建设、社会主义精神文明建设、精神文明建设、精神文明创建、文明创建活动、文明创建等;如"军事"卷的名称,在二轮三级志书中有:军事、人民武装、武装等;如"经济棕述"卷的名称有:经济综述、经济综貌、经济总貌、经济总况、经济总情、国民经济、国民经济运行等。卷目名称混乱,各志自行其是,随心所欲,其弊端较多:一是对志书的规范化不利,二是影响到志书的科学性、严谨性,三是引起读者对志书的不信任感。具有共性及普遍性的卷名标题,还是尽量统一为好。就以上述三例而言,笔者以为,按照卷名标题精练、准确的要求,"精神文明建设"卷、"军事"卷的标题不改为好;"经济综述"卷的名称得到多数志书的首肯和应用,还是不动为佳。

三、由《高安市志》引发的思考

2008年9月16日,中国地方志指导小组颁布了《地方志书质量规定》(以下简称《规定》)。该《规定》几上几下,经全国志界专家多次评审,凝聚了全国志人的集体智慧,对三级志书的编纂质量,有了一个全国统一的评判标准。但凡新编志书,都应以此《规定》为准绳,不能越雷池半步;只有严格执行《规定》,才能确保新编志书的质量,并使志书质量得到大力提升。

续修《高安市志(1986～2006)》确是一部质量较高的良作佳志。但因其是中指组确定的二轮修志中全国 18 个试点单位之一,是引领二轮续志的示范样本,对其质量更应是高标准、严要求。比照《规定》,《高安市志》似有不足之处。

(一)《规定》第四十六条言明,"封面书名采用印刷体,不用个人题签"。而该志却用了手写体,不符合《规定》的要求。已出版的二轮市县续志中,封面书名用手写体的亦并非仅《高安市志》一家。此种陋习是从首轮志书遗传而沿袭下来,各级志书主编自行其是,亦是对《规定》学习、贯彻落实不够而造成的。当然,这一板子光打在志书主编(或相关领导)身上还不够,出版社亦应负一定的责任。

《规定》第四十一条言明,"数字、量和单位、标点符号的使用规范、统一,符合国家有关规定的标准"。延伸开来,"国家有关规定",即指国家技术监督局 1995 年 12 月 13 日批准、1996 年 6 月 1 日颁布实施的《出版物上数字用法的规定》和《标点符号用法》。"使用规范、统一",即指一本志书中既要规范、又要统一,不能随意乱用。《高安市志》在这一问题上还稍有差距。如年份间连接号的使用比较随意,或用"～"浪纹,或用"—"一字距,有时同一页码内两种混用。年份间连接号的正确用法,应为"—"即一字距连接号,《标点符号用法》"4.13 连接号"中即有示例,"4.13.3a)鲁迅(1881—1936)",有明确标示。

连接号使用差误,在已出版的首轮和二轮志书中普遍存在,可称之为志书编纂中最容易被人忽视的"小问题",几乎成为通病。尤其值得注意的是,中指组要求二轮续志是断代志的,要在封面括注标明志书的起止年份(如《高安市志(1986～2006)》),"～"这一差误赫然出现在志书的封面上。

(二)在数字间连接的使用上,该志也存在不规范、不统一的现象。正确的用法,《出版物上数字用法的规定》和《标点符号用法》上均有示例,如前者出现在"6 物理量……示例:100kg～150kg(100 千克～150 千克)……外形尺寸是 40mm×200mm×300mm(400 毫米×200 毫米×300 毫米)","8 多位整数与小数 8.6 阿拉伯数字书写的数值在表示数值的范围时,使用浪纹式连接号"～"。示例:"150 千米～200 千米,−36℃～−8℃,2500 元～3000 元";后者出现在"4.13.3c)……亩产 1000 公斤～1500 公斤"。即阿拉伯数字书写的数值在表示数值的范围时,使用浪纹式连接号"～",同时前后阿拉伯数值均要加量词。该志在表示数值的范围时,前一位的数值有时加量词,有时不加,未按《规定》要求表述。标点符号与数值量词虽为"小道",有些人看它不起;亦有人觉得似有吹毛求疵之嫌。实则,志书的质量是个大系统,标点符号与数值量词亦在其中,读者仅从标点符号的规范、统一上,即可看出一部志书的科学性、严谨性。虽属"小道",却一点马虎不得。

拉里拉杂说这么多,不外乎一个目的,即把我们编出的志书在质量上提高到一个新的水平。解决此类问题,其实并不难,只要派一名甚或二名编辑把即将出版的志稿,核对《规定》的要求,从头至尾细细过一遍,完全可以做到全志书在标点符号、数字用法上的规范、统一。我也真心期待,在我们这一代人编纂出版的志书中,不再出现这样的小毛病。认真学习《规定》,对照落实《规定》的要求,志书质量何愁提不高呢!

《规定》是三级志书的通则,亦是确保志书质量的法则。学习、贯彻、落实《规定》,是各级修志人员应晓之义。没有规矩,不成方圆。《规定》自颁布实施的近两年中,新出版的志书仍时有违反《规定》中的要求。如《规定》要求"照片无广告色彩",实则明确阐明三级志书中不能刊载广告,而有少数志书仍刊载彩版广告内容;《规定》要求,"除人物传、人物简介外,无个人标准像",而在有的志书中仍载有地方领导、编纂人员的标准像。《规定》要求"引文和重要资料注明出处",仍有少数志书在《凡例》中明确标明"资料一般不注明出处",此处的"一般"并非一般,而是普遍不注明资料出处;《规定》对志书中设"人物简介"给予充分肯定,并明确"人物简介"的写法,而少数人在地方志刊物上仍发表反对意见;……笔者以为,诸多违反《规定》的做法,并非有意为之,而是未认真学习、落实《规定》的内容所致。

突破园囿　勇于创新

——《太原市南郊区志》创新五议

社会主义新方志的编纂迄今已逾 15 个年头,到目前已有千余部县(区)志问世。《太原市南郊区志》(以下简称《太南志》)以其内容与形式的完美结合,跻身于新方志之林。该志编纂者锐意进取、勇于开拓的精神,深得志界推崇。笔者多次拜读这部巨著,为其诸多创新之处所折服。现归纳几点,求教于志界同仁。

一、独树一帜的概说

新志书卷首设概述,是社会主义新方志在体例上的创新。经过众多方志工作者的编写实践,概述园地里呈现出百花齐放的喜人景象。由于修志工作者对概述的内容、体例、写法有不同的认识,概述的名称亦多种多样,有总述、前言、引言、概况、概貌、县情通览、县情概述、县史述略、县史述要、综说、综述、县况、县貌等。概述的写作类型也分为浓缩式、史纲式、专论式等多种。概述的长短也不一,长者可达 2 万余字,短者仅千余字。概述的撰写出现如此异彩纷呈的局面,为新方志学理论研究提供了丰富的素材。

《太南志》的概说,不落俗套,在新方志概述园地中独树一帜,创意之新非同凡响。主要特色有三:

(一)文照结合,领异标新

志首编排彩照与概述,在新方志编纂中几成定例,二者自立门户,配合问题始终未能尽如人意。《太南志》的编者以全新的角度,将概说文字与彩照有机地结合起来,二者形成合力,文与照的能量得到最大限度的发挥。《太南志》概说共用了 14 个对开页码,计 28 个页码(16 开),文字 5700 余字,居左版的左侧(仅有一页居于左版右侧);照片 98 幅(彩照 91,黑白 7),排在左版的右半部分及右版的全部。概说文照结合,二者相辅相成,互为深化,融为一体,形象直观,文约事丰,增强了志书的可读性与可信性。概说文照结合,既有继承古"图经"的痕迹,又是创新新"图经"的雏形。新方志概述采用文照结合形式,首起于浙江《青田县志》,该志前设概貌,以图照为主,文字说明辅之。随后河南《浙川县志·概况》亦采用文照结合形式,以文字概述为主,图照辅之。上述两部志书均是考虑到一幅(或一组)图照与文字相对应,不同点在于只是一侧重于图,一侧重于文。《太南志·概说》在文照结合上又开创出新的体例与模式,二者既相互配合,同时又有相对独立性,为新方志概述的撰写形式与格局创造出新鲜的经验。

(二)撷特撮要,别具一格

《太南志·概说》全文 5700 余字,字数适中,撷特撮要,别具一格,是编纂者对南郊的历史和现状作了全面具体的了解,并在掌握了全局性资料的基础上去伪存真,透过现象抓住本质的表现。读者在这不长的文字中,就可提纲挈领地把握和认识南郊的地域特色。

《太南志·概说》共设 18 个自然段,分为三大部分。第一部分从第 1 自然段至第 6 自然段,用 2500 字的篇幅,展现南郊都会之区、人才济济、光荣传统、钟灵毓秀四大特色。第二部分从第 7 自然段至第 17 自然段,约 2700 字,展现南郊经济建设和社会发展之况,分别以农业、工业、交通邮电、城乡建设、人民生活、商品流通、教育、科技、文化、医药卫生、体育等诸方面,记述今昔之巨变。第三部分为最后一个自然段,约 450 字,深刻揭示南郊发展振兴的优势和不足,并以展望作结。志属信史。志书的科学性首先表现在所记是实事求是的,作为志首的概述尤应如此。《太南志》的编者没有回避矛盾,在列出今日南郊诸多优势的同时,又指出,"然而,南郊在前进的道路上,亦有不可回避的矛盾和不利因素:人口骤增,耕地锐减;流动资金短缺,经济发展受到制约;各种专业人才缺乏,劳动力素质差,不适应经济发展的客观需要;行政机构臃肿,有腐败现象。"从而使读者对区情有了全盘了解。尽管言辞不多,却切中要害。随后提出变革之良策,并以"南郊区必将以崭新的面貌崛起于汾水之畔、三晋大地。古晋阳之地将再放异彩"作结。该部分字数极少,却是全文之精华所在,编者以雄才策论,寥寥数语,笔锋矫健,字字千钧,大有振聋发聩之声。

(三)文辞俊美,引人入胜

《太南志·概说》之所以能写得如此成功,一是得力于作者对地情的深入

了解,二是得力于作者对南郊的真挚情怀,三是得力于作者扎实的语言文字功
夫。该志概说声情并茂,具有极强的艺术感染力。统观全篇,精炼之句手到拈
来。如写地貌,寥寥40余字,将南郊地貌交待得一清二楚,真可谓惜墨如金。
如写建置沿革,仿佛把读者带回到雄壮的历史画面之中,回肠荡气,静动结合,
读起来身临其境,如闻其声。如写南郊的文物古迹以及历代人才,读之抑扬顿
挫,铿锵悦耳,掷地有声。如记南郊物产,更是如数家珍,娓娓道来,爱乡之情
溢于言表。

　　方志的可读性只能从语言准确性及其韵味、节奏来增强文章的感染力。
《太南志·概说》作者点睛之笔运用纯熟,而这"点睛之笔"多用在段落的起首
句上,有的是对现成格言的巧妙引用,更多的则是作者对语言的精心锤炼。正
由于段落起首句的妙用,既照应了段落的连接与过渡,避免了松散现象的出
现,同时又节约了笔墨,收到了精炼之效。

二、光彩夺目的文物

　　太原市南郊区为古晋阳所在地,历史文化悠久,文物古迹众多,其中尤数
晋祠最为突出。就山西全省而言,某一县(区)能有如此宏富的文物古迹遗
存,还未有出其右者。这也是南郊区地方特色最显著之处。该志作者牢牢地
把握这一特有事物,从编纂实际出发,多角度、全方位地记叙了文物古迹,尤其
是加强了对晋祠的记叙,从而突出了地方特点。

　　(一)"概说"文照结合展风彩

　　《太南志》在卷首的"概说"中,以其饱含激情之笔,精炼概括地记叙了境
内文物古迹之精华:"南郊自古为都会之区,文物古迹以其历史悠久,荟萃丰
富而声弥中外。'三晋之胜,以晋阳为最,而晋阳之胜,全在晋祠',圣母殿、献
殿、鱼沼飞梁'三大国宝建筑'在中国乃至世界建筑史上占有重要地位;宋塑
侍女像、齐年柏、难老泉'三绝'令中外游人叹为观止;《晋祠之铭并序》、《华严
经石刻》、《柏月山房记》'三大名刻'使古往今来之文人墨客留连忘返。祠内
碧水萦绕,古木参天,殿宇堂皇,真乃'虽天上之清都,海上之蓬瀛,亦难胜此
也'。还有堪与敦煌媲美的天龙山石窟,现存国内最大的石灯北齐童子寺燃
灯塔,国内罕见的龙山道教石窟,世界上最早的大型石刻佛像蒙山大佛,造型
别致的开化寺连理塔,太原市的标志永祚寺双塔更为之锦上添花。"用300余
字,就将境内文物古迹之精华一一展现出来,让人莫不有羡慕与眷恋之感。同

时,还配发了33幅文物古迹照片(其中彩照27幅,黑白照5幅)。在概说的彩照版中,文物古迹照片占到总数的33.6%,即三分之一还强。照片与文字相互印证,相得益彰,文物古迹在志书的概说中取得了先声夺人的气势。

(二)文物卷集中记叙显主体

文物古迹是新志书中不可或缺的主要记叙事物之一,但由于各地区文物古迹遗存多寡的不同,文物古迹在志书中的位置也不尽相同。在篇目设置上,或立专志,居于第一层次;或列于文化志之中,居于第二层次。为突出地方特点,《太南志》设置《文物》卷,以翔实丰富的资料,浓墨重彩地反映该地域文物古迹众多这一特点。卷二十三《文物》分设4章、18节,第一章"晋祠",第二章"历史文物",第三章"革命文物",第四章"文物保护"。"晋祠"章属二级升格,即从"历史文物"章中由"节"的位置升格为"章"的位置,并置于第一章,体现出晋祠是文物古迹中重中之重这一特色。同时,这也是整部志书中唯一的一次"升格"。志书文中插图及照片共43幅(不包括每卷的卷首照片),"文物"卷即用了12幅,占到全志总数的27.7%。仅此一点,即可看到编者对"文物"卷的偏爱及重视。"文物"卷中还附有"晋祠文物区图"、"太原市南郊区文物分布图"等,从而增强了志书的存史价值和实用价值。"文物保护"历来是"文物"卷(志)中记叙的薄弱环节,在某些新志书中,要么过简,要么全无。对"文物保护"记述不够,是新方志"文物"卷(志)存在的较普遍的现象。而《太南志》的"文物保护"章则写得有声有色,尤令人称道。如在"文化大革命"期间,红卫兵破四旧毁坏文物,"得晋水之益的临近村庄组织民兵,昼夜守护,使晋祠古迹安然无恙"。乡民爱乡爱土之情,充溢字里行间,令人肃然起敬。在"历史文物"章"古建筑"节下,还配发了"晋源城南门外宝华阁"的珍贵照片。该阁于"文化大革命"末期被人拆毁,确实令人痛惜。立此存照,既保留了珍贵历史资料,又可警戒后人增强对文物古迹的保护意识。只可惜的是,志书中只发了照片,而文中未说明情况,实为遗憾。卷末还附有《天龙山石佛头》一文,该文详细记叙了天龙山石佛头被破坏、盗卖以及日本"文贼"和"浪人"、侵华日军破坏掠夺我国珍贵历史文物,朝鲜人民把石佛头送还给了我国政府的历史事实,既体现出中朝两国人民兄弟般的友谊,又是侵华日军破坏掠夺我国珍贵文物的铁证。从此文的辑录,也可看出编者对资料价值的认识和重视非同凡响。

"文物"卷层次清晰,条理分明,笔法洗练,文采飞扬,实为全志中的精彩章节。既能引起南郊人的自豪感,又令中外游人心往神驰。

（三）诸卷次多种角度彰特色

红花还要绿叶扶。反映某一地方特色的专篇,因其容量有限,只能记述事物的主体,其枝叶必须在其它卷中体现。《太南志》除专卷记述文物外,还在其它卷次中多角度地昭彰境域内文物古迹的地方特色。志书封面编排了"晋祠南老泉"彩色照片,封底为"晋祠稻田"彩色照片,展现出晋祠的文物景观和自然景观,起到印证特点、活跃版面的作用。"文化"卷"民间文学"章"民间传说"节下,选录了与晋祠、天龙山文物古迹有关的 19 则民间传说,占到民间传说总数（共 23 则）的 82.6%。"艺文"卷中辑录的有诗词,有散文,有碑碣,其中绝大部分均与境内文物古迹有关,将自然景观与人文景观熔为一炉,二者相得益彰。"附录"卷"文献辑存"目下,收录了民国二十一年（1932）《天龙山古迹古物保存规则》,则客观上起到了保护文物古迹的作用。"大事记"卷中,涉及文物古迹的条目达 50 余条,占到条目总数的 6.6%。该志的诸多卷次中均有涉及文物古迹的记述,从而增加了文物记述的含量,进一步突出了这一地方特色。

三、别出心裁的小序

新方志编纂发展到今日,志首设置概述,虽名称与写法各不相同,但认识已趋一致,形成通例。但卷（编、篇）首设小序,却为数极少。象《太南志》这样,每卷均设无题小序,则可称得上是凤毛麟角了。该志共设 31 卷,"大事记"与"附录"均入正卷之中,每卷卷首均设无题序,且形式严谨规范,内容因事制宜,文笔精炼简约,在新方志中独创新例。

（一）形式——严谨规范

据笔者所知,新编志书中在卷（编、篇）前设小序者,仅有少数几家,如山西《曲沃县志》,全志设 25 编,每编前面均设无题小序,多者如"工业"编序文630 余字,少者如"金融"编序文不足 200 字,大事记、附录列于正编之后,未设小序。湖北《随州志》,有 26 卷设命题"概述",部分章、节设无题小序。陕西《岚皋县志》,全志设 30 部分志（含大事记、附记、附录）,有 29 部分志前设小序;部分章或节前亦设小序;文字最长者 1200 余字,最短者不足 200 字。由此可见,卷首的无题小序,其撰写具有相当难度,故出现或有或无、或长或短的状况。《太南志》的编纂者知难而上,在每卷卷首均设无题小序,文字均在400字左右;其卷首页的版面编排也整齐划一,上部为加双线框的大幅黑白照片,左下部为卷次及卷名标题,右下部为无题小序,文排楷体区别于正文。小序编排极为严谨规范。编纂者别出心裁的创意,令人耳目一新。

(二)内容——因事制宜

卷首小序的功用,不外乎提纲挈领地浓缩该卷的精华,概略地展现该卷的轮廓,简练地勾勒出该卷的地方特点,使读者从中掌握和了解该卷之大要。但由于各卷所载的内容不同,所占有的资料各异,其谋篇布局与撰写角度亦各不相同。《太南志》卷首小序的内容,因事制宜,其写法多种多样,从而使小序的功能淋漓尽致地发挥出来。一是展示全貌。此为小序最基本的功能。该志的大部分小序文字都起到了这种作用,其中以"建置"、"自然环境"、"农业"、"人物"、"附录"等卷较为突出。二是纵述史实。即概括性地追述事物的发展变化,使读者对该事物的历史轮廓有个大致了解,从而更清晰地了解事物的现状。其中以"大事记"、"人口"、"工业"、"军事"、"文物"等卷较为侧重。三是突出特点。即用点睛之笔,体现该事物的地域特点。该志的许多小序皆有此种功用,其中以"水利"、"乡镇企业"、"交通邮电"、"教育"等卷更为显明。四是综合对比。以简约之笔揭示该事物旧中国与新中国的本质区别,或是通过一事物改革前后的对比揭示出改革的必要性。其中以"城乡建设"、"商业贸易"(前为改革前后对比,后为旧社会与新中国的本质区别)、"民政"、"司法"、"医药卫生"等卷有所侧重。五是彰明得失。通过事物的发展记述,阐明事物在发展过程中出现的利与弊、优与劣、得与失。其中以"经济管理"、"民情风俗"等卷较为鲜明。

上述五种写作形式(或曰功用),是为叙述方便才分开来讲的,然而在实际记述里,每篇小序的功能并非如此单一,只不过侧重点有所不同而已。以"大事记"卷的小序为例,文中既展示该卷的全貌,又纵述首条大事前的史实,同时还突出其记述的特点,三种功能兼而有之。在31篇小序中,几乎每篇均为混用式,只是多寡不同而已。

(三)文笔——精炼简约

精炼简约是文章的生命力所在。作长文易而作短文难,要用极短的语言表达丰富的内容,非有一套驾驭语言文字的真功夫不可。《太南志》的编纂者在撰写卷首小序时,则独能处理好遵章与创意、推陈与出新的关系,灵活自如地把盘根错节的事物条理化、简单化,把简单枯燥的事物写得有声有色,妙趣横生,从而增强了卷首小序的可读性。这种可读性,不是靠离奇的情节或猎奇的内容,而是客观的史实与娴熟的语言技巧的完美结合,达到内容和形式的和谐统一。

《太南志》各卷的卷首小序,其精炼简约之文笔,随处可见。如"建置"卷小序记述历代建置沿革情况,文笔洗练,一以贯之,要减一字何其难! 如"商业贸易"卷小序一开头,用寥寥数语,将四个集镇的商业特色交待得清清楚楚。如《军事卷》小序段首用短短不足百字,既形象生动又简明扼要地把区境的军事地貌概括出来,可谓神来之笔。如"艺文"卷小序记叙历代文人墨客之佳作,笔调轻松明快,富有节奏感,行文有散文之美。

总括而言,《太南志》的卷首小序语言流畅,文笔洗练,阅之爽目,咏之琅口,堪称佳构。

四、独领风骚的人物

为人物立传,在我国历代史志中占有突出的地位,这与历代志家一向给予人物志以较多的战略目光有直接关系。正如章学诚所言:"邑志尤重人物。"人物志系地方志的"志中之髓"、"志中之志"。新编《太南志·人物卷》虽在篇幅的比例上减少了,但所收入人物的广泛性和代表性却明显增加了,且人物撰写真实,编排科学,特点突出。

(一)人物选择体现广泛性

南郊曾是历史名城古晋阳所在地,素有三晋文化摇篮之美誉,自周敬王二十三年(前497)赵鞅家臣董安于营建晋阳城为发端,至宋太平兴国四年(979)赵光义火烧晋阳城,其间1400余年,晋阳一直是我国北方重镇,中原屏障,也是山西政治、经济、文化的中心。在漫长的历史长河中,"不少志士豪杰由此建都兴邦,无数名流学者在此功成名就",涌现出无数叱咤风云的杰出人物。《太南志》的编者胸怀全局,宏观把握"三晋文化摇篮"这一突出的地方特色,独具匠心地选择了一批具有典型环境典型事迹的典型人物,充分体现了"人杰地灵,群星荟萃"的优势。

该志人物卷共收人物957人,其中人物传记84人,烈士英名录603人,省级以上劳动模范和先进工作者名录270余人。从人物的界别看,传记中有名君、名将、名相;有名诗人、名学者、名书画家、名刻石家、名拳师、名侠士、名教师、名医、名伶、名僧、名道士;有中共早期地方组织领导人、抗日领导干部、武工队员、基干民兵、地下交通员、民主人士;有老山前线功臣、抗险救灾和舍己救人英雄;同时也有反面人物2人。

从人物的籍贯看,人物传记以本籍为主,兼顾客籍在本区有显著贡献的人物。传记的84人中,本籍63人,客籍21人;烈士英名录603人均为本籍人;省劳模和先进工作者名录本籍207人,客籍63人。

从人物的时代看,人物传记历史跨度长,这也是该志人物传的一大特色。人物传第一篇即从春秋时期首立开疆之功的董安于记起,下限至1990年,时间跨度长达2487年(如果把"志余"中的《张进德传》计算在内,则长达2490年),人物记述的广泛性不言自明。

《太南志·人物卷》的记述,纵不断历史,横不缺行业,从人物的不同角度充分展示了境域波澜壮阔的历史画卷,从而使人物具有很强的广泛性和代表性。

(二)人物撰写体现准确性

资料的真实准确是人物志的生命和价值所在。《太南志》的人物传记始终坚持历史唯物主义的科学态度,力求以真实、准确、全面的材料,概括地对人物的一生进行实事求是的客观的记述。在撰写方法上,重点突出,详略得当,对一些在全国、全省有重大影响的人物,则浓墨重彩地写,而对一般性又确需立传的人物则简写,从而较好地处理了此人物与彼人物之间的关系。该志既突出记述了历史上国内知名度高的狄仁杰、白居易、白行简、王琼、阎若璩、杨二酉等人,也突出记叙了我党历史上做出杰出贡献的纪廷梓、马乐清、常映光等人,每篇字数均在千字以上。而对另一些历史人物如王坦之、王恭、王国宝、王睿等人则简记,每篇字数均为百余字。可谓着墨得当,恰如其分。

该志的人物传采取传统的志传体式,各篇传记大都是先集中简洁地概述传主简历,然后按传主生平的时间顺序,随经历记述其主要事迹,以时系事,重点取材,脉络清晰地展现人物全貌。在记叙中,不直抒评论,寓褒贬于记述之中,不渲染,不夸张。这也正是志传体的传统体式。记叙语言朴实流畅,和谐统一。

(三)人物编排体现科学性

关于人物传的顺序编排,是本届修志在理论研讨和修志实践中仍未形成统一意见的一个具体问题。这种方志理论上的争鸣和修志实践上的不同做法,值得进一步总结和研究,这对于新方志学的建立和完善是很有裨益的。到目前为止,人物传的编排顺序主要有以生年为序、以卒年为序、以历史分期为序、以人物类别为序四种,此外还有混合式,或先以历史时期分类,再按生、卒为序,等等。从目前已出的修志成果看,以传主的生、卒年为序的排列法居于多数。

《太南志》的人物传采取以生年为序的排列方法,同时把两个反面人物列于最后。这种编排形式具有科学性,既易为人们所接受,也是可取的。这样把全区多方面突出的有代表性的人物有机地组合在一起,群体清楚,个体易查,使用方便,可以更好地发挥"人物"卷的作用。

五、特色鲜明的彩照

新方志中的彩照插页,具有宏扬优势、彰明特点、形象直观、吸引读者的作用。彩照插页质量的高低,直接影响到志书的整体质量。《太南志》概说中的彩照(该志概说与彩照合一,以文为主,以图辅之,但二者又相对具有独立性,前面已论及概说文字,故此处单论照片)以其摄人心魄的精美画面和爽心悦目的版面编排,将新志书的质量推向一个新的高度。

(一)彩照内容求真求特

志属信史。真实,是入志照片的第一生命,若图片不真,则有悖于修志宗旨。彩照插页是读者最先感知的部分,给读者以直观的第一印象,重点反映地方特点和时代特色,是彩照插页责无旁贷的任务。《太南志》在彩照内容的选择上求真求特,使彩照的作用得到充分发挥。

为真实反映南郊文物古迹历史悠久、荟萃丰富的地方特点,志首配发了文物古迹照片 33 幅,占到志首照片总数的 1/3 强;为真实反映南郊是太原市重要的副食品生产基地这一地方特点,志首配发了"区养鸡场"、"乡镇渔场"等 11 幅彩照,占到照片总数的 11.3%;为真实反映南郊乡镇工业产值居太原市属县(区)首位这一地方特点,配发了"镇办金属结构管件厂"、"乡办铜材厂"等 16 幅彩照,占到照片总数的 16.5%。如南郊为全国体育先进县(区)等诸多地方特点,均在概说的彩照中得到充分展示。

(二)彩照画面求善求美

志书照片应该追求写实,坚持存真求实这一原则,但不能把它绝对化,因为摄影作品本身首先是艺术品,没有艺术性的作品是缺乏生命力的,所以志书照片也应讲究艺术性,追求艺术美。志书照片只有达到真、善、美的标准要求,才能更好地发挥志书的功用,更好地服务于社会。

《太南志》概说中的彩照,准确地、艺术地将南郊的地方特点和时代特色形象直观地展现出来,与概说文字相映生辉。其特点主要表现在:

一是注意彩照画面的构图美。如"晋祠圣母殿"、"天龙山石窟大佛"等彩照,摄影构图艺术堪称一流。就是摄影难度较大的反映工农业生产的彩照,也都富于摄影构图艺术。如"晋祠稻田"彩照,如诗如画,意境深远,展现出北国鱼米之乡的田园风光,令人心旷神怡;"马庄防洪水库"彩照,远山近坝,气势雄宏,展现出高峡出平湖的壮阔画面;"菜田喷灌"彩照,珠喷玉洒,动静结合,展现出一派生机勃勃的景象。

二是注重彩照画面的色彩美。如"晋阳湖夕照"彩照,整幅画面以深黄色为基调,山水朦胧,晚霞辉映,水天形成明暗色调的对比,令人由衷发出"夕阳无限好"的感叹;"永祚寺双塔"彩照,画面以暗红为基调,双塔及树影均呈黑色,情调庄重,物体的立体感和历史的凝重感从画面中凸现出来;"西山水蜜桃"彩照,画面色彩以粉、黄、绿为主,色调鲜明,疏密相间,果实在绿叶的衬托下,令人垂涎欲滴。

三是注重彩照画面的线条美。如"纵贯区境的铁路、公路干线"彩照,画面以农田的色块(黄、绿)与公路、铁路的粗色线条交织组成,阡陌纵横,线条清晰明快,给人以交错的美感;"区养鸡场"彩照,画面中的鸡笼由左下角和右下角向上中部集中,形成了辐射线条,增加了画面的纵深感;"虹鳟鱼场"彩照,画面上部为成排的树干,形成竖形线条,画面的主体——养鱼池则为整齐排列的矩形格状,画面线条组合优美和谐,齐列中有变化,别有一番情趣。

上面是为叙述方便,将该志的彩照分为构图美、色彩美、线条美的三种类型进行评议,实际上该志的大部分彩照,均同时具有构图美、色彩美、线条美等三种形态的美。

(三)彩照编排求变求新

要成为一部优秀的志书,光有内容美是不够的,形式美亦是其不可或缺的条件之一。新志书彩照的版面设计,是一门学问,需要我们从美学和艺术的角度来精心设计。《太南志》的彩照版面编排不因循守旧,而是求变求新,具有独创性。其版面编排的特色具体表现在以下几方面。

一是扩大版型。新编志书以 16 开版式为主,所以彩照的版面均以 16 开的单页幅面为其基本形态,只有少数志书在个别页码的编排上采取合版的形式(即两个 16 开合并为一个页码进行排版)。《太南志》却一反常规,彩照的版式除首页与末页之外,中间的 26 个页码全部采用合版的形式,即合并成 13 块大版。版式的扩大,既增加了版面的容量,又使版面编排更富于变化,多种版面编排形式可同时在一块大版上使用,增加版面的交错美感,避免了彩照版面的呆板,同时彩照可突破 16 开页的宽度,有利于突出特色。

二是版面编排形式的多样化。照片的版面编排形式包括齐列、叠压、咬版、平列四种。该志的彩照版面编排形式以平列式为主,同时也运用了齐列、叠压、咬版的形式。如"金胜村春秋墓出土铜器"三幅彩照,采用横形齐列式的编排形式;"特种灯泡厂产品"等工业产品的六幅彩照,采用直角形的咬版式加齐列式的编排形式;七幅晋祠牌匾彩照采用竖形(两行)齐列式编排形式。由于多处采用齐列式,从而使版面显得庄重大方,给人以规整的美感。如"蔬菜大棚"(大幅)和"无公害蔬菜"(小幅)两幅彩照采用桑压式,小幅照片压在大幅照片的右下角;"虹鳟鱼场"(大幅)和"虹鳟鱼"(小幅)两幅照片亦采用叠压式,小幅照片压在大幅照片的左上角。这两组照片由于采用叠压式,使照片的联系更为紧密,既节省了版面,又增加了版面的变化,版面显得生动活泼。

三是彩照形状的多样化。彩照有矩形(横、竖两种)、方形、椭圆形、凹角形、圆角形等,图形的变化美在版面中得到充分展现。由于采用合版形式,跨版照片也多次使用,增加版面的交错美。同时还注意了照片幅面大小的变化,大者如"区治鸟瞰"彩照,占到 16 开版面的 2/3;长者(宽度)如"乡办铜材厂"彩照,超过了 16 开版面的宽度(为跨版式);小者如"对越"版匾彩照,仅占 16 开版面的 1/20。

四是彩页衬底色彩多变。该志的彩页版衬底分为黄、浅绿、白三种颜色,页面色彩由这三种颜色反复使用,衬托得彩照主体在版面中更加突出,增强了版面的层次感和变化感。

金无足赤,人无完人。在肯定《太南志》的优长之处外,感到仍有几点不足,值得商榷。①志首《概说》文中有"唐代晋阳规模达到鼎盛,与长安、开封并称盛唐三都",与《建置卷·历史沿革章》中的"太原与京都长安、东都洛阳并称'盛唐三都'"文字前后抵牾。唐显庆二年(657),以洛阳为东都,天宝元年(742)改称东京,上元二年(761)停京号,次年复称东都。而开封称东都,则是五代梁开平元年(907)都汴后之事。《概说》中的"开封"有误,应为"洛阳"。②《文物卷·晋祠章·内外八景节》的外八景遗漏"山城烟堞"一景,既无景名,又无文字介绍。③《体育卷》卷首小序中的"1990年全区学生体育达标率为96.5%",而该卷《学校体育章·体育达标节》内为"全区学校达标率为96.59%",二者数字不符,虽只少了0.09%,而人数则相去甚远。《人物卷》卷首小序"各个时期牺牲的603多名烈士"语,"603"即为实数,后边的"多"字多余。该序中也有文字不洁之处,如"收录范围广泛,有名录……"句,"范围广泛"似有自我评价之意,此话留待他人说岂不更好?④《人物卷》的传记中有"崔则温"传,"烈士英名录"中也录有其人,但名字成了"崔则文",同为一人,名字不符;传记中有"任克定"传,生卒年为"(1917~1941)",而"烈士英名录"中的出生时间却为"1903"年,一传一录,两个生年,孰对孰错?⑤卷首彩页中有8处用了跨页照片,但因装订质量不过关,其中有个别页码的跨页照片出现错位现象,影响了画面的美观。

(《沧桑》1995年第1期)

耕耘在希望的田野

——读新编《襄汾县农机志》有感

在全国修志大潮的带动下,各级各类专业志、部门志、厂矿志、学校志、乡镇村志、风景名胜志等大量涌现,范围涉及到三级志书的各个门类,林林总总,蔚为壮观,方志园地春光无限,百花盛开。由襄汾县农机志编纂委员会编辑、方志出版社出版的《襄汾县农机志》于2009年1月正式向全国公开发行。这是笔者见到的第一部反映农机化事业的县级专业志书,进而引起笔者浓厚的阅读兴趣。粗读之后,感触颇深,故有感而发。

一、篇目设置科学合理

笔者曾参与过首轮新方志编修中的省志、市志、县(区)志、风景名胜志、乡镇村志等多种志书的编纂,深深感到,篇目设置是地方志编纂的第一要义,而因事命篇,则是创新体例篇目的成功办法。篇目设计是否下到功夫,是否把握了志书的地方特点、时代特色和志书体例,直接关系到志书的编纂进度和编纂质量。中国的农耕文化有五千年的文明史,但农机事业则是新中国成立后才逐步发展起来的一项新生事物。在发展的过程中,必然会遇到各种新情况、新问题;而为解决这些新情况、新问题,亦会生发出许多新思路、新举措、新办法;同时也会取得新经验、新成果。这诸多的"新",必然要求作为新志种的《襄汾县农机志》,在篇目设置上不能照搬已出版和成型的省市县志,而是以"内容决定形式"为基本原则,根据该县农机专业发展的实际创新立篇。该志的编纂者正是基于这一思路,以简洁明快的结构形式,真实、客观、全面、系统、翔实地记载了襄汾县发展农业机械化、建设现代农业的全过程(至2007年底),既严守了志书体例,又展现出浓郁的地方特点和鲜明的时代特色,给人以耳目一新的感觉。该志在编首设概述,用以统摄全志,为继承首轮新方志编修的优良体例。正编共设九编,依次为机构队伍、基本建设、经营管理、监理培训、科研推广、修建供应、农机化宣传、人物、机具图谱。按照襄汾县农机事业发展的逻辑顺序,依事设编,反映全县农业机械化、建设现代农业所走过的曲折历程和取得的巨大成绩,浓郁的地方特点和鲜明的时代特色得到尽情展现。尾置大事记、限外辑要,既方便读者检索,又使下限后的农机事业得以延伸,给读者以全面、完整的农机事业发展概貌图。正是由于志书的篇目设计科学合理,内容记述充实,从而使整部志书的编纂质量得到大力提升。

二、概述撰写颇具特色

横排竖写,是我国地方志的优秀传统体例,但也存在"独立栏界,互无关联"的弊端,未能体现志书的综合性和整体性。在首轮社会主义新方志编纂中,"概述"篇成为必设的篇目。"概述"篇的设置,是首轮新方志编纂体例上的一大创新。概述在功能上,可"鸟瞰全志,概括总貌;沟通各业,形成主体;揭示规律,因果相彰;扬长避短,开发优势;省时捷取,方便概览"(见拙著《新方志"概述"点评·总论》)。《襄汾县农机志》秉承了这一优良体例,在志首设置"概述"篇,用以统摄全志,收到了良好的效果。"概述"篇共 10570 字,除开头与结尾外,全文分为五大部分,用序号分割。开头用两个自然段,不足200 字,交待襄汾县的地理位置、面积、区划、人口,文辞简洁,要言不繁。第一部分叙县域农耕文化历史渊源,重点突出"丁村文化"、陶寺遗址,点面结合,特点突出。第二部分叙襄汾县建置沿革、地形地势、耕地气候以及农业物产,叙述平实。第三部分叙交通、经济总貌、人民生活。第四部分为全文的重点,字数为 5950 字,占到全文的 56%。详细记述了襄汾县农业机械化发展的历程,清晰地勾勒出四个不同的历史阶段,即初步发展阶段、加快发展阶段、高速发展阶段、调整提升阶段。叙述详实,线条清晰,重点突出。第五部分采用策论式的笔触,对四个阶段农机发展的不同特点加以评述,总结经验教训,突出时代特点,有理有据,令人信服。结尾用两个自然段,百余字,以展望性的语言作为结束语,给人以信心和启迪。通观全篇,为浓缩式与策论式的结合体。其优点有三:一是文章有头有尾,结构完整。二是内容详实,专业特点突出。三是集中议论(第五部分),议有高度。其不足之处有二:一是篇幅过长,阅读费时。全文若能压缩在 5000 字以内,"概述"的功能定会得到最大限度的发挥。二是背景材料(第一、二、三部分)交待过细,抢了本专业的风头。依笔者愚见,第二、三部分似乎合在一起记述更为妥帖。此外,还有个别错字,如"西候度遗址"中的"候"应为"侯";东经与北纬的记述应颠倒过来,应为先"北纬"

后"东经";产品型号中的连接号非一字距"—",应为半字距"－",如"波兰－
C45 型"、"东方红－28 型"等。

三、机具图谱别开生面

方志大家章学诚有言："夫史为记事之书,事万变而不齐,史文屈曲而适
如其事,则必因事命篇,不为常例所拘,而后能起讫自如,无一言之或遗而或溢
也"(《文史通义·书教下》)。《襄汾县农机志》可谓恰得章氏之真谛,因而根
据所记内容在体例上做了灵活而恰当的处理。该志《第九编·机具图谱》的
创设,可称之为是新方志体例上的一大创新和突破,为图片在新编志书中的运
用开辟了一条新的途径。该编共设古代农器具、传统农器具、半化机具、机械
化机具等四章(共 37 节),共 209 幅图片,完全以图片(照片和插图)的形式,
反映农器具发展变化的历史进程,给人以全新的感觉。其亮点有三:其一,完
全以图片立编,为图片在新方志中的运用开创了一个新的领域。在新方志编
纂(首轮和二轮续修)中,图片在志书中的运用普遍为三种设置方式:一是把
各分志有代表性的照片集中置于卷首(通常称之为"卷首彩图"),起到引导读
者、烘托志书内容的作用;二是利用志书中各分志志首的版面空隙,把该分志
中的照片集置于志首(一般单幅照片居多),起到提示分志内容和美化志书
版面的作用;三是随文照片与文字记述紧密结合,使志书图书并茂,相得益彰。
《襄汾县农机志》不仅继承了上述三种做法中的二种,即在卷首以 78 幅图书
(包括两幅地图)组成彩图专版,反映专业特色和地方特点;在内文中插有 134
幅黑白图片,达到图文并茂,强化了记述主体。同时,第九编机具图谱以图片
为主体,反映农器(机)具的历史发展变化,使图片由配角变为主角,增强了志
书记述的深度与广度,在志书的编纂体例上获得重大突破。其二,完全以图片
立编,立足于专志贵专、突出专业特点。中国是一个农耕文明历史悠久的国
家,而襄汾则可称之为是中国农耕文化发展的一个缩影。襄汾以"丁村人"的
发现而闻名世界,在这块土地上,上至 10 万年前人类祖先"丁村人"使用的旧
石器,以及 5000 年前使用的新石器、1000 年前唐尧故都陶寺的古观象台;中
有赵康镇晋城村出土的汉代铁制农具,以及明清以来农村使用的各种原始或
简陋的农器具;今有现代各种农机具。通过图谱的展现,主题思想鲜明、突出,
既增强了志书的历史文化内涵,又增强了志书的直观性、资料性和存史价值。
其三,完全以图片立编,丰富的图片资料增强了志书的表现力,与其他以文字

为主的编章相辅相成,凸显了图片在志书中的记载功能,选题准确,立意鲜明,集中表现,夺人眼球。

四、白璧微瑕稍有不足

《襄汾县农机志》的出版,不仅为农机专业志的编修摸索到一些可资借鉴的经验,同时也为省市县三级志书的编纂提供了新的体例,多给人以启迪。但该志并非十分完美,亦有不足之处。

其一,有内容重复的弊病。如《第一编机构队伍·第六章管理队伍·第三节监理队伍》中,已记有监理队伍的内容,而《第四编监理培训·第一章队伍装备·第一节监理队伍》中亦记有监理队伍的内容,所记内容大致相同,只是前面稍繁一些,后面略简一些而已。同时,前后节名亦相同,犯了内容重复的毛病。

其二,卷首彩图与内文(第九编机具图谱)图片重复使用。如卷首彩图中有"丁村出土的大量旧石器之一:三棱大尖状器"(绘图)、"丁村出土的数万件新石器之一:石犁"(照片)、"1975年赵康镇晋城村出土的汉代铁犁铧"(彩照)、"1975年赵康镇晋城村出土的汉代铁镰"(彩照)、"襄汾县于春秋战国时期始用畜力幅〔辐〕条式木轮大车"(彩照)、"人力风车在襄汾县使用千余年"(彩照)、"襄汾县使用过的古代石磨"(彩照)等六幅照片,在《第九编·机具图谱》中重复使用了这六幅照片(内文为黑白照片),此二处图片明显重复。按常规,个别图片在志书中重复使用,仍属合理范畴,但六幅重复使用却较少见。

其三,《第八编人物·第二章人物录》中的章名"人物录"似乎欠妥,似应改为"人物简介"更为贴切。此外,还有极个别的错字、错标点,也影响到志书的整体质量。但瑕不掩瑜,《襄汾县农机志》以其浓郁的专业特色和地方特点,完全有理由跻身于优秀专业志书之列。

(《沧桑》2010年第1期)

求实存真　科学严谨

——喜读《平顺县电力工业志》

两年前,我曾有幸参与了《平顺县志》的评审,平顺给我留下了美好的印象。而今,由中国电力出版社出版的《平顺县电力工业志》(以下简称《平电志》)又摆上了我的案头。欣喜之余,一气读完,感受颇多。《平电志》是平顺县编纂出版的第二部社会主义新志书,亦是长治市所属各县(市)中编纂出版的第一部电力工业志。《平电志》以其求实存真、科学严谨的著述风格,跻身于佳志之林,并为专业志的编纂提供了新鲜经验。然而,情长纸短,无法尽言。现仅就《平电志》的突出几点试作评析。

一、谋篇——特色鲜明

篇目问题,是志书编纂工作中的首要问题。新方志全面、系统的内容,首先反映在它的篇目中;新方志的特色性、整体性也首先体现在它的篇目中。要编好一部志书,就必须有一个好的篇目。篇目是志书的纲,它既反映志书的内容、体裁和结构,又指导志书编写的实践,并受到相应的制约。

为了客观地、科学地反映某项事业发展的全貌和特色,必须从实际出发,必须根据志书的科学性要求来制订篇目。《平电志》采用大编体模式的章节结构,卷首设"概述",提要钩玄,总括全书;中设6篇,依次为"电力建设"、"电力生产"、"经营"、"管理"、"党群组织"、"人物荣誉",分类详述平顺县电力工业发展的历史轨迹,详独略同;卷尾设"大事记"通贯志书上下时限。《平电志》所设6篇19章42节,概括了平顺县电力工业最基本的内容,节以下的目记述的都是电力工业的展开,绝少离题、走题现象。笔者虽较少涉猎专业志,但就《平电志》的篇目而言,毫无照搬照套之迹,其推陈例以启新格,以实际出发制订志纲,颇具志识,给人以别具一格的印象。从总体上讲,《平电志》的篇目设置是客观的,富有特色的,合理得体的,深得志界同仁的好评。

二、取材——立足专志

《平电志》是一部专业志,评判其优劣得失,必须依据专业志的要求来衡量。何为专业志?简言之,专业志是记述某一专业或某一事业的志书。专业志是社会分工的产物,社会生活有哪些方面,专业志就有那些门类。每一项事业,都有事业的本身与非本身之分别,事业本身就是专志内容的范围,非本身的东西就不是专志内容的范围。就是说,专志贵"专",它必须是事业本身范围的"专志",不能把不属于本专业的内容也编写进来,即使是与本专业关系密切的其它内容,不写不足以说明问题时,也只能从侧重于本专业的角度加以编写,从而防止"越界"。

《平电志》对资料的选录和编排,以服从志书为目的,重点突出,主次分明。如第一编第一章首记"资源",这是电力工业发展的首要条件,志书重点记述了"水能"资源,以及"热能"和"风力"资源。平顺县以浊漳河为主的小水电建设,不论从水电站的数量,还是装机容量均位居山西省的首位,水力发电、风力发电和大电网供电构成了平顺县电力工业发展的显著特点。先述"资源",为平顺县电力工业的发展(特别是小水电)铺垫了自然条件,依序记述,顺理成章。又如第三编第二章"农电",共分"农村通电"、"乡村电工"、"电灌站"、"乡镇电力管理站"、"供电服务片"、"综合电价"、"'三为'服务"7节,记述该详则详,该略则略,完善全面,资料翔实可信,使人一目了然,增强了专业志的特色。

专业志内容的范围,离不开"时间"概念。它的上限应追溯到事业本身的起始,从而有利于明了事业的来龙去脉,有利于内容的完整性与连续性。《平电志》记述的时间从 1957 年平顺始有发电机发电开始写起,下限截至 1996 年,记述了平顺县电力工业 40 年来的发展历程。从志书记述的时间范围而言,《平电志》牢牢把握专业志应记述的时间范围,既突出了时代特点,又突出了地方特色。

《平电志》记述的基本内容,充分反映了平顺县电力工业发展的基本情况,严格遵循专业志应记述的内容范围。一是记平顺县电力工业发展的条件,既写出发展电力工业的有利因素,又写出不利因素,以及优势和劣势,数量和质量。二是记述了平顺县电业兴衰起伏的过程,包括平顺县电力工业起始阶段的状况,各个历史时期的发展变化,电力工业的当代生产水平、科技水平和管理水平。平顺县电力工业发展的历史脉络清晰可辨,跃然纸上。三是从记述的资料中,揭示出平顺县电力工业发展的规律。专业志的主要内容不仅要写出事业兴衰起伏的过程,而且要反映兴衰起伏的原因,分清是非,彰明因果,反映经验教训,体现事物的发展规律。当然,这种记述不是要我们写总结报告那样写出几条。《平电志》寓观点于材料之中,通过具体的资料,通过对资料的辑录排比,来反映经验教训,来体现规律的。四是记述了英模事迹。每一个行业、每一项事业的成就都是人干出来的,写事业的发展不应该忘记人的作用。那些埋头苦干、艰苦创业的人物,那些勇于改革、开拓前进的人物,他们对事业的发展做出了突出的贡献。《平电志》用以事系人的方法,把他们的事迹写入有关篇章。如第一篇第一章第一节"节能"中载:"中华人民共和国成立后,直到1958年全国著名劳动模范、金星奖章获得者李顺达首先倡议开发浊漳河水力资源,并赴京向国务院和水利电力部汇报,很快得到批准。"写出了李顺达为平顺县电力工业做出的杰出贡献。以事系人的方法在志书中多处运用,体现了志书"以人为本"的特色。再如第六篇第一章"人物简介",介绍了24个人物的先进事迹。第六篇第二章第一节"集体荣誉",记述平顺县电力局等3个先进模范单位;第二节"个人荣誉",记述了8个先进模范个人。志书的功能是存史、资治、教化,而英模事迹是教育的生动教材。《平电志》侧重写人,突出了志书的教化功能,《平电志》记述的上述四项内容,囊括了专业志应包涵的全部内容,符合专业志的特定要求。

三、不足——白璧微瑕

当然,《平电志》也有它的美中不足之处,一部42万字的鸿篇巨制,白璧微瑕在所难免。

其一,篇章节之间有失平衡,有畸轻畸重之感。全志共设6篇19章42节,篇与篇之间字数相差较大。如第一篇"电力建设"长达82页118300字,而第六篇"人物荣誉"仅占8页11500字,后者仅为前者的1/10;章下设节也不平衡,19个章中无节题的占5个,达26%强,第二篇第二章"供电生产"和第三篇第二章"农电"均设7个节题,悬殊较大。当然,这种弊病在采用大编体式的志书中较为多见,也非《平电志》仅有。此类问题还有待在今后的续修志书工作中研究解决。

其二,卷首的"概述"文字稍显繁长,行文稍显拖沓。《平电志》"概述"全文约8300字,就通常而言,新编县志的概述字数以5000字~7000字为宜,这也是本轮多数修志同仁认为较理想的字数。但作为一个县的专业志,鄙人以为有 3000 字～5000 字足矣。概述文字拉长后,对体现特色、把握重点有碍。而通读《平电志》"概述"全文,可压缩之处颇多。但这也仅是笔者的一孔之见而已,孰优孰劣,还有待他人评说。

其三,志书的行文中,各种规章制度略显多了一些,是否还可再压缩、精炼一些呢?

其四,志书中还有些因校对工作不慎,留下来个别小纰点。如"概述"中的"铝凡土"应为"铝矾土";"长年性河流"应为"常年性河流"。第一篇第一章第一节"节能"中的"倡仪"应为"倡议",等等。

(《沧桑》1998 年第 2 期)

喜读平定县《东关村志》

近日,由山西出版集团·山西人民出版社出版的平定县《东关村志》摆上了我的案头。志书彩色护封,装帧精美,大气厚重。粗粗浏览,多有可圈可点之处,略记如下。

开篇"概览"出新意。该志未设"概述"篇,而是以"概览"替代了"概述"。"概览"以图为主,共 20 个页码、106 幅照片。内分东关今昔、农业调产、企业改制、发展商贸、尊师重教、文体活动、人居环境、领导核心、荣誉榜、承前启后等 10 类,基本概括了"概述"篇应写的内容。图文相配,相得益彰。如"东关鸟瞰"图配有 160 余字的地理概貌文字说明;"农业调产"类配有 1949、1978、2007 年 3 个年份的"农业比重变化"示意图;"企业改制"类配有 1978、1988、1998、2007 年 4 个年份的"企业产值统计"表;"发展商贸"类配有 1983、1988、2007 年 3 个年份的"境内商贸从业户"统计表;"尊师重教"类配有 1988 年—2007 年"大专、本科录用人数"示意图;"荣誉榜"类配有"经济总收入"和"人均收入"几个重要年份曲线示意图。文、图、表在版面中占有较小的比重,仅作为图片的附属,即以图片为主,文、图、表附之,思路清晰,主次分明,取得了奇效,亦为村志编修中的创新之举。

章首"小序"颇精彩。《东关村志》为章节体,在第一级标题"章"之下,均设有简短的无题小序,总字数为 4240 字,章均 283 字;最长为第六章商贸金融,700 字;最短的为第九章军事,130 字。无题小序提要勾玄,总括各章所领内容,起到了纲举目张之功用。志书各门类之首设无题小序,乃志书编纂中的优秀体裁之一。然众多志人却看它不起,多数志书缺失此类项,乃对志书传统不解之故。村志尚能如此,足见主编高屋建瓴之胸襟。

文内照片增秀色。首轮志书编纂中,开创了志首集束彩图的新格局,效果尤佳,普遍采用;但不足是对文内照片重视不够,普遍偏少,使照片在志书中的作用没有得到充分发挥。二轮志书编纂中纠正了这一缺陷,插文照片普遍加强,进而使志书更加适应时代要求,并充分利用现有科技手段(摄影)充实志书内容,增强了志书的时代感和真实感。《东关村志》亦秉承这一做法,文内插图达 309 幅,章均 20.6 幅;最多的为第十四章人物,112 幅;最少的为第七章党派群团,2 幅。正因为该志重视了插文照片的运用,给人以直观形象、真实的感觉,使文中插照起到了"一图胜千言"的功效,对提高志书质量,增强志书的存史价值和可读性,具有极大的作用。该志达到了图文并茂的良好效果。

"人物"章节显神韵。古今修志,普遍重视记载人物。当代志书,除继续沿用传统志书人物传、人物表体裁外,又有了人物简介和英名录体裁。在首轮省、市、县三级志书编纂中(特别是首轮初期),各地恪守生不立传的旧例和中指组《新编地方志工作暂行规定》"在世人物不立传"的意见,都视人物简介为变相的人物传,而以人物表(录)记载某些健在人物,力避为生人立传之嫌。二轮志书记载人物,情况发生了很大变化,绝大部分志书均设了人物简介章节,记载的人物也多,且绝大多数均简介在世的各方面人物,现当代特色十分鲜明。这也表明,人物简介这一体裁在二轮修志中已被普遍认可和接受。中指组亦与时俱进,在 2008 年 9 月颁发的《地方志书质量规定》里,分别在体例、记述二章中多次提到人物简介,其中第二十一条还具体要求:"人物简介略记人物履历及主要事迹,不面面俱到。"从而确认了人物简介为人物志的体裁之一。《东关村志》的人物章,内容丰满,人物丰富,真实客观地反映出东关村人物之盛的状况。一是内容全面,分设有传略、简介、表录三节,立传 64 人,简介 104 人,表录 8 幅。二是文图并茂,配有人物(略传与简介)照片 112 幅,该章为全志中用照片最多的类目,增强了存史价值。三是篇幅适中。人物章共用了 93 个页码,占到了全志 836 个页码的 11.1%。与首轮及二轮市县级志书人物篇的比率基本相当,使人物章在志书的篇幅上得到了保证,进而彰显东关村人物之盛的真实面貌。四是表录内容全面。依次为"东关籍革命烈士英名录"、"东关街(村)因公献身人员名录"、"出席县及县以上党代会、人大代表、政协委员名录"、"东关籍乡镇历届人大代表名录"、"东关籍获县及县以上部分先进个人荣誉称号名录"、"东关籍部分党政军正科级以上干部名录"、"东关籍部分科教文卫系统高中级职称人员名录"、"东关籍部分海外人员名录"等 8 类。各个表录类项齐全,反映真实,极少缺项漏项的现象。由此可见,挖掘人物资料下到了功夫,收到最佳效果。

"目录"延伸便阅览。按志书常规,目录一般只标注到章、节内容,"目"的标题很少在目录中出现。村志编纂与三级志书略有区别,它更具有灵活性,《东关村志》即做到了这一点,即在目录中除标明章、节标题外,同时还标注了"目"级标题,从而使"目录"起到了索引的功用,便于读者了解志书中目的内容,使"目录"的功能得到合理延伸。

稍有不足待商榷。志无完志,人无完人。《东关村志》确为一部佳志,但其中亦有可商榷之处。其一,用"概览"替代"概述",似无可非议,但应标明"概览"之标题,而是志仅在眉题中显示"概览"字样,在"概览"起首页却阙如,似觉欠妥。其二,"目录"应为全书之目录,但卷首部分的"概览"、"序"、"东关之最"、"凡例"等类目标题,目录中阙如,亦似觉不妥。一家之言,吹毛求疵而已。

(《沧桑》2010 年第 3 期)

千淘万滤始见金

——喜读《青州三贤》有感

庚寅春月，收到了景孔兄的新作《青州三贤》一书，异常欣喜。景孔兄与我同属大龙，但年长一轮，久成忘年知己。虽晤面较少，但日常书信往来不绝。见书如晤兄面，倍感亲切。廿载苦心一撰，终结硕果，兄台孜孜苦求的治学精神，堪称志界典范。捧读之余，感慨良多；寸纸尺短，略书一二。

一、构架新颖，自成一体

但凡编书，必先拟定其篇目框架，进而搜集资料，分门别类汇编成册。有的放矢，方能收到事半功倍之效。何为"青州三贤"？实乃北宋时期在青州官居知州的富弼、范仲淹、欧阳修。此三人在牧青州期间，为政清廉，勤政爱民，深得当地百姓爱戴，自北宋起青州人民就为他们修建祠堂。此后，历代修葺不绝，三贤祠至今犹存。《青州三贤》，乃属乡邦文化之类，实为一篇命题作文（书），固有其自身之特点。作者切取"三贤"牧青州这一特定的历史时间和空间，从中找出"三贤"的共性之处，设篇立目。全书分为三大部分：第一部分为"三贤知青州系年"、"三贤知青州纪实"、"三贤知青州述论"，为全书之主体，先叙后议，恰到好处。第二部分为"三贤传记"、"三贤知青州论文"，交待三贤全貌，展示三贤论文，进而加深读者认知三贤，是第一部分内容的拓展。第三部展现三贤文化在青州这片沃土上的传承。三大部分主次分明，前呼后应，完满成篇，遂成佳构。

二、治学严谨，求真存实

在当今金钱至上、物欲横流的污浊社会中，能够潜心钻研历史文化的人已属凤毛麟角了，而社会的发展与进步却离不开这种人。景孔兄秉承了志人乐于无私奉献的优良传统，扑下身子苦心钻研，二十余载锲而不舍，展现出志人靓丽的风采，令吾辈肃然起敬。《青州三贤》为发掘地方历史文化的重要命题，而研究历史又来不得半点虚假。余从事古籍整理二十余载，感受甚深。常为纠正古籍中的某一处疑误,即需翻阅大量的正史、野史、杂抄、名人著述、志乘等有关典籍,相互印证,订讹释疑。是书编纂,作者深得其中要蕴,查阅各类典籍百余种,抄录资料百万余字。不仅于此,作者还多次自费到外地实地考察,访问知情人员,校核存疑资料。即使在 2006 年书稿完成之后,还用了近三年时间精细打磨,从中可以窥视出作者科学严谨的治学态度和求真存实的敬业精神。从书中得知,"有一年深秋的一个下午,我在三贤祠里抄碑至晚,三贤祠院里唯我一人,极静。工作人员误以为无人,便锁门了。我一时不能出,徘徊于唐楸宋槐之间,竟然灵感一动,激出一句绝句来。今抄录于后,聊为莞尔。抄碑意兴忘时间,恍欲出门门已关。隐约如闻相告语:请君今夜侍公眠。呵呵——我自我戏谑:有幸啊,我真的要侍守于青州三贤的身边了!"作者忘情忘我地工作,换来的是一部求真存实的信史。真庆幸青州人民能哺育出这样一位值得令人敬仰的乡贤,更感谢景孔兄不仅为青州,亦是为我们当代学人留下了一部百读不厌的佳作。

三、知古鉴今,服务社会

历史文化的传承,离不开学人的添砖加瓦,进而使这座"大厦"更加基础牢固、传承久远。而景孔兄的《青州三贤》,则是一块金砖一片银瓦,使青州的历史文化更加熠熠生辉。社会的浮躁,人心的散乱,金钱的诱惑,贫富的悬殊,以及打不尽的贪官污吏……这仅是历史长河中的一瞬。由乱而治,则是历史发展的必然。青史明如镜,兴衰溶其中。阅世疑有眼,辨人总无声。作者编纂《青州三贤》的主要出发点,即知古鉴今,服务社会。说白了,即是为反腐倡廉、廉政建设服务。作者在《三贤知青州述论·范仲淹知青州仍具有老而不衰洁身自好的高尚情愫》一文中,直抒胸臆:"我们可以毫不夸张地说,范仲淹知青州,留下的是老骥伏枥、壮心不已的奋斗精神,留下的是洁身自好始终如一的高尚情愫,留下的是'留得夕阳无限时'的璀璨光环。这种精神,这种情怀,是我们中华民族之魂,它昭示千秋万代,将永远激励着为官者勤政爱民,励精图治,以建设廉洁文明的政治。同时,也将永远激励着世人以天下为己任,为建设文明强盛的伟大祖国、中华民族的伟大复兴而奋斗不息!"官僚腐败已成为当今老百姓深恶痛绝的社会疾痼,直接威胁到共和国的长治久安。《青州三贤》一书于是时出版,为党的反腐倡廉、廉政建设提供了宝贵的历史借鉴资料,并将发挥它应有的作用。

　　《青州三贤》可圈可点之处颇多,如述论结合,体现特色;发掘文化,促进旅游等,都能从书中找出例证。古为今用。随着时间的推移,《青州三贤》必将焕发出璀璨的光彩!

(《山东史志》2011 年第 4 期)

卷三　序跋选录

明成化山西通志点校本前言

李裕民　任根珠

明成化《山西通志》是山西省第一部省志,也是全国最早的省志之一,具有重要的史料价值。

一、作者与体例

作者胡谧,字廷慎,会稽(今浙江绍兴市)人,天顺元年(1457)进士,成化五年(1469)任山西督学佥事,尝重建温公书院,旋任提刑按察司副使,成化九年尝修程颢所遗乡校,并为程建祠(本志卷五)。《四库全书总目》以为谧为马湖沐川司人,乃将同姓名二人合而为一,大误。

主修人李侃(1407－1485),字希正,东安(今廊坊一带)人。正统七年(1442)进士,授户部给事中,为人正直敢谏。成化二年(1466)任山西巡抚。

此志始修于成化七年(1471),十年(1474)成书,十一年(1475)付梓。记事止于九年(1473),唯名宦门载成化十二年(1476)差代理监法之陈鼎,当为初刻成书时补入。

此书体例,卷前有山西四境之图一卷。正文共十七卷四十一门,附十一门。卷一建置沿革、国名、郡名、县名。卷二分野、疆域、风俗、形胜(形势附)、山川(岩洞井泉渠堰附)。卷三城池(堡附)、关塞、津梁、烽堠。卷四宗藩、公署(廨宇附)、学校(社学、书院附)、仓场、驿递(铺舍附)、宫室。卷五坛　、祠庙、陵墓(义冢附)、寺观。卷六土产、户口、田赋、土贡、兵备(屯田附)。卷七古迹、祥异、景致。卷八名宦、寓贤。卷九人物。卷十人物、隐逸、烈女、仙释。卷十一圣制(诏制附)。卷十二至十五集文。卷十六集诗。卷十七碑目。

其分类与宋元方志相近,并列许多门类,结构较松散,不如晚出的光绪

《山西通志》严谨,光绪《山西通志》以图、谱、考、略、纪、录六门统领三十一目。成化《山西通志》各门记叙较有章法,其时山西省辖太原、平阳、大同三府,汾、沁、辽、潞、泽五州,十六散州,七十五县。各门依府、州、县为序。关塞、烽堠的分布自成系统,则依其系统记载,其军事用途,一目了然。山川、祠庙、古迹,凡同名的合并在首见条目之下。历代名宦人物一般依时代为序,属同一家族者则合并叙述,以著其世类。明代名宦分文、武,人物分化、隐。集文不依体裁分,而据内容分为总类及郡县、山川、城池、关塞、津梁、公署、庙学、宦室、坛庙、休养、寺观、土产、古迹、祥异、名宦、杂、仙释、烈女、人物二十类,大体与前述各门相适应,便于对照阅读。碑刻凡重要而文字完整者收入集文,其余列入碑目门。

此志各门中有两门颇有特色,一是宗藩门,以往地志所无。山西在明代有不少宗室封王于此,太原、大同、汾州等地宗藩势力极盛,占有土地,奴役百姓,胡作非为,民怨沸腾,官府畏惧。他们之中也有些人著书、刻书,为发展文化作出了贡献。无论是研究明代宗藩或山西地方史,都不能忽视此志的记载。二是碑目门,此门宋代《舆地纪胜》已有,但在山西方志中,却属初见,载碑六百多通,列碑名、作者、年代、地点,开山西金石学之先河。

二、此志的价值

成化《山西通志》的史料价值表现在:

(一)提供了唐至明初的许多珍贵的文史资料。如艺文门中所收至王安石的《宋赠尚书都官郎中司马君墓表》、《福岩寺碑谒并序》,《王文公文集》及《临川集》均未收录,墓表是王安石应司马光之请为其叔司马沂作的,由此可以看出,在王安石变法前两人友谊颇深,有的宋人笔记载王与司马等四人有"嘉祐四友"之美称,看来是符合事实的。此墓表近年已在夏县司马光陵园发现,足证成化志记载可靠,出土墓表已有残缺,可据此志补足。卷十六杜衍灵《泉寺诗》,《全宋诗》失收,可据此补。金代著名文学家元好问的《三岗四镇》、《金凤井》二诗,《故规措使陈君墓志铭》、《明阳观记》,均为研究其文学成就、生平思想的重要资料,而《遗山集》失收。晋南的池盐在我国古代人民生活中起着重要的作用,明代祝颢《盐池图记》则是现存最早的盐池志,是研究经济史的重要资料。

志中所载古迹为考古发掘提供了线索,如晋阳古城是战国至北汉的名城、唐代的北都,被宋太宗用火烧水淹毁灭,志中记到"太原县城即晋阳城南基","沙河水源出太原县西十余里风谷中,经晋阳故城南隍,东流入汾",据此可以探求古城的方位。

更值得重视的是,如果我们深入发掘利用其资料,将有利于解决重要的研究课题。如后周世宗灭佛,是三武之后最大的一项灭佛事件,史载其排佛极严,然而成化志的记载表明:灭佛不久,显德五年解州重修了广慈寺,六年曲沃兴建东禅寺(见本志卷五),说明基层佛教势力仍在复兴,中央政府未能彻底贯彻其政令。

又据本志寺观条统计,宋代崇道的三帝(太宗、真宗、徽宗)所建道观分别为八座、十一座、十二座,而他们所建寺院分别为十五座、九座、十六座,说明这三位皇帝并没有忽视佛教。宋仁宗时建道观一座,佛寺则多达二十四座,足见仁宗对释道的态度上明显更重视佛教。

此志资料还帮助我们纠正某些历史地理学家的论断。如陈正祥《中国文化地理》在一篇有关古城的长篇论文中断言,蒙古骑兵短于攻城,故元朝到处毁城,从不建城。而此志证明:元初曾建城一座,元末为抵御农民起义军,修了二十座城。说明建城、毁城全在于实用,当蒙古人处于进攻地位时,他要毁城;当蒙古人处于防御地位时,他就建城,并不是蒙古人天生与城无缘。

(二)成化志是研究山西地方史极为重要的资料,它是山西省第一部通志。在此之前,也有接近省志性质的书,如北魏王遵业的《三晋记》十卷(《魏书》本传),隋李播《方志图》(《新唐书·艺文志》),唐人所作《河东记》、《河东图》(见《太平寰宇记》),宋李宗谔等撰《河东路图经》一百一十四卷(《通志》、《艺文略》),但都散佚了。至于山西各府州县的方志,自晋至元,编过很多,如《上党记》、唐代的《晋阳事迹杂记》、《代州图经》、宋代的《宪州图经》、《威胜军图经》、金大定《晋阳志》、《雁门志》等,也均散佚。目前能辑到较为完整的志书,只有蒙古《泽州图记》,李俊民撰(见《庄靖集》)之《河津县总图记》,见光绪《河津县志》卷十一,但仅寥寥数百言,史料价值有限。

明代各府州县志现存五十五种,除洪武《太原志》、《辽州志》、《平阳志》外,大多修于明代晚期,由于成化志罕见流传,他们多未见到,当然也不可能知道明初修志信息,往往误以为自己所编当属首创。他们不曾利用成化志资料,因而成化志不仅于全面研究山西地方史有用,于研究各地市县史也有不可取代的价值。如文水县现存有天启志,而成化志中文水资料即可补其缺。

山西有五台山、恒山、霍山等历史名山,各有专志,资料应该说搜集得相当多了,但要深入研究,还需要利用此志。如卷十一所收元代祭霍山的文章六篇、洪武三年七月八日祭文等,均可补《霍山志》之缺。

志中有关水利的记载甚多,如金元好问《创开滹沱渠堰记》、明代杜 《新凿惠泽池记》、张昌《新修永利池记》、《广孝泉记》,均为反映山西古代水利开发利用的重要资料。山西水资源较贫乏,以上资料对今天如何合理开发利用水资源也有一定的借鉴作用。

(三)此志有重要的辑佚价值。书中保存最多的是山西方志,《山西古方志辑佚》一书中据此辑录了九十九种佚志,计金元方志四种,明代府志一种,州志二十二种,县志七十二种。山西旧方志数量向无确切的统计数字,我们根据此书及其它记载,统计出山西已佚方志为三百七十五种,现存方志四百五十八种,从而可以勾划出山西方志发展的脉络来。一般方志著作多认为明代以嘉靖、万历为修志高峰,而据我们的统计,明代永乐也是修志高峰期,山西志书,永乐修一百零一种,比嘉靖五十二种、万历九十五种为多。《金文最》搜集金朝文献甚多,此志仍可补其缺佚,如王宗儒《闻喜重修宣王庙记》(大定二十年)、张京《猗氏县新修学记》、张行简《张简献公(大节神道碑)》、赵阳《晋先大夫庙记》。元人王思诚的诗文,此志收录二十一篇,多可补《元文类》、《元诗选》之缺。

三、此志之缺陷

此志存在不少缺点:

(一)卷首地图太简率,远不及宋末《咸淳临安志》所附地图。

(二)目录与书内标题不完全吻合,如目录之"庙宇",书内标作"官宇"。书中之隐逸门,目录失载。

(三)所收与山西有关的诗文尚多缺漏。如范仲淹《送河东提刑张太傅》(《范文正公文集》卷二)诗中说"行府在平阳",说明河东提点刑狱司的驻地在平阳,而不是太原,颇有史料价值,而此志未收。又如明谢肃的《发太原》、《晋阳》、《凤凰山》、《长平》、《天井关》等诗,《密庵稿》均收录,而此志失载。

(四)所载事实颇有疏语,如"魏道武天赐元年"误作晋赵武天赐元年。

此志虽有上述缺点,但与优点相比,毕竟是很次要的。四库全书收录了雍正《山西通志》,提要中说了许多好话,而将成化《山西通志》列入有目,一笔带过,显然是不公允的。就山西明清几种通志看,最佳者为成化志与光绪志,成化志史料价值最高,光绪志考据之功最佳。

四、此文之整理

此志现存版本只有成化十一年刻本,北京图书馆藏。山西大学图书馆藏民国二十二年影抄本,系据北图本影抄。

1993年,山西省地方志办公室(1995年与中共山西省委党史研究室合并,更名为山西省史志研究院)复印了山西大学图书馆影抄本,并自北京图书馆购得成化本原本复印件和胶卷。我们则基本依中华书局点校二十四史的体例制订凡例,组织人员点校该志。参与点校的人员有:山西大学梁锦秀(副教授)、马玉山(副教授)、吕晓庄(讲师)、李立(现为北京大学历史系博士生)、山西省史志研究院任根珠(副编审)、高生记(副编审)、郭建萍(编辑)、杨淮(太原市地方志办公室副编审)等分卷点校。由我们两人通审全稿。

此志脱误极多,校对特别费事,点校者都十分认真,找历代正史、文集、方志作他校,并写出详尽的校勘记。审稿中,感到校勘记太多,占篇幅过大,不得不忍痛割爱又作大幅度的删削。总之,此书的点校是我们共同努力的成果,如有不妥之处,敬希读者指正。

1998年10月

(《明成化〈山西通志〉》点校本,中华书局,1998年)

明万历山西通志点校本前言

王卯根　任根珠

　　万历《山西通志》乃明修山西省最后一部志书,上承嘉靖《山西通志》,下启康熙《山西通志》,"当时号为信书"。此书所纂聚三晋一方自然与人文各类典要,自上古迄万历四十二年,具有重要的史料价值和地方文献价值,为本省乃至全国古代政治、经济、军事、历史、地理、民俗、文学、语言、文献诸多学科的研究提供了一份厚重而翔实的资料。与此同时,是志成书之际有无序文已不可稽考,崇祯二年巡按山西御史祝徽所补之序又徒撰空言,给此书的著录和研究留下诸多疑案。

一、作者及纂修始末

　　传世的万历《山西通志》全帙本是崇祯二年由祝徽印行的。祝徽当时作了一篇堂而皇之的序文冠之卷首,但对是志纂修过程只字未提。由于这个缘故,是志长期被后世误解为祝徽所修。例如雍正《山西通志》引此书凡一百三十二处,或全称《祝徽山西通志》或简称《祝志》。又如昭余何氏对蒙轩藏本扉页有"祝徽编"字样。较早的地方志目录著作也往往因循陈说。如《地方志目录》、《中国地方志联合目录初编》、《日本现存中国宋明两代地方志草目》等均将此书著录为"明祝徽修"或"明祝徽纂修"。

　　实际上,真正的修志者乃李维桢等人。康熙《山西通志》凡例称:"旧志始于成化甲午,督学佥事胡谧创修。越九十年,嘉靖癸亥,督学副使周斯盛重修。越五十九年,万历辛亥,按察使李维桢又重修。崇祯间,巡按祝徽仅补一序。"同书卷十八名宦上《李维桢传》又云:"万历间,升山西按察使,明断如神,不事苛刻,每以弼教明刑为心。敦请耆儒,纂修《山西通志》,亲加考核,当时称为信书。"

　　李维桢,字本宁,湖广京山(今湖北京山县)人,隆庆二年进士,官至南京礼部尚书。李氏在万历、天启间名列文坛"末五子"之首,有《大泌山房集》、

《新刻楚郢大泌山人四游集》行世，"其文章弘肆有才气，海内请求者无虚日，能屈曲以副其所望。碑版之文，照耀四裔"。李维桢史才也颇为时重，在史馆"斐然号良史"人称"太史公"。《明史》本传载："万历时，《穆宗实录》成，进修撰。"天启初，"方修《神宗实录》，给事中薛大中特疏荐之。"著有《史通评释》《南北史小识》《庚申纪事》《韩范经略西夏纪》《进士列卿表》《黄帝祠额解》《马将军传》等。

李维桢自万历三十四年至三十七年在山西任右参政、按察使，本志艺文所录《关壮缪侯祠记》《周公祠记》《杨襄毅公年谱序》《傅霖传》，以及《杂志》下所载《慕随堂稿序》，便是他这一时期的佳作。万历三十四年八月壬子，李氏由陕西右参政调任山西按察使，上任不到一月，奉山西巡抚李景元之命，主持续修《山西通志》。他在后来为《泽州府志》所撰的序文中说："余自河西移晋阳，未越月，奉台檄修晋志，因下诸有司，各为其府州县志，旧者续，无者创，以次第上，备采辑。"在《阳曲县志》序中也说："日者诸台修《山西志》，谬以属余，檄诸郡邑各为其志。"据此推断，本志始修于万历三十四年八九月间。

作为编纂负责人，李氏的首要工作是组织征集史料，发凡起例。在这一阶段，他尖锐批评"诸有司"将修志之事"或视为迂阔事，不复省记；或有增益改作，令胥史检旧牍录以塞白而已。事不赡核，文不雅训，安所取裁"，热情赞扬"二三贤者，以文献取征，当官重务，孜孜讨论，修饰义例，笔削故实，华藻居然良吏"。我们虽然不能断言《万历志》的凡例由李维桢一手制订，但与其评价刘文英所修《高平县志》的内容相对照，不难窥见李氏方志编纂思想对本书体例安排、史料取舍，以及文笔辞采等方面的影响。李氏云："文英行其意，邑学士大夫修其辞。分门别类，以故志所定为允，则不易。天文分野，地方千里，不专一邑，则不载。疆域、形胜、山川、古迹、丘墓，故志所遗，抑昔存而今废，则必书。赋有上供，有军兴、户口、庸调；榷税有登耗，有赢缩，有利弊，有因革，国计民生，务之重者也，则必详。名宦乡贤，故所失收，抑在后进者，非舆论佥谐，则不登。秩文非雅驯及有裨风教，则不录。生有封章，没有谕祭，王言君命，非可他比，则特识之。美哉志也！具三善焉：无所矜以炫长，故词赡而约；无所隐以逃名，故事备而核；无所诎以行媚，故义正而严。可以言述，亦可以言作；可以言志，亦可以言史；稽古有征，垂后有式。"

其次，李氏的贡献还在于知人善任，"敦请耆儒"开局编纂，并且"亲加考

核"。据有关史料记载,当时受李维桢"敦请"的学者凡三人:

一曰范弘嗣,字耀昆,号竹溪,洪洞(今山西洪洞县)人,万历壬子贡生,崇祯戊辰由明经选授山东德州判,迁湖广都司经历。范氏淹贯经籍,学有根柢,时称"九省通儒","博比用修,文比弇州,诗比献吉,行比衡山,退比白沙"。著有《毛诗补亡》《邕　草》《最上一乘》《晋国垂棘》《晋诗续雅》《三晋正学编》《直圣志》《聪圣志》《宗圣谱》《南原野记》《西冈杂俎》《方公百政记》诸书。雍正《洪洞县志》卷四《乡贤范弘嗣传》云:"万历戊申(三十六年),李维正总宪晋阳,礼聘纂修《山西通志》。"雍正《山西通志》卷一百三十六人物三十六文苑一亦载:"万历中,李维桢纂修山西通志,聘弘嗣主其事。"范氏既"主其事",当居编纂人员前列。

二曰邢大道,字性之,号少鹤,与范弘嗣同乡,时称"隐君子"。邢氏长于诗赋,所著诗文,李维桢深为叹赏,有《白云巢集》传世。康熙《平阳府志》卷二十三人物中《邢大道传》:"万历己酉(三十七年),与范弘嗣同应院聘,纂修通志。"雍正《山西通志》卷一百三十六人物三十六文苑一也称邢氏于"万历己酉,与范明经耀昆同应聘修《山西通志》,博采淹贯"。又雍正《洪洞县志》卷四隐逸《邢大道传》云:"岁己酉,聘纂晋乘,两台使推重为词苑宗工。"以上三志同记此人参与本志修纂在范弘嗣应聘次年,盖因同乡缘故而为范氏引荐。

三曰阎重光,字绍南,曲沃(今山西曲沃县)人,万历岁贡,授鄢陵训导,从游甚众,多所造就。康熙《曲沃县志》卷十八人物《阎重光传》载阎氏"尝聘修《山西通志》,纂县志,皆称史材"。雍正《山西通志》卷一百三十六人物三十六文苑一亦载:"戊申(万历三十六年),按察司李本宁礼聘修《山西通志》。辛亥(万历三十九年),赵澹宁请纂本县志。皆称史才。"据知阎氏与范弘嗣同年受聘,三年之后,所承担部分业已脱稿或近尾声。

由上述聘请范弘嗣"主其事"的时间为万历三十六年推知,此时本志已由征集史料阶段转入开局编纂阶段。考《明神宗实录》,李维桢于万历三十七年离晋迁秦,正值本志编纂时期,距成书尚远,未竟之事由范、邢、阎等完成。巡抚李景元与李维桢同年调离山西,监修之责由继任的魏养蒙、樊东谟、吴仁度相继担任。本志卷二十七续野史抚按徽绩即称魏养蒙"续《山西通志》"事。

关于本志何时成书,旧说为"万历辛亥",即万历三十九年,这恐怕是在原序不存的情况下,依据编纂人员中有阎重光在万历辛亥间另纂《曲沃县志》一事而做的推测。本志卷二十六杂志上灾异太原府万历年下云："四十二年九月二十一日戌时,地震有声如雷,摇动民舍。"据知是书记事下限在万历四十二年,上面的推测未必可靠。本志凡例第二条亦称："嘉靖甲子,周公斯盛重修……甲子距今又五十年余。"按修志惯例,往往在全书定稿以后,才能综合概括出"凡例"来,那么,嘉靖甲子年是嘉靖四十三年(1564),由此向下推算五十年,恰好为万历四十二年(1614),这一年应该就是本书最后定稿的时间。至于书稿完成后初版何时付梓,根据书中对泰昌之后庙讳一概不避的情况,以及版式、字体等特点,可以大致确定在万历四十二年至四十七年之间,而刊刻之后是否即时印刷,则已无从考证。

二、版本源流

现存万历《山西通志》有两种版本。一为全帙本,一为残佚本。

关于全帙本,日本内阁文库、山西省博物院各藏一部。前者所藏称"万历刻后印本",1992 年由中国科学院图书馆影印编入《稀见中国地方志汇刊》,封面题"明李维桢修"。此本版式为蝴蝶装,白口,单黑鱼尾,四周双栏线。鱼尾上方象鼻处标书名"山西通志",下方标卷数和页码。每半页十行,行满二十字;双行小字则每半页二十行,行满二十字。全书正文字体方正,介于颜体与仿宋体之间,双行小字则以长仿宋体刊刻,且风格始终如一。此本影印时将两页并为一大页,分上下两栏。后者所藏称"崇祯二年付印本",原存于晚清山西祁县藏书家何遵先对蒙轩,1955 年何氏后人何晓楼将此书捐献给祁县人民文化馆,1957 年调入当时的山西省博物馆。该书现作为文物珍藏,不便参阅,但据山西省博物院网站"文献中心"栏目的简介和有关资料的描述,其版式字体等情况可略知梗概:该本"黄竹纸,蝴蝶装,全书三十卷,分订二十册,版本为仿宋刻本,字体为颜体字。""〔万历〕《山西通志》三十卷,明李维祯纂修,明万历刻,卷二十二、三十配抄本,十行二十字,小字双行,行二十字,白口,单黑鱼尾,四周双边。""扉页上写'祝徽编《山西通志》,明崇祯二年刻,昭余何氏对蒙轩藏'"。"蝴蝶装,白口的前半页有'山西通志'四字,下有鱼尾,中写卷数,下有页码数,四周边为双线(一粗线下附一细线),每半页十行,行满二十字。"两部全帙本卷首均刻巡按山西御史祝徽序行书,落款"崇祯二年夏午临川祝徽书于古夏都公署",且序尾楷书"安邑县知县曹麟趾校",另钤印两方:一篆"文柔氏",一篆"会魁御史"。综上可知,两部全帙本对于作者的署名虽然不同,但实为同一版本。

祝徽、曹麟趾印行此书功不可没。祝徽,字文柔,临川(今江西临川市)人,天启壬戌会魁,崇祯初任巡按山西御史,主管安邑监务。又曹麟趾,汶上(今山东济宁市汶上县)人,万历壬子举人,天启二年至崇祯二年间任安邑知县。山西大学薛愈先生曾就此书梓行问题考证:"查叶德辉著《书林清话》,可知明代惯例:官吏奉使出差,完成任务回任之时,刻有能代表地方文献之书,便以一帕一书,作为呈皇帝及各部上司之礼。是书即为'书帕本'。祝徽在山西任巡按一年后,为入朝觐见皇帝和拜谒各部上司,照例须送'书帕本',故径直利用原刻木版重新印书,印书时将李维桢的序删去不印,自己做了一篇与刻书无关的序,冒充自刻之书,重新印刷。……祝徽在自己的序中对刻书情况一字不提,因为根本不是自刻的书。有校对的安邑知县曹麟趾作见证,用原木版印书是曹知县一手包办印成书的。"其中"将李维桢的序删去不印"之说有待商榷,印书动机为送"书帕本"也不无猜测之嫌,但"利用原刻木版重新印书"的观点可以找到旁证材料。明代万历以前庙讳相当宽疏,甚至连"二名不偏讳"之例在科试和公文中都不必遵行;万历皇帝朱翊钧之末一字,见于文献避讳的也不过河南"钧州改名禹州"之类,天启、崇祯之际则趋于严苛。天启元年朝廷颁布庙讳令:"凡从点水加各字者俱改为'雒',从木加交字者俱改为'较'。惟督学称较字未宜,应改为学政。各王府及文武职官有犯庙讳御名者悉改之。"实际施行过程中更加严厉,当朝皇帝名字的上一字也须避讳。倘若此书至崇祯二年才雕版,那么光宗朱常洛、熹宗朱由校、思宗朱由检的名字就非避讳不可,而通读全书,"常"、"洛"、"由"、"校"、"检"竟未见一处避讳,则此书为万历刻本无可置疑。上述《稀见中国地方志汇刊》称内阁文库本为"万历刻后印本",山西省博物院网站"文献中心"栏目称昭余何氏对蒙轩本为"崇祯二年付印本",皆主此说。1986 年祁明先生编著《山西地方志综录》称是志为"明崇祯二年(1629)刻本",1999 年在《山西方志要览》中则改作"明崇祯二年(1629)原版重刊本"。

关于残佚本,上海图书馆、北京图书馆各藏一部。上海图书馆藏本缺四卷,依次为:卷四山川上、卷五山川下、卷十祠祀、卷十一封建;北京图书馆藏本则缺六卷,依次为:卷四山川上、卷五山川下、卷十祠祀、卷十一封建、卷二十二选举中、卷三十艺文下。两馆所藏俱未刊祝徽书序,亦无任何有关刊印年代之

记载。经对卷数较多的上海图书馆藏本考察,并与日本内阁文库本对照比较,两本存在以下异同:

(一)该本版式显示其装帧形式为包背装,而内阁文库本则为蝴蝶装。

(二)该本中共有二十三卷的字体与内阁文库本相同,但其中卷二十六杂志上两种雕刻风格的字体交错出现,显然非出自一人之手。

(三)该本卷二十二选举中、卷三十艺文下全篇及卷二十五武备下篇末用略带行楷意味的软体字刊刻,同上述二十三卷的字体迥然不类,可证其同内阁文库本绝非一时雕版。

(四)该本艺文下、选举中等篇字里行间屡见旁批校改,而内阁文库本绝无此类现象。

(五)两本各页文字内容起讫毫无别异,甚至文字衍脱讹倒、刻版损坏之处大多相类,但版面字迹的清晰程度颇为悬殊。内阁文库本印制粗劣,墨痕斑驳、墨线横贯、板块缺损、字迹模糊、字形重影等现象连篇累牍,其版面边缘处漫漶尤为显著。上海藏本除刻版损坏处之外,只有个别文字不易辨认。两本文字也间有互异。如卷三十艺文下刘敏宽《河东盐池赋》中一句,上海藏本作"凭分云而眺瞰",内阁文库本则作"凭分云而頵瞰","眺"、"頵"二字异。

综合以上两本异同可知:万历刻版在崇祯二年付印之后有一部分版面遭受损毁,残佚本系在付印本基础上又补刻重印。根据书中内容既不避明讳也不避清讳来推断,其补刻重印时间当在明末清初,流传过程中又缺佚数卷。

三、体例与编纂成就

本志体例严守《明一统志》规制,基本沿袭嘉靖《山西通志》而略有调整,分二十目,设三十卷,目录依次为:

卷一图考;卷二建置沿革(附疆域);卷三星野;卷四山川上(附渠堰、桥梁);卷五山川下;卷六风俗;卷七物产;卷八田赋(附盐政);卷九户口(附徭役);卷十祠祀;卷十一封建;卷十二职官(附公署);卷十三学校(附书院);卷十四古迹(附陵墓);卷十五帝王(附圣母、圣后、圣臣);卷十六名宦上;卷十七名宦下;卷十八人物上(附忠孝、义侠、侨寓、烈女);卷十九人物中;卷二十人物下;卷二十一选举上(附荐辟);卷二十二选举中;卷二十三选举下;卷二十四武备上(附形势、边关、城池、屯田、马政);卷二十五武备下(附将士、边事);卷二十六杂志上;卷二十七杂志下;卷二十八艺文上;卷二十九艺文中;卷三十艺文下。

编纂体例视各卷内容情况而定,其条例大致有四:

(一)卷三星野以二十八宿为序。

(二)卷十一封建、卷十五帝王、卷二十五武备下历代边事、卷二十六杂志上仙释与技术、卷二十七杂志下均以时代为序。

(三)卷二十八至卷三十艺文以文体为纲,以时代为纬。

(四)其余各卷及卷二十五武备下将士、卷二十六杂志上宫室与寺观以府及直隶州为纲,以县及散州为纬。其中府之排列大体以太原、平阳、潞安、汾州、大同为序,直隶州之排列大体以辽、泽、沁为序,其所属县及散州各以近比为序。

与嘉靖《山西通志》相比,是志无论卷次编排抑或内容设置咸有改进增益。

(一)将艺文目调至书末,事典区分,门类排列趋于合理,故多为后志采纳。

(二)人物目增设忠孝、义侠两子目,类型分明,层次井然,亦为后世修志者所取;武备目增设边事子目,实开后志武事之端绪。

(三)《嘉靖志》将有关学校、山川、古迹之诗文"分注于各类之下,以便观览",本书则扩展至祠祀、职官,非但使此类内容充溢人文气息,且颇具存录艺文之功。

四、史料价值

诚如本志卷首凡例所言:"通志,成化甲午督学胡公谧始创其辞,简实无文。嘉靖甲子,周公斯盛重修……郁郁盛哉,莫能尚矣。甲子距今又五十年余,宦迹之隆替,人物之升沉,风俗之醇漓,田赋户口之增减,灾祥休咎之变更,月异而岁不同也。逐款续之。"是志绍续旧志之功不可没。嘉靖末年以后有关山西之事典,赖此志得以纂录。

例如嘉靖七年山西领太原、平阳、大同、潞安四府,汾、沁、辽、泽四直隶州,至万历二十三年,升汾州为汾州府,领汾阳、平遥、介休、孝义、临县、灵石、宁乡、沁源、武乡九县及永宁、沁二散州,治所在汾阳县。万历三十二年,"沁州率所属沁源、武乡改直隶",汾州府实领七县一散州。至此,山西辖太原、平阳、大同、潞安、汾州五府,辽、沁、泽三直隶州。本志如实记录了上述两番建置变迁。其中卷二建置沿革概述汾州升府及沁州改直隶州时间与领辖,卷十六名宦之山西总部及卷十二职官之公署则记巡抚魏允贞首议此举,至卷二十八艺文上冯琦《新设汾州府记》再叙原委详情。由于此事涉及晋省行政诸多方面,且关乎本志编纂体例,故户口、学校等篇也间有提及。又如嘉靖志之于本省当代名宦乡贤,凡"在位在世者亦未敢遽列",及本志所修之日,此忌毋须顾虑,志中嘉靖间三晋各类人物尽载无遗。

出于军事防卫的需要,该志对边墙、边关、堡塞、隘口等地理形形势记特详,顾炎武《天下郡国利病书》多有采撷。如卷二十四武备上载:"宁武关,堡凡十二。东为大河、为阳防、为朔宁;北为神池、为大水口、为利民;西北为黄花领、为土棚、为义井;西为宁文、二马营;西南为西镇。而宁文又实与宁武相为犄角,以扼山西之险。""偏头关……堡凡十有八。关以东为马站、为八柳树、为老营;东北为小营、为水泉;北为峙 、为滑石涧;西为桦林、为楼子营、为罗圈、为杨兔、为唐家会、为五花营、为得马、为灰沟;南为永兴;东南为八角、为长林。"此类资料,多为清初顾炎武编纂《天下郡国利病书》所采择。该卷对上述土堡的设施及人员武器配置也有较详细的反映:"土堡相度地宜,依山据险而为之……官有廨宇,士有营舍,而仓廒草场咸备焉。"语曰:"百人之堡,千人不能攻,其势便也。……每堡择才力者为堡长,次者为队长。堡长得以制队长,队长得以制伍众。每伍十一名为一队,每队奇正各半。队长二人,一统其正,一统其奇。居常则人一陴,奇正相间,一方有急,则三方应援,奇者赴之,正者摄守。又多造火铳、飞炮、佛朗机之类分给堡塞。"

本志所纂集嘉靖、隆庆之际至万历末史实文献多属第一手材料,实为正史及后代方志取材之源。如《明史·薛显传》云:"略大同,获乔右丞等三十四人。"其事见于本志卷十六名宦上徐达条,原文作"遣薛显、傅友德取大同,擒元乔右丞等三十四人以归",不仅反映史料源流,而且可补《明史》徐达、傅友德两传之阙。

再如嘉靖辛丑以来,蒙古鞑靼部首领俺答招纳灵川卫叛卒赵全等,聚集亡命数万,扰边三十年。隆庆四年九月,俺答孙把汉那吉因三娘子事归降总督宣、大、山西军务王崇古,王氏与山西巡抚方逢时共商,奏请朝廷以把汉那吉换取赵全等叛亡,与俺答议和互市,"云、朔四十年风清筅断"。这一事变堪称明代重大边事,亦为我国古代解决民族问题成功案例之一。本志卷二十八艺文上王崇古《北虏俺答款供奏疏》一文,汇编王、方二人筹画此事的屡次奏疏,以及皇帝与兵部的批示答复,详细全面地记载了事变的前因后果,涉及汉蒙双方军事斗争与外交谈判的始末细节。《明史·鞑靼传》、《王崇古传》仅节引本文片断,《明经世文编》亦录之甚微,足见其文献之原始,史料之珍贵。又《明史》王崇古、方逢时二传叙把汉那吉挟愤降明事在隆庆四年冬,实误。据是疏所记,当在其年九月十七日。《明史·鞑靼传》作"四年秋",近是。本志卷二十七《续野史俘叛来降》条亦载此事,可与王疏相为表里。

风俗一篇为本志亮点之一。该篇依据地理环境、经济文化条件、历史传统等因素,揭示晋省各府州县民风习俗,气质好尚,并注意探究今昔变化及其原因,大多精辟中肯。雍正《山西通志·风俗》一篇之内引本志达一百零三条之多,则本志论断之允恰可想而知。尤其篇末总论提出社会风俗关乎国计民生,以及官风对民风的重要影响作用,至今仍有借鉴意义。

艺文志三卷及其山川、祠祀、职官、学校、古迹诸篇存录文献之功尤著,所载诗文间有他书鲜见之篇,可补历代总集、别集之阙失;常见众篇往往与他本文字歧异,亦可资有关学者比勘校读之用。纵览此书所记"国朝"艺文之繁盛,又可知明代嘉靖、万间,山西文坛异常活跃,其中佼佼者不乏其人,当时文苑巨匠足历三晋者亦多有遗篇,当为文学史家所注目。

书中间存纪实性史料,如上述王崇古《北虏俺答款供奏疏》,客观记录当时口语,不失为研究近代汉语词汇、语法之语料。全书'义'、'竞'、'属'等字繁简并用,'黑察山'写作'合察山',踩踏之义以'蹅'字表示,诸如此类,无不透漏出汉字学、方言学方面的重要信息。

利用方志资料进行科学研究,早已成为学界共识,《万历通志》自然跻身其列。兹姑举数例:

王曾瑜在《中国古代的丝麻棉续编》一文中,对山西万历间丝麻棉在纺织品总量中各自所占的份额做过较为详尽的分析,从本志物产、田赋中搜集到太原、平阳、汾州、潞安四府及沁、辽、泽三州有关"农桑丝绢"的统计资料七条,用以证实明晚期山西的"丝麻生产仍占相当大的比重","似还看不出植棉业较快扩张的情况","丝麻棉在纤维作物中呈三足鼎立之势的结论,还是大致可以成立的"。

关于"明代的山西户口数问题",曹树基断言:"据万历《山西通志》卷九户口,洪武年间的户口数与分府资料并不吻合。明代山西省的人口几乎成了一个不变的值,与北方其他四省的情况迥然不同。"

本志卷二十六祥异载潞安府"万历九年四月初一日,郡城北门自阖。是岁大疫,肿项善染,病者不敢问,死者不敢吊。"浅川《万历年间华北地区鼠疫流行存疑》一文据此症状及传染强度认为:"万历年间山西省流行的瘟疫即是大头瘟。"

对于研究晋商崛起于明代中后期的原因,本志虽无专门记载,甚至对经商者持有偏见,但也不乏具有说服力的背景材料。范金民考察万历间山西商帮兴起的地域广泛性时,便援引了本志风俗篇中的有关史料。其文云:"万历时《山西通志》称:平阳府'服劳商贾',属下曲沃县'重迁徙,服商贾';汾州府汾阳县'多商贾,喜华靡',临县'勤于商贾';大同府广昌县'亦事商贾'。"此类材料贬抑之情溢于言表,更显其所述风情真实可靠。

建于万历年间的双塔寺为太原市标志性文物建筑和旅游景点,寺中双塔"为晋奇观",其建造历史颇值研究。本志杂志寺观漏录该寺,不过书中其他篇目显示重要线索:

(一)卷二十九艺文中《傅霖传》:"郡地形左瘠不胜右,缙绅学士建永明寺、宣文塔于东山,以辅不足,推公首事。"

(二)卷二十一选举上太原府进士嘉靖壬戌科:"傅霖,忻州人,参议。"

(三)卷二十六杂志上仙释《福登传》:"太原建浮图于郡城左,慈圣佐以金钱。塔成双峙,名曰宣文。"

五、此志之缺陷

编纂体例逊于前志,欠之严谨者有七:

(一)《嘉靖志》对于同一目分数卷排列而各有附录内容者,于首卷标明'下同',本志惜未循此良规。

(二)《嘉靖志》中"灾祥"单设一卷,本志则与宫室、寺观、仙释、技术合为一卷,殊为不类。

(三)目录与书内篇名不尽吻合。目录"杂志上",书内标作"杂志";目录"杂志下",书内标作"野史"。

(四)目录中武备上"附形势、边关、城池、屯田、马政",武备下"附将士、边事",其实均为子目名称,不当言"附"。

(五)目录中杂志上未标明子目"宫室、寺观、仙释、技术、灾祥",杂志下亦未标明子目"野史、续野史",不及嘉靖《山西通志》眉目清晰。

（六）艺文各文体下大体以作者统帅篇题,但时有同一作者名连续出现;又自御制至乐府皆先列作者,后列文题,而诗以下却将作者置于题后。

（七）大多篇目排列晋省各府和直隶州,依次为太原府、平阳府、潞安府、汾州府、大同府、辽州、沁州、泽州,但卷一图考、卷二十四武备上形势列府以太原、平阳、大同、潞安、汾州为序,卷一图考列直隶州独以辽、泽、沁为序,卷二十三选举下、卷二十四武备上屯田、卷二十六杂志上宫室、寺观、灾祥则又以泽、辽、沁列次。

凡此种种,实属自乱其例。

史料之记载亦不无草率疏漏。如卷一图考各图中只列地名方位,而未显示山川、建筑等地理要素,失之简陋粗劣,还不如嘉靖《山西通志》图文并茂,绘制精良。

卷十五帝王中帝尧都图、帝舜都图、大禹都图、祖乙都图均有目无图,令人望之空欢。

又如卷二建置沿革沁州下云:"洪武初,以附郭铜 县省入。直隶山西布政使司,编户六十六里,领县二,置千户所守焉。"其中漏记由散州改直隶州时间。卷二十三选举下泽州国朝进士洪武乙丑科:"王粹,金事,阳城人。韩（愈）〔俞〕,阳城人。"其中记两人籍贯名称不当重复。依本志选举部分通例,多人同一籍贯,于最后一人下书"俱某地人",此处显然违例。又"韩愈"下漏记其人官职。成化《山西通志》卷十人物、雍正《山西通志》卷六十六科目二并载此人官授"刑科给事中",依本篇通例,此处应予说明。

再如同上卷泽州国朝举人宣德丙午科云"王景,中陕西试,见进士",实则进士科目中未载此人;大同府国朝举人宣德壬子科云"刘文,大同人,见人物",但本志人物篇中实无此人,却见于本卷宣德丙辰进士科。凡此之类,不胜枚举。

修纂翻刻过程中,错简现象颇为严重,文献史料剪裁不当、大段缺漏亦时有发生。

错简之例凡九处:

（一）卷十祠祀依日本内阁文库本补入,该本影印重排时误将原本第十页与第十九页合为一大页（一 六）,第二十页与第九页合为一大页（一 一）。

（二）卷二十三选举下（下同）大同府部分，洪武举人甲午科自郭良至董魁十二人误列入景泰癸卯科。

（三）大同府部分，洪武举人庚子科自吕清至孙翱六人误列入景泰丙子科。

（四）大同府部分，洪武举人癸卯科自郭龄至赵士通十三人误列入景泰庚子科。

（五）大同府部分，宣德举人壬子科自刘文至辛节四人误列入永乐甲午科。

（六）大同府部分，景泰举人丙子科自张温至刘源四人误列入宣德壬子科。

（七）沁州部分，成化举人乙酉科至丙午科误排于弘治甲子科之后。

（八）卷二十四武备上城池第二十七页内容实与第三十二页相接，第三十页内容则实与二十六页相接，第三十三页内容又实与二十九页相接。

（九）卷三十艺文下王道行《游五台》五首分隔数页：诗题下仅存东、南二首，中、西、北三首则误列薛蕙《武侯庙》诗后。

剪裁不当之例，如卷二十八艺文上孙奭《谏幸汾阴疏》，将孙奭给真宗的两次上疏合为一篇，此文删节首次上疏"陛下必欲为此者"句"为"字以下至再次上疏"作善降之百祥"句"详"字以上部分，于是语派割裂，文意残缺。大段缺漏者，例如卷二十九艺文中周经《韩义夫传》截去文末"太史氏曰"一段，则与本卷所收史传之叙评俱全之例不谐。又如同卷裴頠《崇有论》本为名篇，而"若谓至理信以无为冠"至"则有遗而生亏矣"一段未予刊入，似大悖艺文立目存真保全之旨。至于文字之讹误阙脱衍倒，字迹之残损墨涂、漫漶重叠，各卷随处可见，而祠祀一篇文字之辨识尤其艰难。

万历《山西通志》虽然存在上述缺陷，但同它作为一代省志，洋洋大观，承前启后，保存史料文献之贡献，以及对于研究山西一地嘉靖末至隆庆、万历时期的历史文化不可替代之学术价值相比，诚可谓瑕不掩瑜。

六、此志之整理

万历《山西通志》之校点，列入"2006—2010 年山西省史志科学编研课题规划"和山西省地方志"十二五"工作规划旧志整理重点课题，由山西省地方志办公室旧志处组织太原师范学院文学院有关专业的教师实施。整理工作始于 2008 年春夏之交，历时四载。课题组成员及具体分工如下（排名以所校点首卷之卷次为序）：

王卯根（课题负责人）：卷一图考、卷二建置沿革、卷三星野、卷十六名宦上、卷十七名宦下、卷二十六杂志上、卷二十七杂志下。

王增斌：卷四山川上、卷五山川下、卷六风俗、卷十八人物上、卷十九人物中、卷二十人物下、卷二十八艺文上、卷二十九艺文中。

张泽伟：卷七物产、卷八田赋、卷九户口、卷二十一选举上、卷二十二选举中、卷二十三选举下。

韩惜花：卷十祠祀、卷十一封建、卷十二职官、卷二十四武备上、卷二十五武备下。

王娟：卷十三学校、卷十四古迹、卷十五帝王、卷三十艺文下。

校点以上海图书馆藏残佚本为工作底本。此本虽缺山川上、山川下、祠祀、封建四篇及祝徽序文，且其余各卷也间有残佚，但版面字迹较为清楚，所缺内容据日本内阁文库本补入。两本相互参校，择善而从。山西省博物院珍藏"崇祯二年付印本"堪称善本，惜文物制度森严，难以阅览。

全书文字保留原本繁体字及竖排版式，而改从现行古籍分段起行格式，采用与此相应的标点符号体系。校点凡例参照中华书局二十四史校点本体例制定，并依此志整理实际需要补充调整。

标点工作在认真阅读原文基础上，参考相关文献资料及既有古籍整理成果，查阅工具书，反复斟酌确定。校勘过程注重理据及文献依据，力求校出有因，信而有征。校法以他校为主，间用本校、理校。参引资料遍及历代地方志、正史、别史、类书、经籍、诸子、笔记杂著、诗文总集、别集诸类，凡四百零九种。《文渊阁四库全书》、《国学宝典》等电子检索系统，以及"国家图书馆数字方志"网络资源的利用，为校点工作之高效率、参考文献之广密度提供了重要保证。

初稿完成之后，由王卯根、任根珠共同审订全书标点及校勘记，按既定体例编纂。审订编纂中，断句标点之误漏逐一正补，雠勘校记之疏失详加考核，并依据各卷内容体例特点及存在问题提出修改意见。全体同仁砥砺切磋，结合后期校对工作和专家的审稿意见反复修改，屡易其稿。尽管如此，囿于学识水平及资料条件，书中疑不能定之处尚俟完善，种种纰缪亦敬祈方家教正。

2010 年 4 月

（《明万历〈山西通志〉》点校本，中华书局，2012 年）

清雍正山西通志点校本序

于幼军

　　省史志研究院同志送来雍正《山西通志》点校稿,洋洋近千万言,邀我作序。我想,虽然已到山西工作一年又七个月,融入了山西,算是山西人了,但毕竟不是土生土长,对三晋的历史文化缺乏研究,所知有限,作序实在是力所不及。但作为省地方志编纂委员会主任,对这样一部山西方志界近年来的扛鼎之作,作序又实在是职责分内之事,不好推辞。于是只好抽空翻阅文稿和山西历史文化资料。这倒给了自己一个从历史文化角度认识山西、了解山西的好机会。

　　读山西史志,使我对山西的历史文化油然而生敬意。三晋历史源远流长,文化底蕴深厚,是中国民族的摇篮和华夏文化的重要发祥地之一,在中国古代文明史中占有重要地位。女娲补天、夸父追日、精卫填海、大禹治水、愚公移山等发生在晋东、南的上古神话流传千古,形象生动地反映了中华民族始祖们与大自然艰苦奋斗的情形,也昭显了三晋祖先为追求理想而坚韧不拔、顽强进取的精神,是历史留给我们的宝贵财富。传说中的"人文始祖"炎黄二帝曾在山西境内活动,史前尧、舜、禹建都晋南。史载以来,从晋文公春秋称霸起,三晋大地一直是中华民族政治和经济社会活动的核心地区之一。王侯将相层出不穷,历史大事不胜枚举,勤劳智慧的山西人民在这片土地上生生不息,书写了一段段辉煌历史,推动中华文明薪火相传,实在是令人自豪,令人景仰。绵延数千年三晋大地的鸿儒大家、文人学士灿若群星,影响深远,人文历史遗存多不胜数、美不胜收,文物古迹珠串全省、称雄全国,动人传说、传奇故事和优美诗作脍炙人口、传诵千古,民歌戏曲、民俗文化引领风骚、各具千秋,素有中华古代建筑艺术博物馆、中华文明的"主题公园"等美誉,孕育了博大精深、包容并蓄的三晋文化。史赐财富,泽被后人。明清晋商货通天下、汇通天下,称雄中国数百年,使山西成为当时的金融贸易中心,也留下了弥足珍贵的勤俭节约、自强不息、家国至上、以义制利、诚信为本的晋商精神。近代以来,山西英雄儿女为民族独立和全国解放做出了重大的贡献和牺牲。新中国成立后,山西又作为能源基地为全国经济发展提供了重要的能源和原材料保障,代表山西人民精神风貌的"大寨精神"曾为神州强音。历史沧桑,过眼烟云。我国进入改革开放新时期后,拥有曾经辉煌、号称"海内最富"的山西面对变革竞争大潮一度措手不及,未能傲立潮头,经济社会发展水平在全国的位次逐步后移。近年来,省委、省政府带领全省人民锐意进取,吹响了崛起振兴、再创辉煌的号角。回首历史,辉煌成就让山西人民倍感自豪;展望未来,崛起重任令三晋儿女奋起直追。古老的三晋大地正在大步走向现代文明,三千多万人民正在创造无愧于始祖先贤的业绩!

　　以史为镜可以知兴替。雍正《山西通志》成书于清雍正十二年(1734),由一代名儒储大文纂修,规模宏大、考证精赅、体例完备、资料翔实,又经此次山西方志工作者历时14年青灯黄卷、苦心孤诣辛勤点校、编排审定,补其残缺,纠其谬误,更具学术价值和文献价值。是志翔实记载和客观反映了山西政治、军事、经济、文化、民情及诸多方面的历史兴替、成败得失,对我们今天推动山西的改革开放和现代化建设具有积极的历史价值和借鉴意义。我们要进一步挖掘整理山西历史上的宝贵精神财富,科学扬弃和革故鼎新三晋传统文化,更好地认识和把握人类社会发展规律,充分发挥史志资政育人的重要作用,激发三千多万三晋儿女加快科学发展、建设和谐社会的自信心和紧迫感,创新丰富促进山西又好又快发展的思路和举措,努力建设充满活力、富裕文明、和谐稳定、山川秀美的新山西。

2007 年 1 月

　　(于幼军,中共山西省委副书记、山西省人民政府省长,山西省地方志编纂委员会主任)

清雍正山西通志点校本前言

中国的地方志,导源于先秦,2000多年前《孟子》即称道方国之书以《晋乘》居首,《晋乘》即为山西方志之源。山西最早的方志,当为魏晋时期的《上党记》。若以《上党记》为起点,山西方志的编修,至今已延续了1700多年。从魏晋起至民国时期,山西的地方志编修共计898种,其中存志536种,佚志362种。若除去山、水、寺等志,仅按行政区划(从省至村)编修的志书,山西共有方志460种,约占全国现存方志总数的1/20,居全国各省、市、区第8位。

山西现存世以"通志"命名的省级志书共有六部,即明成化、嘉靖、万历和清康熙、雍正、光绪六种《山西通志》。清雍正《山西通志》是我院继明成化《山西通志》之后点校整理的第二部《山西通志》。

一、作者与体例

清雍正《山西通志》,雍正十二年(1734)刻本,二百三十卷。觉罗石麟修,储大文纂。觉罗石麟,满洲正红旗人,雍正五年(1727)任山西巡抚。储大文,字六雅,号画山,江苏宜兴人,康熙辛丑进士,原任庶吉士,著有《存砚楼集》。雍正六年(1728),世宗胤禛复命督修直省通志,供一统志馆臣采择,并诏州县志书60年一修为定制。七年(1729),巡抚觉罗石麟以原翰林院庶吉士宜兴储大文为纂修,开局重修。历时五年,于雍正十二年甲寅(1734)成书,是为雍正《山西通志》,亦称"储志"。雍正《山西通志》博采见闻,较康熙《山西通志》又增关隘、武事、爵封、氏族、辩证、遗事、经籍、艺术等八目。每目之中,又各增十之一二或十之六七,成为一部卷帙浩繁、包罗万象的巨著。纂修储大文,乃一代名儒。他精研地理,于山川形势,多能得其要领。其辩证一类,专为补正地理而作,特为精赅。其经籍一类,乃援施宿《会稽志》、袁桷《四明志》之例,亦大有助考据。故其书在当时被称为名笔,《四库全书》列于《史部地理类》一中,《四库全书提要简明目录》赞其"发凡起例,颇得体要"。该志于雍正十二年(1734)刊刻。迄嘉庆十七年壬申(1812),巡抚衡龄偕提督学政湘潭周系英复取雍正《山西通志》,正其建置沿革之变迁者,略加增补,分注和校勘,以备仁宗 琰西巡时呈览,遂成衡龄校刊本。乾隆间也收入《四库全书》。1968 年台湾省印有影印本。

雍正《山西通志》二百三十卷,分目四十,篇目为:卷一,图考;卷二,星野;卷三至五,沿革;卷六至七,疆域(铺递附);卷八,城池;卷九至十六,关隘;卷十七至二十八,山川;卷二十九至三十四,水利(津梁附);卷三十五至三十六,学校;卷三十七至三十八,公署;卷三十九至四十四,田赋;卷四十五,盐法;卷四十六,风俗;卷四十七,物产;卷四十八至四十九,兵制;卷五十至五十五,武事;卷五十六,骚站;卷五十七至六十,古迹;卷六十一,帝王(分据附、后妃附);卷六十二至六十三,封爵;卷六十四,氏族;卷六十五至七十二,科目;卷七十三至八十二,职官;卷八十三至一百,名宦;卷一百一至一百四十,人物(文苑附);卷一百四十一至一百四十五,孝义;卷一百四十六,隐逸;卷一百四十七至一百四十八,寓贤;卷一百四十九至一百五十八,列女;卷一百五十九至一百六十,仙释;卷一百六十一,艺术;卷一百六十二至一百六十三,祥异;卷一百六十四至一百六十七,祠庙;卷一百六十八至一百七十一,寺观;卷一百七十二至一百七十四,陵墓;卷一百七十五,经籍;卷一百七十六至一百七十九,辩证;卷一百八十至一百八十一,遗事;卷一百八十二至二百二十七,艺文;卷二百二十八至二百三十,杂志。

二、价值与缺陷

清初,山西仍沿用明万历年五府、三州的行政区划,到了雍正年间作了一些改变。雍正二年,原隶太原府之平定州、忻州、代州、保德州,以及原隶平阳府之解州、绛州、吉州、隰州,均升为直隶州。三年增置朔平、宁武二府,并以朔平府统领归化城。六年升泽、蒲二州为府,并将原隶大同府之蔚州改归直隶宣化府。该志"沿革"篇详细介绍了九府、十直隶州及九十六州县建置的历史变化情况。

清代在康熙、雍正年间,采取了一系列恢复和发展生产的措施。兴修水利就是其中重要的一项。储大文据此广搜博采,特以六卷的篇幅记叙了山西全省渠、泉、桥、堰、坝、池、塘的历史和现状以及施工和利用,并注重总结其经验。如转引孝义县邑人宋湛在金代正隆二年开凿济民渠的经验谓:此渠"上下二十里,中间地之出者削而平之,坎者积而坦之,堆阜者凿而深之,缺注者补而完

之,断岸则刳木为槽以通焉"。元代李荣祖在正平(今新绛)开渠的经验是:
"涤其源而疏其流,浚其窒而通其碍,俾行者不漫潢,蓄者不泛滥,或上或下而
顺其势,或分或合而依其经,故田园有灌溉之泽,而川流无壅竭之患,合境皆受
其福。"这些反映山西古代劳动人民兴办水利的经验,在今天仍有重要的借鉴
价值。

是志对物产亦给予特别重视。卷四十七《物产》称:"山西府州产铁之地
十之八九",并记述了汉、唐、宋、元、明、清历代产铁数量、铁冶数目及铁制农
具的生产情况。是志还介绍了汉唐以来历代采煤情况,汇辑了李商隐、温庭
筠、朱弁、于谦等名人关于煤炭的诗句。这就使后人对山西是"煤铁之乡"的
历史发展有了比较系统的了解。这些资料是十分珍贵的。

我国古代地名情况较复杂,既有一名多地者,又有一地多名者,这就给研
究历史地理带来很多麻烦。是志增加"辩证"一门,对山西古地名有疑舛者,
"辩以析之,证以实之"。该志收辑顾炎武《太原辩》、《唐晋辩》,王世家《唐晋
辩》等文,对叔虞封唐的"唐"究竟在何处,薄伐 犹于太原的"太原"究竟在哪
里,他们都不囿旧说,提出了新的见解。这些见解多为今天史学界公认。因
而,《四库全书总目提要》卷六十八著录该志时说,储大文"于地理之学颇能研
究","订证舆记者为多"。艺文门收录诗文甚多,其后通志多不收录,故其价
值不容忽视。遗事收录各书中有关三晋遗闻佚事,可补正史之缺。

该志全书洋洋九百余万言,搜罗宏富,但良莠间杂。如各门目均依府州为
序记述,但大山长河非一府县所能包括者,往往分割多处叙述,查阅不便。是
志失考处颇多,如王安中,本曲阳人,《宋史》误为阳曲,此则据以收入。朱弁
乃朱熹叔祖,而此经籍门收其书,其书为《曲洧旧闻》,而此脱"旧闻"二字。
《涑水纪闻》为司马光所作的笔记,而此既收司马光《涑水纪闻》三十二卷,复
收"范增编司马光纪闻十卷"。司马光之《稽古录》,此误"录"为"鉴"。

三、此志之整理

清雍正《山西通志》现存有三种版本:其一为雍正十二年(1734)刻本,山
西省图书馆、山西省博物馆等藏;其二为嘉庆十六年(1811)衡龄校刻本,山西
省图书馆等藏;其三为乾隆间《四库全书》本,北京图书馆等藏。1968 年,台湾
省曾影印嘉庆衡龄本,山西省史志研究院等藏。1993 年,山西省地方志办公
室自北京图书馆购得《四库全书》本复印件和胶卷。我们则基本依中华书局

点校二十四史的体例制订凡例,由我院方志所第三编研室组织山西大学师范学院(现改名为太原师范学院)中文系古籍整理研究所的专家学者点校该志。参与点校的人员有:王君、王卯根、任根珠、李可风、李蹊、苏仰光、杨冬生、张瑞君、张丽芬、郑宝兰、储仲君、谭莉芳、薛晓蔚。由储仲君、李蹊、任根珠担任总点校。陕西师范大学李裕民教授审阅了全志的校勘记。由中华书局出版。

此志原脱误较多,校勘特别费力,但点校者均十分认真、仔细,找历代正史、文集及旧志作他校,写出详尽的校勘记。但对一部通志稿而言,校勘记分量过重,占篇幅过大,且不便阅读,所以在方志所三室、外聘审稿人员及中华书局共同审稿的过程中,均不同程度地作了适当删削。总之,此志的整理出版,是太原师范学院中文系古籍整理研究所的专家学者、本院方志所第三编研室、外审人员及中华书局共同努力的成果。此后,我院将继续按全省旧志整理规划的要求,有条不紊地对山西省的旧方志进行系统整理,坚持"古为今用"的原则,发掘古代文化遗产的精华,为建设文化强省、繁荣三晋文化贡献力量。

2005 年 10 月

(《清雍正〈山西通志〉》点校本,中华书局,2006 年)

清雍正山西通志点校本跋

  清雍正《山西通志》点校本终于脱稿了，千万字的书稿，集众手之力，耗时达一十四载，如今将同世人见面了。非参与之人，实难感悟其中之甘苦。当时的黑发人，而今已鬓染霜花；更令人遗憾的是，参与点校的苏仰光、杨冬生二位学者，已驾鹤西去，难以闻到是志的墨香味了，着实令人唏嘘不已。

  是志的点校工作，于 1993 年初与明成化《山西通志》、清乾隆《山西志辑要》同时起步，后两种分别于 1998 年 11 月和 2000 年 9 月，由中华书局出版。清雍正《山西通志》点校稿虽于 1998 年 10 月即完稿，但因我当时正忙着组织编纂《山西大典》，难以分身审阅，故拖延下来。直到 2000 年 8 月在《山西大典》脱稿后，我才能抽出身来，审阅点校稿。审校历时两年半，于 2003 年初开始排校。排校期间，经历了六次校对，三次外审，两次质检，才达到了今天的出版水平。

  在是志的编校中，我们对原书中的图、标题及今人的校勘记作了如下变动：

  一、图。原书中的卷一《图考》、卷二《星野》，分别插有 41 幅地图和 10 幅星宿图，但因其均已漫漶不清，我们依照原图重新进行了勾绘。

  二、标题。原书中的标题，极不统一，我们采取了四种方式加以处理。一是原文标题不分字号大小，整齐划一排列；为醒目起见，点校本按省、府、州、县行政规格的不同，分别用不同字号标示。如第三卷至第五卷《沿革》，第六卷至第七卷《疆域》，第八卷《城池》，第九卷至第十六卷《关隘》，第十七卷至第二十八卷《山川》，第二十九卷至第三十四卷《水利》。二是原文中标题不全的，点校本分别加以补充。如第三十五卷至第三十六卷《学校》，第三十七卷至第三十八卷《公署》，原文仅有府名标题，而无州、县名标题，点校本分别补充了州名和县名标题；如第一百零一卷至第一百四十卷《人物》，第一百四十一卷至第一百四十五卷《孝义》，第一百四十六卷《隐逸》，第一百四十七卷至第一百四十八卷《寓贤》，第一百五十九卷至第一百六十卷《仙释》，第一百六十一卷《艺术》，原文中仅有府及朝代标题，点校本均增补了人名标题。三是原文中无标题的，点校本根据实际情况和需要，分别增补了标题。如第四十八卷至第四十九卷《兵制》，内文无标题，点校本按镇、协、营、城、堡等，分别增补了标题；如第八十三卷至第一百卷《名宦》，内文无标题，点校本增补了人名标题。四是原文中的标题，与正文同行、中空一字距；点校本将标题单独占行编排。如第四十七卷《物产》，物产名称同行排列，点校本另立标题排列；第一百八十二卷至第二百二十七卷《艺文》，作品名称与作者人名同行排列，点校本将二者分别立题排列。

三、校勘记。我初次审阅书稿时，即感到校勘记显得过多，但当时因无法计算字数，便未进行大的删节，只把其中个别不合适或不妥当的内容，适当删改了一小部分。排校基本完成之后，感到260余万字的校勘记确实太多，便进行了压缩，缩减成180余万字。为确保校勘记的质量，复又将经我删节的校勘记校稿和删改后的新样，一并送陕西师范大学李裕民教授审定。经李裕民教授复审，除增加个别条目外，又进行了进一步的删节，遂定稿。中华书局一审中，还嫌校勘记文字量过大，又进行第三次删节，并提出增补部分校勘记内容的要求。我按中华书局的要求，又对全书的校勘记进行第四次删节，并增补近百条校勘记。校勘记最后定稿为150余万字、8007条。经中华书局第二次审稿，并达到付印出版标准。

是志的付印，历尽周折。经历了六次校对，中华书局两次审稿，本院两次质量检查，无论是校对、审稿，还是质检，在我参与编纂的书稿中，均是破天荒的第一次。千斤重担卸下之后，我并没有那种顿觉轻松的快感，却仿佛没有了支撑，像散了架一般。点校本的出版，其质量的优劣，还有待社会和历史的检验。

余才疏学浅，虽从事文字编辑工作三十余年，但从事方志工作仅十七八年，于方志学仅进入一个初步的认知阶段。担任雍正《山西通志》点校本的总审校，亦有冒天下之大不韪之嫌。而身为山西人，能献微芹于家乡父老，并为三晋的文化建设事业添砖加瓦，即余愿足矣。再者，是志点校本的完成，是集众手之力而告竣的。雍正《山西通志》点校本,始终是省政府"九五"、"十五"、"十一五"时期的重点文化项目。点校工作起始于省地方志办公室时期,原省志办主任杨志贤对是志的点校给予积极的支持,领导和参与了前期的准备工作。点校工作完成后,原省史志院院长梁志祥亦十分关注是志的审校编排,并对审校工作提出了具体要求。待我审校完点校书稿后,原省史志院副院长侯文正对点校本的排校工作也给予支持和关注,并对提高编校质量提出了具体意见。本院的樊吉厚院长、张铁锁副院长,具体领导并组织了是志的点校、编排及审稿,做了大量艰苦细致的工作。在财政经费没有到位的情况下,地方志研究所从办公经费中挤出二十余万元,支付排版、校对及审稿费,才使得后期编、校、审工作顺利进行,并得以圆满结束。在此,谨代表点校人员和编校人员,对他们深表谢意。

是志卷帙浩繁,又是集众手之力而成,差误在所难免,敬希读者指正。

2006 年 10 月

(《清雍正〈山西通志〉》点校本,中华书局,2006 年)

清乾隆山西志辑要点校本前言

　　我国的旧方志是一个巨大的资料宝库。当代方志学和方志编纂工作,立场、观点同封建社会的旧志截然不同,方法也自然有异。但封建时代写成的方志,保存下来很多史料,我们可以而且有必要参阅研读,去伪存真,加以吸纳,作为我们新方志内容的组成部分,才能构成一个完整的地方发展史。至于编纂的体例和方法,吸取前人旧方志的编写经验和教训,取其所长,对我们编纂新方志也是十分必要的。

　　山西,历代方志大约有八百多种,其中现存四百多种。本轮修志工作开展以来,我省即按照中国地方史志学会《中国旧志整理规划方案》(草案)的要求,贯彻古为今用的原则,把编纂新志与整理旧志结合起来,同步进行。到目前为止,全省已整理出版省、府、州、县等各类旧志达百十余种,其中省级旧志已整理出版成化版《山西通志》、光绪版《山西通志》两部,翻译出版民国期间日文版《山西省志》、《山西大观》两部。乾隆版《山西志辑要》是按计划整理出版的第五部省级旧志。实践证明,在编纂新方志的实践中,及时提供旧方志中的历史资料为现实服务,为编纂新方志创造条件,发挥了很好的作用。

　　《山西志辑要》为清乾隆四十五年(1780)刻本,雅德修,汪本直纂。雅德,满洲人,乾隆四十四年(1779)由侍郎擢山西巡抚,次年调抚陕西,转任河南巡抚,乾隆四十六年(1781)又调抚山西,同年底改任广东巡抚。清乾隆三十一年(1766),清廷准备再修一统志,通令各省续纂志书以备采择。同时,为备高宗弘历巡幸五台时呈览,山西巡抚雅德乃命绛州通判汪本直节采雍正版《山西通志》,删繁就简,厘为十卷,前有卷首一卷,名曰《山西志辑要》,于乾隆四十五年(1780)付梓。该志与一统志比则加详,与通志比则加择。不以类分,而以府州县分编,盖遵《大清一统志》体例。

　　《山西志辑要》首卷为省志,备载山西之分野、沿革、疆域、职官、户口、田赋、宦迹,以昭一省之梗概。然后以府州分编为十卷。卷一,太原府;卷二,平阳府;卷三,潞安府;卷四,汾州府;卷五,大同府;卷六,朔平府、归化城、宁武府;卷七,泽州府、蒲州府;卷八,辽州、沁州、平定州、忻州;卷九,代州、保德州、解州;卷十,绛州、霍州、隰州。

该志在全省及各府、直隶州卷首,分别绘省、府治、直隶州治等图共22幅。沿革、疆域、职官、户口、田赋、宦迹诸门,各府志、直隶州志与省志略同,唯不载职官、户口,而增入风俗、城池、学校、人物、列女诸门;各散州、县与各府志略同,唯不载户口、风俗,而增入山川、古迹,关隘津梁并为一门,驿站附后,祠庙陵墓并为一门,寓贤、仙释、物产,有者隶之,无者阙如。

《山西志辑要》的主要特点表现在两个方面:其一,篇幅短小,文字精炼。就现存的几种《山西通志》而言,少者二三百万言,多者达五六百万言,翻检极不方便。与雍正版《山西通志》相比,该志字数仅为雍正本的五分之一,择其要点而录之,属省志的一种普及本。其二,篇目编排遵循《大清一统志》体例,接省、府(州)、县编次,逐一介绍,便于翻检。该志虽是雍正本的辑要,但体例却另立新格,给人以耳目一新之感。因此,该志的整理出版,也为我们编纂新编《山西通志》精编本提供了可资借鉴的宝贵经验。

此次重印,由太原师范专科学校和本院地方志研究所第三编研室共同组织人员进行了标点、断句、校勘,并经中华书局审阅出版。

旧志整理是一项长期的艰苦而严谨的工作。我省现存的旧志是一座丰富的史料宝库。我们将按照《中国旧志整理规划方案》(草案)的要求,继续有步骤地对山西省的旧方志进行系统整理,尽可能多地发掘古代文化遗产中的精华,为山西的社会主义现代化建设服务,为编纂新方志提供借鉴。

2000年7月

(《清乾隆〈山西志辑要〉》点校本,中华书局,1999年)

山西旧志二种序

樊吉厚　张铁锁

我国是一个历史悠久的国家,是世界文明发达最早的国家,有几千余年有文字可考的文明史。历史文化典籍浩如烟海,仅就地方志而言,截至 1949 年,出版的通志、府志、州志、县志就有 8000 多种,而这些汗牛充栋的历史典籍,随着时间的推移,或因保护不善而霉烂,残缺不全;或个别字词不清;或因抄录,重版再刻而以讹传讹,失去原意;或"章句相溷,上下谬乱"(刘向《说苑叙录》)等。为了使旧志能够得到更好的保护和利用,通过整理,补其残缺,纠正谬误,恢复原貌,是一件功德无量的大好事。特别是对于珍本、孤本、善本的整理,其意义则更显突出。

旧方志中记载的大量历史资料,对于当今的"三个文明"建设具有极其重要的参考价值。尤其是在 21 世纪提倡可持续发展的今天,加强对旧志文献的整理研究与开发利用,在继承悠久人文传统、实现科学发展观,弘扬人文精神、构造和谐社会,营造人文环境、提升区域发展竞争力,提供地情资讯、服务当地社会经济文化建设与发展等方面,山西旧志二种将发挥重要作用。

同时,要将旧志整理与研究结合起来,将新一轮地方志的编幕与旧志整理和开发利用结合起来。回顾首轮修志工作,无论新方志有多少创新和发展,都不是凭空从天而降的,而是旧方志的继承和发展。而如同旧方志编纂理论始终处在不断发展中一样,新方志理论仍然是在继承传统优秀方志理论的基础上发展起来的。从某种意义上讲,新志是旧志的延伸、继承和补充。方志工作者一定要提高对整理和开发旧志的认识,要认识到旧志的重要价值和作用,要把旧志整理上升到与编修新志同等重要的地位。如果忽视了这一瑰宝,那么我们编修新志也就失去了意义。

《山西旧志二种》是山西省史志研究院整理出版的又一部力作。该书汇集的清宣统《山西乡土志》、民国《山西风土记》二种旧省志,均为未刊行于世的稿本,其史料价值弥足珍贵。

我们衷心地期望,《山西旧志二种》的整理出版,将会为人们了解山西历史,查阅古代资料,借鉴历史经验带来极大的方便,也将会对推动全省的政治文明、物质文明、精神文明建设发挥积极的影响。

(《山西旧志二种》,中华书局,2006 年)

山西旧志二种前言

山西的旧方志,是山西省重要的历史文化遗产,是研究山西政治、经济、军事、文化必不可少的珍贵资料。认真搞好旧志整理工作,不仅可以为摸清地情,加快社会主义经济建设和文化建设服务,而且可以为编纂新方志创造良好条件。山西在历史上,就有翻刻旧志的传统,但大规模的整理旧志却是从20世纪80年代首轮修志工作开展之后兴起的,所取得的成果超过了明、清和民国时期的总和。据初步统计,自1979年至2005年,山西共整理刊印旧志137种,其中省志6种,府志12种,州志25种,郡志2种,县志63种,乡土志3种,山、水、寺等志7种,分类整理19种。

《山西旧志二种》汇集了清宣统《山西乡土志》和民国《山西风土记》二部省级旧志。其后还附录有民国《山西省志》(日译中)。之所以合集出版,是因这几种旧志均字数较少,合集出版可使其零散资料集约化,更便于保存和流传、研究和利用。

一、清宣统《山西乡土志》

《山西乡土志》为清宣统二年稿本,冯济川纂。冯济川(1859—1928),字秋航,山西孝义石像村人,故自号石像山人。清末及民国初期,三晋杰出的教育活动家、山西省著名的藏书家。幼年聪颖好学,后就学于汾阳西河书院和省城晋阳书院。光绪二十年(1894)甲午科中举。清末,曾任陕西长安县知事,陕西高等学堂国文教习。光绪三十年(1904)东渡日本,就读于日本明治大学之分校经纬学堂。次年七月学成归国,执教于山西师范学堂。光绪三十二年(1906)春,在太原创办全晋公立中学堂,被推为教务长。在孝义兑九峪(今兑镇)创办高等小学堂,在太原创办公立女子学堂。民国元年(1912)5月,被学部委任中央教育会议员,山西仅此一人。翌年任省议会议员。晚年回归故里,边教书边著述。一生著述颇丰。秋航一生以兴学为己任,被誉为“山西兴新学之先声”。民国十七年(1928)病逝。享年70岁。

《山西乡土志》为国内现存最早的省级乡土志。全志分列沿革、疆域考、区域、形势、山脉、河流、气候、人民风俗、宗教、学校、教育、学派、士风、望族、历代人物、名宦、古迹、艺文、农业、果属、矿产、商业、工业、田赋、币制钱法、金石记目录、碑碣等二十七(篇)。全志5万余字。该志是作者为初等小学编写的乡土教材。即如该志"凡例"中所言:"乡土志者,所以感发人爱乡土之心,继往开来,并求改良而进步者也。"冯氏之良苦用心,跃然纸上。

二、民国《山西风土记》

《山西风土记》为民国年间稿本,石荣暲纂。荣暲,字莨生,湖北阳新人。清光绪二十八年(1902)于山西政法学堂毕业,历任行政司法各职。宣统元年(1909)在山西调查局任法制科股官,负责调查沿革、民情风俗,撰成《山西民情风俗报告书》。民国成立后,时隔"二三十年",经作者修改易名为《山西风土记》。稿本原藏于中国科学院文献情报中心,我院购得复印件并点校整理。

《山西风土记》共设六篇、四十四目:民族篇第一,分列种族、户籍、性质、语言、大族、世家、巨绅、富室、侨居、寄籍等十目;食用篇第二,分列常服、礼服、丧服、皮服、食品、食事、瓜　、蔫酒、居处、市廛等十目;职业篇第三,分列官绅、士子、农夫、工匠、商贾、兵勇、书役、杂业、无业等九目;教育篇第四,分列学舍、学制、学堂、女学、私塾、学童、游学、广学、智识等九目;宗教篇第五,分列教类、祀典、祈祷、斋戒、迎神、朝山、寺庙、巫觋等八目;礼俗篇第六,分列宗族、生子、婚嫁、丧葬、祭祀、交际、节令、娱乐等八目。全书5万余字。

其后,附录了民国《山西省志》(日译中)。该志为民国九年(1920)刊本。日本东亚同文会编,(日)小平川吉、根津一修,山崎长吉主编。是书以东亚同文书院调查取得的第一手资料为依据,由东亚同文会主编而成。东亚同文会是一个以官方为背景的民间组织。名曰东亚,实则重点指向中国。为本书写序的该会干事长(实际工作的负责人)小川平吉,当过日本政府的铁道大臣。其子小川平二,是日本自民党高级官吏,当过日本政府的三任大臣。同文会在上海办了个同文书院,从日本国内招生,送来上海学习。毕业生大部分成为对华工作人员,后来有的就成为侵华骨干。民国三十四年(1945)第二次世界大战结束,同文会、同文书院也就偃旗息鼓了。该书调查工作着手于清光绪三十四年(1908),即日(本)俄(国)战后三年。当时日本已侵占中国台湾省,染指东北,蓄意并吞朝鲜,霸占东亚的态势初步形成。成书于民国九年(1920),正值第一次世界大战结束,日本继承了德国在远东的利益,提出了旨在灭亡中国的"二十一条",这时日本侵略势力已妄图变中国为它的殖民地,在各方面做侵华的准备。该书原藏大连图书馆,我院购得复印件并翻译整理。

《山西省志》是《中国分省全志》的第十七卷,共设十编:第一编,山西省总论;第二编,城市;第三编,交通运输与邮电;第四编,主要农产品及销售渠道;第五编,工业;第六编,山西的矿产;第七编,畜产;第八编,进口及外地产品;第九编,商业机构;第十编,金融货币及度量衡。全书50余万字。

是书虽名曰"全志",然而体例芜杂,除第一编"山西省总论"概述全省自然面貌外,其余均是经济、城市、交通运输等情况的调查记录。有的地方记述特别细致,如井水之甘苦,道路之夷险,运输之能力,物品及劳动力之价格等,都逐邑作了记述。其至村庄与村庄之间的距离,都是用计步器实地测量的结果,并与当地传统说法相比较。日军侵华期间,我方缴获日军的军用地图,其资料来源均出自该书。不难想象,日本人有此一编,就可以人马恣其行,货物畅其流。这就突出地表露出该书作者的真实企图。

是书尽管内容不乏失实之处,体例也不尽完善,但仍不失为一本值得一读的书:其一,可以知道当年有些日本人处心积虑,不惜工本,纂修是志的真实目的昭然若揭。读后可加强我们的民族观念,激励爱国热情。其二,尽管内容浅陋,文字芜杂,然而却是实地调查所得,并非人云亦云。其三,当时我国政府颠顶,无暇自顾。是志毕竟给我们提供了一些民国初期的历史资料,对编修新志还是有一定的参考价值。为了使读者看清日本人编纂此书的根本目的,我们依然保留了原书的两篇《序》,供读者阅读时参考。

《山西旧志二种》的主要特点:其一,《山西乡土志》、《山西风土记》二志,均为稿本,未刊行于世,弥足珍贵;其二,《山西乡土志》为国内现存最早的省级乡土志,是方志知识普及学校实施"教化"的范本,对我们今后编纂乡土教育读本有可资借鉴的宝贵经验;其三,《山西风土记》和《山西省志》,保存了民国时期有关山西的风土民情、经济社会等多方面的资料,为今天编纂社会主义新方志提供了较为珍贵的历史资料。

此次重印,由我院方志研究所第三编研室组织人员进行了标点、断句、校勘、翻译,并由中华书局审阅出版。

建设山西的特色文化,继而达到建设文化强省的目的,首先要实现山西历史的古今衔接,即把旧志整理工作提高到与编纂新志同等重要的地位,以此作为"代表先进文化前进方向"的平台和切入点。整理旧志,亦是文化系统工程中的重要组成部分,对研究山西传统历史文化会有极大的帮助,对资治、存史、教化亦会大有裨益。我们将继续有步骤地对山西省的旧方志进行系统整理,为编纂社会主义新方志提供借鉴,为山西的经济建设和社会发展服务。

2005 年 10 月

(《山西旧志二种》,中华书局,2006 年)

新方志"概述"点评序二

来新夏

　　自上世纪八十年代首轮新编方志在全国范围内全面展开以来,气势蓬勃地走过了近三十年的历程,并已转入第二轮修志阶段。在这关键时刻,对首轮修志事业进行全面回顾,总结经验,吸取教训,十分必要,但不需要满篇官话、空话和套话的文章,而需要认真研读,细节分析,做出褒贬得当、具体深刻、言之有物的论述,令后来者有所去取与依傍,为第二轮修志提供详明具体的借鉴。我曾想对首轮修志中的大量创意,进行探讨,议论是非。但年高体衰,力不从心,惟非常期盼有志者能对此有所贡献。适逢其时,山西任根珠先生以其新著《新方志"概述"点评》一稿请序于我,不禁大喜过望,即允其请而通读其全稿。

　　任君根珠从事方志编研工作二十年,为山西修志事业主编刊物、整理旧志、编纂地情丛书、汇集资料及志书评审等项工作,尽心竭力,卓著劳绩。科研成果累累,鸿篇巨制,蜚声志坛。前者,我曾览读其《山西大典》与《西樵志语》二书,并曾应请为其《西樵志语》作序,有云:"展读任君《西樵志语》文稿,确乎有学有识,耐人寻味,一气读竟,自愧暮年学殖之荒疏,深慕后起者之精进不已。"集中所收诸文"于旧志整理与研究,继承与参考,树立模式。于新志体例之探讨,分析详尽,有理有据,不仅总结二十年修志实践中之经验,亦足备后来者之参考借鉴"。时隔十年,任君复以《新方志'概述'点评》新著见示,足证任君之奋进不已,笔耕不辍之精神。

　　"概述"一体为首轮新编方志之创意,大多数志书竞相采用,效果甚佳,而究以何种体例为宜,则众说纷纭,莫衷一是。我虽于此无专题论述而为各志撰序时则多所涉及,如《平遥县志序》有云:"概述为旧志所鲜见,而为新编志书之再创体,其体甚善,既可括一地之盛,复能得一书之要。今编新志,无不有此一篇。虽写法多有不同,而已共识其为此新志构架不可或缺之一重要组成部分。"于《许昌县志序》中有云："概述为新编方志所独具,纵览新编诸志,体例各异,尚难划一。《许昌县志》之概述,言不足万字,而古往今来之天地人各方面,均见于笔下,而全书内容复得提挈。其言简,其意赅,既方便于一般需知县情者,又启示欲知其详者之求读全书,诚可谓得概述之立意。"至《武都县志序》尤得概述之大要云:

"概述为旧志所罕见,而新编方志之立概述,似已为大多数人所认同。综观当前各志,写法有三:一全志浓缩法,将全志浓缩提炼,成万字之篇,置之志首;一特点勾勒法,将地方特点要言不烦,写意勾勒;一分段提要法,按全书大篇区划,等分撰写提要。三者是非优劣,尚难定评,而概一地之要抑概一书之要,亦尚有争论。愚以为概述既是一书之要,也是一地之要,最要者应为'引而不发'。概述应引人粗识其地而急谋读其志。迨一志在手,通读全志,则其地之天地人诸端,可了然于胸。"

1988年3月初旬,我应指导小组之邀,参加萧山、渭南、玉山三县志书评论时,曾专题论辩概述有云:

"当前绝大部分县志都设置了旧志不经见的概述,这种安排似乎已为大多数人所接受;但概述的写法却有所不同。《渭南县志》以前言代概述,这个写法是舍难就易的聪明办法,它分两部分,前半是地质、经济、社会、人物诸方面的简述,后半则为编辑说明。《玉山县志》将概述分为十段,分述全县各个方面,可收层次分明、易于成文之效。《萧山县志》则综合全志,作写意式概括。各有千秋,本无需强求一律,但愚以为有一点似宜明确,即概述非概论,更非概说,而是全书精华的提炼。概述不必作未来的预测,也不需向当政者献策,而应以能引发读全志之兴趣为要。设读概述而不欲读或不需读全志,则概述失其本旨。设读概述而急于通读或翻检全志,则概述得其本旨。概述文字不宜过长,行文可不排顺序,不设章节,总以高屋建瓴,一气呵成为尚。"

虽然如此,我之所言,终为寸纸短笺,非若任君《新方志'概述'点评》一书之内涵丰富,论述详明。任君所著,确具承先启后之效能,故我乐为之序。

山西省史志研究院在二轮修志之始,能将《新方志'概述'点评》列入省委、省政府制订的"史志科研十一五规划"内,并倾力支持。这样做的好处:通过对"概述"这一涉及志书的重要部分,通过某位专家的集中研究,再广泛吸收参与意见,形成最新成果,这样可更加容易使大家对"概述"篇看得更加透彻。

　　概述为首轮新编方志的重要创意与构件,亦为二轮修志关切要点,任君于此切入,可谓得其窍要。任君以全国31省市区首轮新编市县两级志书之概述为研究基础,尽数年搜集、整理、研究之功,撰成一书,其资料之丰富深厚,可以概见,则其辨章论述自可征信。

　　全书共分三大部分:一为《总论》,首为对概述之理论研究,使读者对概述之源流、功能与作用、特点与内容、名称与体式以及写作等基本理论概念,得一开宗明义之了解,并以之统摄全书。继对百五十篇概述进行比较研究,对概述方方面面,进行详尽细致之研究,比较其优长与不足,辨析其数字、史实、语言、标点之差误。以警示来者。

　　第二部分为《百五十篇"概述"点评》,所收各篇,皆经筛选,于概述本文之前,皆写一数百字的点评,简述其篇幅、内容与体式,略评其得失、优劣。言简意赅,文约事丰,妙笔圈点,颇堪回味。而循读各概述本文,又时见有夹注,大者如人名、地名、物名之误,小者如标点、用字、句法之讹,皆一一注出,示人以力求完备之意。既可作读概述之选粹本,又得见易出错讹之情状,其义至深,其用至弘。

　　第三部分为《"概述"篇论文集萃》,共37篇,首列志坛耆宿董老一博先生之三论概述编之设置。董老生前指导各地修志,异常重视概述编之设置,曾就所见,成雄文三篇,并一再告我概述为全志之灵魂,一篇好概述,当为全志增色五成以上。善体斯言,可知概述之重要,其他多篇亦皆时贤深切体会之作,可供参考与借鉴。

　　全书体现理论与实践相结合之要蕴,非托诸空言者可比,而尤可贵者,任君面对百余作者,就事论事,坦率评论,为志坛树正确批评之风气。浏览《点评》一过,无趋时迎合之媚态,学术境界,可谓不俗。虽仅就"概述"一隅立论,但鞭辟入里,颇有见微知著之效。有此开端,继起者当闻风而动,如大事记之研究,志文之分部研究,附录之研究等等之问世,将可拭目以待。分而论之,合观全貌,则不仅总结首轮修志,亦为二轮修志作依傍。善乎其二美具矣!惟见仁见智,各有所得,读是编者,务不囿于任君之所言,而能亲读"概述"原本,简练揣摩,独立思考,自纾心得,则与任君所言,相辅相成,切磋砥砺,则志坛之春天将纷呈异彩,二轮修志必将有所超越,煌煌志业,更增颜色。山西省方志部门的努力也很有独到之处。我于此固有期待焉。是为之序!

　　　　二零零八年四月写于南开大学邃谷,行年八十六岁
　(《新方志'概述'点评》,中华书局,2008 年;《中国地方志》2009 年第 1
期)

新方志"概述"点评序三

魏 桥

2008 年初夏，我有幸读到三晋大地方志同行任根珠同志寄来的《新方志'概述'点评》书稿，翻读之后，爱不释手，思绪万千。

"概述"（或称"总述"、"综述"等等），是当今各级各类志书的一个显要的组成部分，早已引起当代方志人的重视。其间有过不少论文发表，也有大量实例问世。至今志人尚在思考，仍在撰写。可是，如此系统、完整、深入地研究"概述"，评论"概述"的专著却是十分罕见，今天终于见到了。

《新方志'概述'点评》称得上是"概述大全"。全书的设计合理，分三大部分。一曰"总论"，探讨"概述"的源流、功能、特点、体式等等。作者高屋建瓴对"概述"进行总体评论，高而不空，概而不虚，言而有据，发人深思。二曰"点评"，取百五十部志书的"概述"分别一一点评。收书不易，精读耗时，点评尤难。这些点评，既有肯定，又指出问题，合情合理，恰到好处，令人信服。三曰"集萃"，收录论文 37 篇，不少是言之有物的著名之作，录以备考，十分必要。细看全书，这三者是有机合成，相互补充，又相得益彰。可以这样说，关于"概述"从缘起、发展到实践的诸多方面，似乎书中已经尽说，再也无话可说，也不必多说。因此，现在我说的只是关于"概述"的一些"题外"之言，与同行探讨。

其一，"概述"除了探讨著述本身立意、行文之外，还应分析该文是否准确、扼要、深入地反映当地实际。这一点当地人最有发言权、评判权，要听一听当地干部、同行的读后感和建议。

其二，"概述"既是单列的一篇，又不是孤立的。剖析"概述"的得失，不能不统观全书。思考"概"后是否有"详"，与全书是否相互呼应，融为一体，而不是光彩的孤立，也不是简单的重复，更不是前后抵牾。

其三，"概述"经过二十余年的锤炼，似应进一步细化，认真分析首轮志书与二轮志书、续修志书与重修志书、南方志书与北方志书以及各类志书所撰"概述"的共性和个性、优点和缺点,从中窥见"概述"不同的类型,各具的魅力和与时俱进的足迹。

其四,"概述"的体式该书已概括为"浓缩式"、"策论式"、"特点式"、"纵述式"四种。应该说还留有很大的空间,可供今人去创造、发挥。我始终认为"概述"的形式应该多多益善,既要合格,又要不拘一格,放开手脚来创造。

由书见人,可以看出根珠同志痴迷修志,兀兀穷年,精读如此众多的方志,又潜心研究评析,指导修志,这种精神实在值得我们崇敬和学习。同时,对山西省史志院以及方志所的领导、专家对该课题给予的支持表示敬意。

二零零八年五月于杭州
(《新方志'概述'点评》,中华书局,2008 年)

新方志"概述"点评序四

曹振武

　　继《西樵志语》后，任根珠先生又撰成《新方志'概述'点评》，前者是对新方志编纂诸般问题的综论，后者是针对新编市县区志"概述"篇值得探讨的实践与理论的专著。全书180万字，有如下四个突出特点：

　　一、资料丰富。所选150篇"概述"，涵盖全国31个省市区，而且其中70%以上的"概述"系各省市区了解当地志书"概述"篇情况的志界同仁提供，可代表第一轮修志成果中"概述"的编写水平。广征博采，全面真实，集纳成册，论之有据。

　　二、志书评论的创新。在各类方志理论著述和方志刊物发表的志评迭出之际，《新方志"概述"点评》一书独辟蹊径，从不同的视角，用别具一格的方式，详细而准确地介绍了首轮编纂的市县两级志书"概述"篇的基本面貌，条分缕析，进行恰如其分的评价，肯定优点，直言不足。不仅对修志人员加深对"概述"篇的了解和认识提供了借鉴、参考、操作的极好范例，更是对方志理论研究的有益探索。

　　三、实践与理论并重。本书选材广泛，优次兼收，前有"总论"，中置"点评"，尾缀"集萃"，学术性、实践性与理论性融于一体。编著者态度认真，据实举事，择善而从，严谨而缜密。虽不能说每篇点评皆采山之铜，却不同于一般辗转相贩者草率之作，直击要点，有理、有据、有节，既反映出新方志"概述"篇内容丰富多彩、表述形式多样的现实，也是对"概述"理论研究的进一步深化。

　　四、开拓方志评论新境界。积极开展方志评论是提高志书质量不可或缺的举措，是促进、引导、造就新一代高水平志书的良策。像本书这样汇集百五十部志书"概述"进行比较点评，可以说是在志评方法和志书理论研究领域开拓了新境界。同类相比寻亮点、找差距，提出完善提高的意见和建议是个好办法，没有比较就没有鉴别。本书作者即是在细读原文并详加比较后，对"概述"内容、体例、编写技巧进行全面点评并升华为理论。总结了新方志"概述"篇经验教训,后续志书编者可从中得到启迪、感悟。

任根珠先生在完成繁重的本职工作外,用十年业余时间披星戴月,苦读钻研,终结硕果,体现出他有志于志,爱岗敬业,力争有所作为的一贯作风。受篇幅和点评体例的限制,本书亦有诸多不足,如有些体式分类欠明,有的过于宽泛,有的又失之过苛,评语中有的不够妥切恰当。另外,还有些颇具特色的"概述"漏选。

我作为一名志苑老兵,对史志院方志所对二轮修志所做的理论努力和对该课题的大力支持表示肯定。

二零零八年五月于并州

(《新方志'概述'点评》,中华书局,2008 年)

新方志"概述"点评跋

　　岁月悠长,人生苦短。由新闻界跨入方志界,至今已历二十寒暑。想当年风华正茂,血气方刚,而如今鬓染霜花,体衰力竭。每每伏案,多有力不从心之感。回眸书架,顿又生发出几丝豪气,新书的墨香,又勾引着我在几案上爬行。

　　从事方志工作二十年,主要干了几件事:一是主编刊物。从新闻界跳入方志界,"冷""热"对比分明,志界同仁的"三苦"精神尤令人感动,决心为他们的奉献精神鼓与呼。充分利用刊物这个面向社会的"窗口",重点抓了典型人物的宣传报道,率先宣传燕居谦的先进模范事迹,在社会各界引起反响,《中国地方志》等众多国内刊物竞相转载,中共山西省委、中国地方志指导小组相继做出学习燕居谦的决定,在全省及全国方志界掀起学习热潮。二是主管旧志整理。点校出版旧省志 7 种,全省整理各级各类旧志百余种,受到中国地方志指导小组重视,《中国方志通讯》2002 年第 3 期以《山西省旧志整理取得显著成绩》为题发专刊向全国交流推广。在 2005 年西安召开的全国旧志整理工作会议上,作了典型发言与会交流。三是主管地情丛书编纂。全省各级地方志和机构累计出版地情资料书籍八百余种、五千余万字,在"三个文明"建设中发挥了积极作用,受到社会各界广泛好评。并亲自组织编纂了被省委、省政府确定为"九五"期间重点文化建设工程的山西省首部典籍性大型工具书《山西大典》,取得社会效益和经济效益双丰收。四是主管资料工作。从始至终参与了全国地方志资料工作协作组的工作,担任副组长,并与他人合编了《中国新方志目录》一书。五是评审志稿。参与了《交城县志》、《清徐县志》、《太原市志》、《晋中市志》、《平顺县志》、《黎城县志》等三十余部志书的评审,审阅志稿四千余万字。

　　自 1995 年省志办撤销、合并为省史志院后,手头也便只剩下旧志点校整理、资料丛书编纂、方志理论研究三项任务。前两项因着力最多,故成果亦较丰,虽说难在全国拔得头筹,亦不至于落于人后,惟方志理论研究终觉欠缺,仅出《山西省方志论文集萃》和《西樵志语》二书,实感汗颜。《山西大典》告竣后的五年半间,陆续编纂出版了雍正《山西通志》点校本、《山西旧志二种》、《天龙棋谱》、《太原风景名胜志》、《西樵志语》等五部书稿。而《新方志'概述'点评》则是在此期间断断续续完成的。

中华之方志文化博大精深,虽毕其一生而穷究,亦难得其要蕴。余妄自夸大,涉猎其中,臆想毕一役而功成。然二十载过去,亦难成正果。再谋捷径,偶走偏锋,欲专攻"概述"一篇,力求有成。然事与愿违,难得真谛。以一手之力,驾驭如此题目,必定留有诸多遗憾:一因偏处山西一隅,搜集资料困难,难及全面;一因坐功渐减,体力不济,目力难支;一因个人能力所限,挂一漏万之处难免……诸多因素困扰,虽竭尽脑力心力,是书亦只能以此面目问世,有愧前贤。

"概述"篇,乃志书之灵魂。"一篇好概述,当为全志增色五成以上。"董老一博此言甚当。全国首轮新编市县两级志书达五千余部,二轮续修志书已出二百余种,"概述"当为志书不可或缺之重要篇章,可见参与这一新创篇的写作人数亦众,高水平的佳作不在少数。合众手之力攻其一篇,为新方志增色之重可见一斑。百五十篇"概述"的选取,得益于全国兄弟省市区众多同仁的垂爱,各位同仁审读本省(市区)市县两级"概述"并提供佳篇良作,使得是书在面的拓宽上得到了保证,"感谢"二字虽似多余,然俯首再拜却是省不得的。窥一斑可知其全貌。透过本书选取的"概述"篇,可使读者及志人感受和领略到新方志"概述"篇的色彩斑斓。为续志编写"概述"篇,提供一些有价值的资料和信息,进而提高"概述"篇的写作质量,使其更臻完善,真正成为传世之作,此为编纂是书的真实目的。

按常理,待送审稿的反馈意见返回后,本应依据诸位同仁的意见和建议,再对书稿进行精细加工,以求完满。然因新的编纂任务又压上了肩头:三百余万字的清康熙《山西通志》、百余万字的明万历《山西通志》点校整理工作业已开启;家乡的《西铭村志》资料搜集即将完成,亟待总纂;二轮续修的三百余万字的《山西省志·大事记》急需全面铺开;手头还放有3部二轮续修市县志书的审稿任务,即有分身术也难顾全,是书亦只能草草收笔。留下的诸多不足和遗憾,还有待后来者充实完善。

在编纂是书的过程中,偶而发出些许"灵感",似乎不吐不快。首轮新编志书为方志理论研究提供了大量的可足征用的基础资料,由实践而升华为理论,再由升华的理论指导续志编纂,是提高和保证志书质量的惟一途径。社会主义新方志编纂,从首轮转入二轮,前后走过了近三十个春秋,在方志编纂的诸多问题上,其重点、难点、疑点众多,存在诸多争议,未能形成统一认识的实践与理论问题亦不在少数。总结首轮修志经验,来不得半点虚假,需要众多志界同仁共同参与,脚踏实地地做一些扎实的理论研究工作,廓清众多有争议的实践和理论问题,进而提高社会主义新方志的编纂质量,获得更好的社会效益,最大限度地发挥新方志的功能和作用。吾意以为:其一,由中指组牵头,组成方志理论课题攻关组,将全国志界、学术界的知名专家学者及纂志实践者组织起来,每省市区如选3人以上,即可有百人以上的理论研究队伍。其二,厘订方志理论科研课题,分别成立课题研究小组(并确定主编),每个小组由部分省市区志界人士组成;亦可由一个省市区分领一个项目,其他省市区合作参与。其三,科研课题经费可由中指组申请一部分国拨经费,承担某一项目的省市区再承担一部分。其四,各兄弟省市区采用资源共享,同力协作,分头攻关,用三年左右的时间,即可推出一批可供广大修志人员学习参考的方志理论书籍。此项工作能成,则中指组功莫大焉。

《新方志'概述'点评》即将付梓,六年辛苦终结果。该书被列入中共山西省委、省政府制订的《2006年~2010年山西省史志科学编研课题规划》,从而也便受到本院领导的重视。张铁锁副院长自始至终给予了具体指导和帮助,待书稿完成后又仔细审阅了书稿,并提出诸多宝贵意见和建议,使是书大为增色。方志所众多同仁积极参与审定修改,使是书的编纂质量得到进一步提高。在此一并表示谢意。感谢来新夏、魏桥、曹振武诸前辈扶持后进的良苦用心,潜心作序提挈。感谢兄弟省市区同仁提供资料、审阅书稿并撰写评论文章。诸位同仁审稿后,均提出许多宝贵意见和建议,在修改过程中均尽量予以采纳,如按刘希汉先生的建议,在扉页上绘制了《百五十市县位置示意图》的全国地图;如按林衍经先生的意见,增补了纬经度先后次序的文字……也有些建议本应采纳,只因时间仓促,难得完满,只得深表谢意。正如张桂江先生在评论文章中所说:"这种概括不是这一研究领域的终结,而是更广泛深入研究的开始。"拙作的问世,亦只是抛砖引玉而已。虽说尽量集中归纳了众人的观点,实有踩在别人的肩膀上摘果子的味道。但总体而言,就新方志"概述"篇的研究,本人仅是开了个小头,且其中的许多观点亦为一家之言。这些评论及言论,若能使志界同仁从中受到些许启发,或从中获取某些灵感,余之精力亦没有白费矣。

(《新方志'概述'点评》,中华书局,2008 年)

新方志概述比较与研究后记

2009 年,是尤值得纪念的一个年份。这一年,恰逢太原解放 60 周年,古并州旧貌换新颜。这一年,是中华人民共和国的六十华诞,国家富强,人民安康,举国欢欣。这一年,家乡的《西铭村志》正式出版,了却了自己多年来的一个心愿。这一年,对山西方志事业而言,更有深层的涵义。

1994 年机构改革时,为减少省级机构的一级厅局,省地方志办公室首当其冲,与省委党史办合并成立山西省史志研究院。合并机构之后,全省的地方志工作转入低潮时期。但 15 年间,全省方志工作者奋力拼搏,完成了首轮《山西通志》的编纂,市县志书亦完成 90% 以上,同时编纂出版各类地情书籍、整理旧志、编纂各级各类专志达数千种,取得了令人瞩目的成绩。不可否认的是,由于体制不顺,领导乏力,亦使全省的方志工作蒙受了不必要的损失。一是经费不足,直接影响到修志工作的进度。就以本人负责的旧志整理为例,机构合并时,账上还有 80 万元的项目经费,是有经费而干不出活儿来着急;其后便急转直下,是干出活儿来而为缺少经费着急,如雍正《山西通志》直到正式出版,经费都没有到位,其后所出的几种志书或方志理论书籍,有的至今经费都没有到位。二是人员提拔受阻,使干方志工作的人心灰意冷。15 年间,省史志院提拔副厅级以上干部 4 名,清一色全是原党史办的人,而地方志空无一人,干地方志的人受到不公正的对待。三是首轮修志任务一拖再拖,至今还未扫尾。1998 年全国第二轮续志编修全面开始,而山西至 2003 年 9 月 29 日会议才始启动。当时会议称,用 3 年时间完成首轮市县志书的扫尾工作,实则至 2009 年 9 月,全省还有四五个市县未完成首轮修志任务,既拖了全省修志的后腿,也拖了全国的后腿。续志编纂进展缓慢,至 2009 年 9 月,续修《山西省志》仅出了半册(《山西省志·人物志》上册),仅及全部任务的 1/160;130 部市县志仅出版十三四部,与山西省新一轮修志工作规划所定的目标相差甚远。四是由于机构不顺,中指组召开的各种会议均视山西为"畏途",不敢踏入山西半步;在合并之前,山西多次承揽全国性的修志工作会议或举办各种全国性的培训班、研讨会,修志工作走在了全国的前列。等等,不一而足。鉴于此状,2006年10月我与方志所的二位老处长合写了要求史、志分家的报告,并征得方志所绝大部分同志、原地方志办公室全体离退休老同志、全省11个市志办主任等的签名,报送省委、省政府、省人大、省政协及国务院、中指组等上级部门。作为一名志人,作为一名中共党员,如实向上级反映情况,讲实话,讲真话,其立足点完全是为山西方志事业的发展着想,本无可非议。但还是遭到了院内某些领导人的非议和责难。然而,事实胜于雄辩,到2009年5月终于有了回音,中共山西省委决定:山西省史志研究院分设为中共山西省委党史办公室、山西省地方志办公室。省志办又回归到省政府的序列,属省政府的一级厅局(办)机构。山西省地方志事业又回到了正常的健康的发展轨道,从而也步入了一个新的起点。实践也证明,我们的意见得到了上级部门的首肯并被采纳,实现了众多方志人的愿望。我们亦问心无愧矣。

2009年,真是值得庆贺的一年。在太原解放60周年之时,在伟大的社会主义祖国跨过60年历史里程之际,《西铭村志》、《新方志概述比较与研究》二书于此时出版,即为本人献给太原人民的一束鲜花,献给祖国的一份微薄礼品。是书脱胎于《新方志'概述'点评》一书。《新方志'概述'点评》于2008年年底出版后,陆续收到兄弟省市区及市县志办人员的来信,普遍反映志办为清水衙门,经费不足而书价过高,难以承受;但是书对续志编修确实有用,能否出一简本,扩大普及面。鉴于此,我利用二十余天的时间,对《新方志'概述'点评》一书进行了重新编辑,压缩为五十余万字的简本,并改名为《新方志概述比较与研究》,重新出版。

《新方志概述比较与研究》除保留《概述理论研究》、《百五十篇概述比较与研究》及《百五十篇概述情况统计表》、《山西百部新志概述比较表》等内容外,其点评内容由150篇压缩至35篇,即31个省市区各选1篇;考虑到特点式和纵述式概述较少,又分别增加了北京的《密云县志·概述》(特点式)、天津的《天津市红桥区志·概述》(纵述式)、河北的《辛集市志·概述》(特点式)、上海的《嘉定县志·总述》(特点式)等4篇。现35篇概述为:浓缩式18篇,策论式10篇,特点式4篇,纵述式3篇。增加的《附录》部分,纯属无奈之举。载录了《新方志'概述'点评》的3篇序言,以及9篇评论文章。按常理,评论《新方志"概述"点评》一书的评论文章,与《新方志概述比较与研究》并无多大关系。只是因约了评论稿后,除《中国地方志》刊物于 2009 年第 1 期刊发了来新夏先生的《序》,第 7 期刊发了张桂江、刘希汉、缪小咏的 3 篇评论文章外,而其余 6 篇却无处刊发。为不失信于人,只得在是书作为《附录》刊发,以谢诸位志界同仁的深情厚意。同时,将 3 篇序及 9 篇评论刊发于后,亦可以使读者从中窥见前书的概貌。后缀的有关《山西大典》、《西樵志语》的评论文章,均作于 2003 年。

是书的出版,如能在二轮续志编纂中,为修志人员提供一定帮助,吾愿已足矣。

2009 年 9 月于太原寓所

(《新方志概述比较与研究》,山西省内部图书准印证第 213 号,2009 年)

西樵志语序一

来新夏

10 年前,1989 年春,冰城梁君滨久函其文稿索序。我与梁君素未谋面而久闻其名。滨久小我 20 岁,因夙钦其文,乃妄自托大而读其全稿,并题窃所见于卷首,文曰"读其文知其学识皆有根据,不唯书唯上,能独抒新见,又勤于著述,私衷窃喜方志学界后来者之能居上"。复曰:"读滨久诸作,见其观点之鲜明,论述之新颖,实有可称。综诸文所及,有历史遗产之研究,理论建设之呼吁,方志学科建立之倡导,志书编纂法之商榷以及新编方志之评议等等。"岁月推移,滨久且时值壮年而我则日近耄耋,虽不时获读滨久新作,然终以缘悭至今未获一面为憾耳!

时隔 10 年,1999 年初夏,我途经太原,于曹振武兄寓得知并城任根珠君。根珠复小滨久九岁,时当中年,而进方志学界已 10 余年,有关论述,时见报刊,而编著成书者殆近 10 种,其荦荦大者若《清实录山西资料汇编》、《山西大典》、成化《山西通志》及乾隆《山西志辑要》等,于保存乡邦文献,弘扬传统文化,颇著辛劳,深庆方志学界后继之有人焉。根珠于晤谈间,乃出其文集《西樵志语》请为之序。我愿读其文,而愧为之序,且亭林氏有言:"人之患在好为人序",旨哉斯言!我近年以时势所需,已为多序,实不敢重违前贤遗教,遂逊谢不遑,而振武兄百般怂恿,力请作序,20 年故交,一意垂爱,情难以却,乃挈《西樵志语》稿以归。

归津后,展读任君《西樵志语》文稿,确乎有学有识,耐人寻味。一气读竟,自愧暮年学殖之荒疏,深慕后起者之精进不已。至是始悟振武兄之识人爱才之用心,其情可感,而读任君之文又不能已于言。于是重蹈好为人序之患,操笔而述其读稿之浅见。

《西樵志语》为任君多年于方志学领域中研究与实践所得之结晶。全稿50 余万字,虽非巨制,而篇篇为呕心之作。任君开宗明义,以所作体现首届修志之要旨。忆 20 世纪 80 年代之初,第三次修志高潮再起之际,创事者明标"继承旧志,创编新志"之宗旨,而后来修志者往往侧重甚至专注于新志编写,视旧志于可有可无之间,甚有摒旧志而不观者,畸轻畸重,难称允洽。《西樵志语》则非是,集中诸文,两不偏废。其于旧志整理者有《〈成化〉山西通志》、《〈嘉靖〉山西通志》、《〈康熙〉山西通志》、《〈光绪〉山西通志》以及《〈民国〉山西省志》诸文对本省旧志详加评介,于各志成书缘由、卷次内容、独具特色、优缺评论以及文字版本诸端皆有所论及,于研究和参考山西旧志者当可因文求书,因书而究学,为旧志之整理与研究,继承与参考树立模式,厥功至伟。至所论新志之编修尤为全面。若《新方志"凡例"丛谈》、《志书序言琐谈》、《大事记编纂纵横谈》、《浅谈志书照片的题材选择》、《新方志图片杂谈》等篇,于新志体例之探讨,分析详尽,有理有据,不仅总结 20 年修志实践中之经验,亦足备后来者之参考借鉴。其它尚有评稿文数篇,可以见晋省修志状况,而《总结修志经验提高志书质量》一文又为承前启后之作。

《西樵志语》即将付梓,我喜而读其稿,窃祷其早日问世,以利志界。根珠学术历程如日中天,我与振武当拭目以待其更进层楼,根珠其勉旃!

1999 年初夏写于南开大学邃谷

(《西樵志语》,方志出版社,2003 年)

西樵志语序二

曹振武

任根珠同志原是新闻工作者,10 余年前"半路出家"爱上史志,潜心钻研,勇于创新,有高度敬业精神和责任心。《西樵志语》是他学志书、编志刊、阅志稿、写志评实践经验的结晶,专业知识水平的展现。全书 50 余万字,分志论、志评、志介、志文、诗词和附录 6 部分,共 62 篇文章。内容丰富,引征详备,杂而有序,视角独特,分析精辟,见解新颖。论述言之有据,行文流畅简约,新志编纂和旧志整理的若干关键问题均有涉及。对初入志门的新手是学习参考资料,亦会促进有修志经历者回顾反思,总结得失。

此书对山西古今方志事业作了系统评介,《山西旧志整理与研究》和《九部旧〈山西通志〉简介》概述了三晋修志历史与近年旧志整理状况。《新编〈山西通志〉简介》和《新编山西地市县志简介》展示了当代修志事业的蓬勃发展和辉煌成绩。《山西新方志事业综述》一文记载了山西自上世纪 60 年代初尝试编纂新志,80 年代初首先由省到县普建修志机构全面开展修志工作的历程,以及在全国产生的影响,为研究中国方志复兴史提供真实可靠资料。

方志学家董一博先生倡导的"概述"篇,全国各级志书多有设置,为新志增容添色,异彩纷呈,百花争妍。在概述什么、怎样概述等诸多具体实际问题认识与做法见仁见智,众说纷纭,成为新志编纂难点之一。作者用 4 篇文章 4 种方式结合实际阐明自己观点。先以《新方志"概述"综说》宏观总述全局,再以《山西百部新志"概述"比较与研究》微观列表对比,反映名称与位置、篇幅与体式、图表与特例的差异等问题与不足。继而是来新夏、林衍经、梁滨久等 8 位方志名家对《阳城县志·综说》评论集萃,最后是作者对山西 13 部新编市县区志"概述"点评,在博采百家之长的基础上提出个人见解。如此聚焦一个问题,运用多种方式和体裁,精心分析,深研细究,其参考和学术价值显而易见。

有比较才有鉴别。作者针对新编志书"凡例"和"序"的不当与不足,采撷古今百家有关著作和当代方志专家学者论述,举40部新编志书凡例和序言的优缺实例,为自己提出的"凡例五原则"、"序言五不妥"的主张引文论证。为读者和修志人提供更多信息和择善而参考的广阔空间。

续修新志工作方兴未艾,全国方志界同仁将会一如既往与时俱进,必有更可喜的创新。有望于已决心献身方志事业的任根珠同志继续关注志坛动态,把探讨的新成果结集问世,或在此基础上增补再版,以飨读者。

(《西樵志语》,方志出版社,2003 年)

西樵志语跋

时光易逝,转眼间已入知命之年。屈指算来,从事编辑工作已近 30 个年头。回首往事,历历在目。当编辑,实为他人做嫁衣裳,余虽为文日久,却成果寥寥;记得有人曾说过,"经历便是财富"。人生的道路是坎坷的、艰辛的,但正因为如此,故而也便是充实的。

前 15 年,涉足新闻界,虽未轰轰烈烈地干出什么大事,却也脚踏实地地做了几件实事:亲自参与了《太原报》周六刊改周七刊、小报改大报、筹备出版《太原晚报》等三件在太原日报历史上可称之为大事的工作。亲自组织了于1985 年 5 月在太原举办的首届"天龙杯"中国象棋大师邀请赛,在改革开放初期开创了山西社会办体育的先河,其后于 1986 年和 1988 年又连续举办了第二届、第三届。曾担任太原市中国象棋协会副主席、山西省体育记者协会常务理事,现担任山西省围棋协会常委。在做新闻编辑工作的同时,撰写了 30 余篇报纸编辑学论文,为国内 10 余家报社培训编辑 20 余名,并应邀为山西大学新闻系、太原市新闻学会编辑培训班讲授报纸编辑学。出版了《实用版面编辑学》一书,受到国内新闻出版界的青睐,曾再版三次,被中国人民大学、复旦大学等多家院校新闻系选作辅助教材及中国报协举办编辑培训班的专用教材。有 8 件新闻作品获省、市级优秀新闻奖。

后 15 年,跨入方志界,依旧当编辑,于方志却须从头学起。任资料处长,主编刊物,而志办的工作报告、领导讲话等日常文牍缠身,也着实忙活了几年。从新闻界跳入方志界,"冷""热"对比分明,志界同仁的"三苦"精神尤令人感动,决心为他们的奉献精神鼓与呼。主编刊物,充分利用刊物这个面向社会的"窗口",重点抓了典型人物的报道,率先宣传燕居谦的先进模范事迹,在社会各界引起反响,《中国地方志》等众多国内刊物竞相转载,中共山西省委、中国地方志指导小组相继作出学习燕居谦的决定,在全国方志界掀起学习热潮。主管旧志整理,点校出版旧省志 4 种,全省整理各类旧志百余种,受到中国地方志指导小组重视,《中国方志通讯》2002 年第 3 期以《山西省旧志整理取得显著成绩》为题发专刊向全国交流推广。负责地情丛书编纂,主编出版了《清实录山西资料汇编》、《山西省方志论文集萃》,并组织、编纂了被省委、省政府确定为"九五"期间重点文化建设工程的山西省首部典籍性大型工具书《山西大典》。主管资料工作,从始至终参与了全国地方志资料工作协作组的工作,担任副组长,并与他人合编出版了《中国新方志目录》一书。20 世纪 90 年代中期,参与了《交城县志》、《清徐县志》等 30 余部地市县(区)志书的评审,其中有半数以上获省优秀成果。

有耕耘就有收获。自己虽只对方志事业尽了些许微力,却得到了较为丰厚的回报:《山西大典》编辑部获省地方志工作先进集体一等奖,省地方志工作立功竞赛二等功,山西省劳动竞赛委员会集体三等功;个人获省地方志工作先进个人一等奖,省地方志工作立功竞赛一等功,山西省劳动竞赛委员会个人二等功。成化《山西通志》和《山西省方志论文集萃》获省地方志优秀成果一等奖;《清实录山西资料汇编》获省地方志优秀成果二等奖,乾隆《山西志辑要》获省地方志优秀成果三等奖,《中国新方志目录》获江苏省地方志优秀成果一等奖。有两篇论文获省地方志优秀成果奖,一篇论文获省社科联98"百部(篇)工程"优秀成果奖。

这本小册子汇集的文稿,大部分已见 于国内多种刊物,少部分为新近写作的未刊之作。《成化〈山西通志〉点校本前言》为李裕民执笔合著,现辑录册中,向李裕民先生深表谢意。册子中选录的 13 篇"概述"和 4 部志书的卷(编)首无题小序,是从 108 部地市县志书中选出的,也为鄙人一孔之见,未选的佳作亦不在少数,其用意不外乎供续修志书借鉴参考之用。

感谢方志界老前辈来新夏先生和曹振武先生为拙作作序,二老提携后进的良苦用心着实令吾辈感奋不已。书稿本于 1999 年即排版,后因《山西大典》进入总纂出版阶段,千万字的书稿缠身,故而搁浅至今。感谢省志办老主任曹振武先生审阅全书并提出诸多宝贵意见,使书稿大为增色。感谢本院方志所王晓云、冯翠兰二位同志帮助校对文稿。于方志学理论,自己只进入一个初步的认知阶段。辑录于小册子中的大部分文章因跨时过长,某些内容多有重复之处,但为保留原貌,均未作删节。文稿中的某些观点亦有人云亦云之处,但大部分还是自己对方志编纂理论的探知。如有不妥之处,还望同仁给予批评指正。这本小册子的问世,也算是对自己从事方志工作的一种慰藉吧。

2002 年 11 月于寓所

(《西樵志语》,方志出版社,2003 年)

西铭村志序一

靳善忠

伟大的社会主义祖国跨过 60 年历史里程之际,也是太原解放 60 周年之时。《西铭村志》于此时出版,是献给祖国的一份礼品,奉献予太原人民的一束鲜花,传于后世的一部信史。

西铭,是我的第二故乡。自父辈远离祖籍之地,迁入西铭定居,我便生于斯,长于斯,对这片热土充满感激与崇敬之情。已丑春,我拜读了《西铭村志》志稿,既令人欣喜,又启人深思,思绪万千。

西铭,历史悠久。据考古发现,远在新石器时代,境域即有先民们活动的踪迹。从唐初建村以来算起,至今已有近一千四百年的历史。唐代,村内便建有广仁寺、观音堂庙、极乐庵三座佛教庙宇,至今广仁寺内的三株古唐槐郁郁葱葱,彰显出村境当时经济与社会发展的文明程度。

西铭,工矿业发达。历唐、宋、元、明、清及民国诸代,村域以盛产黑(煤炭)、黄(硫磺)、白(白灰)、红(红土)、灰(砖瓦、石膏)五色矿产而闻名于世。进入现代,西铭又成为山西现代水泥、电石工业文明的发祥地,省内最早修建铁路支线的肇始地,省内最早建立 110 千伏变电站的起始地,西山煤电集团得以组建的最初基地,在山西工业发展史上占有举足轻重的地位。西铭,文化昌隆。明清时期,村内即建有十三座庙宇、三座戏台,七月初二古庙会更是热闹异常。村办西铭小学,至今已有百年校史,在太原市属的村庄中首屈一指。村办业余剧团在新中国成立后的二十多年间,活跃在城乡舞台上,丰富和活跃了村民的文化生活,更有篮球队、锣鼓队在省内扬名。西铭,民风淳朴、不排外。西铭自古以采矿业和冶炼业致富,吸引来四面八方的能工巧匠汇聚村域,共同开发建设这块热土,进而形成优良民风,对外来户热情接纳,不排挤,不歧视,使外来户有宾至如归的感觉。这也正是西铭得以兴盛的根本原因所在。

盛世修志,是古往今来社会发展的一个重要标志。尤其是在城市化进程加快之际,修一部完整的村志,更具有重大的历史意义。《西铭村志》应运而生,这是上慰先辈、下惠子孙、承前启后、昭往彰来的盛举。这部纵贯古今、明古详今、内容充实、体例完备的村志问世,其意义和价值是长效的,也是无法估量的。

《西铭村志》的编纂人员在修志过程中,坚持以辩证唯物主义和历史唯物主义观点去真实记录历史上的人和事,全面翔实地记述了该村的自然、社会、经济、文化、人物等方面的演变和发展,做到了思想性、科学性、资料性的统一,可称之为是一部传世的佳志良作。

修志垂史,资政辅治,利国惠民。愿西铭村审时度势,抓住机遇,与时俱进,开拓创新,向着宽裕型小康村大步迈进!

读志有识,是以为序。

2009 年 4 月

(靳善忠:山西省人大常委会副主任)

(《西铭村志》,中华书局,2009 年)

西铭村志序二

曹振武

　　太原境内的村志始修于民国三年(1914)、刘大鹏主编的太原县《明仙峪志》,七年后刘又继修了《柳子峪志》。《西铭村志》问世,为并州志苑增添了新葩,惠今世,利后人。此志遵循国家修志指导机构对新方志编纂的要求,用新的观点、新的材料和新的方法,突出了时代和地方两个特点。内容筛选,详独略同;篇目设置,科学合理;体裁运用,以志为主;表述章法,符合志体。15 篇、55 章、156 节,后缀大事记及索引,检索方便,清晰规范。收载面广意深,如"西铭村因公献身者名录"、居民生活章的"保险"、环保章中的"塑料垃圾和电磁波污染"、丛录中的"村民自治章程"等,他志鲜见。

　　盛世修志,志载盛世。本志以大量的事实与数据,真实、全面、具体展现出西铭村的历史与现状,发展变化的历程;同时也充分体现了社会主义制度的优越性和改革开放的伟绩。编修者始终坚持求真存实原则,入志的人与事及各项数据皆严格核实,请村内诸多事迹的亲历者和知情人口述历史、审校监督。清代方志学家章学诚言:"地近则易核,时近则迹真。"此志可信。

　　村境新石器时期的遗存,证明远古就有人类在此繁衍生息,隋槐古庙是先民们千余年前就在此聚落建村的明证。自秦朝至民国曾是 26 个朝代设置的郡、州、府、路、道、县治所的近郊,且有太原府和阳曲县府县同城数百年的繁华,广得地利之惠,文化底蕴深厚。传统文化世代传承,先进意识与近代科学技术引进较早,人文资源丰硕。

　　除祖居者外,不断有逃荒、避战乱、就业谋生者来此定居。随着工矿建设和百业俱兴,有更多的各类人才迁入西铭。据统计截至 2007 年,历年共有山东、河北、河南、四川、内蒙古、黑龙江等六省区 836 人、305 户在西铭安居乐业,占全村人口的 28%,新老西铭人和谐相处,团结一致共建更美好的西铭。此情印证《西铭村志》所记村民"善良本分、待人宽厚、热情好客、坦诚守信"等村风与美德,名不虚传。

　　读佳乘心悦手痒,略记学习心得。是为序。

　　　　　　时年82岁　　2009年5月于并州寓所

　　（曹振武:原山西省地方志办公室副主任）

　　（《西铭村志》,中华书局,2009年）

西铭村志编纂始末

　　作为志人,别无他长,若能为家乡编纂志书,实为分内之事。十多年前,我曾向村委会建议过此事,因种种原因未能落实。戊子春回乡时,偶遇儿时的伙伴张新喜(时任村长之职),便与之谈及编纂村志一事。新喜乃开明通达之人,欣然应允。仅时隔两天,便有了回音。新喜在电话中告知,村两委会研究决定,启动编纂《西铭村志》,并聘我为主编。经与村委会协商,组建了一支精悍的编纂班子。万事俱备,东风劲吹,村志编修工作顺利展开。历时一年零三个月,在村两委会的热情关怀下,在修志同仁及广大村民的大力帮助和支持下,《西铭村志》终于付梓,实属不易之事。

　　村志编修大致经历了四个阶段:

　　第一阶段,策划和准备阶段。时间为一个月(2008年3月中旬至4月中旬)。这一阶段的工作主要有三项:一是成立村志编纂委员会,选聘编纂人员,村委会提供了两间宽敞明亮的办公室,并为修志工作配备了一部专车,为修志人员提供了良好的工作环境和条件。二是为广泛搜集资料,除村委会在村内张贴征集村志资料的公告之外,还在《太原日报》、《太原晚报》上分别刊登了三次征集村志资料的广告。三是制订篇目。篇目是志书体例的具体化。假如把志书比作一座大厦,把体例比作总体规划,那么篇目便是这座大厦的设计蓝图。篇目设计优劣,关系着整个修志工作的成败。在修志伊始,篇目是搜集资料的向导;在编写阶段,篇目是志书的编写提纲;在志书定稿之后,篇目则成为志书目录。制订篇目可称之为修志工作中的第一要务。据笔者所知,就乡镇村志编纂时间而言,少者三年左右,多者七八年甚或十余年。除修志人员配备不足、经费不到位等情况外,忽视了志书篇目的设计,亦是其中一大因素。前车之鉴,教训深刻。所以,利用近1个月的时间,对村志篇目反复修改了三次,坚持以体现西铭的地方特色、时代特点、突出重点、志体特点为基本原则,使修志工作少走了许多弯路。

第二阶段,搜集资料和撰写初稿阶段。时间为 6 个月(2008 年 4 月中旬至 10 月中旬)。从某种意义上说,修志过程就是搜集、考证和使用资料的过程。资料搜集在整个修志过程中贯穿始终。在搜集资料的过程中,坚持了广征博采和采编合一两条基本原则。广征博采,即资料的涉及面要广,要涵盖本地域从自然到社会、从历史到现状的方方面面;资料的内容要齐全,在横向上它必须涵盖志书所应记载的各门类,在纵向上它必须涵盖从古到今各个时段;资料的内容要有深度,即必须有足够的资料用来体现地方特色、时代特点和事物本质。虽然强调广征博采,但并不是要求把所见的资料不作选择地全部拿来,而是要根据篇目要求去搜集,并力求用较少的时间和精力采集到可资使用的较多和较好资料。采编合一,即修纂人员按类目分工,谁负责编写有关章节,谁就负责该部分的资料,这样既有利于撰写者熟悉资料,也有利于撰写者选择和利用资料。编纂人员辛苦异常,前 3 个月以搜集资料为主,编写初稿为辅,白天外出搜集资料,夜间加班编写初稿。后 3 个月以编写初稿为主,搜集资料为辅。

第三阶段,总纂和评审阶段。时间为 7 个月(2008 年 10 月中旬至 2009 年 5 月中旬)。自村志编修开始后,我利用休息日即每周六上午回村一趟,与编纂人员一起研究搜集资料、编写初稿等事项。从 10 月中旬开始着手总纂,历时 3 个月,完成全书总纂。为加快编纂进度,采取了流水作业的方式,即每总纂完一卷,便打印成 10 份,再交村内编纂人员讨论修改,补充不足资料;待编纂人员补充完善后,我又重新审读一遍。到 2009 年 3 月上旬合订成村志送审稿,此段时间用了 5 个月。送审稿共装 50 套(分上下两册),分送中华书局审稿,同时聘请原省志办老主任曹振武,省史志院方志所马并生、任小燕、郝世文、董剑云,万柏林区委书记赵伟东、区长张齐山,万柏林区地方志办公室主任武超龙审读志稿。剩余的三十余套,返回村内,分发编纂人员、现任村支部和村委会成员、老村干部、村内各大家族、街道办事处领导等人员,一同审读志稿。至 2009 年 5 月中旬,审稿完毕,历时两个月。

第四阶段,修改志稿和出版阶段。时间为两个半月(2009 年 5 月中旬至 7 月底)。村志编纂人员至 6 月底修改、补充后,返回我手中。我将各类审稿人员的意见集中汇样,至 7 月中旬修改完善后遂成定稿。付印样完成后,出两份清样,一份再送中华书局终审,一份送村两委会审定。7 月底完成终审,送出版社付梓。

为使《西铭村志》达到较高水平,我们做了如下努力:

一是在每篇之前,增设无题小序。编首小序属述体之类,它对增强志书的宏观著述,起到了不可替代的作用,在我国明清及民国的旧志中普遍采用,可称之为志书中的优良体例之一,得到众多方志专家的首肯。但综观首轮新方志编修,采用编首无题小序的却较少。以山西首轮市县志书而言,加有无题小序的仅二十余部,不及全省市县两级志书130部的1/5,在继承优良修志传统方面明显欠缺。《西铭村志》共设15编,我们在每编之前均加了五百字(占一个页码)的无题小序,使主编站在前台,对各行各业或展示全貌,简要概括;或纵述史实,溯以渊源;或画龙点睛,突出特点;或综合对比,重述现代;或评论事物,彰明得失;或提示下文,引导阅读;或补文不足,资料延伸;或贯通门类,相互联系。尽心做了,但效果如何,还有待志人的评说和时代的检验。

二是增设了《经济综貌》编。村委会是社会中最基层的一级行政组织,"麻雀"虽小,五脏俱全。社会主义新方志与旧志的重大区别,就在于新志中突出经济志,起到为现代化建设服务的作用,而反映经济的面貌,如果只靠工业、农业、交通运输、商贸金融等经济行业分志的微观记述是不完整甚至是片面的。为了克服这种分块记述的缺陷,更深入地反映一地经济各行业互相制约与依存的关系,从宏观的角度反映整个村域经济的构成,以及经济对与之相关联的政治、文化、社会、居民生活等深刻影响,有必要在经济部类的分志之前增设"经济综貌"编。设该编的目的,是从宏观的角度去记述经济各门类间的相互关系及其总体特征,以弥补"专志"记述之不足与缺陷,起到总率经济类志的作用。现设的"经济综貌"编分为生产关系、经济结构、经营管理、收益分配四章十三节,虽与原先设想的有些差距,但毕竟用现有的资料自立一编,其效果设与不设大不一样。此编在新编的乡镇村志中较少,还有待后来者进一步补充完善。

三是突出地方特色,体现时代特点。西铭地处工矿区,且为城市垃圾的倾倒场,环境状况日益恶化,生存条件恶劣,亟待改观。在"自然环境"编中专设"环境保护"章,呼吁引起市、区领导的重视。民国末期,西铭为阎锡山城防工事的重要据点之一,驻军达万余人(国民党正规军83师2个团、阎军66师1个团及民卫军等),重大战事有3次。在"党政社团"编中专设"军事"章,给予重点记述。西铭建村历史悠久，文化底蕴深厚。在"文化艺术"编的"口头文学"章中增设"故事传说"节，在"民情习俗"编的"民情撷要"章中增设"信仰习俗"节，进而增强志书的文化品位。

一点遗憾。村志是最基层一级的志书，是记载当地居民生活状况最细致、最全面的资料书，其资料价值从某种意义上说不亚于县志所起的功能。国家为合理制定国民经济发展规划，在省市一级均成立有城调队、农调队等经济普查工作部门，专门采样搜集各种经济、文化、人口等资料，以便准确反映国情、省情、地情，为科学决策提供依据。编纂村志亦是一项最基层组织的各类社会情况的实地普查、考察活动。这一项巨大的社会活动反映面之广、普及面之大、实地考察之翔实，均前所未有。据不完全统计，山西省至 2008 年年底，已出版乡镇村志六百余部，若以全国 31 个省市区统计，则量可达万余部。据笔者所知，编修乡镇村志正处于风起云涌之势。各级修志机构加强编修乡镇村志的指导，进而使志书更加紧密地贴近现实，反映现实，成为反映国民经济和社会发展的晴雨表，使志书的价值得到有力的提升。若能将二者有益地结合起来进行，即将城调队、农调队日常普查的项目在村志中给予翔实的记载与反映，可达一箭三雕之效：一可为研究国情者提供某一地居民的翔实资料，从而扩大农调队的普及面；二可为充分利用地方志这一资源，为国民经济普查提供真实、准确、全面的地情资料，真正达到编修志书为当代国民经济和社会发展服务的目的；三可为国家节省大量的调查经费，而达到广泛的社会调查效果，进而提高村志的使用价值。只可惜是志的编纂时间仓促，没有做到这一步，实为憾事一桩。村志编修与时俱进，增加这一内容既是方志应记之事，又为利国利民的实事好事，二者相辅相成，岂不美哉！

《西铭村志》是太原市万柏林区有史以来的第一部村志，并列入"山西省重点乡镇村志系列丛书"。从策划到成书，历时 15 个月，自始至终得到了各级领导、村两委会、广大村民及村籍在外人士的鼎力支持。山西省人大常委会副主任靳善忠，山西省地方志办公室原副主任、方志知名专家曹振武，中共太原市万柏林区委书记赵伟东、区长张齐山，分别为村志作序，使《西铭村志》倍增光彩。从事记者专业工作的女儿任静芳，自始至终参与了村志编修的全过程，除撰写部分章节的稿件外，编辑、校对、汇样等事项也一揽大干包，成为我的得力助手。一因女儿爱父心切，尽力承担所能之事；一因我亦有意在文字工作中言传身教,使女儿及早成才,尽父之爱心。更可敬的是,参与编纂村志的诸位同仁,战酷暑,斗严寒,走千家,访村民,内查外调,风雨同舟,竭尽心力,众手成志。虽然我们做了很大的努力,但因水平所限,志书中难免会出现错讹与疏漏之处,敬请广大读者给予批评斧正。待再版时补充完善。

(《西铭村志》,中华书局,2009 年)

实用版面编辑学序

邢建堂

　　根珠同志要我为他即将付印出版的《实用版面编辑学》一书写个序言,我答应后又迟疑起来:同报纸的版面打了二三十年交道的我,虽然深知版面的重要,但对其深刻而丰富的内涵却知之不多。自己一知半解,写出来的东西一定浅薄,会不会因此而影响人们对这本颇具学术价值和实用价值的专著的认识?考虑再三,我还是凭着勇气写了,这勇气是根珠同志对版面编辑执著的研究精神所鼓起来的。

一

　　版面编辑工作是整个报纸工作的重要组成部分,版面质量关系到报纸质量。办好报纸,既需要有好的记者、好的文字编辑,也需要有好的版面编辑。一个好的版面编辑,就像一个好的演员,可以凭借版面这个舞台,演出有声有色的活剧来;又像一名好的厨师,可以利用版面所需要的各种材料,做出有滋有味的佳肴来。根珠同志就是这样一位好的版面编辑。他在太原日报社工作期间,直接参与了小报改大报、创办"周末专刊"、创办晚报三次大的改革,在版面编排上颇有建树。他设计了许多颇有水平的版面,为太原日报增添了不少色彩,并在省、市好新闻评比中获得十多次好版面奖。

　　人的认识来自实践,有实践就会有认识。版面编辑也是一种实践,会使从事这一实践的人产生对版面的认识。人的认识在实践中产生,又需要在思考中升华。所谓升华,就是把感性认识上升到理性认识。感觉只能认识现象,理论才能把握本质。根珠同志既勤于实践,又善于思考,在实践中不断地积累认识,在思考中不断地升华认识,写了不少有关版面编辑的论文,进而写出了《实用版面编辑学》一书。

　　报纸的版面工作本来很重要,可有些同志甚至是做版面编辑工作的同志自己却看它不起。有人把版面编辑戏称为"画版工",以为做这项工作既不出成果,更谈不上有什么学问。根珠同志的实践和他的专著的出版本身就具有给人以启迪的作用。

二

《实用版面编辑学》把版面编辑提到了学的高度,这在新闻界是不是首次我不敢妄断,但在我来说则是第一次见到这种提法。

报纸的版面编辑有学还是无学? 我想,结论不应从人的主观认识中寻求,而应从版面编辑的客观实践中得出。

版面编辑作为一种实践活动,是一个相对独立的系统,其内部有着相互联系的诸种要素。要素之一是版面编辑工作者,这是实践活动的主体;要素之二是构成版面的各种材料,这是实践活动的客体。版面就是主体通过实践作用于客体的产物,或者说是主体通过实践能动地改造客体的结果。另外还有一个要素是读者,这是实践的结果版面的接受者和检验者。这三种要素相互联系和作用,有许多课题值得研究。就构成版面的客体即各种材料来说,其内部又有许多小的要素,如稿件、字号、线条、色彩、栏、区、空白等。用在版面上的稿件有长有短、有主有次,使用的线条有粗有细、字号有大有小、色彩有明有暗,所占栏、区、空间有上有下、有宽有窄等等,恰当地运用这些材料就使版面生发出千变万化来。它们之间的关系和其中的规律很需要认真探讨。就版面编辑这一主体来说,如何正确地运用自己的聪明才智,驾驭和使用各种材料去设计一个个版面,也有一系列课题需要研究。总之,版面编辑这一实践为人们提供了十分丰富的研究内容。《实用版面编辑学》一书对此几乎都涉及到了,而且作了比较系统的有理有据的分析研究,有的是对他人研究成果的吸收发挥,但更多的则是自己独到的见解,其学术价值是显而易见的。

同时,版面编辑作为一个自成系统的实践活动,又与外部发生种种联系,如与政治、经济、科学文化,与新闻学、哲学、美学、文字学等,也需要认真研究。对此,这里就不再多说了。

作了上述简要的分析,我们再来看版面编辑有学无学的问题就比较清楚了。什么是学? 这里所说的学,其含义有二:学说与学科。学说,是指在学术上自成系统的主张和理论;学科,是指一定科学或一门科学的分支。版面编辑既然有那么多课题值得研究,而且可以自成系统,为何不能成为新闻学的一个分支,称之为学?

三

对于版面编辑的理论,人们需要研究它、掌握它,研究、掌握的目的是为了用。不能用的理论不是真正的理论,而真正的理论就一定在实际中用得上。《实用版面编辑学》坚持了理论与实际相结合,尤其注重实用性。书中引用了大量的实例,且配以插图,让人一看就能懂,一学就能用,即使初涉版面编辑的人也能看得懂,可以照着用。对于一些年轻的版面编辑特别是刚做版面编辑工作的同志来说,它不失为是一本相当管用的实用教材,就是对于多年从事版面编辑的同志,也不无启迪之处。

古人说:厚积薄发。《实用版面编辑学》一书是根珠同志厚积的产物。他在从事版面编辑的十多年中,经常翻阅全国的报纸,日积月累,坚持不懈,手头积累了大批资料。据说,他挑选后剩余的报纸就有几平车。原来的书稿中引用的实例比现在多得多,为了节省页码,他下决心删掉了相当一部分。删得自己有些心痛。在我看来,书中的实例还嫌多了些,相比之下,理性的东西似乎少了些。我所认为的不足,也许正是此书的长处。是长是短,还是留待读者去评价吧!

(作者为太原日报总编辑,山西省和太原市新闻工作者协会副会长)

(《实用版面编辑学》,山西高校联合出版社,1995 年)

实用版面编辑学跋

从我国新闻界目前已有的成果看,研究和探讨版面编排技巧的文章陆续见诸于各种新闻刊物,但把它作为"版面编辑学"一门科学并进行全面思索和探讨的文章尚未曾见到,专门论著就更不必说了。于是乎笔者便滋生出"填补空白"的野心。然而,"志高"未必"才高"。虽呕心沥血、搜肠刮肚十余年,呈到读者面前的却是这本不成器的小册子,浅陋的内容犹如娇小而柔弱的身躯,绝难支撑书题那庞大而沉重的头颅。

本书的部分章节,是笔者二十余年来从事报刊版面编辑学研究的习作,曾在《新闻战线》、《新闻战士》、《新闻传播》、《新闻采编》等刊物上发表,部分章节则是笔者应聘为山西大学新闻系讲课时用过的讲稿和为太原市新闻学会举办编辑培训班时准备的辅导材料。在编写时,也以《报纸编辑学》(郑兴东等四同志编著,中国人民大学出版社出版)、《报刊的版式经营》(孙九权著,哈尔滨师专图书馆出版)和许多有关版面编排技巧的文章中得到不少有益启示。书中的一些论述和见解虽不免步他人之后尘,言他人之所言,但绝大部分还是本人从事报刊版面编辑工作的心得体会和对众多报纸版面编排经验的思索与探讨。

版面编辑学是一门年轻的学科,还需要做大量的专题研究和资料积累工作。"不积跬步,无以至千里;不积小流,无以成江海。"拙作对于版面编辑学这一学问说来,亦只是"跬步"与"小流"而已。如果它的出版,能够为版面编辑学的创立与发展做一块小小的铺路石,能够为从事版面编辑学研究的同仁提供一点有益的参考与借鉴,能够为初涉报纸组版工作的读者以启示,我也就于愿已足了。

在本书的写作和修改过程中,中国人民大学新闻学院郑兴东教授、山西大学历史系李裕民教授、山西省史志研究院副院长侯文正(研究员)、太原日报总编辑邢建堂(高级编辑)、希望出版社总编辑傅锦瑞(高级编辑)、太原师专副校长张仁(教授)给予笔者以热情的支持和关怀,并提出了许多中肯的意见,邢建堂同志还为本书作了序,出版社的华夏同志对书稿进行了认真的审阅,并提出不少合理建议,在此一并表示诚挚的谢意。

鄙人学无师从,闻见孤陋,纰缪之处,在所不免,切盼同仁及广大读者,惠赐教益,以匡不逮。

1995 年 11 月于太原

(《实用版面编辑学》,山西高校联合出版社,1995 年)

山西大典序言

刘振华

《山西大典》是一部以全面反映当代山西省情为主,系统地记述全省从自然环境到社会经济的历史与现状的大型典籍性工具书。它的编纂出版,是山西省文化建设上的一项重大成果,也是人们认识山西、了解山西、研究山西不可多得的读物。

山西地处黄土高原,东倚巍巍太行,西临滔滔黄河,南跨莽莽王屋,北望绵绵长城,历史上被誉为表里山河。山西是中华民族的主要发祥地之一,大量的考古发现和出土文物证实,早在远古时代就有人类在山西境域定居生活,传说中的唐尧、虞舜、夏禹都曾在山西建都。几千年来山西人民手胼足胝,开发了这块美丽富饶的土地,为中华民族的繁荣昌盛和人类社会的进步发展做出了卓越的贡献。特别是在历史发展到 20 世纪中叶的抗日战争和解放战争时期,山西又以其举足轻重的战略地位,对中华民族的解放事业发挥了重大作用,山西人民同全国人民一道在中国共产党的领导下,进行了艰苦卓绝、可歌可泣的革命斗争,取得了伟大的胜利,山西的历史翻开了崭新的一页。1949 年中华人民共和国成立后,山西人民在中国共产党和人民政府的领导下,自力更生,艰苦奋斗,取得了社会主义改造和建设的伟大成就,全省面貌发生了翻天覆地的变化。特别是 1978 年中国共产党十一届三中全会以来,以经济建设为中心,坚持四项基本原则,实行改革开放的政策,使社会主义的新山西日新月异,充满了生机与活力,成为全国重要的能源重化工基地。总而言之,在中华人民共和国的版图上,山西是一片山川秀丽、具有巨大魅力的土地,是一片人文荟萃、令人肃然起敬的土地,是一片风起云涌、充满神奇历史的土地。因此,把山西悠久的历史、壮丽的山川、广博的物产、重大的事件、杰出的人物、人民的业绩,都真实地记录下来,编纂一部以全面反映当代山西省情为主的大型工具书,不仅是时代的要求,也是我们当代人义不容辞的责任。

　　《山西大典》是经中共山西省委、山西省人民政府批准的重点文化建设工程,委托山西省史志研究院牵头,组织省直各部、委、办、厅、局和各地、市、县(市、区)的党政部门、企事业单位共同实施,编纂出版。《山西大典》是山西省情的集大成者,它分别从三个不同的角度,全面、系统、准确地展现当代山西的省情:从宏观角度记载和反映全省的地理、历史、政治、军事、经济、文化、社会、人物等方面的历史与现状;从中观角度,展示各地、市、县(区)社会主义建设的辉煌成就和当前改革开放、经济建设的发展态势;从微观角度,有重点地反映山西各个行业的企事业和其它单位的具体情况。《山西大典》的编纂出版,对各级领导、社会各界和海内外人士更加深入地认识山西省情、研究山西省情,具有极其重要的参考价值。它为各级领导制定规划与决策,提供了真实的资料依据;为海内外各界人士进一步了解山西,扩大与山西的经济文化合作与交流,提供了丰富的地情资料;为在全省人民群众特别是青少年中进行国情教育、爱国主义教育、社会主义教育,提供了良好的乡土教材。

　　从伟大的中华人民共和国诞生到现在已整整半个世纪,山西三千万人民在社会主义革命和建设的道路上取得了无愧于前人的光辉业绩,谱写了一部值得大书特书的绚丽诗篇。在改革开放的今天,兴晋富民的大潮激荡着十五万六千平方公里的大地,把山西又推向一个崭新的振兴时代。我们深信,在人类健步跨入21世纪之后,在向社会主义现代化迈进的新的征途上,山西人民将会进一步解放思想,万众一心,众志成城,开拓奋进,用自己勤劳智慧的双手描绘出三晋更加辉煌灿烂的明天!

（刘振华,中共山西省委副书记、山西省人民政府省长）

（《山西大典》,中华书局,2001年）

天龙棋谱序

象棋是中华民族的瑰宝,在我国有着悠久的历史。随着社会的发展与进步,象棋亦逐渐演变,自宋朝基本定型,到如今已经历了千余年,成为中国文化的重要组成部分。由于象棋是一项有益的智力运动,可称之为人类智慧的体操,故而深受人民大众的喜爱,其魅力早已深入人心。在古代,象棋被列为琴棋书画"四艺"之一,无论文人学士、闺房秀女,还是达官贵人,都将此"四艺"视为个人修心养性的必备技艺,用以培育个人的道德情操,并作为衡量个人文化素养的一把标尺,莫不苦心修炼,以期达到更高境界。相对而言,"四艺"中的"棋"(包括中国象棋、围棋),尤以象棋普及面最广,远大于琴书画三艺,遍及士农工商各业民众。无论是繁华闹市,还是贫民陋巷,均能看到弈者的身影。象棋作为一项古老的文化,深深植根于人民大众之中。

在中国的传统文化中,象棋占有突出的地位,同时它也肩负着传承文明、续写历史的使命。棋手通过自己的创造力、想象力,在象棋这一无限广阔的天地里,演绎出精彩的对局,从而构成象棋丰富而璀璨的艺术宝库。

我平生学棋、爱棋、弈棋,可以毫不夸张地说,象棋亦成为自己生命中不可或缺的一部分。在我的家乡,象棋活动开展得较为普遍。记得在 20 世纪 80 年代中期举行的一次全省比赛中,我们村就有三名棋手打入前十二名,从这一方面就可窥视到我的家乡象棋的普及水平。我在父辈的熏陶下,自幼便学会了弈棋。少年时,便做了"草头王",打遍村中无敌手。考入市属中学后,见到校图书馆的几种棋书,更是如获至宝,爱不释手,每借一本,便废寝忘食地誊抄下来。当时正值年少,凭着良好的记忆力,采取死记硬背的方式,将杨官麟的《中国象棋谱》、屠景明的《五七炮专集》等棋书,打印在自己的脑海里,棋艺也大为长进。"文化大革命"开始后,学校"停课闹革命",自己却与同学骑着自行车,遍访市内高手切磋棋艺,自乐其中。自参加工作后,对象棋的痴迷与热爱有增无减。工作之余,只要将上一盘,云深海阔,山重水复,天上人间,神游棋趣,使自己的人生更加充实而丰满。在与棋友的对弈过程中,一盘完整的对局,就好比一曲优美动听的七弦乐曲,令人回味无穷,意犹未尽;又好比一幅完美的画作,从浓淡疏密间品味它的铿锵有力、它的行云流水、它的气势磅礴,充分感受到它的艺术魅力。在"文化大革命"后期,群众文化生活贫乏,但太原市内的"马路棋手"却随处可见。自己又长年值夜班,便每每利用下午休息时间,走街串巷遍访高手。我省的象棋大师张致忠,太原市的业余高手任建平、马正富、郭三喜,中国象棋国家级一级裁判张志凯、齐恒聚等人,均是在"马路"棋摊上通过拼杀认识的。人常言,不打不相识。通过对弈,结识了一批真心的朋友,成为人生中的一大幸事。俗语云,识辨人难。然而在弈棋中识辨人,却是方便之门。棋品如人品,观其弈棋的风骨,即可知其人品的高下。再者,棋友之间无功利性,以娱乐与艺术为主,因此容易结成清淡如水的君子之交。棋友间的交往,可以多年不渝,可帮助人扫尽尘世间的寂寞。在象棋的天地里,肆意放飞自己的心灵,通过一次次弈斗,增长了自己的才识和经验;通过一次次探索,绚烂了自己心灵的花园。

20 世纪 80 年代中期,我主管《太原日报》体育专栏,当时收到了王品璋(时任国家中国象棋协会副主席、北京棋院院长)寄来的《弈林传奇》稿件。时值社会办体育的风潮初起,在编稿期间,便萌生了举办全国象棋赛的念头。恰遇《太原日报》抽出一批编采人员创办"周末专刊",为筹备出版《太原晚报》作准备。通过搞一场全国性的象棋比赛,既可达到宣传报纸的作用,又可丰富太原人民的文化生活,还可推动象棋活动的普及与推广,可起到一箭三雕的效果。我将设想与报社有关领导沟通,一拍即合。但真正要搞一次全国性的象棋比赛,也决非易事。经多次与王品璋老师联系,与各省体委及象棋大师沟通,终于促成了"天龙杯"中国象棋大师邀请赛一事。在首届比赛之前,我与王品璋老师之间仅通信就达三十多封,与各省体委、象棋大师来往信件达七十多封。确定参赛选手、比赛时间、筹集经费,以及谋划比赛事宜等,件件事关紧要。其间,王品璋老师起到了关键性的作用,凭着他在国内棋界的地位和威望,进而玉成此事。

天龙,乃《太原日报·周末专刊》的副刊名称,源于并州境域有天龙山石窟之故;次年《太原晚报》复刊后,亦为晚报的副刊名称。首次比赛之后,报社领导也感悟到搞体育比赛给报纸带来的积极影响及宣传效应,即同意次年继续举办。从 1986 年至 1988 年的三年中,为能举办"天龙杯"象棋赛,我曾连续三次观摩了全国象棋赛,南下楚地孝感市,东出太行抵邯郸,北上高原呼和浩特,筹备邀请选手、确定比赛规模及时间等事宜。三年中,虽累,却快乐着。现时回顾起来,三届"天龙杯"赛亦各有特色。首届比赛参赛大师虽少,但社会反响尤佳,由太原市红光批零商店经理芦步星出资赞助,并该店的职工捐赠了个人当年所得的承包奖,使比赛获得圆满成功。该届比赛开创了省内社会集资办体育的先河,在国内引起较大反响。比赛期间,举办了中国象棋大师同太原职工代表队的对抗表演赛,同观众的车轮战表演赛,以及特级大师李来群一对六的盲棋表演赛。第二届比赛参赛大师达二十余位,分为南宫和青年宫两个赛场,观众人数创出新高。比赛期间,胡荣华、柳大华等八名象棋大师分赴太原化工厂、太原锅炉厂、太原化肥厂、太原选煤厂等工矿企业,同企业职工群众进行了表演赛和多面打;胡荣华、柳大华、吕钦、刘殿中赴太原市少体校棋队,同小棋手们下了三棋(中国象棋、国际象棋、围棋)指导棋;单霞丽、胡明赴省军区第二休干所,同离退休老干部们进行了车轮战表演赛;胡荣华在南宫进行了一对十的三棋表演赛;胡荣华、柳大华还分别在南宫、青年宫进行了一对八的盲棋表演赛。活动搞得丰富多彩,并州棋迷赞不绝口。宣传报道亦有声有色,既有预告消息、大师简介,又有专访、花絮、比赛消息,还有漫话连载、高手评棋。新闻报道的多样化,既活跃了报纸的版面,又丰富了市民的业余文化生活。此届比赛不仅省内各大新闻媒体参与了宣传报道,而且中央电视台、中央人民广播电台(仅该台就连续播发了六条比赛消息)、新华社、《新民晚报》、《武汉晚报》、《棋牌周报》、《象棋报》等国内知名媒体均刊(播)发了比赛消息,扩大了比赛的社会影响,使刚刚复刊的《太原晚报》在全国新闻媒介中赢得良好声誉。第三届比赛参赛选手达三十余位,其规模超过了前两届,为当时全国各类象棋邀请赛中规模及影响最大的一届。比赛期间,柳大华、吕钦、单霞丽、黄玉莹远赴忻州市,进行了盲棋、车轮战、快棋表演赛;女棋手单霞丽、胡明前往古交区,进行了车轮战表演赛;胡荣华在桃园棋牌馆进行了一对十六的三棋表演赛。三届"天龙杯"中国象棋大师邀请赛,在山西的体育史及中国的象棋史上,留下了她亮丽的一笔。在比赛期间,自己也美美地过了一把棋瘾。首届比赛时,曾向特级大师谢思明请教;第二届时,曾向特级大师胡荣华请教;第三届时,曾向女子全国冠军高华请教;除对胡荣华一局为饶二先外,其余两盘均为我执红先行,也可能是大师们照顾颜面的缘故,竟也取得了二和一胜的战绩,既检验了自己的棋艺水平,又为自己的弈棋生涯增添了无限乐趣。因为搞比赛,在棋界赢得了声誉,我曾有幸担任太原市中国象棋协会副主席、山西省体育记者协会常务理事等职,至今还担任山西省围棋协会常委。

在三届"天龙杯"赛中,象棋大师们通过自己的创造力、想象力,在棋枰的咫尺天地里,演绎出无数精彩的对局,构成象棋艺术宝库中璀璨的一页。作为比赛的组织者,有责任将比赛对局流传后世,为中国象棋的百花园增色添彩。大师们在太原比赛期间,我就向参赛大师们预约了评注棋局的稿件,准备合集出版。后因工作调动,离开了新闻界,不仅使比赛中断,亦将出书一事耽搁下来。资料一压箱底,竟尘封了二十年。乙酉年末,我在整理旧日手稿时,无意中翻出了"天龙杯"赛的资料,出于对象棋的执著热爱及肩负的使命感,即利用春节休假的时间,将资料汇集成册,合集出版。这也算是对历史的一种交待吧。在是书的编辑过程中,得到了我省象棋大师、省体育局象棋教练张致忠的鼎力相助,亦得到了太原市体育局象棋教练马正富的热情支持,张、马二兄不仅审校了书稿,纠正了当时刻印中的谬误,并对评注稿提了诸多宝贵意见,使是书大为增色。在此一并表示谢忱。

近日上网,看到《象棋魔鬼词典》中释"棋谱作家",曰:"一种烹调师,有资格把棋手蔑视为'母鸡',理由是'母鸡下蛋',可它对于鸡、蛋是否鲜美,却知之甚少。"读此言后,似乎作者说的就是我这样的人,棋艺水平有限,还要不得已而为之,亦为勉其难乎?但评注的手笔出自大师之手,而非吾辈之手也,我亦只是汇集归纳而已。是书还是有可看之处:同一棋局,胜负方均有评注,在其他棋书中较少见到;同一棋局,其他非参与之大师多人分别品评,这也有别于其他棋书;还有参战之人的自战解说谱,论述自己此役的成败得失。下棋人常言,大赛无名局。而邀请赛则不同,棋手无太大的压力,参赛棋手抓住自信,守着坦然,怀着坚韧,在棋枰上可以肆意发挥,比大赛更能创造出精彩的棋局。我想,凡阅读是书的棋手、棋迷或象棋爱好者,均能从大师的对局谱中得到教益和启迪。是书分为三大部分:前为对局评注,中为对局谱,后缀新闻报道集萃。读者从新闻报道集萃中,可纵览到"天龙杯"象棋赛的全貌。

当代人有句口头禅:痛并快乐着! 我编纂是书,此感尤烈。愿《天龙棋谱》能成为中国象棋园地里的一朵小花,散发出它清新淡雅的幽香!

丁亥春于寓所

(《天龙棋谱》,山西省内部图书准印证第 94 号,2007 年)

卷四 志文选载

太原风景名胜志卷一总述

任根珠 侯文正

在中华大地的雄鸡版图上,位于胸腹之间,有一座历史悠久而又充满现代活力的名城,它就是山西省的省会——太原。

它已有 2500 年的建城史,与苏州、杭州、咸阳等同为中国现存最古老的少数几座古城之一,又曾作过九个朝代的首都或陪都,堪与中国的其他著名古都如西安、洛阳、北京、南京等相提并论。

它总面积为 6988 平方公里,其中城区面积 177 平方公里,总人口 330 万,是国内重要的清洁能源和装备制造业基地、华北地区物流中心与交通枢纽之一,工业发达,商业繁荣,文化昌盛,交通便捷,通讯畅达,城市基础设施完善,是国内特大型、综合型的现代化城市之一。

它三山环抱,一水中分,在风光优美的山林、峡谷、水滨、城市街区与乡郊原野上,星罗棋布地分布着历朝历代极为珍贵精美的名胜古迹,有着厚重深沉的历史文化底蕴,是三晋五千年文明的缩影,亦是展示中华五千年文明的重要窗口。

它以历史文化之旅为突出优势,形成了自然景观与人文景观相得益彰、传统文明与现代文明融为一体的、独具特色的旅游景观资源,是知名度越来越高、国内外旅游者越来越向往的重要旅游城市。同时,还以其极为有利的地理位置、发达的交通与日益完善的服务设施,成为山西的旅游中心城市,并正在成为中国北方重要的旅游集散地与国际口岸。

2000 年,它获得中国优秀旅游城市的荣誉称号,此后又经过不断的努力开拓,在 2003 年通过举办建城 2500 年庆典活动和招商旅游年活动,使全市旅游产业的发展进入了一个新的阶段,呈现出一派蒸蒸日上、方兴未艾的发展态势。

一

太原作为一个重要旅游城市,其景观资源的突出特色和独特价值,首先在于历史内涵丰富,文化底蕴深厚,审美价值高,吸引力强。当旅游者开始进入太原游程,就如步入了一座展品极为丰富,而且精美纷呈的大型历史博物馆。

在太原市有限的地域内,国家、省和市三级重点文物保护单位多达89处,其中国家级5处,省级17处,市级67处,分布密集,遗存丰富,年代久远,种类齐全,而且绝大部分兼具文物资源与旅游资源的双重属性,既得到了较好的保护,又得到了较为充分的开发利用,成为展示三晋文明和整个中华文明历史进程的成系列的人文景观。

太原的远古文明,属于华夏民族黄河文明的重要组成部分。当你在走访山区、游览森林公园或漫步汾河两岸之时,不妨顺路在太原所属古交市汾河两岸及西山石千峰附近沟壑去考察一下旧石器遗址,或到太原郊区的光社、义井、东太堡、狄村、许坦及清徐马峪、娄烦等任何一地考察一下新石器遗址,遥想八千年前或一万年前,这些地方森林茂密,湖水荡漾,野兽出没,我们的祖先就在这里顽强地与大自然搏斗,过着聚族群居、打造石器、捕猎打鱼、采集野果的原始生活。远在黄帝时期,早在大禹之前,这里就出过一位"宣汾、洮,障大泽,以处大原"的治水英雄台骀;后来,在尧舜禹时期,它又是唐尧故地、大夏之墟,作过尧和禹不断迁移的都邑之一;西周时期,又成为武王之子、成王之弟晋唐叔虞的初封之地。追溯那样遥远的历史,不免有些渺茫;而面对这块古老而神奇的土地,却又如此现实,不禁发思古幽情,确是别有一番滋味和情趣,也许会有一种任何别样的旅游都难以体验到的历史启示涌上心头。

晋阳古城遗址则展示了春秋末期直到唐代近1500年的历史。这座古城从公元前497年(周敬王二十三年)赵简子家臣董安于始建,战国前期赵国把它作为都城,秦汉时期作为太原郡治,成为北方军事重镇,西晋年间并州刺史刘琨扩建和坚守晋阳,东魏、北齐时,高氏父子以晋阳为"别都",隋末,李渊、李世民父子从晋阳起兵,夺取天下,建立唐朝,把晋阳定为"北京",与西京长安、东京洛阳并称盛唐"三京",最后在979年(北宋太平兴国四年),宋太宗攻克晋阳灭北汉,火焚水灌,使这座存世近1500年的壮丽古城毁于一旦。古晋阳城虽然多为少数民族和割据政权的都城,或只是中央王朝的陪都,但建都的时间跨度之长,王朝政权更迭之多,对中国历史发展影响之大,在中国古都城市中是异常突出的。明末清初著名史学家顾炎武在《历代宅京记》中,将太原与长安、洛阳、开封、南京等大古都列为专篇,相提并论,太原之重要历史地位可见一斑。它曾对古代中国的全国政局形成强烈的辐射力,诸多改写中国历史的大事件都由此开始,或在此发生。这里曾是先秦时称霸中原历史最久、国力最强的晋国的初封地,其"启以夏政,疆以戎索"的建国方针,确立了多民族聚集地区华夏民族共同发展的方略,形成了中华各民族团结向上、共存共荣的优良传统。以公元前497年"晋赵鞅以晋阳叛"以及随后之"三家分晋"为标志,中国历史进入了战国时期,拉开了中国奴隶制向封建制发展的序幕。汉朝初建,汉文帝刘恒被封为代王,"龙潜"晋阳十几年,即位之后开创了历史上有名的"文景之治"。西晋末年并州刺史刘琨长达10年的晋阳保卫战,张扬了中华民族外抗强敌的豪气。李唐王朝在太原的"龙兴",又开创了历来享有盛誉的"贞观之治",奠定了中国封建社会发展到顶峰的基础。

宋代,在晋阳古城被毁之后,很快就在附近新建了太原城。到明代,便发展为闻名全国的"锦绣太原城"。明代文坛领袖、曾作过山西按察使的王世贞在《适晋纪行》中记述:"太原城甚壮丽,二十五睥睨作一楼,神京不如也。"太原城不能毁灭,毁了也得重建,就因为它在中国北方的政治军事地位是无可替代的。北宋最后攻克晋阳实现全国统一,金元进占中原,明朝巩固政权,以至李自成攻克太原及太原镇所属宁武关后长驱入京,推翻明朝,清初镇压了山西发生的反清大起义后才得以稳定局势,一次又一次地表现了太原对全国局势的影响和在中国历史进程中的作用。近代以来,太原起义对辛亥革命的贡献,中共早期党组织在太原的发展,抗战初期在太原的统一战线活动,解放战争中在华北地区最后攻克太原,也都是影响深广的大事件。对宋以后的历史足迹,除晋祠外,更多的需要在市内去寻访。市内的古关帝庙、开化寺遗址是宋朝的遗迹,拱辰门城楼、晋王府遗址、皇庙、文庙、双塔寺、满洲城遗址则是明清的身影。而文瀛湖畔的孙中山纪念馆、督军府旧址、中共太原支部旧址、太原国民师范旧址以及牛驼寨、双塔寺等烈士陵园,则又记录了辛亥革命、中华民国时期和中华人民共和国诞生的历史。

一部中国通史,在太原的历史之旅中得到了生动、形象而深刻的印证。在欣赏古代文明与享受东方之美的同时,满足了求知的需求。从远古的文明史到2500年的建城史,太原的历史文化确实够得上博大精深,尤其是其地域的永恒性,历史传承的长久性,在中国乃至全世界的城市中都是罕见的。

二

在太原旅游,又仿佛进入了一座历代精品荟萃的古代建筑和艺术博物馆,它所展示的是中国城市发展史和中国建筑艺术发展的全过程。

太原的城楼、衙署等建筑,体现了中国古代农业社会城市的基本功能——政治行政中心和军事防御体系的重镇。市井名店、文庙书院等建筑,是城市商业和文化发展的产物。贵族巨商的豪宅、普通市民及郊区农民的民居,从不同侧面展现了历史上的等级制度、财富分配和宗法礼仪,同时也是建筑艺术、民俗风情和地域文化的结晶。由于历代战乱的破坏,同时也伴随着城市建设的进步,太原现存上述各种建筑,多为明清遗存。

历史最稳定、保存最久远的建筑精品主要是寺庙。如位于市区的崇善寺、纯阳宫、白云寺、永祚寺、华塔寺、九龙庙、蒙山开化寺、龙山童子寺、太山龙泉寺、崛　多福寺、土堂净因寺、窦大夫祠、柳林河悬泉寺;分布于周边市县的有古交的阁上仙洞、千佛寺,阳曲的范庄大王庙、大安三藏寺、不二禅寺、红崆山古洞,清徐的岩香寺,还有堪与敦煌媲美、居于全国七大石窟之一的天龙山石窟,国内罕见的龙山道教石窟,世界上开凿最早的大型石刻佛像蒙山大佛,国内泥塑之最的土堂大佛等。这些宗教建筑,保存了从魏晋以来到隋、唐、宋、元、明、清历代的建筑形制和建筑艺术、雕塑艺术、壁画艺术、书法艺术。

其中具有集大成意义的典型代表是晋祠。清末民初刘大鹏在《晋祠志》中说:"三晋之胜,以晋阳为最;而晋阳之胜,全在晋祠。"晋祠始建于北魏之前,有一千年以上甚至可能有两千年以上(以实测树龄近三千年的周柏为物证)的悠久的建园历史,是国内现存最古老的皇家园林建筑。它山环水绕,古树参天,亭台楼阁,星罗棋布,是一处规模宏大的古建筑云集之地,上百座殿宇、楼阁、亭台、桥梁分别建筑于宋、金、元、明、清各代及近代、现代、当代。在晋祠众多的古建筑和附属文物中,圣母殿、献殿、鱼沼飞梁被誉为"三大国宝建筑",在中国乃至世界建筑史上占有重要地位;宋塑侍女像、齐年柏、难老泉被誉为"晋祠三绝",令中外游人叹为观止,雕塑大师刘开渠对宋塑侍女像也不禁感叹:"这是人的社会,令人难忘的、抒情的、美的境界。"《晋祠之铭并序》

碑、《华严经》石幢、《柏月山房记》砖刻被誉为"三大名刻",使古往今来的文
人墨客流连忘返,其中李世民的《晋祠之铭并序》,开一代行书之风,书体飞逸
洒脱,骨骼雄奇,与王羲之《兰亭序》并驾齐驱。晋祠幽雅绚丽的山光水色,古
朴隽秀的园林艺术,丰富多彩的文物古迹,雄伟壮观的庙宇殿堂,精美绝伦的
雕塑碑刻,浓荫密匝的古树名木,神奇美妙的民间传说,充满描不尽的诗情画
意,解不完的历史蕴涵。它既是一座精品荟萃的建筑和艺术博物馆,也是一座
纵贯古今的历史博物馆,是太原名胜古迹中一颗光彩四射的璀璨明珠。

三

古今中外的历史名城从来都是和历史名人联系在一起的。名城产生和吸
引着名人,名人为名城留下佳话,增添光彩,形成人文景观的历史积淀,赋予自
然景观浓郁的文化色彩。这也是太原历史文化之旅中的一个重要方面和重要
内容。

古往今来,在黄河流域的这座名城中,孕育出一代又一代出类拔萃的人
才,著名的政治家、军事家、文学家、思想家、科学家、教育家层出不穷。春秋末
期,赵简子家臣董安于始筑晋阳城,首立开疆之功;晋阳邑宰尹铎固城安民,使
该城成为赵国的稳固根据地。汉代王烈提倡从善远恶,开一代社会新风。魏
晋史学家王沈编《魏书》,南北朝王遵业著《三晋记》,隋代王昭撰《隋书》,为
中华之历史传承秉笔直书。进入唐代,更是人文荟萃。宰相狄仁杰上承贞观,
下启开元,堪称一代名臣;著名诗人王翰开唐诗"边塞派"之先声;王之涣的
《凉州词》被誉为唐诗压卷之作,而他的《登鹳雀楼》视野开阔,胸襟博大,展现
了盛唐气象;王昌龄《从军行》备受赞誉;白居易的新乐府更是妇孺皆习,流传
不息。宋代杨业父子保家卫国,战功卓著,忠烈满门,气激风云;著名画家王诜
"不今不古,自成一家";名医冯文智悬壶济世,妙手回春。元末明初著名小
说、戏曲作家罗贯中著《三国演义》,开白话长篇小说之先河,数百年脍炙人
口,五大洲广为传播。明代"双尚书"王琼辅国安疆,屡建功勋。明末清初的
大思想家傅山学术渊博,诗文奇绝,书画精湛,医道高明,造诣深厚,清代巨儒
无出其右。清代阎若璩勤奋治学,遂成一代考据学大师;镌刻家段绖,刻就
《太原段帖》,名闻遐迩;翰林院编修杨二酉书法闻名朝野;名臣名儒乔松年居
官为民,撰著有成。从魏晋以来,在历代都十分显赫的张、王两大姓氏均起源
于太原,他们的子孙遍布全国以至世界,其中有相当一批著名人物。民国时

期,革命先驱高君宇为救国救民奔走呼号,是中共早期创始人之一。一大批革命先烈为中华民族的解放事业前仆后继,迎来了新中国的诞生。社会主义建设时期,更是名人辈出,全国劳动模范朱文华、张进德,多次受到党和国家领导人的接见;年仅15岁的池越忠舍己救人,"红烛虽小,精神永存"……他们以其辛劳和智慧,为人类文明和社会发展做出了卓越贡献。

在太原任职的名宦也代不乏人。如春秋时期救出"赵氏孤儿"、为后来赵国称雄立了大功的程婴、公孙杵臼;汉代关心民间疾苦的并州牧郭伋;东晋并州刺史刘琨;唐代安边抚境有方的并州都督李勣,平定安史之乱功勋卓著的太原尹、北都留守李光弼;宋代以射书左仆射刺太原府的文彦博,河东宣抚使范仲淹,太原知府韩琦、范纯仁;明代使"民水旱无忧"的山西巡抚于谦,山西按察使、文坛领袖王世贞,以刚直清正著称的山西巡抚魏允贞,为振兴山西教育做出贡献的山西提学文翔凤,体恤晋民疾苦的山西巡抚吴甡;清代以勤慎著称、知识渊博的太原知府刘墉,清末力主洋务、兴学堂办工厂的山西巡抚张之洞、布政使胡聘之。

太原自古以来即为大都会,以其宏富的名胜古迹吸引着众多的帝王贵胄和文人骚客前来巡游观光。公元前229年(秦王政十八年),嬴政巡游太原。以其文治武功卓著于史的汉文帝刘恒、汉武帝刘彻都曾巡游并州。北魏的皇帝拓跋珪、拓跋嗣与拓跋元宏都曾巡游晋阳。607年(隋大业三年),隋炀帝率六宫及百官家属巡游并州,并在并州下诏兴建晋阳宫;其后又于608年(大业四年)和615年(大业十一年)两次巡游太原。进入唐代,因太原为李唐王业的龙兴之地,唐太宗、唐高宗、武则天、唐玄宗等几位皇帝多次巡游太原,唐太宗李世民于646年(贞观二十年)率群臣游晋祠,并书有《晋祠之铭并序》。清康熙皇帝曾几次想巡游太原而未成,但到乾隆皇帝则不但巡游太原,而且留住数日,写诗题匾,兴致盎然。游历太原的文化名人更多,如东晋大旅行家法显,北魏历史地理学家郦道元,唐代大诗人李白,宋代欧阳修,元代小仓月,清代顾炎武、屈大均、李天生、朱彝尊、曹溶等。意大利旅行家马可·波罗也曾到太原游历。他们的行踪、诗文、书画,都对太原历史文化的积累和知名度的提高具有重大作用。

历史文化是人的历史和文化,人文景观的创造者和活的灵魂是人,自然景观也需要人的发现、赞颂和诗化。数千年来成千成万的本籍名人、游宦名人,为太原历史文化的发展和积累做出了突出的贡献,也为太原的旅游景观增添了无限的光彩和无穷的魅力。

四

太原所处的特殊地理位置及其地理形势,是使它成为战略要地、军事重镇,形成独特的军事文化和民俗文化的重要因素,也是形成它的山岳峡谷盆地型自然景观的主要原因。这是考察太原旅游景观资源及其历史文化内涵时应该注意到的一个显著特点。

在中国漫长的古代史上,太原地区正处在中原汉民族与北方游牧民族、农耕文化与游牧文化互相接壤的过渡带和结合部,二者之间不可避免的冲突、战争和不可阻挡的交流、融合,在这个过渡带和结合部表现得十分突出。同时,太原所处位置与秦汉以来大多数王朝的首都,诸如西安、洛阳、开封、北京,距离都很近,不论向南或是向北,都是通往京师的重要通道。因此,它历来是屏障中原的门户、拱卫京师的藩篱,在中国古代政治史和军事史上具有十分突出、非同寻常的重要战略地位。

太原及其周边的地形又使它在军事上和经济上具有得天独厚的优越条件。从大范围看,自古以来,山西就以"表里山河"闻名天下,西、南两界的黄河和东、北的群山是山西的天然屏障。而太原就处在山西的心腹部位。从小范围看,太原东为太行山脉西向延伸的中低山区,西为吕梁山东翼的云中山余脉,两大山系在太原正北相交,成为忻定盆地与太原盆地的分界线和滹沱河流域与汾河流域的分水岭,并形成了地势险要的三座天然雄关,即天门关、赤塘关、石岭关,成为连接中原与北方的咽喉要道。其内紧靠城池,又有天龙山、龙山、蒙山、系舟山、东山等近山。这种三面环山、三关拱卫的地理形势,使它在冷兵器时代的战争中易守难攻。在三面群山环抱之中,则是太原盆地,南展平川,汾水中流,并网布着潇河、柳林河、杨兴河、凌井河等10余条汾河支流,地肥水美。这就使它的周边地区拥有较好的农业生产条件,正常年景,小麦杂粮丰收,仓廪充盈,同时又有煤铁之便利,经济实力较强。正是这些优势,使它成为兵家必争之地,甚至成为一切以夺取天下为目标的政治集团的必争之地。

稍加思考,就会想到,在太原历史上发生的影响全国政局的大事件,几乎都是和军事联系在一起的,几乎都要打仗。在中国大大小小数以千计的城市中,还没有哪一个城市像太原这样发生过那么多次的争夺战、攻守战。在历朝历代的军事斗争中,它不是大规模军事进攻的出发基地,便是持久防御的根据地。因此,军事文化便成为太原历史文化的重要组成部分。历史上的著名战役、著名将帅、著名攻防战例,以及反映这些内容的文学艺术作品,都是太原历史文化旅游的重要资源。

这种历史地理的特征也给太原的民俗文化留下了印痕。太原的民俗文化,既以黄河流域汉民族的文化为主要特征,但又融合吸收了北方游牧民族的不少文化因素。历代边塞诗和军旅文学中出现的"并州游侠儿"、"并州少年郎"的骁勇形象、豪爽气概,便是印证。太原威风锣鼓的形成,与此有关。太原民居中的四合院形制,特别是豪门大宅的城堡式民居,也体现出军事防御的价值。在不断经受血与火的战争洗礼之中,在多次经历的坚守围城的饥寒交迫之中,也使民众中形成了吃苦、耐劳、节俭的民风。当然,不能把太原民俗的各个方面都和民族融合或战争频繁直接联系起来,它还有多种因素的影响,例如太原被誉为中国的面食之都,面食文化是太原民俗中的重要组成部分,但这种饮食习俗更多的是同太原周边生产小麦杂粮多、气候又比较寒冷等地理因素直接相关的。

太原地处华北西部的黄土高原之上,又是三面环山的地形,这就使它形成了与华北诸省市迥然不同的地理面貌,使它的自然景观具有山岳峡谷盆地型的独特个性,与周边地区相比,可以说是别具一格而更胜一筹。其正北,"三关"拱卫,山势险峻,古道咽喉,堪称雄关之胜。其西北,崛围山峰峦叠嶂,秋来红叶满山,汾河峡谷幽深曲折,流水湍急,两岸峭壁险峻,奇峰怪石、古树杂花令人目不暇接,到汾河二库,则展示了高峡平湖之景。其西南,天龙山、龙山、蒙山、太山一线,群山连绵,松林如海,统称天龙山国家森林公园,还保存着天然的生态环境。其正东,千沟万壑,又呈现了典型的黄土高原地貌,而逐步提高的植被覆盖率,不但体现了多年来改善生态环境的努力,也给游人增加了新的景观。其正南,晋阳湖水泛波,绿野平畴,稻麦翻浪,呈现出江南田园之风致。周围郊县的果、梨、桃、杏、葡萄、瓜、菜园,更为开展生态旅游、饱览田园风光、体验田园生活提供了大好条件。清徐的葡萄沟已经以其独特的风貌,成为一条别有风情的旅游热线。最为可贵的是在群山之间,或原野之上,在优美的自然风景之中,名胜古迹星罗棋布,自然景观和人文景观相依相傍,融为一体,使旅游活动更加丰富多彩,令人心旷神怡。

五

太原除了本身是一个具有相当吸引力的旅游目的地之外,同时还是山西旅游区的中心城市和中国北方重要的旅游集散地。

太原地处山西腹部,与省内各个区域性旅游中心城市如大同、忻州、榆次、阳泉、离石、长治、晋城、临汾、运城等,距离近者只有数十公里,远者亦不过二三百公里,仅数小时车程。2003 年 9 月大运高速公路全线贯通,更拉近了太原与省内各个旅游区和旅游景点的距离。向北,可沐忻州温泉之汤,观宁武芦芽山之景,朝五台山佛教之圣,仰应县木塔之高,猎恒山悬空寺之奇,览云冈石窟之胜。向东,可霖娘子关瀑布之润,游大寨森林公园之景。向西,可观庞泉沟自然保护区之林,探北武当山之险,访碛口黄河古渡口之迹。向南,可访晋商大院之俗,睹平遥古城之壮,游介休绵山之秀,品汾阳杏花村之酒,谒临汾尧庙之祖,寻洪洞大槐树之根。再向西南,可听壶口瀑布之涛,观隰县小西天之塑,探蒲县东岳庙之幽,看永济普救寺之秀,览河东鹳雀楼之雄,追黄河大铁牛之古,赏芮城永乐宫之画,敬解州关帝庙之灵。再向东南,可瞻黎城黄崖洞之峻,历太行山峡谷之险,采历山自然保护区之风,撷皇城相府之英,闻蟒河瀑布之声。

太原与周边省市(区)的旅游景区互补性强,关联度大,又处在北京、承德、西安、洛阳、开封等著名旅游城市和内蒙古大草原等旅游线路的中心位置,彼此之间交通也极为便捷,有铁路、高速公路和航线贯通,以乘车走高速公路为例,东北至首都北京,东至河北石家庄,西南至陕西西安,东南至河南洛阳、开封,北至内蒙古呼和浩特,近者只需 2 个小时,远者也不足 5 个小时的路程。太原作为华北的交通枢纽城市之一,铁路四通八达,空中航线 30 余条,可直通北京、天津、沈阳、延吉、大连、秦皇岛、哈尔滨、济南、烟台、邯郸、郑州、合肥、南昌、南京、上海、温州、常州、杭州、厦门、福州、广州、珠海、深圳、汕头、武汉、长沙、桂林、西安、延安、榆林、成都、重庆、昆明、海口、呼和浩特、包头、兰州、西宁、银川、乌鲁木齐等国内各大中城市,大大缩短了与全国各主要城市和著名旅游景点的空间距离。因此,无论从客观需求看,还是从地理条件看,太原完全有资格成为中国北方重要的旅游集散地、中转站和国际口岸。

太原旅游服务设施建设也得到长足发展,日臻完善,食、住、行、游、购、娱等配套服务设施已渐成体系。至 2002 年底,太原市四星级旅游涉外宾馆(饭店)有迎泽宾馆、山西大酒店、愉园大酒店、三晋国际饭店、阳光大酒店、山西太平洋酒店、山西御花园假日酒店 7 家,三星级旅游涉外宾馆(饭店)有太原并州饭店等 29 家;二星级宾馆饭店有 28 家;全市全年总接待游客量可达880.25 万人次。太原商业服务业发达,多有游客购物的最佳场所;太原大型歌城几十座,各类影视剧场、游泳馆、康乐城、保龄球馆、高尔夫球场等分布合理,是游客休闲娱乐的理想之地。太原面食花样百出,独领风骚,名扬华夏,游览之余品尝个中滋味,足令游客百食不厌。旅游接待单位,现有山西省中国国际旅行社、山西省中国青年旅行社、山西省中国旅行社等各级各类旅行社(公司)150 余家,除开辟市内旅游线路之外,还开辟了省内旅游线路 17 条,国内旅游线路 33 条,国际旅游线路 31 条。虽然在各方面尚有不足之处,但从总体上和发展态势上看,太原已具备了作为重要的旅游目的地、山西旅游中心城市和中国北方重要的旅游集散地的条件,在全省和全国旅游业发展中的功能和作用将越来越重要。

六

　　旅游业作为 21 世纪的"朝阳产业",愈来愈受到世界各国的重视。随着世界旅游经济的持续发展和亚太旅游业快速发展的积极影响,中国旅游业的发展也进入了黄金时期。在 20 世纪末和 21 世纪初,全国各省、市、自治区的旅游业都得到了长足发展,旅游收入大幅度增长。太原的旅游业也迈开了新的步伐。2002 年,太原接待国内旅游者人数为 1037 万人次,占全省 4359 万人次的 23.78%;国内旅游收入为 33.53 亿元人民币,占全省 120.32 亿元的27.86%;接待海外旅游者人数为 61988 人次,占全省 248033 人次的 24.99%。上述三项平均为 25.54%,即太原的国内和国外旅游者人数及国内旅游收入均占全省的 1/4。太原旅游业不但在全省旅游业中占有很大的份额,而且处于重要地位,起着龙头带动作用。大力发展太原旅游业,不仅对太原市经济社会发展有着广泛的意义,而且对全省旅游业及整个国民经济的发展影响都很大。

　　从近年来的发展速度和 21 世纪初已达到的规模看,山西和太原的旅游业虽然也在加快发展,但无论同沿海发达地区相比,还是同周边兄弟省市相比,仍然有相当大的差距,需要奋起直追。鉴于这种状况,中共山西省委、省政府高度重视山西旅游业的发展,提出"要充分利用旅游资源优势,面向全国,走

向世界"的战略思想。发展重点是：以市场需求为导向，以太原为中心，建设
七大旅游区、四大系列产品和八条专项线路。中共太原市委、市政府同样高度
重视旅游业的发展，制订了太原市旅游业发展规划，加大了旅游业基础设施及
景点的建设力度，并把 2003 年确定为招商旅游年，动员全社会的力量，进一步
采取有力措施，加快旅游业的发展，全面提高旅游产业化、市场化的水平。太
原市旅游业发展的可喜势头已经呈现，只要下功夫、花力气，长期坚持抓下去，
把太原建设成为山西省的旅游业中心城市和国际旅游城市的目标，就会在不
远的将来顺利实现。

（《太原风景名胜志》，山西人民出版社，2003 年）

古 城 春 秋

任根珠　侯文正

　　太原是中国北方文明发祥最早的地区，也是中国最古老的城市之一。早在旧石器时代，太原就有人类生存繁衍。经过长期的进化与发展，从史前传说中的台骀、唐尧到有史以来的夏商周，它成为当时中国北方经济与文化相当发达的地区和军事战略要地。在此基础上，于春秋末期形成了早期城市。自史籍所载公元前497年（周敬王二十三年）"晋赵鞅入于晋阳以叛"算起，至公元2003年，已有2500年的建城历史。

　　在漫长的历史进程中，太原这座城市经历了沧海桑田的巨变，大体可以分为三个时期。

　　公元前497年（周敬王二十三年）至公元979年（宋太平兴国四年）为晋阳城时期，故址在今太原市晋源区，经历了长达1476年的历史，是堪与长安、洛阳比肩的著名城市，其间曾有九个朝代在太原建立国都或陪都：战国之赵都，前秦符丕之国都，东魏之夏都，北齐之别都，李唐之北都，后唐之都城、北都，后晋之北都，后汉之北京，北汉之都城。

　　第二个时期是在晋阳古城被毁之后，北宋在距晋阳古城之北15公里的唐明镇筑造新城，直至明清，将近1000年的历史，仍然是北方的军事重镇和山西的政治、经济、文化中心，曾同时作为阳曲县治和并州州治（宋）、太原府治（宋、金、明、清）以及河东路（宋）、河东北路（金）、冀宁路（元）、山西行省（明）的省会，官方及民间均称之为"太原城"、"会城"、"会城太原"。这种建置一直沿续到民国前期。

　　1911年（清宣统三年）辛亥革命太原起义，揭开了这座古城走向现代历史的序幕。从1921年（民国十年）设太原市自治行政公所，到1927年（民国十六年），正式设省辖太原市，成为太原走向现代城市的转折点，至2003年已有近一个世纪，是太原城市发展史上的第三个时期。这一时期，太原的城市建设和经济文化加快了发展步伐。特别是 1949 年中华人民共和国成立后,古城太原也从战争的烈火中获得了新生,步入了建设现代化大都市的里程,创造了新的辉煌。

纵观太原古城 2500 年的历史,众多的英雄豪杰在这片热土上演出一幕幕栩栩如生的历史活剧,留下了极为丰富的历史遗产与文化内涵深厚的人文景观,同时也造就了"龙城"太原独特的文化品位。

第一章 太原溯源

早在 2500 年前,太原城就能够出现在中华大地上,其基础是这一地区独特的地理条件和经济、政治、军事、文化的充分发展。关于建城之前太原地区的自然变化和人类进化的历史,通过现代地质学和考古学的研究,已经掌握了虽很粗略但却是科学可信的具体情况。另外,还有古代文献记载的历史传说可资参政。

第一节 考古:汾河文明 源远流长

一、远古时代的地理环境

地质学上的第四纪是人类产生的年代,包括早更新世、中更新世、晚更新世三个时期,距今约 240 万年至 1 万年。在考古学上,第四纪统称之为旧石器时代。整个山西在这一时期都处于由湿热向干冷转化的过程中,在早更新世(距今 240 万年到 73 万年),今太原所在的晋中盆地是一片汪洋,有鱼、贝等水生动物;两侧的吕梁山、太行山到处是茂密的森林和草原,有成群的哺乳动物。到中更新世(距今 73 万年到 14 万年),盆地上的湖泊逐渐萎缩,许多河流的河道已经形成,气候除在冰期之外均呈湿润、温暖特点,除针叶树外,阔叶树、落叶树大量出现,草本植物陆续增加,各种动物活动频繁。到晚更新世(距今 14 万年到 1 万年),虽然有过两次冰期,但气候总体情况是夏季湿润,冬季寒冷,春秋两季凉爽宜人。这一时期,汾河流域的古人类活动及其环境以襄汾丁村遗址为代表。太原地区的古交旧石器遗址群,石千峰一带的旧石器地点均属于这一时期。据著名考古学家裴文中和贾兰坡对丁村遗址作了深入研究之后所作的描述,当时汾河河床很宽,河水也比现在既大且深,有体长70厘米的鲤鱼,体长1米以上的青鱼、鳡鱼,体长1.5米以上的鲇鱼;河岸旁有茂盛的水草,附近的山上有茂密的森林,山前有丘陵草原,河滩的平地上也生长着树木和草丛;在森林和草地上生活着犀、象、斑鹿、野马、野驴、野牛等动物;原始人就在这样的环境下过着狩猎和采集生活(参见裴文中《中国原始人类生活》;贾兰坡《中国大陆的远古居民》)。太原在当时的环境与丁村一带大体相同。在距今1万年时,人类便进入了新石器时代,环境、气候、野生动植物与今天的情形就越来越相近了。

二、旧石器遗址

古交旧石器遗址群　古交位于太原市区以西38公里处。这一带为汾河流经区域,系一较宽阔的山谷。大川河、原平河和屯兰河分别由南及西南方向流来,然后注入汾河。在其河流堆积的阶地上,目前已发现有旧石器时代早、中、晚三期文化遗存多处。

早期遗存2处,是太原地区发现较早的文化遗存。一处在后梁,1983年7月发现。一处在王家沟,1990年3月找到石制品18件。后梁旧石器地点位于古交镇以西约1公里的后梁北坡,1983年10月~11月间发掘。在二迭纪紫红色砂页岩顶部的质地坚硬、富含钙质结核的微红色亚粘土层中,出土石制品459件。原料成分95%以上为角页岩,其次为砂岩、脉石英和石英岩等。类型有石核、石片、砍砸器、刮削器、尖状器、石锤等。石核有单台面、双台面、多台面之分。石片的尺寸普遍较小,其中最大的长、宽、厚分别为177毫米、107毫米、40毫米,最小的长、宽、厚分别为40毫米、29毫米、10毫米。石器加工较简单,器形也不规整,惟有砍砸器有一定特色,而且数量也较多,约占石器总数的36%。这类器物的加工多是将扁平砾石的一端或一边单向修理出刃缘,其它部位不作修理或很少修理,用此方法加工的相类似器物在山西还很少见。

中期遗存2处,一处在古交钢厂附近,1959年12月发现;一处在古交镇以东的长峪沟,1983年7月发现石制品8件,仅有1件采自底砾层中,另7件采自砖场。古交钢厂位于古交镇以东约5公里的汾河南岸,这里高出汾河水面约50米,阶地堆积可分为两部分,下部为砂砾层,上部为含有稀疏结核的沙质红色土壤。石制品就在这两层相交接的层位中。12件石制品中,有5件采自地层中,另 7 件采自低于阶地堆积的山坡上。原料均为角页岩。其类型有石核、石片、砍砸器、大型尖状器。大型尖状器仅有 1 件,用巨厚石片制成,长、宽、厚分别为 24 厘米、13.5 厘米、7 厘米,重 2350 克;呈枣叶形,背面留有天然面,尖部只在一侧边缘略为修整,形成一个锐利的三棱尖;为便于手握,与尖端相对端及两侧做了很多修整。该标本就其三棱尖的性质而言,与丁村遗址中发现的为同一类型。

晚期遗存 1 处,属于石器制造场性质。分布在东起古交镇、西至屯村、北到西曲、南达李家社的南北长约 7 公里、东西宽约 4 公里的范围内。1983 年 7 月,在二迭纪砂页岩形成的山坡上,采得石制品 205 件,原料以角页岩为主,类型有石核、石片、砍砸器、刮削器、尖状器等。器形普遍硕大,打制风格粗犷。其中 1 件石核长、宽、厚分别为 51 厘米、45 厘米、14 厘米,重 21500 克,是目前山西境内发现的最大的 1 件石核。它是由一长椭圆形巨型砾石横向剖开取其一半制成的,一面为打击面,一面为自然面。在凸弧形剥片缘上,两面打片,边棱上疤痕重叠,凹弧剥片缘一侧多一面打片。

古交旧石器遗存不但地点多,而且内涵丰富,加之从原料到类型乃至形态,都有着较多的一致性,说明它们之间有着一定的传承关系。同时,也说明了地处汾河流域的古交在整个旧石器时代,曾是远古人类集中从事劳动和生息的场所。

石千峰一带的旧石器地点 石千峰位于吕梁山东北端,太原市区西南约 25 公里处,海拔 1775 米。1980 年,有关部门对石千峰一带进行调查:石千峰西南 1 公里的花梁山坡地带有较多石制品外,其它如北石沟、吉峰沟、新华村、窑儿头、大垴上等地点也有零星发现。在发现石制品的地点,没有发现陶片及磨制石器,其时代初步定为旧石器时代晚期。

在石千峰共采集到石制品 101 件,其原料主要是燧石和角页岩,其次是脉石英、石英岩。石器类型有圆头刮削器、石核式刮削器和尖状器。石核分细石核和粗石核两类,细石核又包括楔状和锥状石核。石片数量最多,台面、打击点清楚,多数长大于宽。

石千峰一带的石制品,以细小石器为主体,加工修理主要采用间接法。综观其石器性质和打制技术,特别是典型细石器技术传统的代表性器物如楔状、锥状石核和石核式刮削器的存在,石千峰石器应属于典型的细石器文化传统。

三、夏商遗址

狄村、东太堡遗址　位于太原市小店区狄村与东太堡村的东侧。该遗址分布在太原东山山麓下的台地上，面积约有 3 平方公里，保存比较完整。1975 年，在狄村东南侧平整土地时发现了一批陶器，距地表深 1 米 ~ 2 米，与陶器共存的还有人骨架残骸。陶器出土时分为两层，排列整齐，其种类有斝、鼎、鬲、甗、豆、罐、角、盆等，共计 20 件。1980 年与狄村相毗邻的东太堡村村民在村东掘土时，又发现了一座带有各类随葬陶器的竖穴土圹墓，陶器种类有鼎、甗、壶、罐、豆、角、镥、盆等，共计 14 件。这两批陶器出土地点相距仅 300 米，在古代很可能是同一个聚落遗址。从陶器形制、风格看，与河南二里头文化特别是夏县东下冯类型文化有很多的共同点。此遗址属于夏代遗存。

许坦遗址　位于太原市小店区许坦村东侧，1958 年发现。遗址中发现墓葬 15 座，其中 5 座用石片砌成棺椁形状，死者均为仰身直肢的单人葬，头向西南。随葬陶器有鼎、甗、鬲、罐、钵、盆、杯等 50 余件。从陶器形制判断当为夏代文化遗存，且遗址距东太堡仅 1 公里，它们很可能是同一聚落。

光社遗址　位于太原市尖草坪区的光社村南侧，1954 年考古调查时发现，1956 年对其进行了小范围的发掘。遗址现存为不规则长方形，面积约 1 万平方米。地面经常散见各种器类的碎陶片、残破的石器等。经过发掘获得了陶器、石器、骨器等一批遗物。陶器中鬲的数量最多，约占总数的一半以上，其形制和风格与东下冯文化和二里头文化有较多共同点，陶鬲皆饰绳纹，鬲足皆为锥状实足根。除鬲之外，陶器中的生活器皿还有甗、罐、杯、盆等，生产工具有陶纺轮等，石器有铲、斧、锛、凿等，骨器有针、锥。从陶器形制风格可知该遗址属于夏文化的范畴。

河家庄遗址第二阶段遗址　位于娄烦县城东北 1.5 公里的河家庄附近。1980 年山西省考古研究所调查发现并进行了试掘。1982 年，吉林大学考古专业又对遗址进行了复查，并在遗址南部清理了 1 座残房址及几个灰坑。该遗址第二阶段是夏代遗存，发现了几座灰坑，发掘所获的遗物主要是陶器，质地可分为夹砂陶和泥质陶两大类。陶色以灰陶最多，褐陶次之。绳纹的使用很广泛，有少量的素面磨光陶。器类中具有代表性的是带尖长实足根的高领鬲，其它器形有甗、斝、小口广肩罐、盆、豆等。

阳曲镇商代遗址　位于太原市尖草坪区阳曲镇西南约 1 公里的台地上，

现存面积约 3 万平方米。20 世纪 80 年代初,山西省考古研究所在考古调查时发现了该遗址,1991 年春,又派员复查,并对部分地带进行了勘探。发现了两座灰坑和若干残陶片。在此之前,当地农民在砖厂取土时发现了一座墓葬,虽已残破,但还保存了数件比较完整的陶器、青铜器。从陶器、青铜器的形制和风格断定,这是一处商代的遗址。

第二节　文献:唐尧故都　叔虞封地

在古代文献中,从传说中的五帝到尧舜禹时期,不乏对太原古史传说的记载,并留下了当时对太原的称谓,如大原、唐、尧墟、夏墟等,都包含着一段有关太原文明起源的历史线索。

一、台骀治汾,以处大原

"大原"("大"音 tai,与"太"同)之名,最早见于《诗经·小雅·六月》:"薄伐狁狁,至于大原。"所记为西周时期周宣王出兵讨伐狁狁、抵达太原地区之事。而记载"大原"所发生的历史事件最早的著作是《左传》。《左传·昭公元年》记载:"昔金天氏有裔子曰昧,为玄冥师,生允格、台骀。台骀能业其官,宣汾、洮,障大泽,以处大原。帝用嘉之,封诸汾川。沈、姒、蓐、黄,实守其祀。"此为太原地区流传的有关黄帝族的一则古老传说,当时有一个叫台骀的英雄人物活跃在这一地区,他是少昊金天氏的后裔,继承祖业,大展宏图,疏导山西境内的汾水、洮水,修筑堤防,使太原免遭水患,人民安居乐业。因台骀治水有功,后来被人们尊为汾水之神。今晋祠内有台骀庙,为后人祭祀他的场所。

二、唐尧故都

太原在古籍中有"唐"、"尧墟"之称,起因于古籍所载古唐国,曾是帝尧部落最初所居,后来由此发展到拥有冀州,进而王有天下。这一记载最早见于《尚书·五子之歌》:"惟彼陶唐,有此冀方。"注疏谓"帝尧为陶唐氏","尧以唐侯升为天子"。后来《史记·五帝本纪》也记载:"帝尧为陶唐,帝舜为有虞。"

汉代经学家郑玄《毛诗谱·唐谱》谓:"唐者,帝尧旧都之地,今日太原晋阳是也。尧始居此,后乃迁平阳。"此后皇甫谧、杜预、范晔、郦道元对此均无异议。唐代的李泰以其实地实见，对尧之故城言之凿凿："故唐城在并州晋阳县北二里，《城记》云：尧筑也。"直至唐宋之际徐坚的《初学记》、朱熹的《诗集传》中仍在讲，唐城是帝尧所筑，地处太原晋阳一带。

现代著名史学家翦伯赞所编《中外历史年表》"尧都唐"下按语曰："古唐国在今山西太原。"由谭其骧主编的《中国历史地图集》中，"夏时期全图"称太原为"晋阳"，与安邑、平阳等地同为传说中的夏都；"商时期全图"称太原为"唐"，为诸侯、封国国名和国都。

这些古史记载和后人研究成果说明，太原（晋阳）曾是唐尧故都。虽然由于帝尧一族的地域不断扩大和迁徙，使这一历史有些模糊和争议，但却不应轻易否定这一历史。

三、大夏之墟与古并州

太原又有夏墟之名，相传夏禹曾在此建都。西晋杜预《春秋左传》卷四十注："大夏，今晋阳县。"唐人李吉甫《元和郡县图志》引西晋皇甫谧《帝王世纪》云："禹自安邑都晋阳，至桀徙都安邑。"

"并州"是太原诸多古地名中最广为人知的一种。太原古属冀州，后分置为并州。《元和郡县志》援《舜典》"肇十有二州"句下引魏王肃《尚书》注："舜为冀州之北太广，分置并州，至夏复为九州，省并州合为冀州。周之九州，复置并州。"在舜的古十二州和周代古九州之中，并州均为其一。《周礼·职方》云："正北曰并州，其山镇曰恒山，其泽薮曰昭余祁。"此后汉、唐、宋时曾实置并州。

四、叔虞封地

西周初期，太原地区仍称为唐。谭其骧主编的《中国历史地图集》"西周时期全图"为与山西南部之唐（今翼城一带）区别，标为"北唐"，为诸侯、封国国名和国都。据《史记·晋世家》记述："晋唐叔虞者，周武王子而成王弟。初，武王与叔虞母会时，梦天谓武王曰：'余命女生子，名虞，余与之唐。'及生子，文在其手曰'虞'，故遂因命之曰虞。武王崩，成王立，唐有乱，周公诛灭唐。成王与叔虞戏，削桐叶为圭以与叔虞，曰：'以此封若。'史佚因请择日立叔虞。成王曰：'吾与之戏耳。'史佚曰：'天子无戏言。言则史书之，礼成之，乐歌之。'于是遂封叔虞于唐。唐在河、汾之东，方百里，故曰唐叔虞……唐叔子燮，是为晋侯。"《史记正义》引《括地志》云："故唐城在并州晋阳县北二里。

《城记》云尧筑也。〔徐才〕《宗国都城记》云'唐叔虞之子燮父徙居晋水旁,今并州故唐城'。唐者,即燮父所徙之处,其城南半入州城,中削为坊,城墙北半见在。《毛诗谱》云:'叔虞子燮父以尧墟南有晋水,改曰晋侯。'"在此后,晋国国都南迁到今运城市一带,其中又几次就近迁都。每一次迁都均有历史记载,但不可否认史籍记载确凿有据的最初封地在唐,且在晋水之旁,否则"晋国"、"三晋"之名从何而来?

第二章 古都晋阳

第一节 春秋战国:赵鞅始建 赵国初都

一、赵简子始建晋阳

晋阳始见文献是孔子所作的《春秋》:公元前497年(鲁定公十三年),"秋,晋赵鞅入于晋阳以叛"。《左传》则详细记述了与晋阳城有关的这一事件。原来在3年前,赵鞅即赵简子曾率师围攻卫国,卫人惧怕,贡献500家奴。赵鞅将奴隶徙置邯郸,委托邯郸的主政者、同族赵午代管。过了3年,他向赵午提出:"归我卫贡五百家,吾舍诸晋阳。"因赵午没有立即归还,激怒赵鞅,便召赵午到晋阳,先是拘囚,尔后便杀掉。赵午之子赵稷便联络姻亲中行氏荀寅、范吉射共同攻打赵鞅宫邸,"赵鞅奔晋阳"。孔子因赵鞅未奉晋命而杀赵午,伐邯郸,因此在《春秋》中书"赵鞅入晋阳以叛"。其后,最终导致了赵氏与魏、韩、智三卿结成同盟,对付范、中行氏,进行了一场规模空前的六卿兼并战争,结果范、中行氏灭亡。

由历史文献中最早记载晋阳的《春秋》及《左传》中可知,公元前497年(鲁定公十三年),赵鞅将卫贡500家奴"舍诸晋阳",乃是晋阳城竣工建成之时。开始筑城应早于此时。

赵鞅筑城于晋水之阳,是赵氏家族发展壮大过程中建立根据地的重要举措。在周代,赵氏的先祖造父始封地是赵城(属今山西洪洞县),遂姓赵。自造父以下七世叔带离开周朝,事晋文侯;此后,赵夙事晋献公、赵衰事晋文公重耳,皆建有大功。至晋景公,大夫屠岸贾诛灭赵氏全族,只有"赵氏孤儿"赵武被救,长大成人后又被复位,延续赵宗,在晋平公时担任正卿。赵鞅便是赵武的孙子,为晋国六卿之一,官至中将军。他所处的时代正是晋国公室势力越来越弱、六卿日见发达之时。《史记·赵世家》说:"赵名晋卿,实专晋权,奉邑侔于诸侯。"当时,六卿之间不断地进行兼并战争,城池的重要性愈发体现出来。晋阳城就是在这样的时代背景下修筑起来的。

赵鞅筑城晋阳作为根据地,与此处的地理位置和形势有关。赵氏的领地范围相当广,赵武复位后,领有绛(今绛县)、耿(今河津)、原(今原平)、楼(今永和)和今太原等地。其中晋阳居于中心地位,东临汾河,南濒晋水,西依龙山,地形险要,而且农牧业、冶炼业发达,是筑城的理想地点。

最初负责修筑晋阳城的人,是赵鞅的家臣董安于。董安于(? ~前496年),一作董阏于,春秋末期晋国人,出身于史官世家,是晋国太史董狐的后裔。《国语·晋语九》记载,董安于在晋阳之战后辞谢赵简子赏赐时,曾不无自豪地自我评价,"方臣之少也,进秉笔,赞为名命,称于前世,玄义于诸侯";"及臣之壮也,耆其股肱,以从司马,苟暴不产;及臣之长也,端委韠带,以随宰人,民无二心"。说明他是一个忠心事主、文武双全、军政兼擅、深得民心的股肱之臣。董安于受赵简子之命筑晋阳城时,精心组织施工。据《战国策·卷十八》记述智伯水灌晋阳时,"城不没者三版"(三版为 24 尺),可见城墙之高。城墙下部浸水数月而不塌陷,可见城墙之坚实。同时,《国语·晋语九》还记述了赵襄子家臣赵孟谈的话,"臣闻董安于之治晋阳也,公宫之垣,皆以狄蒿苦楚啬之,其高至丈余……公宫之室,皆以炼铜为柱质",可见营造质量之高。

董安于所建晋阳城,位置就在现晋源区古城营村。顾祖禹《读史方舆纪要·都邑记》说:"太原旧城……城中有三城,一曰大明城,古晋阳城也,左氏谓董安于所筑……高齐于此置大明宫,因名大明城。"当代著名考古学家谢元璐、张颔所著《晋阳古城勘察记》中写道:"古晋阳城内'古城营村'西面的古城,传说这个城叫'大明城',是由于北齐的大明殿而得名,亦即是春秋时赵简子的家臣董安于所建的古晋阳城。"据考古发掘情况,晋阳城总面积 10 多平方公里,西城墙长约4500 米,南城墙地面现存残墙626.4 米,城墙基础厚达30米,夯层厚 0.17 米;墙体夯土中有木柱灰和柱下基石,基石方约40 厘米,可知晋阳城之规模和坚实程度。在晋阳城竣工的当年,就发生了荀寅与范吉射攻打赵鞅、"赵鞅奔晋阳"之战,最终以赵鞅获胜结束了这场围困战,充分表明了晋阳坚城高垒的重要作用。

　　董安于死后,赵简子派尹铎对晋阳继续加以修建和治理。《国语·晋语九》记载:"赵简子使尹铎为晋阳。(尹铎)请曰:'以为茧丝乎? 抑为保障乎?'简子曰:'保障哉!'尹铎损其户数。"尹铎请示赵简子治城宗旨,究竟是为了增收赋税,还是为了军事保障,赵简子明确回答,是为了"保障",把晋阳作为军事要塞和根据地。于是尹铎在加强城防的同时,注意减轻老百姓的经济负担,"损其户数",在很大程度上降低了赋税,使民众能安居乐业,为可能发生的各种战事储备物质力量和精神支持。《国语》还记载:"赵简子使尹铎为晋阳,曰:'必堕其垒培。吾将往焉,若见垒培,是见寅与吉射也。'"要求尹铎堕毁荀寅、范吉射围困晋阳时所筑垒壁,以泄其愤,然而尹铎却"往而增之",简子为此大怒,幕僚邮元正进言,说明尹铎维修荀寅、范吉射围城时所筑垒壁,目的是为了"思难而惧",记住历史上曾发生的危难,"可以鉴而鸠赵宗",引以为戒,常备不懈,以安赵氏。赵简子深为感动,由此更加赏识尹铎,临终时告诫襄子说:"晋国有难,而无以尹铎为少,无以晋阳为远,必以为归。"太原市晋源区王郭村至今仍保留着祭祀尹铎的尹公祠。

二、赵襄子坚守晋阳

　　公元前458年(《史记》记为"晋出公十七年"即公元前457年),"赵简子卒,太子毋恤代立,是为襄子"。智、韩、魏、赵四卿瓜分中行氏、范氏领土后,仍以智氏权势最为强大,智伯扶立晋懿公后,遂有意蚕食其他三卿,"智伯益骄。请地韩、魏,韩、魏与之"(《史记·赵世家》)。智伯得寸进尺,继而向赵氏索地,"又使人之赵,请蔡、皋狼之地,赵襄子弗与"(《战国策·赵策》)。赵襄子的断然拒绝,招致了公元前454年(周贞定王十一年)的"水灌晋阳"之战。智伯纠集韩康子、魏桓子共同攻打赵氏,约定在赵襄子全军覆灭后,三分其地。赵襄子遵照父亲的遗嘱,北上定居晋阳。他到达晋阳后,"行城郭,案府库,视仓廪",对"城郭之完,府库足用,仓廪实矣",非常满意(《战国策》卷十八),但却发现缺乏弓箭。家臣张孟谈建议发用董安于筑垣之狄蒿,建室之铜柱,打造弓箭,解决了武器不足的困难。智、韩、魏攻打晋阳,持续一年余,改用水攻,引晋、汾二水灌城池,城内一片汪洋,悬釜而炊。"沈灶产蛙,民无叛意。"据《史记·赵世家》记载,三年(一说"三月")之后,"襄子惧,乃夜使相张孟谈同私于韩、魏。韩、魏与合谋,以三月丙戌,三国反灭智氏,共分其地"。张孟谈在晋阳之战立了大功。相传张孟谈功成后隐居太原市王郭村一带,青阳沟现在有他的坟茔。

三、晋阳成为赵国的初都和根基

从赵简子在公元前 497 年（周敬王二十三年）奔保晋阳至公元前 246 年（秦王政元年）秦国攻占晋阳，晋阳城作为赵氏图存和拓展的后方基地长达 251 年，其间从公元前 447 年定都晋阳到前 425 年（周威烈王元年）迁都中牟（今河南省鹤壁市），作为赵国初都也有 23 年之久。晋阳作为赵氏的根基，南制晋国诸卿，北摄代地，既能控带南北，又能有效自保，这种军事地理形势对处于起步阶段的赵氏是非常有利的。正是因为占据这种地理优势，赵简子在公元前 497 年奔保晋阳后，不仅保存了实力，还能以此为契机联合韩、魏、智伯一举消灭了范氏、中行氏，并收回了邯郸城邑，从而大大扩充了自己的势力。公元前 454 年（周贞定王十五年），面对智伯的索地要求，赵襄子断然拒绝后，再次利用晋阳的城池坚固、民风淳朴，在极其艰难的困境中联合韩、魏，大破智氏，奠定了"三家分晋"的基础。

据《史记·晋世家》记载，韩、赵、魏瓜分智氏领土之后，晋公室名义上还保留了 80 余年，又经历了哀公、幽公、烈公、孝公、静公等几代君主。在此期间，赵国通过变法改革，国家日益强盛，依托晋阳根据地，领土不断扩大。公元前 438 年（周考王三年），晋哀公死，晋幽公继位。三卿大夫见新君软弱无能，商定平分晋国的办法，他们只把绛州和曲沃两座城留给晋幽公，将其余的地方统统瓜分。此后，赵、韩、魏三家就成为三个各自独立的国家，因他们都出自晋国，所以被称为"三晋"。史以"三家分晋"为战国的开端。公元前 403 年（周威烈王二十三年），赵、韩、魏三家通过周威烈王册封，正式成为诸侯，跨入"战国七雄"行列。公元前 386 年（周安王十六年），赵国又由中牟迁都邯郸，晋阳仍是其重要的战略支撑点。以晋阳和邯郸为中心，其领土包括山西的中部、北部、东南部和河北西南部及豫北、鲁西部分地区。

在战国后期，秦国多次进攻赵国，于公元前 259 年（赵孝成王七年，秦昭王四十八年）取得长平之战的重大胜利，11 年后，即于公元前 248 年（秦庄襄王二年）攻取太原地区大部分城邑，又经过秦赵双方争夺，最后在公元前 246 年（秦王政元年）攻克晋阳，才彻底平定太原地区。晋阳失守后不到 20 年，秦攻占邯郸，赵国便灭亡了。

四、春秋战国时期晋阳经济文化发展水平

春秋末至战国初,晋阳作为赵国的初期都城,经济文化已相当发达。首先是农业已经进入使用铁农具和牛耕的时代,晋阳城郊又地处太原盆地,土地肥沃,水源丰富,因此粮食生产有了很大提高。晋襄子守晋阳城时,视察发现"仓廪实",储粮很多,便是证明。1988年考古发掘的春秋时期赵卿墓车马坑中,发现殉葬马44匹,铜鼎中还有鸡骨,则反映了畜牧业的发达程度。晋阳一带,水利灌溉一直很发达,也始于这一时期。郦道元在《水经注·晋水》中记载:"昔智伯之遏水以灌晋阳。其川上溯,后人踵其遗迹蓄以为沼……沼水分为二派,北渎即智氏故渠地。"智伯渠的灌溉之利,润泽当地二千余年,一直持续至今。晋阳又是当时的铸铜、冶铁、制革和生产各种器具的重要基地。董安于筑城时用铜作柱,可见当地铸铜业的发达。史籍记载,晋阳还有专门的铸铁作坊。考古发掘的赵卿墓中,发现的陪葬品空前丰富,有青铜器、金器、玉器、骨器、陶器、蚌器六大类,其中鼎可分为七式共27件,包括通高1米、口径1.04米的大镬鼎。车马陪葬坑中有战车16驾,有圆形厢式战车和方形厢式战车两种,制造工艺先进,在车毂上还发现了用皮筋和油漆包扎的痕迹。晋阳对外交通发达,陆路南可过霍山到晋南,北可经忻定盆地达雁北,东经井陉或上党壶关通邯郸,西去吕梁山也有一条大道,水路则可沿汾河向南入黄河,因此又是重要的商品集散地,大量使用货币,商业繁荣,税源丰富。赵卿墓出土的文物,纹饰精美,特别是19件编　　,音节丰富,已由过去的18个增加到38个,音列由3个半8度增至6个半8度,说明晋阳城文化艺术水平之高。

第二节　秦汉三国:太原郡治　边防重镇

一、秦国攻占晋阳置太原郡

在战国末期,秦国攻占了晋阳,并置太原郡。关于这段历史,《史记·秦本纪》记载:"(秦庄襄王)二年(按:公元前248年),使蒙骜攻赵,定太原。三年……攻赵榆次、新城、狼孟,取三十七城。(四年)……初置太原郡……五月丙午,庄襄王卒,子政立,是为秦始皇帝。"《正义》注谓:"取三十七城,并、代、朔三州之地矣。""上党以北皆太原地,即三十七城也。"《秦始皇本纪》则说:"晋阳反。元年(按:即庄襄王四年),将军蒙骜击定之。"《史记·赵世家》的记载是:"(赵孝成王)十八年(按:公元前248年)……秦拔我榆次三十七城……二十年,秦王政初立(按:秦王政初立在本年五月),秦拔我晋阳。"据这三处记载,大体可知:公元前248年到前247年,秦将蒙骜攻占了赵国的榆次等37城,即上党以北包括并、代、朔的大片区域,但从《赵世家》和《秦始皇本纪》的明确记载看,晋阳要塞仍在赵国军队据守中,而且在公元前247年或公元前246年初曾以晋阳为依托发动反攻,收复失地,直到公元前246年秦王政即位后,才"拔我晋阳",平定整个太原地区,设置太原郡。当时太原郡辖地东至今五台、阳泉一线,西至黄河,南至霍山以北,北至勾注山以南。太原郡是秦始皇统一六国之前所设之郡,郡治一直在晋阳,所以晋阳城也开始叫太原城。

公元前239年(秦王政八年),将太原郡更为毒国,作为嫪的封地。原来秦国太后赵姬与文信侯吕不韦私通,及秦王年长,恐事发,荐舍人为宦者,受到太后宠幸,生二子,政事皆决于嫪毐。嫪毐被封为长信侯,并以太原(晋阳)为毒国。次年,嫪毐发动叛乱,被秦王诛灭三族。毒国复为太原郡。秦国从赵国手中夺取晋阳、置太原郡之后,成为继续进攻韩、赵、魏、燕等国的重要战略据点,仅就山西境内而言,在占领晋阳11年后(前234年)攻占了雁门郡,17年后(前228年)攻占代郡,并先后建立了秦雁门郡和代郡。公元前221年(秦王政二十六年),秦始皇嬴政统一六国,分置天下为36郡,晋阳城仍为太原郡治所。这时,北方匈奴族不时南下骚扰。为此,公元前213年(秦始皇帝三十四年),秦始皇曾派蒙恬发兵30万人北击匈奴。次年,便将秦、赵、燕的长城予以修缮,连贯为一。太原郡及其郡治晋阳,成为抗击凶奴的战略要地和边防重镇。

二、两汉派皇族坐镇太原郡

公元前207年(秦二世三年),陈胜、吴广起义反秦,攻占韩、赵、魏等故地,一些起义军将领和加入义军的旧贵族纷纷称王,恢复了战国时代诸侯国的称号。公元前206年(汉高祖元年),赵国旧臣陈余立赵国之后赵歇为赵王,赵歇又立陈余为代王,太原郡曾归赵、代所有。公元前205年,刘邦派韩信率军进击赵、代,打败陈余的相国夏说所率的军队,占领上党和太原,并设置上党郡和太原郡。公元前201年,刘邦将韩国旧贵族韩王信由颍川(今河南禹县一带)徙都晋阳,"王太原以北"(《史记·韩信卢绾列传》)。韩王信以晋阳远离边境,不便指挥对匈奴作战为由,请求将都城改在马邑(今朔州市),得到刘邦批准。韩王信在匈奴入侵时求和,刘邦派人前往责备。韩王信举旗反汉,将马邑城献于匈奴,与匈奴联军南逾勾注山,攻占了晋阳。公元前200年冬,刘邦亲率大军 30 万讨伐韩王信与匈奴,与汉将周勃、樊哙等军在晋阳会合,终于击败韩王信,夺回了晋阳。当时刘邦曾封陈 为夏阳侯,命他以赵相国监督赵、代边兵,不料陈 又联合韩王信叛汉,自立为代王。刘邦于公元前 196 年又一次率军亲征,才平定了这一地区的叛乱。

鉴于晋阳一直是北方的军事重镇,而且叛乱屡生,匈奴屡犯,所以汉朝皇帝始终选派亲信子弟坐镇于此,有时还亲临视察。公元前 196 年(汉高祖十一年),刘邦将太原、雁门二郡合并为代国,挑选众皇子中"贤知温良"的第四子刘恒为代王,以晋阳为都。刘恒任代王共 17 年,在晋阳轻徭薄赋,励精图治,把晋阳治理得井井有条,成为阻挡匈奴南下的坚强屏障。刘恒的生母薄姬,随子出往晋阳。刘邦死后,吕后专权,称制 7 年。公元前 180 年(汉高后八年),吕后病死,丞相陈平、绛侯周勃等人灭吕后乱党,迎立刘恒为帝,是为汉文帝。刘恒尊其母为皇太后,并派舅父薄昭接薄太后回京都长安。当车驾离晋阳数十里时,薄太后深恋生活了十数载的晋阳,要在晋阳境内再住一晚,住宿处据传为今太原市北的阳曲镇皇后园村。"皇后园村"即因薄太后住宿而得名。另外,山西省西北的河曲县有一"娘娘滩",相传也是薄姬躲避吕后迫害的住所,滩上有圣母祠,是为纪念薄太后所建的祠庙。

公元前 178 年(汉文帝二年),众大臣请立诸皇子为王,刘恒于是降诏将原代国一分为二,封次子刘武为代王,辖境太原郡以北故代国地区,封三子刘参为太原王,辖境太原郡地,都晋阳。公元前 177 年,刘恒不忘故地,"因幸太原,见故群臣皆赐之,举功行赏,诸民里赐牛酒,复晋阳、中都民三岁租,留游太原十余日"(《汉书·文帝纪》)。公元前 175 年,刘恒又合并代、太原两国为代国,徙代王刘武为淮阳王,以太原王刘参为代王,仍都晋阳如故。代国自此又恢复文帝为代王时辖境。刘参为代王 17 年,卒,子刘登嗣位,被封为恭王,在位 29 年。在刘登为代王之初,汉文帝曾于公元前 161 年、公元前 159 年两次巡幸代地。公元前 138 年(汉武帝建元三年),代王刘登曾入都晋见汉武帝。文物部门于 1961 年在晋阳城遗址东北 15 公里的东太堡村发掘出西汉清河太后墓,墓中出土了"清河太后中府钟"和"晋阳钫"(均为盛放水酒的青铜器)。清河太后是代恭王刘登之妃,代刚王刘义之母。这些文物正是晋阳作为代诸侯国都城时期的遗物。刘登卒,子刘义继位。公元前 114 年(汉武帝元鼎三年),改徙代刚王刘义于清河(今河北省清河县)为王。太原郡、雁门郡等改由中央直接管理。太原郡辖晋阳等21县。至此,晋阳作为西汉诸侯国90余年都城的一段历史结束了。公元前106年(汉武帝元封五年),为加强中央集权,巩固统一,汉武帝刘彻创"州刺史"制,将全国分为13个刺史部,以便监察各郡国。以雁门、代郡、太原、上党四郡属并州刺史部,晋阳为并州刺史部治所。此后,晋阳又开始叫"并州",今太原市简称"并",亦源于此。

公元25年(汉光武帝建武元年),刘秀称帝,建立东汉。26年,刘秀从已战死的更始帝刘玄部下鲍永手中接管太原,以太原郡为太原国,封其兄刘缤之子刘章为太原王,并在33年徙雁门吏民于太原。35年,复以太原国为太原郡。38年,派新任骠骑将军马成缮修障塞,巩固边防,安定中原。马成从西河到渭桥,再到太原、安邑,再到井陉、中山、邺,所经之地,均筑堡壁,起烽燧,十里一堠,凡五六年而成。中原安定之后,晋阳城作为北方军事重镇,主要意义在于防御和抗击匈奴。据记载,73年(汉永平十六年),汉明帝曾令骑都尉来苗、护乌桓校尉文穆率领太原、雁门、代郡等地兵马一万一千骑出平城,配合其它各路兵马北击匈奴。但鲜卑、匈奴等游牧民族也经常乘机南扰太原一带。122年(汉安帝延光元年),鲜卑兵侵入雁门、太原;140年(汉顺帝永和五年),匈奴侵掠并、凉、幽、冀四州。142年,南匈奴句龙吾斯等又一次侵掠并州。161年,羌人侵掠并州。汉灵帝在位期间,中原动乱频生,鲜卑人于168年、172年、173年、174年、179年、180年、181年多次入侵并州。在抗击匈奴南侵中,晋阳城是十分重要的军事战略要地。

三、曹魏政权委派梁习治理并州

东汉末年,并州晋阳先为袁绍所占领,后又为袁绍外甥高干所踞。206年(汉献帝建安十一年),曹操大军北越太行山,打败高干,平定上党、河东、并州。次年,署梁习为并州刺史。梁习到任后,刚柔并用,肃清了境内的豪强势力,恢复了正常的社会秩序,对匈奴、鲜卑势力采取怀柔抚慰政策,恢复发展生产,还为朝廷贡举了不少名士。《魏志·梁习传》说他治并期间,"单于恭顺,名王稽颡,部曲服事供职同于编户,边境肃清,百姓布野,勤劝农桑,令行禁止",并州老者称"自所闻识,刺史未有及习者"。

213年(汉献帝建安十八年),中国北方被曹操一一收服。旋废除并州刺史部,将幽、并二州并入冀州。太原郡归属冀州之后,曹操见南匈奴自汉光武帝建武年间(25年~56年)入居塞内以来,其民与编户同,人口繁殖很快,恐难以禁制,便将其编为左、右、前、后、中五部,分散居住到晋阳周围的大陵(今文水县东北)、新兴(今忻州)、蒲子(今隰县)、祁(今祁县南)、兹氏(今临汾市南)等地,令汉人作司马,进行管理监督。后来魏、蜀、吴三国鼎立,晋阳属魏。220 年(魏黄初元年),魏文帝曹丕废除曹操所设九州,复置并州,改太原郡为太原国,仍以晋阳为其治所。后又废国复置郡。并州领太原、上党、西河、雁门、新兴、乐平 6 郡。太原郡辖晋阳、阳曲、榆次等 12 县。这一时期,并州刺史梁习、毕轨先后在 225 年(魏黄初六年)、233 年(魏青龙元年)出兵北击鲜卑族轲比能军。

四、汉魏时期晋阳的经济发展和风俗变迁

汉朝对晋阳的农业生产、水利灌溉十分重视。116 年(东汉元初三年),"春正月甲戌,修理太原旧沟渠,溉灌官私田"(《后汉书·安帝纪》)。汉代晋阳不仅农业生产发达,商业、手工业、畜牧业等也均有一定的发展。如"李岳……举钱营生,广收大麦,载赴晋阳,候其寒食,以求高价……清明之日,其车方达,又从晋阳载向邺城"(《太平御览》引《三国典略》)。手工业方面能制造出耀人眼目的铜镜和铁镜。由于晋阳的形势和富庶,所以《后汉书》有"东带名关,北逼强胡,年谷独熟,人庶多资,斯四战之地,攻守之场"的誉词。

太原一地素有"寒食禁火"之俗。《后汉书·周举传》载:"举稍迁并州刺史,太原一郡旧俗,以介子推焚骸,有龙忌之禁。至其亡月,咸言神灵不乐举火,由是士民每冬中辄一月寒食,莫敢烟爨,老小不堪,岁多死者。举既到州,乃作吊书以置子推之庙,言盛冬去火,残损民命,非贤者之意,以宣示愚民,使还温食。于是众惑稍解,风俗颇革。"曹操平定北方后,以为"寒食三日"也对身体有害,下令"闻太原、上党、西河、雁门冬至后百有五日皆绝火寒食……令到不得寒食。犯者,家长半岁刑,主吏百日刑,令长夺一月俸"(《全三国文·明罚令》)。周举和曹操改革陋习,顺应民意,有利于人民健康,值得称道。

汉墓在晋阳地区分布较广,南北跨越太原市区,有太钢汉墓群、尖草坪汉墓群、东太堡汉墓群、太原一电厂汉墓群、晋源果树场汉墓群、晋祠王郭村汉墓群等。这些汉墓的墓葬形制有一般土洞墓、积石积炭墓、子母砖单室墓、砖券多室墓;陪葬器物有铜制车马器,青铜制釜、甑、壶、灶、剑、印、灯台、博山炉、铜镜等;陶制器有釜、甑、壶、灶、豆、杯、井、勺、罐等,品类齐全。另外值得一提的是,2001 年在晋源区果树场出土了一座王莽时期的墓葬,70 多块模制铺地砖

上饰以蛇、鱼、龟、虎图案。这些墓葬的出土从一个侧面反映了汉代晋阳城的历史文化和社会发展状况。

第三节　两晋十六国：西晋名城　群雄争逐

进入魏晋南北朝时期,由于黄河流域处于政治上四分五裂、军阀混战的大动荡时期,农民失去土地,人口大量减少,全国交通与商旅往来处于隔绝状态,晋阳也未能免遭浩劫,城市建设与发展遭到挫折,是晋阳城市发展的一个低潮时期。

一、西晋王朝的发祥地和根据地

随着东汉政权的瓦解,纵横错乱的三国之后诞生了一个由司马氏集团建立的大一统王朝——晋,史称西晋。司马氏定国名为晋国,是源于曹魏末年司马昭曾受封晋王,以晋阳为中心的太原郡和并州是西晋的发祥地,也是支撑西晋王朝传国4帝52年的战略根据地。238年(魏景初二年),魏明帝病危时,太原中都(今平遥)人、中书令孙资力荐司马懿为大将军,辅佐太子,为司马氏篡魏兴晋打下基础。司马懿死后,258年(魏甘露三年),魏高贵乡公曹髦任司马懿之子司马昭为相国,封晋公,食邑8郡:太原、上党、西河、乐平、新兴、雁门、河东、平阳,大部是以晋阳为中心的并州之地。260年(魏景元元年),魏元帝曹奂封司马昭为晋王,加封到10郡,包括太原等并州6郡,平阳等司州3郡,雍州之冯翊郡。诏书中说:"封以晋域,翰屏帝室……提封之数方七百里,皆晋国之故壤,唐叔虞受之,世作盟主。实纪纲诸夏,开国光宅,显兹太原。"到264年(魏咸熙元年),又增封至20郡。次年,司马昭死,其子袭晋王位,到年底便废魏立晋,是为晋武帝。在建立晋国及此后治国过程中,山西籍的平阳贾氏、闻喜裴氏、河东卫氏和太原王氏等高门豪族一大批人发挥了重要作用。太原王氏中有晋武帝开国功臣徐州刺史王浑,其弟司徒王湛,其长子亭侯王澄,继晋公位的次子王济,曾任豫州刺史的族人王沈,坐镇幽州的王浚(王沈子)。

西晋时,并州所属有二国四郡,其中太原国都晋阳县,辖13县。265年(晋泰始元年)封司马懿之侄司马环为第一任太原王,他去世后由儿子司马襲爵。277年(晋咸宁三年),司马　改封为河间王,以渤海王司马辅为太原王。此后,由其子司马泓、其孙司马铄相继袭爵。以太原为国,以晋阳为都,封近亲为王,充分说明司马氏对这一地区的重视。

司马氏集团在赋税和律治上虽然有所改革,但是在政治上却对士族阶层大加庇护、扶持,以期巩固皇室基业。但事与愿违,这种士族政治很快便导致整个社会陷入了腐化堕落、争权夺利、不思进取的泥沼,最终爆发了皇族争夺政权的"八王之乱",各少数民族也乘机与士族野心家相互勾结起兵叛晋,掀开了五胡十六国的序幕。

二、刘琨坚守晋阳十年

304 年(晋永安元年),被晋武帝封为匈奴五部大都督的匈奴左部帅刘渊,改称汉王,建都于左国城(今方山县)。并州刺史司马腾虽多次帅兵或派兵讨伐,但均告失败。308 年(晋永嘉二年),刘渊正式称帝,迁都平阳,国号汉。刘渊虽都于平阳,却把战略重心放在匈奴人集聚的并州地区,而恰恰在刘渊称帝后不久,西晋派刘琨代替司马腾作了并州刺史,在晋阳组织西晋遗民进行了多年的顽强抵抗,展开了著名的晋阳保卫战。

刘琨,字越石,其家族是曹魏时的望族,父刘蕃,位至光禄大夫。刘琨自小混迹于魏晋士族社会,"引致宾客,日以赋诗","素奢豪,嗜声色",过着赋闲清优的纵逸生活,与陆机、陆云、欧阳建等人交好,号称"二十四友"。刘琨与祖逖"情好绸缪,共被同寝",留下了"闻鸡起舞"的佳话(《晋书·列传第三十二》)。306 年(晋光熙元年),刘琨经兄长刘舆举荐,被委任为并州刺史,并监督邺城军事动向。而当时镇守晋阳的车骑将军东燕王司马腾迫于"并州饥馑,数为胡寇所掠,郡县莫能自保"的局面,在刘琨尚未到任时就已拔脚穿越太行井陉东下,带领官吏到河北境内"乞活"。刘琨一路招兵买马,辗转来到晋阳城。此时的晋阳城"府寺焚毁,邑野萧条"(《资治通鉴·卷八十六》)。刘琨为了抗击匈奴,立即扩建加固晋阳城。唐《元和郡县图志》记:"府城,故老传晋并州刺史刘琨筑。今按城高四丈,周回二十七里。"清顾祖禹《读史方舆纪要》称:"太原旧城,并州刺史刘琨筑,高四丈,周二十七里。"这里所说的"旧城"、"府城"均指唐代晋阳三城中的西城。此外,《方舆图》还说:"罗城,晋并州刺史刘琨所筑。"20 世纪 60 年代,谢元璐、张颔两先生对晋阳古城进行勘察时认为:现位于罗城村东南方向的罗城,"南城墙是借用古晋阳城的北城墙,当时古城营一带地方,也许有原来'古晋阳城'的部分宫院、城阙还被使用着。由城墙的包含物等推测,此城的使用年代应该是由东汉到魏晋,传说其为刘琨的并州城,从时代上看是很可能的"(《晋阳古城勘察记》)。可知刘琨在驻守晋阳期间曾扩建过府城,并增修了罗城。

309 年(晋永嘉三年),刘渊之子楚王刘聪曾袭击晋阳,未克。311 年,汉主刘聪派归降的羯族人石勒为并州刺史,驻守襄国(今河北临漳附近),这样刘琨和石勒在晋阳地区展开各为其主的对抗和争夺。当时,幽并司冀等六州遭遇了大蝗灾,这对疲惫交加的晋阳城无疑是雪上加霜。但是,中原汉族人民虽然深受战乱和天灾之苦,对晋王室还是抱有一线希望,他们不愿忍受来自于外民族的统治,所以多愿加入刘琨的部队。另外,位于代地之外的拓跋族此时也正在觊觎中原的局势,企图借助西晋的力量,打败强大的匈奴刘渊,占得一席之地,便与刘琨结成了军事同盟。刘琨在晋阳保卫战中初见成效,军力有所壮大。

312 年(晋永嘉六年)初,汉国刘聪命镇北将军靳冲、平北将军卜翊进攻并州,正月十九日包围晋阳。三月,被西晋封为代公的鲜卑族拓跋猗卢发兵救晋阳,汉军溃败。七月,刘琨传檄各州郡,"期以十月会平阳,击汉"(《资治通鉴·卷八十八》)。但因听信宠臣晋阳令徐润干之言,杀死护军令狐盛,迫使令狐盛之子、大将令孤泥逃奔平阳,向汉主刘聪具言晋阳防守虚实。刘聪以令狐泥为向导,派河内王刘粲、中山王刘曜率军进攻晋阳。刘琨闻警,一面遣使向拓跋猗卢求救,一面亲自东出至常山、中山等处,聚合士卒,以求救兵,留部将郝诜、张乔等坚守待援。援兵未至,而汉军兵临城下,郝诜、张乔战死,太原太守高乔、并州别驾郝聿以晋阳投降刘粲。汉刘丰被封为并州刺史接管晋阳。十月,代公拓跋猗卢集结数十万之众,以其子六修等为先锋,进攻晋阳,刘琨收散兵数千参战,与汉军战于汾水之东,大败汉军。汉军退入晋阳,当夜将晋阳城洗劫一空,仓皇撤退。拓跋猗卢一路追击,擒刘丰,伏尸百里,血染成河,给匈奴人以迎头痛击,再次夺回晋阳。但是刘琨却失去了战争的主动权,从此"徙居阳曲(按今阳曲县石城村),召集亡散"(《资治通鉴·卷八十八》),晋阳城由拓跋部将箕澹、段繁等戍守。

就在 312 年(晋永嘉六年),晋怀帝司马炽被汉国俘虏,次年被杀,司马业继位,是为晋孝愍帝,西晋王朝已是风雨飘摇。但刘琨仍多次与拓跋猗卢共谋合击汉国,如 313 年刘琨进据蒙山蓝谷(在今山西平定),拓跋猗卢派其侄普根屯兵北屈(今山西吉县北),曾对平阳刘聪形成合击之势,后因汉军有备而退兵。316年,代国拓跋普根立,国中大乱,相互诛杀。代国左将军卫雄等率汉人及乌桓人3万家归附于刘琨,刘琨军势大振。十一月,石勒围攻晋并州乐平郡沾城(今昔阳县),乐平太守韩据求救于刘琨。刘琨不听卫雄谏止,全军出动,派箕澹率步骑2万为前锋,自率大军屯兵广牧(今寿阳县北)。石勒设两路伏兵,用诱敌之计,大败刘琨军。留守晋阳的并州长史李弘献城投降。刘琨坚守并州10年,此时进退失据。鲜卑人段匹磾遣使来招,刘琨率众奔蓟(今北京)依附于段匹磾,后在318年被段诬以"图谋不轨之罪"杀害。

三、少数民族割据政权五国轮占的八十年

自刘琨被杀,到396年(东晋太元二十一年)北魏拓跋氏占据晋阳,近80年中,晋阳先后被羯、氐、鲜卑等北方少数民族所创建的后赵、前燕、前秦、西燕、后燕轮流交替占据,成为当时少数民族争夺政权的战略重地。

羯族首领石勒用计打败刘琨夺取晋阳后,于319年(东晋大兴二年)十一月正式建赵国(史称后赵),都襄阳(今河北邢台),后徙都邺城(今河北临漳西南)。后赵占据晋阳共42年,在晋阳设太原国,辖13县。

358年(前燕光寿二年),前燕皇帝慕容 命司徒慕容评围攻后赵所据并州。晋阳城外后赵的100多座营垒都投降了前燕,后赵守将张平见大势已去,率领3000余人逃奔平阳(今山西临汾),晋阳归于前燕。前燕(337～370)为鲜卑族慕容皝所建,都城先在龙城(今辽宁朝阳),后迁蓟城(今北京),又迁邺城(今河北临漳西南)。前燕占据晋阳一共12年,设置并州,下辖太原国(治晋阳)、上党郡、武乡郡、乐平郡、雁门郡、新兴郡、西河郡7个郡国,分辖56个县。

氐族苻洪所建的前秦(350～394)传至苻坚,减轻赋税,发展生产,国势开始强盛,成为长江以北惟一大国。370年(前秦建元六年)七月,苻坚派辅国将军王猛、镇南将军杨安分别率兵攻取壶关和晋阳。由于晋阳依山傍水,城池高大坚固,再加上兵精粮足,杨安一时难以攻取。九月,苻坚又调王猛自壶关引兵助战。王猛在晋阳城外暗挖地道,派虎牙将军张蚝带领数百名壮士潜入城中,里应外合,攻破晋阳城,俘虏了前燕并州刺史、东海王慕容庄,晋阳城又归属于前秦苻氏。前秦一共占据晋阳16年。

383年(东晋太元八年),东晋、前秦发生淝水之战,前秦大败,迅速衰落。385年,前秦主苻坚被叛臣姚苌(羌族首领)派人缢死。其子苻丕得知长安失

守,父亲遇害,在晋阳即皇帝位,大封百官。386年,苻丕留骠骑大将军王腾镇守晋阳,亲自率兵4万进屯平阳,准备讨伐叛臣姚苌。乘前秦国势不振而重兴的鲜卑族慕容氏所建的西燕大军,正在东进,两军在襄陵(今襄汾县北)大战,前秦军大败。西燕慕容永乘虚占领晋阳,留其弟慕容友镇守,自己率军进据长子(今长子县),自立为西燕皇帝,改元中兴。西燕国占据晋阳共8年。

394年(东晋太元十九年),建都于中山(今河北省定县)的后燕又从西燕手中夺走了晋阳。后燕是前燕慕容皝第五子慕容垂所建。夺取晋阳后,设置并州,以丹阳王慕容瓒为刺史,辖地有太原(治晋阳)、西河(治离石)、雁门(治广武)三郡。但两年之后,晋阳就被北魏占领。

从后赵到后燕80年间,晋阳一直是北方少数民族用武力争夺的重要城市,长期处于兵荒马乱之中。统治者的荒淫暴虐,再加上自然灾害的威胁,人民自然是深受其祸。但是在战争动乱和灾难面前,却也锻炼和陶冶了晋阳人民尚武不屈的精神和自卫防御的能力。

第四节 南北朝:元魏霸府 北齐别都

一、北魏三大中心城市之一

从420年(东晋元熙二年)东晋灭亡到589年(隋开皇九年)隋统一中国的170年间,中国历史上形成南北对峙的局面,称为南北朝。这一时期的晋阳先后被北朝的北魏、东魏、北齐、北周所占据,并且是这些王朝十分重要的战略要地和中心城市。

自鲜卑族拓跋猗卢帮助刘琨守卫晋阳以来,拓跋部在晋阳及代北一带建立起强大的代国,与十六国中的刘汉、前赵、后赵、前燕、前秦、西燕等国相抗衡,势力不断壮大。386年(北魏登国元年),拓跋珪改国号为魏,改称魏王。396年(北魏皇始元年)七月,拓跋珪改元称帝,是为道武帝。八月即亲率40万大军,南出马邑,逾越勾注山,九月前锋至阳曲,兵临晋阳。后燕都督六州诸军事兼并州牧慕容农出城迎战,大败,逃回晋阳,守将慕容嵩闭门不纳,慕容农携残兵东走中山,晋阳守军尽数被俘,北魏一举占领了晋阳等城镇,随即在并州设郡,将晋阳作为太原郡治所,使其成为沟通南北的纽带、军事力量的集散地。北魏朝廷以晋阳为根据地,十月,命宁朔将军公孙兰率士卒2万人,修筑自晋阳到井陉的汉代韩信所开故道。拓跋珪亲率大军,挥师东进南下,扫平河北、河南等中原腹地的少数民族政权,最终统一黄河流域,与江汉政权隔江相望。398 年(北魏天兴元年),北魏迁都平城。为了进一步巩固基业,建立了两大军事政治堡垒,其一是以平城为中心,修建了长达 2000 余里的长城,沿长城一线增设了不少守边重镇,其中著名的有武川、抚冥、怀朔、怀荒、柔玄、御夷六镇,意在保护都城;其二以晋阳为中心,作为统一战争的前方基地和号令中原的政治中心,加强对汉民族的统治,并加快本民族的文明进程。北魏的皇帝拓跋珪、拓跋嗣与拓跋元宏都曾亲临晋阳巡视,由此可见北魏政权对晋阳的重视。其后百年,晋阳局势相对稳定,城市得到恢复和发展。

471 年(北魏延兴元年),魏孝文帝拓跋元宏即位之后,北魏通过平城改制,实行俸禄、均田、三长制等改革,正式走向封建化。493 年(北魏太和十七年),孝文帝迁都洛阳,实行"全面汉化"政策,并改本姓拓跋为元,所以北魏也称元魏。在孝文帝这次南下和 497 年北巡平城途中,路经晋阳,均接见当地年长故老,询问百姓疾苦,并先后下诏给 70 岁以上老人和 60 岁以上士人赐爵或假以县令、郡守待遇,笼络人心。北魏迁都洛阳之后,平城、晋阳、洛阳为三个最主要的中心城市,晋阳居中,最后成为北魏末年和东魏时期霸臣控制洛阳的军事基地和实际上的政治中心。

二、尔朱氏坐镇晋阳

523 年(北魏正光四年),北魏设置的怀荒镇(今河北张北境内)等六镇戍兵和各族人民起义,遭到镇压后,又与河北各族人民结合,爆发了杜洛周、葛荣起义。在镇压"六镇起义"和杜葛起义的过程中,尔朱荣的势力迅速壮大,趁势进军洛阳,北魏政权实际上落到坐镇晋阳的尔朱氏手中。

尔朱氏为东胡的一支,以帮助拓跋氏作战有功,被封于秀容川(今神池、五寨一带)。到尔朱荣之父尔朱新时,家族已非常富有,"牛羊驼马,色别为群"(《魏书·尔朱荣传》),官至平北将军、秀容第一领民酋长。六镇起义时,尔朱荣散财结士自保,此后受命平定了并州一带和河北的叛乱,晋封为征东大将军,驻守晋阳,负责并、肆、汾、广、恒、云六州军事。因起义军内部分化,高欢、贺拔岳、侯景、宇文泰等重要将领率部奔附尔朱荣,晋阳军事力量迅速集结。

526 年(北魏孝昌二年),尔朱荣乘北魏孝明帝元诩暴卒、胡太后专权的宫廷之乱,采纳高欢建议,以"清君侧"之名,进军洛阳,将胡太后沉入黄河,杀其党公卿将士2000余人,拥立元子攸为帝,是为孝庄帝。洛阳秩序恢复后,尔朱荣被加封为柱国大将军,仍为太原王,率兵回晋,坐镇晋阳,遥控朝廷,元天穆任京畿大都督,留守洛阳。527年,投降梁朝的北海王元颢称帝,进占洛阳,尔朱荣迎出逃的孝庄帝于长子,率军南征,于529年(北魏永安二年)打败元 ,二次进入洛阳。孝庄帝晋封他为天柱大将军,不久,他又率兵返归晋阳。北魏朝廷的军政大事一决于尔朱荣。

530年,孝庄帝设计将尔朱荣诱至洛阳诛杀。尔朱荣死后,坐镇汾州(治所在今山西隰县)的尔朱兆迅速起兵,占据晋阳,不久与从洛阳撤回的尔朱世隆会师于长子,共推太原太守、长广王元晔即帝位,改元建明,以尔朱兆为大将军,长驱南下,攻克洛阳,把孝庄帝带回晋阳,杀于晋阳三佛寺。元晔授尔朱兆柱国大将军,都督十州诸军事,世袭并州刺史,尔朱兆又效法尔朱荣,开始"坐镇晋阳,遥控朝廷"。531年(北魏普泰元年),高欢叛离尔朱氏。533年(北魏永熙二年),尔朱兆兵败自杀。

三、高欢称霸晋阳

高欢(496年~547年),一名贺六浑,渤海 (今河北景县南)人。其祖父曾任北魏侍御史,后因犯法徙配怀朔镇(今内蒙古固阳北),高欢生长于此,史称"累世北边,故习其俗,遂同鲜卑"(《北齐书·神武帝纪上》)。北魏动乱时,高欢先参加六镇起义、杜洛周起义、葛荣起义,后归秀容川酋长尔朱荣,以功升任晋州刺史。他治军较严,每次行军经过麦田,都带头步行牵马而过。尔朱荣死后,高欢将尔朱荣安置在并、肆(今忻州)两州的原葛荣部下20万人带往河北,摆脱了尔朱兆的控制。531年(北魏普泰元年),尔朱度律废掉元晔,另立拓跋元恭为节闵帝,高欢率兵攻占冀州(今河北冀县),被封为渤海王。这时的高欢羽翼已丰,积极准备同尔朱氏争权,他利用民族隔阂使六镇军民怨恨尔朱氏而拥戴自己。532年初,高欢攻取了邺城(今河北临漳西南)。闰三月,尔朱兆率兵20万从晋阳出发,与尔朱仲远等人合兵围攻邺城。高欢以3万人迎战,以少胜多打败了尔朱氏联军。尔朱兆仓皇逃回晋阳,高欢乘胜进据洛阳,废节闵帝元恭及中兴主元朗,另立平原王元修为孝武帝。元修封高欢为大丞相、天柱大将军,北魏大权落入高欢之手。同年七月,高欢统兵10万攻克尔朱氏老巢晋阳,尔朱兆败退秀容,不久就兵败自杀,尔朱氏政权彻底垮台。

　　高欢多年征战,深刻领悟到晋阳战略地位的重要性和尔朱氏成功的关键所在,晋阳既有利于联系北部鲜卑根基,又有利于进入中原腹地控制河北诸州郡和河南洛阳政权。从地理形势看,晋阳确实是一处雄关重镇,它处于太行山西麓,地势舒缓、物产丰富,而在太行山东侧山体则是重崖断壁,山峦叠嶂,异常艰险,著名的太行八陉和多处雄险的关口,是极好的战略防御据点。高欢取代尔朱氏定居晋阳后,"以晋阳四塞,乃建大丞相府而定居焉"(《北齐书·帝纪第一》)。《北齐书》记载高欢出则称"发晋阳"或"自晋阳西讨",归则称"还晋阳"或"还于晋阳",与其子来往于邺城与晋阳之间;还数度从晋阳发兵至孟津、玉壁战场征伐西魏。可见,高欢居在晋阳,政治上挟制东魏傀儡政权,军事重心却在对付西魏,旨在扫除北齐立国的障碍。因此晋阳不仅是东魏政令所出之地,还是东魏兵力集结之处,其霸主地位十分明显。他的大丞相府史称"霸府",晋阳城的遗址古城营村有地名"将府圪垛",相传即是高欢霸府遗址。

　　北魏孝武帝元修虽系高欢所立,但他不甘心作傀儡,找借口杀死高欢亲信司空高乾,又极力扶植匈奴人宇文泰的势力,藉此与高欢对抗。534 年(北魏永熙三年),孝武帝假称宇文泰有谋反之意,诏令高欢出兵讨伐,想以此诱高欢入洛阳,进而袭击晋阳。高欢将计就计,先发制人,调 20 万大兵南下,渡过黄河,直逼洛阳。孝武帝见大势不好,便放弃洛阳,入关中投奔宇文泰去了。高欢进入洛阳,为便于控制,立 11 岁的元善见为帝,即东魏孝静帝,同时迁都邺城,并把晋阳作为夏都。次年,宇文泰也拥立元宝炬为帝,即西魏文帝。于是北魏分裂为东魏(534 年~549 年)和西魏(535 年~556 年)。东、西魏分立后,双方连年征战。546 年(东魏武定四年),高欢亲率大军 10 万,围攻西魏军事重镇玉壁(今稷山县西南),西魏军坚壁据守。东魏军攻打 50 余日,"士卒战及病死者,共七万人",高欢心力交困,病倒军中,西魏乘机造谣说高欢中箭将亡,高欢勉强起坐,与大将斛律金高唱"敕勒川,阴山下。天似穹庐,笼盖四野。天苍苍,野茫茫,风吹草低见牛羊",以安军心,撤回晋阳。次年五月,高欢病死于晋阳,时年 52 岁。

　　四、北齐别都晋阳

　　550 年(东魏武定八年),高欢次子高洋逼东魏孝静帝元善见禅让帝位,自立国号为齐,年号天保,定都于邺城,史称高齐、北齐。北齐在晋阳设置并州尚书省、太原郡、晋阳县,565 年(北齐天统元年)又于晋阳城新置龙山县,移晋阳县于汾水东。晋阳汾水之东原有一座小城,文宣帝高洋未称帝之前的府第就在东城双堂。北齐虽然将邺城定为国都,但因晋阳是高氏的创业基地,在立国之前已据晋阳18载,所以晋阳始终保持着"别都"、"别宫"的地位,事实上与邺都并驾齐驱,也可以说是当时实际上的都城。北齐六个皇帝,几乎每年都来往于邺城和晋阳之间。文宣帝高洋崩于晋阳南宫德阳堂,发丧于宣德殿;废帝高殷即位于晋阳宣德殿;孝昭帝高演即位于晋阳宣德殿,崩于晋阳宫;武成帝高湛即位于晋阳南宫;后主高纬即位于晋阳宫。

北齐的几个皇帝大都以穷奢极欲而昭著,"一裙直万匹,镜台直千金,竞为变巧,朝衣夕弊"。殿堂楼阁今日方盖好,明日不喜欢就拆掉重建,"穷极工巧,运石填泉,劳费亿计,人牛死者,不可胜纪"(《北史·齐本纪》)。皇帝、大臣们却过着奢侈的生活,连鹰、犬、马都有"仪同三司"的封号。如此昏聩暴虐,注定了必然灭亡的命运。北齐王朝从550年(天保元年)到577年(承光元年)正月被北周灭亡,只有短短28年。576年(北齐后主武平七年)十二月,北周武帝宇文邕统大军从平阳长驱直入,兵临晋阳城外,后主高纬惊慌失措,匆匆将晋阳备御之事交给并州刺史高延宗,连夜出五龙门逃往邺城,从者数十骑。皇帝的逃跑,激起了晋阳人民的极大愤怒,他们推举并州刺史、相国、安德王高延宗为皇帝,守御晋阳。高延宗是高欢长子高澄(早卒)的第五子,他被晋阳军民推为皇帝后,改武平七年为德昌元年,以资号召。高延宗亲自抚慰军民,"见士卒,皆亲执手陈辞,自称名,流涕呜咽"(《北史·齐本纪》)。军民深受感动,决心以死抗击周兵。高延宗也亲自出战,在晋阳城东门外,消灭周兵2000余人。次日黎明,周兵乘北齐军民休息时,突然发动进攻,将高延宗擒获。城里的老百姓,包括妇女儿童也爬上屋顶,用砖瓦石块狠狠打击敌人,充分显示出晋阳人民保家卫国的英雄气概。北周占领晋阳后,设并州,州治龙山县(今太原市东城角村),领太原、乐平2郡10县,晋阳为太原郡属县,与龙山县隔汾河相望。581年(北周大定元年),北周大丞相以隋代周,晋阳成为隋地。

五、南北朝时期晋阳城的经济文化状况

南北朝时期,晋阳地区连年征战,经济遭到严重破坏,人口大量流徙。有时,晋阳成为迁来人口的聚集之地,如前秦苻丕在淝水之战后被迫放弃邺城,曾率邺中男女6万余口退至晋阳;北魏末期,将军箕澹曾率汉人及乌桓人3万家归附并州刺史刘琨。有时，又被迁出人口。如北周武帝入晋阳后，曾迁徙并州原北齐军民4万户于关中。北魏初，豪强地主势力十分强大，如并州王氏，"一宗将近万室，烟火连接，比屋而居"（《通典·食货志》），大量民户荫附王氏耕田。魏孝文帝实行均田制，使农业生产有所恢复和发展，但战事一起，仍难免土地荒芜。手工业方面，北魏时并州等地"以麻布充税"（《魏书·食货志》），可见晋阳一带纺织业比较发达。同时，从考古发现的大量瓷器看，当时陶瓷业也相当兴盛。晋阳也是冶铁业中心，如北齐时就在诸冶西道下设晋阳冶。酒醋业已有相当高的工艺水平。北齐武成帝高湛曾在晋阳敕康舒王孝瑜："吾饮汾清二杯，劝汝于邺酌两杯。"说明汾酒已享有很高声誉，可知与汾州相连的太原酿酒工艺也应具有相当水平，而且白酒之外，葡萄酒也相当出名。城市建设方面，在刘琨守晋阳时曾筑晋阳，扩大规模，主要是为了军事防御目的。此后，几经战火，城市残破，但到北齐时却得到全面恢复和发展。

北齐的皇帝对"别都"晋阳有特殊的感情，十分重视对晋阳的建设。被追谥神武皇帝的高欢除建大丞相府外，又于545年（东魏武定三年）在西晋刘琨所筑的并州城西北部，靠近春秋晋阳古城东北方向，新建了一座晋阳宫。后主高纬于567年（天统三年），在春秋古城晋阳城中建成大明宫，晋阳城也因此而更名为大明城。大明城中共有7座大殿，分别为大明、崇德、宣德、宣光、建始、嘉福、仁寿。据《北齐书》记载，为庆贺大明殿的建成，曾大赦天下囚犯，文武百官各晋二级，并免太原郡百姓来年之租。今古城营村尚有"殿台"遗址，相传为大明殿遗址。幼主高恒又在晋阳修建了12院，其壮丽豪华程度超过国都邺城的宫殿。当时晋阳城中有南宫、北宫的叫法，大明宫称为南宫，高欢所筑晋阳宫称为北宫。《北齐书》中载，孝昭帝高演的母亲娄太后，因身体不适，居住在南宫，而高演自己也是身患疾病，面色憔悴，头重足轻地从北宫步行500步去南宫探视母亲，鸡鸣时走，至辰时方回。北齐文宣帝还对晋阳城外西南5公里的晋祠进行扩建，读书台、望川亭、流杯亭、涌雪亭、仁智轩、均福堂、宝墨堂、难老泉亭、善利泉亭等，都是这个时期的建筑。当时，著名文人祖鸿勋为赞述晋祠的水光山色和亭台楼阁，作《晋祠记》一篇（已佚）。由于北齐的皇帝都崇信佛教，北齐的佛教建筑在北魏的基础上继续发展。晋阳城西15公里的天龙山石窟最早开凿于高欢时期，高欢在天龙山建筑了避暑宫和两个石窟，即现在的东峰2号窟、3号窟。其子高洋称帝后，继续在天龙山凿石窟3个，即今东峰 1 号窟、西峰 10 号窟和 16 号窟。这些珍贵的石刻雕塑艺术品,具有鲜明的时代特色,在中国石窟艺术中占有重要的位置。除此之外,北齐皇帝还在晋阳西山上大建佛寺,著名的开化寺、童子寺、天龙寺都是这个时期的建筑。天龙寺即天龙山圣寿寺。童子寺在晋阳城西南 2.5 公里的龙山之巅,是高洋让高僧宏礼于 556 年(天保七年)创建的,寺院规模宏大,摩崖造像奇伟,寺前有燃灯石塔,寺后有僧舍排列,其中最大的一尊石佛高达 170 公尺。直至今日,童子寺遗址的燃灯石塔尚存。开化寺在晋阳西北 5 公里的蒙山,初建于551 年(天保二年),当时寺院分前后两座,十分壮观,附近的开化村、寺底村、开化沟等村名,均因此寺而得名。后寺依山镌刻有高 200 尺的蒙山大佛像,这尊大佛高度比四川乐山大佛略低,但凿刻时间要比乐山大佛早 162 年。蒙山、龙山两座大佛,一南一北雄峙于晋阳城外西山,最是壮观。《北史·齐本纪》记载当时开凿的情景:“夜则以为照作,寒则以汤为泥,百工困穷,无时休息。凿晋阳西山为大佛像。一夜燃油万盆,光照宫内。”这样就使晋阳成为城阙巍峨,宫苑寺院林立,手工业、商业发达的重要城市。据史载,晋阳城中当时已有高阿那肱侵占民地,盖起店铺门面房 80 余间,租赁给商人。“此店收利如食千户”(《隋书·李德林传》)。1979 年,文物部门在晋阳城遗址南 7.5 公里的王郭村发掘出北齐娄睿墓,墓道壁画上有高鼻短胡、浓眉深目的胡人,头戴高筒毡帽,手牵骆驼运丝绸货物,可见北齐时已有外商胡人来晋阳贸易。

考古发掘中出土的北齐晋阳墓葬数量多、等级高,主要有太原市万柏林区出土的贺拔昌墓、张肃墓、韩祖念墓,晋源区出土的贺娄悦墓、张海翼墓、娄睿墓等,迎泽区出土的柳子辉墓、狄湛墓、厍狄业墓、徐显秀墓,小店区出土的僮墓等。这些墓葬的随葬器以陶器为大宗,有逼真的生活器具,栩栩如生的动物模型,气势雄壮的队列俑、骑俑、将吏俑及神态谦卑的侍俑等,其次是有西域文化特色的金银器和铜器。而晋源区王郭村北齐娄睿墓、迎泽区王家峰北齐徐显秀墓的壁画,为我们再现了北齐达官贵人的生活场景,反映了晋阳的经济文化发展水平。北齐娄睿墓位于晋祠镇王郭村西南 1 公里处,1979 年由省、市文物部门联合发掘。该墓坐北朝南,带墓道穹窿结构,规模宏大,占地 400 余平方米,墓道、甬道、墓室两壁和四周绘有绚丽壮观的壁画,共计 71 幅,200 多平方米,有出行图、飞天图、舞乐图等,艺术地再现了墓主人生前显赫的生活场面,是中国美术史上不可多得的珍品,填补了中国北齐绘画的空白。墓室内除防腐水银和棺椁外,陪葬有大量的陶器和瓷器,反映了北齐时期的社会风俗、民族交流、生活情状及服饰特点等。这些陶瓷器的工艺水平比北周的同类制品要精巧许多,说明东魏北齐时代晋阳文化比关中文化要发达得多。王家峰北齐徐显秀墓位于东山王家峰村的千亩梨园内,由省、市考古所联合发掘,2001 年~2002 年10 月清理工作基本结束,目前正在进行壁画的修复保护工作。该墓的壁画保存尤其完整,而且绘画技艺与娄睿墓不相上下。此墓与娄睿墓的形制相类似,从墓道至墓室凡是立壁处皆绘有壁画,色彩丰富,绘画技巧娴熟。由于墓葬地处高坡,自然条件尤佳,便于就地保护,长远利用,从而弥补了娄睿墓无法保存的缺憾。

第五节　隋唐:盛唐北都　空前辉煌

一、隋代晋阳的重要地位和城市发展

北周隋国公杨坚,其女为文宣帝皇后,故能执掌军政,权倾朝野。宣帝死后,皇子宇文衍8 岁登基,杨坚以外祖父身份总揽朝政,都督内外诸军事,受封大兴公、隋王。他在取得坐镇晋阳的北周并州总管李穆支持后,于581 年(北周大定元年)通过“禅让”方式,取代北周小皇帝,建立隋朝,是为隋文帝。杨坚称帝后,先后灭陈国和后梁,统一全国,结束了西晋以后270 余年的大分裂局面。隋文帝吸取南北朝时期的历史经验,把晋阳视作稳定政权的支柱;同时因“突厥方强,太原即为重镇”(《隋书·文四子传》),又作为防御突厥族南下的重要屏障。他在称帝当年,便征曾支持他“禅代”的并州总管李穆入朝,派晋王杨广出任并州总管;次年,又在并州设立河北道大行台,以杨广为尚书令,实际上掌管山西全境,以至黄河以北大部地区。继杨广之后,秦王杨俊、汉王杨谅又先后任并州总管,驻节晋阳。604 年(隋仁寿四年),杨广弑父篡位,夺得皇位,是为隋炀帝。驻节晋阳的汉王杨谅造反,月余而败。隋炀帝在位时,曾于607 年(大业三年)、608 年、615 年三次巡幸山西,均到晋阳。隋朝先后实行州县两级制和郡县两级制,龙山城(晋阳)一直是并州、太原郡治所,是黄河流域仅次于长安、洛阳的第三大政治中心。

隋朝时,太原的农业生产得到了恢复和长足的发展,584 年(隋开皇四年),地方官先后在晋祠难老泉开鸿雁南河,灌溉晋祠以南田地。586 年,又在

晋阳"引晋水溉稻田,周围四十一里"(《晋祠志》卷三十)。太原盆地生产的粮食曾大量运往京师,隋末时晋阳存粮"可支十年"(《旧唐书·巢王元吉传》)。当时,并州库存布帛达"数千万"(《通典·食货志》)。晋阳西山煤炭开采利用已很普遍,当时晋阳人王劭说:"温酒和炙肉,用石炭、柴火、竹火、草火、麻火,气味各不相同。"(《隋书·王劭传》)冶铸业进一步发展,596 年(隋开皇十六年),在晋阳设五炉铸钱,每岁可铸三千三百贯(《隋书·高祖纪下》)。商业的繁荣程度也超过汉代。

杨广在当晋王时,于 589 年(隋开皇九年)扩建了东魏所筑晋阳宫,在宫外筑起高 4 丈、周长 7 里的宫城墙,一开始叫宫城,后来隋文帝更名为新城。秦王杨俊接任并州总管后,"渐好奢侈,违越制度,盛治宫室"(《资治通鉴》),于 596 年(开皇十六年)又在新城之西另筑高 4 丈,周遭 8 里的仓城。仓城的东城墙与新城的西城墙是连在一起的。这两座新建的小城与北齐大明城(原春秋晋阳古城)呈"品"字形,坐落于晋阳城西北部,为内城;西晋刘琨所筑的13.5 公里之城是外城,这时的晋阳城已经成为"城里有城,城外有城"的北方大城市了。隋朝还于 602 年(仁寿二年)在晋阳城中心修建了惠明寺及阿育王舍利塔,这是一座建筑高大、气宇不凡的佛寺,有前、中、后三座佛殿。607年(大业三年),隋炀帝第一次巡幸山西,又下诏重修晋阳宫,并扩建了城墙。这时,晋阳已成为"人物殷阜"、名符其实的"一都之会"(《隋书·地理志》)。另外,隋朝在晋阳城西之天龙山凿石窟一个,即今东峰第 8 窟。该石窟是天龙山石窟群中比较大的一窟,窟中除中心塔柱外,占地面积尚有 16 平方米左右,佛像造型呈现出呆板、拘谨的表情,既不是北齐时的清瘦,也不是唐代的丰满,可明显看出隋代雕像的过渡特征。

晋阳地区出土比较典型的隋代墓葬有两座。其一:1980 年在太原南郊沙沟村清理发掘了斛律徹墓,该墓由墓道、天井、甬道、墓室四部分组成,随葬器物 328 件,以模制陶俑和动物模型为主。其二:1999 年在王郭村出土的汉白玉棺椁砖室墓,墓主虞弘,鱼国人,齐文宣帝时徙居中原,是从西域迁入的舜帝后裔,南北朝时出使北齐,被留授直突都督、凉州刺史、射身校尉等职。隋开皇时转仪同三司,领左内帐,兼镇并州(晋阳)。此墓椁顶和四壁均为汉白玉雕成,雕凿精美,纹饰灿然,图案有墓主夫妇宴饮图,有披绶带的骊马,口衔缨绦的雀鸟,枝蔓上累累的果实,骑象、骑马之人与雄狮搏斗的场面等,人物形象以西域人种为主,浮雕均为朱红色和金粉色彩绘,虽历经千年,仍艳丽如初,是中原文化和西域文化交融的艺术精品。这座墓葬传达了丰富的文化和宗教信息,被评为 1999 年全国十大考古发现之一,也是 20 世纪百项考古发现之一。这两座墓葬均位于晋阳古城附近,对研究隋代晋阳古城有重要的参考价值。

另外,在晋阳城西北 5 公里的蒙山有隋文帝杨坚的父亲杨忠墓葬(今无存)。杨忠是北周大将,曾在晋阳作战,死后葬于蒙山。今太原城西北 30 公里的天门关东北山崖上有栈道遗迹,乃是隋大业三年杨广征用民夫修汾阳宫(在今宁武管涔山)至晋阳的驰道遗迹,至今尚名"杨广道"。

二、大唐的"龙兴"之地和北都晋阳

隋朝末期,由于炀帝奢侈腐化,大兴土木,横征暴敛,政治黑暗,农民起义此起彼伏。615 年(大业十一年),隋炀帝任命他的姨表兄、7 岁袭爵唐国公的李渊为山西河东抚慰大使,剿抚农民起义军。616 年,隋炀帝南下江都(今扬州市),命李渊为太原道安抚大使,留守太原。李渊与次子李世民说:"唐固吾国,太原即其地也。今我来斯,是为天与?"(《大唐创业起居注》卷一)他在镇压农民起义的过程中,招降纳叛,扩充实力。大儿子李建成在河东"潜结英豪",二儿子李世民在晋阳"密招豪友"。617 年,隋炀帝因李渊在"盗贼益多,突厥数犯边"的情况下,"兵出无功",派人要拿他到江都问罪。李渊在次子李世民的劝说下,与晋阳宫监猗氏裴寂、晋阳令刘文静、晋阳乡人刘世龙等聚守晋阳,图谋起兵共赴关中。当年六月,刘文静劝李渊与多年对峙的突厥相结为好,李渊于是"自为手启,卑辞厚礼"(《隋纪七》),说服始毕可汗援以兵马。周边军事力量纷纷响应李氏的号召,起而叛隋,但是西河郡守拒绝起兵,李渊就派长子建成、次子世民带兵进攻西河城,除斩杀郡守高德儒外,"不戮一人,秋毫无犯,名尉抚使复业,远近闻之大悦。建成等引兵还晋阳,往返凡九日。渊喜曰:'以此行兵,虽横行天下可也。'遂定入关之计"(《隋纪七》)。秋七月,李渊被推为起义大将军,委派儿子李元吉留守晋阳,率领三军和突厥援兵,誓师军门后向关中挺进。这就是历史上有名的"晋阳起兵"。李渊攻入长安,建立大唐,开启了中国封建社会的鼎盛时期。从此,晋阳作为李唐王业兴起之地备受重视。

619 年(唐武德二年),3 年前在马邑(今朔州)起义的刘武周,在占据山西北部后,向南进军,屡败唐军,进逼晋阳城。太原留守李元吉被迫携妻弃城逃奔长安,晋阳为刘武周占据。李世民表请回师晋阳:"太原,王业所基,国之根本,河东富实,京邑所资,若举而弃之,臣窃愤恨。愿假臣精兵三万,必冀平珍武周,克复汾、晋。"(《唐纪三》)李世民率兵出师河东,大败刘武周所属宋金刚部。620年,刘武周不战自退,投奔突厥。李世民率大军兵临晋阳,刘武周部下刘伏念开城投降。李世民收复并州后,委派李仲文镇守并州。621年李仲文生谋叛之心,被诛。由刘世让继任。622年,唐建洛、荆、交、并、幽五大总管府,任李元吉为并州大总管。627年(贞观元年),李世民即位,是为唐太宗。633年,以晋王李治(即后来的唐高宗)遥领并州都督,637年赴晋阳就任,由李世勣(徐茂公)作为并州大都督长史协助治理。641年,唐太宗李世民还幸晋阳,对李世勣的功业大加赞赏:"隋炀帝劳百姓,筑长城以备突厥,卒无所益。朕唯置李世勣于晋阳而边尘不惊,其为长城,岂不壮哉!"(《唐纪十二》)

以晋阳为中心的并州和整个山西,是唐朝的主要屏障、重要的经济基地和战略基地之一。从唐初到745年(唐天宝四年)的120余年中,晋阳以北是唐与突厥争战的主战场,晋阳则是其前敌指挥中心。仅唐高祖在位时,在山西或唐军从山西出兵攻突厥的战争就达37次之多。这种中央政权同游牧民族之间的战争,历经高祖、太宗、高宗、中宗、睿宗、武则天、玄宗7代,到745年回纥大败突厥,尽占突厥故地,唐与突厥的战争才告结束。但仅隔10年,便在755年发生安史之乱,山西又成为唐朝和叛军反复争夺的主战场之一,晋阳又成为唐朝对安禄山作战的要地。晋阳是河东节度使的驻地,也是距长安京畿最近的重要屏障。安禄山任平卢、范阳、河东三镇节度使后,于755年起兵反唐,一面派心腹将领到晋阳杀副留守、太原尹杨光翙,一面亲带主力南下占领洛阳,攻陷长安。唐朝命右羽林大将军王承业为太原尹,坚守晋阳。不久,郭子仪推荐李光弼为河东节度使,镇守太原。757年(唐至德二年)春,安禄山部将史思明、蔡希德等自博陵(今河北定县)、范阳(今北京)引兵10万,围攻晋阳。李光弼战前率军民在城下凿壕自固,坚守城池,不断出击,一月有余。这时,安禄山已死,其子安庆绪调史思明归守范阳,李光弼率军出城同蔡希德决战,斩叛军7万余,蔡希德仅领少数人逃走。至此,晋阳之围已解,晋阳保卫战取得胜利,李光弼率军继续向东、北、西出击,扩大战果。晋阳在唐王朝平定安史之乱中又一次发挥了重要作用。

唐代是晋阳的鼎盛时期。618年(武德元年),高祖李渊在晋阳设并州总管府,下辖晋阳、太原、榆次等 16 县。620 年,废并州总管府,改置并州,辖县降至 9 个。次年,在晋阳复置并州总管府,下辖并、介、汾等 7 州。同年,又改总管府为上总管府。622 年,又改大并州大总管府。624 年,又改为并州大都督府。645 年(贞观十九年)底,唐太宗伐高丽还,到太原。次年正月,引从官及太原父老赴宴,下诏说:"太原之地,兴运所阶,全晋之人,义深惟日……周历郊原,宛如畴昔,访其父老,已多长谢……"他这次赴并,曾游晋祠,撰书《晋祠之铭并序》,回京前下诏免并州起兵时编户三年的租赋,后来附义军者免一年租赋。654 年(永徽五年)、660 年(显庆五年)、662 年(龙朔二年),曾担任过并州都督的唐高宗李治三次到并州,礼拜童子寺,宴集并州官属父老。其后,692 年(长寿元年),武则天在晋阳置北都;723 年(开元十一年)、732 年,唐玄宗李隆基两次巡幸并州,并于 742 年(天宝元年)改北都为北京。756 年(至德元年),肃宗李亨罢晋阳北京称号,旋又改为北都。这一时期,晋阳与西安、洛阳并称"盛唐三京"。762 年(宝应元年),代宗李豫以京兆为上都,洛阳为东都,凤翔为西都,江陵为南都,晋阳仍为北都。

唐代也是晋阳城市建筑史上的黄金时代。当时晋阳城由三城组成,总规模为东西 12 里,南北 8 里又 232 步,周回 42 里。据唐《元和郡县图志》,西城即府城,西城内有大明城(古晋阳城)、仓城及隋炀帝更置的晋阳宫城(新城)。637 年(贞观十一年),李世勣建东城。武则天当政后,命并州长史崔神庆在东西二城间跨汾连堞建筑中城,将东西二城连为一体。城内各种建筑逐年增加。有史可查者,619 年(武德二年)唐朝初建,即在晋阳城建义兴寺。622 年,鄂国公尉迟敬德捐其在晋祠的别墅建寺,李渊赐额"十方奉圣寺"。623 年,在太原县西南马坊山又建闲居寺。次年,唐太宗下诏,自太原起兵以来交兵之 7 处立寺,皆由官府营造,在太原县西南阳村建延庆寺。669 年(总章二年),唐高宗命僧人会颐到晋阳修并州故寺。710 年(唐隆元年),在太原县西风峪山麓建太山寺。在太原天龙山还开凿了石窟。这些寺庙的兴建只是晋阳城市建设的一个侧面。在城市功能设施和环境建设上,载于史籍而值得称道者,有:639 年(贞观十三年),并州长史李世勣因汾东地多碱卤,井水苦而难饮,于汾河架设河桥渡槽,长 350 尺,宽 64 尺,引晋水入东城,以甘民食;639 年,在太原置常平仓,以调剂丰歉;783 年(建中四年),河东节度使马燧引汾水环城,植柳固堤。

　　唐代是中国封建社会的鼎盛时期,也是晋阳城经济十分繁荣和文化艺术十分发达的时期。在周围农业生产力继续提高的同时,晋阳城成为著名的工商业城市。据有些学者推算,唐代晋阳城人口已达 25 万,人口的集聚与工商业的繁荣有着密切的关系。当时,晋阳的矿冶业非常发达,铜镜、铁镜、剪刀均是名产。任华在《怀素上人草书歌》中,有"锋芒利如欧冶剑,劲直浑是太原铁"之句;杜甫《戏题王宰画山水歌》中,有"焉得并州快剪刀,剪取吴淞半江水"之句,便是证明。

　　从考古发现看,晋阳地区的唐代墓葬分布广、数量多,如晋源区果树场唐墓群、董茹唐墓、金胜村三号唐墓、金胜村 737 号唐代壁画墓、金胜村 555 号唐墓等,为我们提供了丰富的历史文化信息。晋源区果树场唐墓群几乎囊括了唐中原地区的各种墓葬形式,有穹窿顶和四角攒尖顶砖券单室墓,有的在顶部及四围饰以色彩丰富的天象图、四神像图及树下老人图,反映了天人合一思想对唐代社会的影响和人们的精神追求。随葬器物有红陶、灰陶、陶塔式罐,开元通宝钱币,唐三彩动物、车驾、侍俑等,折射出唐代晋阳地区的经济、社会、文化面貌。特别是其中有一座砖室唐墓出土了一枚波斯金币,正反纹饰清晰如初,具有浓郁的波斯萨珊文化风格,是唐代晋阳开展中外贸易和文化交流的明证。

第六节　五代:乱世逐鹿　王霸迭起

　　李唐王朝灭亡后,进入五代十国时期。中原处于分裂动荡之时,晋阳便又一次成为各方势力角逐的中心。只要占据了晋阳,便可称雄称霸,进一步图取中原。五代中的后唐、后晋、后汉以及十国中的北汉,均兴起于晋阳。

一、李存勖依托晋阳建立后唐

　　突厥族沙陀部贵族李克用是唐末乱世枭雄,因镇压黄巢农民起义有功,于883 年(唐中和三年)受封为河东节度使,后来又晋封晋王,虎踞晋阳,拥兵自重。朱温(一名朱全忠)在汴(今河南开封)代唐称帝,建立后梁前后,李克用与朱温对峙 17 年,长期争战不休。晋阳城曾经数次被朱温军队围困,901 年(唐诏宗光化四年),朱温大将氏叔淙领兵 5 万出石会关,经洞涡河围困晋阳城,城中军民甚惧。时逢久雨连阴,汴军粮草不济,士兵泻疾,朱温军队不战自退。次年,朱温军队又围晋阳,攻城甚急。晋阳城中兵未集,李克用昼夜守城,不得寝食,有弃晋阳退守云州之意,经他人劝阻方止。克用之弟克宁为忻州刺史,闻朱温围困晋阳,便迅即率军还晋阳,要与城共存亡,众心乃定。李克用又派敢死队夜入汴营惊扰,汴军备御不暇,方退兵。

908 年(后梁开平二年),李克用卒,其子李存勖继位晋王。李存勖是克用次妻曹氏所生,他在游晋阳城西童子寺曾题诗:"西登童子寺,东望晋阳城。金川千点绿,汾水一条清。"他继晋王位后,与后梁又对峙 15 年。其间在 916 年,后梁匡国节度使王檀曾率兵 3 万,出阴地关趋晋阳城下,昼夜急攻。晋阳城内毫无准备,幸有原代北故将安金全退居在城中,请以库存兵甲袭击后梁军,乘夜率子弟及家丁数百人出北门,击梁兵于羊马城,又逢昭义节度使李嗣源援兵至晋阳,才击退梁军。923 年(后梁龙德三年),李存勖灭梁建唐,在洛阳即帝位,改元同光,追尊李克用为太祖皇帝,以晋阳为"西京",随后又改为"北都"。

二、石敬瑭在晋阳登基建立后晋

后晋皇帝石敬瑭也是沙陀人,初在李克用义子李嗣源帐下做"左射军"亲兵头目,梁晋战争时屡有战功,曾受到晋王李存勖赞赏。他曾几次解救李嗣源于危急中,李嗣源对他很是倚重,视为心腹,并把女儿永宁公主嫁他为妻。926年(后唐同光四年),李嗣源至魏州平叛,时逢庄宗李存勖死,嗣源部下和魏州叛军一齐拥戴李嗣源入洛阳称帝,是为后唐明宗。石敬瑭在这次兵变中推波助澜有功,被封为保义军节度使,赐号"竭中建策兴复功臣"。不久又升迁为独当一面的河东节度使,驻守晋阳。936 年(后唐清泰三年),末帝李从珂改调石敬瑭为天平节度使。石敬瑭不愿意离开晋阳,与部下相商,有意叛唐自立。部将刘知远、桑维翰等都表示赞同,于是石敬瑭上表后唐末帝,骂他不该当皇帝。末帝大怒,一面降诏撤销石敬瑭官职,一面命大将张敬达率大军至晋阳城南晋安寨(晋祠以南),将晋阳四面团团包围,石敬瑭连忙向契丹族求援。七月,契丹主耶律德光亲率 5 万骑兵,过雁门关抵达晋阳城下,张敬达败退走。时年 54 岁的石敬瑭厚颜无耻,出城拜 34 岁的耶律德光为"父",自称"子"。接着契丹主又封石敬瑭为大晋(史称后晋)皇帝。于是石敬瑭在晋阳城南的柳林祭天坛登皇帝位,同时割让幽(今北京)、云(今大同)、朔(今朔州)等 16 州土地给契丹,并每年贡币 30 万。

　　石敬瑭为争夺王位采取勾结外援、割地称"子"的手段,开中国历史之先例,引起朝野上下的不满,连亲信大将刘知远都说:"称臣可矣,以父事之太过;厚以金帛赂之,自足致其兵,不必许以土田,恐异日大为中国之患,悔之莫及。"石敬瑭在晋阳称帝的第二年迁都开封,定晋阳为北京。他在位 10 年,残酷盘剥人民,多方搜刮以媚契丹。

三、刘知远据晋阳建立后汉

　　后汉皇帝刘知远先祖也是沙陀人,后入中原,数世居住在晋阳。后唐与后梁争战中,他在李克用养子李嗣源部下当兵。一次战斗中,石敬瑭被后梁所袭,有性命之危,刘知远救石敬瑭出险境。石敬瑭就把他从李嗣源那里要到自己麾下,任牙门都校之职。石敬瑭称帝时,刘知远参与其谋,日益显贵,历任许州节度使、宋州节度使、侍卫亲军马步都指挥使、河东节度使、北京(太原)留守等职。石敬瑭死后,后晋出帝石重贵封刘知远为太原王。但刘知远却不服从石重贵调遣,只是一心在晋阳称霸,以图帝业。947 年(后晋开运四年),契丹进攻中原,攻入开封,后晋灭亡,契丹主耶律德光登大辽皇帝位。刘知远一面向契丹奉表称臣,一面在晋阳登基,国号大汉(史称后汉)。但次年便去世,年仅 18 岁的皇子刘承祐于灵柩前继帝位,是为隐帝。但短短 3 年时间,便被后周郭威所灭。刘知远虽然也和石敬瑭一样被契丹呼为"儿皇帝",但他对契丹主要是利用,而不是投降,还和契丹打过两次仗,一次败契丹于秀容,一次败契丹于朔州阳武谷。刘知远出身下层,悉知民间百姓疾苦,其政治措施相对地照顾到一些百姓的利益。相传刘知远皇后李三娘的故里是榆次鸣李村,村中至今还有李三娘少时汲水之井。据说三娘甚是贤惠,曾劝刘知远向老百姓少征军饷,并拿出私蓄劳军。戏曲《白兔记》就是根据李三娘的传说故事编成的。

四、刘崇在晋阳称帝建立北汉

　　北汉是十国之中惟一的北方割据政权,是后汉的残余势力。刘知远称帝后,建都汴(今河南开封),封其弟刘崇为河东节度使、北京(太原)留守,镇守根据地晋阳。950 年(后汉乾祐三年),后周郭威灭后汉,刘崇于次年在晋阳称帝,史家为与当时的南汉(在今广东、广西地区)相区别,称之为"东汉"(《新五代史》)或称之为"北汉"(《资治通鉴》)。刘崇依附于辽,令子刘承钧为太原尹,与周世宗柴荣对峙。北汉疆域很小,仅有晋阳周围 10 州,即并州(今太原）、汾州（今汾阳）、忻州、（今忻州）、代州（今代县）、岚州（今岚县）、宪州（今静乐）、沁州（今沁县）、辽州（今左权）、石州（今离石）、麟州（今陕西神木），其后又添设隆州（今祁县）。地盘虽小，却也历经4主，维持了29年，直到宋朝成立后20余年方被灭国。北汉小政权能像钉子一样较长时间固定在晋阳大地，其原因有二。一是拼命敛财，除征收各种苛捐杂税外，还侵占五台山僧人的布施收入和饲养的马匹，同时又在柏谷（今繁峙县南）采矿炼银，每年得银万两，然后将大量钱财进贡契丹辽国，以辽国为后盾。二是依据高大险固的晋阳城为屏障，954年（北汉乾祐七年），后周柴荣率大军打到晋阳城下，旗帜环城40里，距城300步设3层包围。但从四月围到六月，也攻不下晋阳城。又遇上大雨连绵，士兵疲病，柴荣无奈，只好退兵。

李存勖的后唐、石敬瑭的后晋和刘知远的后汉这三个由沙陀人相继建立的小国，均从晋阳兴起，纵横驰骋于中原，晋阳是他们立国的基础；而在都城南迁后，走上灭亡之路的决定性因素，又恰恰出在晋阳。后唐、后晋、后汉程式化的发展说明，晋阳是一个政治军事极端敏感的中心，王位更迭总是因它而起，再扩展影响至周边，而那些文化底蕴单薄、长于杀伐的少数民族政权，一旦脱离开晋阳进入中原腹地，就必然面临崩溃的结局。这一阶段晋阳的盛衰变迁是中国北方历史发展的缩影。

第七节 宋初：火焚水灌 古城毁灭

一、宋太祖赵匡胤亲征晋阳

960年（北宋建隆元年），宋太祖赵匡胤消灭南方九国，建立了北宋王朝。北方辽与之相对抗，北汉作为辽的附属国、契丹族进入中原的门户，是宋朝的必争之地。宋朝前后用兵数次，其中两次均是皇帝御驾亲征。直至宋朝立国近20年后的979年（太平兴国四年），才攻下晋阳，平定了北汉。

968年（宋开宝元年）七月，北汉睿宗刘钧病故，养子刘继元（一名继恩，本姓薛）继位。宋主赵匡胤见有机可乘，命昭义军节度使李继勋、侍卫步军都指挥使党进、宣徽南院使曹彬等率兵征伐北汉。刘继元一面令侍卫都虞侯刘继业（即杨业）、冯进珂带兵扼守团柏谷，一面遣使向辽国求援。两军正相峙间，随同刘继业、冯进珂一同驻军的北汉将领陈廷山率部下投降了宋军，刘、冯二将退回晋阳,宋军很快夺取了汾河桥,直抵晋阳城下,焚烧延夏门。双方相峙至十月,辽国南大王挞烈统兵救援晋阳,宋将李继勋等退兵,北汉军乘机进掠晋、绛二州。

969年(开宝二年)正月,宋太祖赵匡胤决定御驾亲征北汉,先命李继勋、曹彬、党进等率军先行。二月二十七日,赵匡胤从汴京出兵,经相州、磁州,至潞州(今长治),因雨滞留10余日。三月,赵匡胤亲临晋阳城下,将大队军马驻扎在甘草池(今太原瓦窑村南)。宋军先在晋阳城周筑寨围攻,又筑"长连城"拦堵汾、晋二水灌城,赵匡胤身先士卒,赤膊露体,亲自指挥兵士运土筑堤。晋阳被水困多日,一段南城墙倒塌,水涌入城中,"水口渐阔,北汉人缘城设障,为宋师所射,障不得施。俄有积草自城中漂出,直抵水口而止,宋师弩失不能彻,北汉人因以施功,水口遂塞"(《续资治通鉴·宋纪五》)。其时北汉大臣郭无为欲降宋,假意请兵夜袭宋军,刘继元选精兵千余人,让刘继业、郭守斌一同前往。谁知这天晚上风雨交加,不辨东西,刘继业因马受伤,与部下先回城,郭守斌迷路,也回了晋阳,郭无为只好与手下数十人返回,复劝英武帝刘继元出降。太监卫德贵言郭无为谋反罪状,刘继元遂将郭无为斩首。"继元闭城拒守,太祖皇帝以诏书招继元出降,许以平卢军节度使……而并人及继元左右皆欲坚守以拒命"(《宋史·东汉世家第十》)。晋阳城久攻不下,时逢炎暑酷热,又兼阴雨多日,宋营军士普染痢疾,苦不堪言。此时,辽国北大王耶律乌珍从白马岭率劲旅,夜抄近路飞驰至晋阳城西,鸣鼓举火。赵匡胤进退两难,太常博士李光赞和丞相赵普都劝其退兵。赵匡胤于闰五月十三日下令撤军,同时将晋阳城外的居民万户掠往山东(太行山以东)。

976年(开宝九年)八月,宋太祖赵匡胤派党进、潘美伐北汉。"分五道进入太原","冬十月,党进败北汉兵于太原城北"(《宋史·本纪第三》)。党进等直抵晋阳城下。刘继元又派驸马都尉卢俊赴辽求援,辽派南府宰相耶律沙、冀王敌烈率兵救晋阳。两军正相持间,适逢宋主赵匡胤突然病死在开封(十月二十日晚)。次日,赵匡胤之弟赵光义(原名赵匡义)即皇帝位,改元"太平兴国",下诏撤军。宋军退兵时又俘掠四五万居民移于黄河以南。

二、宋太宗赵光义毁灭晋阳城

宋太宗赵光义继位后,继续加紧太原战事。979年(太平兴国四年)正月,赵光义亲率大军再次征伐北汉。此时宋朝立国近20年,事先对征伐北汉作了充分的准备,采取四面围攻,断其援军的策略,"命云州观察使郭进为石岭关都部署,以断燕蓟援师"(《宋史·本纪第四》)。与此同时,又分兵对晋阳周围各州县发动进攻,以阻止其对晋阳增援。北汉主只好又求援于辽国,辽国发两路军援救北汉。三月十六日,辽国援军耶律沙在白马岭(今孟县东北)与宋将郭进隔涧相遇,宋军趁辽军半渡时击之,辽兵死伤万余人,耶律沙只身脱逃,正好辽国另一支救兵耶律斜轸赶到,才以箭射退宋军,然后一齐退回。北汉刘继元又遣使者带蜡丸书信从小路赴辽告急,中途被郭进捕获,押赴晋阳城下斩首示众。其时,宋军又攻克盂县、岢岚、隆州、岚州等地,对晋阳形成四面包围之势,晋阳城援绝势孤。四月二十日,宋主赵光义至晋阳城下,驻"汾东行营"(今晋源镇庞家寨东北),筑长连城围困晋阳,严督诸路军将昼夜不息攻城。攻城战异常惨烈,城下尸首成堆,"城上(箭)如猬毛"(《续资治通鉴·宋纪十》),"(攻城)将士尽奋,若将屠之"(《宋史·本纪第四》)。城内军民群情激昂协力反击。战事延至五月,宋军攻破晋阳城外羊马城,北汉马步军都指挥使郭万超逾城降宋,刘继元手下亲信将士大多伤亡,晋阳城内无粮草,外无救兵,危在旦夕。宋太宗数次写信给刘继元,告谕其投降,已退职的左仆射马峰,带病入见刘继元泣劝,刘继元才决定投降。初五日夜晚,刘继元遣客省使李勋赴宋营献降表。次日凌晨,刘继元穿素服戴纱帽率文武群臣待罪城台下,赵光义于晋阳城北沙河门楼受降。北汉"州十、县四十、户三万五千二百二十"尽归宋朝(《宋史·太宗本纪》)。五月十八日,宋军放火烧城,"尽焚其庐舍,民老幼趋城门不及,死者甚众"(《续资治通鉴·宋纪十》)。次年四月,赵光义又派兵决引汾、晋二水灌漫晋阳城废墟,企图彻底毁灭这座城市。

赵光义焚毁晋阳还有一个原因,他鉴于春秋末期赵襄子、汉文帝刘恒、北齐高洋父子、唐朝李渊父子、五代李存勖、石敬瑭、刘知远等人或一统天下,或继承大业,或偏霸割据,均是依托晋阳。按照阴阳家的风水学说,认为晋阳城北面的系舟山是"龙角",城西南龙山、天龙山是"龙尾",晋阳居中是"龙腹"、"龙城",认为谁要是占据了晋阳,谁就有可能得天下。赵光义害怕晋阳再有"真龙天子"出现,与宋朝争夺天下,便下令火焚水淹晋阳,同时又派许多兵士将系舟山巅铲平,目的是拔去"龙角"。一座历春秋、战国、秦、汉、三国、西晋、南北朝、隋、唐、五代等 10 余朝约 1500 年的古代大都会城市,就这样被愚昧无知而又残暴不仁的封建皇帝毁灭了。

三、晋阳人民对赵宋暴政的抵抗

在北汉刘继元被迫投降宋朝时,晋阳人民仍不屈服,继续抵抗。史载:
"继元穷窘,而并人犹欲坚守"(《宋史·东汉世家第十》)。晋阳老百姓原本
对屈膝媚外的北汉刘氏并无好感,但宋朝军队围攻晋阳时火烧平遥、寿阳,又
几次俘掠百姓,激起了人民同仇敌忾的士气,加之晋阳民性强悍,盛行习武风
气,有"弓箭社"等民间练武组织,所以直至刘继元投降后,民间百姓仍以砖瓦
石块为武器,击打宋军。金代诗人元好问有诗曰,"……薛王出降民不降,屋
瓦乱飞如箭镞……"正是当时的真实写照。赵光义对此十分气恼,骂晋阳老
百姓是顽民。赵光义攻克晋阳后借口晋阳和京师开封"参商不两立",强迫老
百姓从晋阳城内迁出,随即毁灭晋阳城,迁州治于榆次城,废晋阳、太原二县,
改为平晋县,喻"平晋阳"之意。又在汾河之东的"汾东行营"旁筑起一座周边
4里的平晋县小城,让百姓进去居住。然而晋阳人民宁愿流离失所,也不进平
晋城,流散于榆次、唐明镇等地。史载"七十七年,故城父老不入新城"(清道
光《太原县志·古迹》)。今太原市小店区的城西村、南畔村、北畔村之间即平
晋县城遗址,至今尚有遗名"旧县圪塔"。民间相传,根据该处小麦成熟时颜
色黄绿不同,可看出原来平晋城中道路的分布走向。赵光义在修筑平晋城的
同时,将自己曾经指挥作战驻扎过的"汾东行营"改建为"统平寺"(一名平晋
寺),御制《平晋记》碑于寺中,并赋《平晋诗》。后来,宋真宗赵恒将统平寺改
为崇圣寺,仁宗赵祯又奉太宗御容于寺内资圣院统平殿。但民间老百姓却不
买账,屡屡暗中将赵光义这座御驾亲征晋阳的"纪念馆"焚烧,弄得地方官毫
无办法,只好罢祀。赵光义还仿照唐太宗李世民的做法,命赵昌言撰文、张仁
庆书丹,弄了一块《新修晋祠之铭并序》碑,于984年(太平兴国九年)立于晋
阳城废墟西南5公里的晋祠,内容是歌颂赵宋统一,炫耀功业之意。晋阳老百
姓却对赵家皇帝焚毁晋阳城之事恨之入骨,经常有人暗中将此石碑敲剥,最后
竟一字不留。这正是人民群众对赵光义毁灭晋阳城的又一回应。山西人民历
来对赵家皇帝不满,其中有两个原因,一是焚晋阳、戮黎民;二是因为杨家将在
宋朝的不平等遭遇。戏曲《贺后骂殿》、《审潘洪》等,就是对赵宋统治者的谴
责和控诉。旧日的晋阳古城遗址古城营村一带,逢村社酬神赛唱之时,绝不上
演歌颂宋朝皇帝御驾亲征北汉的戏曲《三下河东》,认为演这出戏是对当地的
污辱。

晋阳城自公元前 497 年（周敬王二十三年）建成，至公元 979 年（北宋太平兴国四年）被毁，经历了近 1500 年风云际会的历史变迁。982 年（太平兴国七年），即赵光义毁灭晋阳城的第三年，新任三交都部署潘美受命在晋阳故城以北 15 公里的唐明镇修建城池，从此太原的建城史又翻开了新的一页。

第三章　会城太原

第一节　宋代:唐明古镇　太原新城

一、太原地区在宋对辽夏战争中的重要地位

宋太宗虽然火焚水灌毁灭了晋阳城，但太原地区在中国北方的重要战略地位并不能因此而改变。就宋代的情况看，首先是在与辽国的对抗中，太原是前方基地。北汉之坚持多年难灭，是因为有辽国作后援。北汉灭亡的当年，宋朝就令潘美为三交（在今太原北）都部署，屯兵备辽；不久，又命熟悉边务、洞晓辽情的北汉降将杨业知代州兼三交驻泊兵马部署。次年，即 980 年（北宋太平兴国五年）春，便有辽军 10 万入侵雁门寨。982 年，又有辽军 3 万骑分三路南侵。986 年（雍熙三年），宋军发动雍熙北伐，兵分五路，共计 30 万人。其中第四路以潘美为帅，杨业为副将，不幸杨业在与辽军作战中死于陈家谷（今宁武县北），辽军曾乘势侵入代州，直逼城下。此后，宋对辽完全转入消极防御，宋辽边界也南移至宁武分水岭一带，太原在军事上的重要性就更加突出。而与此同时，居于宁夏、陕西一带的党项族逐渐强盛，元昊正式称帝，建立西夏王国，宋夏之间在陕北连年作战，太原又是宋军对党项族作战的战略物资、夫役、兵源的主要供给地和军事战略后方，有不少对西夏作战的军队，特别是前线告急时的援军，都是从河东出发的。

二、潘美建筑太原新城

正因为太原在当时有如此重要的战略地位，因此即使毁灭了晋阳城，也必须在这一地区再建一个新城。这是政治和军事的必然需要。晋阳城被毁之后，宋朝曾将并州治所移驻榆次县城，然而因榆次并非会要之地，难以替代太原之地位，故在次年即 980 年（太平兴国五年），便命潘美与梁迥筑并州新城（据《续资治通鉴长编》），于 982 年徙并州治于新城。

唐明镇在晋阳故城北 15 公里处,早在唐代就曾驻有河东节度使衙门。潘美奉命扩建初期太原城时,保留了原有的唐明镇并建为城中子城。子城位于全城西北部,约占全城面积的 2/5。据《永乐大典》所引洪武《太原府志》记述,子城"周五里一百五十七步",亦有东、西、南、北四门,城中除官府衙门、粮仓、兵器库等重要机构外,还有迎福院(唐明寺)、七佛院、观音院、燕堂、经远堂、连云观、望云楼、双阁、净深堂、射堂、三乐堂、都厅、孔目院等建筑,"潘美奏乞以唐明镇为并州治所,徙晋文公庙,以庙之故址为州治"。子城大约毁于北宋末年抗金保卫战争中,今太原市区半坡街,正是宋太原城子城西城墙遗址。

在唐明镇的原有基础上,太原城向四周扩展,主要是向东、西、南扩展,筑起城墙。整个城市北宽南窄,"周十一里二百七十步",开设四门,东曰朝曦,南曰开远,西曰金肃,北曰怀德。其方位大约为:南至今太原市西米市与大南门之间;北至今后小河、东后小河一带(据傅山《九仙桥记》载,后小河为宋太原城北面城壕);东至今柳巷一带,桥头街则为宋太原城东门外吊桥遗址;西至今新建路以东。新城东面依山,西面傍水,出金肃门不远就是汾河,金肃门遗址在今水西门街。据《古城衢陌》考证,今儿童公园的文瀛湖,过去叫海子边,宋朝建城时,这里是护城壕的一个部分;今三桥街、上三桥街与小新街交叉地一带,则是宋太原城北门遗址。992 年(淳化三年)又新筑南关城(遗址在今大南关一带)。

宋朝所建太原城中,没有"十"字街,只修"丁"字街,原因是宋朝统治者认为"丁"与"钉"同音,钉破龙脉后,便再也不会有"真龙天子"出现来争夺宋朝天下了。据《永乐大典》所引洪武《太原府志》记述,宋太原外城四门各不相对。南门居中,一条南门正街穿城之南北,至子城东北隅便折向西。北门偏西,北门正街正对子城北门,与南门正街折向西之路成"丁"字状。西门偏南,西门正街沿子城南墙与南门正街成"丁"字状。东门居中直对子城,东门正街与南门正街成"丁"字状。这种街道布局,正如金代诗人元好问所说:"……官街十字改丁字,钉破并州渠亦亡……"

宋建太原城也与晋阳故城一般,城中建有许多坊,据《永乐大典》引洪武《太原府志》记述,宋太原城中共有 27 坊,其中朝真、广化、袭庆、观德、富民、苍武、懋迁、乐民、皇华、澄清、云屯及 3 座佚名坊共 14 坊,分布在南门正街以东；安业、金相、迎福、通利、聚货、寿宁6坊，分布在东门正街两侧；法相、立信、阜通、宣化、用礼、惠远6坊，分布在南门正街南端西侧和西门正街以南；另有慈云坊在北门正街以东。当时并州州衙等主要官府虽设于内城中，但外城中也有官府衙门，如察院、廉访司、河东路都运司和屯驻军营在外城东北隅的澄清坊；平准库、酒课税务司在南门正街以西的阜通坊；太平驿、提举常平司在南门正街以东和东门正街以北的皇华坊；比较酒务在南门正街南端路东的朝真坊。

宋朝太原城中陆续建起许多寺观庙宇。如：法相寺（尼寺），系从晋阳故城中徙入，在南门正街南端路西法相坊。龙祥观亦在法相坊；石氏院又名石晋功德院，系从晋阳故城中徙太原城西门外，后又徙城中南门正街南端路东朝真坊；天庆观有1010年（大中祥符三年）《圣祖观记》石刻，亦在朝真坊。广化寺内有开化、慈氏、八正、七佛、甘泉、三学、仙岩、上升、弥勒、草堂、永宁、净土等12座寺庙，系从晋阳故城中徙入，在南门正街南端路东广化坊；惠明院有999年（宋咸平二年）匾额，亦在广化坊。城隍庙亦在广化坊；资圣禅院有1031年（宋天圣九年）仁宗所书匾额，在南门正街北端路东澄清坊；大明禅院（尼院）和玄都观亦在澄清坊。圆明寺、洪福院、圆明禅院均在南门正街北面路东皇华坊。慈云院（尼院）、延庆院、饶益院均在西门正街西端路南惠远坊。清凉院在城西北隅的云屯坊。寿宁广化院有宋真宗所撰《太宗御书颂》碑，在东门正街东端路北寿宁坊。中岳庙在西门正街路南用礼坊。寇莱公庙在东门正街路南金相坊。法具寺在北门正街路东慈云坊。古觉寺在西门正街东端路南宣化坊。胜利院有880年（唐广明元年）匾额，系从晋阳故城中徙入，在子城南门外左侧。地处今太原市区闹市的大中市、开化市，当时是靠近东城墙的两个偏僻佛寺。大中市原名寿宁寺，当时有宋真宗赵恒御撰《太宗御书颂》碑和书库。1159年（金正隆四年），寺中新建钟楼，俗呼"打钟寺"，太原辛亥革命起义时，打钟寺除佛殿以外悉被焚毁。1913年（民国二年），阳曲县商人刘占元集股盖楼，将寺院辟为市场。此后，打钟寺才更名为"大中市"。开化市创建年代不详，宋绍圣年间（1094年～1098年）重修过，当时叫"汉封寺"，元朝时更名为"延寿寺"，明朝正统年间（1436年～1449年），朱桐的孙子朱美坚重修寺院后，门前建"敕赐开化禅林"牌坊，始更名开化寺。1913年，开化寺北部辟为"共和市场"。1920年，新化泰安房产股份有限公司拆毁寺中佛像，把开化寺全部改建成市场,始名"开化市"。

三、新筑太原城成为河东路的中心城市

宋朝初年,为避讳"太原"、"晋阳"等旧名,只在太原新城中设"紧州军事",1059 年(嘉祐四年)才恢复太原府旧名,1078 年(元丰元年)置为次府,1107 年(大观元年)又置太原大都督府。北宋初期新建起的太原城,其政治地位已远不如以前,但仍然是山西的中心城市。北宋全国的行政区划屡有变更,如 993 年(淳化四年)全国分为 10 道,997 年(至道三年)又改 10 道为 15 路,但河东道(路)始终是其中之一。以 997 年所设河东路为例,共辖太原、隆德(今长治一带)和平阳(今临汾一带)3 府和泽、代、绛、忻、汾、辽、宪、岚、石、隰、慈、麟、府、丰 14 州,威胜、平定、岢岚、宁化、保德、火山、晋宁、庆祚 8 军,共82 县(参见明柯维棋《宋史新编·地理志》)。太原城虽然也是太原府阳曲县的县治所在和太原府的府治所在,但更重要的是河东路的行政机构所在地。当时,为避免地方势力膨胀,在路一级行政机构中不设最高长官,路政由四司分掌,即主管"兵民之事"的帅司(安抚司),主管财赋的曹司(转运司),主管刑狱及"举刺官吏之事"的宪司和主管常平仓、市易、水利等的仓司(提举常平司),对上隶属中央,对下统辖州县,均设于太原城中,使太原基本具备了省会城市的地位和性质。

宋代,太原城的工商业逐步恢复,并得到进一步发展。当时,由于农业与农村副业的发展,城乡间的商品交流大大增加,在一些交通要道或通都大邑,形成了定期的市集,诸如"市"、"草市"、"墟"、"场"之类,不少逐渐发展成为市镇。同时,城市中商业的发展,往往突破城垣的限制,在城外形成新的商业区。如太原城区西南的西米市、南市街、柴市街、菜市街、麻市街等,这些都是当时太原生活日用品专业市场。同时,随着城市手工业的发展,往往形成同行业集中于一个地区或一个街区。北宋太原出现了诸如帽儿巷、靴巷、剪子巷、帘子巷、盘碗巷、砖瓦巷、麻绳巷、毡房巷、酱园巷等手工业作坊聚集街区。宋时的冶炼业更为发达。晋祠金人台有 3 个铁人分别为 1089 年(元祐四年)、1097 年(绍圣四年)、1098 年(绍圣五年)铸造;鱼沼飞梁东面月台上,也有1118 年(政和八年)铸造的铁狮,从中可见宋代冶铁技术和铸造技术的精湛。陶瓷业也相当发达,当时城东孟家井和城西南的冶峪,均生产"木理纹瓷",且颇有盛名。1936 年(民国二十五年),坝陵桥曾发现宋瓷仓库,里面有瓷器

100多件,还有一颗铜印,刻着"大宋河东路官窑场"八个字。

宋代太原城市建设中值得一书的还有晋祠的修葺和柳溪的建设。1011年(宋大中祥符四年),宋真宗下令并州修葺晋祠。1023年(天圣元年)左右,晋祠圣母殿建成,晋祠的规模比前代大为扩展。1025年(天圣三年),陈尧佐任并州知州,为防堵汾水,在汾河东岸筑了长堤,并引水圈成周围五里的湖泊,堤旁湖畔,广栽柳树几万株,名曰"柳溪"。1069年(熙宁二年)又修筑了马庄芳林寺,是当时城东南的第一胜景。

第二节　金元:屡经战乱　民生艰难

一、太原抗金保卫战

1004年(北宋景德元年),宋辽订立澶渊之盟,以屈辱的条件向辽求和,两国暂罢干戈。这时,偏处东北松花江流域的女真族日益强盛起来,酋长完颜阿骨打于1115年(北宋政和五年)正式称帝,建立了金国。南方的宋王朝却幻想依靠金国收复燕云十六州,遂于1120年(徽宗宣和二年)与金国订立"海上之盟",决定同时对辽南北夹攻。双方约定以长城为界,宋攻长城以南的辽国南京(今北京市),金攻长城以北的辽国中京(今赤峰市宁城县),灭辽以后,长城以南州县归宋,宋朝则将原先每岁贡辽的白银、绢匹转贡给金国。战争开始后,宋军迟缓不动,在东白沟(今河北容城、雄县一带)与辽兵相遇,一战即溃,虽然后来又进逼良乡,却始终未能攻下辽国南京。金兵却是每战必胜,势如破竹,攻占辽国中京以后,又突破长城居庸关,直捣辽国南京,进而占据整个燕云地区。此时,宋朝要求按照盟约收回长城以南地区,金朝以这些地方并非宋朝攻下为由拒绝不给。双方又进行交涉,最后宋朝以增加贡币作为赎金,才达成协议。金兵破坏了辽国南京城防,掠夺了大量财物,并俘掠走居民3万余户,然后将残破不堪的一座空城还给了宋朝。1125年(金天会三年),金国灭辽,俘虏了辽国天祚帝耶律延禧,随即发两路大军南下灭宋。东路军斡离不(宗望)率军6万从平州(今河北卢龙)南下,几乎没遇到什么阻拦就打到宋朝京都开封城下。西路军粘罕(宗翰)率军6万从云中(今大同)南下,却在太原城遭到顽强的抗击。太原军民奋起抗金,浴血奋战,展开了著名的抗金保卫战。

金朝西路军统帅粘罕一面派使臣到太原城,向河东、河北、陕西三路宣抚使童贯提出割让河东、河北的要求,同时发兵南下,一路连克朔州、代州、崞州、忻州,于十二月十八日兵临太原城下。童贯听到强敌压境的消息,早于十二月初八日逃归京师。当时太原知府张孝纯曾向童贯提出,"……太原地险城坚,人亦习战,未必金便能克也",劝童贯留太原"共图报国"。童贯逃离太原后,张孝纯感叹道:"平生童太师作几许威望,及临事,乃萎缩畏慑,捧头鼠窜,何面目见天子乎!"(《续资治通鉴》卷九十五)太原知府张孝纯与副都总管王禀决心坚守太原,因兵力空虚,仅有捷胜军3000人,因此将城中"百姓自十五以上、六十以下,皆藉为兵"。同时,加强城防工事,在太原城内又筑一道重城,挖掘很深的壕沟,又把城中居民围墙拆除,使之可以相互串通。金兵运来许多攻城武器,攻城前用30门石炮轰击城楼,炮石大如斗,对城楼和望敌楼威胁很大,宋军就在城楼上设虚栅、堆放糠袋,以减轻炮石对城楼的破坏冲击。金兵又用"洞子"(一种形同房屋的兵车,上蒙牛皮和铁片)连成一条巷道,通过洞子运送柴薪芦苇填城壕,宋兵就放火烧柴,使金兵始终不能填平。金兵又造"鹅车",似大鹅形状,上蒙牛皮,下有车轮,以数十人推动强行登城,王禀又于城上设"跳楼",亦同鹅形,守城兵士在内迎敌等待,鹅车到来,以搭钩和绳子猛拉,鹅车失去重心,随即倒地。金兵又采用"火梯炮"、"云梯"、"抛石筒"等武器轮番攻城,但在太原军民的英勇抗击之下,均不能奏效。

粘罕见太原城久攻不下,便分兵3万给大将银术可,让其在城外构筑工事,继续围攻太原,自己率兵3万绕过太原经盘陀驿(今祁县盘陀村),攻取了临汾、沁县、长治、高平等州县。这时,斡离不所率东路金兵已抵宋都开封城下,因西路军在太原受阻不能如约会合,斡离不孤军深入,不愿久战,匆匆向宋朝皇帝提出割让中山、河间、太原3镇给金国的条件。1126年(宋靖康元年)初,宋钦宗赵桓下旨割让中山、河间、太原3镇给金国,金国东路军撤军而还。粘罕在隆德府(今长治)得到宋钦宗诏书,满以为太原城唾手可得,急忙返回太原。不料张孝纯、王禀拒不接受投降命令。粘罕只能继续加紧围攻太原。太原被围期间,尽管朝廷先后派姚古、种师中、李纲等往援太原,但均以失败告终。太原城长期被困,粮食已经吃光。"三军先食牛马骡,次烹弓弩筋甲。百姓煮浮萍、树皮、秕糠、草根以充饥"(《三朝北盟会编》卷五十三)。在粮尽援绝的情况下,太原城终于在1126年(靖康元年)九月初被攻破。副都总管王禀在城破之后,还带领饥弱不堪的军民同敌人展开巷战,最后身负重伤,身背檀香制的宋太宗御容,投汾河而死。其子王荀与统制高子祐等大小官员 30 余人一同殉国。只有知府张孝纯被俘,押赴云中后投降,被金朝释而用之。

太原失守三个月后,金兵攻破汴京,宋钦宗投降,便是北宋王朝灭亡、转入南宋偏安之时。

二、金朝统治时期的太原

1128 年(金天会六年)金兵占领太原后,基本上平定了山西。1129 年,即在太原设河东北路。1153 年(金贞元三年),金分所属蕃汉之地为 14 路,在今山西全境设西京路、河东北路和河东南路。其中河东北路,下辖太原府及忻州、平定等 11 州,其行政机构为都总管府,设在太原,相当于省会。金兵在攻占太原城时,烧杀抢掠,使太原城遭到了又一次浩劫。直到 1135 年(金天会十三年)金熙宗即位,金在山西的统治已经巩固,开始推行中原文化,太原地区的经济文化才有所恢复和发展。如太原王氏“力辟土地,躬耕稼穑,虽水旱不息,寒暑不避,田口广蓄,积备先具也”(《金文最》卷九十),这说明农业生产已有所恢复。金代曾在太原设绫锦院,掌管织造之事,可见手工业也有所恢复。在文化教育方面,太原设有府学,且分为女真府学、汉儿府学。在短暂的稳定时期,太原城又有了生机。

但是好景不长,漠北兴起的蒙古国在成吉思汗即位的第五年,即 1210 年(金大安二年),便举兵伐金,很快就波及山西。1211 年,成吉思汗派皇子术赤等扫荡了金朝的云内(今内蒙古土默特左旗)、武州(今山西五寨县)、朔州等地。1213 年(金至宁元年),术赤等又率军攻掠了泽(今晋城市)、潞(今长治市)、平阳、太原等地。1216 年~1217 年,蒙古军曾合围太原,攻掠太原附近州县。1218 年(金兴定二年)九月,蒙古汗国全权指挥对金作战的大将木华里亲率大军围攻太原城。金国守将乌古论德升顽强抵抗,激战 10 余日,“联车塞之,三却三登,矢石如雨”(《金史·乌古论德升传》),终因寡不敌众,城池被破,乌古论德升自缢而死。蒙古军队从城西北角攻入太原城。

三、元朝治理太原的 170 年

自 1218 年(金兴定二年)蒙古军占领太原,到 1368 年(元至正二十八年)明军攻入太原,蒙古汗国与元朝治理太原长达 170 年。元朝在太原初置太原路总管府,1303 年(元大德七年)太原地区连续地震一年余,“地裂成渠,泉涌黑沙”(《山西自然灾害史年表》),老百姓死伤不可计数。次年,元朝改太原路为冀宁路,希望地震能够平息。冀宁路治所设在太原城,下辖阳曲、平晋(遗址在今太原市小店区)、榆次、太谷、祁县、文水、清源、徐沟、交城、寿阳 10 个直辖县和汾、石、忻、平定、临、保德、岢、管、代、台、兴、坚、岚、盂 14 个州。

1236 年(蒙古太宗窝阔台八年),于中原土地分封诸王贵戚,将太原分给茶合带。皇族贵戚官吏们在太原胡作非为,无法无天,横征暴敛,欺压汉族百姓。元成宗铁穆耳时(1295~1307),诸王小薛阿只吉在太原饲养的马匹和骆驼竟有 14000 多匹,外出行猎放牧时践踏禾稼无数。再加上旱、风、雨、雹、蝗虫、地震等自然灾害,百姓生活十分艰难。

1348 年(元顺帝至正八年)以后,全国各地白莲教、红巾军等农民起义风起云涌,战争连年不断。当时有两支元朝部队驻扎在山西,负责镇压农民起义军,一支是孛罗帖木儿驻兵大同,另一支是察罕帖木儿驻兵太原。察罕死后,由其子扩廓帖木儿袭承职位。后来,元朝发生内讧,孛罗帖木儿企图南下独霸整个山西,时刻觊觎着太原。元顺帝的太子爱猷识理达腊想利用扩廓帖木儿壮大自己的势力,更使这两支部队趋向对立。1360 年九月,孛罗帖木儿从大同经石岭关,直逼太原城下,围困 3 日,察罕帖木儿据城力守。元朝参知政事也先不花奉旨往谕二将讲和,孛罗帖木儿退兵。1362 年十月,孛罗帖木儿再次围攻太原。其时察罕已死,扩廓帖木儿据城凭险坚守,孛罗久攻不下,在城外烧杀抢掠,然后退兵。太原城东著名的马庄芳林寺就毁于这次战火。1363 年十月,孛罗帖木儿第三次进袭太原,兵至石岭关,扩廓帖木儿乘其立足未稳,突然出击,俘虏孛罗帖木儿部下大将殷兴祖和乌玛剌,孛罗军由是不振。在元军内讧中,太原人民又多次陷入战乱痛苦之中。

元代,太原虽历经战乱,但在社会逐步获得安定之时,也逐渐恢复了其往日的区域政治、经济中心城市的风貌。经济也有所恢复和发展。《马可·波罗游记》说:"太原府工商业颇盛,产葡萄酒及丝。"

第三节　明代:锦绣太原　空前繁华

一、山西以太原为省会

1368 年(明洪武元年),朱元璋在南京称帝,正式建立明朝。当年,他占领了元朝京城大都(今北京)后,命大将徐达、常遇春进攻山西。其时扩廓帖木儿从太原出兵至河北,准备收复大都,徐达、常遇春乘太原城空虚,从平定州奇袭太原。扩廓帖木儿闻知太原失守,连忙回救,明军晚上偷营劫寨,扩廓帖木儿败走甘肃。十二月初一,明朝大军进入太原城,结束了元朝在太原的统治。1369 年,明正式设置山西行省,命御史中丞杨党为山西参政。1377 年,明朝改各行省为承宣布政使司(掌民政财政),同时设提刑按察使司(掌司法)和都指挥使司(掌军事),形成三个单列的互不统属的地方政权机构,合称"三司"。山西布政使司领 4 府、4 州,到 1595 年(明万历二十三年)则领 5 府、3 直隶州、16 属州、79 县,辖区"东至真定,与北直界;北至大同,外为边地;西南皆至河,与陕西、河南界"(《明史·地理志二》)。山西三司衙门及太原府治均设在阳曲县。今府东街省政府大院即明代布政使司衙门遗址,已并入钟楼街的按司街有明代提刑按察使司衙署,大关帝庙以西的都司街有明代都指挥使司衙署,府西街 67 号药材公司制药厂大院即明代阳曲县衙门。其余北司街、察院后、校尉营、前所街等街道,亦因其为明代各官府衙门和驻军所在地而得名。

明万历年间,张瀚宦游四海,著《松窗梦语》,遍评各省,说到山西,称山西"以太原为省会,而平阳最富饶"。当时已约定俗成将太原城区称之为"会城太原","太原"实际上已作为一个单独地名被普遍认同。戴梦熊《傅徵君传》说傅山"后寓居太原,因隶籍阳曲",清初沛县阎尔梅《访傅青主于松庄》诗有"狼孟西南大卤平,汾川直逼太原城",均把这一行政上仍隶属于太原府阳曲县的城区称为"太原"、"太原城"。傅山《杂记》中有"先大夫之生也,王闻而奔会城抢先大夫归忻",又有"庚申,阳城张公子履旋赴乡试来会城",此二处"会城"即指太原城。可见太原在人们的意识和用语上,已成为当时山西的省城之名。

二、晋藩与太原城扩建

1370 年(明洪武三年)朱元璋封三子朱棡为晋王,1378 年就藩太原。1398 年朱棡卒后,嫡子朱济熺继位,为晋定王。朱棡庶三子平阳郡王济熿忌妒济熺,谗言相害,济熺于 1414 年(永乐十二年)被朝廷废为庶人,朱济熿如愿以偿登上晋王宝座,居晋王 14 载,对济熺父子横加迫害,羁禁长达 10 年。1427 年(宣德二年),济熿与高煦私通谋反,被废为庶人押禁凤阳,此后晋藩绝封 8 年。1435 年(宣德十年),英宗朱祁镇登基,方以济熺嫡子朱美圭袭嗣晋藩,是为晋宪王。此后晋藩又历 6 王,直到最后 1 个为朱求桂,于 1644 年(崇祯十七年)李自成攻陷太原时被俘入北京不知所终,前后274年中总计晋藩共历10王,其子孙列爵封郡王者有24人,遍布山西晋中、晋南各地。朱棡受封晋王后,其岳父永平侯谢成于1376年(洪武九年)奉旨到太原修建晋王宫,扩建太原旧城。因旧城西城墙临近汾河,没有扩展余地,所以只能向东、南、北三面展扩。扩建后的太原新城,城周24里,城高3.5丈,壕深3丈,城墙里面夯土,外面用砖包砌。城头上建重檐翘角的大楼12座(城门楼8座,城角楼4座),小楼92座,敌台32座,巍峨壮观,气势非凡,著名文学家王世贞赞曰:"太原城甚壮丽,二十五睥睨作一楼,神京不如也。"全城共开8道城门,南为朝天、太平,北为镇朔、拱极,东为来春、迎晖,西为通汾、阅武;后更为迎泽(大南门)、承恩(新南门)、镇远(大北门)、拱极(小北门)、宜春(大东门)、迎晖(小东门)、阜城(旱西门)、振武(水西门)。其中7座城门均为新建,惟有西面阅武(振武)门是宋建太原城之金肃门。明朝扩建的太原城面积比宋太原城扩大许多,如今太原市迎泽大街、北大街、建设路、新建路大致上就在明太原城南、北、东、西城壕附近。至今尚有两处遗迹,一是小北门城门洞及以西数十米城墙遗迹,二是今十三冶金学校后面动物园西北的明太原城西北城角。

在展扩太原城的同时,以旧太原城东城墙为晋王府外城之西墙,修筑起一座高大宏丽的晋王府。这座宫城(内城)是一座方形城,南北中轴线上建有宫殿,类似皇宫格局。宫城辟有4门,遗址即今太原市街道东华门、西华门、南华门以及后宰门。后宰门遗址在今北肖墙附近的儿童医院,清代为"后宰门街"。晋王府外城的墙叫"萧墙",民国《太原指南》记载中将"萧"改作"肖",遗址即今南肖墙、北肖墙、东肖墙、西肖墙。晋王府前左有天地坛,是晋王祭祀天地的地方;右有王府花园;正南东西夹道前,建有4座红色牌楼;西面有典膳所,是王府管理膳食之处。今天地坛、典膳所、杏花岭和已改为五一路一段的原"红四牌楼"等街道,基本是明朝晋王府建筑遗址。"东丹墀"、"西丹墀"则是晋王府宫殿台阶遗址,晋府店是供应王府生活用品专设机构的遗址。而晋王的子孙被封为郡王者又大都在太原城建有郡王府,如众星拱月一般分布在晋王府的周围。如解放路东的坊山府,实为方山王府的旧址,钟楼街内小巷以销售优质醋出名的宁化府巷,即宁化王府旧址。晋王府的建设,在整个明代太原城市建设史上是一个浩大的工程。在明朝灭亡后,1646年(清顺治三年)四月十三日,这座豪华的王府突然失火,燃烧月余方息,所有的宫殿和各种建筑物在烈火吞噬中都化成灰烬。一座历经 300 余年凝聚着劳动人民血汗和技艺的古建筑群毁于一旦。1666 年(清康熙五年),著名诗人屈大均来到太原晋王府旧地,十分伤感地写下《望晋恭王园》诗,其中有"悲风处处吹松柏,谁到并州不断肠"之句。清代雍正、乾隆年间(1723 年~1795 年),在晋王府废墟上修建起 4000 多间兵营房舍,驻扎绿营兵精骑营。时间长了,人们就把这个驻兵的地方简称为"精营"了。清朝中叶以后,民间老百姓也逐渐迁入精营附近修盖房舍,开始有了民户居住。于是,又从"精营"派生出精营南横街、精营中横街、精营东边街、精营西边街、精营东二道街、精营西二道街等街巷名称。

三、太原的军事地位与城防建设

明初,元朝的残余势力还没有完全肃清,元顺帝逃到和林(今蒙古国乌兰巴托一带),还想卷土重来。左丞相扩廓帖木儿的残部仍在山西、河北一带活动,直到 1373 年(明洪武六年)还在朔州、宁武等县出现,企图伺机进攻太原。明朝军队在晋北与元朝残余势力又进行了 20 年的争夺,才肃清元朝势力。在此过程中,朱元璋曾于 1385 年下诏发太原士卒 10 万余人、棉布 477700 匹、棉花 145300 斤,鼓励军士合力戍边。又于 1393 年、1395 年两次命晋王朱棡率山西军出塞巡边和筑城屯田。此后,居于蒙古高原的蒙古瓦剌部和鞑靼部又成为新的边患。例如,从 1514 年(正德九年)到 1542 年(嘉靖二十一年)的近 30 余年中,鞑靼部就曾经 4 次南下侵扰,企图袭取太原。第一次是 1514 年,鞑靼兵从阳方口南下,攻到太原城北 15 公里的阳曲湾。第二次是 1540 年,鞑靼兵攻破宁武关,进扰岢岚、兴县、交城、文水、汾阳、清源、太原(今太原市晋源区)等县。第三次是 1541 年,鞑靼兵突破宁武关,经代州、忻州攻到太原城附近,因有援军至而转向榆次、太谷等地大肆房掠。第四次是 1542 年,鞑靼兵从广武(雁门关北)直趋太原城下。由于太原知府张祉和指挥王伦冒雨登城巡守,军士英勇抵抗,鞑靼兵才南移转掠清源、祁县等地,又突然折回攻入太原城,大掠 10 余日,屠戮居民 4 万余,纵火焚烧民房,后又南扰平遥、太谷、介休、沁源等地。这次是山西省内遭受的最大一次浩劫,共有 38 个州县被掠,10 余万人被杀害。

正是由于这种情况,所以明代太原又一次成为军事重镇,在城内及周边各战略要地驻有重兵。隶属于中央后军都督府的山西都指挥使司,下辖太原左、太原右、太原前、振武、平阳、镇西、潞州、沈阳中护、汾州 9 卫,每卫又辖 5600

军士,各有千户所(1120 人)、百户所(112 人)不等;另外又领保德、偏头、宁武、老营等 9 个守护千户所。明成祖朱棣即位后迁都北京,山西成为首都西部的屏障。为了防止蒙古入侵,明朝东起鸭绿江,西至嘉峪关,设置了 9 个军事重镇,分命大将,统兵守御,其中在山西境内就先后设立了大同镇、太原镇(又称山西镇,总兵官驻偏头、宁武、雁门三关一带)。1410 年(明永乐八年)到 1424 年,朱棣 5 次亲征漠北蒙古,每次出征前都要在山西练兵备战。1518 年(正德十三年),明武宗朱厚照曾微行出居庸关,到宣府、大同、偏关、绥德、石州巡视边防,再经文水到达太原。朝廷如此重视边防,太原的防御也相应加强。1450 年(明景泰初年),太原巡抚朱鉴为防御瓦剌鞑靼族骚扰,在南门外修建了一座土城,"城周五里七十步,高二丈五尺",设 5 道城门(东面有 2 道),叫南关城。同时还修筑了"周围一里九十步",有南北两门的老军营堡和周围 1 公里、有南北两门的北关城。同期,太原知县刘敏在 1371 年(洪武四年)晋阳新城基础上再修晋阳城,城墙周 7 里,高 3 丈。1565 年(嘉靖四十四年)太原巡抚万恭对太原城进行修葺,又用砖包南关城,筑"连城",将南关城与大城连为一体,并在太原城北筑永兴堡。1644 年(崇祯十七年),李自成进兵太原时将南关城焚毁。南关城遗址在今太原市文源巷山西省图书馆一带,清乾隆时尚有城门楼一座。老军营堡建在宋代所筑南关城基础上,因名老军营,遗址在今太原市南内环桥东老军营一带。

四、太原经济文化发展的新高峰

明代太原处于一个长期稳定的时期,近 300 年未遭战乱,又是山西政治军事经济文化中心,加之晋王封藩于此,因此城建、经济、文化各方面都发展到一个新的高峰。明代太原府城,坚固壮丽,城内池沼台榭遍布,城西汾水南流,时称"锦绣太原城"。城内工商业发达,重要的手工业有冶铁、印刷、造纸、酿酒、木器、磨面、制镜、制墨等行业。1373 年(洪武六年),在太原设置官营铁冶所,相传城中奶生堂与半坡街之间有"镔铁坑",是明初冶铁作坊遗址。烧制陶瓷的"官窑"工艺精湛。新中国成立后在典膳所发掘出土了许多专供晋王府使用的细瓷食具就是实证。"并刀"、"并剪"为历史名产,至今仍留有大、小剪子巷之街名。太原葡萄酒是当时全国的名酒。明代西商(即晋商)崛起,太原除城市商贾林立外,还是粮商和盐商的集聚之处。1370 年(洪武三年),首先在大同、太原实行开中法,即以输缴军粮换取盐引(食盐专营权)。"太原仓入米一石三斗,给淮盐一小引(二百斤)"(《明史·食货志》)。这是当时山西商人特别是离省城最近的晋中商人兴起的重要原因。1429 年(宣德四年),明政府增收商税,全国共列 33 个工商大城市,太原即其中之一(《明宣宗实录》卷五十)。明万历年间谢肇淛所撰《五杂俎·卷四》说:"富室之称雄者,江南则推新安,江北则推山右……山右或盐,或丝,或转贩,或窖粟,其富甚于新安。"太原城郊周边地区农业生产也得到很大发展。1621 年(天启元年),在太原县兴修水利灌溉系统,整修旧渠 11 道,开新渠 19 道,在近郊形成了纵横交织的灌溉网。太原府属的清源县在洪武年间新开广济渠,阳曲县在成化年间新开明泽渠,均为引汾水灌溉。水利事业的发展,无疑使粮食和蔬菜产量大大提高。随着生产力的不断发展,文化教育事业也逐步繁荣。教育方面,河汾书院是山西书院中级别最高、所育人才最多的书院,还有王琼建立的晋溪书院(在晋源镇);此外,还有太原府学、太原县学。经史著作和地方志大量出版。明成化、万历、崇祯 3 次修《山西通志》,洪武、万历两次修《太原府志》,另外还修了太原、徐沟县志。诗文创作和书画艺术方面也人才辈出。弘治年间(1488 年～1505 年),晋王府翻刻《大观帖》10 卷全本、《宝贤堂集古法帖》12 卷以及《宝贤堂后帖》5 卷,对太原和山西书法艺术的提高是一个有力的推动。正是在此基础上,产生了集哲学家、思想家、文学家、书法家和医学家于一身的一代文宗傅山,他虽被后人推崇为清初六大师之一,但入清时他已 39 岁,他的成长、成熟期在明代,他的成就是明代山西和太原思想文化高度发展的结晶和代表。此外,太原的佛教文化在明代也继续发展。这与明王朝的提倡很有关系。如1381 年(洪武十四年),晋王朱棡为纪念其母高皇后,在古延寿寺的基础上建崇善寺,占地面积南北 344 步,东西 176 步,建有大雄宝殿和大悲殿(现仅存大悲殿)。1608 年(万历三十六年),晋穆王邀请五台山福登和尚主持,扩建1599 年(万历二十七年)修建的永明寺,在宣文皇太后的支持下,终于在 1612年完成大雄宝殿、三圣阁等建筑,并在原有旧文峰塔旁筑成新塔,遂更名永明寺为永祚寺,两塔均定名为宣文塔,至今仍属于太原市的标志性建筑。天龙山圣寿寺、太山龙泉寺、崛 山多福寺,明代均有重修。

第四节 清代:新旧交织 走向近代

一、明清之际两次太原攻守战

1644年(明崇祯十七年)正月初八,李自成率大军自西安出发,从风陵渡过黄河,北进太原,二月初五进抵太原城下。山西巡抚蔡懋德与晋王朱求桂备兵守城,但军无斗志,再加上守将张雄降李暗应,二月初七夜间李自成军破城,经过巷战,次日凌晨占领太原。蔡懋德自缢,朱求桂被俘。李自成在太原休整8天,设置地方官员,于三月二十四日率军北上,与山西总兵周遇吉所部明军激战,攻克宁武,大同、宣府、居庸关望风而降,四月二十八日进入北京外城,次日明崇祯帝自缢于煤山,明朝灭亡。四月底,清军入关,李自成撤出北京,五月初一清军入京。李自成军退至太原,委韩文铨任山西节度使,李若星任山西巡按,留制将军陈永福镇守太原,主力回师陕西。清军进入山西,攻剿大顺军,九月十三日叶臣率一路清兵进抵太原城下,对太原城形成合围。陈永福按李自成临行前授意,实行坚壁清野,固守太原20日。十月初三,叶臣调来"西洋神炮",轰击西北城角,城垣被轰塌数十丈,清军一拥而入,大顺军从东门突围,韩文铨战死,李若星降清,陈永福突出转移,太原城遂告陷落。清廷右副使御史马国柱于十月初进驻太原。

随着山西全省的平定,清朝在山西的各级政权很快建立健全,清朝当时行政区划为省、府、县三级制,行省长官是总督或者巡抚,下面又有布政使、按察使、提督学政等部门长官。山西没有总督,巡抚即全省最高行政长官,巡抚署衙驻太原。今府东街山西省政府院即清代巡抚衙门旧址,原有大门、二门、大堂、二堂、内宅及东西花园。后面假山(现名梅山)原为光绪年间(1875年~1908年)张之洞任巡抚时堆放煤炭处,故名"煤山",后以"煤""梅"谐音改称"梅山"。至今尚存清代乾隆皇帝3通御笔题诗碑。太原府下辖阳曲、太原(今晋源区)、太谷、祁县、交城、文水、兴县、榆次、徐沟(今清徐县徐沟镇)、岚县、岢岚州等10县1州。太原府治和阳曲县治都在太原城中。今府西街旧名"县前街"、"府门口",就是因明清两代县衙、府衙所在而得名。

二、满洲城的修筑和其它城建工程

清廷入主中原初期,清朝政府为防备和镇压反清斗争,不断在各地增加武装力量。雍正、乾隆年间(1723 年~1795 年),在明朝晋王府废墟上修建了4000 多间营房,驻扎精骑营部队。清朝统治者为保证在太原的清兵和旗民的安全,先后在太原城中修筑过两座满洲城,作为满洲人在城中的堡垒。1649年(顺治六年),山西巡抚祝世昌、布政使孙茂兰、按察使张儒秀、太原知府曹时举、阳曲知县刘光汉等人奉旨在太原城西南隅建满洲城,"南至城,北至西米市,东至大街,西至城根。南北长二百六十丈,东西宽一百六十一丈七尺,周围八百四十三丈四尺。东门二,北门一",自成体系,俨然小县城一般。城中一条宽约 10 米的东西大街,叫"满城大街",街北驻满族正蓝旗,街南驻满族镶蓝旗。还有一条南北大街叫"满城西街",从南城根起经满城大街直至满洲城北门。

随着清朝政府的没落,满洲城也开始衰颓,先是与太原大城相连接的西北角开始塌圮,紧接着北门城楼又失火,城墙上到处是裂缝。及至1886 年(光绪十二年)六月,一场大雨使汾河水泛滥成灾,将汾河堤坝冲塌,又冲坏已经关闭的大南门,太原城西半部沦为水乡泽国,满洲城、太原府文庙、阳曲县文庙、学台衙门以及众多民宅,刹那间荡然无存。太原人把被汾水淹没的满洲城叫做"旧满城"(遗址在今旧城街一带)。

旧满城被水冲塌以后,满族居民和城中旗兵先临时栖身于府城贡院(遗址在今起凤街铁路宿舍)。1887 年(光绪十三年),山西巡抚刚毅奏请朝廷以每亩 16 吊钱的廉价购得西起崇善寺,北至泰山庙,东南两面至城根的一大片土地,重新起建满洲城和八旗兵城守尉衙门。新满洲城东、南两面依托太原大城,西、北面筑栅栏,"周三百九十二丈,门三座"。城中十字街把城分为 4 块,东南 16 排平房驻满族正蓝旗,西南 16 排平房驻满族镶蓝旗,东北 12 排平房驻蒙古族正蓝旗,西北 9 排平房驻蒙古族镶蓝旗。城中还有城守尉衙门、关帝庙、营房、义学等,各街口均设有栅门,一到夜晚便紧紧关闭,禁止汉人出入。南栅门外小五台,是八旗兵练武场,民国年间改为警士教练所,曾举办过中华民国第七届华北运动会。西栅门外设有专供满族青年学习技艺的传习所,民国年间曾为商业学校,遗址即今太原市十七中。再往西的文庙中,至今尚有一块镌刻"满营"二字的界碑石,这些都是新满洲城的遗迹。

清代前期和中期的太原城,除修复官衙、书院之外,商业店铺建设是一大亮点。清代晋商达到鼎盛时期,作为山西省会的太原,又是山西大商人的必聚之地,故而太原也就自然而然成为工商兴盛的大都会了。当时太原的商业中心主要集中在大北关与大南关一带。特别是大南关一带,从顺治到嘉庆年间,各种店铺林立,光钱庄就有 10 余家之多。随着手工业、商业发展,太原出现了封建性的行业公会,有粮行、油面行、布行、药行、干菜行、酒行、鞋帽行、典当行、银行、钱行"十大行"。另外,市内还建成了一处著名的消闲游览设施,名"愉园",俗称"四美园"、"新美园"。遗址在今东米市路南,开化市西街 94 号。园中原有坐北朝南的 5 间客楼和几个偏跨四合院,楼前有平台凉棚和假山,山前有风景亭,山侧有 12 层高的六角绿琉璃砖塔,园东有鱼池,东南有戏楼,西南两面还围有二层楼房。建筑华丽,楼台亭榭均极精致,庭堂联额多出名手。新美园的名气之大,乃因清代小说《花月痕》的故事发生地点即以此园为原型之故。民国初年此园被郭姓、王姓、张姓等 4 个阳曲人集资买去。1951 年,成为省政府招待所,几经修建,已面目全非了。新美园现存惟一遗物六角琉璃塔,已迁入儿童公园南湖旁。随着戏剧的发展,特别是嘉庆年间山西梆子(即晋剧,也称中路梆子)的形成,出现了许多戏班,继而在清末出现了新建的"戏园子"(剧院)。1877 年(光绪三年),山西巡抚曾国荃召令大批艺人云集太原,排练《岳飞全传》。1883 年(光绪九年),山西巡抚张之洞召集晋中地区六大名班进太原城会演,当时万人空巷,倾城观看,梆声笑语,终月不绝。就是在这种情况下,建成了太原第一个戏园子剪子巷的贵福班戏园,继起的有洪福班戏园,初设南校尉营,后移铁匠巷。随后,戏园子相继开办,它们是柳巷的洪春戏园,大水巷的振兴茶园,天地坛的松鹤茶园,奶生堂的同乐园等。

三、太原近代教育和近代工业的兴起

山西兴办近代教育和近代工业主要在张之洞、岑春煊、胡聘之任巡抚期间。首先发端的是兴办学堂。1882 年(光绪八年),张之洞创办令德堂书院,地址在太原府署之北的宝贤堂旧址(即今山西省实验中学原址)。1884 年,令德堂建成,张之洞亲自制定各项章程,聘请晋阳书院山长王轩兼任令德堂主讲,另请著名学者杨笃、杨深秀("戊戌六君子"之一)等协理。令德堂为新式书院,课程有经史、天文、地理、历数、政事、兵事等,而且可由学生选择课程,允许其他书院学生旁听。令德堂还购买了大量图书,让师生们随时借阅。张之洞调任两广总督后,继任山西巡抚的胡聘之又敦请屠仁守为令德堂书院院长,增设了代数、几何、测量、三角等课程,使令德堂很快成为三晋学府之冠。

1901年(光绪二十七年),清政府下令"着各省所有书院于省城均改设大学堂,各府厅直隶州均改设中学堂,各州县均改设小学堂,并多设蒙养学堂"。书院制度从此废除。1902年春,山西巡抚岑春煊在令德堂书院和晋阳书院的基础上筹备"山西大学堂",正逢在山西传教多年的英国耶稣教李提摩太从"庚子赔款"中提取50万两白银创办"中西大学堂"。双方几度交涉协商,达成中西大学堂改为西学专斋并入山西大学堂的协议。1902年夏,山西大学堂正式宣告成立,内设中学专斋、西学专斋两部分,校址初在贡院(遗址在今起凤街铁路宿舍),后迁侯家巷新址(即今太原师专)。山西大学堂是今山西大学的前身,当时为全国3所国立大学(其余2所为京师大学堂、天津北洋大学堂)之一。同期在太原成立的新式学堂还有农林学堂、医学专门学堂、政法学堂、警务学堂、中等实业学堂等。前此,武备学堂已于1895年(光绪二十一年)创立。1905年(光绪三十一年),又成立太原师范学堂,校址在令德堂旧址,初设简易科,翌年增设优级选科,改名为山西两级师范学堂,是太原第一师范学校的前身。

太原最早的近代工业是1892年(光绪十八年)出现的。当时,山西布政使胡聘之投资2万银元,在三桥街创办火柴局,用机器制造五色火柴,可日产500小筒。后转给商务局,更名晋升火柴公司。1902年(光绪二十八年)因经营不善亏本,以银5000两作价让给祁县渠本翘和乔雨亭2人,更名为双福火柴公司,可日产火柴四五十箱,它是山西最早的民族工业,也是平遥火柴厂的前身。1896年(光绪二十二年),清政府邮传部在太原炒米巷设电报局,1899年迁开化寺街。1901年又设大清山西省邮务司,后改邮务局。1902年,太原开始有电话局,地址在姑姑庵。

1898年(光绪二十四年),山西巡抚胡聘之在小北门外柏树园千佛寺购地38亩,出库银480两,创办了山西机器局。机器局当时有35马力蒸汽机、刨床、钻床、车床等机器,一开始修理枪械,其后技术提高,能生产2人抬火炮和18毫米单发步枪。八国联军进攻北京,慈禧太后和光绪皇帝仓皇出逃西安路经太原时,机器局曾为护驾卫队马玉昆部修理枪械,慈禧甚喜,专程前往机器局观看。

胡聘之还于 1898 年(光绪二十四年)改西羊市囚犯自新所为山西省工艺局,用新式机器织布织带,仿造新式肥皂。1905 年,太原有了机器加工面粉的三晋恒加工厂,地址在坊山府。

太原的电力工业始于 1908 年(光绪三十四年),太平县(今襄汾县)人刘笃敬等集资白银 3 万两,在南肖墙创办了太原电灯公司。当时仅有一台容量为 60 千瓦的直流发电机,供城中衙门、商号和附近街道照明用电,夜晚街灯一亮,市民争相观看,无不称奇。

至 1902 年(光绪二十八年),程淯创办《晋报》,印刷业开始使用铅版活字。1906 年,赵永义、张兰亭又在桥头街创办晋新书社(印刷厂)。

太原的铁路交通始于正太铁路建设,于 1904 年(光绪三十年)正式开工,原计划起点正定柳辛庄、终点太原的正太铁路,因在滹沱河上架桥困难,改为起点枕头村(今石家庄)至太原新南门外,全长 243 公里,均用窄轨,至 1907 年全线通车。今五一广场东南的石砌单拱桥,即是当年法国人投资修筑正太铁路时所建,铁路在上,公路在下,桥跨 5 米,高 3.1 米,此桥目前仍起着桥东街一带至五一广场的部分交通作用。

四、太原的义和团运动和争矿运动

1900 年(光绪二十六年),全国范围内爆发了义和团运动。义和团运动先从山东发起,很快就在太原地区开展起来。全城街头巷尾到处张贴着"神助拳,义和团,只因鬼子闹中原","天无雨,地焦干,只为鬼子止住天"的揭帖,并且流传着同样内容的歌谣。面对这种情况,太原天主教中的外籍传教士彻底撕下"为主行道"的假面具,要求所有教徒拿起武器对付义和团。清源的传教士组织武装教徒,杀死义和团 400 余人。这种血腥的手段更加激起了太原人民的反帝怒火。六月,手执大刀长枪的义和团,焚毁了太原城内东夹巷的基督教浸礼会,烧死了持枪反抗的英国女教士,其他传教士和教徒闻风逃窜。当时,山西巡抚毓贤从天平巷客馆提 41 名外籍传教士及 17 名中国教徒,连同寿阳县押送省城的英国牧师毕翰道全家 7 口,集中在巡抚衙署西辕门前,"就地正法"。但不久,八国联军攻占北京,慈禧太后偕光绪帝出逃,即改变对义和团的利用政策,实行镇压。毓贤也受到革职处分,随后又发配新疆,最后在列强逼迫下被斩于兰州府。1901 年 9 月,清政府与英、法等国签订了丧权辱国的《辛丑条约》,分 39 年共赔款 4.5 亿两白银,其中山西每年分摊 100 万两。

此后,"山西另议和款"中又需支付近380万两地方赔款,远远超过山西财政的支付能力。意大利国领事馆还命令刘博弟驻太原继续办理教案,竟公然要求封闭全省最高学府令德堂书院,并且索要官办的机器局和晋祠地区的水利,迫令太原地方官吏在城区猪头巷、大南门和巡抚衙门勒石树碑,刊登主教神甫姓名,来炫耀帝国主义的胜利。

列强各国获得这些赔款后,极力扩大经济和文化侵略。1902年(光绪二十八年),英籍传教士李提摩太利用庚子赔款设立山西大学堂,接着英籍和意籍教士在太原开设博爱医院和若瑟医院。正太铁路石家庄到太原段的筑路权和经营权也被法国操纵起来,当时在太原开设的现代邮政和电报局的实权也由外国人掌握。随着正太铁路的通车,英商福公司派哲美森到太原,阴谋夺取山西平定、寿阳、潞安、泽州等县矿产的开采权,逼令山西巡抚查封民间矿产,企图把山西所有煤铁矿藏永远霸占。这种明目张胆的侵略行径,首先威胁到广大人民群众的生计,同时也侵犯了民族资产阶级的利益。于是,一场轰轰烈烈的争矿运动在太原展开。

收回矿权运动首先是从知识界开始的。当哲美森到太原接洽开矿的消息传出后,山西大学堂和全市中等学校的学生纷纷罢课,发表宣言,并且冲进商务局向英国人正式提出抗议。在愤怒的抗议群众面前,哲美森吓得躲在桌底,后即仓皇逃窜。争矿斗争在太原掀起后,立即受到全国以及国外山西留学生的热烈响应。1906年(光绪三十二年),山西阳高县的留日学生李培仁痛心于争矿运动的久无结果,在东京投海而死,并留遗书号召同胞坚持斗争,其中有"山西人未全死,决不能令外族侵我寸土"等警句。灵柩运回太原后,全市各界数千人在文瀛湖畔举行了公祭大会。在追悼会上,订出了"争矿自办,募捐赎矿"等办法。全省人民筹集275万两白银,推派代表到北京交涉。经过长期谈判,英帝国主义慑于太原群众的反抗情绪,不得不同意由山西人民赎回矿权,自办矿产,争矿运动取得了胜利。

第四章　现代太原

第一节　民国前期:步履维艰　进程缓慢

一、辛亥太原起义

1905 年(光绪三十一年),孙中山领导的同盟会在日本东京成立后,山西留学生中便有不少人纷纷参加,同盟会员谷思慎、荣凤来(荣福桐)曾奉命回到太原,在武备学堂和山西大学堂发展组织。此后,同盟会员又在太原以《晋阳公报》和《民报》作为舆论阵地,鼓吹革命。1911 年 10 月 10 日(宣统三年八月十九日),武昌起义,辛亥革命爆发,紧接着西安也于 10 月 22 日(九月初一)起义,山西革命党人加快步伐,积极准备武装起义。新任山西巡抚陆钟琦坐卧不宁,十分害怕,召集官员们商量对策。他们认为新军不可靠,应该调离省城。于是陆钟琦调兵遣将,让平阳总兵谢有功加强对黄河的防守,以防陕西同盟会入晋;同时下令新军 85 标开拔晋南风陵渡,86 标开拔晋北雁门关,而且必须在 10 月 25 日(九月初四)前离开太原,违令者"砍头论处"。许多同盟会员认为,假若新军调离太原,势必会影响太原起义。值此紧急时刻,温寿泉、阎锡山、赵戴文、南桂馨、乔煦等人连夜在五福庵黄国梁寓所召开紧急会议,做出了提前起义的决定。

10 月 28 日(九月初七)晚上,同盟会员张树帜前往 85 标驻地狄村,会见了一营见习军官高冠南和班长王泽山,向他们传达了起义的计划,并动员了 30 余名士兵盟誓,决心一致行动。随后又动员督队官苗文华、叶夏元、王灵泉等一起到二营,与杨彭龄、张煌商量决定具体部署。大家共推二营管带姚以价为起义军司令,负责统一指挥,由杨彭龄带领 80 人组成先锋队,由张煌带领 60 人组成奋勇队,由马孔清带领 10 人组成侦察队。10 月 29 日凌晨 3 时,太原起义正式开始。司令姚以价出发前在狄村大操场进行了慷慨激昂的誓师讲话:"……要救我们中国,非先推翻清朝不可,我宁愿拼个死活,也不愿当亡国奴。"两营官兵高喊:"愿拼死! 愿意服从大人命令!"姚以价随即宣布起义,颁发军令:一、不服从命令者斩;二、不直前力战者斩;三、扰害百姓者斩;四、无故伤人者斩。随后,起义军便整队出发,时为 10 月 29 日凌晨 4 时。同时,姚以价又派人去菜园村(今菜园街)联络炮兵一同起义。

起义部队急行军抵达新南门(起义成功后改首义门,遗址即今五一广场)时,天尚未明,便先伏在城壕隐蔽。不久,预先约好的清道队队长杨沛霖和巡缉队排长李成林在城内接应,起义军一拥而入。杨彭龄带领 80 名先锋队员直冲在前,张煌的奋勇队紧随其后,起义军经海子边、桥头街、柳巷、北司街直奔巡抚署衙。他们用石条砸开大门,杀死守门卫士,开始四处搜索,枪杀了巡抚陆钟琦,击毙了陆钟琦的儿子陆光熙。当张煌率众搜查完毕走出巡抚衙门往东时,迎面碰上清军协统谭振德,当场将谭击毙。

与此同时,苗文华率领一营攻打旗兵和满族人集中的新满洲城,杨沛霖的清道队也一同参战。满洲城的旗兵们拼死抵抗,苗文华部攻城受阻。正当部队子弹缺乏之时,杨彭龄、张煌等人已攻下巡抚署衙赶来增援,张煌派人至东夹巷天主教医院找到姚以价,让炮兵营速来增援。炮兵将炮位设在小五台附近的城墙上,居高临下,向满洲城开炮轰炸,不多时,太原满洲城守尉使增禧便竖起白旗,缴械投降。

太原起义战斗从拂晓 5 时开始,经过 3 个小时激战,偷袭新南门、夺取巡抚署、炮轰满洲城、攻占军装局和子弹库,一切均达到了预期的目标,起义成功了,统治山西 200 余年的清朝政权从此结束。领导起义的人员召开紧急会议,推举阎锡山为山西军政府都督、温寿泉为副都督,成立了山西军政府。军政府出榜安民,发表起义宣言通电全国,同时发表讨清檄文:"春雷动地,千年之醉梦惊回;旭日当空,万里之妖氛尽扫。"(载《山西民报》)

太原起义在整个辛亥革命中,不仅时间较早,而且点燃了山西的革命烈火,使晋、陕两省的革命势力连成一片,影响了整个西北地区,还截断了反扑湖北武昌起义的清军退路,起了极为重要的作用。

1912 年(民国元年)9 月 18 日,中国民主革命先驱孙中山先生到太原视察,受到热烈欢迎。19 日,山西省城各界在山西大学校召开欢迎大会,孙中山先生发表讲演,说:"……去岁武昌起义,不半载竟告成功,此实山西之力……使非山西起义,断绝南北交通,天下事未可知也。"20 日,孙中山出席山西军界欢迎会,在主讲演中说:"山西煤铁之富,用于全球,须利用外资,速设钢铁厂,以谋武器扩充。"他还在阎锡山陪同下游览了太原城,考察了实业情况,于 9

月 21 日上午乘车离晋。

二、太原经济和社会的发展

从辛亥革命爆发、中华民国成立,到 1937 年(民国二十六年)底抗日战争爆发不久太原沦陷,其间阎锡山所部晋军、晋绥军虽也几次参加军阀混战,但山西一直处于相对稳定的环境。省会太原与历史上相比,不仅加快了发展,而且迈开了从封建社会的旧式城市向现代城市转变的重要步伐。这一转变的内容包括现代工业、商业、金融业、社会文化教育事业的建设和发展,而具有明显标志性的变革则是正式设立太原市的行政建置,使城市成为一个独立的行政单元。太原从宋代建筑新城算起,也已有近千年的历史,太原城多年来一直在阳曲县的管辖之下,这和它作为山西省会和中心城市的地位是不相称的,但这也正是中国农业社会城市的特色。辛亥革命后,中国受世界潮流的影响,首先从城市开始了现代化的进程。城市的规模、功能和发展速度,要求在政区设置体制上相适应。在太原设市的时间是 1927 年(民国十六年),而在此之前,还有一个渐进的过渡期。1921 年(民国十年),设太原市自治行政公所,长官称为太原市长,第一任市长为邢殿元。这是市级地方建制的雏形。1923 年,太原市政公所下设区的建制,一区署在红四牌楼,二区署在南所街,三区署在西羊市,四区署在西缉虎营。1927 年,太原市政公所升置为市。当时市界东至耙儿沟,西至汾河边,南至大营盘,北至新城村,面积约 10 平方公里,大体相当于今太原市杏花岭区大部和尖草坪区、迎泽区一小部,郊区范围很小。常住总人口约 9 万,其中农业人口为 7131 人。1934 年,又扩大市辖范围,将阳曲县新城以南,亲贤以北,东山港道以西,白家庄以东的村庄划归太原市管辖,市辖面积扩大到 150 平方公里左右。大体相当于现太原市区范围。到 1936 年,山西省政府又公布了《太原市政公所组织章程》,规定其管辖区以省会公安局所管区域为界,主管事项有交通、建筑、市容、供排水、电气、卫生、社会、土地、教育、警政、财政 11 项,使市政公所与城市综合功能相适应,具有了综合管理的职能。

太原在 20 世纪初期向现代城市发展的实质性变化,最重要的是现代工业的建设和发展。由于受孙中山为代表的革命党人"实业救国"思想的影响,阎锡山在执政初期曾提出:"山西的实业,不能不办,也不能专靠官办,必须由人民负责自动地办。"民国初期,太原的民族工业出现了较好的发展势头。采煤业方面,有 1919 年(民国八年)韩文仁集资 2 万元在西山办的"天成煤窑",有阎锡山炮兵司令荣立里的本家"荣瞎子"和地主贾绪合伙在晋祠柳子峪开办的晋丰公司。在冶炼业和制造业方面,有 1912 年(民国元年)创办的万顺铁工厂,1917 年创立的义成铁工厂,1922 年贾仁甫等集资创办的协同机器铁工厂,1926 年由冯镇东投资 10 万元开办的聚华五金机器厂,1931 年徐子澄创办的铁工厂。据统计,到 1930 年,太原的私营机器铁工厂就办起了 11 家。纺织业方面,1927 年由徐子澄等投资 100 万元开办晋生织染厂,拥有购自英国的布机 250 台;1928 年,由常俊丽等创办竞艳染厂;不久又出现了太原华丽绒厂。轻工业方面,1913 年,乡绅马继祯等人集资在孟家井办起了晋元瓷业厂;1914 年,刘笃敬在太原电灯公司附设机制面粉厂;1921 年,由郝允济等创办益华酿酒股份有限公司,常赞春等创办范华印刷厂,穆伯仁等合资 40 万元创办晋丰面粉公司(1924 年投产,地址在东岗村);1929 年晋恒造纸厂、新华造纸厂、德记烟公司、福民烟公司先后创立,1930 年又在小型烟厂合并的基础上创办了华北卷烟厂。电力工业方面,1909 年汾城士绅刘笃敬投资建设太原电灯公司,1920 年扩大了装机容量,1923 年改组为太原电灯新纪有限公司。从 1925 年阎锡山提出"实业计划"后,官办工业逐渐兴起,先后办起了育才炼钢厂、育才机器厂、山西火药厂、太原兵工厂。1932 年,阎锡山就任太原绥靖公署主任后,提出"造产救国"的口号,制定了《山西省政十年建设计划案》。1933 年,成立了"公营"的西北实业公司,很快发展成一个包括兵工、重工业、轻工业以至商业的"大公司",成为山西官办经济的集合体,到 1937 年,所辖工矿达到 33 个,员工总额 2 万余人。阎锡山官办工业的膨胀,是从巩固其统治地位出发的,而且排挤影响了民族工业的发展,但对加快工业规模化发展还是有一定作用的。据 1935 年的统计资料,当时太原市已有工业企业 366 家,资本总额为 1328 万元,职工人数为 12304 人(不包括个体手工业者),年产值为 1206 万元。

与此同时,城市商业、服务业也有了新的变化。一方面是出现了较大规模的商行、商场,如 1913 年(民国二年),阳曲商人刘占元等集资成立房产有限公司,建成大中市场,租赁给商号,以古玩业和南津杂货为主,共容商号 30 余家,成为太原当时最繁华的市场。同年在开化寺设立的"共和市场",于 1920 年扩建,改名为开化市场,建筑面积达 1200 平方米,容有各种商户 200 余家。

1918 年,孔祥熙的祥记公司太原分号开业。1921 年,经营规模相当大的斌记商行开业。1926 年,资本 50 万元,经营进口钢材、五金、电料等的斌记五金行开办。同时还开设了一批经营颇有特色的名店,如 1912 年开设的双合成食品店,1914 年开设的义生元绸缎庄,1915 年开设的林香斋馄饨馆,1917 年开设的亨得利钟表眼镜店,1927 年开办的以生产河北糕点为特色的老香村食品店,1930 年开设的光明照相馆、华泰厚成衣铺和认一力饭店,1931 年开张的"老鼠窟"恒义诚元宵店,而且大部分集中于钟楼街、桥头街、柳巷一带,与大中市场、开化市场一起形成了太原市的中心商业区。其中有许多店铺一直延续到今,成为"老字号"名店。到 1933 年,太原共有商户 2635 家(《中国实业志·山西省》)。

工商业的发展势必要求金融业走向近代化。清代后期盛极一时的山西票号,到 1912 年(民国元年)仅剩大盛川、三晋源、大德通、大德恒 4 家还在惨淡经营。钱庄在民国期间还延续了相当一段时间,如 1913 年在太原新成立了和合生钱庄、德生原钱庄、晋裕银号、蔚锦恒钱庄、兴业钱局,1917 年又成立了德兴昌钱庄、正心诚钱庄、双生泰钱庄、德逢亨银号、宏晋银号;1920 年,总号设于太谷县城的会元银号在太原设分号,1924 年,还成立了源积成钱庄。但现代银行的创办已是势在必行。1912 年,在清朝所办的晋泰官钱局基础上由督军府拨资创办了山西官钱局;1913 年,又以阎锡山为主成立了私股性质的晋胜银行。这两家还属于旧式钱庄向新式银行过渡期的金融机构。1913 年中国银行设立太原办事处(地址在桥头街),可以说是山西首家出现的现代银行。1917 年,阎锡山一面推行统一币制,一面撤销官钱局,成立山西省银行筹备处。到 1919 年山西省银行正式宣告成立(开始实行公私合营股份制。1922 年以后收买私股,完全官办)。此后,1932 年 ~ 1935 年绥西垦业银号(太原设分号,后成为实际上的总号)、晋绥地方铁路银号、晋北盐业银号先后成立,与山西省银行合称"四银行号",成为山西金融业的主体,同时也使太原成为山西的金融中心。

太原的交通、通讯和市政建设也有了明显变化。交通方面,于 1920 年(民国九年)4 月开工建设从太原南至平遥,北达忻州高白的公路,11 月建成通车。这是山西现代公路建设的开端。同时由太原至大同、风陵渡、汾阳、晋城的长途汽车开始运营。次年,又有商人刘宗法筹办的汽车行开通太原到太谷的长途汽车,有两部车每日往返一次。到1930年,有7家公司经营从太原开往全省各地的长途汽车,客货车共达290辆。1928年,正太铁路全线通车。1933年5月,同蒲铁路开工,1934年,太原至霍县和原平两段开始营业,到1937年8月,南同蒲建成通车,北同蒲仅剩6公里未铺轨。通讯方面,1937年4月之前,太原到潼关、北京、上海、武汉、南京的长途电话均已开通。城市建设方面,到1937年全市房屋建筑面积已达299万平方米,其中居住面积为134.5万平方米,工业建筑面积50万平方米,公共建筑面积约80万平方米。1921年~1936年,在市内铺设碎石道路28条,平均宽度为4.5米,总长14.15公里。1922年,在太原城外西南方汾河渡口处建立汾河公路桥(1937年毁于战火)。1929年,晋钧大晋银号、汇通川钱庄用电灯照明,为太原民用电之始。

同期,太原的教育、医疗、新闻、图书和其它文化事业也向现代城市的要求迈进了一步。教育方面,1912年(民国元年)山西大学堂先更名为山西大学校,不久又更名为山西大学,同时将清末所设专门学堂分别改名为山西法政专门学校、农林专门学校、商业专门学校,并设立工业学校,将晋阳中学改为省立模范中学(1913年又改为山西省立第一中学),太原府中学堂改为阳兴中学校,山西师范学堂更名为山西省立第一师范学校,山西官立女子师范学堂更名为山西省立太原女子师范学校。1919年,山西省立国民师范、山西医学传学所(1912年改为山西医学专科学校)、山西外国语学校开办。此后又出现了大批私立学校,其中私立大学有山右大学、兴贤大学,二者于1929年合并为并州大学;私立中学先后创立的有明原中学、尚志女子中学、加辣女子中学(1917年)、进山中学、平民中学、新民中学、晋华中学(1922年)、中和中学(1923年)、云山中学、成成中学、三晋中学、育德女中、山西公学、爱真公学中学部(1924年)。这样,就初步形成了大、中、小学和各种专门学校及职业教育配套的教育体系。在医疗方面,除原有中医外,又陆续创办了一些西医或中西医结合的医院,如:1918年,山西中医研究会附设医院开始门诊,有医护人员120人,病床100张;1919年私立达生医院创办;1921年,川至医院创办。在新闻方面,1911年创刊《山西民报》,此后陆续创办过《山西法政经济日报》、《太原共和白话报》(1912年)、《并州日报》(1913年)、《并州新报》(1916年)、《山西日报》军政两署机关报(1917年)、《民话》日报、《太原新民报》(1927年)、《平报》、《民众呼声报》、《太原晚报》、《华闻晚报》(1931年)、《中报》(1932

年)、《太原日报》(前身为正报,1934 年)。1927 年,山西无线广播开始筹建,1931 年 6 月太原广播电台正式开始播音(起初仅放唱片)。在图书、博物馆方面,1919 年 10 月,山西教育图书博物馆开馆,1925 年改为山西省立图书馆,1933 年改称山西省立民众教育馆。在体育方面,竞技体育逐步兴起,特别是 1919 年和 1929 年,在太原举行了第 7 届和第 14 届华北运动会,对体育运动有较大的推动。文化娱乐方面,除原有的"戏园子"和越来越兴盛的晋剧之外,开始放映电影。1926 年 6 月,由陈时行等创办了太原第一个有固定场所和座位的电影院——并州电影院,放映无声电影。1929 年,由山西赈务会发起,在新华舞台第一次放映有声电影,放映了《饶伯森讲中国现状》等 10 余部片子。此外,国内外知名学者到太原讲学、讲演和开会,对增强学术文化气氛也产生了积极影响。如 1919 年和 1920 年,美国哲学家、教育家杜威由胡适陪同两次到太原讲演。1921 年,中国教育家陶行知陪同美国教育家孟禄一行到太原调查教育状况。1924 年,印度著名诗人泰戈尔偕英、美学者数人访问太原,游览晋祠。1925 年,中华教育改进社在太原举行第 4 届年会,蔡元培、蒋梦麟、俞平伯、叶恭绰、胡适、郑振铎、朱自清、徐志摩、柳亚子等一大批文化教育界名人到会,会间会外,他们中不少人参观游览太原,赠阅本派别刊物和发表讲演,给当时的青年和民众留下深刻的印象。

三、中共党组织在太原的建立、发展和活动

1919 年(民国八年),五四运动爆发,太原各大、中学生 3000 余人在海子边隆重集会,声讨日本帝国主义,抗议北洋政府卖国行为,积极声援北京学生的反帝爱国斗争。次年夏天,山西最早的马列主义者高君宇从北京回到太原,成立了"太原社会主义青年团"。1924 年春,高君宇接受共产党创始人李大钊派遣,回太原组建中共党的组织。同年秋,"中国共产党太原支部"正式成立,支部委员会由张叔平、傅懋恭(即彭真,第一中学学生会主席)、纪廷梓(进山中学学生会主席)3 人组成,张叔平任书记。1925 年,成立不久的中共太原党组织领导全市学生进行了一场反房税斗争。当时因阎锡山将晋军两个旅扩编为四个旅,年度军费开支由 700 万元增至 2000 万元,阎为筹划军饷先是利用造铜元和发行纸币榨取人民血汗,接着又巧立名目征收房税,将全省房屋(包括马栅、猪圈、厕所)登记估价,然后按值百抽九纳税,限期 3 个月交清,逾期不交者加倍处罚。征收房税给老百姓带来了严重的灾难,再加上各级官吏乱估房价,勒索中饱,滥施处罚,使许多农民高利借贷,拍卖家产,甚至卖儿卖女,全省人心惶惶,怨声载道。中国共产党太原支部根据这一情况,于 5 月 18 日组织省城山西大学、政法专科学校、进山中学、第一中学等校学生 1 万余人集会海子边,要求取消房税。游行队伍手执"废除苛捐"、"为民请愿"小旗,一路高呼"反对贪官"、"反对房税"口号,直奔省议会(原东缉虎营咨议局)而来。议长和议员早已闻讯而逃,游行队伍又到省公署请愿,阎锡山开始还支吾搪塞,后来慑于众怒难犯,只好答应取消房税,并亲立字据"房税当日取消,已收者全部退还"。随后,学生队伍又砸了房税策划者贾景德(省府秘书长)、杨兆泰(财政厅长)、徐一清(省银行行长)3 家公馆。反房税斗争取得胜利。反房税运动以后,中共太原地下党又组织发动了山西省立国民师范学校学潮,使这座受封建校规束缚的学校一改以往沉闷落后状态,变成继省立一中后开展革命活动的第二个根据地。

1925 年(民国十四年)"五卅"惨案后,中共党组织派纪廷梓代表山西省学联赴上海参加第七次全国学生代表大会,又派傅懋恭等参加"太原沪案后援会",领导全市学生罢课、商人罢市,举行更大规模的游行示威。成千上万的学生奔赴街头开展讲演、捐款和抵制英、日货等行动,有力地支援了上海工人阶级的爱国斗争。此后,又发动工人、农民,积极领导了工农运动。

1927 年(民国十六年),蒋介石发动"四一二"政变,阎锡山也宣布就任北方国民革命军总司令,开始在山西悬挂青天白日旗,对中共太原党组织进行血腥镇压,王瀛等一批共产党人和进步人士遭到杀害,太原总工会机关(在临泉府)也被捣毁。在白色恐怖下,共产党转入地下秘密活动。

1931 年(民国二十年)"九一八"事变后,全国学生抗日救亡运动形成热潮。太原学生 8000 余人齐集中山公园(海子边)游行示威,反对国民党不抵抗主义,要求组织抗日义勇军。1935 年,北平"一二·九"爱国运动爆发后,太原市各学校学生在国民师范学校成立"太原市学生抗日救国联合会"。会后全市总罢课 3 天,游行集会,揭露日寇的侵华罪行,支持北平学生的爱国行动,要求武装保卫华北。阎锡山在无计可施的情况下,命令各学校提前放假,强令学生离开学校。

1936 年(民国二十五年),红军东征,阎锡山在黄河沿岸布防堵截,不让红军入晋,并成立"防共保卫团"等反动组织,同时电请蒋介石出兵增援。蒋介石早有涉足山西之意,派 15 万中央军来山西作战,由陈诚坐镇太原,同时收买山西高级军官,挖阎锡山的墙角。中国工农红军在毛泽东、周恩来、叶剑英指挥下,东渡黄河进入山西,历时三月余,十五军团曾一度攻入太原城南晋祠一带。后来为了顾全大局,争取全国一致抗日,毅然回师陕甘宁边区,用实际行动表示停止内战、一致抗日的诚意。这时日本侵略军向华北步步进逼,山西已成为抗日的前线。阎锡山在这种矛盾重重的情况下,觉得降日、迎蒋都不是好办法,拒蒋又不是对手,看到共产党要搞抗日民族统一战线,认为联共还可能是一条出路,于是打出"守土抗日"的旗号,同时与日本人、蒋介石、共产党周旋。阎锡山自己说过:"同共产党搞统一战线,这中间有风险。但是不跟共产党合作,又有什么办法呢? 我是在三个鸡蛋上跳舞,哪一个也不能碰破。现在我只有用共产党的办法,此外都不能抵制日本人和蒋介石。我是用共产党的办法削弱共产党。"尽管阎锡山有自己的打算,但是表示愿意抗战,愿意与共产党合作,于是共产党派了许多人,做阎锡山上层人物的工作。毛泽东又亲自给阎锡山写信,并派彭雪枫、南汉宸等到山西商谈联合抗日的具体事宜。1936年"九一八"五周年纪念日,阎锡山为借助社会各界力量以自强,筹划成立山西牺牲救国同盟会。不久,共产党人薄一波按照中共中央北方局的指示,接受阎锡山的邀请,回晋领导山西的抗日救亡运动,专做阎锡山的统战工作,接办牺盟会,使牺盟会由山西的官办团体变为阎锡山与中共之间特殊形式的统一战线组织和抗日救亡团体。牺盟会成立了"国民兵军官教导团",开办了"牺盟特派员训练班",展开了一系列抗日救亡活动。后来有 1000 多名牺盟会员参加了薄一波领导的"山西青年抗敌决死纵队",奔赴抗日最前线。

第二节 民国后期:血火洗礼 古城新生

一、抗日战争爆发和太原失守

1937 年(民国二十六年)7 月 7 日,日本侵略者制造卢沟桥事件,发动全面侵华战争。山西作为华北的战略要地,成为日军的首要攻击目标。日军由东条所率察哈尔派遣兵团和板垣第五师团分进合击,于 9 月 13 日占领晋北重镇大同,接着分别南犯宁武阳方口、雁门关和平型关。9 月 25 日,八路军一一五师在平型关设伏,重挫板垣师团一部,取得平型关大捷。10 月初,板垣师团和察哈尔兵团的两个混成旅团分别从茹越口和雁门关突破长城防线,两军会合后,直逼忻口。国共两军合作抗战,组织忻口战役。从 10 月 13 日忻口战役正式打响,恶战到 10 月 31 日,双方形成对峙状态。但因沿平汉线南下的日军以第二十七师团和一〇九师团西进山西,10 月 6 日攻陷娘子关,30 日占领阳泉、平定,于是阎锡山只得命令忻口作战部队放弃阵地,向太原城北青龙镇、天门关一线转移,协同防守。

当时,中共代表周恩来就太原防御问题向阎锡山建议:"保卫太原必须背靠山地,在野战中求得胜利,不应以众多的兵力守城或正面堵击。"阎锡山据此建议,决定实行"依城野战"。11 月 4 日,阎锡山委任卫立煌为第二战区前敌总司令,委任傅作义为太原守备司令,自己撤出太原。临行前他对傅作义说:"宜生兄过去守涿州守了两个月,名闻全国,现在太原城中粮食弹药都够半年之用,宜生兄可再显一下身手。"周恩来也参加了军事会议,对接受守城任务的傅作义表示敬意,然后在 11 月 5 日与八路军办事处的彭雪枫一起撤出太原。

由晋东向西进逼的日军于 6 日进占太原以南小店镇,板垣师团已进至太原北面的石岭关,很快从东、北、西三面包围了太原。而此时原定在太原城外策应、担负依城野战任务总指挥的卫立煌自率 3 个军向晋南撤退,占领东山的陈长捷见状也率部南撤,预定协守太原的其它各部也都溃退,使太原城内守军陷于孤立。守卫太原的部队仅剩傅作义的第三十五军 9 个营及独一旅、二一三旅等部的 10 多个营,总兵力只有 1 万余人,其中战斗兵员只有 6000 人,山野炮百余门。当时,由孙兰峰部为东城守备部队,董其武旅为西城守备部队,其余为机动部队。傅作义认为:"我守涿州打了胜仗,守天镇也不错,守太原也会有办法。太原东西两山形势很好,正面顶住,两山作依托,太原就不会被攻下。"

11 月 7 日晨,日军东、北两路在太原城外会合,完成攻城部署,开始猛攻。他们以北城东半部和城东北角为攻击重点,以步炮联合向这两面城垣猛轰猛扑,飞机也不断向城内轰炸。傅作义亲自巡城,鼓励士气。8 日拂晓,日军实施强攻,13 架飞机轮番轰炸,步炮主力全集城下,至上午 9 时,突破城垣东北角和西北角,向城内猛冲。守军董其武、袁庆荣部与敌激战,至下午 4 时,逐次将破口封锁。黄昏后,日军飞机数次载兵空降于城内大教场,四出袭击,另有一部占据新南门外火车站,一部西渡汾河,占领汾河桥和西岸阵地。这时,蒋介石给傅作义发来电报,命其"相机撤退",傅作义遂于晚 8 时下令全城守军撤退,由南门突围,太原城失守。

太原失守之后,以华北国民党军队为主体的正面战场随之解体。日军沿同蒲路继续南下,第二战区在晋中的数十万大军仓皇退往晋南、晋西南。阎锡山撤出太原后,第二天到达交城,仅呆了两天,就继续南撤,前往大麦郊,住了10 天,收容部队。之后,又撤往临汾。此时,山西半壁河山沦陷敌手,晋绥军损失 7/10,阎军经过整编后,曾于 1938 年(民国二十七年)春计划反攻太原,以高桂滋军为右翼军,郭宗汾部为左翼军,并指挥董其武师,经由东西两山向正太线及太原北进。高桂滋部一个团,刚刚接了平遥防务,即被日军包围,几乎全部损失。出击部队奉令转移到山区。阎锡山于 1938 年 2 月 26 日离开临汾,退驻吉县。28 日临汾失陷。此时,在山西坚持抗战的主体是八路军各师。八路军实行战略展开,坚持游击战争,创建抗日根据地,开辟了华北敌后解放区战场。

二、日伪军在太原的奴役统治和经济掠夺

日军占领太原之前,早在 9 月 19 日,就派飞机 20 余架首次轰炸太原,投弹百余枚。包围太原后又连续进行轰炸,太原百姓已有不少逃离。11 月 8 日攻占太原时,曾血洗太原河西晋阳堡,残杀了 29 名村民和 60 余名晋绥军官兵。9 日,又在太原城内搜捕中国军警、百姓 1000 余人,押送北平服苦役。日军第一○九师团入城不久,即成立太原陆军特务机关,后改称山西陆军特务机关,其主要活动是在山西扩充、培训汉奸队伍,建立、加强各级傀儡组织,配合日军的各项军事行动,巩固占领区的殖民统治,加强经济掠夺,进行文化侵略和奴化教育。到 12 月,日军便成立了伪山西省临时政府筹备委员会和伪太原市公署,建立了伪政权。此后,在太原实行了 8 年殖民统治,太原人民处于水深火热之中。

日本占领军惨无人道,烧杀奸淫,残害百姓。1939 年(民国二十八年)4月,在太原城内大屠杀,仅卷烟厂就有王剑等 20 余人被抓捕后惨遭杀害。1940 年,太原日军将所抓壮丁 2000 余人,运往石家庄,途中将闷罐车铁门紧闭,1000 余人窒息而死。1942 年 7 月~8 月,日军在小东门外赛马场将被俘的 340 余名抗日军民双手背捆,上衣解开,露出胸膛,当做"活靶"用刺刀一一刺死。日本人残暴绝伦，无恶不作，见女人就奸淫，大北门头道巷 33 号院有一位 30 余岁的妇女，被日军 6 人轮奸，昏迷两月之久。日本侵略者在郊外烧、杀、抢、掠，更是触目惊心。

与此同时，日军大肆进行经济掠夺。日军在太原成立了山西产业株式会社、太原日华经济协会，疯狂地掠夺经济资源，将西北实业公司各厂 3000 余部大型工作母机强行拆迁到东北和日本，对所有大中型工矿企业强行军事接管，使其成为侵华战争中的军用品生产基地。同时依靠武力在太原设立"杂谷组合"、"皮毛组合"、"木材组合"，对太原市场实行物资垄断，企图实现"以战养战，以华制华"的战略目标。日侨和日本商品像潮水般涌了进来，1942 年仅太原的日侨即达 2 万人，占人口总数的 1/10；8 年中，日侨开设的商店达 76 家，致使太原私营的商业企业生意萧条，纷纷倒闭。据统计，1940 年倒闭 1626家，1941 年倒闭 679 家。

与经济掠夺同时进行的还有文化侵略，各学校都被迫增加日语课，"中日亲善"、"共存共荣"成了奴化青年学生的基本内容。帝国主义文化商人也趁机大肆盗窃中国文物，天龙山石窟有许多珍贵石雕被盗走、被破坏，日军还企图盗运存放在西山风峪沟外风洞中的唐代武周华严石经。

太原沦陷期间，遭受迫害最惨的是普通老百姓，工人劳动时间在 12 小时以上，微薄的工资连肚子都填不饱。尤为可怜的是被赶进东、西山煤矿的井下工人，他们像牛马一样不分昼夜地劳动，动辄遭受鞭打或残杀。西山白家庄附近的高山河万人坑，白骨累累，正是当年日军残杀矿工的实证。

中国共产党在山西和华北广大地区创建根据地坚持抗战的同时，不但在太原周围地区开展游击战争，打击日伪军，而且通过地下党的工作，领导太原人民进行反对日本殖民统治、争取民族解放的斗争。例如 1943 年，发动了太原机车厂 1000 多名工人联合大罢工；晋华卷烟厂的工人暗中焚烧烟叶库；兵工厂的工人将石头堆放在铁道上，造成火车出轨拖延敌人往前线运送军火。太原各学校有不少青年学生在地下党的组织下，奔赴抗日民主革命根据地，投身光荣的革命事业。郊区的农民，则配合党的地方武装积极开展游击战争，袭击日伪军事据点，惩办汉奸。太原人民抗日斗志日益旺盛，为抗日战争的最后胜利做出了重大的贡献。而此时阎锡山却打着"守土抗战"的招牌避居晋西南一隅，还多次发动反共高潮，并暗中与日本人勾勾搭搭，准备进行卖国活动，成立了"第二战区太原办事处",将桐油、水银、生漆等物资送予日本人。

三、抗战胜利后阎锡山抢夺太原

随着世界反法西斯战争的节节胜利,中国抗日战场开展了战略大反攻。1945 年(民国三十四年)8 月 15 日,日本宣布无条件投降。

在抗日战争胜利前夕,八路军各部队开展了大规模的反攻作战。晋绥边区部队从南、北两线向太原与归绥一线之日伪军进击。在南线,从 8 月 15 日到 19 日,先后收复了太原以西的古交、河口、石千峰,太原东北的陈家峪,太原以北的皇后园,并一度攻入太原市以南的太原县城。太行区的八路军部队也分兵一路,配合晋绥边区作战,向榆次、太谷之日伪军进击,取得了重大胜利。而此时蒋介石、阎锡山却无耻地抢夺抗战胜利果实,不惜与日伪军合流。早在1945 年 4 月,阎锡山便派其前任参谋长朱绶光赴太原与日军秘密勾结,7 月又派赵承绶和日军商洽接收事宜。8 月初,阎锡山进入日军占领的孝义城,准备随时沿同蒲路北上接收太原。8 月 13 日,阎军向太原进发的第一梯队,在其第八集团军副司令楚春溪率领下到达太原城郊小店。15 日,第二梯队在其第七集团军副司令彭毓斌率领下也到达小店。17 日,阎军第一梯队进驻太原,接防省城南北各重要据点。阎锡山所派的彭士弘等人随军返并,接收西北实业公司原有各厂及日伪军掠夺的私营工厂。30 日,阎锡山在其亲信赵世铃带领的卫队严密保护下,乘火车抵达太原,当日下令各据点日军就地待命,将山西伪军改编为 5 个"省防军",委任日俘板井少将为警备司令,委任大汉奸苏体仁等 4 人为"高级顾问"、"高级参议"。31 日,又在太原召开高级军官参加的军事会议,决定在各地修筑工事,建筑碉堡群,对付八路军。此后又将残留日军先编为 6 个铁路护路队,后改为 6 个保安团,最后编为第 10 独立总队。9 月,阎锡山政权的太原市政府成立。太原人民又陷入了阎锡山的残暴统治中。在工矿企业中,阎锡山强迫工人勒紧裤带"加速生产",以发展军火工业,积极准备发动内战。在郊区,他强制推行"兵农合一"的暴政,把农民变成了附着在土地上的农奴,致使农村经济迅速走向破产。有 40% 以上的劳动力被迫走上内战前线充当炮灰,70% 以上的耕畜被反动军队征用或者病饿而死,1/3 的耕地闲置、荒芜,粮食产量比 1936 年下降了 40%,就连这一点收成,也被阎锡山军队搜刮一空。一些农民被迫鬻妻卖子。1948 年一年中,太原郊区饿死和被阎锡山军队杀害的农民不下 6000 余人,晋祠南大寺 26 户人家,卖妻的 5

户,卖儿女的9户,还有28个人活活饿死。当时郊区农村中流传着一首民谣:
"兵农合一聚宝盆,家败人亡鬼吹灯。""兵农合一好,黄蒿长下一人高。"在城
区,阎锡山实行了所谓"平民经济"政策,控制了整个太原市场,操纵物价,囤
积居奇,物价一涨再涨。物价最高的时候,太原粮价超过当时上海2200多倍,
居于全国第一位,人们用一块银元买不到2斤杂粮。在这种情况下,广大贫苦
市民有的吃豆饼,有的吃糠皮,有的全家饿死。同贫苦市民的悲惨处境恰恰相
反,阎锡山和他的帮凶们经过三年多的疯狂掠夺,积累了大批财富,仅运到上
海的黄金就有45000多两。

这一时期,阎锡山在太原实行了空前残暴、灭绝人性的特务统治,建立了
许多特务组织,如梁化之领导的特种警宪指挥处,杨贞吉的警务处,王靖国的
"铁纪团",孟际丰的"返干团",此外,还有绥署侍参室、黄河通讯社等名目繁
多的特务机构。以特种警宪指挥处为中心,与工厂的"职工福利室",学校的
"政训处",各机关、商店的情报小组,结成了一个庞大的特务网,对人民的一
言一行进行监视和镇压,许多无辜的人被特务押走,投入牢房,遭受各种野蛮
酷刑,以至死于非命。在3年多时间里,被秘密处死的就有5000多人。其中,
有坚贞不屈的共产党员,有普通的工人、农民和进步知识分子,也有学校的教
师、学生和家庭主妇。特别是1947年(民国三十六年)以后,阎锡山在太原实
行了所谓"三自传训",强迫民众"自白转生",否则就乱棍打死。当时城乡人
民死于乱棍之下的难以数计。太原成了一座白色恐怖的人间地狱。

四、解放军攻克太原城

蒋介石、阎锡山从进犯解放区到发动全面内战,走上了最后覆灭的道路。
在山西战场上,中国人民解放军在自卫反击战中取得了"上党战役"的重大胜
利,在蒋介石撕毁"停战协议"后,又多次粉碎了蒋阎军队的进攻,开展了全面
反攻,先后攻克了运城、临汾、榆次,于1948年(民国三十七年)10月5日正式
发起太原战役。

阎锡山从抗战结束后一返回太原,便研究和实施太原防御计划。经过几
年的时间,完成了他的"百里圈"计划,以南面的武宿机场,北面的周家山,东
面的罕山,西面的石千峰山,构成外围4大据点,以牛驼、淖马、聂家山、松树为
内部4大据点。各大据点外围都有核心阵地、主阵地、前方阵地以及纵深配备
的狙击阵地,在东西50公里、南北40公里的土地上,方的、圆的、三角的各种

战碉星罗棋布,共有 5600 多座钢筋混凝土碉堡。城外距太原 30 公里至 20 公里为前方阵地带,3000 米至 1 万米为主阵地带,3000 米的为前沿阵地带,城内则构筑了巷战工事,形成了一个全面的、纵深鳞次栉比的集团防御体系。阎锡山吹嘘太原是"碉堡城"和"火海地区",自以为"固若金汤"。

虽然阎锡山千方百计地想把太原变成他所谓"铁打的江山",但是到 1948 年(民国三十七年)的秋天,太原已成为孤岛一座,处于人民解放军的四面包围之中。风雨飘摇中的阎锡山统治,已越来越明显地接近于全面崩溃。1949 年(民国三十八年)9 月,晋中战役即将结束,中国人民解放军转入攻取太原的准备工作。首先成立了以徐向前为书记、周士弟为副书记的前敌委员会,统一指挥华北第一兵团及晋西北第七纵队、晋中军区部队和华北炮一旅,执行攻打太原的任务。同时还组成了以裴丽生任总指挥、牛荫冠任副总指挥的"太原战役后方指挥部",负责后勤工作。9 月 28 日,前委上报中央作战方案,拟于 10 月 18 日开始,因太原守敌四十四师等共 7 个师沿汾河向东南进犯,徐向前决定乘敌脱离阵地的有利时机予以歼灭,因此战役发起的时间比原定计划提前了 13 天。解放军于 10 月 5 日在小店、狄村等处歼敌四十四、四十五两个师,从南面突破了阎军的外围防线。解放军乘胜扩大战果,攻占武宿和北营两个火车站,控制了王村机场,接着于 10 月 15 日占领了石咀子一线,前后歼敌 1 万多人。接着又向东山要塞发起了攻坚战。经过激烈的战斗和反复的争夺,于 11 月 12 日取得东山攻坚战的胜利,打开了解放太原的门户,把阵地推进至太原城下。为了争取和平解放太原,早日解除人民的痛苦,人民解放军太原前线徐向前司令员发布文告,劝告太原敌军起义。1949 年冬,国民党 30 军军长黄樵松看到大势已去,决定起义,但不幸为其部下戴炳南告密,黄樵松将军被阎军逮捕后押往南京,横遭杀害。阎锡山自知已临穷途末路,所以他表面上叫喊"决心死守太原,与城共存亡",暗地里加紧策划逃离太原。1949 年 3 月 29 日,他接到李宗仁请他去南京的电报,如获至宝,召开会议,宣布他将去南京,"也许三天五天,也许十天八天,俟和平商谈有了结果,我就回来与诸位一起死守太原",指示他离去后太原一切由孙楚负责,便乘车到西门外圪 沟(洪沟)小型机场,乘机起飞,一去不回。

在扫清外围和经过较长时间围困太原之后,解放太原的战役从 3 月 17 日起转入第二阶段,主要是紧缩包围和攻城作战。3 月 17 日,中央军委决定,以徐向前为书记,罗瑞卿、周士弟为副书记,组成中共太原前线总前委,同时又命令十八兵团、二十兵团从天津出发,分别经由娘子关和大同,在3月底到达太原前线。华北三大野战兵团会师太原前线,总兵力达25万人。到4月20日,解放军全部肃清了太原外围的敌军,随之10路大军从四面八方突破敌人前沿阵地,插入敌阵纵深,实行分割包围。战斗到4月21日,城北解放军全部占领北郊工业区;城南解放军也进到面粉厂和民众市场一线,控制了南关地区;城东解放军则完全肃清了剪子湾、黑土巷、大东关和双塔寺等据点的残敌。到4月22日,阎军守卫太原外围的12个步兵师全部被歼。4月24日晨5时30分,解放军前线部队发起了总攻击,1300多门重炮齐声轰鸣,千万条火龙飞向太原城垣,硝烟如浓雾弥天,笼罩了敌军阵地。城北与城南解放军的突击队,提前3个小时奋勇登城,强大的后续部队,从几个突破口中迅速跟进,在先头部队带领下,迅速扫清敌人的街巷据点,打开前进道路,进歼敌军。攻城战仅仅打了80分钟,红旗就插在城内制高点鼓楼顶上。是日9时15分,解放军即攻入太原绥靖公署,活捉了太原绥靖公署副主任孙楚、守备司令王靖国及其下军官200余人,结束了太原地区的全部战斗。从此,作为华北重镇的太原市便永远摆脱了土皇帝阎锡山的统治,万民欢呼,同庆解放。历时6个多月的太原战役,共歼灭阎军12万余人,人民解放军伤亡4.55万余人。

五、解放初期太原步入新的轨道

1949年(民国三十八年)4月24日太原获得了解放。在此之前,早在1948年12月30日,根据中共中央华北局指示,中共太原市委在榆次正式成立。赖若愚任市委书记,解学恭任市委副书记兼组织部长,史纪言任宣传部长兼报社社长。1949年2月15日,原中共太原市委与晋中区党委合并;3月1日,原晋中行署奉命与太原市政府合并,组成新的太原市委、市政府,领导成员为:赖若愚任书记,解学恭任副书记兼组织部长,史纪言任宣传部长,陈国栋任社会部长,裴丽生任太原市市长。4月23日,在太原前线司令部向太原城垣发动总攻击的同一天,太原警备区成立,罗贵波任司令员,赖若愚任政治委员,萧文玖任副司令员。1949年4月22日,中国人民解放军太原前线司令部根据华北军区和华北人民政府的命令,宣布成立太原军事管制委员会,由徐向前、罗瑞卿、周士弟、赖若愚、胡耀邦、罗贵波、萧文玖、裴丽生、解学恭、康永和组成,徐向前任主任,罗瑞卿、赖若愚、胡耀邦任副主任,军管会为全市最高权力机关。4月24日这些机关均进入太原市正式办公,太原前线司令部发布公告,约法八章,宣布保护太原人民生命财产,保护民族工商业,没收官僚资本,确保城市治安。

解放太原的当日,南同蒲铁路榆次至太原段即已通车。次日即4月25日,太原新华社广播电台开始正式播音。本日开始,在市内先后设粥场33处,对灾民进行急赈,并组织生产自救。4月26日,《山西日报》创刊。4月27日,中共太原市委发布通告,宣布中国共产党组织在太原公开。4月30日,太原警备司令部宣布解除戒严。5月3日,中国人民银行太原分行成立。5月5日,太原与天津长途电话开始通话。5月9日到10日,西北氧气厂(现山西化学厂)、太原纺织厂、晋华卷烟厂、毛织厂、面粉厂相继恢复生产,全市13条输电线路修复送电。5月22日太原市各界代表首次会议召开,赖若愚、裴丽生分别作工作报告,康永和、杨自秀被选为“各代会”正副主席。

1949年8月1日,华北人民政府发布重新调整所属行政区划的通令,撤销山西各个解放区建制,恢复山西省建制,辖7个专区、92个县、1个市,省会设太原市。9月1日,中共山西省委、山西省人民政府、山西省军区宣告成立。程子华任山西省委书记、省政府主席、省军区司令员兼政委,赖若愚任山西省委第一副书记兼山西军区副政委,解学恭任省委常委兼组织部长,裴丽生任省人民政府第二副主席。太原市由韩纯德任书记兼太原市市长,吴作民任副市长。

第三节　新中国时期(一):探索前进　曲折发展

1949年10月1日,在北京举行中华人民共和国开国大典,10月2日,太原13万人举行盛大集会庆祝。历史步入了新的时期。

一、完成国民经济恢复任务

1949年~1952年,太原的国民经济逐步恢复,走向繁荣。在农村,开展了轰轰烈烈的土地改革运动,中国共产党引导农民走上了互助合作道路,农业经济迅速得到恢复。在城市,没收了官僚资本,建立和扩大了社会主义国营经济;对资本主义工商业实行“公私兼顾,劳资两利”,对个体手工业采取扶助政策,推进了私营工商业的改造。3年中,政府把接管的65个官僚企业改造成一批社会主义国营工业企业,同时投资7639万元,对西北炼钢厂(太原钢铁公司前身)、西北育才炼钢机器厂(太原矿山机器厂前身)和西北煤矿(西山矿务局前身)等30个企业进行了扩建和改造,有力地促进了全市经济的迅速恢复和发展。1950年,西北炼钢厂开炉生产。1951年8月,太原矿山机器厂试制成功全国第一台65马力载煤机。1952年7月,首届太原物资交流大会召开。各行各业呈现出一派复兴的新气象。

二、"一五"期间经济社会的发展

从1953年起,根据党在过渡时期的总路线,太原完成了对农业、手工业和私营工商业的社会主义改造,掀起了农业合作化的高潮,并开始执行发展国民经济的第一个五年(1953~1957)计划。到1956年的4年中,政府投资11.78亿元,动工兴建了现代化的太原化工厂、太原化肥厂、太原第一热电厂、太原磷肥厂、太原重型机器厂、太原第二热电厂、大众机械厂、太原矿棉制品厂、山西纺织厂等28个大型骨干企业,并扩建改造了一批老企业。一些企业上马后,产品质量迅速提高,有的达到当时国内先进水平。1953年,太钢试制成功高铬耐热钢;1954年,太原矿山机器厂试制成功玻璃引上机,太原第一热电厂开始发电。1955年,工人陆福庆试制成功全国第一台电动织袜机;太原重型机器厂试制成功50吨桥式起重机;太原、榆次、阳泉间高压输电线竣工交付使用。经过3年恢复国民经济和执行"一五"计划,奠定了太原的社会主义经济基础。与此同时,太原以重工业为主,农业和轻工业为辅,全民所有制经济为主,集体所有制经济和私营经济为辅的经济结构框架也初步形成。1957年,全市社会总产值达到10.1亿元,工业总产值达到5.42亿元。

在进行社会主义改造和工农业建设的同时,太原的城市建设也谱写出新的篇章。这一时期,按照国家批准的太原市第一个城市总体规划方案,太原市开始了拆除城墙、改造街道、辟建广场和公园等基础工程建设。到1957年,晋祠公路、迎泽大桥建成通车,城北排水系统和太原第一座污水处理厂建成,迎泽公园动工兴建,解放北路和迎泽大街等主要干道框架初步形成。

三、从"大跃进"运动到"三年经济调整"

1956年9月,中共第八次全国代表大会通过了关于全面进行社会主义经济建设的决议,全市人民按照中共八大精神,开始执行"二五"计划,展开了大规模的社会主义经济建设。头一年,经济建设的势头很好,社会总产值、国民收入、社会商品零售总额以及地方财政收入都创造了历史最好水平。但是,从1957年开始,受左倾错误的影响,先后在政治上开展了反右派斗争和反右倾斗争,从1958年开始,在经济建设上又持续开展以高指标、瞎指挥、浮夸风和"共产风"为主要标志的"大跃进"运动,导致了全市性积累和消费、工业和农业、工业内部比例关系的严重失调,生产和建设的综合平衡遭到破坏,以至于在1961年和1962年全市经济出现了大滑坡。这两年,全市工业总产值平均每年下降33.2%。加上连续几年的自然灾害,使太原的经济建设和人民生活发生了严重的困难,遭受到重大损失。

1963年~1965年,太原进入了国民经济调整时期。遵照党中央关于"调整、巩固、充实、提高"的八字方针,首先,从宏观上大幅度压缩建设规模,果断地调整投资结构,重新调整工业布局;加强农业,发展轻纺工业,使农、轻、重比例有了改善。其次,在微观方面调整生产计划,改善企业内部生产结构,调整农村生产组织,放宽市场政策,减少流通环节,精简党政机构,压缩城市人口。经过3年调整,全市工农业生产又出现了良好的发展势头。工业方面,太原磷肥厂、太原橡胶厂、太原第一热电厂、太钢初轧厂、太原化工厂、晋西机器厂、兴安化工厂、太行仪表厂、太原制药厂、山西化学厂等一大批工厂先后建成投产。1964年,太原制药厂试制青霉素成功。1965年,太原光华鞋油厂生产的"蝴蝶牌"鞋油被评为全国优秀产品,太原重型机器厂试制成功全国最大的25000千瓦配件——半热锻轻体互环,太原矿山机器厂制成全国第一台筒井钻机,中元玻璃厂试制成功全国第一批高温水平计,太原重型机器厂试制成功中国最大的七辊矫正机和全国第一台步行式长臂铲车,山西化学厂试制成功"乐果"农药,为农业生产消灭病虫害立了头功。1966年,太原矿山机器厂制成全国第一台50马力电动绞车,重型机器厂制成中国第一台4500吨水压机。农业方面,平田整地,兴修水利,生产条件得到改善,粮食产量明显提高。特别是市郊小井峪、柏板、新城、黄陵、小店、晋祠等地粮、菜、畜、果连年大丰收,农民生活有了改善。1966年,全市社会总产值达到245569万元,国民收入达到84679万元,社会商品零售总额达到35991万元,地方财政预算内收入达到18182万元,创造了建国以来最好水平。

这一时期,城市布局也有了新的发展。兰村水源第一期工程完工开始供水,迎泽大街中段通车,解放南路第一期拓宽工程竣工,打通府东街第一期工程开始动工,城市布局的基本框架初步形成。

从新中国成立到 1966 年,在社会稳定、经济发展的同时,科技、教育、卫生、体育、新闻、出版和各项社会事业也得到了长足发展。特别是在教育方面,山西大学、太原重型机械学院、山西财经学院等高等学校相继恢复和成立,各类中等专业学校和普通中学数量日益增多,为培养各方面的建设人才,尽快提高全市人民的文化素质,促进经济和社会的发展,起了积极的作用。

在此期间,刘少奇、朱德、董必武、彭真、贺龙、彭德怀、聂荣臻、陈毅、罗荣桓等党和国家领导人先后亲临太原视察,及时给予指导,对太原经济的长足发展起了重要的作用。

四、十年内乱遭受重挫

1966 年 5 月到 1976 年 10 月,在"文化大革命"10 年中,太原与全国一样,中共各级组织普遍受到冲击并陷于瘫痪、半瘫痪状态,群众思想严重混乱,社会秩序动荡不安,经济建设遭受了严重的挫折和损失。1976 年与 1966 年相比,全市社会总产值下降 0.2%,工农业总产值下降 1.4%,工业总产值下降 4.3%,地方财政预算内收入虽然增长 3.5%,但年平均增长速度却大大低于"文化大革命"前,职工平均工资不但没有增长,反而下降了 7.2%。10 年期间,新增固定资产仅仅 14.2 亿元,比 1958 年到 1962 年(截至 5 月)五年间所增固定资产还低 2.4 亿元。

在这样困难的情况下,全市广大干部、工人、农民、知识分子不断排除林彪、江青反革命集团的破坏和干扰,在工业交通、农业生产、科学技术和城市建设等方面仍然取得了一定成绩。尤其是在 1975 年,邓小平主持中央工作期间,全市经济又有了转机。同年,著名数学家华罗庚来太原推广"优选法",对全市节约资源,提高经济效益发挥了积极作用。在此期间,胜利桥、汾河隧道、小店汾河桥、新建的太原火车站、迎泽东大街、太茅公路太原段相继建成通车,市内和市郊交通状况有所改善。

第四节　新中国时期(二):开拓振兴　奔向小康

一、拨乱反正开创改革发展新局面

1976 年 10 月粉碎"四人帮"之后,特别是 1978 年 12 月中共十一届三中全会作出了把工作重点转移到社会主义现代化建设上来的战略决策以来,全市人民认真落实党的各项方针政策,拨乱反正,解放思想,纠正"文化大革命"和左的错误,坚持四项基本原则,坚持改革开放的方针,在各个方面进行了一系列重大改革。1976年~1990年先后执行了"五五"、"六五"、"七五"三个五年计划,特别是在"六五"到"七五"期间,太原市在改革和发展方面作出了一系列重大决策。1983年5月,国务院批准了山西省人民政府关于太原市城市总体规划的报告。1984年3月,中共山西省委、山西省政府批准了市委、市政府呈报的《太原市城市体制综合改革试点方案》。1985年12月,中共太原市第五次党代会确定了太原市"七五"期间经济和社会发展的战略目标、指导思想及发展规划。1986年12月,市委五届二次会议通过了《关于"七·五"期间加强社会主义精神文明建设的工作要点》。1988年3月召开的市委五届五次全体(扩大)会议,对全市政治体制改革工作进行了全面部署,通过了太原市党政分开近期实施方案。1988年7月,市委召开了五届六次全体(扩大)会议,制定了《适应沿海经济发展战略的基本对策》。1988年9月,市委、市政府认真贯彻中央关于治理经济环境,整顿经济秩序,全面深化改革的方针,制定了一系列措施,调整投资结构,压缩基本建设规模和信贷投资规模,控制消费基金增长,开展财务、物价、税收大检查,清理整顿行政性公司,以促进改革的健康发展。

经过10年的努力,太原的农村经济体制、城市经济体制、流通体制、科技教育体制、其他各项管理体制和政治体制改革取得了重大进展,初步建立起适应社会主义商品经济发展的新体制,全市经济和社会发展取得了显著成就。国民经济走上了持续、稳定、协调发展的轨道。10年中,国民经济的年增长速度保持在10%左右,经济效益显著提高。1989年人均国民收入比1978年增长1.06倍,地方财政收入累计相当于前30年收入总和的1.9倍。

农村经济迅猛发展。同1978年比,到1989年底,全市农业总产值(不包括村及村以下企业)增长58.99%,蔬菜产量增长109%,油料产量增长5.22倍,水果产量增长2.14倍,牛奶产量增长3.59倍。单一生产结构得到调整,乡镇企业产值在农村社会总产值中的比重由19.7%上升到70.63%。农村从事工业、建筑业、运输业、商业、服务业及其他第三产业的劳动力占到农村全部劳动力的43%,广大农村已开始摆脱自然经济的束缚,走上了社会主义商品经济的轨道。

工业生产持续增长。1989年同1978年相比,全市工业总产值增长1.75倍,原煤产量增长1.62倍,钢产量增长74.6%,生铁产量增长73.9%,水泥产量增长107%,发电量增长11%,石棉产量增长14.2%。1989年,全民独立核算工业企业全员劳动生产率提高52.4%,百元固定资产创造产值增长13.3%。

城市基础设施建设得到加强。10年中,全市用于城市建设的投资比在此以前30年用于城市建设的投资总和还多6.8亿元,城市基础设施载荷能力和综合服务能力显著增强。全市新建居民住宅面积达到566万平方米,居民人均居住面积达到6.85平方米,比1978年增加2.78平方米。新增公共汽车营运线路291公里。环境严重污染的状况得到控制。交通、邮电、通讯事业得到迅速发展。

城乡市场繁荣活跃。10年中,全市商业、饮食、服务业机构数增长6.2倍,商业网点数增加2.4万个,社会商品零售总额增长4.63倍,农贸市场所占比重由不足0.1%上升为7.8%。对外贸易有了突破。1989年,全市出口商品供货总值达1.79亿元,比1978年增长3.1倍,出口商品结构发生了明显的变化,农副产品所占比重由1978年的27%下降为21%,工矿产品所占比重上升到79%。

社会主义精神文明建设成效显著。10年中,全市用于教、科、文、卫、体方面的投资相当于前30年投资总和的5.4倍。全市独立科研机构比1978年增加69个,科研工作人员增加1.55万人。普通高等学校在校生增长2.1倍,新建和改造了一大批中、小学校。卫生机构增加179个,床位增加8845张,卫生技术人员增加1.02万人。体育运动技术水平不断提高,刷新了一批全国和省、市纪录,群众体育活动广泛开展。广泛开展了文明示范区、乡建设和争做"文明市民"的活动,讲文明、讲礼貌蔚然成风。普法教育深入开展,广大人民群众学法、用法、守法的意识普遍增强。深入进行了严厉打击严重刑事犯罪活动和严重经济犯罪活动的斗争,加强了社会治安综合治理,全市社会治安状况基本实现了中央提出的持续稳定的要求。

城乡人民生活水平有了明显提高。10年中,全市城镇共安排就业人员38.5万人,全民单位职工平均工资增长2.13倍,农民人均纯收入增长5.22

倍。

1989 年全市社会总产值达到 120.94 亿元,其中工农业总产值 97.66 亿元,国民收入 39.14 亿元,以 1980 年不变价计算,分别比 1949 年增长 94.8 倍、90.1 倍和 58 倍。

二、深化改革经济迈上新台阶

1991 年~2000 年,太原市努力开创改革开放和现代化建设新局面,紧紧抓住太原被国家列为内陆开放城市、"优化资本结构"试点城市和被山西省列为综合改革试点城市等有利时机,围绕建立社会主义市场经济体制,全面深化改革,实施全方位开放,全面实现了"八五"和"九五"计划目标,国内生产总值和人均国内生产总值分别提前 5 年和 2 年实现了比 1980 年翻两番的目标,登上了一个新的台阶。国内生产总值"八五"期间,年均增长 12.6%;"九五"期间年均增长 6.7%。到 2000 年,国内生产总值人均达到 11418 元,产业结构调整成效显著,三次产业比重为 4.3:48.7:47.0,第三产业大幅度上升。所有制结构发生新的变化,非公有制经济占国内生产总值比重上升到 32.5%。

在积极调整产业、企业和产品结构,制定并实施名牌战略,强化企业管理,加快技改步伐的基础上,国有大型企业积极推进现代企业制度建设,95.8% 的中小企业进行了不同形式的改组改制。太钢、太重、刚玉、天龙等 8 家企业成功上市,募集资金 52.95 亿元。太钢不锈钢生产线、铝厂、刚玉冶炼炉改造等一批重大技改项目的实施,增强了增长后劲。工业发展速度明显加快。全市各县(市)区、广大农村在巩固完善以家庭联产承包为主的责任制和双层经营体制的同时,加强建设社会化服务体系,加快了农业产业化和市场化进程。在经济发展上,坚持城郊型经济发展的正确方针,围绕增加有效供给和增加农民收入两大目标,突出粮食、"菜篮子"工程和乡镇企业三大重点,增加农业投入,促进了农村经济的全面发展。蔬菜、林果、畜牧、花卉四大特色产业初步形成。老陈醋、肉鸭、油脂、芦笋等一批龙头企业带动了农副产品基地建设,农业产业化进程不断加快。清徐商品粮基地建设、阳曲有机旱作农业和退耕还林还草、娄烦生态环境综合治理以及晋祠、徐沟小城镇开发等一批重大项目全面启动。

按照"大市场、大商贸、大流通"的发展思路,加强了市场和商业网点的建设,商业组织化程度不断提高。太原服装城、河西农副产品集贸市场等一批规模较大的交易市场相继建成,五一百货大楼、下元商业中心完成了改扩建工程,新建了工贸商场、立达商场、天龙大厦和华宇市场,全市商贸服务设施的布局更加合理,功能更加完善,开放型市场体系初步形成。市场繁荣,物价稳定。同时,还认真整顿流通秩序,严厉打击欺行霸市、制造和销售假冒伪劣产品不法行为,维护了消费者的合法权益。

对外开放日益扩大。1992 年,创办了太原高新技术产业开发区和太原经济技术开发区,以吸引高科技产业和外资企业。全市投资环境进一步改善,"九五"末期三资企业累计达到 963 户,已同 20 多个国家、地区的 70 多个友好团体建立了经济技术合作的贸易往来关系,同日本姬路市、英国纽卡斯尔市等10 个城市结为友好市,同 9 个城市结成长期经济友好合作城市。同国内 100多个大中城市建立了经济协作关系,与上海、厦门、连云港等城市结为友好城市。

各项社会事业全面推进。随着科技兴市计划、科技振兴计划和科技启明星计划的实施,全市科技创新能力增强,科技进步对经济增长的贡献率不断提高,以光机电一体化电子信息、新材料、环保和高效节能设备、生物医药为主的高新技术产业有了新的发展。教育事业在深化综合改革、优化教育结构、改善办学条件等方面取得了新的进展,义务教育、成人教育、职业技术教育和高等教育协调发展。九年制义务教育普及率、幼儿入园率、各类毕业生的合格率都有明显提高。不断增加教育投入,进一步改善了办学条件,城区新建、改建和扩建了一大批幼儿园和中小学校。计划生育工作得到加强,旅游、文化、体育、卫生、新闻出版、广播影视等均有新的发展。

城市综合服务功能不断提高。太原火车站高架候车室、飞机场候机楼、市区南北出口路、集中供热、少年科技城、汾河公园等一批重大项目先后竣工并投入使用,太旧、东山和南环高速公路建成通车,用较短的时间打通、拓宽和改造了北大街、水西门、水西关、西羊市街等 47 条城市道路,改建了五一广场,黄河水源太原城市供水工程项目开工建设。集中供热和煤气供应能力大大提高,新型居民住宅小区大批建成。"九五"末人均居住面积已达 10.13 平方米,电话用户达到 74.44 万户。环保投资加大,一大批工业污染源得到治理,大气总悬浮微粒等 5 项环境质量指标比过去有较大改善。人民生活水平进一步提高,城乡居民的消费结构由温饱型向小康型迈进。

在经济文化加快发展的同时,民主法制建设进一步加强。全市各级政府依法行政水平不断提高。基层民主不断扩大,村务、企务、政务公开进一步完善。普法教育更加深入,市民法律意识得到增强。社会治安综合治理不断加强,确保了省城稳定。

"八五"和"九五"期间,国民经济和各项社会事业所取得的重大成就,在太原发展史上谱写了重要的篇章,为在新世纪更快更好地发展,全面实现《太原市国民经济和社会发展第九个五年计划与2010年远景目标纲要》奠定了坚实的基础。1990年以来,太原市先后荣获全国园林绿化先进城市、全国卫生城市、全国环境综合整治先进城市、全国实施安居工程先进城市、全国无偿献血先进城市、中国优秀旅游城市、全国民族团结进步模范集体、全国科教兴市先进城市、全国双拥模范城等称号。

三、跨入新世纪奔向全面小康社会

从2001年起,太原市以"率先发展"的姿态跨入21世纪,正在为实现本世纪中叶建设全面小康社会的目标开拓奋进。

在新世纪之初,太原市的发展展示了良好的开局,2001年全市经济主要指标实现了两位数增长,创"九五"以来最好水平。全年完成国内生产总值433.6亿元,增长13.5%;人均国内生产总值达到12319元;财政总收入46.7亿元,增长21.7%。经济结构调整初见成效。第一、二、三产业比例为3.7:49.5:46.8,二、三产业构成国民经济的主体。

通过扶持潜力产品项目,发展潜力产品,拉动全市工业增长14.7个百分点。产业、产品和所有制结构发生了趋势性变化。传统产业改造提升,产业链延伸,附加值增加,效益逐步显现;生物制药、电子信息、新材料等新兴产业初具雏形,发展势头强劲。非公有制经济发展环境更加宽松,活力日益增强,占GDP的比重提高到35%,对财政的贡献率达到20%。全市规模以上工业总产值完成380.4亿元,比上年增长16.3%;工业增加值完成115亿元,增长15%;实现利税31.9亿元,增长18.2%。工业经济效益综合指数82.2,比上年提高6.3。

农村经济健康发展。农林牧渔业总产值完成13.7亿元,增长14.5%。新建日光节能温室10万间。建立安全农产品试验示范基地45个,安全农产品产量占到全部农产品的10%。农业产业化龙头企业发展到110个,完成农产品加工产值 20 亿元。发展农村中介组织 100 多个,培养农民经纪人 5000 余名。新建 6 个农业节水园区,新增节水面积 2.3 万亩。退耕还林完成 44.7 万亩。乡镇企业总产值达到 22.4 亿元,增长 27.9%,完成增加值 56.6 亿元,增长 30.6%;上缴税金 5.7 亿元,增长 65.38%。坚持开发式扶贫方针,实施五大增收致富工程,解决了 230 个自然村、10 万人和 8000 余头大牲畜的饮水困难,全年有 2.9 万人脱贫。

商贸、旅游业持续增长。社会消费品零售总额完成 181 亿元,增长 12.3%。细分消费市场,适时扩大绿色食品、厨房用品和特殊群体生活用品的销售。大力发展新型业态,新增超市、连锁便利店 134 个。加快旅游业发展,对晋祠景区、神堂沟温泉旅游度假区进行了综合整治,以旅游黄金周为契机,加大宣传促销力度,全年接待海内外游客 1036 万人次,旅游总收入 35.6 亿元,增长 16%。

对外开放态势良好。地区进出口总额完成 16.4 亿美元,增长 24.2%。其中出口排在前 10 位的国家和地区为:韩国、日本、美国、印度、荷兰、菲律宾、香港、比利时、意大利和巴西;出口额达 500 万美元以上的商品有:烟煤、焦炭、炼焦煤、镁锭、无烟煤、体育器材、铝锭等 17 个品种。市属外贸进出口总额为 1.66 亿美元,其中出口为 1.30 亿美元。积极推动进出口经营主体多元化,30 家企业获得了对外贸易经营权。出口商品结构发生积极变化,机电产品出口额增长 21.1%。加大招商引资力度,组织参加了厦门洽谈会和高新技术交易会,成功举办了太原国际经济合作论坛暨投资项目洽谈会和投资项目香港推介活动,签约项目 179 个,协议外资 19 亿美元。新批准外商投资企业 32 家,投资总额 2 亿美元,增长 1.4 倍;合同利用外资 1.2 亿美元,增长 2.6 倍。

城市建设力度增强。完成固定资产投资 147.6 亿元,增长 20.3%。黄河水源城市供水、二电集中供热、胜利桥加宽、和平北路、南内环桥西引道、柴西路、迎春街、城坊东街、滨河东路向北延伸南段、旧晋祠路南段拓宽改造等一批重点工程建成投运,新增集中供热能力 600 万平方米,新增煤气供气能力 1.1 亿立方米。各类房产竣工 263 万平方米,房产交易额 39 亿元。经营城市取得新突破,国土纯收益 5.6 亿元,广告经营权拍卖成交额 1.3 亿元。公路网建设步伐加快,增加水泥、沥青路面 250 公里。

城市环境进一步改善。大力开展城市环境综合整治,拆除违章和临时建筑 310 万平方米,取缔马路市场 185 个,新建规范蔬菜市场 90 个,铺装便道 115 万平方米,整饰建筑立面 671 万平方米,新增绿地 317 万平方米,完成了 32 条主干道、出口路的整治和美化亮化,新增夜景灯 4.1 万盏,改造了 20 个交通路口和 19 个港湾式公交车站。迎泽公园免费开放,新建了一批贴近市民的广场和游园,绿化覆盖率达到 33.7%,绿地率 26.8%,人均绿地 7 平方米,汾河景区荣获了"迪拜国际改善人居环境最佳范例奖",城市形象逐步提升。以环境功能区质量达标为重点,大力实施环保工程,市区空气质量好于二级以上天数达到 153 天,主要污染物指标平均下降 15%。生态建设迈出新步伐,环城林带完成 1.7 万亩,占总任务的 74%。城市规划进一步加强,编制了《太原市文物古迹保护规划》等 25 个专业性规划以及 22 条主干道、8 条示范街和 66 条小街小巷的综合整治规划,完成了 6 个分区规划。

各项社会事业继续发展。教育方面,进一步巩固了普及九年制义务教育的成果。高中阶段教育规模继续扩大,城区高考升学率达到 64.9%。所有普通高中和 85% 以上的城区初中开设了信息技术必修课。科技方面,有 12 个企业技术中心被认定为国家和省级技术中心,太原市被确定为国家和省制造业信息化工程重点城市。四级农业技术推广服务体系进一步健全,对 12 万人次农民进行了科技培训。文化事业方面,筹建了广播电视总台、电影、演艺集团,成功举办了首届晋阳文化艺术节,晋阳古城遗址保护被联合国开发署确定为城市规划援助项目。太原杂技团在第四届全国青少年杂技大赛中获"金狮奖"。整合卫生资源,组建了中心医院、妇幼保健、中医药等 3 个医疗集团。建立社区卫生服务中心 14 个、服务站 158 个,受益人口 150 余万。体育方面,成功承办了第 11 届省运会,夺得金牌总数和总分第一名。投资 4823 万元建成 129 个"星光计划"项目,使社区功能不断增强,荣获"全国社区建设示范城市"称号。社会保障体系日益完善。养老保险、失业保险覆盖面达到 95% 以上,参加城镇职工基本医疗保险的人数已达 50 万人。受到城市居民最低生活保障的人数为 8.5 万人,做到了应保尽保。

城乡居民收入水平不断提高,人民生活日益改善。2001 年,城镇居民人均可支配收入 7376 元,增长 13.5%;农村居民人均纯收入 3077 元,增长 12.4%。居民收入不断增加,促进了购买力提高。2001 年,太原市城镇居民人均消费支出 5165 元,农村居民人均消费支出 1595 元。据调查,截至 2001

年底,每百户城市居民家庭拥有彩电 117 台,洗衣机 95 台,电冰箱(柜)103
台,家用电脑 14 台,空调器 7 台,家用汽车 0.7 辆,移动电话 21 部;每百户农
民家庭拥有自行车 144 辆、摩托车 19 辆、缝纫机 62 台、电视机 93 台、电冰箱
27 台、洗衣机 59 台、照相机 10 台、家用电话 31 部。居民消费结构发生明显
变化,以食品为主的生活资料支出比重减少,以教育、文化、健康、旅游为主的
消费与娱乐支出比重提高。2001 年,城市居民家庭恩格尔系数为 33.9%,比
改革开放初期下降近 20 个百分点。

政治文明和精神文明建设成效显著。政府积极转变职能,改革行政管理
体制,减少审批、收费项目,改进作风,提高效率,政务大厅建成投运,对 32 个
部门、179 个事项进行集中审批和办理,实行"一站式"服务。大力推行"阳光
政务",建立政府公众信息网站,扩大了政务公开范围和渠道。建立重大决策
项目公示制度和公众参与制度,召开了煤气价格和征收城市生活垃圾处理费
听证会。强化行政效能监督,设立了效能监督投诉中心和监督网站,落实执法
过错和错案责任追究制度,行政执法水平有了新的提高。以创建全国文明城
市为目标,深入开展群众性精神文明创建活动,涌现出一批文明社区、文明村
镇、文明窗口、文明行业和文明单位,荣获"全国创建文明城市活动先进城市"
称号。加强社会治安综合治理,以"打黑除恶"为龙头,引深严打整治斗争,严
厉打击黑恶势力犯罪集团和"法轮功"等邪教组织,深入开展"扫黄打非"斗
争,坚决扫除社会丑恶现象。政治安定、社会稳定的局面进一步巩固和发展。

有着 2500 年悠久历史和辉煌文明的太原古城,已经成为一座经济社会高
度发达,城市功能日臻完善,环境优美,风景宜人的、全方位开放的、充满生机
和活力的现代大都会。2003 年,太原市在推进各项事业发展的同时,举办了
建城 2500 年庆典活动和招商旅游年活动。庆典活动在 2003 年 9 月上旬达到
高潮,除招商旅游、经贸洽谈外,还举办了太原国际面食节、大型文艺演出、大
型灯会和大型焰火晚会等一系列活动。9 月 4 日上午举行的太原招商旅游年
暨纪念建城 2500 年大会是这次活动中最重要的日程。庆典大会极大地激励
和鼓舞了太原人民,在国内外产生了广泛的影响。

(《太原风景名胜志》卷二,山西人民出版社,2004 年)

太原市南郊区志卷首无题序

任根珠　杨志忠

卷一·大事记

本卷开篇大事,以春秋时期赵鞅家臣董安于营建晋阳城为发端,晋阳之繁荣与发展即始于此。但晋阳历史可追溯到 5000 年以前。远在新石器时期,境域内汾水两岸即有先民在此繁衍生息。义井文化遗址是晋中仰韶文化的代表,许坦文化遗址是夏文化的早期遗存,东太堡文化遗址是夏文化的晚期遗存。商代,境域为唐地。据翦伯赞主编的《中外历史年表》载:公元前 2297 年,"尧都唐"(《史记·五帝本纪》引帝王世纪。按古唐国在今山西太原)(编者注:一说平阳)。前 797 年(周宣王三十一年),"周宣王伐太原之戎,不克(古本《竹书纪年》)"。前 541 年(周景王四年,晋平公十七年)"六月,晋荀吴帅师败狄于大卤"(编者注:大卤即今太原)。

本卷记载了自公元前 497 年至公元 1990 年 2487 年间发生在境域及与境域相关的大事,共 755 条。周至清代 109 条,占总条数的 14.4%;中华民国 164 条,占总条数的 21.7%;中华人民共和国 482 条,占总条数的 63.8%。

卷二·建置

太原市南郊区为古晋阳所在地。从周敬王二十三年(前 497 年)晋国大夫赵简子派家臣董安于始筑晋阳城(今古城营,因居晋水之阳而得名),至今已近 2500 年。晋阳因地处晋水之源,汾河岸畔,中部平坦,土沃水美,东西山势险峻,南北交通便利,从秦置晋阳县到宋毁晋阳城,多为郡治、国都。秦为太原郡治,汉为韩国国都、代国国都、太原郡治、并州刺史部,西晋为太原国都,十六国时期为前赵、后赵、前燕、后燕郡州治所或国都,北齐为大丞相府、别都、太原郡治,隋为并州治、太原郡治,唐为北都、太原府治、北京,五代为后唐西京、北汉国都。宋及金、元、明、清、民国,境内县级建置基本稳定,先后称平晋县、太原县、晋源县。抗日战争和解放战争期间,抗日民主政权曾一度建立清

(源)太(原)县、清(源)太(原)徐(沟)县。新中国建立初为晋源县,1951 年划归太原市,撤县建区。之后,随着太原市行政区划的变动,境内所属的区、公社多次变动。1970 年 3 月,南郊区正式成立。

卷三·自然环境

境域地处山西台背斜中部,晋中新生代断陷盆地北端,地质构造较为复杂,有东西向构造体系、新华夏构造体系和众多褶皱断裂,地表裸露有古生界奥陶系、石炭系、二叠系,中生界三叠系,新生界上第三系和第四系地层。东西山对峙,有海拔千米以上山峰十余座,最高海拔为庙前山主峰 1865.8 米;中部平川海拔 763~780 米之间。境内有汾河、潇河、晋泉水、晋阳湖及 14 条季节性河流。总面积 686.95 平方公里,山区占 34.44%,丘陵占 8.23%,平川占 57.33%。境内属暖温带大陆性气候,四季分明,冬季寒冷干燥,春季干旱多风,夏季炎热多雨,秋季短暂凉爽,且随着海拔的增高而呈现出区域性的气候变化。平均气温平川 9.6℃,山区 7℃;年均无霜期平川 170 天,山区 145~155 天。地下水资源丰富,水位较高。动植物资源有油松、白松等天然次生林及国家级保护动物黑鹳、褐马鸡、天鹅、金雕、游隼、豹等。矿产资源有煤、石膏及锰铁矿,含煤面积 180 平方公里,储量约 27455 万吨。

卷四·人口

境内义井、东太堡考古表明,新石器时期,先民即在汾河流域繁衍生息。商代,晋阳为唐国都城,人口较为密集。西汉时,社会安定,经济繁荣,人口增多,太原郡有 169863 户,680488 人(《汉书·地理志》)。从东汉末年至隋朝,经年征战不息,人口流徙严重。唐代,社会经济得到恢复和发展,太原为"盛唐三都"之一,太原府(辖 13 县)有 128905 户,778278 人(《新唐书·地理志》)。宋代,赵光义于太平兴国四年(979)火焚晋阳城,境内人口锐减。历元、明、清,人口逐渐回升。解放后,社会安定,生产发展,人民生活水平不断提高,医疗卫生条件逐步改善,人口发展呈现三个特点:一是人口急剧增长,1990 年达 291943 人,为 1949 年的 2.37 倍。二是人口寿命延长,民国十年(1921)人口平均寿命为 43.5 岁,1949 年为 54 岁,1990 年提高到 76 岁。三是文化素质提高,民国七年(1918)太原县识字人口占总人口的 6.54%,1990 年识字人口占总人口的 99.18%,基本达到"扫除文盲县(区)"标准。

卷五·农业

南郊区紧傍太原市,境内农业以粮、菜、肉、蛋、奶为主,是太原市的副食品生产基地。新中国建立后,随着农业生产条件的改善和耕作技术水平的提高,农业生产发展很快。特别是中共十一届三中全会后,推行联产承包责任制,极大地调动了广大农民的生产积极性,为城市提供的农副产品数量越来越多。1990年粮食亩产332公斤,总产109186吨,分别为1949年的2.9倍和1.7倍。蔬菜上市量一直占太原市商品菜的40%以上,1990年,蔬菜总产量20204万公斤,有11类36个菜种171个品种。总产值占种植业总产值的40.1%;养猪存栏30844头,出栏31178头;饲养奶牛4251头,产奶15556.2吨;养鸡121.7万只,产蛋7431.8吨。全区森林资源面积少,主要分布在东西两山。新中国建立后,年年组织群众植树造林,1983年平川区基本实现林网化,1986年被国家林业部授予"全国平原绿化先进单位"称号。

卷六·水利

南郊区西有晋水,南有潇河,中部汾河纵贯全境,自古以来水利灌溉条件优越。北魏郦道元《水经注》中就有"智伯之遏晋水灌晋阳……后人踵其迹蓄以为沼","以周灌溉"的记述。宋诗中也有"千家溉禾稻,满目江乡田,……皆如晋祠下,生民无旱年"的诗句。两千多年来,劳动人民不断兴利除弊,发展灌溉,至1949年,晋祠泉水有4条干渠,汾河两岸有18道"泥渠",潇河有清、洪两用渠道6条,共可灌溉清水地5.1万亩,洪水地10万亩。新中国建立后,农田水利建设发展很快,防洪、排涝、引水、提水、蓄水、节水工程星罗棋布。1977年至1980年,区委书记康崇典任职期间,兴办了汾河治理、太榆穿潇、东山引水三大骨干水利工程。至1990年,全区14条沙河有13条得到治理,5万余亩沼泽荒滩得到开发,10万余亩易涝盐碱地变成旱涝保收田。水浇地面积达到27.78万亩,占总耕地的87.5%。干、支、斗、农四级灌排水渠道总长1268.91公里,其中防渗519.13公里。

卷七·工业

南郊区矿产资源丰富,工业历史悠久。周敬王二十三年(前497),董安于建造晋阳城时,曾炼铜作柱。唐代,"并州快剪"闻名全国。宋朝,马庄、孟家井烧制的瓷器品质优良,被称为"北方宋瓷"。明代,太原县生产红矾、土盐、白矾、石灰、瓦器、铁等,有煤窑57座。清代,太原县有铁器、瓷器、瓦器及草纸、白纸、砚石、硫磺、丝绢等物产。民国年间,境内基本形成矿产采掘、造纸、酿造和粮油加工四个主要产业。抗日战争爆发后,境内工业、手工业遭到摧残,奄奄一息。建国后,国家对工商业实行保护政策,惨遭破坏的国民经济得到恢复和发展。"文化大革命"期间,不少企业处于停产、半停产状态。1978年后,在改革、开放、搞活政策的指引下,逐步形成了以煤炭、机械、建材、轻纺、食品、化工等行业为主体的国营、区属集体、乡镇企业、部门工业、个体工业五种经营体制并存的工业体系。1990年,全区共有工业企业2044个,完成工业产值7.12亿元,实现利润3928.66万元。

卷八·乡镇企业

南郊区乡镇企业的前身为合作化时期的社队工副业。60年代,主要是围绕农业生产兴办农机、化肥、农药和利用当地资源开办的煤炭、建材等工业企业。60年代后,发展了一批就地加工、销售、生产和为生产、生活服务,为城市、外贸服务的社队企业,初步改变了农村单一的经济结构,成为国民经济的支柱产业。中共十一届三中全会后,乡镇企业迅速发展。在经营体制上突破了社队两级办企业的局限,逐步形成乡镇、村、联办、个体和私营企业4个层次。在产业结构上,初步形成以工业为主体,由工业、交通运输、建筑、商业、服务和其它企业组成,颇具特色且较完整的乡镇企业体系。1990年,乡镇企业总数达10682个,职工60992人,总产值76199万元,占全区社会总产值的87%;总收入63614.08万元,占全区农村总收入的80%;上交税金3488.72万元,占全区税收总额的78.93%。1990年,全区乡镇企业总产值和乡镇工业产值两项主要指标,在全省118个县(区)中,均居第一位。

卷九·交通邮电

南郊区古为晋阳城邑,今为太原近郊,历来交通便利。明清时境内有4条官道通往省内外。至建国前,有太汾、太祁、太榆、太旧4条过境公路线,石太、同蒲过境铁路线及武宿飞机场。解放后,人民政府大力发展交通运输事业。石太铁路境内段1980年建成复线,1982年建成电气化铁路。民航武宿机场两次扩建,占地400万平方米,开设航线19条,年旅客吞吐量20万人次。境内国(省)道、市属和区乡、乡村、专用公路交织成网,1990年,各种公路总里程达363.4公里,其中沥青路和公路密度均为全省之首。全区73%村庄通公路。1990年全区有拖拉机6010台,汽车2661辆,年货运周转量9658.9万吨公里。境内邮政设局始于清光绪三十一年（1905），电话始于民国十年（1921）。1954年后，相继设立了7个邮电支局、14个邮电所、3个邮政代办所，投递范围不断扩大，电讯设施逐步更新。1990年区邮电大楼建成后，铺设地下电缆。通信事业达到国内先进水平。

卷十·城乡建设

明清时境内有四大古镇，曾有一定建筑规模。由于多次战乱，古建筑多毁于兵燹。至建国前，城乡建设几无发展甚至萎缩。农村住房多为砖木土墙平顶结构，一些贫苦农民连居住条件也无保证。建国后，城乡建设日新月异。至1990年，建起40余座楼房，街道扩展硬化，照明、供排水、园林绿化等公共设施和文化娱乐、医疗体育等设施齐全，建筑总面积由建国前的6800.19平方米增加到415219.71平方米。农村住宅条件得到很大改善。公共设施增加，全区230个自然村用上了自来水。乡村建房总面积达2062800平方米，农民人均住房面积18平方米。

60年代，境内国营大中型企业相继兴建投产，70年代后，乡镇企业崛起，生态环境受到严重污染。从1980年起，环境保护工作日益受到政府和社会重视，开始有计划地治理废水、废气、废渣、噪音，使污染程度得以减轻。

卷十一·商业贸易

民国期间，境内逐渐形成晋源、晋祠、小店、北格4个各具特色的商业集镇。北格镇为粮食交易中心，晋祠镇为金融中心，小店镇以旅店业最盛，晋源镇作为县城以饮食、服务、百货为主。日军侵占后，绝大部分商业店号倒闭。至解放前，境内私营商业仅180余户、500余人。建国后，国家对私营工商业实行社会主义改造，国营商业、供销合作商业成为商品贸易的主渠道。在"文化大革命"中，小商小贩被当作"资本主义尾巴"割掉，集市庙会也被取消，限制了商品经济的发展。中共十一届三中全会后，在发挥国营商业主渠道作用的同时，集体、个体商业得到迅速发展，市场日益繁荣。个体商户发展到1600多户、2000余人。全区65个庙会相继恢复，进行物资交流。1983年起，陆续建成小店、晋祠、北格、晋源、姚村、山针、黄陵7个集贸市场。1990年，全区商品销售总额达8964万元，比1962年翻了7番。出口商品有粮油、食品、土畜产品、五金矿产、轻纺化工等五大类40多个品种。

卷十二·经济管理

建国后,国民经济逐步走上计划经济的轨道,过分强调有计划的生产和流通,忽视了价值规律和市场机制的作用。80 年代起,实施"计划经济与市场调节相结合,宏观控制与微观搞活相结合"的方针,本区逐步缩小指令性计划范围,扩大指导性计划与市场调节。随着经济体制改革的深入发展,本区在宏观经济管理中,改变过去以直接管理为主,管得过多、过细、过死的做法,实行以间接管理为主,直接管理为辅,坚持计划调节与市场调节的有机结合。1985年,除工资、银行信贷、限额以上固定资产投资外,农业生产和各项计划均实行指导性计划。1986 年后,放开全部 800 余种小商品价格,7 种二类工业品由国家定价改为有计划的市场调节价。工商管理在贯彻执行党和国家经济政策、法律、法令和规章制度,保护合法经营,打击经济领域违法活动的同时,采取措施促进生产,活跃交流。统计管理、标准计量管理不断加强,在经济建设中发挥了重要作用。

卷十三·财政金融

清末,地方财政开支由中央规定的税收项拨留支用。太原县为财政盈余县,上解 97%,坐支 3%。民国初,财政收入基本集于中央,县财政无固定收入,靠自行滥增附加税弥补支出。建国后,财政贯彻执行"发展经济,保障供给"的方针,税收以减轻人民负担为原则,对农业税实行增产不增收、稳定负担的政策。财政支出本着"取之于民,用之于民"的原则,统筹兼顾,全面安排,集中资金,保证重点建设,满足人民物质和文化生活的需要。

据考古发现,区境货币流通的历史可上溯自战国时代。随着商业的发展,清代中期形成了专业性金融机构。本世纪 20 年代末是境内当铺和钱庄发展的高峰期,计 50 余家。民国 27 年(1938),经济萧条,当铺、钱庄全部倒闭。解放前夕,境域金融市场一片空白。民国三十八年 7 月 1 日成立中国人民银行太原县支行。其后建置屡有变动,但金融机制职能从未减弱,并逐步形成完整的金融体系,在搞活经济发展生产中起了重要作用。

卷十四·政权政协

建国初,各界人民代表会议为过渡性权力机构,代行人民代表大会职权。1954年建立人民代表大会制度,由人民直接选举产生地方国家权力机构。随着撤县建区及行政区划变动,至 1965 年,太四区、太六区、小店区、晋源区、小店公社、晋祠公社及太原市郊区,共召开过六届人民代表大会。"文化大革命"期间,政权建设遭到破坏。1981、1984、1987、1990年,南郊区分别召开了第七、八、九、十届人民代表大会,选举产生了各届区人大常委会、区政府组成人员。

境内最早代表人民利益的政权是民国二十七年(1938)在西山杜里坪村诞生的清太县抗日民主政府。太原县城解放后,成立人民政府。1970年建区后称区革命委员会,1981年区七届人代会后复称区人民政府。政协南郊区委员会成立于1984年,遵循"政治协商,民主监督"的方针,积极参政议政,为政权建设和经济发展做出了贡献。至1990年,共召开过三届全委会议。

卷十五·民政

清代,地方赈灾救济鳏寡孤独收养等"恤政",由地方官掌管。亦有热心公益的绅士倡办社会慈善事业。民国时期,太原县政府设科管民政,民政工作的范围亦扩大。国民政府也颁过一些优抚、赈济条文,但执行不力,经费靠地方自筹,兼之贪官污吏中饱私囊,成效甚微。每遇天灾、兵荒、疫情,则饿殍遍野,民不聊生。

民国二十九年(1940),太原县抗日民主政府设民政科,主管支前劳军,扩大人民武装,优抚安置,社会救济,婚姻登记等。

新中国建立后,民政工作真正走上惠民轨道,逐渐形成一套完善的工作制度,在不同的历史时期,在基层政权建设、行政区划、优抚安置、救灾救济、社会福利、殡葬改革等方面,发挥重要作用,把中国共产党和人民政府的关怀送到人民群众手中。

卷十六·司法

清代,行政司法职权无明确分立,知县多亲自审理案件,公堂森严,肉刑逼供,贿赂敲诈,"苛政猛于虎"。民国时期,太原县先设有警察所,后设公安局,主要职掌缉捕,迫害共产党人和进步人士,清查保甲户口,管理城镇治安,执行禁烟、禁赌等。民国三十七年(1948)7月太原县解放后,新生的人民民主政权运用法律维护革命成果和人民利益,有效地保障和促进社会经济的发展。根据国家《宪法》和有关法规,公安、检察、法院分工负责,互相配合、制约,构成完整的人民司法体制,在打击刑事犯罪和保障人民民主权利的斗争中,显示出社会主义法制的优越性。中共十一届三中全会以来,本区司法机构紧密围绕"稳定经济、深入改革"的总任务,开展普法教育,不断增强干部群众的法制观念,在绝不放松打击严重刑事犯罪的同时,把打击严重经济犯罪活动作为主要任务,按照法律和法律程序办案,办案质量不断提高。

卷十七·劳动人事

早在汉代,区境已实行雇佣劳动制和官吏选拔、任用制,明清时期仍沿袭之。进入 20 世纪初,随着境内工商业的发展,一些贫民流入城镇谋生,但工资低微,职业无保障。

建国后,政府设立劳动、人事管理部门,对失业者进行登记、训练,统一安排就业。随着国民经济的恢复,到 1956 年,区境基本解决了旧社会遗留的失业问题。1958 年"大跃进"中盲目招工,致使工人猛增。60 年代初,精减从农村招收的职工。70 年代,重点安置上山下乡知识青年就业。80 年代,改革劳动就业制度,广开就业门路,执行"先培训,后就业"的原则,改革招工、招干办法,实行考试、考核,择优录用。区政府还改革干部的录用、管理制度,核定干部编制,重视干部队伍革命化、年轻化、知识化、专业化建设,干部队伍的年龄、文化结构得到改善。但机关人员超编仍较严重。劳动、人事制度逐步走上正轨化。职工队伍逐渐壮大,到 1990 年底,全区职工达 32411 人。

卷十八·党派群团

民国五年(1916),太原县始建商务会,同行业间又设同业分会,当时主要集中在县城内(今晋源镇)。会员间恪守会规,发展经济,协同解决矛盾。

中国共产党建立初期,境内即有共产党员进行秘密活动。民国十三年,小店镇人纪廷梓投身革命,加入中国共产党,为境内最早的共产党员。民国二十六年十月,太原县第一个中共党支部——桃园支部建立。同年十二月,中共清(源)太(原)县工作委员会在古交镇成立。共产党组织在斗争中不断发展壮大。建国后,区境中共党组织迅速发展,成为领导人民建设社会主义的核心力量。

民国十七年二月,国民党太原县党部成立。随后,由于蒋阎矛盾,国民党被排挤,县党部停止公开活动。

新中国建立后,在共产党组织领导下,先后建立各种群众团体和民主党派,并通过其团结全区人民与各界人士,同心同德,荣辱与共,在"两个文明"建设中发挥积极的作用。

卷十九·军事

山西省中部有一纵贯南北的河谷盆地,是从我国北部边疆通向中原腹地的天然"军事走廊"。区境正居于这条走廊的中部,襟山带河,有表里山河之固,内可遥控晋省,外可直视蒙、冀、豫、陕,历来为兵家必争之地。早在春秋战国时期,赵国即以晋阳为根据地,向外拓展。汉武帝时,全国置十三刺史部,并州便为其一。南北朝时期,高洋据此,废魏自立齐国(北齐)。隋末,李渊、李世民父子以太原为根据地,始成大唐霸业。五代时,石敬瑭在晋阳称帝,立国号为晋(后晋)。自宋代赵光义毁灭晋阳城及至明清,晋阳之重要军事地位逐渐被新兴起的太原城所替代。进入现代,区境作为太原的南部及东部门户,战略地位仍十分重要。在中华民族争取民族独立、人民解放的伟大斗争中,区境人民谱写了璀璨的篇章。建国后,南郊人民继承和发扬革命战争年代的光荣传统,建立和健全各级人民武装领导机构,民兵工作和征兵工作出现新局面,军政军民关系进一步融洽,为振兴经济做出了贡献。

卷二十·教育

境域古代曾是山西文化教育中心,官办学校和私人办学源远流长。清代,学校制度承袭明制,学塾的发展超过明代,太原县除办有桐封、晋溪、寻乐三大书院外,学塾亦达120所以上。清末废科举,兴学堂,教育进入新学的初盛时期。进入民国时期,太原县教育事业又进一步得到发展。日军侵占县境后,多数小学被迫停办,校舍和设备惨遭破坏。

建国后,境内教育事业迅速发展,到1965年,有中等学校6所,小学187所,入学率为88%。"文化大革命"十年浩劫,教育遭到严重摧残,学生的文化水准普遍下降。中共十一届三中全会以后,教育事业进入新的发展时期。1985年,全区有196所学校,基本实现普及初等教育。1987年获得山西省人民政府颁发的"普及初等教育验收合格证书"。1990年,全区基本扫除文盲,非文盲率达99.18%,进入全省扫盲先进县(区)行列。同年2月,获得山西省人民政府颁发的"在改善办学条件中达到'一无两有三配套'标准"的奖状。

卷二十一·科学技术

据境内考古发现,春秋时烧造陶器、制作青铜器,隋代"五炉铸铁",唐时以"五金同铸"之铁镜为贡品……远在两千多年前,科技已应用于境内工农业生产。民国八年(1919),山西省建设厅在晋源北门外开办林木研究所,在东门外开办农业研究所(于民国二十八年停办),境域始有科研机构。日军侵占太原县期间,日本人在晋祠镇小站营村附近开办桥山水稻试验株式会社,后于民国三十年停办。

新中国建立后,人民政府重视科学技术,并在各行业内普遍推广应用。50年代,改良农具,引进良种,实行合理密植。60年代,改革农业生产技术,推广塑料膜育秧,培养高产典型。70年代,应用生物物理方法防治农作物病虫害和使用化学除草剂,推广丰产经验。进入80年代,科学技术研究与应用面向经济建设全方位展开,科技成果成批涌现,科技队伍不断扩大。到1990年底,各类专业科技人员达到5256名,重视和应用科学技术已在人民群众中蔚然成风。

卷二十二·文化

境域文化源远流长,从已发掘面世的新石器时期的双孔骨刀(东太堡)、灰陶罐(义井)显示出晋阳古文化的印记。3000多年来,劳动人民在这块土地上创造了灿烂的文化。开郡以来,文风渐开。相继涌现出王劭、王元规、狄仁杰、王诜、王琼、高汝行、李中馥、阎若璩、高若岷、王崇本、刘大鹏等一大批文人学者,诗文著述颇多建树,经久不衰。明清时期,民间文艺丰富多彩,太原秧歌始创民间。境域亦为晋剧的发源地之一。清道光、咸丰年间,太原县办起第一个戏剧票儿班——聚文会,著名晋剧表演艺术家丁果仙亦为成员之一。

建国后,本区文化面貌发生深刻变化,传统戏曲、民间文艺及电影、电视、新闻、图书等有很大发展。文化界涌现出一大批新人新作。至1990年,有专业剧团1个,影剧院(剧场)78个,文化馆(站)14个,图书馆(室)242个。群众业余文艺创作蓬勃发展,电影放映普及率不断提高,电视在广大农村覆盖面不断扩大,文化事业方兴未艾。

卷二十三·文物

辖境自古为都会之区,文物古迹遍布境内。已发现义井、东太堡两处新石器时期遗址。许坦村商代墓群出土完整陶器鼎、鬲、罐、簋、钵、盆等60余件,显示出先民的卓越创造才能。春秋至魏晋时期,文物以墓葬和遗址为主,金胜村春秋大墓、新村春秋墓、乱石滩汉代墓、蒙山张肃墓等,出土大批珍贵青铜器、彩陶、车马坑等,反映出当时社会生产和经济生活的繁荣发达。南北朝至隋代,文物以石窟造像和墓葬为主,蒙山大佛、龙山石窟、天龙山石窟、西镇摩崖造像等,即凿刻于其时。王郭村北齐娄睿墓、寺底村张海翼墓等,出土文物亦颇丰富,显示出古晋阳绚丽多彩的文化。

唐代,晋阳发展到鼎盛,地上文物古迹遗存颇多,其中首推晋祠。晋祠北魏时已有祠堂飞梁,北齐时更大起楼观,穿筑池塘,历代屡有扩建,为中华民族灿烂古文化遗迹之一。此外,境内古遗址、古墓葬、古碑刻、古建筑为数甚多,属于省级文物保护单位5处,市级15处,区级38处。

卷二十四·医药卫生

清代至民国年间,境域民间医疗以中医中药为主,民国初年西药始传入境内。旧中国医药卫生事业发展缓慢,疾病流行,严重威胁人民的生命。民国元年至三十六年(1912～1947),白喉、伤寒、天花等传染病流行14次,死人甚多。据民国十年《山西省第四次人口统计》载,人均寿命仅43.5岁。1949年,境内有中西医生64名,缺医少药现象严重。

解放后,人民政府大力发展医药卫生事业。1957年,乡乡建起联合诊所。1977年,226个大队全部建起合作医疗站。到1990年,有区级医疗卫生机构8个,乡级医院13个,共有中西医卫生技术人员630名,较解放前增加了10倍。同时,贯彻"预防为主"的卫生工作方针,大力开展爱国卫生运动,各种流行性疾病基本上得到控制。60年代天花、霍乱灭绝,70年代初白喉、小儿麻痹基本消灭。1984年南郊区被定为全国妇幼卫生示范县,1988年被确定为山西省初级卫生保健示范县。1990年全区人均寿命达到76岁。

卷二十五·体育

境内最早的体育活动是民间武术,清末民初主要为形意拳,其间不乏武林高手。民国年间,篮球、排球、体操、田径等体育活动开始出现,但仅限于一些学校。

建国后,境内体育事业有了较快发展。1970年成立南郊区体育运动委员会。20年中共投资216万元兴办体育事业。群众性的体育活动蓬勃兴起,武术、乒乓球、羽毛球、象棋等群众体育协会应运而生。在春节期间的全区体育活动周和八九月间的全区体育活动月中,机关企事业单位和各乡镇及部分村庄都要进行各种体育比赛。学校体育不断加强,1990年全区学生体育达标率为96.5%。体育设施逐年增多,区政府所在地小店建有占地2600平方米的田径场,容纳3400余名观众的灯光球场,占地830平方米的区体校训练房和可供正式比赛使用的游泳场。1980年以来,在全国体育比赛中有19人次获前6名；在省、市级比赛中分别有410人次和310人次获前3名。1990年，南郊区被评为全国体育先进县（区）。

卷二十六·人民生活

境内人民自古以农为本，靠天吃饭。丰年尚可勉强维持生计，遇灾年则以糠菜糊口度日。在漫长的中国封建社会中，随着土地的不断兼并和集中，导致占人口很少部分的地主、富农占有大部分土地，很多农民失去土地沦为佃农，深受地租、高利贷的剥削，生活十分困苦。新中国建立后，人民当家做主。随着生产的恢复和发展，逐步解决了温饱问题。特别是1978年以来，党的富民政策促进了经济建设的飞速发展，农民开始走上了富裕之路，职工生活水平迅速提高。1990年，全区农民人均收入851.24元，为解放初的10倍。人均收入千元以上的村有50个，占村庄总数的21.5%。自行车、手表、缝纫机，农民基本上家家都有，电视机、电冰箱、洗衣机、收录机等高档消费品也逐步进入农家院落，平均1.4户1台电视机；2.25户1台收录机。农家住宅也由土墙砖角、表砖土顶结构发展为砖木、钢筋水泥结构，人均住房面积20.17平方米。靠近市区的农村，农民达到或超过城市居民的生活水平。

卷二十七·民情风俗

境域风俗受自然、地理、历史、政治、经济、人文等条件以及社会环境影响，具有唐之遗风。其民性勤劳节俭，敦厚善良，崇尚礼义，淳朴好客。

由于战争、移民、迁徙及重大社会变革，风俗习惯也随之受其影响而潜移默化。进入20世纪，辛亥革命（1912）和"五四"新文化运动（1919），对境内的传统习俗进行过两次宣战与冲击，呼吁民俗的革新。建国后的五六十年代，传统习俗发生巨大变化，各种陋习、劣俗迅速萎缩或消亡，移风易俗取得令人欢欣鼓舞的成效。"文化大革命"对民俗又进行了猛烈冲击，但却导致是非混淆。改革开放以后，带着丰富的传统色彩和鲜明的时代特色的民俗，大量地出现在社会生活之中。尽管近几年资产阶级自由化带来一些精神污染，但民族之魂的良风美德正在发扬，现代文明新风尚正在形成，在社会主义精神文明建设大潮中，新人新事新风尚更大量涌现，推动着传统习俗朝着文明化的方向发展。

卷二十八·方言谣谚

境域方言属汉语北方方言西北次方言，为省内七个方言片中的并州片晋阳小片。其特点是平声不分阴阳、有入声,保留了古代汉语四声中的部分音韵。除东部、南部、北部带有相邻的榆次、清徐、阳曲等市(县)的少量方言外,中部腹地的汾东、汾西,方言音调基本相同。汾河以西地区以晋源镇一带的居民语言为准,称晋源方言,俗称"河西话"。汾河以东地区以小店镇一带的语言为准,称小店方言,俗称"河东话"。方言卷以小店方言为准。

境内歌谣的主要内容,一是反映封建社会人民受剥削受压迫的悲惨境遇和反抗精神;二是新中国建立后人民翻身解放当家做主的喜悦心情,对共产党的热爱和对共产党政策的歌颂。

谚语部分涉及面较广,大致分为气象类、农事类、生活及其它等。

卷二十九·艺文

境域自古为都会之地,郡州治所,山川秀丽,古迹众多,文化繁荣,历代文人官宦在此留下大量诗文、碑铭,其中以咏晋祠、天龙山、永祚寺及古晋阳城者居多。一代名君唐太宗李世民撰文书写的《晋祠之铭并序》,融史学、文学、书法于一体;诗仙李白《忆旧游寄谯郡元参军》中的"晋祠流水如碧玉","百尺清潭泻翠娥"被邑民千古传诵;著名诗人白居易《和裴令公新开龙泉晋水二池》,赞颂了名相裴度任职太原时为民兴利的功绩;宋范仲淹《题晋祠》的"千家溉禾稻,满目江乡田",将当时晋祠的乡土田园生活,跃然纸上;金元好问《过晋阳城书事》反映了宋时晋阳城被毁的情景;而明末农民起义领袖李自成的《郝庄双塔》,则抒发了改天换地的壮志豪情……新中国建立后,梅兰芳、陈毅、郭沫若、谢觉哉、董必武等也都先后游览晋祠,挥毫作诗。

历代名人咏邑篇什繁多,本卷只选录了其中一部分。同时,还选录了新中国建立后邑内涌现出的农民作家的作品。

卷三十·人物

境内历代人文荟萃,英才辈出,今择其卓著者入志,以启来人,对反面人物劣迹昭著者,亦入志记载,以警戒后人。

入传人物按照生不立传原则,以正面人物、本籍人物为主,凡84人,以生年为序。收录范围广泛,有名君、名将、名相,有名诗人、名学者、名书画家、名拳师、名教师、名医、名伶、名僧;有中共早期地方组织领导人、抗日领导干部、武工队员、基干民兵、地下交通员、民主人士;有老山前线功臣、抗险救灾和舍己救人英雄;有反动县长、日伪汉奸等,均实事求是记载。

抗日战争和解放战争时期,境内有一批革命志士抛头颅、洒热血,以身殉国。新中国建立后,又有一些同志为社会主义革命和建设献出了宝贵的生命。"烈士英名录"收录了各个时期牺牲的 603 多名烈士,他们的名字将与天地长存,日月同辉。新中国建立后,先进人物成批涌现。本卷收录了省级以上劳动模范和先进工作者 270 余人,以表彰他们的卓越功绩。

卷三十一·附录

本卷分为"文献辑存"、"历代县志序"、"本志编修始末"、"历届区地方志编纂(领导组)委员会名录"、"本书编辑人员"、"志余"六部分。

"文献辑存"共收录十篇。中华民国时期一篇,为民国二十一年(1932)天龙山石佛头像被盗后,县保存古迹古物委员会颁布的《太原县天龙山古迹古物保存规则》,在客观上起到了保护文物古迹的作用。中华人民共和国时期九篇,为太原市南郊区自建区以来区委、区政府有关国计民生等诸如农田基本建设、农村经济政策、发展乡镇企业、加强教育工作、争创体育先进区、完善土地承包责任制等重要文件和重大决定,对社会发展起到了积极的促进作用。

进入 20 世纪 90 年代,南郊区 29 万人民在中国共产党的领导下,发愤图强,城乡面貌日新月异,各项事业飞速发展,成绩十分显著,故设"志余"将 1991 年至 1993 年三年间境域内发生的重大事件录于后。

(《太原市南郊区志》,生活·读书·新知三联书店,1994 年)

太原市志第四册卷首无题序

卷十二·建筑业

太原建筑业源远流长。早在公元前 300 多年前,就有烧制砖瓦、石作、木作、砌砖、涂饰等营造技术。春秋末期,古晋阳城建成,标志着太原的建筑业已发展到一定水平。进入唐代,晋阳城几经扩建,横跨汾河两岸,周长 21 公里,规模宏大,蔚为壮观,号称"盛唐三都"之一。太原的古代建筑,在中国的建筑史上也占有突出的地位,据史料记载,北魏时期和历代续建的唐叔虞祠、晋祠圣母殿,构筑奇特的"鱼沼飞梁";明万历年间扩建与创建的纯阳宫、永祚寺等建筑各具特色,堪称国内建筑史上的杰作。

宋初,晋阳城毁于战火,后移至河东再建。宋元时期历经战乱,几度兴衰,直至明代经过扩建才形成一定规模。

清代末期,受"洋务运动"影响,太原近代工业发展较快,建筑业也有所发展。至清末,太原市的各类近代建筑,建筑面积达 120 余万平方米。

民国成立后,太原市有了房产股份有限公司和营造商,兴建了一批工业、商业、教育等建筑和民用住宅、官吏公馆。民国二十六年(1937 年)日军侵占太原后,境域内的古建筑又遭浩劫,余存无几。抗日战争胜利后,阎锡山成立太原绥靖公署工程局。为强化军事设施,在太原周围修筑各种结构的碉堡3500 余个。解放前夕的太原,建筑业惨淡经营,步履维艰。

1949 年 4 月太原解放后,千年古城得到新生。经过三年多的努力,全市新建各种建筑 54 万余平方米,其中住宅建筑面积占 50.88%。1953 年至 1965年,太原市进入大规模建设时期,伴随着工业的发展,新建、扩建和改建了一大批中型厂矿。这一时期,建筑职工队伍的素质和施工技术水平不断提高,实现了水平运输车子化,垂直运输半机械化和机械化。从 1953 年起到"文化大革命"前的 14 年内,全市建筑竣工面积达 1024.95 万平方米。"文化大革命"期间,建筑业处于停滞不前的状态。

中共十一届三中全会以后,随着改革的深入,调动了全市建筑企业和广大职工的积极性、创造性,使建筑业的面貌发生了深刻的变化,也推动了城市建设的全面振兴和迅速发展。1979 年—1995 年,全市城镇建设竣工面积达3458.58 万平方米。1996 年,全市城镇建设竣工面积 265.73 万平方米。在此期间,厂房建设突飞猛进,高层建筑拔地而起,由 20 世纪 50 年代的 9 层、70 年代的 11 层,发展到 80 年代的 24 层,90 年代的 30 层。太原以崭新的风貌屹立在三晋大地上。

卷十三·乡镇企业

新中国成立后到"一五"计划时期,农村手工业开始向集体副业过渡,乡镇企业的前身社队企业的雏形开始形成。1958 年公社化以后,农村工副业正式从农业中分离出来,社队企业随之诞生。60 年代主要是围绕农业生产兴办农机、化肥、农药和利用当地资源兴办煤炭、建材等行业,先后发展了一批就地加工、销售、生产和为生产、生活服务,为城市、外贸服务的社队企业,初步改变了农村单一的经济结构。"文化大革命"时期,社队企业发展受到严格限制,工副业经常被当作资本主义尾巴受到批判。1975 年太原市有社队企业 1134 个,总产值只有 3743 万元,发展水平较低。1976 年元月太原市正式组建社队企业管理局,社队企业开始走上有组织的发展轨道。中共十一届三中全会后,乡镇企业迅速发展。1980 年全市有乡办和村办企业 3697 个,全部为集体企业。1983 年社队企业在全市农村社会总产值中所占份额第一次超过农业。1984 年,太原市社队企业管理局正式更名为乡镇企业管理局,企业范围扩大到乡办、村办、联办、个体户四个层次。在产业结构上,初步形成以工业为主体,由工业、交通运输业、建筑业、商业、服务业和其他行业组成,颇具特色且较完整的乡镇企业体系。从 1986 年到 1996 年,全市乡镇企业逐步进入稳定发展阶段,开始由速度型向速度效益型转变。1996 年,全市共有乡镇企业 51519 个,全年完成项目投资 2.4 亿元,新增固定资产投资 1.5 亿元,乡镇企业总产值达到 212.55 亿元,总收入达到 186.38 亿元,纯利润 10.77 亿元,比"七五"计划期末的 1990 年分别平均年递增 141.53%、129.82% 和 53.01%,实现了超常规、大跨度飞跃式发展。乡镇企业总产值占全市总产值的 36%,乡镇企业已发展成为全市农村经济的主体力量,成为全市国民经济的重要组成部分和最有活力的经济增长点。

卷十四·农业

太原在商代已开始使用铁制农具,农业生产已很普遍。周朝,农业和水利得到发展。秦汉时期,太原境域已是全国农业较为发达的地区之一。隋朝,引晋水灌溉稻田,晋祠大米与天津小站大米齐名。娄烦马政"甲天下",为唐朝战马主要取地之一。唐朝,在汾河上建起了全国第一座跨河引水渡槽,水田增多。宋朝,太原县制定了灌溉引水制度,灌溉面积进一步扩大。明清时期,种植品种增多,据清道光《太原县志》载,谷属类有稻、黍、麦等16种,果属类有杏、桃、葡萄等19种,瓜属类有西瓜、南瓜、冬瓜等10种。

旧中国由于生产力和生产制度落后,农业生产发展缓慢,粮食产量不高,亩产只有60公斤左右,生产技术和农具以传统方式为主。蔬菜生产满足不了城镇居民的需要,林业生产遭到严重摧残和破坏,牧业生产极少,渔业生产为零。

新中国成立后,党和政府非常重视农业发展,制定了一系列有利于农业发展的方针政策。提出了发展农业"一靠政策、二靠投入、三靠科学"的战略方针。采取了兴修水利、建设农田、繁育良种、推广农业技术等一系列措施。农业机械化全面普及,农机专业队伍逐渐壮大,农机作业项目遍及农、林、牧、副、渔、农产品加工等各业。传统的农业与现代科学技术相结合,促进了农业发展。中共十一届三中全会后,农村普遍推行了家庭联产承包责任制,改单一的公有制为以公有制为主体的多种经济成分。专业户、联合体逐年增多,专业化程度不断提高,生产规模不断扩大,出现了一大批家庭工厂和专业村。1985年后,市委、市政府提出了"依托城市,建设农村,服务城市,富裕农民"的城郊型经济发展方针,其核心是解决城乡发展的问题,走出一条城乡一体化发展的新路子。随着经济体制改革的步步深入,到1996年,一个以粮食生产为基础,以副食品基地建设为重点的新型农业体系已基本形成。农业、水利、牧业、林业、农机等行业都得到长足发展,太原市农业和农村经济发展不断推进。

卷十五·商业

太原商业是随着古晋阳城的创建而逐步发展繁荣的。到南北朝时,晋阳成为北齐的别都,商业兴盛,已成为汾酒的集散地。盛唐时期,晋阳商业空前繁荣活跃,是仅次于长安、洛阳的大都市。宋太宗焚毁晋阳城之后,在唐明镇筑新太原城,商业得到恢复发展。元代,随着南北分裂局面的结束,太原成为北方著名的商业都市。明代,太原作为九边重镇之一,随着城垣的扩大,商业又有新的发展,古人曾用"蔽天光,发地脉"来形容其盛况。明末清初,太原商业一度遭到破坏。清朝统一全国后,社会逐步安定,及至康乾时期,商贸异常繁荣,太原陈醋、腐乳等商品行销全国,外省商品亦涌入太原,并出现了以保护商人权利、抵制外商竞争为宗旨的同业公会,当时统称为"十大行"。鸦片战争后,特别是光绪三十三年(1907年)正太铁路通车后,太原与外埠的经济联系扩大,各种洋货逐渐充斥市场,风行城乡。随着商业的发展,光绪三十一年(1905年)成立了太原商务总会。

辛亥革命后至抗日战争前,太原商业呈波浪式发展,官僚资本商业及外国资本商业也发展起来。民国二十六年(1937年)11月8日,日军侵占太原,商业遭到严重破坏,华商纷纷倒闭,日商逐渐霸占了整个市场。日本投降后,阎锡山返回太原,组织了规模庞大的官僚商业机构,控制了整个市场。至1949年4月太原解放时,市场呈现萧条、混乱、凄凉的局面,全市商号仅剩下497户。

太原解放后,国营、集体、个体商业得到发展。至1949年底,全市商业机构共有6637个,城乡市场日渐繁荣。1956年1月全市私营商业实行全行业公私合营。1957年全市商业机构为5778个,从业人员23857人。1958年,由于商业部门片面追求高速度、高指标,不顾国民经济的协调发展,市场陷于困境,加之三年自然灾害,商品严重不足,被迫实行了凭证定量供应制度。经济调整时期,市场逐步繁荣活跃起来。1966年"文化大革命"开始后,商业遭受巨大损失,商品可供量严重不足,人民生活受到极大影响。

1978年中共十一届三中全会后,太原市商业进入新的历史发展时期。20世纪90年代,太原市商业在"开放、改革、搞活"方针的指引下,市场化程度进一步提高,流通规模不断扩大,形成了多种经济成分共同发展的现代化商贸流通体系,成为全市经济的重要支柱。1996年,全市有商业机构33165个,从业人员200633人,社会商品零售额达101亿元,充分反映了太原市经济的繁荣发展和综合实力。

卷十六·饮食服务业

饮食服务业主要包括饮食、旅店、照相、理发、洗染、浴池6个行业。它随着生产的发展和社会的进步逐渐形成,并发展成为人们日常生活所必需的重要行业。在旧中国,这个提供服务性劳动的行业被视为低贱的职业,从事这个行业的劳动者社会地位低下。新中国建立后,人民成了国家的主人,饮食服务业发生了深刻的变化,并得到长足的发展。

新中国建立初期,从事饮食服务业的大都是规模很小、资金微薄、设施简陋、卫生条件差的小店和小商贩,而且地区之间、行业内部各企业之间发展很不平衡,私营企业惟利是图、损害消费者利益的现象相当严重。为了改变这种情况,从 1949 年 10 月至 1957 年,国家陆续兴建了一批国营饮食服务企业,调整网点布局,调剂技术力量支援新兴城市和工矿区。同时加强了对私营饮食服务业的管理和引导。到 1956 年,对私营饮食服务业进行社会主义改造的工作基本完成,太原市饮食企业达到 1042 个,从业人员 5374 人,一个以国营和公私合营企业为主体,合作店(组)和个体经营为补充的新型的社会主义饮食服务业已基本建立起来,饮食服务市场呈现出一派繁荣景象。

1958 年后,由于受“左”的思想影响,饮食服务业经历了 20 年的曲折发展历程。其间,饮食服务网点大幅度减少,经营特色消失,服务质量下降。到 1978 年,全市饮食服务企业减少到 432 个,供应服务网点严重不足,人民群众吃饭难、理发难、洗澡难、住店难的问题十分突出。

中共十一届三中全会后,经过拨乱反正,消除“左”的思想影响,引深改革开放,饮食服务业出现了蓬勃兴旺的新局面,全民、集体、个体等多种经营形式共同发展,网点遍布城镇各个角落,群众无不称便。从 1980 年开始,国营饮食服务企业逐步实行了多种形式的经营承包责任制,小企业实行国家所有、集体经营以及转为集体经营和租赁给个人经营等形式,从而增强了企业活力,提高了经济效益。1996 年,社会各部门兴办的饮食服务企业达 13680 个,从业人员达 51643 人,全市国营商业系统饮食服务业营业额达到 7550 万元,较好地完成了主要经济指标,创历史最高水平。

卷十七·对外经贸

太原的对外贸易可追溯至汉代,当时铜器等商品即通过丝绸之路运往西域各国。隋唐及宋,古晋阳城为中国黄河流域的著名都会,商业繁盛,对外贸易极为活跃。明清晋商崛起,太原商人积极开拓海外市场,东赴日本,北达俄罗斯恰克图。民国时期,阎锡山为维护其统治,大力发展军事工业,各国列强纷纷趁机进入太原,扩大其势力,洋货充斥太原市场。同时,官僚买办垄断市场,太原的对外贸易日渐衰落。民国时期,太原的主要出口商品有土产、畜产、矿产、制造品、粮油等五类,主要经天津出口,也有少部分通过上海、汉口两个口岸出口。

新中国建立初期至 1959 年,太原市的外贸出口是以收购和调拨为主。出口产品以农副产品为主,占到 80% 以上;煤炭、五金矿产、机械、化工及工艺品,所占比重仅为 10% 多一点。出口商品收购主要依靠商业供销部门。1960年,太原市对外贸易公司成立,太原市的出口贸易进入一个新的发展时期。当时的主要任务是组织收购货源,并向天津口岸调拨,兼办对邻近国家的直接出口业务。主要出口品种有石膏、硫磺、机械产品、高炉设备、化工原料、棉针织品、畜产品等,销往苏联及东欧国家。另外还有一些畜产品是安排国内市场及军需供应的,带有浓厚的计划经济色彩。"文化大革命"期间,收购品种减少,对外贸易滑入低谷。1976 年以后,太原市出口收购开始恢复和增长。

中共十一届三中全会以来,实行对外开放、对内搞活经济的政策,给太原市的对外经济贸易增添了活力,外贸形势出现喜人局面。太原市出口收购额1986 年突破亿元大关,1988 年突破 2 亿元大关。出口供货数量和出口供货商品结构得到长足发展,为进出口贸易打下牢固基础。

1989 年初,太原市进出口贸易公司成立,标志着太原市结束了只承担调拨任务的历史,获得部分商品进出口经营权。同年,太原钢铁公司、太原重型机械厂等企业也获得进出口自营权。1990 年,太原市在国家规定的范围内全面自营进出口业务,进入对外贸易的全新阶段。1991 年—1996 年,太原对外贸易稳步发展,在经营管理、统计口径等方面都发生了很大变化,"三资"企业得到较快发展。

卷十八·旅游业

太原古称晋阳、并州,是一座具有近 2500 年历史的古城,自古就有"锦绣太原城"之誉。山西和太原均为中国的"地上文物宝库",已为世人所共知,太原丰富的文化古迹和特殊的文化氛围,使太原及其周围地区成为旅游资源极为丰富的地区。太原市有国家、省和市三级重点文物保护单位 89 处,其中国家级 5 处,省级 17 处,市级 67 处。太原市现存古代佛教、道教、儒教"三教"古建筑 340 项,仅晋祠一个项目内就有古建筑 80 多处。古代唐太宗、乾隆等皇帝曾多次巡游太原,郦道元、李白、范仲淹、欧阳修、元好问等许多文人墨客都曾来太原游览,并留下脍炙人口的诗句,意大利旅行家马可·波罗也曾到太原游历。他们的行踪、诗文,都对太原历史文化的积累和知名度的提高起了积极作用。

太原市现代旅游业起步于50年代后期。1958年成立了中国国际旅行社太原分社。统管全省自费旅游外宾的接待任务。当时由于旅游业处于初创阶段,来并旅游的外宾较少。中共十一届三中全会以后,随着对外开放政策的实施,太原市的旅游业出现了前所未有的大好形势。1977年,国务院正式批准太原市为对外开放城市。1979年,山西省人民政府成立旅游局。太原市的旅游业步入了快速发展的轨道。截至1996年,太原市已有旅游星级饭店9家,其中三星级2家,二星级6家,一星级1家。1978年,太原市接待外国旅游者及港澳台同胞97批、1119人次。1980年,海外旅游者增至6225人次,1982年又增至7059人次。1996年,太原市接待海外旅游者28038人次,旅游外汇收入803.7万美元;接待国内旅游者490万人次,旅游收入9.41亿元。太原市共接待外国旅游者包括华侨和港澳同胞3万余人次。他们来自亚、欧、美、澳四大洲的数十个国家和地区,尤以日本、美国和西欧各国最多。1978年至1996年,太原境内接待的海外旅游者以年均13.6%的速度递增。截至1996年,累计接待海外旅游者925283人次,其中,外国旅游者679700人次,华侨16733人次,港澳同胞127778人次,台湾同胞101072人次(1988年—1996年累计数)。1996年与1978年的接待人数相比,增长10.27倍。太原市是全省接待国外游客最多的城市之一,1996年占到28.9%。在全省国际旅游业中,太原市占有很重要的地位,起着龙头带动作用。至1996年底,国外旅游者入境游线路向主导化、多样化、个性化趋势发展;国内游客自费出国(境)旅游线路处于有计划、有控制地逐年进展的初始阶段;省内外旅游者入省游、出省游、省内游线路的销售量逐年增大,处于四面出击、全面推销的前奏。

(《太原市志》第四册,山西人民出版社,2004年)

西铭村志概述

西铭村位于太原市万柏林区的西部、吕梁山东麓的黄土丘陵区,汾河支流玉门河绕村而过,是太原府旧八景中"西山叠翠"的组成部分,气候温和,风景秀美。在 6 平方公里的国土面积上,生活着三千余口人(农业人口);有耕地1944 亩,人均 0.63 亩。村庄坐落在卧龙冈与神龟冈之间,依山傍水,史有"宝地西铭"之雅称。

村域地理位置十分重要,既是太原盆地通往西山的战略要地,又是太原市通往晋西及陕西的咽喉要道,104 国道(太佳线)横贯全境,并有多条工矿铁路支线环村四周。距环城高速公路西环线 3 公里,万柏林区政府 7 公里,市中心五一广场 13 公里,太原长途汽车站 13 公里,太原火车站 14 公里,武宿飞机场25 公里,交通四通八达。

西铭历史悠久。据考古发现,在村西十余公里的石千峰一带,曾发现旧石器时代晚期人类的旧石器文化遗址;在村东四公里的阎家沟村西,曾发现新石器时代人类的彩陶文化遗址。村域正介于此二者之间。据此推断,在人类由狩猎文化发展到农耕文化的新石器时代,境域已有人类活动的踪迹。20 世纪50 年代初,在村西南隅的卧龙冈西发现的竖穴土葬墓,当为境域新石器时代人类活动的有力佐证。据村民传言,村落形成于夏商时期,至今已逾三千余年。旧时村名无考,直至隋末唐初,因村西有莲花池美景,时人称"西明古月",摘"西明"二字定为村名。明清时期,村名三易,显现出村民的聪明才智及村名中蕴含的深厚文化底蕴。至清康雍乾时期,村庄的发展达到封建社会的鼎盛。村庄四周以土板高墙护卫,开有东、南、西、北四座洞门,俨然形成堡寨式村庄一座。"河西十八村,最富不过西铭村。"此民谣为当时村域经济社会发展状况的真实写照。

西铭工矿业发达。村域背山面川,矿产资源丰富,为发展工矿业提供了极为便利的条件。早在汉魏时期,境域先民就发现、认识、利用、开发煤炭。隋唐时期,西铭即以开采煤炭、冶炼硫磺、烧制石灰而闻名遐迩。迨至明清,村域以盛产黑(煤炭)、黄(硫磺)、白(白灰)、红(红土)、灰(砖瓦、石膏)五色矿产著名,采矿业和冶炼业发达,成为工矿业繁盛的村庄。据明永乐《太原府志》记载,其时阳曲县有煤窑四座,西铭即占半数。清代,村中的大家族开有煤窑达七八座之多,在省城煤炭市场占有举足轻重的地位。进入现代,村域的工矿业得到突飞猛进的发展。民国十一年(1922),瑞典学者那林(Norin)把太原附近的晚古生代含煤地层称为"月门沟煤系"。西铭亦因"月门沟煤系"而声名鹊起。民国二十二年(1933),太白铁路支线穿越村境,使西铭成为山西省内最早建设铁路专用线的肇始地。民国二十三年(1934),西北洋灰厂落户村境,使西铭成为山西现代水泥工业文明的发祥地。1952年,西铭焦炭厂的建立,使西铭成为西山矿务局得以组建的最初基地。1954年,太原电石厂在村境建立,使西铭成为山西现代电石工业文明的发祥地。1960年,西铭变电站的建立,使西铭成为太原市第一座110千伏变电站的肇始地……在短短几十年的时间之内,西铭由传统手工业场转变为太原市乃至山西省重要的现代化工业基地。

西铭文化璀璨。据村民传言,最晚至北魏时期,村南的南崖上即建有佛教庙宇。至隋末唐初,旧庙宇年久失修而毁圮,又在卧龙冈的西部选址新建广仁寺。有唐一代,村中在神龟冈的西部建有观音堂庙,在卧龙冈的东部建有极乐庵。三座庙宇彰显出村庄的富足与兴旺。至清康雍乾时期,村内建有广仁寺、观音堂庙、极乐庵、三宫阁、老爷阁、文昌阁、五道爷庙等十三座庙宇,并建有古戏台三座,民间庙会、社戏颇为盛行,凸显出古代文化的深厚底蕴。在历史的传承中,儒家文化、民俗文化、宗教文化融汇一体,进而形成村域文化之基本特色。清末民初,西铭村的秧歌演出十分活跃,成立有业余秧歌剧团。经常到附近厂矿和邻村演出,其活动足迹还延伸到祁县、太谷等地,尤其在太原城郊颇有名气。新中国建立初期,村民们的文艺爱好得以发扬光大,20世纪50年代初即成立西铭村业余晋剧团,前后历时达二十余年,活跃在城乡舞台上,在太原城郊及市内大型厂矿多次巡演,声名远播。1955年在万柏林区文艺汇演中,西铭业余剧团荣获优胜奖。西铭村的锣鼓队、篮球队、社火队在河西地区颇有名气。1988年在山西省首届农民篮球比赛中,西铭篮球队荣获第三名;1992年在山西省"电力杯"锣鼓大赛中,西铭男子锣鼓队荣获一等奖、女子锣鼓队荣获三等奖。

西铭重教兴学。村人深谙"百年大计,教育为本"的道理,素有崇教风尚。明清时,村中张氏、任氏等大家族均自办家学,亦有联户开办的学塾,劝子弟读书明理。清末废科举、兴学堂,清光绪三十三年(1907),西铭小学堂应声成立,为阳曲县最早建立的村办小学堂。历经百年风雨,饱经沧桑。其间七易校名,1980年改称西铭中心小学校。该校在西铭地区享有盛誉,百年中为当地培养出一大批有用人才。在新中国成立以来的近60年办学中,从西铭小学毕业后再行深造并达大专以上学历者近二百名。中共十一届三中全会以来,西铭村党支部、村委会为改善教育环境,提高教学质量,加大了投资力度。1983年投资三十余万元,在广仁寺西新辟校址,兴建了设施一流、环境优美的新校园,结束了75年的旧庙宇办学历史。1989年投资二十余万元,在老院场东新建高标准的西铭幼儿园,占地1100平方米,二层教学楼建筑面积750平方米,集教学、办公、图书等各种功能为一体,配套齐全。该幼儿园连年被评为太原市北郊区幼教先进单位、示范幼儿园,1989年被评为太原市幼教先进单位。1983年村委会无偿提供土地27.7亩,西铭乡政府集资三十余万元新建西铭中学校,教学楼实验楼等建筑面积4500平方米,成为各类设施配备齐全的区级中学校。村民子弟不出村,即可完成从幼儿到初中的一系列教育。

西铭民性通达。主要表现在三个方面:一是勇于开拓,尤善工商。境域资源丰盛,自古即以采矿业和冶炼业发家致富,进而形成善于务工经商的民情民风。唐宋时期,村域以开采煤炭、冶炼硫磺、烧制石灰闻名遐迩。北宋初年自府城北迁之后,西铭又得地利之便,成为府城通往晋西及陕西临黄各县的重要交通要道,玉门河古道日显繁华。至清康雍乾时期,村内各类坐商达七八十家,西铭成为重要的商贸集镇。村中的张氏、任氏等大家族,不仅在村内办有商铺,而且在省城亦开设有规模颇大的商业店铺。此时的西铭人,经商务工颇得要领,并融于晋商之列。改革开放以来,西铭人经商务工的潜能得到淋漓尽致的发挥,不仅工矿业得到长足发展,且运输业突飞猛进;以2005年为例,全村有大型卡车二百六十余辆,年运输收入突破三千万元,仅此一项全村人均就突破万元,成为远近闻名的运输专业村。商业更加繁荣。至2007年,村域各类商铺(包括餐饮业和服务业)就达一百五十余家,成为河西地域重要的商贸区域之一。二是勤劳致富,急公好义。以勤为本,以劳为荣,勤俭持家,乐善好施,西铭人视为传统风尚,亦是西铭人特有的秉性。西铭自古乐善好施者甚多,清道光《阳曲县志·人物列传》中就记有村人黄守忠救荒济贫之举。新中国成立后,这一传统美德更加发扬光大。1953 年,国家实行粮食统购统销政策,动员村民出售余粮,支援国家建设。广大村民识大体、顾大局,争先售粮,圆满完成上级分配给西铭村 20 万斤的出售余粮任务。1961 年国家经济困难时期,西铭人顾全大局,在缺衣少食的情况下,多交粮、交好粮,为国分忧。广大社员勒紧腰带,以菜代粮,苦度缺粮难关。改革开放以来,村人凭勤劳致富,生活水平得到迅速提高。1978 年全村总收入为 52.80 万元,人均纯收入仅110 元;1989 年全村总收入突破千万元大关,达 1178 万元,人均纯收入 1000元,分别比 1978 年提高 21.3 倍和 8 倍。2003 年全村总收入达 1.2 亿元,人均纯收入 3186 元,分别比 1978 年提高 226.2 倍和 27.9 倍。2007 年全村总收入达 23805 万元,人均纯收入 6540 元,分别比 1978 年提高 449.8 倍和 58.4 倍。从以上数字的巨大变化,足可以证实西铭人在勤劳致富的道路上迈出的可喜步伐。三是民风淳朴,不欺生,不排外。西铭自古采矿业、冶炼业发达,吸引来四面八方的能工巧匠汇聚村域,共同开发建设这块热土,进而形成淳朴的民风。村民热情接纳外来人员,不排挤,不歧视。村民的处事规则是对事不对人,向理不向人。清代至民国年间,外省、县的人士在西铭安家落户,购房买地者不在少数,原住民都能与其和谐相处,使外来户有宾至如归的感觉。在旧时的河西十八村中,西铭村人的这一秉性广为流传,深受世人好评。西铭村得以富足兴旺,与村民的通达淳朴有密切的关联。

岁月嬗替,历经沧桑。历史,由西铭人的热血和汗水写就;未来,还需西铭人用雄心和智慧来开创。随着城市化进程的加快,西铭已成为太原市城区的组成部分,由农而工,由工而城。富有开拓和创新精神的西铭人,一定会以自己的智慧和汗水,在这块热土上绘出更加璀璨绚丽的图景。

(《西铭村志》,中华书局,2009 年)

西铭村志编首无题序

第一编　自然环境

天生日月,地分东西。西明,集天地之灵光,聚荷月之精气,抒村人之壮怀,寄希望于后人,摘"西明古月"之句,初始之村名极富诗情画意。逮至明清,村名三易,显现出宝地西铭人杰地灵之神韵。

据村中百姓传言,西铭历经风雨沧桑,已逾两千余年。旧时村域范围极广,南至虎峪河,北达上庄村,西抵西山深处,东临南、北寒村。村庄坐落在东西向的西高东低的两道黄土高冈之间,南冈名曰卧龙冈,西高且宽,东低且窄,冈势蜿蜒起伏,宛如巨龙横卧;北冈名曰神龟冈,西高东低,呈漫坡状倾斜,东、西两头尖,中部宽广,村中的四圪洞犹如四足,形似从晋阳湖上岸正奋力西行的神龟。

西铭,背山面川,自古即为太原府城的西出口通道,是晋西、晋西北乃至陕西临黄河各县通往太原的最近孔道,交通地位十分重要。国道太佳线(太原至陕西佳县)穿村而过。山西建设最早的铁路专用线——西北洋灰厂水泥专线即通过村西、北,随后又有白家庄矿、杜儿坪矿、西铭矿、太原电石厂等铁路专线分布境域东、西,公路铁路星罗棋布。西铭村又成为太原乃至山西著名的工矿区。1998年太原市区划变动,西铭由农而工,由工而城,遂成为太原市城区的组成部分。

第二编　居民

据境域周边考古发现,在村西十余公里的石千峰一带,曾发现旧石器时代晚期人类的细石器文化遗址;在村东4公里的阎家沟村西,曾发现新石器时代人类的彩陶文化遗址。据此推断,在人类由狩猎文化发展到农耕文化的时期,境域已有人类活动的遗迹。村落形成于何时,暂无文字可考。据村民传言,村落形成之时,最初的住户有黄、范两大家族,后又有芦、张、任、刘、李等五大姓氏的先祖相继落户定居。村民传言,上述七大姓氏,奠定了西铭村人口繁衍的基础。西铭地处太原西山边缘地带,矿产丰饶,盛产煤炭、硫磺、石灰等,故而采矿业发达,历唐、宋、元、明、清及民国,吸引周边各县及外省移民涌入,居民增长较快。至中华人民共和国建立之时,全村有一千三百余口人,其中农业人口 935 人。新中国建立前后,有多座厂矿入驻村域,村域逐渐演变成了太原乃至山西著名的工矿区。至 2007 年底,西铭村实有农业人口三千余人,常住非农户二千余人;境域内以九院新村为代表的移民新村居民有一千余人,工矿企业城市人口五千余人。随着太原市城乡一体化进程的快速发展,西山矿区棚户改造项目的实施,西铭村也将进入历史发展的快车道,村民也便很快成为城市居民的一部分。

第三编　经济综貌

境域地处黄土丘陵区,耕地广阔,先民以从事农业为生。早在古代,境域先民就发现、认识、利用、开发煤炭。隋唐时期,村域即以开采煤炭、冶炼硫磺、烧制石灰而远近闻名。至北宋初年太原府城北迁唐明镇之后,玉门河古道遂成为太原府城通往晋西及陕西临黄各县的便捷孔道,交通运输业日渐繁荣,驼帮、马帮、羊群、猪群,土产、山货源源不断从西山下来,西铭成为商旅的必经之地,商贸服务业日益兴隆,形成府城之西重要的商业集镇。明清时期,村域以盛产黑(煤炭)、黄(硫磺)、白(石灰)、红(红土)、灰(砖瓦、石膏)著名,采矿业和冶炼业发达,服务城市,富裕乡民,西铭又成为工矿业繁盛的村庄。至清康雍乾时期,村域经济达到了封建社会的鼎盛期,成为府城之西富甲一方的村镇。据旧志记载,明代阳曲县有煤窑四座,西铭即占半数。清代,村中的张、任、芦、范等大家族开有煤窑达七八座之多,在省城煤炭市场占有举足轻重的地位。民国时期,吏治腐败,战乱迭加,村域经济落入低潮。新中国成立后,人民政府致力经济建设,在加强农业生产的同时,积极发展工副业生产,村域经济恢复生机。中共十一届三中全会以来,村域经济日益繁荣,西铭村 2003 年迈入亿元村行列,人民生活状况已从温饱型转向小康型。

第四编　农业

西铭地处太原西山脚下的黄土丘陵区,是典型的旱作农业区。境内农民勤于耕作,发展生产,至新中国建立前,全村共有耕地 4105 亩,人均 4.4 亩。在先民们的辛勤努力下,在玉门河边开渠引水,发展水浇地 350 亩,人均 0.35 亩。但由于种种原因,尚不能摆脱"靠天吃饭"的状况。所幸境域矿产资源丰富,形成了"以副补农"的发展模式。新中国成立后,随着农业集体化的实行,进行了大规模的农田基本建设,并在调整农作物布局,改进耕作制度,推广农业科技方面采取了一系列有效措施,大大提高了农作物产量和抗御自然灾害的能力。20世纪50年代至80年代中期,西铭一直是市郊的产粮大村,1956年—1984年的29年中,共向国家交售公粮194.45万公斤,为国家的现代化建设做出了积极的贡献。中共十一届三中全会以来,农业生产走上了健康、高速的发展轨道,养殖业、林果业亦得到长足发展。截至2007年底,全村共有种植专业户8户,养殖专业户28户,林果专业户3户。随着城市化进程的加快及村内人口的急剧增长,耕地日见减少,到2007年底,人均耕地由建国初期的4.4亩下降到0.63亩,农业收入仅占到全村经济总收入的3%,村民亦由以农业为主转变为以工副业为主,逐步向城镇化过渡。

第五编 工业交通

村域经济开发较早,以采掘、冶炼为主的工业较为发达。历唐、宋、元、明、清及民国,挖掘煤炭、冶炼硫磺、烧制石灰是西铭得以繁荣兴旺的三大基础产业。北宋初年随着太原府城的北迁,西铭得地利之便,成为省垣通往晋西的重要交通门户,商品流通的繁荣使西铭发展成为府城之西重要的商业集镇。采煤业的兴盛,带动了冶炼业的发展。自唐代起,硫磺冶炼业即在村内兴起。鲁迅《中国矿产志》记载,太原王封山所产的硫磺远在宋朝以前即是人们主要的工副业。硫磺业的兴盛,又衍生出副产品的加工利用,村中李氏家族利用硫磺废渣再行冶炼,烧制出红土颜料(专供皇宫、寺庙、官衙刷墙涂料),十几代延续相传,西铭红土闻名遐迩。据村民传言,北京故宫亦有西铭红土的身影。进入20世纪,村域的工矿业得到了突飞猛进的发展。民国二十二年(1933)太白铁路支线在境内建设,使西铭成为山西省内最早建设铁路专用线的肇始地;民国二十三年(1934)西北洋灰厂落户村境,使西铭成为山西现代水泥工业文明的发祥地;1951年西铭焦炭厂的建立,使西铭成为西山矿务局得以组建的最初基地;1954年太原电石厂的建立,使西铭成为山西现代电石工业文明的发祥地。短短几十年时间,西铭由传统手工业工场转变为现代化工业基地。

第六编 商贸金融

自古工商是一家,在封建社会里尤为显著。西铭自唐宋以来,工业发达,商业繁荣。它们长期并存,相互支持,相互发展,同时又相互制约,一荣俱荣,一损俱损。可以毫不夸张地说,西铭村繁荣的商业,源于发达的工矿业,发达的工矿业依赖于繁荣的商业。西铭的商业经历过三个发展阶段:一是封建时代及半殖民地、半封建时代的私营商业,一是新中国建立后近三十年的合作商业,一是1978年改革开放以来的个体商业。在这三个阶段内,经受过举步的艰难、发展的喜悦、衰败的痛苦、繁盛的甘甜⋯⋯从西铭商业的兴衰起伏,亦可窥视到中国商业发展的轨迹。西铭商业曾出现过三个发展高峰期:第一个高峰期为清康雍乾时期,是时村中心的十字街商业繁华,有坐商达七八十家,且行业齐全,商品繁多,客商蜂拥,把西铭封建时代的私营商业推向高潮。第二个高峰期为20世纪50年代新中国建立初期,村中的十字街不仅恢复了活力,还新增了许多现代商业项目,其繁盛程度超过了清康雍乾时期。第三个高峰期为中共十一届三中全会以来至2007年底的近三十年间,无论经营户数、营业面积、从业人数均远超前两个高峰期。商业市场一派繁荣,迎来了西铭商业的辉煌鼎盛时期。

第七编　村庄建设

西铭坐落在黄土高坡之上,背山面川,依山傍水,风景秀美。自三国魏始建阳曲县,西铭便一直是县中数得着的大村之一。北宋初年太原府城北移之后,西铭更得天时地利之便,走上了一条繁荣兴旺的发达之路。旧时河西民谚云:“河西十八村,最富不过西铭村。”经济的发达,带动了村镇的建设。经历朝累积,至清康雍乾时期,村内建有广仁寺、(西)观音堂庙、(东)观音庙、极乐庵、三官阁、老爷阁、文昌阁、五道爷庙等13处庙宇,庙宇之盛,在阳曲县乃至太原府所属村庄之中,除晋祠外无一村可与之比肩。村内还建有古戏台三座,每逢农历二、七、九月,好戏连台。村内的富户人家建有高墙碧瓦的四合瓦房院达十几座,有村中任家的三进四合庭院,村东张氏家族的五门大院,村西郭氏家族建有二层楼庭院⋯⋯村庄四周围以土板高墙,开有东、南、西、北四座洞门,壁垒森严,俨然堡寨一座。自鸦片战争之后,内忧外患,村庄日渐衰落。进入民国,吏治腐败,军阀混战,税赋迭加,民不聊生。村内古庙宇大部分毁于战火。新中国建立后,经过半个多世纪的建设,西铭的村庄面貌发生了很大变化,特别是中共十一届三中全会以来,村镇建设突飞猛进,日新月异,一个欣欣向荣、蒸蒸日上的社会主义新农村出现在太原市区的版图上。

第八编　党政社团

　　早在隋代之前,境域即已形成村落。迨至明代,行政区划实行都里制,其时西鸣村属西鸣都辖。清初沿袭明制,西铭一直为都治所所在地。民国初年区划沿用清制。民国七年(1918)阎锡山政权推行"村本政治",设立编村,西铭为编村之一。民国三十四年(1945)日本投降后,阎锡山政权将太原市划分为内八区和外八区,实行区村制。外四区区公所驻村域,西铭为主村之一。旧时,村设村公所,作为行政管理机构,由村长推行政令。

　　民国末期,西铭村地处太古公路要冲和西北洋灰厂所在地,是阎锡山设置的太原城外围防线的重要据点之一,派有重兵防守。民国三十八年(1949)太原战役外围攻坚战打响,在村域发生了三次大的战斗,4月20日村境获得解放。

　　新中国成立后,1950年春中共太原市委派农村土改工作队进驻西铭,组建农民协会,开展土地改革运动。在驻村土改工作队的帮助下,发展6名骨干加入中国共产党,并组建了中共西铭村支部委员会。村党支部领导政府、群众团体和广大村民,进行社会主义革命和现代化建设,成为领导核心力量。在改革开放新形势下,村党支部注重自身建设,加强和改善党的领导,增强凝聚力和战斗力,把西铭村的经济建设和社会各项事业不断推向前进。

第九编　教育

　　自隋唐以来,村域工商业发达,村民自古素有重教兴学、培育人才的优良传统,私人办学源远流长。广仁寺内原有村内兴学的碑碣,惜民国后期毁于战火,古代教育史迹无从考证。明清时期,村内的大家族如张氏、任氏等均办有私塾,亦有联户开办的学塾。清末废科举,兴学堂,教育进入新学的初盛时期。清光绪三十三年(1907),西铭小学堂应运而生,是为阳曲县最早建立的村办小学堂之一。村民思想通达、敢为人先的精神尤值得一书。西铭中心小学校历经百年风雨,饱经沧桑。其间七易校名,1980年改称西铭中心小学校。该校在西铭地区享有盛誉,特别是自新中国成立以来近六十年的办学中,为本村、邻村及周边厂矿培育出一大批有用人才;据不完全统计,仅本邑人从西铭中心小学校毕业后再行深造并达大专以上学历者达近二百人。1983年村委会投资二十余万元,在广仁寺西新辟校址,兴建了设施一流、环境优美的新校园,结束了75年的旧庙宇办学历史,实现了村民们多年的夙愿。幼儿教育和中学教育从无到有。村民的教育观念亦有所改变,不仅将子女送入市内择校就读,还出现多户人家自费送子女出国就读的喜人景象,教育迎来了百花盛开的春天。

第十编　科技卫生体育

西铭自古以采掘业、冶炼业闻名于世,传统手工业历史悠久。新中国成立后,农业在农业技术部门指导下,持续不断地开展群众性科学实验活动,倡导科学种田,诸如改革耕作制度,更替优良品种,推广新式农具,革新栽培技术,改变种养结构,探索农业"两高一优"(高产、高效、优质)发展新路子。

境内医史脉流,有史可觅者,当始于明清时期。清中期,名医张林春善医学,尤精通针灸,医术高超,闻名遐迩,为四邻贫病者施医施药,深受民众赞颂。清末至民国年间,村中有张丙文、李超昇、李保儿、王光宇等中医在村内开办诊所、药店,服务乡民。新中国成立后,乡卫生院、村卫生保健站先后建立,形成了乡、村两级医疗保健网。并适时培养发展医疗队伍,更新医疗设备,提高医疗水平。经常开展全民性爱国卫生运动,有效防止各类疫病发生,人民群众健康水平显著提高。

村民自古即有尚武习俗,习武之人绵延不绝。清末任雍武艺精湛,考取武举人。民国初期村内聘请形意拳名师米贵只开办武馆,培养出一批习武人才,其中任万有在河西武术比赛中名列前茅。新中国成立,篮球运动在村内兴起,西铭篮球队1988年获山西省首届农民篮球比赛第三名的佳绩,扬名省内。

第十一编　文化艺术

村境山隽水秀,人杰地灵,文化璀璨,胜迹遍布。据村民传言,早在隋唐之前,村南的南崖上即建有佛教庙宇。隋唐时期,随着村庄工矿业的发达,村民们便集资兴建了广仁寺、观音堂庙、极乐庵等三座佛教庙宇。迄至清末,村域各式庙宇达十三座之多,凸显出古代文化的深厚底蕴。同时,民间庙会、社戏颇为盛行,三座古戏台则彰显了旧时村域文化的鼎盛。众多的文化遗址和历史古迹,构成了一幅幅绚丽的人文景观。在历史的传承中,儒家文化、民俗文化、宗教文化融汇一体,进而形成村域文化之基本特色。在长期的生产、生活实践中,村域流传下来许多具有鲜明地方特点、充满浓郁文化气息的民谣和传说。这些民谣和传说充分体现了村域民众淳厚的民风和开放通达的纯朴性格,反映了广大群众对自然和社会的认识,及其对生产、生活和斗争经验的总结。新中国建立初期,村民们的文艺爱好得以发扬光大。从50年代初的西铭业余晋剧团,到人民公社化初期的西铭公社文工团,再至 60 年代初的西铭文艺宣传队,前后历时达二十余年,活跃在乡村舞台上,在太原城郊及市内大型厂矿多次巡演,闻名遐迩。中共十一届三中全会以来,村民的文化生活日益活跃,投资兴建了剧场舞台、老年活动中心等文化设施,村民的文化生活更加丰富多彩、有滋有味。

第十二编 民情习俗

西铭地处省垣近郊,依山傍川,田广土薄而矿产富赡,民生兼赖农工商诸业,因而古来民风淳厚俭约而又通达思变,良好的风尚历代相袭。风俗多继承传统,衣食住行节俭朴素;饭食以米面为主,兼以杂粮;房屋多砖瓦结构,四合院落。礼仪庆典崇尚庄重严肃,交往习俗以礼让谦和为先。婚嫁丧葬习俗,传承中多变化,富有时代气息,而复旧浪费之风渐长。民间的岁时节日风俗,与农业生产有密切联系,农忙季节节日较少,农闲季节则较多。形式以娱乐为主,如春节的闹社火,元宵节的观花灯等。七月初二古庙会,是村内一年中最隆重的节日,在河西十八村中享有盛名。民间礼仪虽以节俭为主,但在漫长的历史进程中,也形成了许多繁文缛节,如生孩子有洗三、做满月、过百日等习俗;婚嫁有"六礼"之说,至今仍保留着议婚、订婚、完婚、谢婚四个阶段形式;丧葬礼俗虽有变化,但披麻戴孝、土葬等习惯仍沿用。随着经济的发展,时代的进步,民情风俗也发生了深刻变化。新中国成立后,破除迷信,移风易俗,许多陋习得以革除,新风尚逐渐形成。特别是 1978 年改革开放以来,民情更加通达,风俗愈重礼仪,美德良风发扬光大。通过开展文明单位、五好家庭等活动,建立在社会主义物质文明和精神文明基础上的新风俗正在逐步形成。

第十三编 驻村单位简介

自唐宋以来,西铭村历代均为乡、都治所所在地。新中国成立后,西铭乡政府、西铭人民公社、西铭街道办事处均驻西铭村,其所辖之企业及事业单位亦驻村域之内。村域又是太原乃至山西省的著名工矿区,山西最早的水泥工业、电石工业、焦炭工业均发源于西铭村。至 2007 年底,村域内驻有太原水泥厂、西铭矿、山西恒通能源有限公司、山西日升大农工贸有限公司、太原化学工业集团公司橡胶三厂、太原市东风水泥厂、西山矿务局水泥厂、西铭变电站、太原市万柏林区永丰加油站、山西路通太古公路有限公司西铭收费站等企业。随着经济社会的快速发展,在西铭这块土地上也曾有部分企事业单位显现一时:太原电石厂自1954年建厂至2004年破产,历时达50年,为山西的电石工业做出了积极贡献;始建于1952年的西铭焦炭厂,虽仅存4年,却开创了太原市焦炭生产的先河;1949年解放后,由政府接管并承建的太原硫磺厂,至1959年停产,则昭示了西铭地域硫磺业发达的历史延续。西铭自古由太原河西的古集镇而显赫,今又由山西的著名工矿区而闻名。

第十四编　人物

西铭地处府城之西的西山脚下,山川毓秀,民风通达,人杰荟萃。然史籍旧志所录人物,其籍贯多记县而隐其乡里,使诸多乡贤、良吏及众多善行者,或因年代湮远、谱籍难觅,或因寄籍客地、源流莫追。特别是清雍正年间观音堂庙突遭火灾,村内大户谱牒毁于一旦,先民之史迹更杳无音讯。叹息之余,望遗漏之先贤,期能在续志时得以补辑。清代,名医张林春悬壶济世,妙手回春;善人黄守忠散金千余,济贫扶困;孝子张荣贵躬侍老母,孝义广传;拳师任雍武艺精湛,考取武举人。民国时期,任守信留学国外,膺任太原成成中学校长,光教育人,名冠省城;村长李世全机智干练,明为日伪办事,暗为抗日根据地筹措物资,解救被捕抗日战士,屡建功勋。新中国时期更是人才济济,新人辈出。省人大副主任靳善忠,曾担任主管工业的副省长,为山西经济发展做出突出贡献;科技工作者任守让、任天应、张佐等刻苦钻研,为振兴农业鞠躬尽瘁;教育工作者武思义、张惠兰、任守信等辛勤育人,桃李遍地……改革开放中,全国及省、市、区各级劳模、先进工作者、新长征突击手、三八红旗手及市、区级人大代表、政协委员、青联委员等各类杰出人物更是层出不穷。他们作为新生产力的代表,在推动经济发展和社会进步中,发挥了重大作用。

第十五编　丛录

丛录,乃附录的别称,以辑录体为主。碑碣,当为应录内容之一。西铭旧时古建甚多,历代碑碣多达几十通,惜大多毁于战火;至村域解放,所存碑碣所剩无几。1997年翻修广仁寺大殿时,将余存的几通石碑埋于侧屋之下。丛录中缺此一项,确为憾事。待来年挖掘侧屋时,方可有碑文可载。现录内容为三项:一为"文件"。编修村志,乃自村庄形成以来的一件前无古人的盛事,特列"西铭村村民委员会关于编纂《西铭村志》的决定",以反映村委会在编纂村志中所起的关键性、决定性的作用,同时也为褒扬本届村委会的历史功绩。二为"艺文"。选明代诗六首,今人诗十四首,短篇小说、散文各一篇。三为"规章制度"。自 1988 年始,西铭村两委会实行"村务公开"制度,二十年间不间断,真正做到了村里事情大家定,集体事情大家办,赢得村民的称赞和上级的褒扬。太原市北郊区为此专门在西铭村召开了现场会,山西电视台、太原电视台、太原日报等新闻媒体均作了专题报道。2001 年 8 月制定出台的《村民自治章程》,为太原市辖村庄出台的首个村级民主管理方案,为促进全市农村的村民自治管理开了好头,同时也使西铭村的各项事业发展走上规范化、法制化管理轨道。现记录在案,既可展示西铭村民之管理的发展轨迹,又可为村两委会勇于开拓、大胆创新的工作业绩给予褒扬。

(《西铭村志》,中华书局,2009 年)

卷五　赘文拾遗

实践理论两相长　三晋志坛一精英
——任根珠先生访谈录

邵长兴

任根珠情况介绍：任根珠，字旺号西樵，山西太原人，1952年12月出生。1974年太原师范专科学校中文系毕业。历任太原日报总编室主任、山西政协报副总编。1988年跻身方志界，历任山西省地方志办公室资料处处长兼《山西地方志》和《沧桑》杂志主编，山西省史志研究院地方志研究所第三编研室主任兼《山西大典》编辑部主任，山西省地方志办公室旧志处处长。现任山西省地方志办公室副巡视员。曾在中国地方志指导小组举办的全国方志培训班、江苏省方志培训班及本省的三级方志培训班讲学，参与省内首、二轮60余部三级志书及中指组二轮试点单位《杭州市志》、《萧山市志》等志书的评审，担任省内多部志书的编纂顾问或特约编审。主要成果：点校整理有明成化、明万历、清康熙、清雍正版《山西通志》，清乾隆《山西志辑要》，清宣统《山西乡土志》，民国《山西风土记》，民国《山西省志》、《山西大观》（日译中）等省级旧志9种；编著有《山西大典》《〈清实录〉山西资料汇编》《山西旅游名胜大辞典》《太原风景名胜志》《太原市志·第四册》《太原市南郊区志》《西铭村志》《中国新方志目录》《山西省方志论文集萃》《新方志理论与实践研讨会论文汇编》《天龙棋谱》等11种；专著有《西樵志语》《实用版面编辑学》《新方志"概述"点评》《新方志概述比较与研究》等4种。发表方志理论研究与方志评论文章近百篇。本刊发表邵长兴先生对任根珠先生作的学术专访，以飨修志同仁。

长兴：咱俩都是先新闻后方志，我们的谈话就由你从事新闻工作时谈起吧。你在新闻编辑学研究上颇有心得，曾编纂过一本《实用版面编辑学》，把版面编辑提高到"学"的高度。这本书受到国内新闻、出版界的较高评价,你也在省内甚或国内新闻界声名鹊起。请谈谈从事新闻编辑学研究的感想和体会。

根珠:1974 年从太原师专毕业,跨出校门即入报门。在编辑实践中逐渐摸索出从事编辑学研究的主攻方向。20 世纪 70 年代至 80 年代初,边实践,边总结,陆续写出报纸编辑学方面的多篇论文,分别在《新闻战线》、《新闻采编》《新闻战士》等国内新闻刊物上发表。逐渐得到新闻界同行的认可。1984 年曾应邀为山西大学新闻专业班和省市新闻学会组织的编辑培训班讲学。《实用版面编辑学》出版后,受到国内新闻同行的青睐。该书不仅被中国人民大学、复旦大学等国内著名高校新闻院系选作辅助教材,还被中国报业协会举办的全国报纸编辑培训班作为专用教材。因在省城新闻界的名气,1983 年还被省新闻学会聘为新闻休假团团长,带领 70 余位省新闻界的老领导、老专家赴北戴河疗养。即使在离开新闻界的 1991 年,省新闻出版局举办全省报纸版面评奖活动,我亦被聘为学术评审组组长,负责主持版面评奖工作。正是通过十多年的新闻工作经历,结识了一大批省内新闻界的高手,结下了不少人缘,为日后开展方志编纂,丰富了编辑人才的储备。《山西大典》即是在这些高级智力人才的参与下共同编纂完成的。

长兴:20 世纪 80 年代末,你从新闻界跨入方志界,正值首轮修志高潮迭起并进入成批出成果阶段。咱俩的交往是从你进入方志界后编刊物开始的。谈谈你编方志刊物的感想。

根珠:一来省志办,即担任资料处处长,当时的省志办设 5 个处,即省志处、县志处、年鉴处 3 个业务处,综合处管后勤,资料处即除省志、县志、年鉴 3 个专业处外,其他编纂任务均放在资料处,其主要工作任务有:编辑《山西地方志》(1993 年下半年易名为《沧桑》)刊物,整理旧志,编纂地情资料丛书,研究方志理论,管理图书资料等 5 项。当时处内人手少,仅我和 1 名编辑及 1 名图书管理员。通过编辑刊物,既了解了方志编纂的发展状况,也了解了方志理论研究的进展,同时也结识了一大批战斗在修志第一线的省内三级志办同行以及兄弟省市方志界的领导和专家学者,为自己参与编纂新方志、研究方志理论打下了较好的基础。

长兴:你编刊物期间,在《山西地方志》上率先刊载了山西交城县志办主任燕居谦的先进事迹,在全省乃至全国方志界引起了较大反响。既抓了典型人物的报道,推动了修志工作的顺利开展,又扩大了修志工作在全社会的影响,一举多得。

根珠:谬奖了。发现燕居谦的先进事迹,是吕梁地区志办的同志向时任省志办主任樊宝珠推荐的,同时也引起省地方志编委会领导的重视,觉得这是一个好典型,值得大力宣传。刊物只是及时登载了燕居谦的长篇人物通讯。在我办刊期间,省志办领导也一直强调要抓典型,宣传志人的模范事迹,与我的办刊思想不谋而合。从新闻界跳入方志界,"冷""热"对比分明,志界同仁的"三苦"精神尤令人感动,决心为他们的默默奉献精神鼓与呼。即充分利用刊物这个面向社会的"窗口",重点抓了典型人物的宣传报道,率先宣传燕居谦的先进模范事迹,在社会各界引起反响,《中国地方志》等众多国内刊物竞相转载,中共山西省委、中国地方志指导小组相继作出学习燕居谦的决定,在全省社会各界及全国方志界掀起学习热潮。

长兴:在我的记忆中,中指组办的《中国方志通讯》曾在2002年3月发过一个《山西省旧志整理取得显著成绩》的专刊,宣传山西旧志整理的工作经验,从现已出版的成果看,山西的旧志整理工作也确实走在了全国兄弟省市的前列。请你谈谈贵省旧志整理的工作情况。

根珠:好的。依我了解的情况,在兄弟省市修志机构中,专设旧志整理处的还较少。正由于山西在机构设置上重视了旧志整理这一项,所以在旧志整理工作上也取得一些成绩是理所当然的。据统计,山西现存历代方志536种,其中不乏良志佳作。全国现存最早的省级通志是明成化《山西通志》,现存最早的省级乡土志之一(另《黑龙江乡土志》亦为清宣统年间版本)是清宣统《山西乡土志》。省志办自成立之初,就十分重视旧志整理工作,把搜集整理旧志资料作为重点工作。首先从资料汇集抓起,先后陆续编纂出版刘纬毅编的《山西文献书目》,池秀云撰的《山西通志人物传索引》、祁明编的《山西地方志综录》,齐书勤编的《山西地震历史资料汇编》,郭展翔等编的《山西方志物产综录》,张杰编的《山西自然灾害年表》,谢鸿喜辑释的《〈水经注〉山西资料辑释》,以及我编的《〈清实录〉山西资料汇编》等一批地情资料丛书,为编纂新方志搜集、积累了大量珍贵历史资料。在我负责旧志整理工作的这一段时间,陆续点校整理出版了明成化《山西通志》、清雍正《山西通志》,清乾隆《山西志辑要》,清宣统《山西乡土志》,民国《山西乡土志》,民国《山西省志》、《山西大观》(日译中)等7种省级旧志,另清光绪《山西通志》由三晋文化研究会点校出版。今年后半年有望出版明万历《山西通志》、清康熙《山西通志》点校本。连后二种在内,整理省级旧志总字数达2400万字。

在点校整理旧志的同时,还抓了方志辑佚工作。据不完全统计,山西旧方志有362种失传。陕西师范大学李裕民教授从现存大量史志、类书和方志中辑出236种山西旧志佚文30万字,定名《山西古方志辑佚》,1984年由省志办编印。这是国内第一部区域性古佚志辑录专书。1992年省志办还编印了李裕民教授的另一力作《晋志钩沉》。杭州大学仓修良教授在《方志学通论》一书中指出:"《山西古方志辑佚》虽仅限于山西一省,但从其规模来看,无论是种类还是字数,都是迄今最大的古方志辑佚之书。"

为推动全省的旧志整理工作,加大各级志办旧志整理工作的力度,省志办还把旧志整理成果列入全省修志优秀成果评奖中,从而调动了广大修志人员整理旧志的积极性。在2004年山西省社会科学优秀成果评奖中,由李裕民和我担任总点校的明成化《山西通志》获得省政府优秀成果二等奖,这一成果也是1997-2004年度全省社科优秀成果评奖中,我省方志界获得的惟一奖项。据不完全统计,至2011年底,全省各级志办共整理刊印旧志200余种。2005年7月中指组在西安召开"全国地方志系统旧方志整理与开发利用研讨会",我为会议撰写了《山西旧志整理与研究》论文,并作了题为《继承优良传统发挥旧志功能——我省开展旧志整理工作的几点体会》的专题发言。

长兴:山西的旧志整理成果丰硕,可喜可贺! 从你编的《新方志概述比较与研究》一书中得知,山西省修志机构的分设,还是你与志办人员合伙提议并上书省委、省政府而促成的。谈一下当时为什么要提出史、志分家。

根珠:回顾首轮修志工作,令人感慨万千。20世纪80年代初期,首轮修志工作在全国逐步开展。1980年5月10日,省委、省政府决定成立山西省地方志编纂委员会及其办公室。山西作为修志工作开展较早的省份,修志工作也走在了全国的前列,承办了多次全国性的地方志会议,对全国的修志工作做出了积极的贡献。志界"公认山西是当代方志的复兴地"(曹振武《方志复兴地 赞誉满神州——山西省地方志办公室成立初期的工作回忆》,载于《新方志理论与实践研讨会论文汇编》)。在1994年底的机构改革中,当时的省委主要负责人为减少正厅级单位,并向中央交差,不顾地方志编纂工作的实际,拍脑门子办事,即把山西省地方志办公室与中共山西省委党史研究室合并,改名为山西省史志研究院,挂靠省委,使地方志办公室成为史志院下属的一个研究所,也使地方志办公室由行政序列转变为纯事业单位序列,由于体制与机构不顺,直接影响了全省修志工作的正常开展,作为纯事业单位(省史志院)的地方志研究所,丧失了应有的行政职能。合并机构的后果,使全省的修志工作受到了严重影响。至 2011 年底,首轮市县级志书还有三家未完成,成为全国少数几个未完成首轮修志任务的省份之一。

　　针对全省修志工作的现状,并借着 2006 年国务院《地方志工作条例》颁布的浩荡东风,我联系方志所的杨志忠、马并生两名老处长,从全省方志事业发展的大局出发,审时度势,于 2006 年 10 月联名撰写了《关于要求恢复山西省地方志办公室机构及修志人员纳入公务员序列的意见》的请示报告,并征得原地方志办公室全体人员(包括离退休干部)、全省 11 个市志办主任的联合签名,上报省委、省政府主要领导同志。经多方努力,省委、省政府于 2009 年 5 月正式批准史志分家,恢复山西省地方志办公室机构。机构的分设,使全省的修志工作按《地方志工作条例》的要求,走上了正常发展的轨道。

　　长兴:方志事业的发展,就需要一些敢想敢干的人。你作为请示报告的发起人之一,功不可没。得知山西省地方志办公室恢复设置后,可称之为实力雄厚,在全国兄弟省市区志办中首屈一指。请你介绍一下省志办的机构设置情况。

　　根珠:承蒙谬奖。促成此事非一人之功,乃群策群力、多管齐下,进而玉成其事。靠的是集体的智慧、众人的力量。省志办现设机构可谓今非昔比。2010 年 3 月 14 日,山西省人民政府发出《关于山西省史志研究院分设的通知》,明确山西省地方志办公室是山西省人民政府直属正厅级建置的事业单位,是省人民政府主管全省地方志业务的工作部门和省级地方志编纂部门,编制 51 名,设厅级干部 6 名,其中主任(正厅)1 名,副主任(副厅)3 名,纪检组长(副厅)1 名,逼巡视员(副厅)1 名;内设 10 个处室,为综合处、人事处、省志一处、省志二处、市县志处、旧志处、专志处、省情信息处、开发利用处、年鉴期刊处,下挂有山西省方志发展中心(处级),有自收自支编制 50 名。同 1994 年前的省志办机构相比,编制增加了 6 名,处室增加了 1 倍,现有的处室设置,基本涵盖了省志办所承担的行政和业务全部职能。

长兴：2010年9月，我曾应邀参加了贵省举办的"新方志理论与实践研讨会"，给我留下了深刻印象。作为由一省来举办全国性的方志理论研讨会还较少见，也可以说是在全国方志界开了个好头，同时也在全国方志理论界产生了一定的反响。能否把这次研讨会的情况介绍一下，以及办研讨会的目的也谈一谈。

根珠：好的。为纪念山西省新方志工作开展30周年，我省举办了三项大的活动，学术研讨会为其中之一。召开这次新方志理论与实践研讨会，其目的就是总结新方志30年的经验，加强学术交流，推动全省乃至全国方志理论研究，在科学的方志理论指导下，编纂出无愧于时代的新方志。受李茂盛主任的委托，由我负责召集参加研讨会的专家学者。共有15个兄弟省市的方志专家学者与会，既有老一辈的方志专家如曹振武、郭凤岐、朱敏彦、邵长兴等，又有方志界的中坚力量，如周慧、陈启生、刘娟、缪小咏、陈野、柳成栋、周声浩、黄玉华、李泰年、司念堂、王蕾、王卫明等，还有大专院校的著名专家学者李裕民、李豫、刘建生、王卯根等，以及我省志界的秦海轩、任佟苏、李新文、王俊山和省志办中层以上骨干业务人员等，可谓人才济济。学术研讨会共收到论文38篇，论文质量较高，受到《中国地方志》主编于伟平的高度赞许。随后《中国地方志》陆续刊发了其中的7篇。研讨会的召开，使我们开拓了视野，启迪了思路，交流了经验，并增进了感情。会后还编印了《新方志理论与实践研讨会论文汇编》合集，便于与兄弟省市交流。

长兴：谈到方志理论研究，你在这方面也颇有建树。在我的书架上还保存着你编著的《西樵志语》《新方志'概述'点评》《新方志概述比较与研究》以及《山西省方志论文集粹》《新方志理论与实践研讨会论文汇编》等论著，其中以《新方志'概述'点评》最为抢眼，对我印象亦最深。该书出版后，我曾以《大视野大手笔志学上品》为题写了书评，曾言："《点评》乃重大编研项目之结晶，覆盖面广，底蕴深厚，论述深刻，学术精湛，学风严谨，必将大有益于续修志书质量的提高。"这部书亦得到全国诸多方志名家的青睐与赞誉。请你谈谈编纂这部书的起由与经过。

根珠：以自己的能力和水平而言，对方志理论的研究仅能称得上是初步入门而已。方志理论研究虽为旧志处的三项任务之一，但旧志整理与编纂地情丛书是硬指标，日常编纂工作压身，所以从事方志理论研究也只是插空而已。因着力不多，成果亦有限。2002年《山西大典》告竣后，我才得以抽出空闲开展这一方面的工作。原打算编纂《山西百部新方志"概述"比较与研究》一书，经阅览中发现，真正称得上佳作的仅有十数篇，就佳作而言亦或多或少存在质量上的不足。觉得仅以山西一省志书为例，难以概括新志书"概述"篇的全貌，便萌生了研究全国 31 个省市区的市、县两级志书"概述"的念头。编写这部书的主旨，是通过对首轮市县志"概述"篇的研究，总结"概述"篇撰写的经验与不足，为续修志书"概述"篇的编写提供可资借鉴的理论依据，进而把续志"概述"编纂质量提高到一个新的水平。是书百五十篇"概述"的选取，得到了兄弟省市区志办同仁的大力协助，各位同仁审读本省(市、区)市、县两级志书"概述"并提供良篇佳作。不足的部分，我曾北上北京、天津，南下四川、重庆、贵州、湖南、湖北等省市，也曾到中指组和中国社会科学院查阅资料。正因为双管齐下，使得是书在面的拓宽上得到了保证。是书断断续续编纂了 6 年。来新夏、魏桥、曹振武三位志坛名宿对我关爱有加、潜心提掣，审阅书稿后均欣然作序，使是书大为增色。

长兴：《新方志'概述'点评》洋洋 191 万字，厚厚上中下三册，十分感谢你为方志理论界推出一部理论联系实践的鼎力之作。这部书在方志界引起较大反响。通过编纂这部书，你一定有许多体会和感想。

根珠：这部书出版后，得到方志界的较好评价。如张桂江在评论中说："这部专著从理论研究或实践运用上，以及专题选择和研究深度上，显示当代方志学经过 30 年的创新与发展走上更为成熟的阶段。《新方志'概述'点评》是当代方志学理论带有标志性重要发展的成果之一。"林衍经评论说："《新方志'概述'点评》在创作上下功夫，不因袭套用他人著作既有模式，能别开生面，这既是本书在结构上的创造性表现，也体现了作者的治学精神。"梁滨久评论说："《新方志'概述'点评》创出了地方志专题评述的奇观，是方志理论向纵深发展的典型例证。"刘希汉评论说："《新方志'概述'点评》开明通达，史思深厚，代表着当代方志学界一代大师的研究水平，故《点评》无疑又是一部浸透着生命体验和丰富阅历的宿儒之言。"虽多有赞誉之词，从中亦可看出他们对这部书还是比较认可的。《中国地方志》转载了来新夏教授为该书作的《序》，随后还刊发了张桂江、刘希汉、缪小咏三位方志专家为该书撰写的评论文章。我还收到了林衍经、郭凤岐、梁滨久、张景孔、陆奇以及邵先生您等专家学者写的评论文章，这些文章均收录在我的拙著《新方志概述比较与研究》一书中。顺便提一句,《新方志'概述'点评》出版后,我陆续收到兄弟省市区及县志办人员的来信,普遍反映志办为清水衙门,经费有限而书价过高,难以承受。鉴于此,2009 年初我又用 20 余天时间对该书进行了重新编辑,压缩为 50 余万字的简本,并改名为《新方志概述比较与研究》,重新出版。

编纂是书,确实感想良多。从事方志理论研究,本身就是一个苦差事。再者,以一手之力驾驭如此题目,确留有诸多不足与遗憾:一因偏处山西一隅,搜集资料困难,难得全面;一因坐功日减,体力不济,目力难支;一因个人能力和水平所限,挂一漏万之处难免……诸多因素困扰,虽竭尽脑力心力,是书也只能以此面目草草问世。正如张桂江先生在评论文章中所说:"这种概括不是这一研究领域的终结,而是更广泛深入研究的开始。"拙作的问世,亦只是抛砖引玉而已。

新方志编纂走过了三十余个春秋,在方志编纂的诸多问题上,其重点、难点、疑点众多,存在诸多争议,未能形成统一认识的实践和理论问题亦不在少数。总结新方志编纂经验与教训,来不得半点虚假,需要众多志界同仁共同参与,脚踏实地地做一些扎实的理论研究工作,廓清众多有争议的实践和理论问题。加强方志理论研究,需要集众手之力;合力攻关,才能廓清是非。三十余年的编纂实践,既提供了足可征用的基础资料,又培养和锻炼出一批优秀理论研究人才。加强方志理论研究,其效果有三:一是为方志学的创立奠定坚实的基础;二是为续志编纂质量的提高提供理论指导;三是实践与理论齐头并进,使方志事业之树常青。加强方志理论研究,中指组可再加大一些力度。我认为,其一,由中指组牵头,组成方志理论课题攻关组,将全国方志界、学术界的知名专家学者及修志实践者组织起来,每省市区选 3 人以上,即可有百人以上的理论研究队伍。其二,厘订方志理论科研课题,分别成立课题研究小组(并确定主编),每个小组由部分省市区志界人士组成;亦可由一个省市区分领一个项目,其他省市区人员合作参与。其三,科研课题经费可由中指组申请一部分国拨经费,承担某一项目的省市区再承担一部分。其四,各省市区采用资源共享,通力协作,分头攻关,用三五年左右的时间,即可推出一批可供修志人员学习参考的方志理论书籍,亦可为方志学科的建立提供理论支撑。

长兴:在方志理论研究上,我与你的想法一致,力争改变目前这种"单打独斗"的局面,整合人才资源,合力攻关,为方志学科的早日建立奠定扎实基础。同时也应加强修志工作者省市区之间的交流与联系,互通有无,取长补短,进而促进新编志书质量的提高。我记得你曾担任全国地方志资料工作协作组副组长,在加强省市区修志资料协作方面也扎实做了一些工作。请你谈谈资料协作组的情况。

根珠:全国地方志资料工作协作组是在江苏、湖南、上海两省一市地方志资料室的联合倡议下,于1989年6月在苏州成立的民间组织。它是随着全国修志工作的深入开展,地方志资料工作尤其显得重要,建立全国性的地方志资料工作协作组,为传递资料信息、提供查阅方便、交流工作经验、推广研究成果、推动修志工作,均起到了积极作用。我是从第二届担任副组长的,从始至终(1989—1995)参与了协作组的工作。在组长戴国林先生的带动下,协作组编纂出版了极具史料价值的《中国新方志目录》一书,推动了成员之间的省级志书交换,促进了地方志资料工作的搜集、保护、整理、利用等理论研究,加强了兄弟省市区修志工作经验的交流,沟通了相互之间的联系。该组织虽存在时间较短,但在新方志编纂史上亦留下了靓丽的一笔,对首轮修志工作做出了应有的贡献。

长兴:在首轮志书扫尾及二轮续志开启之时,山西隆重推出了一部以全面反映当代山西省情为主,系统地记述全省从自然环境到社会经济的历史与现状的大型典籍性工具书《山西大典》。《山西大典》可称之为是你从事地方志编纂工作的巅峰之作,不仅取得了经济效益和社会效益双丰收,而且在省内社会各界和全国方志界引起强烈反响,好评如潮。你担任该书的常务副总编及编辑部主任,亲自主持了《山西大典》的编纂,请你谈一谈编纂这部书的体会和感想。

根珠:省委、省政府高屋建瓴,于1995年8月作出编纂《山西大典》的决策,并把这项工作列为山西省20世纪末重点文化建设工程。编纂地情丛书是我所在处室的职责之一。1995年5月机构合并后,曾接到院部为省领导提供《山西简志》的编纂任务。我用1个月时间完成了5万字的《山西简志》编纂任务。编纂此稿期间,萌生了编纂《山西大典》的念头,遂提出方案并获得省史志院及省委、省政府的首肯。编纂是书的目的,即为了总结建国50年来的历史经验,准确地把握省情,为各级领导和社会各界提供决策依据,同时也为了加强山西的对外经济文化交流,为海内外各界人士提供翔实的山西地情资料,进一步推动和促进山西的改革开放。

　　《山西大典》编纂工作历时 6 年,它凝聚了全体编纂人员的心血,得到了全省各地市县和省直各部委办厅局以及社会各界的广泛参与与大力支持,利用了新志编修中积累的极为丰富而珍贵的地情资料,使这部书稿在质量上得到保证。从编纂实践来看,谋篇布局基本做到了横不缺要项,纵不断主线,从宏观、中观、微观三个方面较全面地反映了山西的省情。这种体例的形成,是群策群力集体智慧的产物和结晶,目前在国内尚属首创。

　　《山西大典》于 2001 年 7 月出版后,受到全国方志界和省内各界的广泛好评。全国志界知名专家如来新夏、张桂江、骈宇骞、刘有才、林衍经、郭凤岐、赵泉明、李裕民、张伯龄、梁滨久、张景孔、乌日吉图、刘伯伦等,以及省内新闻、出版、文化界专家学者张海瀛、陈宇华、邢建堂、傅锦瑞、康溥泉、降大任、杨锡久、陈靖北、李庭芝等撰写了评论文章。他们在评论中说,这部书“在内容上可称体大思精,在形制上亦属鸿篇巨制,与全国同类性质著述相衡量,置之于文献著述之首位,亦无愧色”(来新夏语)。“《山西大典》的创新意义还在于:其一,认真归纳包括地方志、年鉴及其他地情书的优秀体例和写作方法,敢为人先,奋力革新,创造了一套具有可操作性的地方百科辞书设计程序和编纂方法,有助于地方辞书科学水平的不断提高。其二,正确处理继承与创新关系,海纳百川,借鉴各门学科,形成自己的体例。对于地方志续修工程具有更为直接的指导、启迪意义。”(张桂江语)“这项成绩的意义不仅仅在于出版了一部鸿篇巨制,更重要的是用事实说明了修志者应担负的主要工作和前进的方向。”(王复兴语)《史志研究》为此编发了评论专刊。

　　《山西大典》开创了省史志院自筹经费出版著作的先河,并取得经济效益和社会效益双丰收。它的编纂过程,就是紧紧围绕着山西改革开放这个主题进行的,关注改革开放中的新事物,研究改革开放中的新问题,总结改革开放中的新经验。我想,如果我在《山西大典》的编纂工作中有什么作为的话,就很得益于我的新闻工作经历,使我在史志研究中不乏新闻敏感,使我与新闻界、出版界、文化界的新朋老友友谊颇深,这些都对我做好《山西大典》编纂工作极有助益。在 6 年的编纂时间里,因肩负着山西三千万人民的重托,工作中一刻也不敢懈怠。正是这种责任感和使命感,催促着我兢兢业业地埋头苦干,以不负省委、省政府的重托和山西父老乡亲的厚望。

　　长兴:在方志学研究领域,你尤其注重方志编纂学的研究,坚持理论联系实际的作风,在理论指导实践上多有建树。特别是二轮续志开展以来,你在全国方志界崭露头角,引人注目,先后在省内三级方志培训班讲学,并在中指组举办的全国方志培训班和兄弟省市区方志培训班讲学,博得较高声誉。谈谈你对此的感受。

根珠:我从1988年跨入方志界,因编刊物的缘因,即把学习方志理论作为首攻的重点,历年坚持下来,也颇有收获。省内搞过三次优秀论文评奖,均由我审定论文的质量高低,自己从中也获益匪浅。因自己工作在修志第一线,日常编纂和审稿工作压力在身,故侧重于编纂学的研究。尤其是参与首、二轮三级志书的评审,从中了解到志书编纂中的重点、难点、疑点,逼迫自己钻研方志编纂理论。同时通过校点旧志,更加深了对方志体例、内容、结构、文风等方面的认识,促进了方志理论水平的提高。历年来,在省内举办的省、市、县三级方志培训班讲学,同时亦为厂矿志、医院志等各类专业志及乡镇村志的培训班讲学。二轮续志开启之后,又应邀为中指组举办的方志培训班以及江苏等省和市县培训班讲学。通过讲学,结识了省内及国内方志界的朋友,通过彼此间的学术交流,教学相长,获益良多。我的论文分别被河北、江苏等省市的方志培训教材选录,方志理论研究成果得到了志界的认可。2011年还应邀为中指组举办的方志文献国际学术研讨会和中国地方志协会城市区志专业委员会2011年学术年会撰写了3篇论文,与会交流。

长兴:你从事方志编纂工作24年,包括今年下半年即将付印的校点本明万历《山西通志》、清康熙《山西通志》,出版方志各类著作达24部之多,每部平均近200万字,总数达4300余万字,在全国方志界像你这样的多产作者还较少见。据我所知,在《山西大典》编纂的6年中,你还编纂出版了《〈清实录〉山西资料汇编》、明成化《山西通志》、民国《山西大观》(日译中)、清乾隆《山西志辑要》、《山西省方志论文集粹》、《山西旅游名胜大辞典》等6部书稿。你在方志界可称之为"资深编辑",成果甚丰,且不乏佳作。在编辑工作方面,你一定积累了较丰富的工作经验,不妨请你谈谈从事方志编纂工作的感想。

根珠:6年出了7部书,其中部分书稿是在6年之前即完稿的,而有的书稿起步更早一些。如《〈清实录〉山西资料汇编》在1994年即付印,只是到了1996年经费下来才正式出版的。再如3部旧志校勘稿均起步于1993年,在1996年即完稿,其后只是完成了排校程序而出版的。编纂工作多项同时进行,主要是分清轻重缓急,逐项分别把关,分期出版。我与方志界同行亦有同感,记得有人曾写道:"板凳甘坐十年冷,文章不写一字空。"修志工作就要有甘坐冷板凳、默默无闻的奉献精神。历史的责任感和强烈的事业心,是促使自己埋头从事方志著述事业的动力所在。成果的不断面世,也使自己更有了成就感,进而鼓舞自己向新的高峰登攀。当然,这些成果的取得,也是与领导的大力支持和同室人员的共同努力分不开的。

长兴:作为省级志办的编纂人员,在完成本职工作的同时,还肩负着市、县两级志书及各类专业志、部门志和乡镇村志的指导工作。你实践经验丰富,参与过各级各类志书的编纂或指导,能否把这方面的情况介绍一下。

根珠:省志办是全省方志工作的领导机构,担负有不可推卸的行政管理和业务指导职能。作为省志办的一员,理应刻苦钻研方志理论,并积极参与各级各类志书的编纂活动,在实践中锻炼自己,提高自己,以适应全省方志工作发展的需要。我在这方面身体力行,力争给后来者做好榜样。自己除参与省志的编修活动外,但凡市县志办或编修部门志、专业志、乡镇村志的单位提出辅导要求,无论编纂任务多忙,均有求必应,尽力为他们服好务。自己出的方志论文集,但凡讲课均人手赠送一本,极力支持各级各类志书的编纂。特别是近几年来,此类活动比较频繁,自己也尽吾所能,帮助下边做一些力所能及的工作。近几年,还主编了家乡的《西铭村志》,并担任省内多部县志的顾问或特约编审,指导基层单位编纂各类专志20余部。在编纂实践中磨炼自己,提高自己的方志理论和编纂业务水平。自己也乐此不疲,乐在其中。

长兴:作为一介文人,在文人的修养方面你也很有造诣。从你编著的《天龙棋谱》一书中得知,你曾组织过3次全国性的中国象棋大师邀请赛,在20世纪80年代开创了山西社会办体育的先河。请谈谈你在这方面的感想。

根珠:平生酷爱象棋。1965年升入市属中学就读后,在校图书馆借到杨官麟的《中国象棋谱》、屠景明的《五七炮专集》等棋书,便先抄后背。参加工作后又看到报社资料室藏的几种棋书,亦采用死记硬背的方式"抄"入脑海。棋艺精进,主要靠记忆能力较强。1985、1986和1988年,凭藉自己对象棋的爱好,在报社领导的支持下,组织了三届"天龙杯"中国象棋大师邀请赛。通过举办赛事,结识了国内象棋界的众多高手,如胡荣华、王嘉良、柳大华、李来群、吕钦、徐天红、谢思明、高华等特级大师。参加省内象棋比赛,获一级棋手称号。1986 年开始学围棋，从 1987 年参加省内升段赛，至 1991 年晋升为五段。曾连续两届获得"山西省友好杯围棋赛"第五名。2002 年曾作为山西围棋代表团的成员赴韩国访问比赛。虽是休闲消遣，仍苦心修炼，趣味不减。至今还担任着山西省中国象棋协会副主席、山西省围棋协会常委。在工作之余，活跃和丰富了自己的业余生活。

长兴：你不仅注重个人修养，并达到了省内业余选手的最高水平，可喜可贺。从咱俩的交流中得知，2009 年以来，你热心社会公益事业，先后为省内外多家藏书单位捐赠你编著的书籍，使方志书籍在存史、资治、教化等功能发挥上做出了一定贡献。能否把这方面的情况介绍一下。

根珠：方志书籍要走向社会，面向大众，其受众面的广度莫过于公益性图书收藏单位。自 2009 年始，我就将自己编著和搜集到的多种方志书籍，先后向省、市图书馆，省、市档案馆，省、市日报社、山西大学，太原师范学院及中文系，中指组资料室等藏书单位，捐书 800 余册（套），价值 10 余万元。为发挥方志书籍的社会效应，尽了自己的微薄之力。热爱祖国须从热爱家乡做起，这亦是文人应承担的一份社会责任。

长兴：在我访谈的方志学者之中，多有成就突出、著述等身的全国方志名家，如张桂江、林衍经亦包括你在内，职称均为副编审，与诸位的学术水平极不相称。谈谈你对职称的想法。

根珠：我从事编辑工作 38 年，前 14 年编报，中间 8 年编刊物，后 16 年编书。参加工作后，为充实自己，又先后取得山西职工文学院新闻专科毕业证书（大专）和中央党校经济管理专业毕业证书（大学本科）。1987 年参加山西新闻系统职称评聘，副编审职称在高评委获得通过，是当时省内新闻界在高评委通过的副高职称中最年轻的一员。进入 21 世纪后，为图脸儿圆，曾连续参加了 3 次职称晋升，因某某人挡道，均名落孙山。在第三次职称评聘时，曾有本单位的一名参与高评委工作的领导，规劝我需要按潜规则办事，为评委送红包，并愿为此从中打点。自己不愿助纣为虐、败坏学术风气，便婉言谢绝。不想被其言中，难称心愿。省出版高评委可称之为学术风气不正，职称晋升不看能力、水平、成果，唯任人任钱为亲，着实令人感慨。学术腐败何时休？当时自己思想上确实想不通，单位内众多人员亦为我鸣不平，甚至有人建议以个人名义状告山西出版高评委。我细细思寻，为职称如此大动干戈，似有不值。学术腐败的受害者并非仅我一人。在史志院存在期间，曾发生过这样一件趣事：院部规定，凡院内编纂的书稿，在完稿后均要进行内部质检，参加质检的人员均为副高职称以上的人员。由我参与点校整理的清雍正《山西通志》送院内质检时，拥有30多名正高职称的史志院却凑不够参与质检的人数，还得从外部聘请省城大专院校的多名专家教授参与质检，这在史志院内部质检中属唯一的一次。此事在史志院内传为笑谈。由此可见，职称仅能代表一个人学术水平的表面，并非学术水平的真正体现。随着年龄的增长，对世道看得更清更开一些，也便打消了晋升职称的念头。

长兴：纵观你在方志领域工作的24年，可谓成就巨大，似可称为方志学界的多面手，是不可多得的志界奇才。这些成绩的取得，都是与你具有高度的事业心和责任感分不开的。谈谈你下一步的打算。

根珠：过奖了。充其量自己仅是在本职工作岗位上做了一些工作，尽了一介文人应尽的责任。时光易逝，转眼间已入花甲之年。手头还有两部旧志点校稿，预计今年下半年有望正式出版。近几年又陆续撰写了一些方志理论研究和方志评论文章，想在后半年再出一个《新方志论丛》集，为续志编纂提供一些借鉴或参考。

从事旧志整理工作亦有遗憾，惟剩明嘉靖《山西通志》一部尚未点校，此项工作只得留待退休后再着手完成，使省级旧志整理工作能够划上一个完满的句号。几年前就选定了要编纂《实用方志编纂学》一书，断断续续仅完成一半书稿，现在看也只能留待退休后收尾了。应基层修志单位的邀请，自己还担任着多部二轮续志的编纂顾问，料想参评志稿的工作还是难以推掉的，还须努把力，尽心尽职担当好这个顾问，以不失修志同仁对我的信任和期望。

长兴：从咱俩的交谈中，使我了解到作为一名方志大家的高风亮节和对方志事业的无比热爱，盼望你的新作早日问世。今后还望多多交流。

面对方志事业的良辰美景，感慨良多，谨赠一联以谢以贺：

根植沃土志乘名三晋

珠落玉盘典书传九州

注：典书，根珠先生曾编著《山西大典》。

忝入文人列　报社是摇篮

——在《太原日报》工作的点滴回忆

余与《太原日报》同龄。花甲将至,便有了许多回忆。

自"文化大革命"期间的 1974 年从太原师专中文系毕业,我便被招入太原日报社;至 1987 年 3 月份调离,在报社从事编辑工作整整 13 年。13 年中,曾参与了周六刊改周七刊、小报改大报、创办"周末专刊"和复刊《太原晚报》。我的青春年华留在了太原日报,而报社则是我成为一介文人的摇篮。

人生只是一种经历,而经历便是财富。回首往事,历历在目。曾记否? 1976 年初当编辑,当自己绘制的第一块版面即将见 于报端时,值完夜班后在轮转机房守候,欣喜地拿到第一张报纸,才回家安然入睡;20 世纪 70 年代末,随同采访小组蹲点山西机床厂,总结张礼小组科学管理的工作经验,是我第一次接受采访锻炼;1982 年春,随同编辑部组织的重点报道采访组深入太原南郊区一个月,进行采编一体的新闻采访活动;80 年代前期,我主管报社的职工体育活动,带队连续参加了省新闻协会组织的多次体育比赛,篮球、乒乓球、象棋比赛均取得较好名次;1983 年 8 月,曾担任山西省新闻休假团团长,带队七十余人赴北戴河疗养,结识了一批省内新闻界的老前辈和同行;13 年甘当"跑腿编辑",奔走于编辑部与报社印刷厂之间,同工人师傅打成一片,学到了工人阶级身上的许多优良品质;每到夏季值完夜班之后,与同龄人趁着夜幕,结伙在新建路游泳场放肆裸泳,不期遇到六七十岁的老大娘与我们同池裸泳,吓得一群毛头小伙抓起衣服急匆匆开溜……在太原日报度过的青春岁月,给我留下了诸多美好而甜蜜的回忆。毕竟寸纸尺短,只能择其要者书之。

《编辑学》报社滋养

人,总是要有一点精神的。作为社会之人,即如俗语曰:要干一行,爱一行,钻一行。屈指算来,我从事编辑工作三十有八年:前十五年编报,后十五年编书,中间八年编刊物。虽然编书的成就最大,至今出书二十余种、四千余万字,但第一本书《实用版面编辑学》,则是在《太原日报》这块沃土上植的根、结的果。

　　"文化大革命"时期的报社,是一个人才聚集、藏龙卧虎的地方,与之相比,自己相形见绌。遂将"学习、学习、再学习"作为努力的方向。刚入报社之时,在电台当收报员。受段紫玉老师的指点,每日细阅新华社发来的新闻电讯稿,从消息、通讯、特写、专访、评论等新闻体裁一一入手,学习新闻写作技巧及方法。其后调入总编室当编辑,更觉个人文字修养的不足,便埋下头来背古诗词、背散文名作。每日将应背诵的诗词写在稿纸上,贴在家和办公室的书柜上。此种学习方法一直延续到20世纪90年代中期。报社又是个培养人才的地方,资料室保存有大量的新闻专业书籍,依仗着这得天独厚的优越学习环境和条件,我便如饥似渴地阅读起来,可以毫不夸张地说,几乎阅遍了当时资料室所存的新闻专业书籍。累年下来,收获颇丰。

　　报社,不外乎两门行当:编辑、记者。与记者相比,编辑工作更为繁杂与忙碌。编辑,实为他人做嫁衣裳。每日的工作即为编稿、标标题、组版三项任务,其中以组版最为紧要。"文化大革命"时期,"四人帮"把持着宣传大权,每遇大事,从上至下报纸的版面一统,报纸不得自行其是,还须跑到《山西日报》社取传真版样。当时的编辑部在市委大院北楼,编辑人员日夜行走于编辑部与印刷厂之间。值夜班时,还须经常到《山西日报》社取传真照片或版样。所以,总编室的编辑又戏称自己为"跑腿编辑"。粉碎"四人帮"后,报纸迎来了春天。特别是改革开放以后,报纸的版面出现百花齐放的局面。随着各级各类新闻刊物的复刊、创刊,新闻学的研究气氛逐渐浓烈起来。自己遂把研究版面编辑学作为主攻方向,边实践,边总结,边研究,陆续撰写出多篇版面编辑学论文,先后在《新闻战线》《新闻传播》《新闻采编》等刊物发表。

　　由于在版面编辑学研究上略有成绩,得到报社领导的信任。1984年2月,太原日报改出四开报为对开报时,我被确定为筹备组三名成员之一,直接参与了报纸从内容到形式的探索和实践。1985年11月,太原日报决定出"周末专刊",由我负责版面设计。随后一年多的时间里,我均利用业余时间承担"周末专刊"的版式设计。1986年2月,我又协助筹备出版《太原晚报》,主要负责晚报的版式设计。实践出真知,实践出理论。正是由于报社给了我一个施展个人才华的极好机会,使得自己在版面编辑学研究上取得突破性进展,同时也得到省内及国内报界同行的认同。在太原日报工作期间,曾应邀为太原市新闻学会举办的报纸编辑人员培训班、山西大学中文系新闻专业毕业班,以及《山西青年报》、《山西法制报》、《科技信息报》等单位讲授报纸编辑学。为兄弟省会城市报纸如《长江日报》、《沈阳日报》、《哈尔滨日报》等报社代培多名编辑人员。是太原日报十三年的编辑实践,成就了我第一本专著《实用版面编辑学》的面世。

时事版独占鳌头

1984年4月1日《太原日报》由小报改为大报之后,如何办好时事版,则成为总编室义不容辞的主要任务。经报社领导研究决定,由我担纲负责时事版从内容到形式的改革创新。总编室同仁集思广益,制定出切实可行的实施方案,使时事版以崭新的面貌呈现在读者面前。

配合时事,刊登连载。时事版的主要任务,是编发新华社播发的电讯稿,但仅靠新华社的电讯稿,是远远不够的。为了开辟稿源,我与新华社国际部取得联系,每遇国际大事,即请新华社为《太原日报》发专稿(连载稿件),拓宽时事版的报道面。由于这些连载稿件配合时事紧密,可读性、故事性较强,因此,对读者有较强的吸引力。如印度总理英·甘地夫人遇刺事件发生后,时事版便及时刊登出了《总理罹难与印度政局》的专稿连载,其速度之快,在全国报纸中首屈一指。其后,又刊发了《搏击政界四十载的甘地夫人》的专稿连载,向读者及时、全面地披露了甘地夫人遇刺始末和她的生平。为增强时事连载稿件的可读性与生动性,还经常配发漫画,对稿件进行渲染和烘托,文与漫画相得益彰,颇受读者欢迎。

"天南地北",丰富多彩。"天南地北"是《太原日报》时事版中的一个国际副刊专栏。它创办较早,深受读者喜爱,改版后一直延续下来,平均每周至少发一期。这个专栏虽属副刊专栏,但它仍具有新闻性,围绕当前的国际形势和国际大事组织稿件(主要为新华社专稿),反映当前的重大国际事件以及活跃在国际政治舞台上的风云人物。它又不同于平日的国际时事报道,而是多从侧面去反映,展示事件的内幕和背景,反映人物的生活和轶事,提供人无我有的新鲜国际知识和资料,起到了补充和丰富平日时事报道的作用,帮助读者开阔眼界、增长知识、丰富生活。在办这个专栏时,我们牢牢把握它的特色,即内容杂、文字短。内容杂,主要表现在小栏目多,有谈时事、时事述评、风土人情、各国风光、西方一瞥、内幕新闻、国际知识、小资料、珍闻、拾零、笑话等,多达十几个。这些小栏目从不同侧面、不同角度反映了广阔的社会生活,给读者以有益的启示。"天南地北"专栏的文字都比较短,由于稿件短了,内容也就多了,既生动活泼,又富有情趣。

"体坛风云",丰富生活。改革开放的初期,群众中出现了一股体育热,喜爱和关心体育的读者愈来愈多。坦率地讲,《太原日报》在改版前,由于受版面的限制,体育报道是比较薄弱的。改版后,创办了体育专栏,并划归时事版。"体坛风云"专栏应运而生。由于体育报道有了固定的版面,我们从内容到形式上都有了一个较大的突破。先从形式上讲,我将美术花条运用到专栏的编排上,即专栏不论栏数多宽,上下均用体育活动图案的美术花条夹起来,使其在版面中既自成一体,又起到吸引读者眼球的作用,同时也形成专栏特有的版面编排风格,在当时的众多报纸中独树一帜。从内容上看,该专栏专门编发本市、本省及新华社关于国内和国际体育赛事方面的稿件,既有重点,又有一般,并根据体育活动及赛事的具体情况,及时调整版面。如二十三届奥运会期间,我们在时事版上就进行了重点报道,并保证每日刊发一期,使广大读者及时、详尽地了解比赛的进展情况以及我国体育健儿奋勇拼搏的事迹和风采。在奥运会召开的这段时间里,"体坛风云"专栏几乎占了整个版面,每期均配发本报记者从电视屏幕上拍摄下来的图片,把体育健儿为国拼搏的激动人心的场面再现在读者面前,给人以亲切感。为体现专栏的特色,每遇重大体育比赛,都要刊登自己的述评或预测文章。如1985年12月亚洲杯足球赛期间,我们根据中央电视台的实况转播,刊发了本报记者撰写的五篇消息和三篇述评,并对关键性的两场比赛进行了较准确的预测,收到了较好的宣传效果。又如在1985年12月开赛的中日围棋擂台赛中,太原选手江铸久连坐五擂,在国内外围棋界引起了强烈震动。在江铸久回太原后的第二天,便刊发了本报记者专访,随后又连续刊发了四篇题为《刮起旋风的人》的江铸久五连胜追记,并刊发了一局江铸久自战解说的对局棋谱,使围棋爱好者大饱眼福。

1986年底,《太原日报》向读者发出征求意见表,五千多位读者对《太原日报》进行了全面评价,由我主编的时事版在四个版中夺得魁首,被读者评为最喜欢的版;在读者评出的10个好专栏中,时事版的5个专栏全部入选,居各版之首;且前3名中"天南地北"和"体坛风云"即占了两位。1986年《新闻采编》第 6 期刊发了《一张有特色的时事版》的评论稿,对《太原日报》时事版进行了褒奖。

象棋赛一箭三雕

我爱棋、学棋、弈棋,可以毫不夸张地说,象棋亦成为自己生命中不可或缺的一部分。在我的家乡,象棋活动开展得较为普遍。我在父辈的熏陶下,自幼便学会了弈棋。少年时,便做了"草头王",打遍村中无敌手。考入市属中学后,见到校图书馆的几种棋书,更是如获至宝,爱不释手,每借一本,便废寝忘食地誊抄下来。当时正值年少,凭着良好的记忆力,采取死记硬背的方式,将棋谱打印在自己的脑海里。棋艺也随之大为长进。自参加工作后,对象棋的痴迷与热爱有增无已。自己长年值夜班,便每每利用下午休息时间,走街串巷遍访高手,切磋棋艺。我省的象棋大师张致忠,太原市的象棋高手任建平、马正富、郭三喜,中国象棋国家级一级裁判张志凯、齐恒聚等人,均是在马路棋摊上通过拼杀认识的。正因为自己痴迷象棋,从而也便因棋而引出一段佳话。

1984 年 10 月,我主管《太原日报》体育专栏,当时收到了王品璋(时任国家中国象棋协会副主席、北京棋院院长)寄来的《弈林传奇》连载稿件。时值社会办体育的风潮初起,在编稿期间,便萌生了举办全国象棋赛的念头。恰遇《太原日报》抽出一批采编人员创办"周末专刊",为筹备出版《太原晚报》做准备。通过搞一场全国性的象棋比赛,既可达到宣传报纸的作用,又可丰富太原人民的文体生活,还可推动象棋活动的普及与推广,可起到一箭三雕的效果。我将设想与报社有关领导沟通,一拍即合。但真正要搞一次全国性的象棋比赛,也决非易事。经多次与王品璋老师联系,与各省体委及象棋大师沟通,终于促成了"天龙杯"中国象棋大师邀请赛一事。在首届比赛之前,我与王品璋老师之间的通信就达三十多封,确定参赛选手、比赛时间、筹集经费,以及谋划比赛事宜等,件件事关紧要。其间,王品璋老师起了关键性的作用,凭着他在国内棋界的地位和威望,进而玉成此事。

"天龙",乃《太原日报·周末专刊》的副刊名称,源于并州境域有天龙山石窟之故;次年《太原晚报》复刊后,亦为晚报的副刊名称。首届"天龙杯"中国象棋大师邀请赛由《太原日报·周末专刊》、太原市红光批零商店、太原工人文化宫等三单位联合举办,于 1985 年 8 月 1 日至 8 月 8 日在太原工人文化宫举行。首届参赛大师虽少,但社会反响尤佳。由太原市红光批零商店经理芦步星出资赞助,并该店的职工捐赠了个人当年所得的承包奖,使比赛得以圆满成功。该届比赛开创了山西省内社会办体育的先河,在国内引起较大反响,活动搞得丰富多彩,并州棋迷赞不绝口。宣传报道亦有声有色,既有预告消息、大师简介,又有专访、花絮、比赛消息。宣传效果尤佳。

首届比赛之后,报社领导也感悟到搞体育比赛给报纸带来的积极影响和宣传效应,即同意次年继续举办。第二届"天龙杯"中国象棋大师邀请赛由《太原晚报》编辑部、太原市工人文化宫、太原市青年宫等三单位联合举办,于1986年5月8日至5月16日在太原工人文化宫和太原市青年宫举行。此届比赛不仅省内各大新闻媒体参与了宣传报道,而且中央电视台、中央人民广播电台(仅该台就连续播发了六条比赛消息)、新华社、《新民晚报》、《武汉晚报》、《棋牌周报》、《象棋报》等国内知名媒体均刊(播)发了比赛消息,扩大了比赛的社会影响,使刚刚复刊的《太原晚报》在全国的新闻媒介中赢得良好声誉。

调入《山西政协报》的1988年,还与《太原日报》社联合举办了第三届"天龙杯"中国象棋大师邀请赛。三届比赛,一气呵成。太原日报社的领导层开明通达,给自己开辟了施展才能的舞台,既为报纸增添了光彩,又使自己在办比赛的实践中得到锻炼和提高。乙酉年末,我在整理旧日手稿时,无意中翻出了"天龙杯"象棋赛的资料,出于对象棋的执著热爱及肩负的使命感,即利用春节假期编成了《天龙棋谱》一书,对"天龙杯"象棋赛有了一个完满的历史交待。并借着举办棋赛的光,至今还担任着山西省中国象棋协会副主席、山西省围棋协会常委。

《太原日报》六十年的征程,是由一张张散发着墨香的报纸铺筑的;每一张报纸上都渗透着一代又一代报人的心血和汗水。抚今追昔,时时回想起在自己的摇篮边轻吟低唱的诸位驾鹤西去的先师先哲。

《太原日报》——我成长的摇篮。我今生难以割舍的情结。

(《岁月如歌》,北岳文艺出版社,2010年)

关于要求恢复山西省地方志办公室机构及
修志人员纳入公务员序列的意见

2006 年 5 月 18 日,国务院总理温家宝以中华人民共和国国务院令的形式,批准并颁布了《地方志工作条例》。《条例》中明确规定:"县级以上地方人民政府负责地方志工作的机构主管本行政区域的地方志工作。"并规定地方志工作机构履行"(一)组织、指导、督促和检查地方志工作;(二)拟定地方志工作规划和编纂方案;(三)组织编纂地方志书、地方综合年鉴;(四)搜集、保存地方志文献和资料,组织整理旧志,推动方志理论研究;(五)组织开发利用地方志资源"等五项行政职责。进一步明确了地方志工作机构是具有行政职能的县级以上地方政府下属的管理工作机构。

但我省的地方志编纂工作,因体制与机构不顺,领导不力,使全省的地方志编纂工作受到严重影响。

一、体制与机构不顺。山西省地方志编纂委员会办公室(简称山西省地方志办公室)成立于1980 年,属省政府领导的下属行政机构,编委会主任由历届省长担任,其办公室属省政府的直属机构。1994 年底,当时的省委主要负责人在机构改革中,为减少正厅级单位,并向中央交差,不顾地方志编修工作的实际,拍脑门子办事,即把山西省地方志办公室与中共山西省委党史研究室合并,改名为山西省史志研究院,挂靠省委,使地方志办公室成为史志院下设的一个研究所,也使地方志办公室由行政序列变为纯事业单位序列。在全国31 个兄弟省、市、自治区(不包括香港、澳门、台湾)中,省级地方志工作机构挂靠省委的,仅山西一家,其余 30 个省、市、自治区的地方志工作机构全为省政府的专门工作机构,修志工作人员亦全为公务员系列。由于体制与机构不顺,直接影响了全省修志工作的正常开展。作为纯事业单位(省史志院)的地方志研究所,丧失了履行《条例》赋予的行政职能,无法"组织、指导、督促和检查"全省的修志工作。《条例》颁布之后,各兄弟省、市、自治区均在制定各省、

市、自治区贯彻落实《条例》的细则，并经各省、市、自治区人大通过，以法律形
式颁布施行。但因省史志院和地方志研究所为纯事业单位，无行政法人资格，
也使《细则》的制订和施行无法进行。上行下效，由于受省级修志机构合并的
影响，一些市县的修志机构也出现党史、档案、地方志三家合并的情况，严重影
响了地方志工作的正常开展。

二、领导不力。并非是主管地方志工作的领导不努力，也并非是修志工作
人员不作为，实因体制与机构不顺所造成。原为省地方志办公室时，配备有主
任（正厅级）一名，副主任（副厅级）三名，分工负责《山西通志》编纂、地市县
志书编纂、《山西年鉴》《沧桑》编辑、旧志整理、方志理论研究、资料搜集整理、
开发利用地方志资源、后勤服务等项工作。下设有五个处室，有人员50余名。
但合并后，地方志办公室改为地方志研究所，降格为二级局，厅级干部由四名
减为一名，处室也随之减少。现仅有一名副院长（副厅级）分管地方志工作，
且只有一半的精力放在了地方志研究所，一半的精力放在了纪念馆。再者，
2004年史志院为三个研究所配备所长（副厅级），其他两个所均配备齐全，惟
地方志研究所至今空缺。领导人员配备不齐，直接影响了对修志工作领导力
量的加强。地方志所现仅有三个研究室，人员仅剩下18名。全国各省、市、自
治区的第二轮修志工作已经全面展开，开展得轰轰烈烈，而我省由于领导不
力，使全省的第二轮修志工作受到严重影响。在省地方志办公室时期，山西省
的修志工作由于受到历届省委、省政府领导的高度重视，全省的修志工作一直
走在全国的前列，全国方志系统的各种工作会、培训会、理论研讨会、经验交流
会等亦频繁在山西召开，山西被誉为全国首轮编修社会主义新方志的摇篮。
但合并后，至今12年余，因体制与机构问题，全国性的修志会议再没有在山西
开过，因中指组担心其他各省、市、自治区受到山西机构变化的影响，而改变机
构性质。全省的修志工作也因领导不力，逐步落在了兄弟省、市、自治区之后，
从上游跌到了下游。至今，在全国未完成首轮市县志编纂的少数省份中，山西
即为其中之一。

三、全省的修志工作受到了严重影响。由于体制与机构不顺、领导不力，
使全省的修志工作受到严重影响。①人员配置严重不足。第二轮修志工作已
全面展开，编修任务极其繁重，但人手短缺，成为制约修志工作顺利开展的一
项主要因素。如原负责编纂首轮《山西通志》的编修人员为8名，而现仅有5

名;如原负责市县志编纂的人员有 6 名,现仅有 4 名。且老人渐退,新人续增,学习、培训跟不上,人员素质也有所下降,大不如前。由于编纂人手不足,难以担负"组织、指导、督促、检查"全省的地方志续修工作任务。②办公条件严重滞后。自 1998 年全国第二轮续志编修工作开展以来,各兄弟省、市、自治区地方志办公室的修志人员,均配备了微机等先进设备,有近 20 个兄弟省、市、自治区均新建了方志馆,每家投资均在 3000 万元以上,其中北京市投资达 3 亿元,办公条件得到充分改善。而我省的修志人员至今还未配备电脑,方志馆的建设更无从谈起,现在地方志所的办公条件和人员配置还不及本省的市一级修志机构,甚至还不如省内搞得好的县级修志机构。原省地方志办公室时期,配有汽车五部,可随时经常赴地、市、县指导、督促、检查修志工作。而 1995 年合并后,地方志所多年没有配备汽车,经方志所人员多次呼吁,才于 2005 年底配备了一部汽车。因交通工具不足,指导、督促、检查市县志的编修,也成了一句空话。③经费严重不足。按《条例》要求,"地方志工作所需经费列入本级财政预算"。在合并之前,全省的修志工作由省长直接挂帅,从来没有因经费问题,而影响修志工作的正常进展。首轮地方志编纂期间,省地方志办公室的业务及编研经费年均四五百万元;但合并后,地方志研究所成为纯事业单位,申请经费成了一大难题,每年的业务经费削减为 30 万元,严重制约了修志工作的正常开展。第二轮续志工作开展以来,急需培训人员、编纂学习辅导教材、召开各种理论研讨会,但因经费难以落实,工作也不好展开。如《山西通志》第二轮续修开展以来,省直各厅局承担修志任务的单位,根据《条例》精神提出修志经费的落实、机构人员的设置等迫切需要解决的诸多问题,但因方志所的体制和机构不顺,对所提出的各种困难和问题均无法解决。如有些省委、省政府确定的重点科研课题,项目的前期工作已全部完成,但因经费无法落实,至今不能出版。自 1998 年全国启动二轮修志工作以来,每年中指组都要搞两至三次修志人员的培训,但因没有经费,我省没有派人参加过一次。全国的修志信息不通,人员素质得不到提高,要提高二轮续修志书的质量,也便成为空谈。④机构不顺,纯事业单位丧失了履行行政职能的权力,难以承担"组织、指导、督促、检查"全省修志工作的任务。⑤修志人员变为纯事业单位人员,公务员工资改革也被划在其外,严重地挫伤了修志人员的积极性。全国 30 个兄弟省、市、自治区地方志办公室均为省政府的下属机构,其人员均为公务员系列,公务员工资改革均列入其中。按《条例》要求,县级以上地方志工作机构,必然是政府的组成部门,并属公务员序列。全省由省到市、到县,各级修志机构是一个统一体,在这条战线上默默无闻、辛勤工作的修志人员,理应受到各级政府的重视,在生活、工作、工资待遇等各方面给予关怀和照顾。但这次全省公务员工资改革,却把全省修志机构的工作人员排除在外,严重地挫伤了全省修志人员的积极性,同时也关系到全省修志工作的正常开展。

鉴于上述困难与问题,我们特提出如下建议:

一、恢复山西省地方志办公室机构,并恢复为省政府下属行政机构的性质。国务院已颁布《地方志工作条例》,明确"县级以上地方人民政府负责地方志工作的机构主管本行政区域的地方志工作",并赋予地方志工作机构五项行政职能。只有理顺机构,恢复地方志的行政职能法律主体地位,才能合法行使其职能。山西应与全国各兄弟省、市、自治区的机构相一致。只有如此,才不违背国务院的《条例》精神。纠正前省委主要领导的错误做法,既使山西省的修志机构与全国兄弟省、市、自治区的地方志机构相一致,也可使上述存在的各种困难与问题迎刃而解。

二、修志人员列入公务员序列,与政府公务员工资改革同步进行。自1980年全省首轮地方志编纂工作开展以来,经过多年的实践锻炼和培育,形成了一支无私奉献、辛勤耕耘的修志队伍。第二轮续修志书的工作已在全省轰轰烈烈地展开。在此次公务员工资改革中,绝不能把辛苦战斗在修志战线的工作人员排除在外,既与国务院颁布的《条例》相抵触,又容易挫伤广大修志人员的工作积极性,对全省的修志事业极为不利。这支队伍建起来不易,我们恳请省领导给予认真解决。全国地方志系统,仅山西一家把修志人员排挤在公务员序列之外。《条例》中亦明确规定,编修地方志是一项长期的事业,是各级政府的职责,"地方志书每20年左右编修一次",并非短期行为,故修志人员是政府的公务员不应有任何疑议。

省史志院方志所及原地方志人员(签名):

方 志 所 一 室:杨志忠　任小燕　王仰东　董剑云
　　　　　　　杨　颖　向建伟
方 志 所 二 室:马并生　郝世文　王晓云　徐明亮

方 志 所 三 室:任根珠　聂元龙　潘贵喜　冯翠兰
　　　　　　　　余超英　张　洁
所 　办 　公 　室:杨子晋　张　彰　王本耀
年 鉴 编 辑 部:张　敏　郭建萍　张燕铭　宋向阳
原 地 方 志 人 员:梁力民　王会世　刘　先　马小玲
　　　　　　　　迟爱玲　王润莲　朱新刚
全省11个市志办主任:安　捷　要子瑾　武夺魁　华和平
　　　　　　　　任佟苏　王俊山　王连成　王月明
　　　　　　　　邵玉义　秦海轩　景惠西
原省志办离退休人员:杨志贤　刘纬毅　曹振武　袁培钢
　　　　　　　　陈又新　郭诚文　张润芝　祁　明

2006 年 10 月 8 日

附:国务院《地方志工作条例》(略)

报送:张宝顺书记、于幼军省长、金银焕书记、申联彬秘书长、张少琴副省长、郭慧民副秘书长并国务院办公厅、中指组、国家人事部、省人大办公厅、省政协办公厅、省委办公厅、省政府办公厅、省编办、省委信访办、省政府信访办

著述一览表

民国《山西省志》(日译中),主编,44万字,1992年山西省内部图书准印证(92)字第21号

《中国新方志目录》,副主编,109万字,1993年书目文献出版社

《太原市南郊区志》,主审,136万字,1994年生活·读书·新知三联书店

《实用版面编辑学》,个人专著,31万字,1995年山西高校联合出版社

《〈清实录〉山西资料汇编》(全三册),主编,191万字,1996年山西古籍出版社

明成化《山西通志》,总点校,170万字,1998年中华书局

民国《山西大观》(日译中),总策划,191万字,1998年山西古籍出版社

清乾隆《山西志辑要》,总点校,102万字,1999年中华书局

《山西省方志论文集萃》,主编,75万字,1999年中华书局

《山西旅游名胜大辞典》,总纂,72万字,2001年中国旅游出版社

《山西大典》(全三册),常务副总编兼编辑部主任,1060万字,2001年中华书局

《西樵志语》,个人专著,52万字,2003年方志出版社

《太原风景名胜志》,执笔主编,124万字,2003年山西人民出版社

《太原市志·第四册》,特邀主编,143万字,2004年山西人民出版社

《山西旧志二种》,总点校,75万字,2006年中华书局

清雍正《山西通志》(全六册),总点校兼总审校,1038万字,2006年中华书局

《朔州大事记》,特邀编审,70万字,2006年中华书局

《天龙棋谱》,个人专著,35万字,2007年山西省内部图书准印证(07)字第94号

《新方志'概述'点评》(全三册),个人专著,191万字,2008年中华书局

《新方志概述比较与研究》，个人专著，63.5 万字，2009 年山西省内部图书准印证(09)字第 213 号

《西铭村志》，个人专著，51.6 万字，2009 年中华书局

《太原市小店区志》，顾问、特邀审稿，89 万字，2009 年山西出版集团·山西人民出版社

《新方志理论与实践研讨会论文汇编》，执行副主编，28.5 万字，2010 年山西省内部图书准印证(2010)字第 237 号

明万历《山西通志》，总点校，200 万字，2012 年中华书局

清康熙《山西通志》，总点校，500 万字，2012 年中华书局

跋

　　岁月悠长,人生苦短。自丙寅秋跨入方志界,已历二十五载。岁入壬辰,花甲已近,休致即临。回眸人生轨迹,当有一番感慨。自 1974 年 9 月初出校门,即跨入报门,至今从事编辑工作三十八年矣。

　　在新闻战线工作十四年,在老报人的指点下,边学边干,刻苦钻研编辑业务,逐步胜任了所担负的工作。对编辑学研究孜孜不倦,辛勤劳作终于结出硕果。第一本专著《实用版面编辑学》得以问世。该书在全国新闻出版界还较有影响,连续加印三次还供不应求,并被多所全国高等院校新闻院系选作辅助教材,中国报业协会举办的多次全国报纸编辑培训班列为专用教材。由于在新闻编辑学研究上取得突破,受到重用,20 世纪 80 年代初期被提拔为总编室主任,并担任报纸的夜班总值班。1987 年 3 月调入《山西政协报》,担任副总编。一年半中,与总编密切配合,圆满完成各期报纸的编纂任务,受到省政协领导的多次表扬。

　　1988 年 9 月跨入方志界,任山西省地方志办公室资料处处长。资料处工作任务有五:编辑《山西地方志》刊物;整理历代省级旧志,编纂地情资料丛书,研究方志理论,分管图书资料。当时因人手太少,除我外,仅有一名编辑,一名资料管理员。工作重点放在编辑期刊上,双月刊杂志任务压身,其余工作只能抽暇顾及。通过编刊,结识了一批全国方志界的专家学者,为其后钻研方志理论网络了一批人脉。隔行如隔山,从新闻界跨入方志界,学习和钻研新方志编纂理论成了自己的必修课。借着主编刊物的有利位置,广览全国方志刊物的论文以及相关方志论著,并积极参与志稿的评审会议,进而达到理论与实践的双修。

　　跨入志界的前三年中,志办的领导讲话,会议报告等文牍均集于一身,着实忙活了几年，从中也受益匪浅，逐渐迈入了方志理论研究的门槛。干一行，爱一行，钻一行，是我人生的信条。从1989年撰写《清徐县志大事记初稿读后》一文开始，陆续撰写了多篇方志论文，常年累积下来，已达百篇之多。由于编纂业务的精进，受到志办领导的器重，在全省的三次方志论文评奖中，省志办领导均委托我担任论文的评选工作。由此而主编了第一本《山西省方志论文集萃》论文集。集腋成裘，2002年自己的方志文集《西樵志语》由方志出版社出版，2008年《新方志"概述"点评》应声面世，2009年《新方志概述比较与研究》随即刊出，2010年《新方志理论与实践研讨会论文汇编》编纂出版，这几部方志理论书稿均得到全国方志界的较好评价。

方志理论研究的深入，为参与新方志编纂奠定了基础，二十四年来，参与省内外首、二轮志书评审百余部，近几年还参与了中国地方志指导小组二轮试点单位《萧山市志》《杭州市志》等志书的评审。从1991年直接参与《太原市南郊区志》的编纂开始，陆续参与多部省内三级志书的编纂和评审，同时辅导编纂多部乡镇村志、厂矿企业志、医院志、广播电台志、旅游文化志等专志。

二十四年间，点校整理省级旧志10种，计2511万字；编纂各类志书、丛书10种，计1900万字；撰写方志理论专著及编纂论文汇编等7种，计520万字；主编方志刊物8年，出版46期，计500余万字。以上四项合计出书27种，累计5431万字。屈指算来，年均1本书、200余万字。

岁入花甲，由青年步入老年，似觉得应将二十四年间的方志理论著述归纳总结一番，为后续修志同仁做一铺路石，对续修志书还略有帮助，故而理出了《西樵方志论丛》一书。打印出文稿后，达150万余字，分七卷。觉得过于庞杂，又删掉了"志稿评审"、"特载文存"两卷，并将"学术管窥"卷中的内容删节了部分。现全书凡5卷、73篇，80万字。

卷一学术管窥，汇集了自己撰写的方志理论文章32篇。"方志基础知识教程"，参考了多部国内已出版的方志理论专著，并融汇了自己对方志基础知识的认识，专为市县志培训班讲课而准备的，作为初入志界同仁的培训教材。凡每次到市县培训班讲学，均人手分发一份，以备修志人员学习之用。"城市区志编纂漫谈"一文,是在中国地方志学会城市区志专业委员会 2012 年学术年会上主题演讲的讲稿,后由中国地方志学会学术专刊 2012 年第 2 期刊发。大部分文章因跨时较长,某些内容多有重复之处,但为保留原貌,均未作删节。

卷二志书评论,选了 9 篇评论文章,前三篇"为改革开放树碑立传的佳志"、"续前志创新为要 彰市情特色为魂"、"继承优良体例 突出时代特色"在《中国地方志》刊物发表,其余多篇均在《沧桑》及兄弟省市方志刊物上刊载。

卷三序跋选录,共录 27 篇。其中 13 篇出自本人之手,2 篇为与人合著,另 12 篇均为他人为我编纂的书稿撰写的序。按类分,涉猎旧志点校的 8 篇,涉猎方志理论著述的 8 篇,其余的 11 篇。在这些序、跋中,既有自己对方志理论的感悟,又有自己从事方志编纂历程的轨迹,同时还有各级领导及专家学者对著述的评介。

卷四志文选载,共录 7 篇。从某个侧面反映自己从事方志编纂实践的情况。虽说参与编纂各级各类志书较多,但拿得出手的文稿还是少之又少。现选录少量文稿,既是展现自己的撰文足迹,亦是想听听读者对文稿的意见,供自己在今后的志书编纂中改进和提高。

卷五赘文拾遗,共录 4 篇。1 篇专访出自邵长兴老先生之手,对自己从事方志编纂二十四年做了个小结,感谢邵老提携后辈之意。"忝入文人列 报社是摇篮"一文,是为太原日报创刊六十周年撰写的回忆文章,也算自己从事新闻编辑工作 14 年有个交待。"关于要求恢复山西省地方志办公室机构及修志人员纳入公务员序列的意见"一文,作于 2006 年 10 月,当时由我起草,并经省志办的杨志忠、马并生二位处长修改并定稿,进而上呈有关领导。至 2009 年 5 月,该意见被省委、省政府采纳,史志分家得以实现。此为我与省志办人员合力办的一件大事,在山西方志发展史上以及在全国方志界较有影响,录入书中,以反映历史真实面貌。"著述一览表"反映自己 24 年来的一些成果,贻笑大方。

24 年中,从事编纂实践多,而从事方志理论研究少,所以理论成果十分有限。现汇集成册。对修志人员似乎还有所补益,对我本人也可算作一份历史的记忆。本办任小燕、董剑云、冯翠兰三位同志帮助校对了稿件,在此表示谢意。为新方志理论建设添砖加瓦,是每一位从事方志工作同仁的应尽职责,实践与理论相结合,是方志之树常青的必由之路。我愿为新方志理论这座大厦的建设,做一粒砂、一块砖,并为此奉献自己的余热。往事已矣,逝者如斯!人生有涯而学无涯。中华方志文化博大精深,历代文人学士遨游其中,为光大这一璀璨明珠,莫不呕心沥血,余能有幸参与其中,亦深感其苦其乐,乐在其中。

书稿付梓之际,我的挚友——中国地方志指导小组办公室副主任、中国地方志学会秘书长邱新立,为拙著撰写了意境深远、发人深思的序言,对我也是一大鞭策,深表谢忱!

西樵

2013 年 3 月于寓所